社会主义学院年鉴

2000

《社会主义学院年鉴》编委会编

华文出版社

图书在版编目（CIP）数据

社会主义学院年鉴 2000/《社会主义学院年鉴》编委会编.
-北京：华文出版社，2001.12
ISBN 7-5075-1292-4

Ⅰ.社… Ⅱ.社… Ⅲ.社会主义学院-2000-年鉴
Ⅳ.D613-54

中国版本图书馆CIP数据核字(2001)第085100号

华文出版社出版
（邮编100800 北京市西城区府右街135号）
网址:http://www.hwcbs.com
电子信箱:webmaster@hwcbs.com
电话 (010)83086853 (010)83086663
新 华 书 店 经 销
北京市通县大中印刷厂印刷
787×1092 16开本 34.5印张 650千字
2001年12月第1版 2001年12月第1次印刷
*
印数:0001—1000册
定价:90.00元

《社会主义学院年鉴》编委会

刘　强　新疆社会主义学院办公室干部
江正超　成都市社会主义学院办公室副主任
孙大美　湖北省社会主义学院办公室副主任
苏　海　上海市社会主义学院副教授
李　豪　广州市社会主义学院办公室副主任
李文献　武汉市社会主义学院主任科员
李仁质　中央社会主义学院学报常务副主编
黎玉林　江苏省社会主义学院教务处处长
李抚生　云南省社会主义学院秘书长
杨　健　长春市社会主义学院干部
杨占旻　青海社会主义学院秘书
杨首茹　中央社会主义学院图书馆馆长
沈　杰　深圳市社会主义学院办公室科长
陈文华　河南省社会主义学院教务处处长
陈立明　山东省社会主义学院政工处处长
陈洪金　重庆社会主义学院教研室副主任
陈辅达　吉林省社会主义学院学报副主编
罗福生　辽宁省社会主义学院办公室秘书
周　强　广东省社会主义学院办公室主任
项　明　宁夏社会主义学院教师
赵　丰　中央社会主义学院科研处处长
赵文明　宁波市委统战部干部处助理调研员
郝继兴　青岛市社会主义学院教务处副处长
胡启树　江西省社会主义学院办公室副主任
俞　懿　福建省社会主义学院办公室副主任
饶海泉　中央社会主义学院办公室干部
屈玉琦　中央社会主义学院学员处处长
钱灵犀　内蒙社会主义学院副院长
徐　静　中央社会主义学院教务处主任科员
聂子麟　四川省社会主义学院教务处副处长

黄明星　广西社会主义学院办公室副主任
郭　俊　贵州省社会主义学院办公室副主任
常振雷　沈阳市社会主义学院教务处处长
彭　英　湖南省社会主义学院秘书
解永强　陕西社会主义学院教研室副主任

《社会主义学院年鉴　2000》

主　编　胡洪宝　张先义
副主编　刘　旺　余敏安
策　划　张先义

序 言

《社会主义学院年鉴》是一部全面介绍社会主义学院的历史和现状的综合性、文献性、资料性的大型年刊，是一部积累经验、检阅成果、借鉴得失、改进工作的具有较大参考价值的工具书，是社会主义学院之间交流情况、加强联系的重要渠道。

《社会主义学院年鉴》的编纂和出版，一方面是社会主义学院历史发展的合乎逻辑的产物，同时也是全国社会主义学院广大教职员工的共同愿望。1992年，在党中央的直接关怀下，社会主义学院进入一个新的发展时期。邓小平同志为中央社会主义学院题写了校名。江泽民总书记为中央社会主义学院题写了“爱国、团结、民主、求实”的八字校风，并向“庆祝中央社会主义学院新校舍落成暨纪念建院三十六周年、复校十周年大会”发了《贺信》。《贺信》深刻指出，“创办社会主义学院，是一件有远见和深远意义的事情，也是一件有中国特色的事情”，明确提出，社会主义学院要“坚持解放思想，立足本职，奋发进取，真抓实干，力争2000年以前，把中央社会主义学院建设成为更富有自己特色的名副其实的党外代表人士和党的统一战线干部的学习培训基地，使它在社会上享有更良好的声誉，在党外各界代表人士中更具有吸引力，在统一战线的学术研究方面达到更高的水平和应有的权威性”。党中央的亲切关怀，使社会主义学院的教职员工深受教育和鼓舞，极大地调动了大家的积极性，各地加快了社会主义学院建设发展步伐。

1995年，中共中央政治局常委、全国政协主席李瑞环在视察中央社会主义学院时指出，社会主义学院要“小规模，高水平，长流水，不断线”，要搞自己的“统战特色”，“规模不要大，但水平要高，层次要高”，“长流水，不断线，就是要正规化”。进一步提出了正规化办学的要求。

实现社会主义学院正规化办学，这是新的历史时期提出的新要求。要实现正规化办学，首先必须总结以往社会主义学院所积累的丰富的建校和办学经验，同时，要借鉴其他院校的经验，包括中共党校的经验、行政学院的经验和普通高校的经验。在吸取这些经验的基础上，大胆创新。在多年的教学实践中，各地社会主义学院经过不断地总结，逐步形成了“高层次、有特色、正规化”的办学方针。高层次，主要是指学员层次高，培训要求高，授课水平高，服务质量高；有特色，主要是指统战特色，发挥统一战线的优良传统，用统战工作方法办统一战线性质的高等政治学院，并充分发挥民主党派、无党派人士的作用；正规化，是要按教学规律办事，实现教学管理正规化，不断提高教学质量和管理水平。这“九字”方针，必须完整地、全面地理解。正规化是“九字”方针的核心；高层次和有特色，是正规化的重要内容和重要前提。没有高层次和有特色，正规化就无从谈起；没有正规化，高层次、有特色就难以形成规模而成为长期坚持的制度和办法。这为正规化办学迈出了可喜一步。但是，我们必须解放思想，实事求是，坚持改革，不断创新，使社会主义学院迈向新的台阶。

正是为了总结经验，或者说为总结经验提供必要的信息资源保证，我们才决定编纂和出版《社会主义学院年鉴》。2001 年 3 月 14 日中央统战部（干发［2001］080 号）下发了《关于编纂〈社会主义学院年鉴〉的通知》，成立了《社会主义学院年鉴》编委会。编委会由中央统战部常务副部长、中央社会主义学院党组书记刘延东同志任主任，中央社会主义学院常务副院长、党组副书记于泽荣同志和中央统战部干部局局长楼志豪同志任副主任。编委会成员主要由中央社会主义学院和地方社会主义学院以及中央统战部有关部门的领导组成。半年多来，由于得到中央统战部各局室、中央社会主义学院各部室和地方社会主义学院的大力支持，整个编辑工作进展是比较顺利的。编委会对大家的支持和协助深表谢意。

《社会主义学院年鉴　2000》是本年鉴的第一期，是创刊号。考虑到历史活动的连续性，这一期需要用相当篇幅收录建院以来特别是复院以来的重要内容。该年刊设立了十二个栏目：特载，全国统战工作会议；社会主义学院发展历程；关于社会主义学院建设的重要文件、批示摘编；关于社会主义学院建设的重要讲话、文章、贺信、题词摘编；教学情况和教学经验；科研活动和科研经验；社会主义学院学报；社会主义学院图书馆；全国统一战线干部统编教材；2000 年中央社会主义学院重大活动；2000 年大事记；社会主义学院一览表。

从主观上讲，我们是想力求把《年鉴》办好。但是，由于时间紧迫，资料不全，编辑力量有限，编辑经验不足，所以这本《年鉴》在内容的安排、栏目的设置、稿件的编写方面，都存在不少缺点。我们竭诚期望广大读者，特别是各级党委统战部的领导和各级社会主义学院的领导及教职工多多提出批评意见，以便在今后的编纂工作中不断加以改进。

2001 年 8 月

目　　录

特载：全国统战工作会议

社会主义学院发展历程

关于社会主义学院建设的重要文件、批示摘编

关于社会主义学院建设的重要讲话、文章、贺信、题词摘编

党和国家主要领导人的讲话、贺信、题词

讲话、文章

贺 信

题 词

教学情况和教学经验

教 学 情 况

教 学 经 验

科研活动和科研经验

科 研 活 动

科　研　经　验

社会主义学院学报

社会主义学院图书馆

馆情介绍

办 馆 经 验

全国统一战线干部培训统编教材

文 件、讲 话

出版教材简介

2000年中央社会主义学院重大活动

2000年大事记

社会主义学院一览表

特载：全国统战工作会议

全国统战工作会议在北京召开

2000年12月4日至6日，全国统战工作会议在北京隆重召开。这次全国统战工作会议是本世纪末党中央召开的一次重要会议，在我们党的统一战线历史上具有承前启后、继往开来的重大意义。这次会议的主要任务是：以邓小平理论为指导，系统总结近年来统一战线工作的成绩和经验，研究统战工作面临的新形势、新情况、新问题，坚持和完善统一战线的理论政策，明确进入新世纪后统一战线工作的目标和任务，进一步统一和提高全党对统一战线工作重要地位和作用的认识，全面开创新世纪统一战线工作的新局面。

12月4日上午，全国统战工作会议在北京开幕。中共中央总书记、国家主席江泽民出席会议并发表重要讲话。中央政治局常委、全国政协主席李瑞环主持会议。

出席开幕式的领导同志还有：中央政治局常委、全国人大常委会委员长李鹏，中央政治局常委、国务院总理朱镕基，中央政治局常委、国家副主席胡锦涛，中央政治局常委、中央书记处书记尉健行，中央政治局委员、中央书记处书记丁关根，中央政治局委员、全国人大常委会副委员长田纪云，中央政治局委员、中央军委副主席、国务委员迟浩田，中央政治局委员、中央军委副主席、中央书记处书记张万年，中央政治局委员、中央书记处书记、国务委员罗干，中央政治局委员、全国人大常委会副委员长姜春云，中央政治局委员、北京市委书记贾庆林，中央政治局委员、国务院副总理钱其琛，中央政治局委员、中央书记处书记、国务院副总理温家宝，中央政治局候补委员、国务委员吴仪，全国人大常委会副委员长布赫、铁木尔·达瓦买提，国务委员司马义·艾买提、王忠禹，最高人民法院院长肖扬，最高人民检察院检察长韩杼滨，全国政协副主席杨汝岱，全国政协副主席、中央统战部部长王兆国，全国政协副主席任建新、宋健，以及中央和国家机关有关部委负责同志。

参加这次会议的代表有：各省、自治区、直辖市党委主管统战工作的副书记和统战部长，新疆生产建设兵团和副省级城市党委主管统战工作的负责同志和统战部长，中央和国家机关有关部委、有关人民团体、军队和武警部队有关负责同志，中央统战部有关领导同志等，共210余人。

4日下午和5日上午，与会代表围绕江泽民同志的重要讲话，分组进行热烈讨论。

大家普遍认为，江总书记在开幕式上代表党中央所作的重要讲话，高瞻远瞩，总揽全局，着眼新世纪世界发展的大趋势，从党和国家战略全局的高度，系统、全面、深刻地论述了统一战线一系列带有根本性、全局性的重大理论和实践问题，具有很强的理论性、政策性、时代性和前瞻性，是指导新世纪统战工作的纲领性文件。通过认真学习和领会，大家普遍感到很受教育，很有收获，主要是思想认识在五个方面有了很大提高。

一是进一步提高了对新世纪统战工作重要地位和作用的认识。大家普遍认为，江总书记针对当前复杂多变的国际形势和西方敌对势力“西化”、“分化”中国的政治图谋，全面论述了统一战线在实现党和国家三大任务中的重要地位和作用，具体可以概括为“四个离不开”，即实现第三步战略目标离不开统一战线，推进社会主义民主政治建设离不开统一战线，繁荣有中国特色社会主义文化离不开统一战线，完成祖国完全统一大业离不开统一战线。江总书记的这一论述非常透彻，非常深刻，非常精辟。大家一致表示，统战工作确实轻视不得，马虎不得，怠慢不得。

二是进一步提高了对党的统一战线基本理论的认识。大家在讨论中提出，江总书记的重要讲话进一步明确了新的历史条件下统一战线一系列重大的基本理论问题，如统一战线的客观基础、主要范围、根本任务、基本要求、重要原则等。这些重要论述，是以江泽民同志为核心的党的第三代领导集体对新形势下统战工作经验的系统总结，是对邓小平新时期统一战线理论的丰富发展，为统一战线在新世纪的不断巩固和壮大奠定了坚实的理论基础。

三是进一步提高了对共产党领导的多党合作和政治协商制度的认识。大家普遍认为，江总书记在讲话中用较大的篇幅，对共产党领导的多党合作和政治协商制度进行了全面深刻的阐述，使全党对我国政党制度优越性和合理性的认识达到了新的理论高度。特别是讲话明确提出了我国政党制度的显著特征，衡量我国政党制度的基本标准，保持宽松稳定、团结和谐政治环境是多党合作的重要原则，广纳群言、以收众益是党的各级领导干部的座右铭，澄清了党内外一些人在政党制度上存在的模糊认识，为新世纪坚持、完善、落实党领导的多党合作和政治协商制度指明了方向，提供了重要的理论政策依据。

四是进一步提高了对新世纪统战工作形势和任务的认识。江总书记在讲话中根据国际和国内形势的发展变化，明确了党对新世纪统战工作的基本要求，对民主党派、党外知识分子、民族、宗教、非公有制经济人士和海外统战工作等做出了全面部署，提出了具体的政策思想。大家普遍感到，今后统战工作的任务更明了，肩上的担子更重了，紧迫感和责任感更强了。

五是进一步提高了对加强和改善党对统一战线领导的认识。江总书记在讲话中明确指出，加强和改善党对统一战线的领导，是坚持“三个代表”的必然要求，是开创新世纪统战工作新局面的根本保证，并强调全党全社会都要重视、支持、做好统战工作。大家普遍反映，中央为我们做好新世纪统战工作创造了很好的条件，深受感动，深受鼓舞，极大地增强了开创新世纪统战工作新局面的决心和信心。

12月5日下午，全国统战工作会议举行第二次大会。王兆国作了工作报告。王兆国的报告共分三部分：一、上次全国统战工作会议以来统一战线的新发展；二、新形势下统一战线工作的基本经验；三、努力开创21世纪统一战线工作的新局面。会议由中央统战部常务副部长刘延东主持。

12月6日上午，全国统战工作会议进行大会发言。会议由中央统战部副部长、国家民委主任李德洙主持。吴爱英（山东省委副书记）、杨永良（湖北省委副书记、省政协主席）、郑培民（湖南省委副书记）、王学仁（云南省委副书记）、黄丽满（广东省委副书记）、曹克明（江苏省委副书记、省政协主席）、徐志坚（国务院参事室主任）、仲兆隆（甘肃省委副书记）等八位同志先后作了大会发言。

12月6日下午，李瑞环同与会代表座谈并发表重要讲话。丁关根、罗干、中央办公厅主任王刚、全国政协秘书长郑万通等领导同志出席了会议。王兆国主持了会议。座谈开始时，王兆国汇报了这次全国统战工作会议的情况。在座谈会上，上海市委副书记孟建柱作了《健全统战工作协调机制，加强党对统战工作的领导》的发言；北京市委副书记龙新民作了《提高认识，加强领导，推进多党合作规范化、制度化建设》的发言；浙江省委副书记周国富作了《进一步加强对非公有制经济代表人士的思想政治工作》的发言；新疆维吾尔自治区党委副书记周声涛作了《认真贯彻党的宗教政策，切实加强对新疆伊斯兰教的依法管理工作》的发言。

这次全国统战工作会议历时3天，在顺利完成了各项议程后，于6日下午胜利闭幕。

大力加强党的统一战线工作 为完成新世纪宏伟任务服务

江泽民在全国统战工作会议上发表重要讲话

中共中央总书记、国家主席、中央军委主席江泽民2000年12月4日在全国统战工作会议上就做好进入新世纪党的统战工作发表重要讲话。他指出：统一战线工作的根本任务就是争取人心、凝聚力量，为实现党和国家的宏伟目标而团结奋斗。进入新世纪，党对统一战线的基本要求是：高举爱国主义、社会主义旗帜，团结一切可以团结的力量，调动一切积极因素，化消极因素为积极因素，为建设有中国特色社会主义的经济、政治、文化服务，为维护安定团结的政治局面服务，为实现祖国完全统一服务，为维护世界和平与促进共同发展服务。

江泽民强调，在新的世纪里，只有坚持发展我们党领导的最广泛的爱国统一战线，团结全体中华儿女共同奋斗，实现中华民族的伟大复兴，才更有成功的把握。统一战线作为党的一个重要法宝，绝不能丢掉；作为党的一个政治优势，绝不能削弱；作为党的一项长期方针，绝不能动摇。全党同志，特别是各级领导干部，都要从战略的高度充分认识统一战线的地位和作用，更加自觉地支持和做好党的统战工作。

江泽民在讲话中回顾了我们党统一战线的光辉历史。他指出，在我们党近80年的光辉历程中，统一战线始终是党的工作全局中一个极为重要的方面，它为团结和带领全国各族人民，联合各方面的积极力量而共同实现党的奋斗目标发挥了重大作用。历史经验证明，我们必须始终高度重视统一战线，充分发挥统一战线的重要作用，广泛团结一切可以团结的力量，以推动党和人民的事业不断从胜利走向胜利。

江泽民指出，实现社会主义现代化，是全国各族人民的共同理想和奋斗目标。到下个世纪中叶基本实现我国的现代化，任务仍十分艰巨繁重。这就需要我们继续巩固和发展最广泛的爱国统一战线，把各方面的智慧和力量都凝聚起来，把大家的积极性和创造性都发挥出来。统一战线要在社会各界中多做协调关系、化解矛盾、理顺情绪的工作，以减少阻力，增加助力，形成合力，为经济建设创造一个良好的社会政治环境。

江泽民强调，发展社会主义民主政治，关键在于加强社会主义政治制度建设。我们必须坚持并不断完善人民代表大会制度和共产党领导的多党合作、政治协商制度以及民族区域自治制度，使广大人民的意志在国家政治和社会生活中得到更充分的体现。人民代表大会制度和共产党领导的多党合作、政治协商制度以及民族区域自治制度，体现了统一战线大团结、大联合的宗旨。要进一步发挥统一战线的作用，不断发展社会主义民主，为建设有中国特色社会主义事业提供更广泛的政治动力。

江泽民强调，统一战线汇集了大量知识分子和专家学者，他们在继承发展中华民族的优秀文化传统，学习吸收外国的先进科技文化成果，提高全民族思想道德素质和科学文化素质等方面，发挥着重要作用。我们必须高举爱国主义和社会主义的旗帜，把先进性要求和广泛性要求结合起来，努力发挥统一战线对推动文化建设的积极作用，同时加强统一战线内部的思想道德和科学文化建设，促进全社会共同理想和精神支柱的牢固确立，促进全民族科学文化素质的不断提高。

江泽民指出，随着我国社会的发展，爱国统一战线已成为全体社会主义劳动者、拥护社会主义的爱国者、拥护祖国统一的爱国者的最广泛的联盟。改革开放和现代化建设的实践，对党的统一战线工作提出了新的更高的要求。我们要努力巩固和发展最广泛的爱国统一战线，使海内外中华儿女为实现中国的现代化和中华民族的伟大复兴而达到新的团结和联合。

江泽民指出，确立和实行适合国情的政治制度和政党制度，对一个国家的发展和稳定具有极为重要的意义。中国共产党领导的多党合作和政治协商制度是我国的一项基本政治制度。我们必须充分认识这项基本政治制度的优越性，把它坚持好、完善好、落实好。这项制度，是中国人民长期奋斗的成果，也是中国人民政治经验和智慧的结晶。我国政党制度的显著特征在于：共产党领导、多党派合作，共产党执政、多党派参政，各民主党派不是在野党和反对党，而是同共产党亲密合作的友党和参政党，共产党和各民主党派在国家重大问题上进行民主协商、科学决策，集中力量办大事，共产党与各民主党派互相监督，促进共产党领导的改善和参政党建设的加强。

江泽民指出，世界各国的历史传统、经济文化水平和社会制度不同，其政治制度和政党制度也必然不同。衡量中国的政治制度和政党制度，最根本的是要从中国的国情出发，从中国革命、建设和改革实践的效果着眼，一是看能否促进社会生产力的持续发展和社会全面进步；二是看能否实现和发展人民民主，增强党和国家的活力，保持和发挥社会主义制度的特点与优势；三是看能否保持国家政局的稳定和社会安定团结；四是看能否实现和维护最广大人民的根本利益。坚定不移地坚持中国共产党的领导，坚定不移地坚持和完善人民代表大会制度、共产党领导的多党合作和政治协商制度，是关系巩固中国的社会主义制度，关系全国各族人民根本利益的重大政治原则，绝不能有丝毫的含糊和动摇。

江泽民强调，要建立健全配套措施，使多党合作进一步规范化、制度化。各级党委进行重大决策，要同民主党派、无党派人士进行协商。要扩大民主党派的知情范围和参与程度，进一步搞好参政议政。特别是要完善民主监督机制，畅通下情上达的渠道，加大民主监督力度。我们党是执政党，必须自觉倾听人民群众和民主党派的意见，自觉接受人民群众和民主党派的监督，始终保持清醒的头脑，始终兢兢业业工作而不致懈怠。没有监督，就难以有效防止腐败。坚持“长期共存、互相监督、肝胆相照、荣辱与共”的方针，主要是民主党派监督共产党。

要鼓励各民主党派当我们的诤友，能够说心里话，敢于讲不同意见。各级党委和领导干部要主动接受民主党派的监督，闻过则喜，从善如流，特别要听得进逆耳之言，容得下尖锐批评，有则改之，无则加勉。广纳群言，以收众益，这应成为我们党的各级领导干部的座右铭。

江泽民指出，充分发挥人民政协政治协商、民主监督和参政议政的重要作用，是坚持与完善共产党领导的多党合作和政治协商制度的必然要求。各级党委要把人民政协的政治协商，作为共产党领导的多党合作和政治协商的一个重要形式，作为科学决策的一个重要环节和发扬社会主义民主的一条重要渠道，在工作中认真加以落实。

江泽民强调了统一战线工作的几项重要任务。

在谈到知识分子工作时，江泽民说，我国知识分子作为工人阶级的一部分，也作为工人阶级中科技文化水平较高的一部分，在改革开放和现代化建设中起着越来越重要的作用。他们的作用发挥得好不好，直接关系我国社会主义现代化事业的全局。全面做好知识分子工作，充分发挥广大知识分子的作用，是全党同志和党的所有工作部门的一项重要任务。要适应新情况新变化，进一步落实和完善党的知识分子政策，着重做好培养人才、用好人才、吸引人才的工作。统战部门要反映情况，掌握政策，协调关系，举荐人才，密切同党外知识分子的联系，充分听取他们的意见和建议，帮助他们在自己的专业领域和社会上发挥更大作用。

在谈到民族宗教工作时，江泽民说，国内外的历史和现实都充分证明，没有民族问题、宗教问题的正确解决，就没有国家的团结、稳定和统一。我们必须继续巩固和发展社会主义的民族关系，坚持和完善民族区域自治制度，加快民族地区的经济发展、社会进步和群众生活的改善，促进各民族共同繁荣。在各民族干部群众中要坚持广泛开展马克思主义民族观、党的民族政策的宣传教育。在西部大开发中，要把国家对民族地区的开发与这些地区的发展繁荣和少数民族群众的具体利益结合起来，让少数民族和民族地区真正得到实惠，尤其要抓紧解决那些关系群众切身利益的问题。要进一步巩固和发展我们党同宗教界的爱国统一战线，全面贯彻执行党的宗教政策，保障公民宗教信仰自由，依法管理宗教事务，积极引导宗教与社会主义社会相适应。宗教界人士和信教群众要遵守国家的法律、法规和方针政策，宗教活动要服从和服务于国家的最高利益与民族的整体利益，宗教界人士要努力挖掘和发扬宗教中的积极因素，为祖国统一、民族团结和社会发展多做贡献。

在谈到非公有制经济人士时，江泽民说，坚持公有制为主体、多种所有制经济共同发展的基本经济制度，是由我国的社会主义性质和初级阶段国情决定的。公有制经济是社会主义市场经济的主体，国有经济在国民经济中起着主导的作用。非公有制经济是社会主义市场经济的重要组成部分，它在满足人民多样化的需要，增加就业，促进国民经济的发展中起着积极的作用。在改革开放的进程中，在党的富民政策的指引下，通过诚实劳动、合法经营先富起来的个体劳动者和私营企业主，不仅是党和政府的政策允许的，也是光荣的，他们为建设有中国特色社会主义事业贡献了力量，应该受到社会的尊重。对个体私营等非公有制经济要继续鼓励、引导，使之健康发展，充分发挥积极作用。同时，我们应本着“团结、帮助、引导、教育”的方针，着眼于非公有制经济健康发展和非公有制经济人士健康成长，帮助他们树立在党的领导下走建设有中国特色社会主义道路的信念，做到爱国、敬业、守法，在加快自身企业发展的同时，也要开展“致富思源、富而思进”活动，帮助更多的人走上富裕之路。

在谈到实现祖国的完全统一时，江泽民说，解决台湾问题，实现祖国完全统一，是大势所趋，人心所向。我们要按照“和平统一、一国两制”方针，充分调动和发挥统一战线各阶层、各党派、各团体和各界人士的爱国热情，广泛团结和联合大陆同胞、港澳同胞、台湾同胞和海外侨胞，共同反对“台独”、反对分裂，促进祖国早日完成统一。台湾同胞和海外侨胞，只要坚持一个中国原则，拥护祖国统一，不论什么阶层、什么党派、什么团体、什么人，我们都要同他们加强联系，广泛团结，努力形成全体中华儿女共同致力于实现祖国完全统一的政治局面。

江泽民最后强调，加强和改善党对统一战线工作的领导，是进入新世纪开创统战工作新局面的根本保证。全党特别是领导干部要从贯彻“三个代表”要求的高度，发扬党的统战工作的优良传统，认真总结经验，不断探索创新，进一步提高对统一战线工作的领导水平。各级党委要把统战工作作为关系党和国家全局的大事摆上议事日程，精心研究部署，切实加强领导。党政主要领导同志要亲自做统战工作，广交党外朋友，做好思想政治工作。全党、全社会都要支持统战工作。统一战线工作面临的新形势和新任务，要求统战部门必须进一步加强自身建设。各级统战干部要全面提高政治、理论、业务素质，努力使自己成为具有坚定的立场、民主的作风、广博的知识、创新的精神，深受党外朋友欢迎的合格的统战干部。

统一战线工作要牢牢把握大团结大联合的主题

李瑞环在全国统战工作会议上发表重要讲话

2000年12月6日，中共中央政治局常委、全国政协主席李瑞环在与出席全国统战工作会议的代表座谈时强调指出，要认真学习江泽民同志的重要讲话，很好地贯彻落实；要牢牢把握大团结大联合的主题，进一步巩固和发展最广泛的爱国统一战线；要下大功夫研究问题、研究政策。

在谈到贯彻会议精神时，李瑞环说，江泽民同志的重要讲话，总结了统一战线的成就和经验，阐述了统一战线的地位和作用，明确了统一战线面临的形势和任务，强调了加强和改善党对统一战线的领导，对做好新的历史条件下的统战工作具有十分重要的指导意义，全党同志都要认真学习，深入领会，很好地贯彻落实。要注意联系实际。各地情况不同，存在问题不同，要把会议精神真正变成部署，变成行动，取得实效，就必须坚持从实际出发，吃透精神、弄准情况、狠抓落实，力戒形式主义。要注意统筹兼顾。分清轻重缓急，讲究先行后续，抓住重点，兼顾其他，使各方面工作互相促进，形成统一协调的整体。经济建设是党的中心任务，包括统一战线在内的各方面工作都必须服从和服务于这个中心。统战工作要选好角度，发挥优势，为改革开放和现代化建设创造良好的社会环境。

在谈到大团结大联合问题时，李瑞环说，江泽民同志在讲话中指出，要巩固发展最广泛的爱国统一战线，就必须牢牢把握大团结大联合这个主题。大团结大联合关系统一战线的根本，影响党和国家的全局。从理论上讲，人民群众是实践和认识的主体，是创造历史的动力，坚持大团结大联合就是坚持历史唯物主义；从党的性质讲，中国共产党代表最广大人民的根本利益，共产党的责任就是使人民群众认识自己的利益，并且团结起来为自己的利益而奋斗；从统战本身讲，统一战线的任务就是要调动一切积极因素，化消极因素为积极因素，把一切可以团结的力量都团结起来；从历史经验讲，大团结大联合搞得好时我们就顺利前进，搞得不好时就遭受挫折，要使我们的事业不断发展就必须加强大团结大联合。

李瑞环指出，大团结大联合是一个不断发展的过程。二十多年的改革开放，使我们国家发生了巨大的变化。市场经济、利益原则、竞争机制，推动了社会生产力的迅速发展，促进了人民生活的普遍改善，也产生了许多错综复杂的现象。利益的作用激发了人们的进取意识和创造热情，给社会注入了发展活力；利益的驱动也使一些人的私欲膨胀，带来诸多消极负面的东西。随着所有制结构和分配方式的调整，各社会阶层不断分化重组，利益关系日益复杂。不同所有制、不同行业、不同地域之间的人员流动日趋频繁，人们的职业、身份和地位不再固定不变。按照马克思主义的观点，社会存在决定社会意识。由于经济地位的区别，人们的思维方式和价值取向常常有所不同；由于具体利益的差异，人们的愿望和要求往往不尽一致。一项措施出台很难使所有人同等受益，总会有人赞成有人不赞成；一个人在改革中不可能始终受益，难免有时满意有时不满意。现在，我国经济成分和经济利益的多样化、社会生活方式的多样化、社会组织形式的多样化，都是过去难以想像的，也是不可避免的，而且还在不断发展之中。如此复杂多变的社会状况，对我们政权的社会基础，对统一战线的社会构成，势必产生深刻的影响。对此，我们必须高度重视，深入研究，心中有数，并使我们的方针政策和各项工作适应不断变化的情况。否则，就不可能把一切可以团结的力量真正团结起来。

李瑞环强调，实现大团结大联合，必须始终着眼大多数。要把多数人的利益、多数人的愿望、多数人的意见、多数人的情绪作为我们制定政策的出发点和归宿。每项政策出台都要坚持总体受益原则和总体承受能力原则，考虑到有多少人受益多少人吃亏、多少人赞成多少人反对，尽可能得到广大群众的理解和支持。要加强对各方面群众的教育、引导。使群众正确认识整体利益与个人利益、长远利益与眼前利益的关系，在实现整体利益、长远利益中实现自己的利益，在追求自己发展的过程中为国家为社会做贡献。要开辟和畅通各界群众表达意见的民主渠道。充分发挥我们的政治优势，逐步完善社会调节机制，扩大公民有序的政治参与，把各方面的利益诉求和愿望主张引导到社会主义民主与法制的轨道上来。要关心和帮助有困难的群众。维护他们的合法权益，保障他们的基本生活，经常想想他们需要什么，多为他们做一些雪中送炭的实事，把贫困群众纳入我们的工作视线之内和服务网络之中。

在谈到统战部门的工作任务时，李瑞环说，统战部是党的统一战线工作部门，也是党委在统战工作方面的参谋部门，其重要任务之一就是研究问题、研究政策。政策和策略是党的生命。一个政党的任何行动都是实行政策。不是实行正确的政策，就是实行错误的政策。因此，我们党历来重视研究政策。政策的形成，总是经过深入的调查研究，使之具有坚实的实践基础、科学的理论依据。政策出台后，从工作出发，必须维护其权威性、稳定性，强调坚决贯彻，不能朝令夕改；从认识论出发，政策的出台并不是认识的完结，而是新的认识过程的开始，一切政策都必须接受实践的检验，在实践中不断完善。同时，任何政策都不是孤立存在的，与之相联系的其他政策的变化，特别是总方针、总政策的变化，必然要求其做出相应的调整和变化。过去，我们的许多政策和观念是在战争年代、“以阶级斗争为纲”时期、计划经济条件下形成的，深深地打上了那个时候的烙印。十一届三中全会以后，我们实行以经济建设为中心，坚持改革开放，搞市场经济，实现了伟大的历史性转折。要使我们的方针政策、各方面工作完全与这个转折相适应，必须经过反复实践认识、长期不懈努力。

李瑞环指出，统一战线由提出到现在，经历了若干历史阶段，就总体上讲它的法宝地位没有改变，就具体政策上说有不少问题需要进行系统、深入的研究。希望统战部门的同志多花一点时间读书，多花一点时间调查，多花一点时间琢磨问题，多花一点时间研究政策，多提出一些有价值的意见、建议。要按照“三个代表”的要求，把统战工作提高到一个新的水平。

认真学习贯彻江泽民同志讲话精神
全面开创新世纪统一战线工作新局面

——在全国统战工作会议上的工作报告

（2000年12月5日）

王兆国[①]

在这次会议上，江泽民同志发表了重要讲话，从跨世纪的历史高度，全面分析了统一战线工作面临的新形势、新情况，进一步明确了新的历史条件下统一战线的重要地位和作用，系统论述了当前和今后一个时期党的统一战线方针政策和主要任务，深刻阐明了统一战线一系列带有根本性、全局性、战略性的重大理论和实践问题。江泽民同志的重要讲话

① 王兆国，中共中央统战部部长、全国政协副主席。

高屋建瓴，统揽全局，是指导新世纪统战工作的纲领性文件。李瑞环同志在会议结束时还要作重要的总结讲话。我们一定要认真学习，深刻领会，狠抓落实。下面，我向会议作工作报告，着重讲三个问题。

一、上次全国统战工作会议以来统一战线的新发展

1993年全国统战工作会议召开以来，统一战线同我们国家一样，走过了极不平凡的历程。这一时期，世界格局发生了重大变化，经济全球化、政治多极化进程加快，西方敌对势力利用所谓的民主、人权、民族、宗教、西藏和台湾等问题，加紧对我国实施“西化”、“分化”的政治图谋；我国在坚持以经济建设为中心，建立和完善社会主义市场经济体制过程中，遇到了一系列复杂的矛盾和问题，统一战线面临着前所未有的机遇和挑战。在以江泽民同志为核心的党中央坚强领导下，在各级党委、政府和有关部门的重视和支持下，统一战线按照江泽民同志提出的“形成新气势、开创新局面”的总体要求，紧紧围绕党和国家的中心任务，最大限度地调动广大统一战线成员的积极性、主动性、创造性，形成和发展了团结、稳定、振奋、活跃的局面，为深化改革、促进发展、维护稳定、加强民族团结、推动祖国统一做出了新的贡献。这是统一战线历史上最好的时期之一。

1. 学习邓小平理论掀起了新热潮。邓小平理论是全党、全国人民的伟大旗帜，也是团结和凝聚广大统一战线成员的精神支柱。我们认真贯彻党的十四大、十五大精神，始终把学习邓小平理论作为头等大事来抓，做到了“三个结合”：把学习邓小平理论与统一战线工作实际结合起来，我们在1994年第三次全国统战理论工作会议上，从12个方面对邓小平新时期统一战线理论进行了学习研究和初步概括，并在此基础上编写出版了《邓小平新时期统一战线理论学习纲要》，推动统战系统掀起了学习邓小平新时期统一战线理论的新高潮，有力地指导了各项工作的开展；把学习邓小平理论与学习党的第三代中央领导集体对统一战线的重要论述结合起来，我们在2000年年初第四次全国统战理论工作会议上，将以江泽民同志为核心的党中央在统战理论、方针、政策上的新发展，初步总结和归纳为10个方面的重要内容，并编辑了《毛泽东邓小平江泽民论统一战线》，进一步深化了对邓小平新时期统一战线理论的认识；把统战干部的学习与推动统一战线成员的学习结合起来，我们与中央组织部和中央党校，分期分批举办了省、地（市）党委分管书记和统战部长参加的“邓小平新时期统一战线理论研究班”，在中央党校、中央社会主义学院及我部培训中心，举办了以学习邓小平理论特别是邓小平新时期统一战线理论为重点内容的学习班、培训班、研讨班168期，培训党外人士达3800多人次。各省区市也采取多种形式对党外代表人士进行了培训。各民主党派中央、全国工商联在1997年各自召开的全国代表大会上，都把以邓小平理论为指导写进了自己的章程。在高举邓小平理论伟大旗帜这个基本问题上，统一战线广大成员形成了广泛的共识。

2. 为经济建设服务取得了新成果。经济建设是党和国家的中心任务，统一战线工作只有自觉服从和服务于这个中心，才能适应时代的要求，创造新的辉煌。我们积极鼓励和支持各民主党派、无党派人士和工商联等有关人民团体，发挥人才荟萃、智力密集、联系广泛等优势，努力探索为经济建设服务的新路子。围绕国家重大经济决策和重大建设项目，先后就“九五”、“十五”计划的制定等提出了建设性意见，就三峡工程、浦东和苏南地区、京九铁路建设及沿线发展等组织了考察调研活动，针对亚洲金融危机对我国的影响进行了专题研讨。特别是党中央提出西部大开发战略后，各民主党派中央领导人、无党派代表人士和全国工商联领导人200多人，用两个多月时间对西部12个省区市进行了考察，就加快基础设施建设、加强生态环境保护、调整产业结构、发展科技教育、加大改革开放力度、增进民族团结等关系西部开发全局的重点工作，提出了许多有价值的意见和建议。对这些考察活动，江泽民同志和党中央、国务院有关领导同志，给予了充分肯定和高度评价。围绕国家“八七”扶贫攻坚计划，各民主党派、无党派人士、工商联等有关人民团体，成立各种咨询服务机构2000多个，咨询项目3万多个；参加智力支边3万多人，项目2万多个；在老少边穷地区兴办各类学校和培训班6万多个，参加学习和培训的各族群众达200多万人次。特别是1994年以来，组织推动非公有制经济人士开展了以扶贫开发为宗旨的光彩事业，取得了显著成效，全国实施光彩事业项目3160个，到位资金141亿元，帮助232万人摆脱了贫困，被联合国有关组织作为一种新型的扶贫开发模式向国际社会推广，中国光彩事业促进会被联合国接收为非政府组织成员。围绕国有企业改革和实施再就业工程，鼓励全国个体私营企业积极吸纳国有企业下岗职工，仅去年就安置了140多万人，成为国家安置下岗职工再就业的一条重要渠道。积极联络港澳台和海外各界人士，为加快各地经济建设引进资金、技术、人才。1990年以来，各级统战部门和海联会引进资金518亿美元，引进百万元人民币以上项目13000多个。统一战线在服从和服务于经济建设的实践中，显示出日益重要的作用。

3．*共产党领导的多党合作和政治协商制度建设迈上了新台阶。*坚持和完善共产党领导的多党合作和政治协商制度，是建设有中国特色社会主义民主政治的重要内容。八届全国人大一次会议将“中国共产党领导的多党合作和政治协商制度将长期存在和发展”载入宪法，上升为国家意志，党的十五大又将坚持完善这项制度纳入党在社会主义初级阶段的基本纲领。深入贯彻落实《中共中央关于坚持和完善中国共产党领导的多党合作和政治协商制度的意见》，政治协商、民主监督、参政议政更加规范和富有成效。七年来，党中央、国务院召开或委托中央统战部召开民主协商会、座谈会、情况通报会72次，同各民主党派中央领导人、无党派代表人士，就国家政治、经济、人事安排等重大问题进行了协商。协助省级以上政府部门和司法机关，聘请党外特约监察员、检查员、审计员、教育督导员等各类“特约人员”5000多名，支持各民主党派、无党派人士参与了反腐倡廉、环境保护、土地管理等专项监督检查活动，进一步拓宽了民主监督渠道。党外人士参加重要内事外事活动形成制度，民主党派中央领导人、无党派代表人士经常参与国家重大庆典活动及会见外宾、出国访问，产生了良好的政治影响。党外人士安排取得重大进展，目前党外人士中有各级人大代表14万多人，各级政协委员32万多人，31个省区市政府都配齐了党外副省长、副主席、副市长或者助理。民主党派平稳顺利完成了领导成员新老交替，逐步实现政治交接，思想建设、组织建设、制度建设得到了加强。党领导的多党合作格局进一步稳固，社会主义民主政治建设进一步发展。

4．*为创造团结稳定的社会政治环境做出了新贡献。*在改革的攻坚阶段和发展的关键时期，统一战线在维护社会团结稳定方面担负着重大的政治责任。我们按照中央的要求，注意及时化解影响社会政治稳定的因素，有针对性地做好防范工作。比如，1997年一些法轮功骨干分子给中央统战部写信，企图成立“中国法轮佛学会”，我们当即予以制止，并向各地统战部发了通报，明确指出要警惕法轮功发展成邪教。高度重视民族、宗教工作，协助中央筹备召开了中央民族工作会议，明确了加快民族地区发展、维护民族地区稳定的目标和任务；通过多种形式加大少数民族干部的培养力度，其中仅组织地、县级少数民族干部到中央国家机关和沿海发达地区挂职锻炼就达1000多人，增强了民族团结和民族地区社会稳定的组织基础；积极支持基督教加强神学思想建设，推动天主教加强爱国组织建设、实行民主办教和教育转化地下势力，在引导宗教与社会主义社会相适应方面迈出了重要步伐；会同有关部门及时妥善处理了民族、宗教方面的突发事件，维护了民族团结和社会稳定；围绕“封圣”问题，支持天主教爱国人士坚持“独立自主、自办教会”的方针，同梵蒂冈的倒行逆施进行了坚决斗争，使广大宗教界人士认清了梵蒂冈反共反华的反动本质，受到了深刻的爱国主义教育。特别是协助中央召开了第三次西藏工作会议，对西藏的经济建设、社会发展和维护稳定做出了全面部署；在中央直接领导下，与达赖分裂集团进行了针锋相对的斗争，挫败了达赖集团利用宗教分裂祖国、搞乱西藏的一系列政治图谋。在世界上许多国家因民族、宗教、人权等问题冲突不断、战乱不止的情况下，我国始终保持了团结稳定的政治局面。

5. 推动祖国和平统一大业取得了新进展。恢复对香港、澳门行使主权，早日解决台湾问题，是中华民族的根本利益所在，也是统一战线的重要任务。港澳回归前，我们通过广泛宣传、广交朋友、联络感情、安排人士，增强港澳同胞的民族荣誉感和历史责任感，与各种阻碍祖国统一的势力做斗争，促进了港澳的平稳过渡和顺利回归。港澳回归后，我们积极配合有关部门，充分发挥海外联谊会等组织的作用，努力做好争取人心回归的工作，邀请港澳各界人士赴陕西举行“香港回归纪念碑”、“澳门回归纪念碑”揭幕暨祭扫黄帝陵仪式，邀请海外知名华侨、华人、侨领率团回祖国参观考察，增强了他们对祖国的认同感和向心力；同时不断团结和发展爱国、爱港、爱澳的力量，组织和引导他们积极支持特区政府依照基本法施政，促进了港澳的稳定、繁荣和发展。重视做好台湾人民的工作，不断加强两岸人员交往和经济、文化交流，尤其是组织各民主党派中央领导人、无党派代表人士和全国工商联领导人到沿海七省市，就推动两岸政治谈判、经济合作和“三通”问题进行了考察，发展了中国共产党与各民主党派、无党派人士、工商联等有关人民团体为早日实现祖国完全统一共同奋斗的政治局面。针对李登辉抛出“两国论”、民进党上台后的“台独”行径，统一战线各界人士通过各种方式，支持党和政府坚持“一个中国”的原则立场，批判“台独”分子分裂祖国的言行，有力地打击了“台独”势力的嚣张气焰。统一战线在推进祖国和平统一大业中，日益显示出独特的优势和作用。

6. 加强统一战线成员思想政治工作形成了新气象。统战工作作为特殊的群众工作，说到底是做人的思想政治工作，它贯穿于统一战线的各个方面和各个时期。我们根据国内外形势的发展变化，结合新时期统一战线成员的特点，制定下发了《关于加强统一战线成员思想政治工作的意见》等文件，初步形成了统一战线各领域重视加强思想政治工作的局面。建立同党外代表人士的不定期谈心制度，中央及省区市委统战部领导，经常同各民主党派领导人、无党派代表人士和工商联领导人，就各种重大问题，及时沟通思想、交换意见、形成共识，并通过他们做好成员和所联系群众的思想工作。抓住抗日战争胜利50周年、港澳回归、新中国成立50周年、中共“五一”口号发布50周年、志愿军入朝参战50周年等重大纪念和庆祝活动，以及抗洪抢险取得伟大胜利、抗议以美国为首的北约轰炸我驻南联盟大使馆等重大事件，不失时机地在统一战线成员中开展了“五热爱”等形式多样的爱国主义、社会主义教育活动。同时，努力为党外人士做好事、办实事，如设立华夏英才基金资助党外人士出版学术著作、开展学术活动，用党外著名专家学者的名字命名小行星等。所有这些，都提高了广大统一战线成员的爱国主义、社会主义觉悟，自觉地将思想认识统一到党的路线、方针、政策上来，将意志力量集中到为实现统一祖国、振兴中华而共同奋斗上来，增强了党的凝聚力、感召力和向心力。

7. 政策理论研究和宣传工作开创了新局面。调查研究是连接理论和实践的桥梁，是做好统一战线工作的基础。按照江泽民同志“开创学习研究工作新局面”和李瑞环同志“塌下心来研究问题”的要求，我们就社会主义市场经济条件下的统战工作、非公有制经济代表人士队伍状况、我国宗教工作的基本状况及对策、“一国两制”条件下的港澳统战工作、党外知识分子队伍状况、新形势下的统一战线工作等重大问题，在全国范围内组织开展了6次大规模的调查研究活动。据不完全统计，各级统战部门共完成调研报告和研究文章4万多篇，在此基础上中央统战部形成政策性文件52份，各省区市形成文件600多份，有力地指导和推动了社会主义市场经济条件下统一战线工作的开展。目前，已经初步形成了以课题为纽带，以统战系统业务部门和统战理论研究会为依托，抓住课题选择、中期推动、评奖表彰、成果转化四个环节，广泛动员各方面力量把统战理论研究引向深入的工作机制。为了进一步推动新形势下统战工作的开展，从1994年起，中央统战部和各地统战部先后成立了宣传办公室，与中央宣传部、中央外宣办联合下发了《关于大力加强统一战线宣传工作的意见》，多渠道、多形式地宣传新时期统一战线的新气象、新风貌和新经验，为统一战线提供了有力的思想保证、精神动力和舆论支持，进一步提高了全党全社会对统一战线的认识，扩大了统一战线的社会影响，巩固发展了党委重视、政府支持和全社会关心统战工作的局面。

二、新形势下统一战线工作的基本经验

上次全国统战工作会议以来，我们在继承统一战线优良传统的基础上，不断研究新情况，解决新问题，积累了一些新的经验。认真总结统一战线工作的基本经验，对于新世纪统一战线的巩固和发展具有重要意义。

1. 邓小平理论特别是新时期统一战线理论，是指引统一战线胜利前进的伟大旗帜。邓小平理论是当代中国的马克思主义。邓小平新时期统一战线理论是邓小平理论的重要组成部分，其核心就是以爱国主义和社会主义为政治基础，实现海内外中华儿女最广泛的团结，为建设有中国特色的社会主义，实现统一祖国、振兴中华的宏伟目标而共同奋斗。这个理论作为新时期统一战线的精神支柱，极大地调动了广大统一战线成员投身社会主义现代化建设事业的积极性、主动性和创造性，使统一战线在新的历史条件下焕发出勃勃生机。这些年来，统一战线在国际斗争风云变幻、国内改革不断深化的复杂形势下，在经

济、政治、自然的严峻考验面前，既保持了团结稳定的政治局面，又创造了振奋活跃的民主气氛，最根本的就是始终坚持邓小平理论特别是新时期统一战线理论的指导。实践证明，邓小平理论是统一战线各方面成员的最大共识和宝贵财富，也是统一战线工作的强大思想武器和行动指南。在新世纪的征程中，无论碰到什么困难，遇到什么风险，出现什么干扰，我们都要始终高举邓小平理论伟大旗帜不动摇。

2. 以江泽民同志为核心的党中央的坚强领导，是增强统一战线凝聚力的根本保证。中国共产党是爱国统一战线的领导核心。只有不断加强和改善党对统一战线的领导，才能把统一战线各方面成员团结凝聚在党的周围。党的十三届四中全会以来，以江泽民同志为核心的第三代中央领导集体，面对错综复杂的形势和艰巨繁重的任务，领导全国人民取得了举世瞩目的成就，显示出驾驭全局、战胜困难的高超领导艺术，赢得了各民族、各党派、各界人士的衷心拥护和信赖，从根本上增强了党对爱国统一战线的号召力、凝聚力和向心力。尤其是江泽民等中央领导同志对统一战线工作高度重视，率先垂范，经常研究统一战线的重大问题，主持制定统一战线的重大方针政策，亲自参加统一战线的重大活动，带头广交深交党外朋友，有力地教育和带动了党的各级领导干部，巩固发展了全党重视统战工作的局面，坚持了党对统一战线的领导权。党中央还适应社会主义市场经济条件下党的领导方式和执政方式的转变，切实改善党的领导，寓党对统一战线的领导于民主协商之中，把党的正确主张化为广大统一战线成员的共识，团结和带领他们共同致力于有中国特色社会主义现代化建设事业。

3. 把统一战线广大成员的意志和力量凝聚到经济建设上来，是新时期统一战线服从服务于党的工作全局的必然要求。发展是硬道理，发展是时代的主题，发展是解决中国所有问题的关键。坚持以经济建设为中心，大力解放和发展社会生产力，是当代中国最大的政治，是包括统一战线广大成员在内的全国人民的根本利益所在。统一战线作为党的总路线、总政策的重要组成部分，历来是为党的中心工作服务的。在新的历史时期，统一战线在国家政治和社会生活中地位的高低、作用的大小，从根本上讲，取决于能否最大限度地把各阶层、各民族、各党派、各团体和各界人士的意志、智慧和力量都凝聚到经济建设上来。在统一战线工作中，必须牢固树立为经济建设服务的指导思想，既要防止游离于经济建设中心之外的错误倾向，又要防止混同于具体经济部门、片面追求经济指标的简单做法。要充分发挥统一战线的优势，为发展社会生产力提供强大的力量支持，创造团结稳定的社会政治环境。

4. 围绕大目标、实现大团结，是统一战线的永恒主题。最大限度地团结和联合中国社会各阶级、阶层、民族、党派、团体，形成浩浩荡荡的革命和建设大军，是中国共产党领导人民实现民族解放和民族振兴的基本战略。统一战线的历史反复证明，围绕革命和建设的大目标，实现最广泛的大团结，是统一战线的安身立命之本，是衡量统一战线工作成效的重要尺度，也是统一战线永恒不变的主题。团结的面越宽，团结的人越多，我们党战胜困难、夺取胜利的把握就越大。目前，我国还存在着不同阶层、不同群体、不同党派、不同民族、不同信仰、不同所有制的状况。这就要求我们必须牢牢把握大团结大联合的主题，充分发挥统一战线沟通感情、联络友谊、凝聚人心的独特优势，最大范围地把方方面面力量都团结起来，最大限度地把各种积极因素都调动起来，为中华民族的伟大复兴提供取之不尽、用之不竭的力量源泉。

5．保持宽松稳定、团结和谐的政治环境，是统一战线健康发展的基本条件。在改革开放和发展社会主义市场经济的条件下，统一战线中各种思想观念互相碰撞，各种利益关系错综复杂，各种矛盾彼此交织。正确处理新形势下出现的各种矛盾和分歧，努力创造一个宽松稳定、团结和谐的政治环境，就成为发展和壮大爱国统一战线的一个基本条件。统一战线是同和异的统一体。从党的历史经验看，我们既不能因为统一战线成员中出现不同意见和思想认识问题，就怀疑甚至放弃对他们的团结和联合；也不能因为统一战线成员中错误的政治观点属于个别现象，就任其蔓延发展。我们必须坚持求同存异、体谅包容的原则，不能把个人的问题当作组织的问题，不能把认识上的问题当作政治上的问题，不能因为出现个别错误思想政治观点而制造紧张气氛。必须坚持团结——批评——团结的方针，对善意的批评意见，即使是逆耳之言也要认真听取、择善而从；对一般性的模糊认识，要耐心做好深入细致的思想政治工作；对错误的观点则必须旗帜鲜明地进行批评和纠正。只有这样，统一战线才能始终保持真诚相待、宽松和谐、畅所欲言、团结合作的政治局面。

6．努力培养新一代党外代表人物，是巩固和发展统一战线的重要基础。统一战线工作主要是做党外有代表性人物的工作，并通过他们把所联系的千百万群众团结起来。培养和造就一大批与我们党亲密合作的新一代党外代表人物，直接关系到统一战线的巩固和发展。这几年，各民主党派和工商联等有关人民团体在进行领导成员新老交替的基础上逐步实现政治交接，平等、团结、互助的民族关系进一步巩固，宗教与社会主义社会相适应取得重大进展，最基本的一条，就是培养了一支高素质的党外代表人物队伍。培养新一代党外代表人物，关键是使他们继承老一辈的优良传统，在政治上与我们党团结合作，能够经受各种政治考验。要通过党校、社会主义学院等多种渠道和形式，加强对他们的培训，帮助他们在社会实践中锻炼提高，逐步成熟起来。只有新一代党外代表人物不断涌现，我们党与党外人士的联盟才能巩固发展，统一战线的优良传统才能代代相传，不断发扬光大。

7．尊重、维护和照顾同盟者利益，是统一战线必须始终坚持的重要原则。统一战线是建立在共同目标与共同利益基础上的联盟，要不断巩固和发展，就必须尊重、维护和照顾同盟者的利益，否则统一战线就难以建立，即使建立了也不能巩固和长久。改革开放以来，统一战线各方面成员在根本利益一致基础上的具体利益差别日益明显，尊重、维护和照顾同盟者的利益，越来越成为我们制定政策、开展工作的一个重要原则。要积极引导同盟者自觉地把自身利益同国家利益紧密联系起来，在为实现国家繁荣富强、人民共同富裕的过程中，实现自己的具体利益。要通过坚持和完善党的方针政策、国家法律法规和相应措施，使同盟者的具体利益得到切实的维护。要特别注意照顾同盟者的政治利益，确保党外人士在人大、政协占有适当的比例，并与党内同级领导干部享受同等待遇，保证在政府和司法机关担任领导职务的党外领导干部有职有权，充分发挥好他们的作用。

8．锐意进取、不断创新，是统一战线工作持续发展的不竭动力。创新既是统一战线自身发展的内在需要，也是客观形势发展的必然要求。在改革开放和现代化建设新时期，统一战线的每一次重大发展，都是与理论政策、工作机制和内容方式上的不断创新分不开的。这些年来，统一战线工作从新的实践和新的发展着眼，通过协助民主党派、无党派人士、工商联围绕国家建设的重大项目进行考察调研，引导非公有制经济人士投身光彩事业，支持基督教加强神学思想建设，设立华夏英才基金，成立中华海外联谊会，组织民主党派成员出国培训、开阔视野等工作，使统一战线不断形成新气势，开创新局面。统一战线工作政治性、政策性很强，有些问题还十分敏感复杂，因此统一战线工作的创新，必须以正确的理论为指导，以继承优良传统为基础，以求真务实的科学态度为前提，以丰富的知识和工作积累为条件，努力做到在理论观点上有所建树，在方针政策上有所完善，在工作实践上有所开拓，使统一战线始终保持旺盛的生机与活力。

三、努力开创21世纪统一战线工作的新局面

关于新世纪统一战线面临的形势和任务，江泽民同志已经在讲话中作了深刻阐述。认真学习贯彻江泽民同志的重要讲话精神，是当前和今后一个时期统一战线工作的主要任务。贯彻江泽民同志的重要讲话精神，必须高举邓小平理论的伟大旗帜，按照“三个代表”的要求，坚持党的基本路线，牢固树立为经济建设服务的指导思想，紧紧围绕“十五”计划提出的各项任务，真抓实干、开拓进取，全面推进新世纪的统战工作。关键是要抓好以下几个重要环节。

1．*要准确把握统一战线的发展趋势*。没有预见就没有领导。准确把握形势，是做好各项工作的前提。江泽民同志提出的新世纪统战工作的各项任务，是建立在对国际国内大局势的深刻分析和宏观把握基础之上的。我们要全面完成新世纪统一战线的各项任务，就必须关注和研究国际国内形势，特别是要对统一战线的发展趋势有一个清醒的认识。

进入21世纪以后，随着国际国内形势的发展变化，统一战线将呈现出以下主要发展趋势：一是随着政治多极化、经济全球化的进程进一步加快，我国加入世界贸易组织以及《公民权利和政治权利国际公约》的签署，世界范围内综合国力的竞争日趋激烈，各种不同的思想意识、文化观念相互碰撞，由民族、宗教问题引发的纷争和战乱此起彼伏，西方敌对势力对我国的“西化”、“分化”不断加剧，统一战线将面临更加复杂的形势和严峻的挑战，对党和国家工作全局的影响也越来越大。二是随着我国经济和社会结构调整的进一步深化，出现了各种不同的经济成分、组织形式和利益群体，社会各阶层的分化、组合和流动日趋加剧，新的统战对象不断增加，统一战线的内部构成将更加多样。三是随着社会主义民主政治建设的不断推进和依法治国方略的逐步实施，人民群众的民主意识、参与意识、竞争意识和法治意识明显增强，各阶层、各党派、各团体和各界人士的政治诉求，将逐步纳入社会主义民主和法制的轨道，融进社会主义民主制度化和法制化的进程之中。四是在增强我国的综合国力和民族凝聚力、实现中华民族全面振兴的实践中，统一战线工作已经扩展到经济、科技、文化、教育等各个领域，同时各种社会团体和承担统战工作任务的部门也逐渐增多，统战工作越来越显现出社会化的发展趋向。五是以信息技术为标志的科学技术突飞猛进，特别是国际互联网在全球的普及，给人类生活的各个方面都带来了重大而深刻的变化，统战工作单纯依靠传统的方法和手段已经难以适应瞬息万变的形势，现代科技手段将在统一战线工作中得到更加广泛的体现和运用。在新的世纪，我们只有准确把握统一战线的发展趋势，才能真正做到审时度势、未雨绸缪，牢牢掌握工作的主动权。

2. *要积极推进与统一战线相关的重要政治制度建设*。制度更带有根本性、全局性、稳定性和长期性。党的十五大提出，到建党100周年的时候，要形成一整套更加成熟、更加定型的制度。其中，关键是坚持和完善人民代表大会制度，共产党领导的多党合作和政治协商制度，以及民族区域自治制度。我们要按照江泽民同志的重要讲话精神，从统一战线的特点出发，积极推进共产党领导的多党合作、政治协商制度和民族区域自治制度的建设。

在推进共产党领导的多党合作和政治协商制度建设方面，必须深入贯彻落实《中共中央关于坚持和完善中国共产党领导的多党合作和政治协商制度的意见》，在系统总结历史经验的基础上，将长期以来形成的行之有效的好形式、好做法固定下来、确立起来、推广开来，在政治协商的内容和形式，参政议政的范围和渠道，民主监督的途径和机制等方面，形成切实有效的制度和规范化、程序化的运作方式，使共产党领导的多党合作和政治协商制度理论更加成熟，政策更加完善，机制更加健全，运作更加规范。

在推进民族区域自治制度建设方面，要充分认识民族区域自治是解决我国民族问题的惟一正确途径，坚决反对和抵制国内外分裂主义势力搞“联邦制”、“邦联制”的企图。要切实贯彻落实民族区域自治制度，更好地把国家的集中统一和各民族的区域自治结合起来，把国家的富强和各民族的繁荣结合起来，把各民族人民热爱中华民族的感情和热爱本民族的感情结合起来。要按照既符合社会主义市场经济的需要，又充分照顾少数民族利益的原则，加紧修改和完善民族区域自治法，逐步建立健全以民族区域自治法为主干的民族法规体系，并采取切实有力的措施，引导少数民族和民族地区抓住机遇，发挥优势，用好政策，加快发展。

3. *要正确掌握统一战线的政策*。政策和策略是党的生命。掌握政策是统战部门的基本职能，也是协调统一战线内部关系，团结广大统一战线成员共同奋斗的主要手段。历史反复证明，统一战线的扩大与缩小，党的事业的前进与挫折，都与制定、掌握和执行统战政策有直接的关系。例如，在新民主主义革命时期，我们制定和实行了正确的土地政策，有力地巩固了工农联盟；在社会主义改造时期，我们对民族资产阶级实行“和平赎买”政策，顺利实现了对资本主义工商业的社会主义改造；党的十一届三中全会以后，我们完善落实了各方面统战政策，统一战线出现了蓬勃发展的局面。

长期以来，统一战线各领域都制定了一些重大方针政策。在这次全国统战工作会议上，江泽民同志进一步明确了统一战线各领域的基本政策，我们必须认真学习、熟悉和掌握。民主党派工作方面主要有：坚持共产党的领导和发扬社会主义民主，既要加强党对民主党派政治原则、政治方向和重大方针政策的领导，又要尊重民主党派的组织独立性；正确把握民主党派政治联盟的性质，坚持广泛性和进步性的统一，在承认差异、体谅包容的基础上加强政治引导；坚持“长期共存、互相监督、肝胆相照、荣辱与共”的方针，支持民主党派进一步搞好政治交接，充分发挥参政党的作用。党外知识分子和无党派人士工作方面主要有：尊重知识，尊重人才；政治上一视同仁，工作上放手使用，生活上关心照顾；培养人才，用好人才，吸引人才；加大培养和选拔无党派代表人士的力度，有意识地为无党派人士保留一批优秀骨干。经济领域统战工作方面主要有：坚持“团结、帮助、引导、教育”的方针，努力培养一支坚决拥护党的领导、具有一定经济实力和较强社会影响的非公有制经济代表人士队伍；坚持工商联党组的领导核心作用，支持工商联履行统战性、经济性、民间性人民团体和民间商会的职能，充分发挥在非公有制经济人士思想政治工作中的作用。民族工作方面主要有：巩固和发展平等、团结、互助的社会主义民族关系，牢固树立“汉族离不开少数民族、少数民族离不开汉族、各少数民族之间也相互离不开”的思想；坚持实行民族区域自治制度；加快少数民族和民族地区的发展，促进各民族共同发展、共同繁荣；既要继承和发展本民族的优秀文化，又要积极借鉴和吸收其他民族的先进文化；民族、宗教无小事，要维护民族团结、社会稳定和国家统一，坚决抵御境外敌对势力和民族分裂主义分子的破坏、分裂活动。宗教工作方面主要有：全面正确地贯彻执行党的宗教信仰自由政策，依法加强对宗教事务的管理，积极引导宗教与社会主义社会相适应；坚持独立自主、自办教会，坚决反对境外势力利用宗教进行政治和思想渗透；坚持政教分离，反对宗教干预行政、司法、教育等，反对利用宗教进行的违法犯罪活动。港澳台和海外统战工作方面主要有：坚持“一个中国”的原则，只要反对“台独”、反对分裂、拥护祖国统一，无论什么阶层、什么党派、什么团体、什么人都要团结；坚持“一国两制”的方针，壮大爱国爱港爱澳力量，支持特区政府依照基本法施政，促进港澳的长期稳定、繁荣和发展；保护华侨和归侨、侨眷的合法权益，增进同华人的友好情谊，为统一祖国、振兴中华贡献力量。党外代表人物工作方面主要有：要下大力量培养、选拔好有影响、有代表性，能与我们党亲密合作，有参政议政能力、业务上造诣深的高素质党外代表人物；坚持“统筹兼顾、全面安排”的方针，保证党外人士在人大占有适当比例，在政协比例高于党内；搞好党外人士在政府和司法机关的合作共事，使党外干部有职有权有责。

正确掌握和执行政策，一是要坚持全面性，防止片面性和绝对化。党的各领域统战政策是一个相互联系的整体，每项政策都涉及各个方面，必须全面领会、全面把握、全面贯彻。要坚持“两点论”和“重点论”的统一，不能只强调一面，忽视另一面，避免以偏概全、顾此失彼。二是要维护政策的严肃性，防止采取实用主义的态度。不能合意的执行，不合意的不执行，更不能“上有政策、下有对策”。各级统战部门要切实履行督促检查的责任，及时了解发现执行统战政策中出现的带有普遍性的问题，向党委提出建议，采取措施加以纠正。三是要注重创造性，联系实际贯彻执行。中央制定的统战政策具有全局性、普遍性，是基本政策。各地各部门要结合自己的实际情况，因地制宜地制定具体政策。近年来，上海市根据中央有关精神和当地实际，创造了党委对统战工作统一领导、统战部牵头协调的工作机制。湖南省在贯彻落实多党合作制度的过程中，探索形成了“省委出题、党派调研、政府采纳、部门落实”的参政议政新模式。江苏、广东、北京、山东、天津等省市在安排党外干部工作中，有针对性地制定了一些硬措施，使这项工作取得了突破性进展。我们要大力学习和发扬这种精神，在实践中探索，在实践中创造，在实践中丰富和完善，使党的统战政策真正落到实处。

4．要妥善处理统一战线中的热点、难点和敏感问题。受国际国内多种因素的影响，民主党派、无党派人士、党外知识分子、非公有制经济人士、民族、宗教、港澳台和海外等统一战线各领域的工作，在一定时期内都可能出现一些热点、难点和敏感问题。正确处理好这些问题，对于维护社会的团结稳定和国家的长治久安，保证改革开放和社会主义现代化建设顺利进行，推进祖国统一大业，具有十分重要的意义。

从以往工作实践和今后的发展趋势来看，统一战线中的热点、难点和敏感问题主要有以下几个方面：一是在推进社会主义民主政治建设问题上，如何抵御西方多党制、议会制的影响，坚持正确的政治方向；二是在民族问题上，如何正确处理加快发展与保持稳定的关系，在加快少数民族和民族地区经济发展、社会进步的同时，坚决反对达赖集团等民族分裂势力，抵制境外敌对势力利用民族问题进行的渗透、破坏活动；三是在宗教问题上，如何全面正确地贯彻党的宗教信仰自由政策，坚持“独立自主、自办教会”的方针，坚决反对宗教极端势力，抵制境外宗教势力对我国进行政治和思想渗透，积极引导宗教与社会主义社会相适应；四是在加强非公有制经济人士思想政治工作问题上，如何从理论上回答现实中提出的重大问题，在实践上引导非公有制经济人士健康成长，促进非公有制经济健康发展；五是在祖国统一问题上，如何坚持“一个中国”的原则，最大限度地壮大和发展反对“台独”、反对分裂、促进祖国统一的爱国力量，早日实现祖国的完全统一。对于其他领域可能出现的热点、难点和敏感问题，我们也要密切关注，随时掌握。

妥善和正确地处理统一战线中的热点、难点和敏感问题，必须及早发现，见微知著，防患未然，尽量把问题解决在基层，解决在当地，解决在萌芽状态；必须严格区分两类不同性质的矛盾，做好深入细致的思想政治工作，防止将人民内部矛盾激化成敌我矛盾，同时也要旗帜鲜明地同各种分裂破坏活动进行坚决斗争；必须注意方法，讲究策略，坚持原则性和灵活性的统一，根据不同对象、不同时机、不同情况采取不同的方式；必须标本兼治，深入研究产生这些热点、难点、敏感问题的深层次原因，并采取切实有效的措施，逐步从根本上加以解决。

5. *要努力建设高素质的党外代表人物队伍。*培养一支高素质的党外代表人物队伍，是新世纪巩固、发展爱国统一战线的重要组织保证，也是统一战线面临的一项十分重要和紧迫的任务。目前，统一战线各领域新一代党外代表人物还相对缺乏，难以适应统一战线在新世纪实现新老交替和政治交接的客观需要。要顺利实现这次世纪性交替和历史性交接，我们必须按照注重培养、促进选拔、备用结合、形成规范的要求，大力加强新一代党外代表人物队伍的建设。

培养适应时代要求的新一代党外代表人物，要着重抓好六个环节：一是明确标准。要使新一代党外代表人物，具有较高的政治把握能力、参政议政能力、组织领导能力、合作共事能力。最根本的是要坚持政治标准，使他们能够坚决维护中国共产党的领导，坚定不移地走有中国特色的社会主义道路，善于从政治上认识和处理问题，始终保持政治上的清醒和坚定。二是抓住“源头”。党外代表人物大多数来自党外知识分子，要抓住这个“源头”，开阔视野，拓宽渠道，广开进贤之路，源源不断地培养出大批的党外优秀人才。三是健全机制。有计划、有步骤地进行培训和选拔党外干部，并建立党外后备干部队伍名单，形成人才梯次配备。四是实践锻炼。通过提前上岗、异地交流、挂职锻炼、实职安排等多种方式，为新一代党外代表人物创造条件，在实践中锻炼提高，使他们逐步成长和成熟起来。五是建设基地。社会主义学院是民主党派、无党派人士的联合党校，要切实加强社会主义学院建设，使之成为更富有自己特色的名副其实的党外人士学习培训基地，充分发挥它们的作用。六是突出重点。着重培养年轻一代党外代表人物，有针对性地对他们进行历史传统教育，帮助他们树立合作共事意识，增强肝胆相照观念，使我们党同党外人士的团结合作基础牢固、后继有人。

广交深交党外朋友，也是培养党外代表人物的重要途径，需要在这里特别加以强调。统战工作是一项政治性很强的工作，也是人情味很浓、艺术性很高的工作。近几年来，各级统战部门比较重视做交朋友的工作，取得了一些成绩。当然也要看到，我们的交朋友工作还不够深入，存在着制度不落实、工作表面化、挚友交得少等问题。各级统战部门要把广交深交党外朋友的工作摆在重要位置，统筹规划、建立名单、领导带头、形成制度。广交深交党外朋友，要坚持正确的原则和方法：要以诚相见，交心知心，以心换心；要平等待人，谦虚谨慎，虚怀若谷；要循循善诱，和风细雨，以理服人；要坚持原则，开展积极的批评与自我批评，敢于进行思想交锋，达到讲原则和讲友谊的统一；要排忧解难，为党外朋友做实事、办好事，让他们充分感受到党的关怀和朋友的温暖；要持之以恒，通过长年累月地下功夫，使党外人士真正成为我们党的诤友、挚友。

6. *要按照“三个代表”的要求加强统战部门的自身建设*。江泽民同志关于“三个代表”的重要论述，是对党的性质、宗旨和根本任务的新概括，也是搞好统战部门自身建设的重要指导思想。在这次会议上，以江泽民同志为核心的党中央对新世纪的统战工作提出了新的更高的要求，也为我们开创统战工作的新局面创造了更好的条件。各级统战部门和广大统战干部只有大力加强自身建设，全面提高自身素质，才能肩负起时代赋予我们的光荣责任和历史使命，才能不辜负中央的亲切关怀和殷切希望。因此，按照“三个代表”的要求，全面推进各级统战部门的思想建设、组织建设和作风建设，不断提高各级统战干部的理论、政策水平，是当前和今后一个时期我们面临的一项紧迫任务。特别是统战部门的作风建设问题，不仅关系到统一战线方针政策的贯彻落实，而且直接关系到我们党在广大统一战线成员中的形象和声誉。所以，有必要在这里着重加以强调。

首先，要加强思想作风建设，增强开拓进取、锐意创新的意识。时代在发展，社会在前进，统一战线也在不断发展变化。这就要求我们在统一战线工作实践中，既要善于总结和坚持历史经验，又要注意适应新形势、新任务，大胆探索，勇于创新。这些年来，各级统战部门以创新的精神开展统战工作，并提出了不少新的工作思路、新的工作对策和新的工作方法，这是统一战线事业不断前进的重要动力。“解放思想、实事求是”是一个永无休止的过程。我们要继续解放思想，坚持实事求是，牢固树立开拓创新的意识，努力研究和解决新世纪统战工作面临的新情况、新问题。

其次，要加强学风建设，发扬理论联系实际的传统。学习是每个人的终身任务。要深入学习邓小平理论特别是新时期统一战线理论，学习以江泽民同志为核心的党中央关于统一战线的重要论述，掌握思想武器，提高理论素养，坚定理想信念，坚持正确的政治方向。统一战线是一门科学，涉及政治、经济、文化、历史等诸多领域，既有很深的理论问题，又有很复杂的实际问题。因此，要积极创造条件，帮助和支持广大统战干部，认真学习统一战线的基本理论和方针政策，熟悉统一战线的历史和人物，了解现代科技知识，使他们成为统战工作的行家里手。学习的目的全在于运用。要深入实际，深入基层，大力进行调查研究，努力探索新世纪统战工作的特点和规律，指导和推动各项工作的深入开展。

第三，要加强工作作风建设，树立平等待人、协商办事的民主作风。应该肯定，各级统战干部的工作作风总体是好的，但也确有少数同志作风飘浮，热衷于面上的活动，特别是一些同志习惯于用行政手段来处理与党外人士的关系。统战工作不同于其他党务工作，更不同于行政工作，必须善于运用统一战线的方式开展工作。统战工作的方式，实质上是一种协商的方式；统战干部的工作作风，必须是一种民主的作风。这就要求我们在同党外人士交往中，要摆正位置，端正态度，平等相待，商量办事，使统战部真正成为党外人士之家。

在这里，我再讲一下参事室和文史馆的工作。参事室是政府中惟一以非中共人士为主体的具有鲜明统战性的部门，是党的统战工作的一个方面。做好新形势下的参事室工作，对加强党与党外人士的联盟，促进社会主义民主政治建设，有着重要意义。各级统战部门要按照中央的要求，协同政府和有关部门，在贯彻统战政策、遴选聘任参事等方面，给予参事室积极的支持和指导，继续关心和照顾好老一辈参事，为参事室工作的健康发展创造有利的条件。同时，对于具有统战性和荣誉性的文史馆，也希望各地党委统战部继续予以关心和指导，使各地文史馆能为我国的社会主义现代化建设做出新的贡献。

同志们，20世纪是统一战线开拓前进、大有作为的世纪，21世纪是统一战线继往开来、再创辉煌的世纪。我们要在以江泽民同志为核心的党中央坚强领导下，高举邓小平理论的伟大旗帜，抓住机遇，乘势而上，继续巩固和发展最广泛的爱国统一战线，为顺利实现“十五”计划和第三步战略目标，为推进祖国统一大业共同奋斗，迎接中华民族的伟大复兴！

统一战线是完成新世纪三大任务的重要保证

——热烈祝贺全国统战工作会议开幕

（2000年12月3日）

《人民日报》社论

在人类社会即将进入21世纪前夕，中共中央召开全国统战工作会议。这次会议将明确统一战线工作面临的形势和任务，坚持和完善党的统一战线方针政策，总结成绩和经验，加强和改善党对统一战线工作的领导，动员全党同志为在新世纪进一步开创统一战线工作的新局面而共同努力。这是党的统一战线继承80年辉煌、再创新世纪伟业的重要会议。我们对大会的召开表示热烈的祝贺！

中国共产党近80年的历史证明，统一战线始终同党的前途命运息息相关，是夺取我国革命、建设和改革事业胜利的重要法宝。中国共产党成立初期，经过建立民主联合阵线，开展轰轰烈烈的反帝反封建大革命运动，迅速成为中国政治舞台上一支重要力量。以毛泽东同志为核心的党的第一代领导集体，建立了抗日民族统一战线和人民民主统一战线，促成了抗日战争、解放战争的胜利和新中国的诞生，推动了社会主义制度的建立和社会主义事业的发展。以邓小平同志为核心的党的第二代领导集体，确立和发展了爱国统一战线，极大地调动了社会各阶层、各民族、各党派、各团体和各界人士的积极性，有中国特色的社会主义显示出蓬勃生机和活力。以江泽民同志为核心的党的第三代领导集体，坚持以邓小平理论和党的基本路线为指导，在纷繁复杂的国际国内条件下，面对来自经济、政治和自然界等方面的严峻挑战，牢牢把握大团结、大联合的主题，进一步巩固和发展了最广泛的爱国统一战线。坚持把统一战线各方面的力量和智慧都凝聚到经济建设这个中心上来，形成了团结、稳定、振奋、活跃的政治局面，促进了我国改革开放和现代化建设不断向前发展。坚持和完善共产党领导的多党合作和政治协商制度，推进了社会主义民主政治建设，进一步巩固了人民民主专政的国家政权。认真贯彻党的民族、宗教等各项政策，巩固和发展了全国各民族的大团结，促进了社会安定团结。坚持贯彻“和平统一、一国两制”方针，胜利恢复了对香港、澳门行使主权，推动了海峡两岸关系的发展。这些为我们实现中华民族的伟大复兴奠定了坚实的基础。

在新世纪即将来临之际，党中央统揽全局、审时度势，提出了继续推进现代化建设、完成祖国统一、维护世界和平与促进共同发展的三大任务。统一战线历来是为党的总路线总任务服务的。在新的世纪，统一战线要在中国共产党领导下，把海内外中华儿女的意志、智慧和力量都凝聚起来，为三大任务的完成提供强有力的支持和保证。

继续推进现代化建设，发展有中国特色社会主义经济、政治、文化，是亿万人民群众自己的事业。必须通过巩固和发展最广泛的爱国统一战线，团结一切可以团结的力量，形成浩浩荡荡的建设大军；必须充分发挥统一战线人才荟萃、智力密集、联系广泛等优势，围绕现代化建设的重大问题，积极建言、献策、出力；必须努力运用统一战线协调关系、化解矛盾的功能，减少阻力、增加助力、形成合力，为现代化建设创造团结稳定的社会环境。

早日解决台湾问题，实现祖国完全统一，是包括台湾同胞在内的全体中国人民的根本利益所在。邓小平同志指出，“现在最大的统一战线问题，是台湾归回祖国，实现祖国统一问题”。要在坚持“一个中国”的原则下，通过发挥统一战线的作用，最大程度地密切两岸人民关系，最大范围地团结台湾各族、各界和各阶层民众，最大限度地争取台湾民心，反对“台独”，反对分裂，为早日实现祖国完全统一创造条件。

促进世界和平与共同发展，是中国人民和世界各国人民共同的强烈愿望。统一战线包括大陆范围内和大陆范围外两个范围的联盟，汇集了方方面面的人士，同世界许多国家、民族、政党、团体、人士等有着广泛联系，是维护世界和平与促进共同发展的一支重要力量。特别是在海外的几千万同胞，既是推进我国现代化建设、实现祖国完全统一的独特优势，也是发展我国人民与世界各国人民的友谊，促进与世界各国经济文化交流的独特优势。统一战线应当也可以运用自己的影响，为我国实行独立自主的和平外交政策做出更大贡献。

总之，统一战线团结的人越多，团结的范围越大，我们的力量就越大，胜利的把握就越大，这是一个根本性的道理。在新世纪，统一战线作为党的一个重要法宝，绝不能丢掉；作为党的一个巨大政治优势，绝不能削弱；作为党的一项长期战略方针，绝不能动摇。各级党委要从坚持“三个代表”的高度，充分认识统一战线的战略地位和作用，加强和改善党对统一战线的领导，自觉承担起新的历史条件下巩固和发展统一战线的历史重任。

21世纪是实现中华民族伟大复兴的世纪，也是统一战线大有作为的世纪。完全可以相信，在以江泽民同志为核心的党中央坚强领导下，在邓小平理论指引下，爱国统一战线这个重要法宝，一定能在为实现党和国家的伟大历史任务中，显示出更大的威力。

预祝会议圆满成功！

坚持和改善共产党领导的多党合作和政治协商制度

——热烈祝贺全国统战工作会议召开

（2000年12月4日）

《人民政协报》社论

正当世纪交替之际，全国统战工作会议在北京隆重开幕了。这次会议，在我们党的统一战线历史上具有承前启后、继往开来的重要意义，必将载入历史史册。我们热烈祝贺大会顺利召开！

在中国共产党近80年的光辉历程中，作为三大法宝之一的统一战线始终发挥着不可替代的作用。党的三代领导集体，充分运用这一重要法宝，先后取得了抗日战争、解放战争的胜利，促进了社会主义制度的建立和社会主义事业的发展；推动了改革开放和社会主义现代化建设事业；顺利恢复了对香港、澳门行使主权，加快了海峡两岸关系的发展。历史证明，统一战线是关系到我们党和国家前途命运的关键因素。

在长期的革命和建设实践中，中国共产党同各民主党派一起，创立和发展了共产党领导的多党合作和政治协商制度的政党制度，这是中国政党制度发展的必然结果。这一制度充分体现了中国人民的政治经验和政治智慧，在我国政治生活中发挥着积极的作用，并表现出旺盛的生命力。

我国政党制度的显著特征就在于共产党领导、多党派合作，共产党执政、多党派参政。它决定了各民主党派不是在野党和反对党，而是同共产党亲密合作的友党和参政党，决定了共产党和各民主党派在国家重大问题上能够民主协商、科学决策，集中力量办大事；决定了共产党与各民主党派的互相监督是建设性的，能够促进共产党领导的改善和参政党建设的加强。新中国成立以来，特别是改革开放二十多年来，我国社会生产力持续发展，人民物质文化生活水平不断提高，社会主义民主政治建设稳步推进，保持了民族团结、国家统一和社会稳定。这充分说明政党制度在实践中得到不断完善与发展，是符合我国国情的先进的政治制度和政党制度。

坚持和改善共产党领导的多党合作和政治协商制度，要进一步提高各级党的领导干部对这一制度的认识，进一步贯彻《中共中央关于坚持和完善中国共产党领导的多党合作和政治协商制度的意见》，坚持“长期共存、互相监督、肝胆相照、荣辱与共”的方针，总结成功经验，发扬优良传统。要充分发挥民主党派的参政党作用，扩大民主党派的知情范围和参与程度，使参政议政向深度和广度发展。要完善民主监督机制，畅通下情上达的渠道，加大民主监督力度。要保持宽松稳定、团结和谐的政治环境，进一步发挥民主党派和各界人士的积极性、创造性、主动性，开创各方面工作的新局面。

人民政协是中国人民爱国统一战线的组织，是中国共产党领导的多党合作和政治协商的重要机构。充分发挥人民政协政治协商、民主监督和参政议政的重要作用，是坚持、完善共产党领导的多党合作和政治协商制度的必然要求。各级人民政协要紧紧围绕团结和民主两大主题，充分发挥政协委员的积极性、创造性，广泛联系社会各界人士，畅通反映社情民意的渠道，推进履行职能的规范化、制度化，在坚持和完善我国政党制度中发挥更大的作用。

展望未来，我们要积极推动中国共产党领导的多党合作和政治协商制度向更加完善、更加成熟的目标前进。要使全党全社会充分认识统一战线作为党的一大法宝，绝不能丢掉；作为一个政治优势，绝不能削弱；作为党的一项长期战略方针，绝不能动摇。我们坚信，有以江泽民同志为核心的党中央的坚强领导，有邓小平理论的正确指导，有各民族、各党派、各团体和社会各界的坚强团结，爱国统一战线一定会为 21 世纪的中国谱写新的历史篇章！

全国统战工作会议在统一战线理论政策方面的新发展

刘延东①

江泽民总书记和李瑞环同志在这次全国统战工作会议上的重要讲话，《中共中央关于加强统一战线工作的决定》，提出了许多重要的理论观点和政策思想，丰富和发展了邓小平新时期统一战线理论。

---

① 刘延东，中共中央统战部常务副部长、中央社院党组书记。

一、关于统一战线的重要地位和作用

新世纪统一战线的重要地位和作用体现为“一个硬道理”、“四个离不开”和“三个绝不能”。正确认识统一战线的重要地位和作用，是做好统战工作的前提。近年来，在党中央的率先垂范下，各级党委普遍加强了对统战工作的领导，各级政府和社会有关方面也非常关心、支持统战工作。同时我们也要看到，还有一些同志没有把党的统一战线工作放到战略和全局的高度来认识，对新时期统一战线的重要地位和作用存在着疑问，主要反映为“三个为什么”，即：我们党在力量弱小时确实需要统一战线，现在已经是六千三百多万党员的大党了，为什么还需要？我们党在没有夺取全国政权时确实需要统一战线，现在已经有了五十多年的执政经验了，为什么还需要？我们党在搞革命时确实需要统一战线，现在搞建设、搞改革，为什么还需要？这种思想认识的实质，就是毛泽东同志曾经批评过的“清一色”思想。针对这种思想认识，江总书记在这次会议上，从党和国家战略全局的高度，全面、系统、深刻地论述了统一战线的重要地位和作用。

首先，江总书记强调了巩固和壮大最广泛的统一战线是一个硬道理的重要思想。江总书记在他的长篇讲话中，引用了 1948 年 1 月 15 日毛泽东同志在西北野战军前委扩大会议上的讲话：“有了全民族的统一战线，就有胜利。我们的势力越大，胜利的把握就越大，这是很硬的道理。”我体会江总书记之所以引用这句话，正如他在讲话中指出的，在我们党近 80 年的光辉历程中，统一战线始终是党的工作全局的一个极为重要的方面。在新的世纪，我们要全面建设有中国特色社会主义，实现中华民族的伟大复兴，就必须实现最广泛的团结，把方方面面的积极性和创造性调动起来，这也是一个很硬的道理。

江总书记在讲话中论述新世纪统一战线的重要地位和作用，概括起来就是“四个离不开”，即实现第三步战略目标离不开统一战线，发展社会主义民主政治离不开统一战线，繁荣有中国特色社会主义文化离不开统一战线，实现祖国完全统一离不开统一战线。党的十五届五中全会提出，推进现代化建设，完成祖国统一大业，维护世界和平与促进共同发展，是我们党在新世纪的三大任务。其中，维护世界和平与促进共同发展的根本目的是为我们国内的现代化建设和祖国统一创造良好的外部环境，是为前两大任务服务的。因此可以说，新世纪党和国家的根本目标是建设富强、民主、文明的社会主义现代化国家，并早日完成祖国统一大业，也就是“富强、民主、文明、统一”这八个字。江总书记着重论述了统一战线与这八字目标之间的关系。在论述实现第三步战略目标离不开统一战线时，江总书记主要从力量支持和社会稳定这两个方面进行论述，他指出，实现第三步战略目标任务十分艰巨繁重，需要继续巩固和发展最广泛的爱国统一战线，把各方面的智慧和力量都凝聚起来，把方方面面的积极性和创造性都发挥出来，为实现第三步战略目标提供强大的力量支持；同时，统一战线要多做协调关系、化解矛盾、理顺情绪的工作，以减少阻力、增加助力、形成合力，为经济建设创造一个良好的社会政治环境。在论述发展社会主义民主政治离不开统一战线时，江总书记主要是从统一战线与我们国家三项政治制度的关系角度来论述的，指出人民代表大会制度、共产党领导的多党合作和政治协商制度以及民族区域自治制度，都体现了统一战线大团结、大联合的宗旨，要进一步发挥统一战线的作用，扩大统一战线各界人士的政治参与，为建设有中国特色社会主义事业提供更广泛的政治动力。在论述繁荣有中国特色社会主义文化离不开统一战线时，江总书记主要是从统一战线成员在文化建设中的作用和统一战线成员自身素质的提高两个方面进行论述的，指出统一战线汇集了大量的知识分子和专家学者，在继承发展中华民族优秀文化传统，学习吸收外国的先进科技文化成果，提高全民族思想道德和科学文化素质等方面，发挥着重要作用；同时，统一战线包括了不同阶层、不同群体、不同党派、不同民族、不同信仰、不同所有制、不同社会制度的人士，他们思想道德和科学文化素质的提高，对加强全社会的精神文明建设有着重要意义。在论述实现祖国完全统一离不开统一战线时，江总书记指出，台湾问题更复杂，解决起来的难度更大，要通过卓有成效的统一战线工作，为早日解决台湾问题创造条件。解决台湾问题，无非是采取和平或非和平的方式，无论采取哪种方式，都与统一战线密切相关，特别是和平的方式，从一定意义上讲，就是统一战线的方式。

江总书记强调各级党委特别是主要领导干部重视统战工作要做到“三个绝不能”。他指出，“在新世纪，统一战线作为党的一个重要法宝，绝不能丢掉；作为党的一个政治优势，绝不能削弱；作为党的一项长期方针，绝不能动摇”。关于这三个“绝不能”，我们的三代领导人在不同的历史时期从不同的侧面都进行了精辟的论述。但把这三个方面放在一起讲，再加上三个“绝不能”，这还是第一次，对进一步提高全党对统一战线重要地位、作用的认识，具有重要意义。

二、关于统一战线的基本理论

*大团结、大联合是统一战线永恒的主题。*在这次全国统战工作会议上，江总书记、李瑞环同志和王兆国同志在讲话中都阐述了这个问题，《中共中央关于加强统一战线工作的决定》也充分体现了这个原则。最大限度地团结和联合中国社会各阶级、阶层、民族、党派、团体，形成浩浩荡荡的革命和建设大军，是中国共产党领导人民实现民族解放和民族振兴的基本战略。统一战线的历史反复证明，围绕革命和建设的大目标，实现最广泛的大团结大联合，是统一战线的安身立命之本，是衡量统一战线工作成效的重要尺度，也是统一战线永恒不变的主题。在新的世纪，要实现中华民族的伟大复兴和祖国完全统一，更需要我们牢牢把握大团结大联合的主题，最大范围地把方方面面的力量都团结起来，共同奋斗。

*统一战线的根本任务是争取人心，凝聚力量。*我们党在领导中国革命、建设和改革的宏伟事业中，都必须首先解决几个基本问题，即进行革命、建设和改革的性质、目标、阶段、步骤、力量等问题。统一战线为实现党的总目标、总路线服务，最根本的就是为完成不同时期的党的奋斗目标提供力量支持。这种力量支持主要体现在两个方面，一是争取人心，就是解决人心向背的问题；二是凝聚力量，就是解决力量对比的问题。所以，江总书记在这次全国统战工作会议中首次明确提出：“统一战线工作的根本任务就是争取人心，凝聚力量。”这是非常深刻、非常精辟的。

*新的历史条件下我国社会的一致性和多样性是统一战线存在和发展的客观基础。*统一战线是同和异的矛盾统一体，也就是一致性和多样性的统一体。正确分析我国社会的一致性和多样性，对于进一步提高全党全社会对新世纪统一战线存在和发展的客观必然性的认识，具有重要意义。江总书记和中央《决定》都明确阐述了新的历史条件下我国社会的一

致性和多样性的具体内涵。这种一致性和多样性，是当代中国社会的重要特征，也是统一战线存在和发展的客观基础。

*明确了统一战线的工作范围。*不同历史时期统一战线的工作范围和对象是有所不同的。1979 年召开的全国统战工作会议根据国内阶级状况和整个形势的根本变化，提出统战工作的范围大体包括 8 个方面。1981 年底召开的全国统战工作会议进一步将统一战线工作对象明确为 10 个方面。近 20 年来，随着改革开放的不断深入，社会主义市场经济体制的逐步建立和发展，统战工作范围发生了很大变化。一部分特定历史条件下产生的统战工作对象数量不断减少，作用减弱；还出现了一些新的工作范围、对象，如非公有制经济人士、出国和归国留学人员、自由择业的知识分子等。因此，在这次全国统战工作会议上，江总书记将统一战线工作范围概括为 12 个方面，并明确了统一战线工作的重点是社会有关方面的党外代表性人士。

*明确了新世纪党对统一战线的基本要求是“四个服务”。*党对统一战线的要求总是随着党的任务的变化而不断变化的。十一届三中全会以后，党对统一战线的基本要求是“双重服务”，即为四个现代化建设和统一祖国服务。八十年代以后，党中央又根据社会主义民主和法制建设的任务，对统一战线提出了“三个服务”的要求。进入九十年代以后，党对统一战线突出强调了要为维护安定团结的政治局面服务，进一步发展为“四个服务”。在这次全国统战工作会议上，江总书记代表党中央对统一战线的要求明确为新的“四个服务”，即：为建设有中国特色社会主义的经济、政治、文化服务，为维护安定团结的政治局面服务，为实现祖国完全统一服务，为维护世界和平与促进共同发展服务。这个要求是与党的十五大和十五届五中全会精神相一致的，更加全面、系统、准确。

三、关于坚持和完善我国的多党合作制度

*概括指出“共产党领导、多党派合作，共产党执政、多党派参政”是我国多党合作制度的显著特征。*这个概括准确反映了我国政党间的相互关系，反映了我国政党制度与西方多党制和一党制的根本区别，也反映了我国政党制度的合理性、优越性之所在。在这 20 个字的显著特征中，揭示了在我国政党制度中，共产党是领导核心，是执政党；民主党派在政治上接受共产党的领导，是参政党；共产党与民主党派的关系，是团结合作的关系。这是我国政党制度的一个重要特点和巨大优势。

*提出了衡量我国政党制度的“四条标准”。*用什么标准来衡量我国的政党制度，是一个重大的理论和实践问题。关于政党制度的衡量标准问题，党的三代领导人在不同的时期从不同侧面进行过不同的论述。在这次全国统战工作会议上，江总书记根据马克思主义基本原理和毛泽东、邓小平同志的论述，作了历史性的综合，第一次系统、完整地提出了衡量我国政党制度的标准，他指出：“衡量中国的政治制度和政党制度，最根本的是要从中国的国情出发，从中国革命、建设和改革实践的效果着眼，一是看能否促进社会生产力的持续发展和社会全面进步；二是看能否实现和发展人民民主，增强党和国家的活力，保持和发挥社会主义制度的特点与优势；三是看能否保持国家政局的稳定和社会安定团结；四是看能否实现和维护最广大人民的根本利益。”这一标准的提出，对于澄清人们的思想认识，自觉抵御西方两党制、多党制的影响，坚持和完善中国共产党领导的多党合作和政治

协商制度，具有重大的政治意义和现实意义。

明确了民主党派进步性与广泛性的内涵。我国的民主党派从来就不是单一阶级的政党，既具有进步性又具有广泛性。这些年来，党内外一些同志对民主党派的进步性与广泛性存在着不同的理解：有的同志片面强调民主党派的进步性，把民主党派组织作为共产党的延伸；有的同志片面强调民主党派的广泛性而否认其进步性。在这次全国统战工作会议上，江总书记明确指出："民主党派的进步性，集中体现在各民主党派同我们党通力合作，共同致力于建设有中国特色社会主义事业。民主党派的广泛性，是同其社会基础及自身特点联系在一起的。各民主党派的成员来自不同的社会阶层和群体，负有更多地反映和代表它们所联系的各部分群众的具体利益与要求的责任。"江总书记对新形势下民主党派进步性和广泛性内涵的明确，有利于我们正确把握我国民主党派的性质和特点，有利于克服在这个问题上的片面认识和做法，有利于巩固和发展共产党与各民主党派的合作关系。

强调广纳群言、以收众益应成为党的各级领导干部的座右铭。在这次全国统战工作会议上，江总书记特别强调了民主监督问题，并将其与反腐败工作联系起来。指出："没有监督，就难以有效防止腐败。坚持'长期共存、互相监督、肝胆相照、荣辱与共'的方针，主要是民主党派监督共产党。要鼓励各民主党派当我们的诤友，能够说心里话，敢于讲不同意见。各级党委和领导干部要主动接受民主党派的监督，闻过则喜，从善如流，特别要听得进逆耳之言，容得下尖锐批评，有则改之，无则加勉。广纳群言，以收众益，这应成为我们党的各级领导干部的座右铭。"这是对我们广大党员干部的谆谆告诫，对推进民主党派的民主监督工作、推进反腐败斗争必将产生重大影响。

提出保持宽松稳定、团结和谐的政治环境是多党合作的一条重要原则。这是我们党处理同各民主党派之间关系的一个重要原则，是对半个多世纪多党合作实践经验的深刻总结。在实际工作中，我们既不能因为统一战线成员中存在不同的意见和思想认识问题，就动摇甚至改变党对民主党派和其他统一战线成员的团结合作；也不能因为统一战线个别成员中出现的错误政治观点属于个别现象，就任其蔓延和发展。而是要采取求同存异、体谅包容的态度，耐心细致地做好教育、批评、引导、帮助的工作，巩固和发展多党合作团结、稳定、振奋、活跃的政治局面。

四、关于统一战线各主要领域的工作

提出无党派人士是我国政治生活中的一支重要力量。解放前后，一些没有参加任何党派组织而又投身民主运动的知名人士被称为无党派民主人士。由于不可抗拒的自然规律，老一代无党派知名人士逐渐减少，新一代无党派代表人士成长起来。在新的历史条件下，关于无党派人士的一些基本问题亟待明确。这次中央制定下发的《决定》，专就无党派人士写了一条，明确了无党派人士是我国政治生活中的一支重要力量；强调做好无党派人士工作是坚持和完善共产党领导的多党合作和政治协商制度的重要方面；提出无党派人士的作用是"政治协商、民主监督和参政议政"；要求"各级党委召开的协商会、座谈会、情况通报会，要邀请他们参加"；并指出"要加大新一代无党派代表人士的培养、选拔和安排的力度，积极稳妥地推进新老交替。进一步加强与无党派人士的联系和沟通，认真听取无党派人士的意见，为无党派人士充分发挥作用创造更多的机会和条件"。这就为做好新世纪无党派人士工作提供了理论和政策依据。

提出了“培养人才、用好人才、吸引人才”的知识分子政策。知识分子问题是关系我国社会主义现代化建设事业兴衰成败的大问题。充分调动知识分子的积极性，关键是要制定正确的知识分子政策。五十年代党的知识分子政策是“团结、教育、改造”。改革开放以后，邓小平同志提出要尊重知识、尊重人才，明确了党的知识分子政策是“政治上充分信任，工作上放手使用，生活上关心照顾”。当今世界，知识经济方兴未艾，人才竞争日趋激烈，正确处理我们党同知识分子的关系，比以往任何时候都更加迫切和重要。目前，我国的人才状况与经济和社会发展的要求还很不适应，人才外流、人才浪费等现象比较严重，要求我们必须对知识分子政策进行完善。在这次全国统战工作会议上，江总书记提出了“培养人才、用好人才、吸引人才”的知识分子政策。其中用好人才是关键，只有用好人才，才能吸引住人才；只有用好人才，才能为培养人才确定方向。

强调实施西部大开发战略，必须把巩固发展平等、团结、互助的民族关系摆在十分重要的位置。实施西部大开发战略，既是个经济问题，也是个政治问题，还涉及到民族问题。在这次全国统战工作会议上，江总书记特别强调了西部大开发中的民族问题。《中共中央关于加强统一战线工作的决定》进一步明确指出：“实施西部大开发战略，必须把巩固和发展平等、团结、互助的社会主义民族关系摆在十分重要的位置，坚决维护民族团结和社会稳定的大局，正确处理国家整体利益与少数民族和民族地区利益之间的关系。”这对于我们在实施西部大开发战略中，做好新世纪的民族工作具有重要的指导意义。

明确了宗教与社会主义社会相适应的内涵。任何一种宗教都必须与所存在的社会相适应，这是历史规律。宗教与社会主义社会相适应的思想，江总书记在1993年的全国统战工作会议上就完整、准确地提出来了。但这种相适应的内涵是什么，还有待于研究。在这次全国统战工作会议上，江总书记明确提出：“我国宗教与社会主义社会相适应，包括两方面的含义：一是宗教界人士和信教群众要遵守国家的法律、法规和方针政策；二是宗教活动要服从和服务于国家的最高利益与民族的整体利益，宗教界人士要努力挖掘和发扬宗教中的积极因素，为祖国统一、民族团结和社会发展多做贡献。”这一内涵的提出，体现了宗教存在发展的基本规律，是我国宗教存在发展应遵循的基本原则，也明确了宗教工作的基本方向。

对非公有制经济人士作出了基本评价。改革开放20多年来，随着非公有制经济的发展，出现了非公有制经济人士群体。在党的十五大上，对非公有制经济作了科学评价，指明它是社会主义市场经济的重要组成部分，公有制为主体、多种所有制经济共同发展是社会主义初级阶段的基本经济制度。与之相适应，理论和实践上都要求对非公有制经济人士群体做出评价。在这次全国统战工作会议上，江总书记一方面肯定了非公有制经济的积极作用，指出：“在改革开放的进程中，在党的富民政策的指引下，通过诚实劳动、合法经营先富起来的个体劳动者和私营企业主，不仅是党和政府的政策允许的，也是光荣的，他们为建设有中国特色社会主义事业贡献了力量，应该受到社会的尊重。”同时，江总书记还指出，“非公有制经济人士中也存在着缺点、弱点和某些不法行为”，必须加强“团结、帮助、引导、教育”。可以说，这是中央主要领导人首次对非公有制经济人士群体做出全面准确的评价，在理论和实践上都有重大意义。

强调在坚持一个中国原则的基础上实现最广泛的团结。解决台湾问题、实现祖国完全统一，是我们党的一项重要历史任务。当前，要解决台湾问题，一方面我们要做好与台独势力做斗争的准备，一方面要努力实现和平统一。无论哪一种方式，都要充分发挥统一战线的作用，广泛争取人心。在这次全国统战工作会议上，江总书记强调："要充分调动和发挥统一战线各阶层、各党派、各团体和各界人士的爱国热情，广泛团结和联合大陆同胞、港澳同胞、台湾同胞和海外侨胞，共同反对'台独'、反对分裂、促进祖国早日完成统一。"同时他还指出："台湾同胞和海外侨胞，只要坚持一个中国原则，拥护祖国统一，不论什么阶层、什么党派、什么团体、什么人，我们都要同他们加强联系，广泛团结，努力形成全体中华儿女共同致力于实现祖国完全统一的政治局面。"这些思想对于实现祖国完全统一具有重要意义。

五、关于党同党外人士的合作共事

规定担任人大、政协领导职务的党外人士与担任同级职务的党内干部享受同等待遇。对这个问题，在以前的文件中没有明确规定，有的地方担任人大、政协领导职务的党外人士的政治和生活待遇没有得到完全解决。这次中央在《决定》中对此做出了明确规定，规定在各级人大、政协领导班子成员中的党外干部，要与担任同级职务的党内干部享受同等待遇。中央统战部在年前还与中央组织部制定下发了专项文件。

对各级人大、政府、政协和司法机关中任用党外干部做出了明确规定。任用党外干部，是我们党同党外人士合作共事的重要方式。近年来，各地在任用党外干部方面取得了很大成绩，但也存在着不够平衡、有的部门任用比较少的问题。存在这个问题的主要原因，除了思想上重视不够外，主要是在任用党外干部上缺乏明确的政策规范和要求，从而造成一些地方和部门在党外干部任用上随意性较大。中央《决定》对这个问题做了比较明确的规定：第一，在各级人大中，党外人士要在各级人大代表、人大常委会委员和人大专门委员会委员中占有适当比例，在各级人大领导班子成员中应有适当数量的党外干部。第二，在各级政府和司法机关中，规定地方县级以上政府领导班子中要配备党外干部担任领导职务。省、自治区、直辖市、副省级城市和省会城市政府，要配备1名党外副职。国家、省级法院、检察院领导班子中要有党外人士担任领导职务，地、县级法院、检察院要逐步配备党外领导干部。县级以上政府职能部门的领导班子要适当增加配备党外干部的数量。并明确规定，一地选配不上党外干部的，要留出空额，以后增补。职数已满的，可以采取先进后出的办法。地、县级呈报的政府换届人事安排方案中，没有党外干部人选的，原则上不予审批。本地难以产生的，要通过交流选配。明确应安排的单位，要确定专门职数。党外干部可以担任正职。第三，在各级政协中，明确规定在各级政协委员中党外人士不得少于60%，在政协常委中党外人士不得少于65%，在政协副主席中党外人士要占多数，在政协各专门委员会中党外人士要占适当比例，在政协机关中应有一定数量的党外人士担任专职领导干部。这些明确的规定，为我们做好党外人士的安排提供了政策依据。

明确了统战部在人大、政府和司法机关党外干部安排中的职责。中央《决定》明确规定，统战部门要会商有关部门，负责人大代表和人大常委会委员中党外候选人的提名工作。党委统战部门要协助党委组织部门做好政府和法院、检察院党外干部的了解、考察和推荐工作。党委决定对党外干部任免、调动、交流前，组织部门要征求同级党委统战部门的意见。至于统战部门在政协党外人士安排中的职责，中央办公厅1991年下发的《关于各级政协人事安排问题的通知》中已有明确规定，今后要继续执行。这为统战部门做好党外人士的统筹安排提供了保证。

六、关于加强党对统一战线工作的领导

明确了省及省以下党委统战部长，由于工作需要又有条件的要由同级党委常委担任。统战部长由党委常委担任，有利于统战部更好地履行党委主管统战工作职能部门的职责，有利于对重大统战活动进行协调和沟通，有利于建立精干、高效、统一的统战工作机制。特别是在处理民族宗教等方面一些突发性事件和敏感问题时，便于及时了解党委意图，充分发挥参谋作用。对此，江总书记的讲话和中央《决定》中都有比较明确的要求和规定："省及省以下党委统战部长，由于工作需要又有条件的要由同级党委常委担任，并在任免前征求上一级党委统战部门的意见。"这必将强化党委对统战工作的领导，更好地发挥党委统战部的牵头协调作用。

规定建立健全由党委统战部负责协调的机制。这是机构改革的内在要求，是新形势下统战工作发展的必然趋势。江总书记在1990年的全国统战工作会议上就提出统战部门要实行归口管理。按照江总书记的指示，上海市率先进行了归口管理，即由统战部统一管理统战系统各单位的重大方针政策、主要干部安排和重大活动的组织协调。随后，北京、天津、湖南、甘肃等省市也进行了归口管理的尝试，取得了明显成效。在这次全国统战工作会议上，江总书记的讲话和中央《决定》进一步明确提出："建立和健全精干、统一、高效的统一战线工作机制，有利于加强党对统一战线的集中统一领导，有利于统战系统的协调配合，有利于及时处理统战工作中的重大问题。统战部作为党委主管统一战线工作的职能部门，负有协调、监督和检查本地区统战工作的重要职责。"规定在中央，中央统战部要对贯彻落实党在民族、宗教等方面的重要方针政策负责，研究拟定重要政策措施；加强对重大问题的协调处理；协助中央组织部做好这些部门中央管理干部推荐工作，中央组织部在对这些干部任免前要征求中央统战部的意见。在省、市（地）、县一级，要结合各自的特点，在统战工作方针政策的贯彻落实、重大问题的协调处理和相关干部的管理等方面，建立健全由党委统战部负责牵头协调的机制。这些政策性规定，为开创新世纪统战工作新局面提供了重要保证。

要求全党全社会都要重视做好统战工作。改革开放以后，统战工作社会化趋势越来越明显，已经渗透到经济、政治、文化等各方面，统战工作对象也遍布各地、各行业、各领域，统战工作不仅仅是统战部门的事，必须全党重视，全社会支持。在这次全国统战工作会议上，江总书记对党的各个部门在统战工作方面所担负的职责提出了明确要求，指出："党的组织部门要把会不会做统战工作作为考察考核领导干部的一个重要依据。党的宣传部门要积极宣传党的统一战线的理论和政策。各级党校要把统一战线的理论和政策列入干部培训的课程。各级人大、政府、政协和司法机关的党组织要搞好与党外人士的合作共事。工会、共青团、妇联等人民团体要结合自身特点开展统战工作。科学、教育、文化、卫生、企业党组织也要积极做好统战工作。”这么全面、具体地对各方面提出做好统战工作的要求还是第一次，必将对统战工作的深入发展起到重要作用。

强调加强基层统战工作。基层统战工作是统一战线工作的基础，要高度重视。近年来，由于种种原因，基层统战工作存在着一些值得注意的问题，统战工作呈现出“上热、中温、下冷”的状态。有的地方干脆把统战部撤销或合并，许多大型企业的统战部已经不存在了，作为知识分子尤其是党外知识分子高度集中的高等院校、科研院所，也存在撤并统战部的现象，这对统战工作是不利的。在这次全国统战工作会议上，江总书记强调了这个问题。中央《决定》明确规定：“县级统战工作是统一战线工作的重要基础，要切实加强。统战工作任务重的高等院校、科研院所和大型国有企业党委要设置统战部，乡镇、街道党组织要有统战委员，其他企事业单位也要有人负责统战工作。”这对做好基层统战工作，意义十分重大。

明确了新世纪合格统战干部的“四条标准”。统战干部素质的高低决定了统战工作水平的高低，决定了统战工作成效的大小。我们党的老一辈领导人非常重视统战干部队伍建设，对统战干部提出了很多要求。在这次全国统战工作会议上，江总书记对新世纪的统战干部提出了四条要求，即“坚定的立场、民主的作风、广博的知识、创新的精神”。这为我们建设高素质的统战干部队伍指明了方向。

提出了统战工作的方式实质上是一种协商的方式，统战干部的作风必须是一种民主的作风。这是由统战工作的职责和工作对象的特殊性决定的。党的领导是政治领导。各民主党派作为共产党的友党，在政党关系上是平等的，在组织上是独立的，不是隶属与被隶属的关系。统战部作为党委的一个职能部门，受党委的委托联系民主党派，与民主党派更不是领导与被领导的关系，在工作中不能用行政手段来处理与党外人士的关系，不能干预甚至包办民主党派内部的事务。这次全国统战工作会议提出，统战工作的方式，实质上是一种协商的方式；统战干部的工作作风，必须是一种民主的作风。这是对每一位统战干部的基本要求。

明确了统一战线宣传是党的宣传工作的重要内容。加强统战宣传工作，是做好统一战线工作的必然要求。周恩来同志在1951年的一次讲话中提出，统战部门的同志要把自己的工作宣传出去，如果不把道理宣传出去，那就自己孤立起来了。特别是在新的形势下，社会上甚至一些新上任的党政领导干部对统一战线方针政策不够了解，对统一战线历史不清楚，导致了对统战工作轻视忽视现象的发生。中央《决定》指出：“统一战线宣传是党的宣传工作的重要内容。党委宣传部门应有一位领导负责联系、协调统战宣传工作。中央各部门和各省、自治区、直辖市以及各大中城市的主要新闻单位，要把统战宣传列入年度计划，做到经常化、制度化和规范化。充分利用报刊、广播、电视、互联网络等各种宣传手段，多渠道、多形式地开展统一战线的社会宣传和海外宣传，不断扩大统一战线的影响。”同时，还把中央和省区市党委统战部主办的统战刊物列为党刊，并纳入党报党刊发行范围。这对加强统战宣传工作，扩大统一战线影响，具有重要意义。

社会主义学院发展历程

概　况

社会主义学院在中共中央三代领导集体的关怀下，走过了一条充分展现几代社院工作者不怕困难、奋力拼搏、开拓进取的发展道路。

纵观社会主义学院的发展，大致经历了以下三个时期：

1. 创办时期（1956—1966 年）

社会主义学院是在毛泽东、周恩来等老一辈无产阶级革命家的关怀下，适应建国初期国内外政治形势的需要，应党外知名人士的要求创办的。早在 1949 年共和国刚刚诞生时，沈钧儒、陈叔通等一批党外知名人士就向毛泽东同志建言：“党有党校，团有团校，党外人士也应有一所学习政治理论的学校。”第一个五年计划胜利完成后的 1956 年，我国对农业、手工业和资本主义工商业的社会主义改造基本完成，为了跟上社会主义前进的步伐，各界民主人士和工商业者进行自教育的必要性和迫切性进一步突现出来。同时，民主党派和无党派民主人士也提出了系统学习政治理论的要求，并再一次建议成立党外人士的学校，并建议学校定名为“毛泽东学院”。毛泽东同志赞成建校的意见，并亲自定名为：“社会主义学院”。

1956 年 3 月 27 日，中国人民政治协商会议第二届全国委员会常务委员会第二十次会议，通过了《中国人民政治协商会议全国委员会关于组织各界民主人士和工商业者进行政治学习和理论学习的决定》，《决定》提出，“为了适应我国社会主义建设和社会主义改造新的政治形势需要，适应各界民主人士（各民主党派、人民团体、国家机关和人民政协各级委员会中的民主人士以及其他爱国民主人士）和工商业者对政治学习和理论学习的要求，……应当分别不同对象，根据当地情况，采取各种办法，组织各界民主人士和工商业者在自愿的基础上进行政治学习和理论学习。”《决定》同时提出了组织学习的办法和形式，其中包括举办社会主义学院。并明确指出：“社会主义学院，本会委托中国人民大学在北京举办，吸收和中共高级党校学员的职务或者级别大体相当的民主人士（包括在中央的和地方的）分期分批入学。每期定为一年，学习内容，第一期暂定‘辩证唯物主义和历史唯物主义’、‘政治经济学’和‘中国革命史’三门课程为必修课，还可以增加其他适当的选修课。此外，还要组织一些重要的时事、政策的学习”。

1956 年 3 月 31 日，中央统战部将《创办社会主义学院的实施方案（草案）》上报周恩来和中央书记处，经毛泽东、周恩来批准后正式成立。社会主义学院的第一任院长为吴玉章，副院长有聂真、邵力子、杨明轩等。

社会主义学院在北京创办后，各省、自治区、直辖市也相继成立社会主义学院。为了同地方社会主义学院相区别，在北京成立的社会主义学院经中央批准，改名为“中央社会主义学院”。

社会主义学院的创立，为统一战线的巩固和发展，为人民政权的巩固和壮大，为人民共和国第二个五年计划的胜利完成，提供了可靠的党外高级领导人才保证。

2. 复办时期（1982—1992年）

“文化大革命”这一场浩劫，使统一战线遭到了严重的摧残和破坏，社会主义学院也被迫停办。

党的十一届三中全会以后，在以邓小平为核心的第二代党中央领导集体的正确领导下，统一战线工作迅速得到恢复并进入新的历史发展阶段。各民主党派、工商联组织恢复工作后，大批新人被吸收到民主党派、工商联组织中去，统战部门的工作也逐渐走上正轨，统战干部队伍充实了许多新干部。他们都急需马克思主义理论武装，急需学习了解进入新时期党的统一战线的基本理论和方针政策，党外人士和统战干部教育培训的问题日益显现出来。在各民主党派中央领导的呼吁下，经党中央批准，中央社会主义学院于1982年恢复办学。1983年8月，中共中央办公厅转发中央统战部《关于恢复各省、市、区政治学校的请示》，各省、自治区、直辖市社会主义学院包括地、市、区社会主义学院（校）先后恢复成立。1990年8月，中央统战部为了加强对社会主义学院工作的领导和指导，成立了干部教育管理机构。1990年11月，中央统战部印发了《关于进一步办好社会主义学院的意见》，第一次对社会主义学院的性质、任务和培训范围、班次学制、教学内容以及领导体制等做出明确规定。不久，中央统战部又制定和印发了《1991—1995年全国社会主义学院培训规划》等文件。由此，社会主义学院复办时期的各项基础性工作初步完成，社会主义学院的建设和教育培训工作上了一个很大的台阶。到1991年底，全国社会主义学院总数已达70多所，为培养统一战线高素质党内外人才提供了有力的支撑。

3. 建设发展时期（1992年至今）

1992年，在党中央的直接关怀下，中央社会主义学院新校舍落成。邓小平同志为中央社会主义学院题写校名，江泽民总书记给中央社会主义学院发来贺信，并题写了“爱国、团结、民主、求实”八字校风。中央政治局委员、书记处书记宋平同志亲赴中央社会主义学院落成典礼暨复办十周年大会讲话。党中央的亲切关怀，使社会主义学院全体教职员工深受教育和鼓舞。尤其是江泽民总书记的《贺信》，给社会主义学院工作以巨大的推动。《贺信》对社会主义学院的工作给予充分肯定和高度评价，并要求“力争在2000年以前，把中央社会主义学院建设成为更富有自己特色的名副其实的党外代表人士和党的统一战线干部的学习培训基地，使它在社会上享有更良好的声誉，在党外各界代表人士中更具有吸引力，在统一战线的学术研究方面达到更高的水平和应有的权威性。”在《贺信》的指导下，各地加快了社会主义学院的建设发展步伐。

1996年6月，中央统战部召开了全国统一战线干部培训工作会议。这是统一战线干部教育培训工作发展进程中一次具有重要意义的会议，各省、区、市党委统战部部长和社会主义学院负责人出席会议，王兆国部长在会上作了重要讲话。会议认真学习江总书记《努力建设高素质的干部队伍》的重要讲话和《贺信》精神，总结研究了社会主义学院工作，讨论通过了《1996—2000年全国统一战线干部培训规划》。会议结束之后，大多数省、自治区、直辖市党委统战部也先后召开统战干部教育培训工作会议，社会主义学院工作出现了前所未有的蓬勃发展的形势，进入了建设发展的新时期。这一发展时期的主要标志是：

第一，各级党委和统战部进一步关心、重视和支持社会主义学院的建设和发展。为适应新时期统战工作的需要，在会议结束后的五年内，全国每年新增社会主义学院 10 多所。中央社院和省级社院以及部分副省级市和地、市、区社院的校舍和教学科研条件不断得到改善，教学经费不断增加。许多省、市党委主要领导把加强社会主义学院工作作为关乎新时期爱国统一战线和多党合作制度的巩固与发展的重要任务来抓，并明确表示，一定要抓好两所党校，即抓好一所中共党校，一所党外人士的联合党校。由于各级党委、政府和统战部的切实关心和重视，在 20 世纪结束之前，中央社院和大多数省级社院的校舍和教学条件有了量和质的变化，相当部分省级社院的后勤保障条件赶上甚至超过了同级干部院校。

第二，建立起了一支基本适应统一战线干部教育培训工作需要的教学科研队伍。中央社院和部分省级社院引进了一批知名专家学者和学科带头人，社院教学科研人员和行政管理人员的年龄和专业文化结构正在出现可喜的变化。

第三，初步形成了独具特色的社会主义学院教学体系。各级社院在培训中坚持“强化一个中心，突出一个重点，搞好四个结合”，即：组织学员以学习邓小平理论为中心，突出统一战线理论和有中国特色的政党理论这个重点，把学习邓小平理论同学习马列主义、毛泽东思想的基本理论著作结合起来，把学习理论同学习党的路线方针政策结合起来，把学习理论同学习现代化建设和参政议政、统战工作等必备知识结合起来，把学习理论同联系工作和思想实际、总结经验、加强修养、提高素质、促进民主党派自身建设结合起来。按专题组织教学的形式不断完善。中央社院和省级社院的班次设置、学制和教学内容等初步规范，并正朝着正规化办学的方向迈进。

中央社会主义学院简介

中央社会主义学院（简称中央社院），是民主党派和无党派人士的联合党校，是中国共产党领导的统一战线性质的高等政治学院。从 1956 年创建至今，已走过了四十多年的风雨历程。在毛泽东、周恩来、邓小平等老一辈无产阶级革命家和以江泽民同志为核心的第三代中央领导集体的亲切关怀下，学院不断发展，为培训民主党派和无党派代表人士，巩固和发展我国的统一战线事业做出了应有的贡献。

一

1956 年，我国对农业、手工业和资本主义工商业的社会主义改造完成以后，各界民主人士和工商业者进行自我教育的必要性和迫切性进一步凸现出来。

中央社会主义学院的创办和发展得到了毛泽东、周恩来等老一辈无产阶级革命家的亲切关怀。1956 年冬，几位民主党派和无党派民主人士向中共中央统战部部长李维汉提出：党（指中共）有党校，团有团校，各界民主人士也应有一所学习政治理论的学校，建议成立毛泽东思想学院。李维汉作了调查研究后，向毛泽东同志汇报了民主人士的意见，毛泽东同志同意创办这样的学校。关于学校的名称，毛泽东同志说“还是叫社会主义学院好”。1956 年 3 月 31 日，中央统战部将《创办社会主义学院的实施方案（草案）》上报周恩来同志并中央书记处，周恩来同志和中央书记处批准了《方案》，决定在紫竹院北侧建设社会主义学院，建筑标准与中共中央党校相同。

1956 年 10 月 15 日，在全国政协礼堂举行社会主义学院第一期学习班开学典礼，宣布社会主义学院正式成立。1960 年 7 月 18 日，鉴于地方社会主义学院普遍成立的情况，经周恩来同志和全国政协批准，社会主义学院改称中央社会主义学院。

中央社会主义学院的性质、任务决定了在创办发展时期的招生对象是民主党派和无党派高层民主人士，其职务或级别与中共中央高级党校学员大体相同。其中包括：全国政协委员，正副秘书长等；各民主党派的中央委员、候补委员，正副秘书长以及各部委正副负责人等；全国人大代表；全国性人民团体常务委员、委员、候补委员，正副秘书长等。

中央社会主义学院的性质、任务决定了学院独具特色的教学原则、教学方法。1956 年 7 月 5 日，全国政协学习委员会通过的《关于社会主义学院学习方法的规定》指出：根据社会主义学院的性质，为了使学员学习的效果更好，在学习方法上应该采取自由、自愿、自觉的原则。除教员作必要的讲授之外，要着重自由研究，民主讨论，对课程不要求死记条文，提倡开动脑筋，独立思考，着重理解，着重学习分析问题，学习将理论运用于实际。”“为了追求真理，提倡人尽其言，言尽其意，在学术上允许各种见解的存在和争辩。”“务必使每一个学员在这里学习的时候情绪是轻松愉快的，所求得的马列主义真理的知识和觉悟的提高都是经过自觉自愿的努力钻研，然后自然地获得的。”中央社院在教学工作中始终贯彻“三自”（自由、自愿、自觉）的原则，实行“三不”（不抓辫子、不扣帽子、不打棍子）方针，体现了中国共产党领导的统一战线工作的方针、政策，形成了以自我教育为主，贯彻“三自”和“三不”方针的优良传统。

从 1956 年至 1965 年，中央社会主义学院在创办发展的近 9 年中，共举办了 6 期学习班，有 1800 名民主党派和无党派人士参加了学习，对提高他们为社会主义革命和建设事业服务的自觉性，加强中国共产党领导的多党合作，巩固和扩大统一战线，发挥了重要作用。

中央社院在创办发展时期，院长一直由德高望重的无产阶级革命家、教育家吴玉章担任，先后担任副院长的有邵力子、杨民轩、聂真、千家驹、魏景昌。

1965 年 7 月 1 日，全国政协秘书长会议决定，中央社会主义学院暂停办一期。1965 年 7 月 10 日，第六期学习班结业后，全体干部赴农村参加社会主义教育运动（即四清运动），暂停招生。自此，中央社院被迫停办 17 年之久。

二

中国共产党十一届三中全会召开以后，我国进入了改革开放和社会主义现代化建设的历史新时期，中国共产党领导的统一战线事业进入了新的历史阶段，中央社会主义学院终于迎来了蓬勃发展的第二个春天。适应统一战线系统党内外两支干部队伍的建设亟待加强的新形势，在 1979 年和 1980 年召开的全国政协五届二、三次会议上，部分委员提出了要求恢复中央社院的提案。全国政协、中央统战部为此先后向中共中央写报告，建议恢复中央社会主义学院。

1982 年 2 月，中共中央书记处会议决定，恢复中央社会主义学院。1983 年 11 月 7 日，在全国政协礼堂举行了中央社会主义学院复办后的首次开学典礼。全国政协主席邓颖超、国家副主席乌兰夫、中共中央政治局委员宋任穷和全国政协、各民主党派以及有关方面领导人杨静仁、许德珩、肖克、胡厥文、朱学范、周谷城、严济慈、胡子昂、钱昌照、董其武、包尔汉、缪云台、费孝通、屈武等出席了典礼。宋任穷同志代表中共中央作重要讲话，指出学院的复办“标志着中央社会主义学院进入了一个新的发展阶段。”此后，在中央的支持和关怀下，中央社会主义学院开始建设设施先进、环境优美的新校舍。

1992 年 6 月，邓小平同志为中央社会主义学院亲笔题写了校名，江泽民同志为学院亲笔题写了“爱国、团结、民主、求实”的八字校风，充分体现了党和国家对中央社会主义学院的亲切关怀和殷切期望。1992 年 10 月 16 日，中央社会主义学院举行新校舍落成典礼和建校 36 周年暨复校 10 周年纪念会。江泽民同志发来贺信，他在《贺信》中明确提出了中央社院的奋斗目标：“坚持解放思想，立足本职，奋发进取，真抓实干，力争在 2000 年以前，把中央社会主义学院建设成为更富有自己特色的名副其实的党外代表人士和党的统一战线干部的学习培训基地，使它在社会上享有更好的声誉，在党外各界代表人士中更具有吸引力，在统一战线的学术研究方面达到更高的水平和应有的权威性。”宋平同志代表中共中央和江泽民同志出席纪念会并作了重要讲话。出席校庆纪念会的还有阿沛·阿旺晋美、荣毅仁、费孝通、雷洁琼、王光英、钱伟长、程思远、卢嘉锡等。

1995 年 10 月 19 日，李瑞环同志在王兆国等同志的陪同下，视察了中央社会主义学院并作了重要讲话。他强调，要着力培养高层次、高质量的民主党派接班人，把中国共产党领导的多党合作这个光荣传统一代一代传下去，办好社会主义学院是要长期坚持的重大举措。中央社会主义学院应当有统战特色，水平要高，层次要高，要正规化。

1996 年 10 月，中央社会主义学院建院 40 周年之际，江泽民同志再次为学院题词：“坚持正确的政治方向，办好中央社会主义学院。”李鹏、乔石、李瑞环、荣毅仁等党和国家领导人及各民主党派、全国工商联领导人分别题词祝贺。李瑞环、胡锦涛、荣毅仁等出席了建院 40 周年庆祝大会。

学院复办后，先后担任院长的有孙晓村、杨纪珂，担任副院长的有聂真、[illegible]、程浩、千家驹、江云、吴江、赵宝煦、倪书林、董衍成、燕天甲、宋堃、任涛、何乃光、于泽荣、姜汝真。

三

作为民主党派和无党派人士的联合党校，中国共产党领导的统一战线性质的高等政治学院，新时期的中央社会主义学院的主要任务是组织培训民主党派高中级领导干部、无党派代表人士以及党的统战干部，研究、宣传邓小平理论特别是邓小平新时期统一战线理论和江泽民同志“三个代表”的重要思想。根据这一性质和任务，中央社院办学的指导思想是高举邓小平理论伟大旗帜，以江泽民同志“三个代表”的重要思想为指导，坚持党的基本路线和基本纲领，以教学为中心，以科研为基础，以党的建设和队伍建设为保证，以行政后勤服务为保障，正确认识和把握统一战线干部教育工作的规律，全面推进学院的工作，为培养高素质的统一战线两支干部队伍服务，为巩固和发展爱国统一战线服务，为改革开放和社会主义现代化建设服务。

自复校以来，学院共举办各类班次160多期，培训学员近7000人，为坚持和完善中国共产党领导的多党合作和政治协商制度，巩固和发展爱国统一战线培养了一大批骨干力量。其中学院的主体班次民主党派领导干部进修班、培训班，培训干部近2000人，在中共十五大精神和邓小平理论的指引下，学院坚持“高层次、有特色、正规化”的办学方针，加大培训力度，提高培训质量，现每年培训各类学员1000人左右，形成了一定的培训规模。

近年来，中央社院的教学改革不断深化，教学科研水平和教学质量显著提高。在教学改革实践中，逐步形成了富有中央社院特色的教学布局和教学体系，教学布局概括为“抓好理论武装”、“坚持合作协商”、“加强自身建设”、“提高政治素养”。“抓好理论武装”就是要搞好“马克思主义理论基本问题”、“毛泽东思想基本问题”、“邓小平理论基本问题”的教学；“坚持合作协商”即搞好马克思主义统战理论和有中国特色社会主义政党制度的教学；“加强自身建设”即搞好民主党派自身建设的理论与实践教学；“提高政治素养”就是在全面提高学员理论素养、政策水平和参政议政能力等自身素质上，突出提高坚定走有中国特色社会主义道路、坚持共产党领导的多党合作和政治协商制度、促进中华民族的大团结、大联合，为实现中华民族的伟大复兴为主要内容的政治素养。教学体系概括为“强化一个中心，突出一个重点，搞好四个结合”，即：组织学员以学习邓小平理论为中心，突出统一战线理论和有中国特色的政党理论这个重点，把学习邓小平理论同学习马列主义、毛泽东思想的基本理论著作结合起来，把学习理论同学习党的路线方针政策结合起来，把学习理论同学习现代化建设和参政议政、统战工作等必备知识结合起来，把学习理论同联系工作和思想实际、总结经验、加强修养、提高素质、促进民主党派自身建设结合起来。在教育培训中，中央社院坚持以自我教育为主与积极引导相结合的教学方法，坚持理论联系实际的原则，认真贯彻“三自”（自己提出问题、自己分析问题、自己解决问题）和“三不”（不抓辫子、不扣帽子、不打棍子）的方针，充分发挥学员在教学中的主体作用。在教材建设上，编写出版了《邓小平理论专题教学概要》、《统战理论专题教学概要》、《邓小平新时期统战理论读本》及配套的学习资料等一大批新教材，初步形成了有自己特色的教材体系。在理论研究上，成果卓著，已完成4项国家级科研项目和一批省部级项目等。

1997年初，经上级批准，成立了中华文化学院，与中央社会主义学院“一套机构，两块牌子”。其任务是贯彻邓小平“和平统一，一国两制”方针，积极开展面向港澳台同胞、海外华人华侨和国际友好人士进行中华文化等方面的学习、培训、研究和交流，弘扬中华文化，促进祖国统一。

四

在党中央的重视和关怀下，中央社会主义学院不断向前发展，各项建设取得了可喜的成绩。

学院占地82亩，建筑面积5.23万平方米，拥有良好的教学设施和学习、工作环境。校舍由教学楼、办公楼、学员宿舍楼、图书馆、礼堂和食堂六幢白色大楼环形相接而成，可容纳400人同期在校学习培训。图书馆总面积2400平方米，现藏书10万册。拥有两个设备先进、环境舒适的计算机房，全院共有微机70台。2000年，学院投资2000多万元对教学楼、学员宿舍楼和食堂进行了重新装修改造，增设了体育健身和娱乐设施，进一步改善了学员的学习生活环境。

学院人员编制170人，现有教职工143人，其中教学科研人员27人（副高以上职称20人），已初步建立了一支专兼结合的教师队伍，采取“内培骨干、外请名师、专兼结合”的方式，在招聘引进学科带头人和加强培养现职教师的同时，聘请了一批著名专家、学者和中央、国家机关等党政部门以及各民主党派中央的领导担任兼职教授。

学院现有院长1名，常务副院长1名，副院长4名，另有正副秘书长，正副教务长，设院办公室、教务部、培训部、人事部、行政管理部、马克思主义理论教研部、统一战线理论教研部、中华文化教研部、机关党委、后勤服务中心等副局级机构10个和学报编辑部、图书馆等部门。

现任院领导和办公会成员：

何鲁丽（民革） 民革中央主席、全国人大常委会副委员长 院长（兼）
刘延东（中共） 中央统战部常务副部长 院党组书记（兼）
于泽荣（中共） 常务副院长、党组副书记
金开诚（九三） 九三学社中央副主席 副院长（兼）
王钧广（中共） 副院长、党组成员
甄小英（中共） 副院长、党组成员
蔡福金（中共） 中华文化学院副院长、党组成员
张先义（中共） 教务长、党组成员
王京治（中共） 秘书长、党组成员
马振华（中共） 副秘书长
李景源（中共） 副教务长
杨小娟（中共） 副秘书长

北京社会主义学院简介

北京社会主义学院是具有统一战线性质的政治学院，是北京市民主党派和无党派人士的联合党校，是开展统一战线工作的重要部门。

建院以来，北京社院属北京市政协领导。2000年底，根据全国统战工作会议精神，中共北京市委决定，北京社院由原为市政协直属事业单位改为中共北京市委直属事业单位，归口市委统战部。

北京社院的前身是北京社会主义学校，创建于1957年，不久停办。根据中央的要求和中共北京市委的指示，1985年复办，并经历了10年的边筹建、边教学、边科研的创业历程。1995年迁入新址，开始步入了规范化办院的发展阶段。

近年来，在中共北京市委和市政协的领导下，北京社院全面贯彻并提前完成了1993—1997、1998—2002两个五年的教学规划。北京社院从复办至今，共举办各类培训班167期，参加学习的有7500人次。其中包括北京市政协委员、民主党派的领导和机关干部、统战系统机关干部以及工商、民族、宗教界人士。以北京中华文化学院的名义举办了香港同胞参加的培训班6期，共计150人次。

在邓小平新时期统一战线理论和以江泽民同志为核心的第三代领导集体关于党的统一战线理论、方针、政策指引下，北京社院从北京市统一战线的特点和实际出发，确立了以社会主义民主政治建设、中共领导的多党合作和政治协商制度为主要研究内容的科研方向，并开展了与统战工作相关的多方面的理论研究。出版专著、教材和论文百万字以上，其中《多党合作纪实》、《中国共产党统一战线史》、《中国多党合作和政治协商制度专题资料汇编》、《邓小平社会主义民主政治建设思想研究》等，反映了北京社院丰硕的科研成果。

北京社会主义学院为正局级事业单位。下设办公室、人保处、教研部、信息中心、行政处、培训服务中心和北京中华文化学院培训部等7个处室。65个人员编制，现有职工42人。同时建立了一支资深的兼职专家、教授和年轻的专职教师相结合的师资队伍。

北京社院筹备复办期间，由北京市政协副主席关世雄分管。1993年任命北京市政协党组副书记、顾问（原市政协副主席、市委统战部部长）李伯康为院长；1994年任命孙伯戡（原市政协办公厅副主任）为常务副院长；王为寅为副院长。1997—1999年，李伯康、孙伯戡、王为寅相继离任。从1998年起，北京社院领导班子成员是：院长傅镇岳（原市委统战部常务副部长）、常务副院长籍之伟、副院长张卫江。

北京社会主义学院占地10.05亩，建筑面积为7000多平方米。2000年经费为259万元。校舍分为学员宿舍区、教学区和办公区三个部分。学员宿舍131间，配有空调、电视、电话和卫生设施。教学区有可同时容纳400人听课的大小教室，配有3个贵宾室和4个会议室，还设有图书馆、阅览室和计算机房。食堂设汉民灶和清真灶。

在新的世纪里，北京社会主义学院全体教职工坚持以邓小平理论和江泽民同志“三个代表”的重要思想为指导，遵循“爱国、团结、民主、求实”的校训，努力把北京社会主义学院建设成为富有北京特色的深受北京市统一战线党内外两支队伍欢迎的培训基地。

北京市区级社会主义学院概述

北京市有4个区成立了社会主义学院，即东城区社会主义学院、西城区社会主义学院、海淀区社会主义学院、丰台区社会主义学院。

东城区社会主义学院是1997年5月成立的。由区委党校兼办，实行几块牌子，一套机构，行政后勤统一，教学科研和学员管理适当分工的体制。区委主管统战工作的副书记兼任院长，区委党校副校长、区委统战部有关领导兼任副院长。第一任院长为赵龙飞同志（现为市委统战部常务副部长）兼任，现任院长由吴弘勇兼任，另有副院长3人。先后举办各类培训班28期，1000多人次，每期2—3天。教师队伍由区有关领导、区委党校专兼职教授、上级有关领导和党派负责人三方面组成。校园面积8000多平方米，建筑面积1万多平方米，可供200名学员学习、食宿、活动。一次性拨给开办费5万元，每年培训经费根据培训计划提出预算，由区委审批。

西城区社会主义学院是1996年8月成立的。现已举办党内外统战干部各类培训班50多期，2000余人次。编制3人，属全额拨款事业单位（隶属区委统战部）。根据统战工作需要，编辑了《西城统战工作须知》、《统战工作为党的中心工作服务》、《西城区社院建院五周年纪念册》等理论宣传的小册子。社院与本区各民主党派联合办公。社院有办公室、图书资料室、复印室和一间教室（教室与民主党派共用）。根据办班需要，经费由财政全额拨款，约10万元左右。学院领导班子健全，统战部部长任院长，民主党派、区委组织部、宣传部、区委党校的领导分别任副院长，既体现了联合党校的特点，又体现了区领导的高度重视。

海淀区社会主义学院是1998年5月成立的。与区委党校、行政学院合署办公。办学经费由区财政划拨，每年约4—5万元。学院占地19800平方米，学员宿舍68间、床位161个。区委主管副书记兼任院长，副院长由区委统战部、组织部、宣传部、党校及党派主要领导兼任。每年召开两次院长办公会，研究有关事宜。院办公室由区委党校、统战部4人组成，负责日常工作，办班具体工作由区委统战部、党校共同安排、组织。区社院成立以来，每年办班两期，并举办民主党派读书班11期。

丰台区社会主义学院是1999年7月成立的，由区党校兼办。已办培训班4期，260多人次，时间为1—3天。办班所需经费实报实销。

社院设教务处，由党校教务处与统战部的同志组成，负责日常工作。教师队伍由有关部门领导、区委党校教师和一些专家、学者、教授及党派负责人组成。

天津市社会主义学院简介

天津市社会主义学院的前身是天津专区工商业界政治学校，创办于1956年10月5日。1959年天津专区归属天津市管辖后，该校改称天津市政治学校。“文革”期间，天津市政治学校被迫停办。1983年12月，市委、市政府根据中央办公厅关于逐步恢复政治学校的文件精神，指示筹建天津市社会主义学院。1987年7月13日，天津市社会主义学院正式成立。复院以来，市社院以教学为中心，以科研为基础，发扬艰苦奋斗的精神，举办了各类培训班，培训了一大批党内外干部，积极为基层统战工作服务，从而为天津市统一战线两支干部队伍建设，为巩固和发展爱国统一战线做出了显著成绩。1995年7月，天津市社会主义学院的规格由副局级升为正局级；1996年4月，成立了社院党组并任命了新领导班子。新一届领导班子上任后，进一步明确了“以邓小平理论为指导，以教学为基础、科研为中心，以改革为动力，以党建为保证，以行政后勤为保障，促进教师队伍建设、制度建设和基础设施建设”的工作思路，提出了具体的奋斗目标，全院教职工的积极性、创造性得到进一步发挥，精神面貌发生了重大变化，各项工作取得了新进展，呈现出蓬勃发展的新局面。

天津社院的前身——天津专区工商业界政治学校和天津市政治学校在建校13年中共举办了16期培训班，培训学员1643人次。学习期限多为2—3个月，主要学习政治常识、政策理论和时事教育方面的内容。社院复院以后，加大了培训的力度，丰富了教学内容，加强了马列主义、毛泽东思想基础理论的学习，突出了邓小平理论的宣传教育，同时学习统一战线的理论、方针、政策，统一战线和民主党派的历史。近年来主要采取独立办班或联合办班的形式，一般为短期培训。复院后至2000年底，共举办了各类培训班69期，培训学员2520人次。

天津社院重视和开展了统战理论研究，涌现出一批科研成果。复院后，参编统战著作12部，已出版7部；参编调研报告14篇，分别获得一、二、三等奖；撰写论文69篇，有65篇在报刊杂志上发表，4篇在各类研讨会上宣读。

恢复建院后，1987年9月，全院设办公室、教研室、组教处，编制为30人。1997年2月，全院设办公室（人事处）、教研室、教务处、行政处，编制为30人。

1987年复院后，全院共有4名教师，1990年为6名教师，1992年为3名教师，1998年为4名教师，1999年为3名教师（其中1名为副高职称，2名为中级职称）。

天津市政治学校成立后，李杰同志任校长，王英田、王世麟、高长春同志先后任副校长。恢复建院后，1987年8月，市委统战部任命王玉珊同志为副院长。1989年12月，市人民政府任命王玉珊同志为院长。1990年1月，市委统战部任命谷振江同志、安维娜同志为副院长，贾庆春同志为秘书长。1992年2月，市委统战部任命王万玉同志为副院长。1996年4月，市委决定建立中共天津市社会主义学院党组，陈卫同志任书记（兼）。1996年5月，市人民政府决定夏贵忠、于文同志为副院长。1996年6月，市委统战部决定夏贵忠、于文同志为党组成员。2000年1月，市人民政府决定陈卫同志为院长。

市财政局从市社院复院后拨付给社院的经费如下：1987年为5.4万元，1988年为22.11万元，1989年为28.45万元，1990年为40万元，1991年为51.5万元，1992年为61.4万元，1993年为43.4万元，1994年为59.4万元，1995年为40.1万元，1996年为71.5万元，1997年为79.2万元，1998年为74.4万元，1999年为96.8万元，2000年为111.1万元。其中累计固定资产投资总额约为180万元。

1987年复院后，市政府把位于河西区解放南路315号的一幢楼（属市房管产）调整为市社院校舍，该处占地1.7亩，建筑面积为1877平方米。1994年，为落实宗教政策，该处校舍所属权划归宗教产。

2000年9月，市政府把天津理工学院成人教育学院调整给市社院，该校舍位于南开区鞍山西道340号，占地面积11.8亩，建筑面积约10307平方米，其中教学楼面积8863平方米，图书馆面积720平方米，食堂面积411平方米，其他用房面积313平方米。

1997年10月，我院建立了计算机房，面积为40平方米，拥有计算机20台，另给有关处室配备计算机3台。

天津市区级社会主义学院概述

天津市现有河西、红桥、河东、南开、河北、和平、北辰、汉沽、大港9个区成立了社会主义学校，均在中央［1989］14号文件发表后成立的。从1990年至2000年10年间，区级社校共举办培训班110期，培训学员10310人次，其中民主党派3870人次，统战干部3309人次，民族、宗教界人772人次，非公人士2159人次。区级社校均没有独立的编制，由统战部代管；也没有独立的校舍，都是租借党校的教室；没有专职教师，都是临时聘请。办班类型多为短期培训或以会代训。教学内容为：邓小平理论、新时期统一战线理论、民主党派历史、统一战线的工作方法、社会主义市场经济理论等。

河北省社会主义学院简介

河北省社会主义学院是具有独立法人资格的正厅级事业单位。其前身是1956年7月成立的河北省工商业界政治学校，1957年9月与民主人士的短期政校合办，改称“河北省政治学校”。1959年10月更名为“河北省社会主义学院”。当时校址设在保定。“文革”期间停办。1988年9月15日，河北省社会主义学院在石家庄正式恢复建立，同河北经济管理干部学院、河北省行政学院在领导体制上实行“三位一体”，联合办学，并有属于自己的6800平方米校舍。1997年1月4日，中共河北省委做出关于河北省社会主义学院“相对独立”的决定；同年6月，省委决定省社会主义学院建立党组，任命了院领导班子成员。1998年1月1日起，河北省社会主义学院由省财政单独立户，划拨经费；1999年2月，省编委下发《河北省社会主义学院机构编制方案》；2000年5月，省委决定省社会主义学院实行独立办学。按照省领导另选另建的思路，学院的校址问题正在谋划解决之中。学院编制50人，院级领导职数5人，处级职数18人。现有教职工21人，其中教员9人，副高职以上5人。学院内设机构：办公室、教务处、总务处、基础教学部、专业教学部及《学报》编辑部。年专项培训经费40万元。

河北省市（地）级社会主义学院概述

河北省市（地）级社会主义学院建立 3 所，即石家庄市社会主义学院、邯郸市社会主义学院和唐山市社会主义学院。

石家庄市社会主义学院创建于 1956 年，当时称政治学校，占地面积约 30 亩，建有平房 82 间，“文革”中停办。1996 年 12 月，市委、市政府决定市社院恢复建立。1997 年 1 月任命了院领导班子，同年 12 月，市编办［1997］121 号文件批复同意为石家庄市社院配备全额拨款的事业编制 8 名，内部机构暂设办公室、教研室，科级职数 2 名；专项经费 10 万元。现在市社院初步具备招收 50 名走读学员的办班规模。

邯郸市社会主义学院于 1995 年 12 月 4 日批准成立，为正县级事业单位，由市委统战部协助市委管理。邯郸市社会主义学院成立后，已举办各类培训班 14 期，培训统战干部和党外人士 636 人次，受到中共河北省委统战部通报表彰，并被评为 1998 年度全省统战系统先进单位。学院办有内部培训教育刊物《学苑》杂志，每期辑印 1000 册，市社院人员编制 5 人，中级职称 2 人；聘任教授 18 人，讲师 7 人；机构设置：办公室、教研室。

山西社会主义学院简介

山西社会主义学院是山西省惟一的统一战线性质的高等政治学院，是民主党派和无党派人士的联合党校，是统一战线党内外两支队伍的学习培训基地。学院创建于 1956 年，“文革”中停办。1985 年经中共山西省委批准复办，为正厅级建制事业单位。山西社会主义学院复办十几年来，先后为民主党派、统战、政协部门及有关方面培训党内外干部 7000 余人，为推进山西的民主政治建设，提高民主党派及无党派人士的政治素质和参政议政能力，发挥了积极作用。1997 年，投资 1467 万元开始新建学院教学楼和学员生活楼，改造原教学楼，并拟筹办山西中华文化学院，未来的学院建筑新颖，设施齐全，环境幽雅，是党外人士学习的好场所。

机构设置：院办公室、党委办公室、宣教处、人事处、教务处、总务处、统战教研室、马列教研室、经济科技教研室。

编制 57 人，现在编 48 人，其中教师 15 人（副高以上 6 人）。

建筑面积 11820 平方米。图书室面积 300 平方米，藏书 10000 余册。学员宿舍床位 240 张，微机 4 台，财政经费 60 余万元。

办班情况：每年 10 期左右，课程根据班次学员情况确定，教学安排以集中面授为主辅之以讨论和参观考察。

内蒙古社会主义学院简介

内蒙古社会主义学院前身是成立于1956年7月的内蒙政治学校，当时学校内设政治部、工商部、宗教部和五个班，编制50人（事业），任课教师以外聘为主。在此期间举办了培训班四期。

1960年3月政治学校改名为内蒙古社会主义学院。副厅级事业单位。学院编制为36人，下辖行政处、教研室和总务处，共招收5期学员，1966年因“文化大革命”停办。期间培训干部1091人次。

党的十一届三中全会以后，中共中央书记处于1982年决定，尽快恢复各省、市、自治区社会主义学院或政治学校，1990年1月经自治区党委常委会议决定成立社会主义学院筹备小组。1991年6月自治区机构编制委员会批复，同意复办内蒙古社会主义学院，属自治区党委统战部二级事业单位。1992年4月，复办后的首期培训班——民主党派基层组织负责人培训班开学，标志着内蒙古社会主义学院开始走上新的发展之路。

新时期的省级社会主义学院，是中国共产党领导的具有统一战线性质的高等政治学院，是民主党派和无党派人士的“联合党校”，担负着统一战线党内和党外两支干部队伍的教育培训任务。其主要任务是：组织民主党派各级领导骨干的无党派代表人士，学习研究马列主义，特别是邓小平理论。学习党的路线、方针和政策，提高他们的政治水平和参政议政，实行民主监督的能力；对统战系统的干部进行岗位培训，提高统战干部队伍的政治素质和业务水平；根据教学和科研相结合的原则，开展对统一战线理论、政策和统战史党派史的研究工作。复办以来，内蒙古社院在自治区党委统战部的领导下，坚持社会主义办学方向，坚持四项基本原则，坚持改革开放的基本路线，坚持教育为社会主义现代化服务，为中国共产党的多党合作和政治协商制度服务，为巩固爱国统一战线、振兴中华、统一祖国服务的方针，勇于开拓，勤于实践。从1992年至2000年，学院先后举办统一战线“两支干部”队伍各类培训班、读书班、研讨班等共50期，培训学员2000多人次。

现在，学院具有政治素质较好、教学水平较高、科研能力较强的师资队伍。现有教师6人，其中教授1人，副教授2人，讲师3人。其他系列：副高职称3人，中级5人，初级2人。近三年来，社院积极从事教学科研活动，取得了一定的成果。编著或参编著作9部。发表论文70余篇，其中有5篇获国家、自治区奖，6篇被评为内蒙古自治区各届社会科学成果二等奖和优秀奖。《内蒙古统战理论研究》杂志克服重重困难，在刊物质量、征订数量上都较以前有很大提高。成为中国期刊网《中国学术期刊（光盘版）》论文收录期刊和中国学术期刊综合评价数据库来源期刊。发行累计4000份。学院组织编著出版了《新时期内蒙古统战工作》、《统战理论与实践问题解答》、《个体私营经济实用政策法规300问》、《社会调查研究方法》、《内蒙古历史与文化》等著作。内蒙古社院现占地4660平方米，建筑面积7577平方米，其中办公培训设施5206.73平方米。2001年财政拨款

105万元，其中人员经费70万元，公用经费35万元。没有拨过培训费用和业务建设费用。

目前，学院编制49人，实有46人，其中副厅级2人，处级16人（其中正处6人含双肩挑1人、副处6人含双肩挑3人、助调4人），主任科员2人，副主任科员1人，工人（包括以工代干人员）12人。专业人员：教授1人，副教授2人、讲师3人；副编审、副主任医师、副研究馆员各1人；馆员、主治医师、翻译各1人；工程师2人。离退休14人（其中离休4人）。党员36人。民族构成：汉族30人，蒙族13人，达翰尔族2人，朝鲜族1人。大专以上文化程度28人，其平均年龄45岁。下设办公室、教务处、教研室、总务处，学报编辑部五个处室。

内蒙古社会主义学院经历了创建、停办、复办、发展几个阶段。内蒙古社会主义学院将以党的十五大精神为指导，高举邓小平理论旗帜，认真贯彻执行全国统战工作会议精神，在自治区党委统战部领导下，为把社院建设成为更富有社院特色的名副其实的党外代表人士和统战干部的教育培训基地。

内蒙古市（地）级社会主义学院概述

内蒙古自治区市、盟（地）级社会主义学院建立了3所，即包头市社会主义学院、呼和浩特市社会主义学院和巴彦淖尔盟社会主义学院。这3所社会主义学院都是由市、盟党校兼办的。

辽宁省社会主义学院简介

辽宁省社会主义学院，1956年创办，1983年复建，现隶属中共辽宁省委，归口省委统战部管理。

自恢复建院以来，到2000年底，共举办各类培训班65期，培训学员2388人。自1993年以来，共主编、参编各类专著、教材20多部，在全国省级以上公开刊物发表文章236篇，承担完成国家科研课题2项，省级科研课题20项。2000年作为主办单位之一具体承办了全国性的“21世纪非公有制经济发展与统战理论研讨会”。对外学术交流工作取得新进展。与朝鲜有关学术机构进行三次学术交流；2000年首次与日本国立命馆大学联合成功举办了“中国暨辽宁·日本中小企业和私营经济21世纪合作与发展国际研讨会”。学院目前已与日本、美国、韩国、俄罗斯、朝鲜等国家的有关院校及研究机构建立了学术交流与合作关系。经国家新闻出版署批准，公开出版了《辽宁省社会主义学院学报》，“创刊号”于2000年12月正式发行。

学院为正厅级建制，人员编制51名，设办公室、教务处、人事处、行政处、机关党总支，内设教研室、服务中心、院刊编辑部。年财政拨款约150万。学院总土地面积7210平方米，房屋建筑面积11215.42平方米。

学院聘请了全国著名经济学家、中央党校博士生导师王珏教授，全国著名经济学家、北京大学博士生导师刘方域教授等四位专家学者为特邀顾问。外聘兼职教授30名，现有专职教师6名，其中副教授4名，讲师2名。

1993年7月省委组建了中共辽宁省社会主义学院党组。现任领导班子情况：省政协副主席、省委统战部部长张成伦兼任学院党组书记，院长、党组副书记徐继舜主持学院全面工作并分管人事工作，副院长、党组副书记周世翰协助院长工作并分管行政后勤、机关党务工作，副院长、党组成员张凤羽分管教学培训、科研和学报工作。

1997年，在院内成立了辽宁中华文化学院，目前已同日本等国家的大学和科研院所开展了学术交流活动并建立了广泛的联系。1999年，组建辽宁省非公有制经济研究会，目前拥有会员184人。

沈阳市社会主义学院简介

沈阳市社会主义学院创建于1956年，同辽宁省合办，称辽宁省沈阳市社会主义政治学校，1958年独立建院称沈阳市社会主义政治学校。由原工商业者捐资建教学楼3000平方米（沈河区朝阳街192号）。为局级事业单位，设校长、副校长各一名，设办公室、教务处、行政处三个处室，财政列支事业编制23人。当时该院作为沈阳市各界党外人士自我学习、自我教育的场所，对组织党外各界人士学习马列主义、毛泽东思想和党的方针政策，提高他们的爱国主义、社会主义觉悟，巩固和发展统一战线，发挥了重要作用。十年动乱期间，学校被迫停办。

党的十一届三中全会以后，爱国统一战线进入了新的历史发展时期，党中央下发中办发（1983）58号文件，要求尽快恢复中央和地方的社会主义学院。中共沈阳市委于1989年8月18日召开书记办公会议，决定恢复市社会主义政治学校并改称沈阳市社会主义学院。市编委根据这次办公会议精神，下发沈编发（1989）288号文件，即“关于恢复市社会主义学院的通知”，确定“根据目前筹备工作需要，暂定事业编制5名，设学院办公室并配备一名处级干部职数”。1992年沈编发（1992）95号文件，为该院配一名副局级专职领导干部职数，财政列支事业编制为8名。1995年市编委又以沈编发（1995）121号文件，为该院增设了教务处，增加处级职数一名，财政列支事业编制增加到10名。

1996年9月19日，市委第22次常委会议决定“要完善沈阳市社会主义学院”，确定“沈阳市社会主义学院是与市委党校、市行政学院为同一级别的事业单位”，并决定为市社会主义学院新建校所。1997年经协商决定，市政府出资1235万元购买并改造市辉山风景区管委会办公楼，作为市社会主义学院的新校所，共5300平方米。现款项已全部到位。并另到位200万元基建改造款，现正在做交接装修改造工作。根据市社会主义学院建校实际需要，市编委（2000）43号文件决定市社会主义学院增设行政处和教研室，现共有4个处室，财政列支事业编制由原10名增至20名，处级干部职数由2名增至8名（4正4副）。现有工作人员6名，一名办公室主任（主持社院工作），一名教务处长，另有4名工作人员，有兼职教师12名。

大连社会主义学院简介

大连社会主义学院原称大连市社会主义学院，1991年建于大连管理干部学院。1996年1月，中共大连市委决定从1997年1月起由中共大连市委党校承办大连行政学院和大连社会主义学院，实行“一校两院”新体制，三块牌子一套人马，资源共享，优势互补，使之成为大连市培养高素质、复合型人才的摇篮和多功能、综合性干部培训基地。

大连社会主义学院第一院长由大连市政协副主席、民进大连市主委谭忠印担任，院长由市委党校校长周万增担任，副院长由大连市委党校副校长杨斌、王鼎恩担任。大连社会主义学院现有编制200人，专职教员42人，其中副高以上职称28人。

学院现有中层部门18个。其中教研和教研辅助部门8个：

学院现有土地面积64970平方米，建筑面积23056平方米，其中图书馆4860平方米，藏书13万册；电教计算机中心使用面积365平方米，共有微机50台；有可容纳1000多人的各种大小教室、570座位的大礼堂和146个座位的报告厅以及会议室和讨论室；主体班次学员床位280张，基本可以满足各种类型班次的需要。

自1997年以来，学院共举办了民主党派主副委研讨班、民主党派市委委员培训班、民主党派参政议政工作研讨班、党外后备干部培训班、统战部长培训班以及民主党派骨干培训班等10多种班次。

教学内容以邓小平统一战线基本理论为主，加强形势任务教育以及党的统战理论、路线、方针、政策和统战工作基本知识的普及；学习《有中国特色社会主义政党制度研究》；就加强民主党派自身建设和发挥参政议政作用的问题交流研讨等等。

辽宁省市（地）级社会主义学院概述

全省12个市建有社会主义学院，办院形式大体分两种，一是独立办院，或由统战部领导，或由政协领导；二是与党校、行政学院合署办公，三校合一。12所市级社院人员编制总数为79名，一般都设有办公室、教务处和教研室。办班形式以短期培训为主，自恢复建院以来，各市社院培训学员总数约32000人次。各市社院校舍情况不一，大部分没有独立校舍，其中一部分与党校合署办公的，利用党校条件办学，另一部分租用校舍。师资队伍建设以兼职教师为主，与党校合办的，利用党校师资力量办学。有的社院设1—4名专职教师，有的社院一直没有专职教师。

吉林省社会主义学院简介

吉林省社会主义学院的前身是吉林省政治学校，创办于1956年7月，由省委常委、省政协副主席、省委统战部部长宋任远任校长。“文革”期间停办，1983年10月复办，由省委统战部副部长马占峰任校长。1986年4月，改为吉林省社会主义学院。1994年，由省政协副主席、省民进主委梁植文任院长。同时，成立院党组，由李祥生任党组书记兼副院长。1999年6月，成立了吉林省中华文化学院，与社院为一套机构，两块牌子。

创办后的省政治学校由省政协学委会领导，编制9人。复办后的省政治学校隶属省委统战部，编制20人。改为省社会主义学院后为厅级建制，下设办公室、教务处、教研室、行政处、机关党委，内设服务中心、图书资料室。编制50人，实有编制48人，其中院领导5人，教师8人。

45年来，学院共办班131期，培训党外领导干部、民主党派干部、骨干成员和各方面无党派人士及统战干部6470人。1991年起，学院开办了统战理论专业、经济管理专业函授大专班和本科班，培训学员2284人。

45年来，学院不断深化教学改革，形成了具有社院特色的培训模式。在办班形式上，设置有学习班、培训班、进修班、读书班、研讨班等多种班型。在教学内容上，坚持政治培训为主的原则，以马克思主义、毛泽东思想基本理论、邓小平理论和党的统一战线理论、方针、政策为主课，开设了必修课、选修课和专题讲座课。在教学方法上，坚持理论学习与工作研讨相结合，授课辅导与自学讨论相结合，校内学习与社会参观考察相结合，认真抓好授课、辅导、讨论、参观考察和总结交流等五个环节，形成了以自学为主，启发式、讨论式、研究式、比较式的教学形式。在教学方针上，发扬自我学习和自我教育的优良传统，坚持学员自己提出问题、自己分析问题、自己解决问题和不扣帽子、不打棍子、不抓辫子的“三自”和“三不”方针，努力创造一个宽松、民主、和谐的学习氛围。

从1989年开始，学院把教材建设作为工作重点，先后组织自编、与兄弟社院等单位合作编写了《统一战线理论教程》、《民主党派成员手册》等18部专著或教材，《中共统一战线思想史》填补了统战理论研究上的一个空白。在省级以上刊物上，发表论文228篇。从1995年起，先后举办了全国省、市、区社院《邓小平统一战线思想研讨会》、《邓小平新时期统一战线理论学习〈纲要〉研讨会》和《后勤管理工作研讨会》，并多次参加全国社院系统和省统战系统举办的统战理论研讨会。2000年，创办了《吉林省社会主义学院学报》。

45年来，在省委省政府的关怀下，省政治学校于1965年建成4600平方米的校舍；1991年以来，学院采取合作建房、自筹资金等办法，新建了2600平方米带卫生间的学员宿舍，并进行了装修；争取省计委、省财政厅投资930多万元，新建了2500平方米的职工宿舍、多功能厅和微机电教室，进行了校舍大修，铺设了院内路面，办学条件得到进一步的改善。

45年来，学院在加快硬件建设的同时，十分重视软件建设，1994年提出了争创全国一流社院的奋斗目标，在全院形成了强大的合力。进行了后勤改革，设立了党派服务中心；建立健全了各项规章制度52项，基本上形成了一套科学有效的管理体制和运行机制；开展了经常性的全院素质教育和文体活动，干部职工队伍精神面貌一新。

在新的世纪里，学院将按照江总书记提出的建院目标，开拓创新，克难进取，争取早日进入全国一流社院的行列，为开创新世纪统一战线新局面做出更大的贡献。

长春市社会主义学院简介

长春市社会主义学院的前身是长春市社会主义政治学校，创建于1960年8月，“文革”开始后被迫停办。1990年，根据中共中央［1989］14号文件中关于办好社会主义学院的要求，经市委第24次常委会议讨论，决定恢复长春市社会主义学院。1991年8月2日，长春市社会主义学院正式恢复成立。

编制和机构设置情况：“文革”前，内设办公室和教务处，负责管理学校的校务行政和教务工作。复办后，市编委确定事业编制20名，内设教务处、办公室、研究室。人员结构为：行政管理、工勤人员7名，教学及教学辅助人员13名。1999年，减编4名。现人员编制16名。

领导班子建设情况：“文革”前政治学校正副校长4人，校长由市委书记处书记、市长陈钟兼任，副校长由市政协副主席、市委统战部部长杨超、市政协副主席张德馨、苗竹贤兼任。复办后，正副院长2人，院长由市委统战部副部长杜明文担任，副院长由张跃庭担任。1993年和1995年，正副院长先后离休，李凤桐任副院长，主持工作至今。

校舍经费情况：政治学校建成时有校舍，属部分原工商业者捐赠，“文革”期间被其他单位占用，一直未收回。复办后始终没有校舍，租房办公办学。经费由市财政全额拨款，复办初期每年为13万元，以后有所增加，2000年为34万元，包括人头费、办公费、培训费、科研费、图书资料费等全部开支。

教学情况：树立以教学和科研为中心和重点的指导思想，立足基层，面向学员，努力探索符合社院实际的教学规律，逐步形成了具有市级社院特色的办学模式。在培训对象上以民主党派新成员和新的代表人士为主，兼顾骨干成员、党外其他方面人士、党派机关领导班子、党外后备干部和市级专兼职统战干部，做到普遍轮训与重点提高相结合。在班次的设置上，根据对象的不同，采取灵活多样的办班模式，不仅有培训班、学习班，还有研讨班、读书班、专题讲座和电视录像等多种形式。在教学内容上，坚持以提高党外人士政治素质为主的原则，开设马列主义基本理论，毛泽东思想，邓小平理论，党的统一战线理论、方针、政策和民主党派史，基层统战工作方式、方法，时事政治，经济知识，科技知识，领导科学等课程。在教学方法上，坚持理论学习和工作研讨相结合，授课辅导与自学讨论相结合，校内学习与社会考察相结合的方法，形成了以自学为主，启发式、讨论式的教学模式。在教学方针上，坚持“三自”、“三不”方针，即自己提出问题、自己分析问题、自己解决问题和不扣帽子、不打棍子、不抓辫子，努力创造一个宽松和谐、民主求实的学习氛围。复办 10 年来，学院共举办各类班 101 期，直接培训学员 4346 人（次），使全市绝大多数专兼职统战干部，民主党派和有关人民团体干部、骨干、新成员，部分无党派人士，党外后备干部等都至少参加过一次社院组织的学习活动。这对于提高党外人士的政治理论素养和参政议政水平，以及统战干部的整体素质都起到了积极的作用。

科研情况：复办以来，学院先后参加编写统战类教材和论文集 8 部，公开发表论文 30 多篇，其中国家级刊物 2 篇，省部级刊物 11 篇，有 5 篇文章在省、市级研讨会上获奖。特别是近年来，以研究室为依托，设计并组织相关人员围绕教学中的“热点”、“难点”问题和统一战线工作出现的新情况、新问题进行调研，并积极参加全国社院系统组织的理论研讨会，使他们开阔了眼界，增长了知识，促进了科研能力和教学能力的提高。

在自身建设方面：学院内抓管理、外塑形象，通过科学管理不断改进并加强自身建设。本着小机构、大服务的指导思想，教育职工牢固树立为教学服务、为学员服务，为统一战线服务的思想意识，为此，建立健全了各种规章制度和办事规则，基本上形成了一整套行之有效的管理运行机制。1993 年进行了人事制度改革，打破职务职称“双跨”现象，教学科研人员实行专业职务聘任制；党政管理人员建立党政机关岗位责任制。1995 年制定了各处室岗位责任制，调整、充实了处室负责人。同时根据工作任务，划分十几个工作岗位，明确了相关的岗位责任，按照岗位设置，对各处室进行合理定编，减少人浮于事的现象，使工作效率和工作质量有了明显提高。同年，还进行了院内分配制度改革，职工工资由国家工资加院内资金构成，院内奖金按各人承担的职责、结合考绩、考勤进行，凡年终考绩不合格者停发或减发院内奖金，请病假、事假超过一定期限，也要按比例扣除院内奖金，这样就在奖金分配上拉开了一定的差距，尽管这种差距很小，但对调动职工积极性起了一定的作用。1999 年开始建立专职教师队伍，现有专职教师 2 名，均为研究生学历，其中 1 人已经登台讲课，基本形成了一支专兼结合，相对稳定的教师队伍。学院还制定了学习制度，除了集体学习交流，党支部学习讨论之外，个人还要求制定年度学习计划，均有笔记和字数要求，同时积极鼓励职工接受继续教育，使他们全部达到了本科及本科以上学历，职工队伍整体素质不断加强。

吉林省市（地）级社会主义学院概述

吉林省市（地）级社会主义学院建立了 3 所，即延边社会主义学院、四平市社会主义学院和辽源市社会主义学院。

延边社会主义学院（原名延边社会主义政治学校）创建于1962年，1963年举办了第一期培训班。1963年至1965年，共举办5期培训班，学期半年左右，培训学员261人。“文化大革命”一开始，学校停办。1968年8月，学校被彻底解散。1986年恢复延边社会主义政治学校，1988年更名为延边社会主义学院。1990年成立延边民族干部学校，与学院合办，一套班子，两块牌子。学院恢复后，经省编委批准定为县级行政事业单位。人员编制20人，现有19人，其中教员4人。副高以上职称3人。机构设置：办公室、行政处、教务处、教研室。学院建筑面积2500平方米，有70张床位。图书室藏书1500多册。学院恢复以来共举办各类培训班61期，培训学员2300多人次。其中，党外人士读书班41期，统战干部培训班12期，民族干部培训班8期。学院以办班为中心，以提高办学质量为重点，以党外人士为主，以短期培训班为主。几年来，学院不断探索异地办学、联合办学、课堂教学与实地考察相结合的新的办学方式，创造良好的学习环境和氛围，提供优质服务。坚持理论联系实际的原则，贯彻“三自”、“三不”的方针，学习邓小平理论、人民政协知识和统一战线理论，学习党的路线、方针、政策。通过学习，使学员提高理论水平和参政议政能力，为巩固和发展爱国统一战线服务，为社会主义服务。

四平市政治学校成立于1953年。校址在铁东区北山，占地2400平方米，“文化大革命”时被解散。1991年4月经市委研究决定将原政治学校改名“社会主义学院”，挂牌在党校，一切关系隶属党校。且由党校副校长王淑珍（女）任社会主义学院院长（正处级），下设学院教务办公室；具体工作人员：胡桂丰（女）（任教务办主任）负责日常工作（兼副院长）。九年来，共办各级各类干部培训班11期，培训学员600人。人员编制3人，副高2人。

黑龙江省社会主义学院简介

黑龙江省社会主义学院已有四十五年的历史，经历了三个发展阶段。

第一阶段：社会主义讲习班（1956年2月—1959年2月）

省委根据中共中央统战部、宣传部的指示精神，决定成立工商界讲习班，1956年2月开始筹建，9月建成后更名为社会主义讲习班。校舍面积1200平方米，人员编制11人，设正、副班主任各一人。10月9日第一期讲习班开学。学员对象为省、市工商联委员、常委，县工商联正、副主任、委员。学期四个月，教学内容以学习社会发展史为主，进行认识社会发展规律的教育。讲习班办了两期，培训176人。

第二阶段：社会主义政治学校（1959年2月—1966年）

1959年2月经省委批准，在社会主义讲习班的基础上成立了社会主义政治学校。首任校长由统战部长兼任，教育长也由一名副部长兼任，设一名副教育长主持学院工作。学校设教务处，教务处下设办公室、编制30人。培训对象扩展为各民主党派领导成员、政府机构副处级以上非中共党员干部、省、市政协常委、委员、县政协副主席、公私合营企业中的私方代表及其家属、宗教界上层人士、统战系统的党、团员干部，培训时间七周至七个月不等。培训内容以进行国际主义、爱国主义、社会主义教育为主。共办了七期培训班。培训了665人。1966年“文化大革命”爆发，学校被迫停办，人员解散，校舍被占用。

第三阶段：社会主义学院（1984年9月24日—2000年）

1984年9月24日省委根据中共中央文件精神，同意恢复已经停办了18年之久的社会主义政治学校，后更名为社会主义政治学院，1986年9月再更名为社会主义学院。第一任院长由省政协主席、统战部长兼任，并任命省政协副主席、省民进主委兼任第一副院长，有一名专职副院长。筹建期间编制30人、设办公室、教务处、总务处。边筹建、边办班，在人员少、无校舍的情况下，办了六期培训班，每期一个月。266名统战系统和政协的干部学习了新时期统一战线理论和政策。

1988年有了校舍，1993年通过换房迁至现址，现有校舍建筑面积6000平方米，校园750平方米。2000年行政拨款136万元。学院已经具有初步的办学物质条件。

学院建设成后，领导力量逐年加强，人员编制、机构设置均有增加。现有编制46人，设办公室、教务处、总务处、统战理论教研室、基础理论教研室、科研处、机关党委七个处、室。省政协副主席、省委统战部长兼院长，由一名统战部副部长兼专职党组书记、副院长（正厅级）主持学院工作，另有两名副院长。现有教师11名，其中教授1名、副教授7名，讲师3名。

学院建成以来，教学、科研、行政、后勤工作都取得了很大成绩：举办培训班61期，培训学员2468人次；发表论文、文章675篇，出版论著23部，出学报23期（截止到2000年）；后勤工作有力地保障了学院各项工作的开展。除完成自身工作任务外，学院还积极参加了抗洪救灾、扶贫等活动。

学院各项工作受到省委的表彰，荣获了省直精神文明建设单位、党风建设先进集体等光荣称号。机关党总支被省委统战部机关党委命名为先进党组织。

2000年底学院开始实行目标管理制度。各项工作正朝着规范化、制度化的目标前进。

哈尔滨市社会主义学院简介

哈尔滨市社会主义学院始建于1959年6月，当时称“哈尔滨市社会主义学校”。事业编制32名。“文革”期间被迫停办。1991年4月经中共哈尔滨市委常委会讨论同意恢复哈尔滨市社会主义学院，为正局级单位（需报省编委审批）。1992年2月，市编委批复，同意先成立市社会主义学院筹备处。筹备处成立几年来，本着“边筹备、边工作”的原则，在认真做好建院前期准备工作的同时，共举办各种读书班、研讨班、学习班、培训班以及专题讲座等50余期，培训学员1700余人次。为贯彻党的统战理论方针政策、提高统一战线两支队伍的思想政治素质发挥了重要作用。

1996年10月，经市主管部门批复，同意恢复市社会主义学院，局级事业单位，内设机构行政处、教务处，事业编制10名。学院暂设1名局级领导，内设机构行政处、教务处暂各设1名处级领导，经费由市财政列支。

机构设置：教务处、行政处。人员编制10人，现有职工1人；经费每年7万元左右。

黑龙江省市（地）级社会主义学院概述

在省社会主义讲习班创建的同时，各地、市县也相继成立了讲习班。到1960年全省已达20所（其中13所为地、市级讲习班），共培训10226人。学员多为私营工商业者，也有部分手工业者和小商贩。1963年省委统战部与省编委发出联合通知，对各地、市、县由讲习班更名的社会主义政治学校做了调整，撤销县办政治学校，保留了哈尔滨市、齐齐哈尔市、牡丹江市、佳木斯市、北安市和松花江地区的六所政治学校，规定六校总编制81人。地、市政治学校担负对所辖区内党外人士的培训任务，受当地中共地、市委统战部领导。到1966年学校解散时为止，六所政治学校共培训1800余人次。

全省十三个地、市，从1991年开始，有哈尔滨市、齐齐哈尔市、佳木斯市、鸡西市、鹤岗市、双鸭山市、伊春市、七台河市、黑河市、大兴安岭地区等十个地、市陆续成立了社会主义学院。除哈尔滨市外都是挂牌于同级党校。一套人马，两块牌子。有的在校内指定一至三人负责社院工作，多数不指定专人，由党校人员兼职，在不增人、不另设机构的情况下担负社会主义学院应该担负的培训任务。到2000年底，十个社院共办了108期培训班，培训了4323人次。各社院的科研工作也有很大成绩，只就发表有关统战理论方面的文章统计就有51篇。

上海市社会主义学院简介

上海市社会主义学院创建于1958年10月，1966年因“文化大革命”停办，1984年复办。学院经历了创建、复办、发展三个阶段。

建院初期，学院的基本任务是组织和推动各界民主人士、工商业者和党外高级知识分子学习马列主义、毛泽东思想。从1959年至1965年共举办9期学习班，培训干部2939人。

1984年3月中共上海市委决定恢复上海市社会主义学院，主要任务是组织对民主党派干部和无党派人士的学习培训，承担统一战线干部的培训，并进行统一战线理论研究。教学上坚持坚定正确的政治方向，强调政治性，以邓小平理论为中心内容，突出统战理论、统战史、统战方针、政策的教学。坚持理论联系实际，强调针对性。根据学员层次、来源、需求的不同特点，有针对性地进行形势教育和理论教学；坚持“解放思想、实事求是”，强调开拓性。着眼于培养两支高素质的统战干部队伍，采取多种形式的教学方法，以拓宽学员的知识面，提高综合素质。努力培养德才兼备的专职教师队伍，聘用并组成了由领导和专家参加的一流的兼职教师队伍。编写出版了《马克思主义统战原理》、《邓小平统一战线理论概述》、《统一战线疑难问题研究》等十几本统一战线专题教材。先后召开了“邓小平统一战线理论研究”、“参政党的理论与实践”、“一国两制与香港回归”、“第三代党中央领导集体对新时期统一战线理论的贡献与发展”、“纪念《中央关于坚持和完善中国共产党领导的多党合作和政治协商制度的意见》发表十周年”等近30次学术理论研讨会。与此同时，社院的统战理论研究工作不断向外省市延伸，加强相互间的学习，自1995年以来，先后举办了4次跨省市的学术研讨会，有20多个省市社院参加了研讨，使社院在教学科研中遇到的新问题、新情况，热点、难点、疑点得到了解决和深化，凝聚了全国力量，增强了理论研究的深度和广度，促进了共同发展，取得了良好效果。通过各种形式的教学和科研活动，社院逐步构建了“一个中心，两个突出，两个结合”的教学体系，就是确立了以邓小平新时期统一战线理论为中心的教学内容；突出统战基础理论和突出中国特色政党理论，以党的三代领导人的重要思想和全国统战工作会议文件精神为基本依据进行教学；结合党的基本路线、方针、政策的宣讲，组织以提高参政议政能力为目的的专题教学，结合现代科技、文化知识，开设以拓宽知识面、提高综合素质为目的的专题讲座。形成了“实、精、活、广”的教学特色，即教学内容既针对学员的思想实际又联系统一战线发展的实际情况；组织理论教学时，贯彻“学马列要精，要管用”的原则；教学形式的多样化；教学内容的广博。复院后至2000年底，社院共举办各类班次240期，培训学员9060人次，为坚持和完善中国共产党领导的多党合作和政治协商制度，巩固和发展爱国统一战线做出了积极的贡献。

上海市社院为正局级事业单位，定编人员60名。现有在编干部36名，非编人员10名。机构设置为办公室、人事处、教务处、教研室、研究室5个处级部门，另设有培训部、图书馆。为适应形势发展的需要，社院2001年开始进行信息化教学系统建设（其中有多媒体教室、远程教学室、电子阅览室等）。

学院校舍现有镇宁路和陕西北路两个校区。镇宁路校区占地4亩，陕西北路校区在民主党派大厦中共有4层半楼面，两处建筑面积共4700平方米。

学院领导班子情况。院长：黄跃金（市委统战部部长兼任），副院长：张颖、曹海红、陈昌福。

师资队伍情况。学院现有在职教师6名，其中副教授4名、讲师2名。

上海市社会主义学院历届院长：第一任院长由华东局书记魏文伯同志兼任。第二任院长由市委副书记杨堤同志兼任。第三任院长由市委常委、市政协副主席、市委统战部部长毛经权同志兼任。第四任院长由市政协副主席、市委统战部部长赵定玉同志兼任。第五任院长由市政协副主席、市委统战部部长王生洪兼任。第六任院长由市委常委、市政协副主席、市委统战部部长黄跃金兼任。

上海市区级社会主义学院概述

上海市行政区划为16个区、3个县（长宁、卢湾、杨浦、闵行、青浦、松江、金山、闸北、宝山、虹口、徐汇、浦东、黄浦、普陀、静安、嘉定区，奉贤、南汇、崇明县），现有14所区级社会主义学院。其中青浦、松江两区和奉贤、南汇、崇明三县还未成立社会主义学院。

各区级社院主要是由50年代原各区工商界政治学校基础上改编和在80—90年代新成立，办院形式主要有三种，一是由区统战部直属的独立事业编制的有一定的教学设施的学院（共12所）；二是人员编制在区统战部的合二为一的没有专门教室设施的学院（共1所）；三是编制独立实行挂靠区委党校管理（与区党校在一个院内，党校副校长兼任社院常务副校长）的学院（共1所）。各区由于党派结构、数量不等，各区社院的建制和人员编制亦不尽相同，多则15人，少则1—2人，平均5—6人。全市区级社院总编制人数96人，实有人数53人。其中处级干部9人，科级以下干部33人，工人11人。区社院一般为正处级事业单位，归属区委统战部领导，院长由区委统战部部长兼任，设若干名副院长，设有办公室、教务科。教学设施普遍比较简陋，有许多区办班主要是借用党校的教室和设备，14所区社院无专职教师，上课主要是外请教师，各区社院的院长也兼职上一定量的课。

各区根据学员对象、层次，组织不同形式的学习班、培训班、研讨班、读书班，办班对象为：区属各大口、街道党委统战工作分管领导和统战干部；区内各有关单位党政负责人；政协委员；各民主党派、工商联和有关人民团体负责人；民主党派区委委员、支部负责人；民主党派专职干部；党外处级干部及党外后备干部；非公经济代表人士；少数民族中青年干部；宗教界代表人士；港、澳、侨、台代表人士等。截至2000年，全市各区级社院共举办各类学习班1331期，培训党内外两支干部队伍72089人次，较好地发挥了区级社院面向广大统战对象、结合基层统战工作实际的作用，为全市统战工作做出了积极的贡献。

江苏省社会主义学院简介

江苏省社会主义学院的前身，分别是政协江苏省委员会于1956年创办的“江苏省各界人士政治学校”和江苏省民主建国会、江苏省工商业联合会于1956年创办的“江苏省工商界政治学校”。1958年两校合并，成立“江苏省各界人士政治学校”。1962年8月改名为“江苏省政治学校”。“文革”期间，政校被迫停办。

1983年8月，经中央书记处同意，中央办公厅（1983）58号文转发了中央统战部《关于恢复各省、市、自治区政治学校的请示》后，1985年6月，省委［苏字（1985）334号］文同意省委统战部《关于恢复江苏省政治学校的报告》，并指示“建立筹备机构，着手做好建校的各项准备工作”。1986年3月，省政协、省委统战部共同建立筹备领导小组，1987年1月，省长办公会议批准省政治学校立项重建，新院址选在风景秀丽、环境幽静的南京东郊风景区苜蓿园月牙湖畔，占地22亩。1989年8月，省清理固定资产领导小组批准正式开工兴建（教学办公楼一幢，学员楼两幢，职工宿舍楼两幢，建筑面积为11000平方米）。主体建筑采用大砖瓦混凝土刚性坡屋面，与古城墙隔河相映生辉。主体楼之间由走廊相连，江南园林式的庭院，主体绿化，集山水花草为一体，小巧玲珑，自然协调，整个建筑既有仿古特色，又有现代风格，给人以古朴典雅、清新舒适之感。

1991年9月，学院由长江路292号搬迁到新院址办公。1992年5月19日，在新院址隆重举行了首期市级民主党派负责人培训班开学典礼和揭牌仪式，省委、省人大、省政府、省政协、省各民主党派、省工商联和有关部、委、厅、局的负责人应邀出席。省委书记沈达人、省政协副主席、民盟主委陈敏之为学院揭牌。

1986年至2000年十五年间，教学科研工作经历了两个阶段。1992年前主要是筹建阶段，“边筹建、边办学”，共举办各类培训班16期，培训人数778人次。1992年5月搬入新院址，办班有了自己的阵地，开始走上了正规，科研工作也开始起步。这期间共举办各类培训班次57期，培训人数2288人次；编写教材4册，在各类刊物发表论文40余篇；举办大型理论研讨会五次；参加省外理论研讨会十余次。

1988年9月，省委同意江苏省政治学校改名为“江苏省社会主义学院”，“享受同级党校待遇，按正厅（局）级建制，归省委领导，有关方针、政策和工作指导关系归口省委统战部”。1987年12月省编委（87）212号文同意编制名额由25名增至40名。1989年1月省编委（89）36号文确定机构暂设办公室、教务处、基建处。1991年12月，省编委（91）175号文同意编制名额由40名增至60名。1994年9月，省编委（94）119号文同意编制名额由60名增至80名。现机构设置为办公室、教务处、总务处、教研室，现有在职人员57名，其中干部31名、工人26名。

学院现拥有职工宿舍50套，学员宿舍两幢98个标准间，容纳250人大教室1个，80人中教室2个，40人的小教室4个，会议室10个，大、中、小餐厅5个。办公楼、学员楼、教室、餐厅、会计室均配置中心空调。目前，学院正在建造5400平方米图书馆综合办公楼，基建投资960万元，今年10月份竣工。

学院经费属财政拨款，2001年拨款为226万元。

学院教师队伍由三部分组成：一是1997年1月聘请17名兼职教师；二是建立了一批固定的授课教师队伍；三是少量的专职教师。

学院现任领导班子：

袁普泉　党组书记、副院长（2000、1任）

陈源泉　党组成员、副院长（1990、10任）

孙观懋　副院长（1999、8任）

南京市社会主义学院简介

南京市社会主义学院于1994年9月建立。因当时面临机构改革，社院的级别、编制、内设机构均未有明确。目前，社院牌子挂在市委统战部内，无专门工作人员，其培训工作由市委统战部干部处负责。

江苏省市（地）级社会主义学院概述

江苏省省辖市中有10个市于1991年—1995年先后成立了市社会主义学院。

办院形式有三种：一是社院的牌子挂在市委党校（徐州、扬州、南通、淮安、镇江、盐城、连云港），三块牌子一套班子，由市委统战部部长或副部长兼院长、副院长，苏州、南通两市由分管书记兼院长；二是无锡、常州社院牌子挂在市委统战部，培训基地在市委党校；三是苏州市社院牌子挂在市教育学院。

无锡市社院设培训处，与市委统战部培训处合署办公，编制2名；徐州市编制5名，编制在市委统战部；南通市有专职副院长1人；其他市均无编制。

市社会主义学院办班、校舍、师资主要依托市委党校。培训形式多样，主要有培训班、读书班、研讨班、非脱产班（走读），班次分长期班（1—2个月，主体班次）、短期班，还有借地办学（跨地区）和联合办班。经各市上报培训人数统计，13市自1991年至2000年，共举办各类培训班395期，培训人数16812人次。

浙江省社会主义学院简介

浙江省社会主义学院是中共浙江省委于1990年决定开办的，与中共浙江省委党校、浙江行政学院一起实行“三块牌子，一套班子”。社院的主要任务是组织本省民主党派各级领导骨干与无党派人士学习研究马克思主义基本理论、党的方针政策，对本省统战干部进行岗位培训以及对我党统一战线的历史、理论进行研究。

学院设置统战理论、科学社会主义、法学等10个教研室和理论研究所。已形成一支学科齐全、结构合理的专职教师队伍，同时聘请一批知名专家和政府官员为兼职教师，使教学质量有了保证。

社院成立以来，已开办民主党派领导干部和工作骨干班、党外代表人士培训班、工商联领导干部班、政协主席班、非中共领导干部班、民族干部班、非公有制经济代表人士班、侨联领导干部班、宗教干部班等班次，共培训干部1665人。根据不同班次，开设马克思主义基础理论课、统战基本理论课、专业知识课等三类课程，同时也结合教学，开展参观考察和社会调查。

杭州市社会主义学院简介

杭州市社会主义学院位于杭州市中山南路15奎巷99号杭州市委党校内（无专职教职员工和教学机构设施）。

杭州市社会主义学院自1991年成立至今共举办各类读书班、培训班、学习班21期、培训学员768人次。其中：民主党派和无党派骨干读书班10期（15天），民主党派和工商联领导学习班3期（7天），统战工作业务培训班7期（15天），宗教界人士读书班1期(15天)。

宁波市社会主义学院简介

宁波市社会主义学院成立于1991年12月。实行“一校两院”的领导管理体制，即把社会主义学院和行政学院办在党校。学院现有250平方米的教室和办公室，1995年，市财政拨专款30万元对教室和办公室进行了装修，配备了空调和教学音响设备。市财政每年按实际参训人数落实培训经费，目前已基本具备教学要求。

建院以来，学院的领导班子成员和师资力量以兼任为主。社院由1名院长和4名副院长组成领导班子，院长由市政协副主席、民主党派市委会主委兼任，班子其他成员由市委统战部、市委党校和市民主党派负责人兼任。社院下设办公室，由市委统战部、市委党校3名干部兼任办公室主任、副主任。目前有兼职教师8名。

浙江省市（地）级社会主义学院概述

浙江省市（地）级社会主义学院建立了3所，即绍兴市社会主义学院、嘉兴市社会主义学院和温州市社会主义学院。

绍兴市社会主义学院建立于1995年，学院现为“一校两院”体制，即绍兴市委党校、绍兴市行政学院、绍兴市社会主义学院，实行三块牌子一套班子管理。院长由市政协副主席兼，常务副院长赵传涛，副院长董明阳（分管行政后勤），副院长叶振东（分管教学科研）。学院下设13个处室：办公室、组织处、教务处、哲学教研室、经济管理教研室、科学社会主义教研室、党史党建教研室、基础学科教研室、理论研究室、图书资料室、学员工作处、总务处、财务处。全院编制为113名，现有在职教职工82人，其中专、兼职教师23人，具有高级职称的10人，中级职称的19人。学院位于绍兴市区中兴南路，与鲁迅故居相邻。学院占地15亩，校舍建筑面积11000平方米。学院教学设施配套齐全。现有大中小教室11个，共能容纳1100人同时上课，大小会议室6个，图书资料室藏书50000余册，阅览室2个，建有计算机教室，共有管理、教学用微机29台，配有新电教设备。学院依托服务中心，确保后勤服务优质高效。建有一幢设施齐全、较高档次的学生宿舍楼，现有中高档床位250张，餐厅2个，同时可容纳350人就餐，拥有能容纳80人的多功能舞厅一个，大中小车辆3辆，学院还配有学员棋牌娱乐室和乒乓球室4个。近年来学院已经开办5期民主党派骨干班，课程设置主要有：邓小平理论、统一战线理论、新时期方针政策、民主党派参政的改革等、培训人员已达200多人次。

安徽省社会主义学院简介

安徽省社会主义学院是安徽省委领导下的、归口省委统战部管理的正厅级事业单位（已上报中央编办），编制50人，设有办公室、教务处、教研室、学员部、总务处5个处室。省社院位于合肥市太湖东路，占地30亩，建筑面积11000平方米，总投资2500万元，校园内绿草如茵、环境优雅宁静，可同时提供200人学习、就餐、住宿。

安徽省社会主义学院的前身“安徽省政治学校”，始建于1961年9月，“文革”中被迫停办，校址被毁。1986年，省委常委会议决定恢复建立安徽省社会主义学院；1990年7月，省编委批准成立“安徽省社会主义学院筹建办公室”；1996年底，省计委正式批准省社会主义学院立项；1997年底，学院破土奠基；1998年3月，正式动工兴建。学院筹建过程中，省委、省政府、省政协及省委统战部领导对学院建设十分重视，先后多次到社院工地视察、指导工作，帮助解决困难。经过各方面的共同努力，一所崭新的、设施齐全的、花园式的省社会主义学院终于落成，1999年11月8日，举行了隆重的落成典礼。

安徽省社会主义学院从恢复筹建以来，按照省委领导“边筹建、边办学”的指示精神，在重点搞好筹建工作的同时，还努力创造条件，积极开展培训工作，在无校舍、人手少、经费缺等十分困难的情况下，采取临时租房办公、办学、聘请教师讲课等办法，共举办了各类研讨班，培训班38期，培训学员1600多人次，较好地完成了全省统一战线两支干部队伍的教育培训任务。

2000年，是社院工作逐步走向正轨的一年。为加强统一战线两支干部队伍的教育培训工作，全面提高统战系统两支干部队伍的政治水平和业务素质，社院在省委统战部领导下，根据年度培训计划，共举办了各类培训班、研讨班20期，培训统战系统干部900余人（次）。在教学中，社院围绕邓小平新时期统一战线理论这个教学中心，坚持理论联系实际，根据各班次的具体特点和学员的工作性质，有针对性地安排教学内容，取得了良好的学习效果，赢得了学员们的欢迎。

安徽省社会主义学院的全体教职工决心在省委领导下，高举邓小平理论伟大旗帜，齐心协力，团结一致，为把我省社院建设成为富有特色的高等政治学院和名副其实的各民主党派、无党派人士及统战干部的学习培训基地，使社院逐步走上“多层次、有特色、规范化”的办学路子，为统一战线两支干部队伍教育培训工作做出更大的贡献。

安徽省市（地）级社会主义学院概述

安徽省市（地）级社会主义学院成立了3所，即蚌埠市社会主义学院、合肥市社会主义学院和巢湖市社会主义学院。

蚌埠市社会主义学院于1999年1月22日正式挂牌成立，与市委党校一套班子两块牌子，下设院长室和工作部。

福建省社会主义学院简介

福建省社会主义学院的前身是福建省政治学校，创办于1960年，1964年8月正式改为现名，“文革”中停办。1981年经中共福建省委批准复办，属事业单位，正厅级机构。

学院经费由财政全额拨款，年约130万元。1981年7月23日中共福建省委在《关于同意恢复福建省社会主义学院的批复》中，核定学院编制为23名；1984年2月10日，福建省编制委员会在《关于同意省社会主义学院增加编制的批复》中，同意编制从原核定23名增至27名；1989年11月16日，省编制委员会又同意我院编制从27名增至40名。1964年8月经中共福建省委任命，省政协副主席黄亚光同志兼任学院院长，张兆汉、郑种植为副院长；1982年6月30日，省政府任命郑种植同志为我院副院长；1988年12月，经中共福建省委研究同意，省委常委、省委统战部部长张克辉同志兼任我院院长；1989年10月，经中共福建省委研究同意，金惠钦同志任我院副院长；1994年11月，经中共福建省委研究同意，刘以籁同志任我院副院长；1996年6月，经中共福建省委研究同意，省政协副主席、省委统战部部长金能筹同志兼任我院院长，陈爱群、林荣光同志任副院长；2000年3月，经省委研究决定，陈飞同志任我院副院长。目前，学院尚未设党组。学院内设机构有办公室、教务处、行政处、教研室、研究室，学院办有经国家新闻出版署批准公开发行的学报，学报编辑部和研究室一套人员，两个牌子。2000年6月，学院经有关部门同意正式加挂“福建省中华文化学院”的牌子，为学院进行海外统战，弘扬中华文化，提供了一个有利条件。

全院现有专职教师6名，其中副高职称者2名，中级职称者4名。学院走专兼结合的师资建设路子，院领导和有关处室领导为兼职教师，还聘请省、厅级领导，专家学者为客座教授。学院努力朝着“高层次、有特色、正规化”的办学目标，贯彻为教学、为学员、为统一战线服务的宗旨，实行“三自”、“三不”、“三结合”的教学方针，努力提高教学质量。复院以来，共举办各类培训班180多期，培训人数达8300多人（次），其中举办两期大专学历班。承担完成国家和省级科研课题多项，发表论文数百篇。

1989年，在省委、省政府的关心支持下，兴建了1座5200多平方米的综合楼；2000年对该楼进行了全面的改造装修。目前有学员宿舍130个床位，大中小教室、会议室、多功能厅等7个，学员餐厅可供150多人同时就餐，健身房1个，图书馆藏书约1万多册。

福建省社会主义学院位于风景秀丽的福州市屏山南麓，西湖东畔，闹市之中，交通十分便利，院内环境优美，设施完善，它既是福建省统一战线“两支队伍”的培训基地，也是对外接待各种会议、培训和旅游的好地方。

在新的世纪里，任重道远，学院将按照江总书记的要求，为建设一流的社会主义学院而努力奋斗。

江西省社会主义学院简介

江西省社会主义学院创办于1959年7月，其前身为中国人民政治协商会议江西省委员会政治学校和江西省工商业者政治讲习班。1959年7月3日，政协江西省第二届委员会常务委员会第一次会议通过了《关于江西省社会主义学院的计划》，并任命了省社会主义学院院长、副院长、教育长、副教育长。同年8月10日，政协江西省第二届委员会主席办公会议通过了江西省社会主义学院院务委员会名单。同年9月，江西省社会主义学院正式成立，原政治学校和政治讲习班随即撤销。1966年8月，江西省社会主义学院因受“文化大革命”冲击而被迫停办。1984年3月21日，中共江西省委常委会议讨论决定恢复江西省社会主义学院。同年7月12日，江西省社会主义学院筹建工作领导小组成立。1985年6月，江西省社会主义学院正式恢复。

“文化大革命”前的江西省社会主义学院在院务委员会的领导下进行日常教学管理工作，有关学院的重要事项通过政协江西省委员会常务委员会讨论决定。学院设院长一人、副院长一人、教育长一人、副教育长二人，下设办公室，配备了专职干部，具体领导和管理学院的日常工作。学院复办后，由中共江西省委统战部管理。

1985年3月15日，中共江西省委办公厅［1985］19号抄告单批示：江西省社会主义学院属厅（局）一级机构；江西省机构编制委员会赣编发［1986］09号文件批准江西省社会主义学院内设办公室、教务处、行政处三个处室，事业编制120名。后减编至95名。现有办公室、教务处、行政处等三个内设机构，有在职教职工49人。教职工中有专职教学人员 7 人，其中副教授 3 人、讲师 3 人、助教 1 人；有图书馆馆员 2 人。1999 年聘请了首批兼职教授 11 人；已初步形成了一支专兼结合的师资队伍。

1959 年至 1966 年江西省社会主义学院举办各类培训班 11 期，培训学员 511 人次。学院复办至 2000 年 12 月 31 日止，举办各类培训班 115 期，培训学员 4912 人次，其中民主党派成员 4124 人次、统战干部 644 人次、非公有制经济代表人士 120 人次、民族宗教干部 22 人次。办班的主要类型有：县（市）委统战部长培训班、地（市）县统战干部培训班、党外县处级领导干部政治理论进修班、民主党派新成员培训班、民主党派基层骨干培训班、民主党派机关专职干部培训班、全省工商联会长培训班、非公有制经济代表人士培训班、党外代表人士培训班、政协委员读书班、全省民族宗教干部培训班等。

江西省社会主义学院自创办以来，特别是恢复办学以来坚持教学与科研相结合，以教学带动科研，以科研促进教学，使学院的教学科研取得了长足的进步。学院复办以来，共在省级以上刊物发表论文 100 余篇。1989 年我院原副院长蔡高清与教师叶华清编写了《中国新民主主义革命统一战线历史专题讲义》一书，曾作为学院培训班教材使用。

江西省社会主义学院为全额拨款单位，各项经费均纳入省财政预算，经费预算从 1985 年的 15 万元增加到 2000 年的 108.5 万元。

江西省市（地）级社会主义学院概述

江西省辖 11 个区市，已有 10 个建立或恢复社会主义学院。10 所地级社会主义学院只有一家独立办学，其余 9 家均与市委党校、市行政学院实行三块牌子一套人马。

南昌市社会主义学院，前身是南昌市政治学校，创办于 1958 年。1995 年恢复并改称现名，挂牌于中共南昌市委党校。1997 年 6 月中共南昌市委决定市社会主义学院从市委党校分出独立办学，确定为正县级全额拨款事业单位，隶属于中共南昌市委统战部领导。学院设有办公室、教务处。人员编制 10 名，现有教职工 8 人。年事业经费 13.58 万元。截至 2000 年底，共举办各类培训班 20 期，培训学员 719 人次。

九江市社会主义学院 1960 年 3 月创办。1996 年 8 月恢复，与中共九江市委党校合署办公。主要培训对象有统战干部、党外科级干部、民主党派成员、党外中高级知识分子、民族宗教界代表人士、非公有制代表人士。学院共举办各类培训班 50 期，培训学员 1249 人次。

景德镇市社会主义学院成立于 1999 年 6 月，与中共景德镇市委党校合署办公。主要培训对象为：全市各民主党派、工商联机关干部；科级以上非中共领导干部；市人大代表、政协委员中的党外人士；科级党外后备干部；党外高级知识分子；少数民族和宗教界代表人士；非公有制经济人士等。学院成立以来共举办各类培训班 5 期，培训学员 184 人。

新余市社会主义学院 1996 年 11 月正式挂牌，与市委党校、市行政学院实行三块牌子一套人马。机构及人员编制均为党校的机构设置和人员。至 2000 年底，共举办各类培训班6期，培训学员269人次。培训对象为市政协委员、民主党派成员、统战干部、民族宗教人士、非公有制经济人士、民主党派基层骨干等。

鹰潭市社会主义学院成立于1995年2月，与市委党校合署办公，由市委党校统一管理，至2000年底，共举办各种类型培训班11期，培训人数600余人次；培训对象主要有民主党派成员、统战干部、无党派人士、民族宗教人士、非公有制经济人士等。

赣州市社会主义学院成立于1958年，前身是赣南社会主义学校。1960年年春，改名为赣南社会主义学院。1966年5月停办。1999年7月正式恢复赣州市社会主义学院，与中共赣州市委党校合署办公，在原党校内设机构的基础上增设统战理论教研室，配有专职教师和管理人员。学院恢复以来至2000年底共举办4期培训班，培训人数220人次。

宜春市社会主义学院1998年2月经原宜春地委研究同意成立的，与地委党校合署办学，实行两块牌子一套人员。地区政协工委副主任、地委统战部部长任院长、党校常务副校长任常务副院长、统战部副部长任副院长。2000年8月宜春撤地设市，宜春地区社会主义学院同时改称为宜春市社会主义学院，原办学形式及领导组成人员不变。学院自成立以来共举办各类培训班15期，培训人员765人次。主要班次有：党外干部、民主党派组织负责人、高级知识分子、政协常委、乡镇统战委员、工商联干部、党外领导干部、民族宗教干部、对台干部、私营企业主等培训班。

上饶市社会主义学院创建于1956年，始称上饶专区工商界政治讲习班，1958年更名为上饶专区社会主义学院。“文化大革命”期间学院停办。1996年9月经中共上饶地委研究决定，恢复上饶地区社会主义学院。2000年10月，上饶撤地设市，上饶地区社会主义学院同时改名为上饶市社会主义学院。恢复后的上饶市社会主义学院与中共上饶市委党校实行两块牌子，合署办公，统一管理。学院共举办各类培训班8期，培训学员426人次。主要培训对象是：民主党派成员、无党派人士、民主党派领导干部和统战系统干部。

吉安市社会主义学院原称吉安地区社会主义学院，1963年成立，1966年停办。1997年4月，地委同意恢复吉安地区社会主义学院。1998年10月正式挂牌，与地委党校合署办公，实行两块牌子，一套人马。2000年5月，吉安撤地设市，吉安地区社会主义学院同时改称为吉安市社会主义学院。学院恢复办学以来，共举办了党外中青年干部培训班5期、基层统战干部班2期、民主党派新成员培训班1期、党外县处级干部多党合作理论学习研讨班1期，培训学员800余人次。

抚州市社会主义学院1996年5月正式挂牌成立，当时名为抚州地区社会主义学院，与地委党校合署办公，两块牌子，一套人马。省政协抚州地区联络处副主任、地委统战部部长兼任社会主义学院第一院长；地委党校常务副校长兼任院长；地委统战部分管干部培训的副部长和地委党校副校长兼任副院长。2000年10月抚州地区撤地设市，抚州地区社会主义学院同时更名为抚州市社会主义学院。抚州市社会主义学院成立5年来共举办党外中青年干部政治理论培训班4期、党外知识分子班1期、民主党派成员培训班2期、非公有制经济人士培训班1期、统战干部培训班2期。共培训党外人士300多人、统战干部120多人。

山东省社会主义学院简介

山东省社会主义学院的前身——山东省政治学校，创建于1957年12月，“文化大革命”中被迫停办。1990年5月8日，中共山东省委决定恢复建立山东省社会主义学院。恢复建立后的山东省社会主义学院，是中国共产党领导的统一战线性质的高等政治学院，是民主党派和无党派人士的联合党校，也是党的统战工作的重要部门。

山东省社会主义学院复建以来，坚持以教学为中心、以科研为基础，用科学的理论武装学员，用先进的知识充实学员，用优良的传统教育学员，努力探索有社院特色的教学管理方法，办学质量不断提高。截至2000年底，共举办各类班次68期，培训学员2456人次。经过培训，山东省各民主党派、无党派人士的政治理论素质明显提高，政治协商、民主监督、参政议政水平得到了很大提高，许多同志走上各级政府、司法部门的领导岗位或成为业务骨干，为山东省的改革开放、社会主义现代化建设和多党合作做出了重要贡献。在科研方面，通过优化选题、协同攻关，在多党合作、民族宗教、传统文化等领域的研究工作取得了较大进展，初步形成了以某些优势学科为特色，带动统战理论研究向纵深发展的科研工作格局。近年来，承担中央统战部、省委统战部统战理论调研重点课题9项，主编全国统一战线干部培训教材《宗教问题简明教程》，参与编写教材、出版著作24部，在省级以上刊物发表论文108篇。

由于政治学校的校舍被占用，经省政府有关部门批准，社会主义学院在济南舜耕路重新征地建院。社院新校舍1996年4月破土动工，1999年底建成交付使用。新建教学综合楼集教学、办公、学员公寓为一体，共计11层（含地下室一层），建筑面积9400平方米，附属工程750平方米，床位168张，可同时容纳300人学习、住宿，为正规化办学奠定了良好基础。

山东社院现设办公室、教务处、教研室、总务处、政治工作处、学报编辑部6个处室，教职工编制56人。

1996年12月，中共山东省委决定成立中共山东省社会主义学院党组。现任领导成员，王久祜同志（中共山东省委统战部部长、省政协副主席）任院长，章立同志任党组书记、副院长，路笃盛、于志平、李守志、邵长明任副院长。学院现有教学科研人员10名，其中高级职称7名，中职以下3名。为加强学院师资队伍建设，改善教师队伍知识、年龄结构，1997年10月，省委统战部、省社会主义学院联合从省内知名专家学者和省直有关部门领导干部中聘请了13名兼职教授，目前已经初步形成一支专兼结合、以专职教师为教学科研骨干的教师队伍。

2000年5月，山东省社会主义学院隆重举行了恢复建立周年暨新校舍落成庆祝仪式，中共中央政治局委员、山东省委书记吴官正在贺信中指出，“社会主义学院工作是党的统战工作的重要组成部分，在建设有中国特色社会主义的宏伟事业中，任重道远，大有可为。”以此为标志，山东省社会主义学院结束了长期租房办学的历史，转入正规办学阶段。社会主义学院广大教职工决心在邓小平理论指引下，紧密团结在以江泽民同志为核心的党中央周围，继续发扬“爱国、团结、民主、求实”的校风，力争在不久的将来把学院建设成“更富有自己特色的名副其实的党外代表人士和统战干部的学习培训基地，使她在社会上享有更良好的声誉，在党外各界代表人士中更具有吸引力，在统一战线学术研究方面达到更高的水平和应有的权威性，为山东省的多党合作和统一战线事业做出更大的贡献。

济南市社会主义学院简介

济南市在60年代曾建立过政治学校，“文革”期间停办。1990年底，为贯彻中发［1989］14号文件精神，进一步加强民主党派自身建设，提高民主党派、无党派人士的政治理论素质，且为了在较短的时间内，收到较好的效果，市委常委会研究决定先由市委党校兼办社会主义学院，待条件成熟时单独建院；生活待遇方面党外要优于党内；领导班子以党校领导班子为基础，市委分管书记和市委统战部领导同志兼任社院领导职务。并于1991年1月正式挂牌设班——成立济南市社会主义学院。

社会主义学院自成立以来，坚持以邓小平理论为指针，以培养统一战线跨世纪“两支”干部队伍为目标，培训工作始终坚持了“五个注重”，即：一是注重计划，突出重点。社院培训工作列入全市干部培训工作的统一规划，坚持总体有规划，年度有计划，做到超前考虑，科学安排。二是注重质量，强化教学。培训采取现代“多媒体”教学手段，辅之以“远程”教学，培训中突出“三基本、五当代”和统战课的内容，并始终坚持“三自”、“三不”方针，努力做到“四个结合”，即教学与开展研讨相结合，教学与社会实践相结合，教学与自学相结合，教学与外出学习考察相结合，始终注意了教学针对性、生动性和实效性。三是注重安排，学用并举。培训工作坚持与党外干部的培养、选拔、考察、使用相结合，逐步形成“培训为使用，使用促培训”的良性循环，从整体上推进党外代表人物和党外干部的选拔培养安排工作。四是注重管理，搞好服务。每期培训班，市委统战部都要委派专人跟班，掌握培训情况，协助教学管理，努力为学员创造良好的学习环境。五是注重领导，加强协调。在办班期间市委领导都要参加开学典礼，并经常听取培训工作的汇报，随时了解社院培训工作情况。

经过十年来坚持不懈的努力，济南市的社院培训工作，取得了较为明显的成绩，并收到了较好的效果。举办各类进修班、培训班29期，培训党外干部近1000人。通过培训，不仅提高了统一战线“两支”干部队伍的政治理论素质，而且为市级民主党派、工商联以及各级人大、政府、政协培养了一大批骨干力量，为济南市的统一战线及各项事业的发展做出了积极的贡献。据统计，在1991年至1998年参加过社院培训的946名学员中，先后安排到全国、省、市、县（市）区四级人大、政协的有602名；走上县处级以上实职领导岗位的65名；安排到市级民主党派、工商联、宗教团体领导班子的165名；选调到市级民主党派机关担任处以上领导职务的有13名。通过培训安排使用的比例占85%以上。社会主义学院已经成为济南市民主党派和无党派人士政治理论培训的重要基地，发挥了越来越重要的作用。

青岛市社会主义学院简介

青岛市社会主义学院于1998年8月6日正式成立。它的前身是“青岛市政治学校”，成立于1957年，“文革”期间停办。1989年《中共中央关于坚持和完善中国共产党领导的多党合作和政治协商制度的意见》下发后，在市委的重视和关心下，在恢复“青岛市政治学校”的基础上，1990年9月成立“青岛市社会主义学院筹备组”。随着统战工作形势的不断发展，为了进一步加强我市统一战线两支队伍建设，1998年4月，中共青岛市委常委会做出“加快青岛市社会主义学院建设步伐，为搞好党外干部培训提供条件”的决定，并于1998年8月批准成立青岛市社会主义学院。

青岛市社会主义学院自复办以来，坚持以邓小平理论和党的基本路线为指导，认真贯彻党的统一战线方针政策，坚持“高层次、正规化、有特色”的办学方针，各项工作取得了可喜的成绩。从1990年至1998年，社院筹备组坚持边建院、边办学，共举办各类学习班、培训班55期，培训学员3800余人，其中有些班次得到中央、省、市领导的充分肯定和赞扬。

1999年4月，青岛市社会主义学院校舍正式落成（市委、市政府将原市财政局办公楼划归社院使用，并拨款260万元装修改造。该楼房5层，3000余平方米，有大、小会议室3个，学员宿舍37间，并建有资料室、阅览室、棋牌室、台球室等），为统一战线干部队伍的培训提供了良好的学习、生活环境。两年来，学院按照市委和统战部的要求，不断加强正规化管理，共举办学习班、培训班26期，培训学员1000余人，为建设面向21世纪合格参政党和统一战线干部队伍做出了应有的贡献。

在教学工作中突出教学研究，狠抓制度建设。一是以政治培训为主。认真落实中央关于邓小平理论“进教材、进课堂、进头脑”的要求，每期班都安排邓小平新时期统一战线理论内容，并达到全部课程内容的20%以上。二是加强教学研究。每个班次都进行班前教研，从教学的主题到内容，从课程的设置到考察活动，尽力做到一丝不苟。三是加强制度建设。先后建立了《政治业务学习制度》、《学员管理制度》和《班前教研及兼职教师联系制度》等，制度管理为正规化建设打下了坚实的基础。四是注重学用结合。如对统战宣传干部安排新闻写作、新闻摄影及计算机点对点通讯知识讲座；为党外干部设置了创造性思维和依法行政课程，受到了学员们的普遍好评。另外，还虚心学习兄弟社院的先进经验，加强教师队伍建设，不断提高教学质量，取得了良好的效果。

目前学院有专、兼职教师近20名，兼职教师分别从中央统战部、中央社院、山东省社院及省市各高校聘任。

青岛市社会主义学院是隶属于中共青岛市委统战部的事业单位，人员编制20名。院级领导4名（院长1名，由市委统战部部长兼任；专职副院长1名，兼职副院长2名）。内设机构包括办公室、教务管理处、行政管理处。办公经费由市财政全额拨款。

山东省市（地）级社会主义学院概述

山东省现有地级社会主义学院5所。

淄博市社会主义学院成立于1991年；潍坊市社会主义学院成立于1991年；济宁市社会主义学院成立于1994年；威海市社会主义学院成立于1994年；菏泽市社会主义学院成立于1996年。5所社会主义学院挂牌同级党校。

淄博社院：共举办培训班8期，培训学员500余人；

潍坊社院：共举办培训班4期，培训学员400余人；

济宁社院：共举办培训班10期，培训学员500余人；

威海社院：共举办培训班8期，培训学员500余人；

菏泽社院：共举办培训班6期，培训学员600余人；

合计举办干部培训班148期，培训学员9700余人。

河南省社会主义学院简介

河南省社会主义学院是中国共产党领导的具有统一战线性质的高等政治学院，是河南省各民主党派和无党派人士的联合党校，主要担负着培养统一战线党内外两支干部队伍的任务。

河南省社会主义学院创建于1958年9月，原名“河南省政治学校”。“文革”中停办，校舍被占用。1981年复办，1986年开始边筹建、边办学。1990年更名为“河南省社会主义学院”。

1995年5月，省政府批准立项进行校舍建设，1998年11月落成。建筑面积7600平方米，总投资1200万元。学院现拥有五层教学综合楼4000平方米，内有宽敞明亮的大小教室、图书室、阅览室、学习讨论室、会议室、活动室；有学员宿舍50间（双人标准间）；学员餐厅和各项配套设施600平方米。有教职工住房28套。校园内环境整洁宁静，同期培训规模100人。

1993年12月，河南省编委根据中共河南省委第152次常委会议纪要精神，将河南省社会主义学院定为副厅级事业单位。1996年11月，河南省编委批准印发的《河南省社会主义学院机构编制方案》，明确学院的规格相当于副厅级。内设办公室、教务处、总务处、教研室，规格均相当于副处级。暂定事业编制30名，其中，院领导职数4名，内设领导机构职数8名。目前，河南省社会主义学院共有教职工16名，其中院长1名、副院长2名；处长（主任）3名；讲师3名，外聘兼职教授16名。实行公务员和专业技术职称工资双轨制。省财政厅按预算每年拨付人员经费、公用经费48万元；专项业务培训费45万元，基本保证了学院正常办公和培训工作的开展。

河南省社会主义学院以“高层次，有特色，正规化”为目标建立适合自身特点的教学体系，坚持“三自”、“三不”方针，贯彻“八字”校风，制定了较为完善的教学、科研、后勤及行政管理规章制度。在注重教学的同时不断加大统战理论科研工作力度，独立编写了《河南统战工作》一书，与兄弟社院合编统战理论教材8本，先后发表论文35篇，其中6篇获优秀论文奖。

河南省社会主义学院从建院开始到2000年底，共举办各类学习研讨班70期，培训学员4548人。较好地发挥了统一战线党内外两支干部队伍培训基地的作用，为河南省爱国统一战线培养了一大批拥护共产党领导、自觉为社会主义建设事业服务的各界民主人士。为巩固和发展新时期爱国统一战线事业发挥了重要作用。

河南省市（地）级社会主义学院概述

河南省辖地级市18个，至2000年底，郑州市、开封市成立了社会主义学院，部分省辖市正在筹备成立。

郑州市社会主义学院成立于1996年5月，人员编制10人，纳入郑州市委党校编制。与郑州市委党校、郑州市行政学院合署办学，每年的培训计划由郑州市委统战部干部处起草并报市委组织部干部教育处审批，纳入郑州市委党校的教学计划。对外三块牌子，一套人马，师资共享，学员入学与党校学员一样待遇。至2000年底，共举办民主党派、非公有制经济人士、统战系统干部培训班6期，培训学员400余人。

开封市社会主义学院成立于1998年6月，由开封市委党校统一管理，没有专门人员编制。开封市委党校根据开封市委统战部关于党外干部培训的要求，统一编制教学计划，报市委组织部干教处审批。学员入学与党校学员一样待遇。至2000年底，共举办民主党派、无党派人士、非公有制经济人士培训班3期，培训学员120余人。

湖北省社会主义学院简介

坐落于长江之滨、黄鹤楼下的湖北省社会主义学院是中共湖北省委领导下的具有统一战线性质的高等政治学院，是民主党派和无党派人士的联合党校，是统一战线系统的干部学院，为省委直属正厅级事业单位。

湖北省社会主义学院的前身是湖北省政治学校，创办于 1957 年 11 月，1966 年“文化大革命”开始后被迫停办。1984 年省委根据中央指示精神批准恢复，更名为湖北省社会主义学院。1989 年开始边筹建边办学，1992 年 9 月 8 日在现址正式开班办学。

湖北省社会主义学院编制员额 45 人，现已有教职工 38 人，其中教学人员 15 人；内设机构为 4 个处室，即办公室、教研室、教务处、总务处。学院行政事业经费实行财政全额拨款，每年另拨培训经费 40 万元。学院现址建筑面积 3000 平方米，学员宿舍床位 80 个，图书资料室藏书 4000 余册。

湖北省社会主义学院实行中共党委领导下的院长负责制。中科院院士、武汉大学教授王之卓为名誉院长，省政协副主席、省民盟主委韩南鹏为院长，省委统战部副部长程逖兼党委副书记，刘兰桂、王行道、马景新为副院长，刘反修为助理巡视员，朱文善为教务长。

省社会主义学院自 1957 年创办以来，在教学科研上取得了好的成果，“文革”以前的近十年间办各类培训班 17 期，培训党内外干部和代表人士 2500 多人；复办 10 余年来共办各类培训班 79 期，培训 3381 人，为坚持和发展中国共产党领导的多党合作和政治协商制度，加强统一战线党内外两支干部队伍的建设做出了贡献。一批党外人士经过省社会主义学院培训后，走上了省、市、县和企事业单位的领导岗位。在科研方面，学院创办了《湖北省社会主义学院学报》，编写出版了《统一战线 40 年论集》、《爱国统一战线基础》、《邓小平统一战线理论辅导读本》等专著和教材，参与中央统战部、中央社会主义学院编写《统一战线疑难问题》、《中华文化概述》等辅导教材，现正编写《中国共产党领导的多党合作和政治协商制度简明读本》。此外，在省以上报刊发表论文 100 多篇，约 40 万字。

1999 年经省委统战部和省教育厅批准，省社会主义学院利用现有条件成立了湖北中华文化研修学院，以悠久灿烂的中华文化为精神纽带，吸收港澳台同胞和海外华侨华人回祖国学习中华文化，开展中华文化的培训、研究和交流，弘扬中华文化优秀传统，凝聚中华民族爱国力量，为促进祖国统一和振兴中华服务。同时学院面向社会办学，举办各类学历班、职业技能培训班。经省劳动主管部门批准成立了职业培训中心，开展经营师、策划师等系列职业资格培训，为提高全民族文化素质做贡献。

社会主义学院的教育是整个有中国特色社会主义教育事业的组成部分，是一项事关中华民族伟大复兴的战略性事业，受到党和政府的高度重视。1999 年省委决定易地扩建省社会主义学院。2001 年社院新校舍开工建设。新建社院占地面积约 12 亩，教学办公综合大楼建筑面积 12753 平方米，学员宿舍床位近 300 个。不久，一所拥有现代化教学、生活设施的新校园将展现在人们面前。时代赋予了省社会主义学院广阔的发展前景。在新的世纪里，湖北省社会主义学院将坚持正确的政治方向，发扬“爱国、团结、民主、求实”的校风，按照“高层次、有特色、正规化”的办学原则，把社会主义学院建设成为更富有自己特色的名副其实的党外代表人士和党的统一战线干部的学习培训基地。

武汉市社会主义学院简介

武汉市社会主义学院，它的前身为1956年3月建立的武汉市业余政治学校。在将它组建为正式的政治学校（即社会主义学院）的过程中，受“文革”的冲击，其工作被迫中断。1989年，中共武汉市委为了贯彻落实《中共中央关于坚持和完善中国共产党领导的多党合作和政治协商制度的意见》（中发［1989］14号文件）的精神，根据武汉市统一战线迫切需要加强党外人士和统战工作干部的教育培训的客观情况，于年底召开第七届第86次常委会研究决定恢复组建武汉市社会主义学院，并于1990年5月28日，利用首次以武汉市社会主义学院名义举办培训班的机会，宣布学院的恢复组建正式开始。

1991年，市委召开常委会议，市政府召开市长联席会议，就武汉市社会主义学院的校舍建设的拨款、立项、选址等问题做出决定，并同意学院为局级事业单位，同意成立领导班子和建院委员会及其工作班子，具体负责落实市委、市政府决定的有关事项。在社会各界的大力支持下，经过几年的努力，校舍建设主体工程基本完工，学员楼、办公楼、教研综合楼及附属建筑设施相继建成，总面积达9100平方米，校园面积约占地15亩。学员宿舍有标准3人间50个，床位150张。从此结束了租借房屋办班的历史。同时，组织机构和教学培训机制也得到健全。机构编制逐步到位，内设办公室、教务处、教研室、总务处；人员编制被暂批准为30名（截至2000年底教职工有25名），其中，具有各类高级职称的有4名，中级职称的有8名，初级职称的有4名，还常年聘请校外30余名专家、学者为兼职教授。教学设施相继配套，图书室藏书5000册，微机室配备电脑30台。

到1997年，武汉市社会主义学院的工作由“边办班、边建院”正式转向以教学为中心、以科研为基础，以行政后勤为保障三位一体全面推动的阶段。在这一时期，学院按照江泽民总书记提出的“四个更”的要求，努力探索“高层次、有特色、正规化”的办学路子，成效显著。主要表现在教育培训的班次、学制、课程设置和教学环节等方面逐步规范化；科研工作实行了院内、外研究力量的合作；后勤保障工作基本实行了吃、住、行“一条龙”服务；行政工作的统筹协调与综合管理职能不断增强。10年来教育培训成绩显著，共举办各类班次105期。学员经过培训后，在各自工作岗位上和参政议政中都发挥了应有的作用，并担任了相应的职务。其中，有39人担任了副局级以上领导职务；有129人担任了处级领导职务；有255人次当选为全国、省、市人大代表；有768人次被协商安排为全国、省、市政协委员；有172人次被聘请为特约“四员”。同时，科研方面不断推出研究成果。牵头或参与主编社会主义学院教材3本。发表学术论文200余篇。尤其在开展国共两党关系与海峡两岸关系史研究方面，参与和推动编辑出版《国共关系与两岸关系丛书》11卷（拟定出版20卷）。走过10年辉煌历程的武汉市社会主义学院已成为深受市各民主党派和无党派人士热爱的联合党校。

学院十分重视领导班子的思想政治和工作作风建设，促进各成员不断提高其政治理论水平、政策水平和组织领导能力。学院设院长1名（市委统战部部长兼任），兼职副院长2名（党内和党外各1名），专职副院长3名。院长为市政协副主席、市委统战部部长刘彩木；兼职副院长为市政协副主席、民盟市委会主委郭友中，市委统战部副部长帅松芬；专职副院长分别是魏联方、董海琴、何又明。

学院校舍建设经费来自财政拨款和自筹两个方面；日常经费由财政全额拨款。

迈进新世纪的武汉市社会主义学院，正在贯彻落实全国统战工作会议精神和中共中央关于办好社会主义学院、加强社会主义学院建设的指示精神，发扬“爱国、民主、团结、求实”的校风，贯彻以政治培训为主的原则，加强教学、科研工作，进一步提高管理水平，为开创新世纪社会主义学院工作的新局面而努力奋斗。

湖北省市（地）级社会主义学院概述

近几年来，湖北省部分地市州在中共党委的重视下，相继成立了社会主义学院。截止到2000年底，已有荆州市、孝感市、宜昌市、黄石市正式挂牌成立了社会主义学院。

湖北省地级社院的特点是都依托中共地市州委党校，由党校兼办社院，社院没有专门的人员编制、机构设置、校舍和师资。办学依靠市委党校教学设备和师资力量。在领导体制上，则有多种形式，有的实行“一套班子，三块牌子”（如荆州市）；有的是由市委统战部、组织部、党校的领导同志和党派主委组成社院领导班子，教学计划由市委统战部和党校共同商定，生源由统战部组织，并指导社院的培训工作（如宜昌市、黄石市）；还有的是由市政协和市委统战部领导兼任社院的主要领导，与党校共同组织教学培训工作（如孝感市）。由中共党校兼办社院，突出的优势是教学培训条件和师资力量有保障。

按照中央的要求，地市社院的主要任务是培训统一战线党内外两支干部队伍，组织学习马列主义、毛泽东思想和邓小平理论，学习党和国家的各项方针、政策，学习统一战线理论和有关专业知识，提高政治理论素质和参政议政能力。几年来各地市社院共举办各类培训班10期，培训学员583人，其中民主党派268人，统战干部178人，民族宗教、非公有制人士86人，其他51人。为加强我省统一战线两支干部队伍的建设做出了贡献。

湖南省社会主义学院简介

湖南省社会主义学院的前身是湖南省政治学校，创办于1958年9月，“文革”中被迫停办。1983年，中共湖南省委同意着手筹备恢复省社会主义学院。1988年12月，湖南省社会主义学院正式复办，1994年1月，省社院从省委统战部搬迁至现址——长沙市马王堆新桥，西临著名的马王堆汉墓，东傍风光秀丽的浏阳河。

学院为省直属正厅级单位，现有教职员工 46 人，离退休人员 8 人。院长由省人大党外副主任兼任，两位省政协党外副主席兼任副院长。主持学院全面工作的副院长、党组书记由省委统战部副部长兼任，设三位专职副院长。下设人秘处、教务处、总务处。

目前校园面积 43 亩，已建成校舍 6 栋，建筑面积 14000 平方米。另有幢近万平方米的 12 层教学科研大楼正在建设之中，学员宿舍有近 500 个床位，电化教室有电脑 35 台，新餐厅能同时容纳 600 人用餐，能满足高、中、低档要求，多功能厅能容纳近 200 人同时参加活动。

学院属财政全额拨款事业单位。每年财政拨给学院经费约 200 万元，其中包括行政经费 150 万元，设备经费 50 万元，基建项目经费另拨。职工工资实行“双轨制”（职称工资、公务员工资）。

自 1958 年以来，学院共举办各类进修班、培训班、研讨班 133 期，培训学员 8911 人次。其中，“文革”前办班 9 期，培训学员 893 人次，1988 年 12 月复办以来，办班 124 期，培训学员 8018 人。

学院注重科学研究，复办以来，先后编写出版了《爱国统一战线基础》、《统一战线论》、《毛泽东、周恩来、邓小平统战艺术》、《邓小平理论概论》、《非公有制经济研究》、《新时期统战理论研究》等一批教材和专著，创办了《湖南省社会主义学院学报》（2000 年 1 月起在国内外公开发行）。在省级以上报刊发表科研论文 300 多篇，在省级以上学术会议获奖论文 80 多篇。

学院有一支专兼结合，以专为主，门类较齐全，结构较合理的教师队伍，其中，有专职教授 3 人，副教授 3 人，讲师 16 人，常年聘请了 14 名知名教授、专家和领导干部讲课。

1994 年搬迁新址以来，学院通过努力探索积累了一些办学经验。

（一）“抗大精神”建校。在建校过程中开展“一学三比”（学邓小平理论，比团结、比实干、比贡献）活动，发扬“抗大”艰苦奋斗精神，实行一人多岗，一专多能，以勤俭办事、优质高效、奋发进取为立校之本。（二）“两条腿走路”办班。一方面，在院内举办层次较高的培训班，另一方面，与市州联合办班，扩大培训面，形成了以学院为中心、辐射全省的培训网络。（三）“五大块”模式教学，根据理论与实践相结合的原则，创立了时事政治、马克思主义基础理论、统战理论与政策、综合应用知识和社会实践“五大块”结合的教学模式，以提高学员的理论政策水平和实际工作能力。（四）“专兼职结合”授课。学院有一支专兼结合，以专为主，门类较齐全、结构较合理的教师队伍，基本上能够确保正常的教学秩序和满足统战工作对“两支队伍”培训工作的需要。

湖南省市（地）级社会主义学院概述

湖南省从 1989 年秋季以来，已陆续成立 11 所地级社会主义学院，它们是：

①长沙市社会主义学院（1989 年 10 月成立）

②常德市社会主义学院（1990年3月成立）

③邵阳市社会主义学院（1991年1月成立）

④益阳市社会主义学院（1991年2月成立）

⑤娄底市社会主义学院（1991年9月成立）

⑥岳阳市社会主义学院（1992年2月成立）

⑦郴州市社会主义学院（1992年5月成立）

⑧怀化市社会主义学院（1993年7月成立）

⑨株洲市社会主义学院（1996年5月成立）

⑩衡阳市社会主义学院（1997年8月成立）

⑪自治州社会主义学院（1999年6月成立）

已成立的社院主要采取两种办院形式：（一）独立办院。全省有7所地级社院独立办院，配备有专职、兼职副院长一名（多为统战部副部长兼任），下设办公室，有2至3名管理人员，除了长沙市社院有3名教师外，其余社院目前尚无自身师资力量。除了长沙市社院、衡阳市社院有校舍外，其余社院目前尚无校舍。（二）联合办院。全省有4所社院采取与党校、行政学院一套人马，二（三）块牌子式办院。无独立编制，设分管副院长，校舍、师资力量共享。

地级社院采取联合办班、独立办班两种办班形式。联合办班主要是与省社院联合办班，利用省社院的师资、教材等；独自办班主要是聘请党校教师、统战部领导授课办班。地市级社院办班以短期培训为主，大多为10天至半月。十年来，地市级社院共举办190期培训班，培训学员14800余人。

广东省社会主义学院简介

广东省社会主义学院创办于1957年4月，创办时称为广东省政治学校，1960年11月改名为广东省社会主义学院，1966年8月因“文化大革命”而被迫停办。“文革”前的十年，学院共办班16期，培训学员3397人次。党的十一届三中全会以后，根据中央和省委的指示，广东省社会主义学院于1983年9月复办。为适应统战工作的需要，目前学院同时加挂“广东省统一战线干部学院”和“广东中华文化学院”牌子。

学院属省委直属正厅级单位，按广东省机构编制委员会1998年11月批复的机构编制方案，学院设院长1名（由省委统战部负责人兼任），常务副院长1名，专职副院长3名。学院下设办公室（加挂“人事处”牌子）、总务处、教务处、教学一部、教学二部、统一战线理论研究部（加挂“中华民族凝聚力研究中心”牌子）6个处级机构。全院总编制69名（其中财政核拨经费编制57名，经费自给12名），学院每年正常经费（含人头费、业务费、公务费）150万元左右。

在邓小平理论和党的路线、方针、政策的指导下，在中央统战部、广东省委、广东省委统战部的领导和关心支持下，学院坚持社会主义办学方向，坚持为中国共产党领导的多党合作和政治协商制度服务，为统一祖国、振兴中华服务的方针，坚持“爱国、团结、民主、求实”的校风，全院教职员工发扬开拓进取和求真务实的作风，努力做好各项工作，并取得了较好的成绩。1983年复办以来至2000年，先后举办各类培训班、进修班、读书班、专题研究班、学历班157期，培训总人数为6656人次，其中，中央统战部从1995年以来连续6年在学院举办了10期市厅级赴港研究班，较好地完成了交办的任务。为培养统一战线两支干部队伍，提高学员的素质做出了应有的贡献。多年来，学院在多层次、多形式、多渠道的办学方面也取得了一定的成绩，举办了大专班、在职研究生班等学历班共6期，207人。

学院重视抓好队伍建设，经过多年努力，建立了一支有较高水平的专兼职结合的师资队伍和较高素质的管理队伍。全院现有在职人员56人。其中，专业技术人员（含担任行政职务又聘任专业技术职务的人员）17人，行政管理人员29人，工勤人员10人。17名专业技术人员中，有高级职称12人（正高2人，副高10人）。在专业技术人员和行政管理人员46人中（不含工勤人员），大专以上学历的有41人，占89.13%。另外，学院还与院外一批专家、教授和从事实际工作的领导建立了教学工作联系，初步形成了一支高水平的兼职教师队伍。学院成立了学术委员会，结合教学工作的实际，积极开展统战理论研究活动，教学科研取得了一定的成果。据不完全统计，1983—2000年，先后出版论著43部，发表论文621篇。还参与发起和组织了在海内外都有较大影响的增强中华民族凝聚力系列研讨活动。《广东省社会主义学院学报》已于2000年10月创刊，向全国公开发行，反映不错，社会评价“起点高、很大器、存特色”。

学院努力抓好校园建设，不断改善学习和生活环境。全院总占地面积18106平方米，总建筑面积17348.67平方米。在广东省委、省政府的大力支持下，学院从复办以来新建了教学楼、图书馆、学员宿舍、饭堂、综合楼等，以及院外两栋教工宿舍，建筑面积共10882.57平方米。校园的绿化、美化、净化工作也上了一个台阶。教学设施和生活设施也得到了较大的改观。在后勤管理方面，加强制度建设，强化服务意识，提高服务质量，努力为学员创造一个方便、整洁、舒适、安静的学习、生活环境。

广州市社会主义学院简介

广州市社会主义学院前身是广州市政治学校，创建于1960年，1986年复办，改名为广州市社会主义学院。新校舍于1992年启用，学院现有6000平方米的教学综合大楼，有宽敞、明亮、高雅的教室，先进的电脑教学室，藏书丰富的图书馆，优雅舒适的学员宿舍，干净卫生的食堂，装修一新的集会议、教学、娱乐于一体的多功能礼堂。学院为正局级（事业）单位，编制60人，在编47人。设办公室、教研室、教务处、总务处四个处室。初步建立了一支有较高教学和科研水平的专业师资队伍，现有教授4人，副教授7

人，讲师4人。在中共广州市委、市政府的亲切关怀和领导下，在中共广州市委统战部的直接管理下，社院始终坚持以邓小平理论为指导，坚持社会主义办学方向，走“高层次、有特色、规范化”的办学道路，努力争创全国一流城市社院。结合广州的实际，坚持以教学为中心，以科研为基础，以基建后勤为保障，以队伍建设为关键，充分调动全院教职员工的积极性和创造性，在统一战线两支队伍的培训和统战理论的研究中取得较大成绩。复办至2000年，共举办了近20种类型、层次的读书班、学习班、培训班、进修班、函授班等共77期，培训人员2867人次，其中党的统战干部338人，党外干部2360人。还配合中共中央统战部多次成功举办全国民主党派领导干部赴港培训班、全国社院教师赴港培训班等高层次的班次。党外人士中的广州市人大副主任、副市长、市政协副主席、各民主党派的主委、副主委、正副秘书长、市工商联、市台联会的正、副会长、各宗教团体的正副会长和广州地区一些知名的专家、学者，党的统一战线干部中区、县级市、局、总公司、直属单位、高等院校分管统战工作的党委副书记，以及统战部长等都到过学院学习，有的领导还多次来学习。学员在校学习认真，刻苦钻研，不少学员通过社院学习培训，走上了领导岗位。学院在全国、省、市级刊物公开发表论文近500篇，出版专著10多部，一批论文、专著获得各种奖励。1997年5月成立的“广州中华文化学院”进一步开拓了社院工作的新领域，并成立了“广州中华文化合唱团”，以文化交流为媒介，积极拓展海外统战工作，曾应邀赴香港、澳门、新加坡等地演出和进行文化交流，取得圆满成功，引起了较大的社会反响，发挥了应有的作用。

在教学工作中，学院把提高教学质量放在第一位，突出教学的政治性、统战性、科学性、实践性和时势性，以邓小平理论为主课，以新时期统一战线理论方针政策为重点，抓好教学的各个环节，使每期班的教学工作都能顺利进行，并收到了预期的效果。着重抓好：一抓招生工作，务求到位。每期班都能按计划完成招生任务，从未有一期班因招生难而“流产”。二抓教学内容，注意求精。加大课堂教学信息量，加强针对性，讲求教学艺术和效果。三抓教学组织，体现特点。发挥了统一战线自我教育为主的“三自”方针和“三不”原则，认真抓好自学、辅导、讨论、考察、总结交流五个环节。四抓教学规范，强化管理。逐步建立起一套具有社院特色的教学科研管理体制和管理机制。五抓办学创新，拓宽路子，使办班形式、班次设置等方面不断有新的突破。

面对新世纪，学院将继续高举邓小平理论伟大旗帜，以江泽民同志“三个代表”的重要思想为指导，深入学习贯彻党的十五届五中全会精神和全国、省、市统战工作会议精神，牢牢把握大团结大联合的主题，努力做好统一战线“两支”队伍的培训工作，抓住机遇，埋头苦干，不断开拓统战培训工作的新局面，继续向建设全国一流城市社会主义学院的目标迈进。

深圳社会主义学院简介

深圳社会主义学院于1992年成立，属正局级事业单位。为充分利用特区人、财、物力资源，市委决定社会主义学院与深圳市委党校、深圳行政学院、深圳经济管理学院联合办学，实行“一校三院”、一套人马、四块牌子的办学模式。目前，院（校）人员编制为140人，从事教学科研的人员79人。其中，副高以上职称40人，博士14人。校内机构主要有教务处、科研处、办公室、行政处、特区理论与实践杂志社、图书信息中心、成人教育部和八个教研部。院领导主要成员有：刘涛（市委副书记兼院长），汪开国（常务副院长），杨朝仁（副院长），潘保华（副院长），方家荣（副局级巡视员）。校园占地面积30000平方米，建筑面积30000平方米。市财政每年大致划拨1300万元用于教学科研和办公、业务经费。

广东省市（地）级社会主义学院概述

广东省辖区内的地级市社会主义学院共6所（佛山市政治学校、珠海市社会主义学院、中山市社会主义学院、梅州市社会主义学院、江门市社会主义学院、湛江市社会主义学院）。6所地级社院分别在1993年以来复办或成立的，均与当地党校合并，由党校领导班子统一领导，实行“一套人马，两块牌子”的办学管理模式。所有教学科研和办公、业务经费均由各市财政划拨。6社院在编教职员工共有383人，其中教师占135人（高级职称：49人，中级职称：62人，初级职称：24人）。各院一般设有办公室、教务科、行政科、培训科、计财科、人事科、图书馆、科学电化信息中心、哲学教研室、政经教研室、党史党建教研室、社科教研室、政治理论教研室等。在办班形式方面则多与当地的市委统战部合作，主要举办中青年党外干部培训班、非公有制经济人士学习班、民主党派机关专职干部培训班、统战干部信息班、高级知识分子培训班等班次。6院校园占地面积共约为332.4亩，建筑面积为95283平方米。从成立至今，6社院共培训人数11387人次。为培养、提高党外干部的素质做出了应有的贡献。

广西社会主义学院简介

广西社会主义学院是中共广西壮族自治区委员会领导的具有统一战线性质的高等政治学院，是广西各民主党派和无党派人士的联合党校。担负着培训广西统一战线党内外两支干部队伍和进行统一战线理论与政策研究的重任。

学院创建于1957年5月，原名广西省政治学校，1960年元月改为现名，原广西省副省长、民盟广西省委会主委莫乃群兼任第一任院（校）长。学院在创建后的九年间，共举办16期理论学习班，培训学员2236人，培养了一批拥护中国共产党领导、自觉为社会主义建设事业服务的各界民主人士，为巩固和扩大统一战线发挥了重要作用。1966年9月，因“文革”冲击，学院被迫停办。

1984年9月，根据中共中央指示和新形势下统战工作的需要，自治区党委、政府决定恢复重建广西社会主义学院。次年12月，学院恢复办班，先后举办了各类培训班（进修班、读书班、研讨班）88期，培训学员4000余人。培训对象包括民主党派、工商联机关领导干部及后备干部，人大、政府、政协及企、事业单位党外厅局级、县处级干部，分管统战工作的具（区）级党委副书记，各级统战、对台、民族、宗教工作干部，宗教界爱国人士、非公有制经济代表人士等。学院在长期的教学实践中坚持理论联系实际的教学原则，逐步形成了一套有社院特色的“四个三”的教学方法，即“三自”原则（自己提出问题、自己分析问题、自己解决问题）、“三不”主义（不抓辫子、不扣帽子、不打棍子）和“三个结合”（理论与实际相结合，讲授辅导与自学讨论、总结交流工作经验相结合，课堂学习与社会考察相结合）；“三个为主”（以自学为主，学习原著为主，研讨为主）。学员通过学习和培训，提高了理论和政策水平，提高了政治、业务素质和参政议政的能力，在广西的改革开放和经济、文化等各项建设事业中做出了重要贡献。学院结合教学工作，积极组织教师与专业人员开展理论与政策的研究，取得了多项集体研究成果。其中主要有：分别与区党委统战部、民主党派区委会合作编撰《新时期爱国统一战线》（获广西社会科学优秀成果三等奖）、《新时期民主党派自身建设》（获广西社会科学优秀成果三等奖）两本教材，独立编撰了《邓小平统一战线思想研究》等著作。为了进一步加强教学和科研工作，学院于1996年下半年创办了《广西社会主义学院学报》，经过努力，《学报》办出了特色和水平，1998年获国家新闻出版署批准为国内外公开出版刊物。

学院为厅级事业单位，目前内部机构设有办公室、教务处、总务处、教研室、机关党委、工会、妇委会、团委会、图书馆、培训部、中专部等。自治区政协副主席、民盟广西区委会主委梁超然兼任院长，自治区党委统战部副部长区品秋兼任党组书记，覃延雄、吕池任专职党组副书记、副院长，蓝启雷任专职党组成员、副院长。现有教职工60多人。高级职称11人，中级职称15人。已初步建立了一支专兼结合的教师队伍，除有一定数量的专职教师外，还聘请了一批校外专家、学者和有关部门领导担任兼职教授。学院每年举办8—12期培训班，短班两个星期，长班1—3个月，每期40人左右。

学院校园占地45亩，现已拥有2.3万多平方米的教学、生活用房。其中图书馆建筑面积1030平方米，藏书2.4万多册，其中图书1.7万册，期刊合订本0.39万册，报纸合订本0.32万份，常年订有报刊160多种。建有电脑室和学员、职工、离退休干部文娱活动室。为了更好地发挥社院的培训功能，学院得到了各有关部门的大力支持，在南宁市区高新开发区建造了一幢4800平方米培训综合大楼，建立了广西社院培训中心，1999年9月开始投入使用，产生了较好的社会效益和经济效益。院内绿树成阴，布局合理，整洁幽雅，连续多年获“自治区爱国卫生先进单位”、“南宁市花园式单位”和“城区文明单位”称号，为学员和教职工的学习、生活、教学、科研创造了良好的条件。

海南省社会主义学院简介

海南省社会主义学院于1995年2月28日经中共海南省委批准成立。1996年9月21日正式挂牌运作。根据海南“小政府、大社会”的体制模式，学院与建省后成立的中共海南省委党校、海南省行政学院实行“三块牌子，一套人马”的办学体制。自此，一校两院担负起为海南特区党员领导干部、理论骨干、公务员、民主党派、无党派人士的培训任务，成为海南干部培训基地，党员干部党性锻炼的熔炉。

院领导体制为党委领导下的校院长负责制。名誉院长吴葵光；书记叶斌；院长廖逊；副书记廖逊、吴国干；副院长范基民；教育长邹本顺。校院共设26个处室，其中行政处室有7个，教学、教辅处室19个，教职工220人，其中正副教授30人，讲师56人。此外，还聘请多名社会知名专家、学者作兼职教授。

校址位于海口市西南方与琼山市交界之处，东邻五公祠，西傍红城湖。校园占地面积116亩。近年来现代化教学设施、教学手段得到了飞跃发展，学校建成远程教学中心，多媒体电子阅览室、电脑培训部、多功能报告厅、贵宾室、阶梯教室、大中小教室、会议室等教学设施，办学规模700人。初步完成了校园规划，新建了教学行政大楼、高、中档学员宿舍楼、食堂、接待餐厅、职工俱乐部、教职工宿舍楼等，建筑面积为420585平方米。校园环境优雅，树木葱茏、绿草如茵，有珍贵古树，绿化面积达95%。历年被评为省级“卫生先进单位”和“绿化达标单位”。

远程教学中心已于1999年9月1日与中央党校远程教学网络联网，充分利用中央党校的教育资源，做到资源共享。在省委、省政府的大力支持下，学院与海南省电信合作建立了海南省多媒体远程教育网络。目前海南省已实现了19个市县及农垦的20个点的联网。

建院以来，举办各类培训班15期，其中包括：民主党派干部培训班、海南省台联中青年台胞培训班、省级民主党派领导干部读书班、全省统战部长培训班、省政协委员培训班、民主党派和无党派人士培训班、民主党派基层干部培训班、民主党和无党派中青年干部培训班、各县、市分管统战工作领导干部研讨班等。

重庆社会主义学院简介

重庆社会主义学院是中共重庆市委领导的具有统一战线性质的高等政治学院，是重庆市民主党派、无党派人士的联合党校，是重庆市统一战线系统的干部学院。

重庆社会主义学院前身为“政协重庆政治学校”。1956年5月，为适应社会主义改造的需要，原政协重庆市第一届委员会第七次常委会议决定成立政协重庆政治学校，承担对重庆市和周边5个专区民主党派、无党派人士的培训任务。从1956年9月至1965年5月，共办班7期，培训学员1575人。“文化大革命”中学校被迫停办。

中共十一届三中全会以后，爱国统一战线进入了一个新的发展阶段。为适应新形势发展的需要，1984年4月，中共重庆市委根据中办［1983］58号文件精神，批准恢复政协重庆政治学校，并改名为重庆社会主义学院。从1984年至1996年，学院为全额拨款的正局级事业单位，实行党组领导下的院长分工负责制，设有院长1人，专职或兼职副院长5—6人，还设有院务委员会作为咨询决策机构。学院下设办公室、政治处、教务处、教研室、图书资料室等机构，共有教职工46人。在中共重庆市委领导下，学院始终坚持正确的办学方向，共举办各类培训班68期，培训学员2829人。1990年被重庆市干部教育领导小组授予“重庆市十年干部培训工作先进集体”。

1997年中央批准重庆设立直辖市，重庆市进入改革与发展的新时期，重庆社会主义学院也迎来了新的发展机遇。1998年，中共重庆市委批准重庆社会主义学院机构编制新方案，进一步明确了学院的性质、主要职责，确定学院全额拨款事业单位编制60名，单位领导职数5名，处级领导职数15名，内设机构8个。学院现有院长1人（统战部部长兼任），党组书记、常务副院长1人，副院长2人，处级领导干部11人，专兼职教师11人，还设有18人组成的院务指导委员会。学院设有办公室、政治处、行政处、教务处、图书馆、基础教研室、统一战线理论教研室、科研处、民主党派商会服务中心及国内外公开发行的《重庆社会主义学院学报》编辑部。从1997年至2000年底，学院已举办各类培训班19期，培训学员973人，编辑发行学报8期。

重庆社会主义学院位于重庆市南岸区涂山山麓，濒临长江，依山傍水，视野开阔；学院占地面积21亩，院内绿树成阴，鸟语花香。学院有校舍11200平方米，其中1995年竣工的教学综合楼总面积3580平方米，共七层，包括标准双人间学员宿舍65套，可容纳130人；大小教室2个，可供260人学习，还有六个会议室及图书资料室、多功能厅、健身房、微机室等。2000年经计委立项，准备投资1200万元新建8000平方米的新综合教学楼。

为了拓展社会主义学院的办学路子，也为了探索正规化办学的道路，学院于1987年开始与中共重庆市委党校合办了成人高等学历教育大专班、本科班，形成了函授教育体系。目前有经济管理、法律等两个专业，在校生360人。同时，学院还于2000年与复旦大学合作，开办了行政管理专业研究生课程进修班，现有学员50人。

为了适应新世纪的统一战线工作，学院的“中华文化学院”也即将成立。

重庆社会主义学院将面向21世纪，在中共重庆市委领导下，为巩固和发展新时期的爱国统一战线，为建设有中国特色社会主义做出新的更大的贡献。

四川省社会主义学院简介

四川省社会主义学院的前身——四川省政治学校，创建于1956年5月。1964年5月更名为四川省社会主义学院。1966年8月，学院在“文革”中被迫停办。1983年3月，省委决定恢复办学，1984年9月正式复办。

学院为正厅级事业单位。自创办以来，学院走过了40多年曲折发展、不断完善的历程。机构设置、人员编制由“文革”前的四个处室共60余人，“文革”后复办时的几个人，发展到今天有办公室、教务处、统战理论教研室、社科教研室、学员工作处、人事处、总务处、图书馆等八个处室。现有教职工80人，离退休人员32人。教师队伍由“文革”前的一个教研室，6名教师，发展到现在两个教研室共12名教师。教师中除1人为大专学历，其他均为大学本科以上学历，其中3人为研究生。全部教师均有专业技术职称，其中副教授7人，讲师4人，助教1人。

学院实行党组领导下的院长分工负责制。自1956年创办以来，共有26人先后担任学院院级领导。现有院长、党组书记1人，副院长4人，副院级调研员2人。学院还于1991年3月成立了由省委统战部、省级各民主党派、工商联和学院有关领导共14人组成的院务委员会，其职责主要是指导学院工作，协商决定学院建设和教学中的重要问题。

学院占地面积24亩。“文革”期间，因学院停办，人员流失，校舍被占。复办之后，校园荒芜，房舍破旧。1984年以后，学院拆旧建新，加大了基建力度，先后新建了教学楼、图书馆、学员楼、食堂、职工宿舍、教学综合楼等，总建筑面积达24150平方米，争取财政专项拨款累计达950万元人民币。现在，学院创办时期留下的旧校舍已荡然无存，取而代之的是教学和生活设施配套、房舍建筑布局合理、绿地花台错落有致、假山水池点缀其中的全新优雅的校园。

学院年培训规模500人左右，办学经费主要靠省财政拨款。随着办学规模不断扩大，学院积极争取办学经费逐年有所增加，现在已达到年均200余万元，基本保证了办学需要。在力争财政拨款的同时，学院还努力利用现有条件，广开创收渠道，近年来学院自创资金年均为60余万元，为弥补办学经费的不足，提高教职工生活水平发挥了作用。

从1956年建院到“文革”时停办的这一阶段，学院把主要为政治运动服务、为阶级斗争服务作为办学宗旨，以加强对统一战线内部成员的社会主义思想改造为己任，其教学内容也均以此相关。复办以后，在社会主义现代化建设新的历史时期中，学院把更好地为巩固和发展爱国统一战线服务，为坚持和完善共产党领导的多党合作和政治协商制度服务，为建设四化，统一祖国、振兴中华服务作为办学指导思想。把组织我省民主党派各级领导骨干和无党派代表人士学习，提高他们的理论政策水平和参政议政、民主监督的能力，对全省统一战线系统的干部进行岗位培训，提高统战干部的政治素质和业务水平作为根本任务。教学内容主要是：学习马克思列宁主义、毛泽东思想，中心内容是学习邓小平理论；学习党的统一战线理论、方针、政策以及社会主义市场经济理论、法律法规和科学文化知识等。

建院以来，学院共举办进修班、培训班、研讨班、大专学历班等各类班次173期，培训民主党派成员、无党派人士、统战干部等13118人次，其中复办后162期，11064人次。

自复办以来，学院先后出版了《马克思主义统一战线概论》等9本理论专著或教材。在省以上刊物上公开发表论文230余篇，共约120多万字。

成都市社会主义学院简介

成都市社会主义学院于1998年初，经中共成都市委批准成立。1998年3月31日成都市机构编制委员会下发了《关于组建成都市社会主义学院的通知》。1999年6月18日正式挂牌成立。

成都市社会主义学院是由市财政全额拨款的局级事业单位，配备事业编制6名，内设办公室和教务处（挂教研室牌子）。有建筑面积428平方米。目前有兼职院领导3名，主持日常工作的副院长1名。院组建党组，加强党对社会主义学院工作的领导。

现领导班子成员是：

院　长：邹翰铭　成都市政协副主席、市委统战部部长

党组书记、副院长：彭厚银　市委统战部副部长

副院长：章恩筹　市致公党副主任委员、秘书长

副院长、党组成员：王文

成都市社会主义学院在现有条件下，立足短期培训，共计举办各类培训班、学习班、研讨班13期，培训学员580余人次。培训对象包括民主党派、工商联领导干部（骨干），党外中青年后备干部，非公有制经济代表人士及统一战线工作干部等。培训内容主要有：邓小平关于多党合作理论；新时期爱国统一战线理论及有关知识；党的路线、方针、政策；国际国内经济政治形势等。

在理论研究方面，成都市社会主义学院做了一些起步工作，于2000年1月成立了成都市社会主义学院理论研究组，聘请了9名兼职理论研究组成员，并初步开展了一些理论研讨活动。

四川省市（地）级社会主义学院概述

四川省市（地）级社会主义学院建立了1所，即泸州市社会主义学院。

泸州市社会主义学院（地级）于2000年11月28日正式成立。办院形式为：党校、行政学院、社会主义学院三者合一，一个校级领导班子。社会主义学院下设培训部一个机构，现有人员8人，教师为一校两院共有达40余人。拥有4间办公室。办班形式以短期（10天）培训为主，培训学员64人。

贵州省社会主义学院简介

贵州省社会主义学院位于贵阳市南郊龙洞堡，占地面积61亩，校舍面积12000平方米。

学院创办于1956年11月，前身为省政协政治学校。“文革”期间被迫停办，1982年复办。1984年1月18日改名为“贵州省社会主义学院”。现院长：秦京；党委书记：辛守诚；副院长：于志深、王守君。机构设置有：党委办公室、学院办公室、教务处、教研室、学员工作部、院务处、保卫处、教学服务中心、共8个处级单位。另设学报编辑部、图书资料室、离退休干部科、房地产科、财务科、卫生所、汽车队、生活服务科、学员楼管理科，共9个科级单位。人员编制70人，为正厅级省委直属事业单位。

教学课程设置有：邓小平理论，多党合作理论与实践，参政党建设理论，知识分子问题，一国两制理论，人民政协理论与实践，非公有制经济性质、地位和作用，经济领域统战工作，统一战线史，中外政党制度比较，民族宗教等专业课程。

教学上始终贯彻理论联系实际的原则。坚持执行以自学为主，阅读马克思主义原著为主，讲课为辅，融讨论、学习心得交流，考察调研为一体的教学方法。坚持统一战线自我教育的优良传统，认真贯彻“三自”、“三不”的方针。

复校以来举办各种层次、各种类型的培训班、读书班、研讨班（含一期大专班）164期，培训学员8100余人。其中有一批优秀党外干部相继走上了省、地、县（区）各级政府、人大、政协和民主党派、工商联的领导岗位。

复校以来，学院一直都把教学科研工作作为兴校的基础，先后在省内外有关公开刊物发表论文312篇，其中在国家级和省级以上刊物发表论文195篇。获国家级和省级各类奖项一等奖5篇、二等奖7篇、三等奖11篇、优秀奖14篇。还在各种内部刊物发表论文100篇。其次学院先后编写了《中国统一战线》、《思维的迷途》等四部专著。《中国统一战线理论和实践》多年来一直是学校主要教材之一，第一次出版印刷5000册，已经发行完毕。现在准备修改再版，以适应教学工作和其他科研单位工作的需要。

其次参与中央社院及兄弟社院会编有关专著五部，十五篇论文入选，有关论文文库，四位同志被有关研究所（院）聘为特约研究员。

学院1992年成立了学报编辑部，创办和出版发行了《贵州省社会主义学院学报》，迄今为止，已经出版发行了42期。学报注重把好质量关，注重遵循理论联系实际，科研服务于教学，为党的统一战线工作服务的宗旨，因此，受到省委统战部、宣传部、省委的好评和表彰。

全院教职工紧密团结在以江泽民同志为首的党中央周围，高举邓小平理论伟大旗帜，坚持以“三个代表”的重要思想和党的基本路线为指导，以全国统一战线工作会议精神总揽各项工作，全院朝着健康、朝气、蓬勃发展的方向前进。

云南省社会主义学院简介

云南省社会主义学院（云南中华文化学院），是中国共产党领导的、具有统一战线性质的高等学院，是民主党派和无党派人士的联合党校，也是统一战线系统的干部学院。学院位于昆明市人民中路中段，五一路的北段，在翠湖南面，胜利广场西边，省委、省府所在地的中间，环境优越，风景秀丽。

云南省社会主义学院的前身是政协云南省政治学校，创建于1956年，自1957年2月15日开学到1966年“文化大革命”前，共举办8期学习班和骨干培训班，参加培训的人数达到1000余人。“文革”中被迫停办。十一届三中全会以后，中共云南省委对恢复社会主义学院非常重视。1990年8月，根据建设具有中国特色社会主义的需要，省委决定恢复云南省社会主义学院。省委常委会多次强调要下决心办好云南省社会主义学院。省委和省政府领导多次到学院了解情况，对学院的校舍、图书室、食堂、教职工宿舍进行视察，认真听取学院负责同志关于学院办学、改扩建规划和教职工队伍建设等情况的汇报，并对社会主义学院的建设和发展作了重要指示。

省委按照学院的性质和特点，配备了领导班子：院长杨明（原全国人大常委、省人大常委会副主任、民盟云南省委原主委）；党组书记江巴吉才（省政协副主席、省委统战部部长）；党组副书记、常务副院长（正厅级）舒毓锦；副院长郭振孟，秘书长李抚生。下设四处两室和一个直属单位：办公室、教务处、教研室、科研处、总务处、人事处和教学服务中心。学院现有教职工49人（其中退休4人），有中共党员30人，民主党派成员4人。有高级职称13人，中级职称11人，中级以上专业技术职称人员占全院在职教职工总数的54%。大专毕业以上人员占教职工总数的91%。

为了加强社会主义学院领导班子的建设，1994年8月，中共云南省委决定成立中共云南省社会主义学院党组，实行党组领导的院长负责制。学院级别定为正厅级，和中共云南省委党校同等待遇。

省委省政府对云南省社会主义学院改扩建工程非常重视。根据学院处于市中心繁华地段的特点，决定在旧城改造时，原地改扩建社会主义学院。1996年11月省政府批准立项，1996年12月通过规划和初步设计审查，按常年在校学员300人设计，建筑面积为2万平方米，主楼高17层，裙楼两层，附楼三层，总投资6700万元。1997年7月28日破土动工，2000年12月28日全面竣工，可以接待大型会议和旅游团队，可容300人住宿、就餐、开展各种活动，地下室可停放小车50辆。

从1992年5月2日学院开学至今，已开办各民主党派基层组织负责人、中青年骨干班、政协党外副主席和统战干部班等共65期，培训党内外干部3440人次。自1994年办函授以来，已毕业四期本科学员128人，毕业四期专科学员460人。今年招生后，在校学员可达到500人左右。在全省79家办学单位中，我院学区被评为十家“优秀办学单位”

之一，赢得良好的声誉和社会效益。

云南省社会主义学院，不但是党外干部学习马克思主义的阵地，同时，也是各界人士学习掌握有关经济建设业务知识的培训中心，还是云南统一战线海外人士联谊中心。在近十年的办学中，坚定不移地贯彻以经济建设为中心，坚持四项基本原则，坚持改革开放的基本路线，结合云南实际，组织好为统一战线和经济建设服务的培训，始终坚持“一个主题”、“两个围绕”，着重解决“三个问题”和“四个结合”，抓好“五个环节”，即办各种班次都坚持突出小平同志建设有中国特色理论这个主题；围绕以经济建设为中心和统一战线的工作重点办学；着重解决对“解放思想、实事求是”思想路线的认识，加深对中国特色社会主义理论和党的基本路线的认识，加深对统一战线、多党合作和政治协商的认识，提高加强自身建设的自觉性；理论与实际结合，党的中心工作和统战工作结合，学习上课与实地考察结合，改造客观世界和改造主观世界结合；自学，听课，小组讨论，外出考察，个人总结和大会交流五个环节。教学组织和行政管理着重抓好“三堂并举”和“一配套”，即课堂、食堂、礼堂并举，一配套即抓好学院整体功能的配套服务。

云南省市（地）级社会主义学院概述

云南省市（地）级社会主义学院建立了1所，即昭通地区社会主义学院。

昭通地区社会主义学院（原名：地区政治学校）始建于1960年，“文革”时期学校停办。

经地委、行署领导1984年2月7日会议研究同意，以地办、署办［84］7号文件批复，恢复地区政治学校。

1994年8月，经地委、行署批准在昭通市环城北路67号新建学校大楼，于1998年1月建成，1997年1月经行署批准学校更名为昭通地区社会主义学校。

学校占地4.5亩，共投资400余万元，分别有回、汉族餐厅及厨房、锅炉房及沐浴室，教室六间，办公楼一幢，基本具备办两个班的学习生活条件。

机构设置及人员编制均未定。现有职工12人。学校建筑面积2549.38平方米，学员宿舍床位120个。经费22万元/年。

陕西社会主义学院简介

陕西社会主义学院前身是陕西社会主义公学，是1958年5月经省委和省政府批准创办的。原校址在西安小雁塔东侧，占地62亩。编制教职工55人，当时在领导体制上采取在党内由省委领导，省委宣传部具体管理教学方针和教材方面的问题，对外由省政协出面领导模式。公学的经费由财政厅负责解决。公学创办后先后举办各类培训班 36 期，共培训学员 4000 多人，为帮助我省民主党派成员、无党派人士学习马列主义、毛泽东思想，学习党的路线方针、政策，提高理论水平和政治觉悟方面起了积极的作用。“文革”中，陕西社会主义公学被迫停办，公学的校舍和财产移交给总后西安总后办事处使用，后又转交给西安市文物管理所。

党的十一届三中全会以后，根据中办发（1983）58 号文件精神，“在一两年内各省市自治区政治学校应当逐步恢复起来”的要求，陕西省委于 1984 年 4 月 3 日召开第十八次常委会议研究决定：同意恢复社会主义公学，为地师级单位，业务归省委统战部领导。根据省委的决定，省编制办公室下发陕编发（1984）099 号文件，批准公学的编制为事业编制 60 人。省委组织部批准了五人组成的筹备领导小组。1985 年 3 月，省委批准将陕西社会主义公学，更名为陕西社会主义学院，正式开始对外办公。复办以来，全院教职工在院党委的领导下，发扬艰苦奋斗的精神，坚持“边筹建，边办学”的方针，一方面克服无校舍、经费紧张等困难积极创造办学条件，另一方面积极进行学院的硬件和软件建设。经过八年的努力，占地 20 余亩，建筑面积 1 万多平方米的陕西社会主义学院新校园于 2000 年开始使用。目前，学院现有职工 40 人，下设办公室、政治处、教务处、教研室、总务处。学院拥有自己的师资队伍，其中，教授 2 人、副教授 3 人、讲师 5 人，他们在承担教学的同时，积极从事科研活动，取得了丰硕成果。也锻炼出了一支适应社会主义学院工作的教学管理、行政管理、后勤管理队伍。复办迄今，社院举办了各种类型的培训班、研讨班、研究班等 110 期，培训学员 4400 人（次）。

陕西省市（地）级社会主义学院概述

陕西省市（地）级社会主义学院建立了 2 所，即安康市社会主义学院和汉中市社会主义学院。

安康市社会主义学院是 1956 年 4 月成立的，原名是“安康专区工商业者讲习班”，对非党人士进行学习、培训。1959 年更名为“安康地区社会主义公学”直到“文革”停止活动。1980 年 4 月恢复“安康地区社会主义公学”，1989 年公学更名为“安康地区统一战线政治学校”，1990 年更用“安康地区社会主义政治学校”。1991 年下半年起，由地委统战部领导分管学校工作。学校为独立科级事业单位，按成人中等专业学校对待。在编制数中，行政管理人员 3 名，教师 3 名，工勤人员 2 名。学校建筑面积 1069.35 平方米。图书馆面积 40 平方米；藏书 500 余册。学员宿舍床位 20 张。学校恢复以来，共办各类班 23 期，培训人员 1500 余人次，服从服务于党在各个历史时期的政治任务，学习马列主义、毛泽东思想、邓小平理论以及统一战线基本理论。

汉中市社会主义学校系中共汉中市委暨市委统战部领导下的统战干部培训学校，属副县级事业单位。该校创建于 1956 年，原名汉中地区社会主义公学，“文革”开始后停办。

1988年汉中地委书记办公会议研究决定恢复办学，定名为汉中地区社会主义学校，1996年汉中地区改市后更名为汉中市社会主义学校。汉中市社会主义学校复办以来，已举办统战、政协干部，民主党派成员，党外领导干部、民族宗教界爱国人士及非公有制经济代表人士等各类走读、培训、研讨班25期，培训学员1300多人次。在办学过程中，逐步推进了教学培训工作的制度化、规范化。学校的教育培训工作情况和做法被中央统战部《统战干部教育通报》刊登，学校负责同志作为特邀代表参加了中央社院40年院庆，受到中央领导同志亲切接见。机构设置：设办公室，教务室两个科室。人员编制6人，现有职工9名，教师4名，中级以上职称3人。学校建筑面积2028平方米，图书馆面积60平方米，藏书10000册。学员宿舍床位70个。经费70万元/年。课程设置：时事课，马列主义统战理论课，统战政策业务课，相关知识技能课。办班安排：走读班、培训班、研讨班并举，校内班与校外班结合，并与省社院联合办学，每年培训5—6期。

甘肃社会主义学院简介

甘肃社会主义学院地处兰州市城关区黄河大桥北端，其前身是1952年起举办的甘肃省党外各界人士培训班，1957年6月定名为“甘肃省各界民主人士政治学校”，1964年3月改名为“甘肃省政治学校”，“文革”中停办。1983年11月，省委批准恢复建院，1985年1月，正式定名为“甘肃社会主义学院”。复院以来共举办各类培训班84期，培训学员3232名。1995年起设立了党校成人学历教育辅导站，已毕业大专学历学生368名。

甘肃社会主义学院为正厅级事业单位，实行党委领导下的院长负责制，人员编制50名，现有职工43名。院级领导6名，院长由省政协副主席邓成城担任，党委书记由省委统战部副部长郭长乐兼任，副院长4名。省编委批准设置的处室4个，即党委办公室、行政办公室、教务处、教研室。根据工作需要现实际设置有办公室、教务处、教研室、总务处、培训处等5个处室。在人事工资上实行“双轨制”，行政人员参照国家公务员管理，专业技术人员实行技术职称管理。建立了专兼职相结合的教师队伍，现有专职副教授3名、讲师3名、馆员1名。经费由省财政全额拨款，2000年经费为73万元，其中培训费10万元，经费上历年都有30多万元的缺额。学院占地面积5.5亩，教学综合楼建筑面积5527平方米，有1个大会议室、5个标准化教室、5个小会议室、91间学员宿舍，还有食堂、医务室、文体活动室等。学院图书馆馆藏图书5000余册，各类报刊50余种，教材3000余册。具备了一定的办学条件。为适应形势，改善办公条件，各处室都配备了计算机。今年省财政厅拨专款80万元用于教学大楼的装修。学院现固定资产达到1000多万元。

2000年9月，社院申报并经省委统战部批准、省教委备案成立了“甘肃省中华文化学院”（暂未挂牌），实行一套机构，两块牌子，合署办公。

甘肃省市（地）级社会主义学院概述

甘肃省有两个地级市设立了社会主义学院，即兰州市社会主义学院和天水市社会主义学院。兰州市社院地处市内五泉山广场，1994年11月，经中共兰州市委批准，由中共兰州市委党校兼办兰州市社会主义学院。1995年4月，兰州市社院正式挂牌建立，与市委党校实行一套机构、两块牌子的办院形式，院长由市委副书记高崇华同志兼任。办班主要采取集中脱产培训和自办、联办方式，现已举办过13期民主党派干部、统战干部、少数民族干部和非公有制代表人士培训、研讨班，培训人数500人。天水市社会主义学院位于天水市秦城区，成立于1997年3月，办院形式与兰州市社院相同，院长由市委副书记乔正风同志兼任，主要班次是统战干部班、党外人士读书班、全市人大政协系统非中共干部班和少数民族干部班，学制两个月，已培训学员270多人。兰州市和天水市社院都无单独校舍和单列的人员编制和机构设置。

青海社会主义学院简介

青海社会主义学院于1991年10月5日成立。中共青海省委决定，由省委党校兼办青海社会主义学院和青海行政学院，实行三块牌子、一套人马，受省委领导。

校（院）实行校务委员会集体领导下的校（院）长分工负责制。省委统战部原副部长冶占强（1991.9—1993.7）、省委党校原副校长谢佐（1992.1—1994.9）、彭启胜(1995.7—1996.7）曾先后兼任社院副院长或分管社院工作。现任校（院）领导有：桑结加（省委副书记）、高昭平、江再杰、郑诚、张三元、王志峰、陈玮。其中，省委党校校委委员张三元自1996年7月始至今担任青海社会主义学院副院长。

校（院）设有综合部门校委办公室、组织人事处、教务处、行政处及培训一、二、三部、民族宗教教研室等24个处级机构。其中，社院办公室、培训三部主要负责社院的行政事务和培训工作。

校（院）现有教职工327名。其中教授11名，副教授41名，讲师48名。同时，外聘以博士生导师、从事实际工作的党政领导干部和专家学者为主的特邀教授34名。目前，校（院）设有13个学科，开设70余门基础课，180多个专题。

校（院）占地面积174亩，建筑面积89136.95平方米。有6幢学员楼和30多个教室及报告厅、会议室等，可同时容纳1500多名学员听课学习。其中社院有相对固定的教室及学员宿舍。校（院）经费由财政统一拨款。

校（院）刊物有国内外公开发行的汉、藏两种文字的理论刊物《攀登》及校报《党校教育》。不定期刊物有《青海省情研究》、《教学参考》、《时论剪辑》、《校院工作通讯》、《社院工作简报》等。图书馆藏书24万余册，年订阅各类报刊近千种。

1992年以来，校（院）教研人员公开出版和发表科研成果1800余项，其中论文1791项，专著、教材93项；获得省部级以上科研成果单项奖181项，单位优胜奖1项。

青海社会主义学院成立近十年来，在省委的正确领导下，充分利用现有条件和党校兼办的优势，艰苦创业，奋发进取，不断深化教学科研和行政后勤改革，各项工作得到较快发展。特别是自1996年省委调整社院领导及1999年省委任命高昭平同志为校（院）主要领导后，新领导班子带领全体教职工，立足实际，开拓创新，大胆工作，在学员培训、改善办学条件、建立全省培训网络等方面取得了显著成绩。一是办学规模逐步扩大。办班期数由建院初期每年办1—2期增至现在每年举办5—6期，培训人数也由几十人发展到近300人；二是教学、学员管理制度化、规范化。先后制定了《教学管理规定》、《学员管理制度》等规章制度，基本实现了课程设置科学化、教学内容规范化、教学工作特色化；三是办学条件得到较大改善，新购置和更新了电教、学员宿舍设施，为学员创造了一个良好的学习、生活环境。经校（院）上下多年的不懈努力，社院整体办学水平得到很大提高，初步探索出了一条适合青海兼办实际的办学新路子，为巩固和发展我省爱国统一战线做出了应有的贡献。

1998年，学院针对统战系统培训对象变化大，新成员增多，仅靠省社院培训不能适应新形势和新任务要求的实际，多次深入全省各州地市考察调研，指导基层创造办学条件(在此之前，仅海北藏族自治州于1994年成立了社会主义学校)。经过两年多的努力，1999年，经省委批准在具备条件的西宁市、海东地区、海西蒙古族藏族自治州、海南藏族自治州、海北藏族自治州、黄南藏族自治州先后挂牌成立了青海社会主义学院分院，均由同级党委党校兼办。

各分院成立后，根据各地实际，积极开展工作，先后举办了马克思主义理论培训班、民族宗教统战干部培训班、藏传佛教人士培训班等各类班次，使大批处级以下非中共干部和统战干部及党外代表人士、民族宗教界人士得到了培训。

青海社会主义学院6个分院的建立，使全省培训覆盖面达到74%，形成了以省院为中心辐射全省的培训网络，为一大批难以进省社院培训学习的干部提供了学习进修的机会，扩大了社院培训阵地，加快了全省统一战线两支队伍的培训步伐，同时密切了省社院与州地市委统战部、分院的联系。

宁夏社会主义学院简介

宁夏社会主义学院是宁夏回族自治区党委领导的具有统一战线性质的高等政治学院，是宁夏各民主党派、无党派人士的联合党校和统一战线系统的干部学院。在培训对象上，主要是宁夏各民主党派、工商联和无党派代表人士、统战系统的干部及宗教界的中青年骨干。在培训目标上，是要教育培训一支拥护中国共产党领导，坚持走有中国特色社会主义道路、与中国共产党长期亲密合作的党外干部队伍和具有理论素养、精通党的统一战线理论、方针、政策，德才兼备的统战干部队伍。为巩固和发展新时期爱国统一战线服务，为坚持和完善中国共产党领导的多党合作和政治协商制度服务，为建设四化，统一祖国，维护宁夏的政治稳定、经济发展服务。

宁夏社会主义学院的前身——宁夏政治学校，是1959年5月创建的，至1965年，共办9期培训班，有800余名党外各界人士参加了学习培训，“文革”中被迫停办。党的十一届三中全会后，我国统一战线进入了一个新的历史发展时期。1984年自治区党委决定恢复宁夏政治学校，同年11月决定更名为“宁夏社会主义学院”，1985年8月恢复办学，至2000年底，共举办各类班次97期，培训学员4354人次。其中民主党派、工商联及无党派人士3200余人次，统战干部600余人次，民族宗教及其他方面人士500余人次。其中，有的担任了区政府、政协和各民主党派、工商联等重要领导职务，许多同志走上了区各厅、局、各地、市、县政府、人大和其他领导岗位。

1989年学院选址在银川市南环西路，征地25亩，先后建成教学楼、办公楼、大教室、家属楼和其他配套建筑共5547平方米，绿化面积6000平方米。

1999年1月经区党委批准《宁夏社会主义学院机构改革方案》，学院内设办公室、行政处、教务处3个处室，事业编制29名，专兼职教师16名，工勤人员4名。领导职数有：党组书记、院长各1名，副院长2名，处级领导职数6名，其中正处级3名。院长由区政协副主席兼任，统战部副部长兼任党组书记，常务副院长主持工作。经费方面由区财政全额拨款。2000年拨款46万元。

在科研方面，学院已编写并将出版《邓小平新时期统一战线理论与实践》，作为教材使用。出版学术著作10多部，承担区级以上各项课题6项，院领导和教职工在全国省级以上报刊发表论文65篇，共27万字。其中40多项成果获区级以上奖励。此外，学院领导和教师还应邀为区、市党校和有关单位讲授新时期统一战线和科学社会主义理论，为宣传统一战线做出了积极贡献。

学院设有图书资料室，面积150平方米，其中办公室1间，阅览室3间，图书室2间，共藏书4000余册。每年订阅报刊45种，交流期刊15种（不定期）。

宁夏市（地）级社会主义学院概述

宁夏回族自治区只有银川市建立了社会主义学院。

银川市社会主义学院于2000年10月30日成立，挂靠中共银川市委党校实行三位一体（即党校、行政学院、社会主义学院一套人马）。现有教职工86名，专兼职教师36名。学院实行校务委员会领导体制，院长由市委副书记兼任，市统战部长兼副院长，常务副院长主持工作。内设机构有副处级部门6个：办公室、教务处、培训部、马列教研部、经济学经济管理学教研部和行政学法学教研部；科级部门6个：机关党委、老干部工作科、图书馆、计划财务科、科研以及办公室下属的行政科。

学院占地面积47亩，建筑面积共约15886平方米，学校班次设置分为二类：

一是主体班，主要培训县级干部、中青年科级干部、公务员、民主党派及企业管理人员。

二是学历班，有中央党校函院函授本科班、业余大专班。目前在校学员有2200多人。

新疆社会主义学院简介

新疆社会主义学院是新疆维吾尔自治区党委领导的具有统一战线性质的高等政治学院，是民主党派和无党派人士的联合党校，是新疆统一战线系统的干部学院。学院创建于1956年，最初称新疆维吾尔自治区政治学校，“文革”中被迫停办，1980年恢复办学，1987年更改为现名。包尔汉、吕剑仁、富文等自治区领导同志曾任政治学校校长和社院名誉院长。

新疆社院成立四十多年来，在自治区党委和党委统战部的领导下，坚持以马列主义、毛泽东思想、邓小平理论为指导，坚持社会主义的办学方向，以学习和研究党的统一战线理论方针政策、特别是邓小平新时期统一战线理论为重点，以培养高素质的统一战线两支队伍为目标。坚持理论联系实际，突出统战特色、突出新疆特色。1996年以来，学院克服各种困难，在教学办公楼建设期间，采取租房办班、联合办班的方法，举办各类培训班79期，培养了2451名民族、宗教代表人士、民主党派成员、无党派代表人士、非公有制经济代表人士和统战干部。为加强民族团结、维护祖国统一、巩固边防、促进新疆经济发展，为坚持和完善共产党领导的多党合作和政治协商制度，巩固和发展爱国统一战线，做出了积极的贡献。

新疆社院坚持党委领导下的院长分工负责制，领导班子坚持“讲学习、讲政治、讲正气”，清正廉洁，团结奋进。坚持以教学为中心、以科研为基础，建立了由9人组成的各民族教师队伍，其中副高职称5名，他们宣讲马列信念坚定，教书育人，为人师表，近年来，学院在省部级以上报刊发表120余篇文章，为自治区的社会稳定、经济发展发挥了积极作用。学院在精神文明建设中，开展了“爱国、团结、民主、求实”的八字校风和“文明办公、文明教学、文明家庭”的三文明活动，逐步树立了艰苦奋斗、尊老敬贤、尊师重教的良好风气。1996—2000年连续五年被自治区区直工委授予“文明机关”称号。

新疆社院是区党委直属副厅级事业单位，总编制38名，学院领导职数4名，现任学院党委书记辛培雄，院长哈德尔·沙力，副院长李保民。内设办公室、总务处、教务处、马列主义理论教研室、统一战线理论教研室、图书室等六个处室，设正副县级干部15名。学院为全额拨款事业单位，财政每年拨款二十余万元作为行政事业费；学院教学办公楼正在建设之中，总面积为5300平方米。

新疆地、州、市政治学校概述

新疆有15个地、州、市，现有12所政治学校，分布在新疆12个地、州、市，大部分为50年代至60年代建立的，“文革”中不同程度的受到影响，恢复办学后，在各级党委、政府的关心支持下，各地政治学校从人员编制、经费保障都有了一定的改善，现有的12所政治学校共有编制198人，实有干部92人，教师49人（其中高级职称4人，中级职称23人），普遍设有办公室、教务科、总务科。政治学校自开办以来一贯坚持社会主义办学方向，以培养高素质统一战线两支队伍为目标，坚持理论联系实际，突出统战特色，突出新疆特色。从建校开始至2000年底共办各类培训班1126期，培训148610名民族宗教代表人士、民主党派成员、工商联干部、统战干部、非公有制经济代表人士、无党派人士，为新疆的改革开放、社会政治稳定、经济发展做出了积极的贡献。

关于社会主义学院建设的重要文件、批示摘编

中国人民政治协商会议全国委员会关于组织各界民主人士和工商业者进行政治学习和理论学习的决定

(1956年3月27日中国人民政治协商会议第二届全国委员会常务委员会第二十次会议通过)

为了适应我国社会主义建设和社会主义改造新的政治形势的需要，适应各界民主人士（各民主党派、人民团体、国家机关和人民政协各级委员会中的民主人士以及其他爱国民主人士）和工商业者对政治学习和理论学习的要求，本会和各级地方委员会应当分别不同对象，根据当地情况，采取各种办法，组织各界民主人士和工商业者在自愿的基础上进行政治学习和理论学习。

(一) 对于各界民主人士的政治学习和理论学习，采取以下办法：

(1) 学习座谈会（学习会），由本会和各级地方委员会继续举办，组织各界民主人士参加学习。学习的内容主要是时事和政策问题。

(2) 业余政治学校（例如夜大学），由本会和直辖市、省会所在市以及其他有条件的市政协委员会举办，或者委托当地适当的高等学校、干部学校举办。组织各界民主人士和人民政协、民主党派、工商业联合会等机关的干部参加学习。业余政治学校可以陆续开设中国革命史、政治经济学和哲学等项课程。如果条件许可，可以同时开设两门或者三门课程，供学员选择。

(3) 短期政治学校，由人民政协各省委员会举办，或者同其他机关联合举办，也可以委托适当的高等学校、干部学校举办，每期半年左右，集中吸收县、市的民主人士参加，学习政治理论的基础知识和时事、政策的基本问题。

(4) 社会主义学院，由本会委托中国人民大学在北京举办，吸收和中共高级党校学员的职务或者级别大体相当的民主人士（包括在中央的和地方的）分期分批入学。每期定为一年。学习内容，第一期暂定《辩证唯物主义和历史唯物主义》、《政治经济学》和《中国革命史》三门课程为必修课，还可以增加其他适当的选修课程。此外，还要组织一些重要的时事、政策的学习。

对于符合进社会主义学院学习的条件但又不能长期离职学习的民主人士，有计划地实行每年离职短期学习（两个月左右）的办法，依照每个人的自愿选择社会主义学院的课程，进行自修。自修可以编组，不愿意编组的，也可以不编组。对于他们的自修，在必要的时候，应当进行适当的辅导。

(5) 在国家机关、学校和企业任职的民主人士愿意参加本会和各级地方委员会组织的学习，还是愿意参加所在机关组织的学习，由他们自己选择。

(6) 民主人士的家属，根据可能和自愿，可以参加上列（1)、(2)、(3）项的学习。

（二）对于工商业者的政治学习和理论学习，可以采取以下办法：

（1）开办短期讲习班，作为两、三年内组织资本主义工商业者进行学习的主要方式，务使能够集中学习的资本家和资本家代理人（可以包括一部分要求参加学习而又不妨碍企业生产经营的小业主、一部分要求参加学习的资本家的家属和资本家代理人的家属）都能分期分批轮流学习一次。讲习班开设三门课程：①当前阶段的社会发展规律的基础知识；②企业改革的基本知识；③当前的重要时事和政策。各大、中城市应当尽可能开办这种讲习班。其他有需要开办这种讲习班的市、县可以在当地开办，也可以由专署所在的市统一举办，吸收专署所管的县、市的资本主义工商业者参加学习。讲习班应当在政协的统一规划和指导下，由专业局、专业公司、工商业联合会、民建会、妇联、青联等方面联合举办或者单独举办。对于由专业局、专业公司为主开办的讲习班，民建会和工商业联合会等人民团体应当尽可能参加；对于由工商业联合会、民建会等为主开办的讲习班，专业局或者专业公司应当尽可能参加。讲习班可以根据参加学习人员不同的政治水平和文化水平分为两级或者三级，也可以不分级。学习的时间，每期定为两个月到四个月。每期要开多少班，由各地根据需要和可能决定。

（2）资本家和资本家代理人参加这种短期讲习班之前，可以参加工商业联合会或者合营企业所组织的时事和政策的学习，或者参加其他适当方式的学习，由当地有关方面斟酌情况处理。在他们参加了短期讲习班以后，进一步组织他们学习，可以参酌下列几项方式办理：①同他们所在企业的干部、职工一道进行时事和政策的学习。干部、职工的理论学习，如果课程适合于他们的情况，也应当尽可能分别吸收他们一道学习。②参加当地政协举办的业余政治学校，学习适合于他们的课程。③参加由工商业联合会、民建会、妇联、青联等方面为他们举办的学习班，学习适当的科目。这种学习班可以联合举办，也可以单独举办。

（3）对于广大的小工商业者（主要指自产自销、加工定货、经销代销、自营的小工商业者），继续由工商业联合会以各种适当方式（包括学习班、学习组、报告会、讲演会等）组织他们进行学习。学习内容除时事政策外，还可以适当地增加政治常识课和业务课。对于不可能参加短期讲习班的资本主义工商业者的家属、小业主和少数资本主义工商业者，也可以参加这一类的学习。

（三）对于散在社会上的中、上层人士和他们中间的一部分家属，由人民政协地方委员会会同各民主党派和有关人民团体的地方组织，组织他们进行学习。学习的内容以时事、政策为主，也可以组织他们参加政治理论学习，学习的方式可以采取报告会，讲演会，座谈会和学习小组会等。

（四）在学习中，着重采取自由辩论，讲清道理的办法。随时结合需要，组织各种参观。

（五）关于组织各界民主人士以及散在社会上的中、上层人士的学习所需要的经费应当列入本会和各级地方委员会的预算。关于资本主义工商业者短期讲习班所需要的经费，统一由专业公司负担；组织工商业者进行经常学习所需要的经费，由工商业联合会负担。

离职学习期间的薪资，由原单位照发，原有的生活待遇，不加改变。

（六）本会和各级地方委员会设立学习委员会；在学习委员会下可以设立办公室，在工商业者较多的地方可以设立两个办公室，分别办理各界民主人士和工商业者的学习事项。学习委员会应当组织各有关方面的力量，使他们能在统一的学习规划之下，适当分工，通力合作。

（七）关于组织少数民族上层人士进行学习的办法，应当根据他们的自愿，充分注意各种不同的情况和特点，参考上述办法来拟定。在少数民族地区，由当地领导机关负责拟定；在一般地区，由主管民族工作的部门会同有关方面商量拟定。

中共中央领导同志对中央统战部《关于创办社会主义学院的实施方案（草案）的报告》的批语

（1956年4月5日—11日）

彭真同志批语："恩来同志：我意可以批准。只该院建筑标准不应再比高级党校高。（4月5日）"

周恩来总理批语："刘、邓核阅。（4月9日）"

刘少奇、邓小平同志已阅。

杨尚昆同志已阅。（4月11日）

【附件】

中央统战部关于创办社会主义学院的实施方案（草案）的报告

恩来同志并报中央书记处：

现将《创办社会主义学院的实施方案（草案）》送请审核。这个草案，是和人民大学聂真同志商量拟定的，并且已经征得杨秀峰同志的同意。拟俟中央批准后，即根据这个方案改成公开的性质提到政协全国委员会的学习委员会讨论，在这个基础上，吸收党外人士的意见，作必要的修改后执行。

当否，请指示。

敬礼！

中央统战部

1956年3月31日

创办社会主义学院的实施方案（草案）

一、社会主义学院的学制暂定为一年，每期招收学员500名左右。第一期招收学员200名左右，定于今年9月1日正式开学。

二、课程与教学形式：

（1）课程。按下列顺序讲授：辩证唯物主义与历史唯物主义（共讲10周）、政治经济学（共讲14周）、中国革命史（共讲12周）。同时，还要组织时事、政策的学习。

（2）教学形式。以教师的系统讲授和学员的座谈讨论为主，并且结合教师的辅导。座谈讨论要采取自由辩论的方式，并且要启发、引导学员结合自己的认识，进行适当的分析。座谈会上没有解决的问题，分别由教师解答或者请有关的负责同志做报告。为了丰富学员的感性知识，要适当的组织他们到工厂、农村进行参观。

结业不采用考试的形式，但是在每门课程学完的时候，可以在自愿原则下写学习心得。

三、组织机构：

（1）院长1人，拟请人民大学校长吴玉章同志兼任。

（2）教务处，负责思想工作及教学行政工作。设正、副处长各1人，辅导员3—5人，助理员4—6人，教务员1—2人。

（3）秘书室，负责对外联系、文书及人事工作。设主任1人，秘书3人。

（4）总务处负责行政事务工作。设处长1人，科长2人，科员、管理员、办事员共12人（勤杂人员在外）。

所有以上处室编制及其他工作人员详细编制拟另报编制委员会。

该院所需要的工作人员，除了动员和组织各民主党派、人民团体和有关方面的党外人士来担任外，必须由党内调配的请中央组织部负责解决。

四、校舍需要新建。校舍和设备与高级党校的标准相同（标准和高级党校大体相等，不应再高。——彭真）。校址拟选在中国人民大学附近，修建的具体计划另报，并拟请主管基本建设部门能予提早列入1957年基本建设计划，并且修建完成。

五、根据目前北京市的建筑条件，校舍最早要到明年秋季以前才能修好。在校舍修好以前，第一期拟全部采取走读办法，只招收住在北京的高级民主人士入学。

六、以后有必要的时候，也可以在上海、武汉、四川开办社会主义学院分院（已详中宣部和统战部关于帮助民主（民主二字是总理加的）人士学习的办法中，已告毅夫同志征求三个党委的意见。——彭真）。

关于社会主义学院学习方法的规定

（1956年7月5日全国政协学习委员会通过）

根据社会主义学院的性质，为了使学员学习的效果更好，在学习方法上应该采取自由、自愿、自觉的原则。除教员作必要的讲授之外，要着重自由研究，民主讨论，对课程不要求死记条文，提倡开动脑筋，独立思考，着重理解，着重学习分析问题，学习将理论运用于实际。小组讨论，不拘形式，力求生动活泼，为了追求真理，提倡人尽其言、言尽其意，在学术上允许各种见解的存在和争辩。反对教条主义和形式主义的学习方法，对学员的学习不作任何硬性的规定和要求，“反对把人们的思想束缚在一条绳子上面”。务必使每一个学员在这里学习的时候情绪是轻松愉快的，所求得的马列主义真理的知识和觉悟的提高都是经过自觉自愿的努力钻研，然后自然而然地获得的。

为了保证上述原则的实现，在教学行政上必须确定下列措施：

（一）入学时不举行考试和测验。

（二）不填写调查登记表（只填写姓名、性别、年龄、籍贯、民族、党派、职务、健康状况等）。

（三）不审查历史，不检查思想。

（四）结业时也不举行考试和测验，写学习心得与否、写的字数多少，皆依个人自愿。

关于社会主义学院学员条件的暂行规定

（1956年7月7日中国人民政治协商会议第二届
全国委员会常务委员会第二十五次会议通过）

根据“中国人民政治协商会议全国委员会关于组织各界民主人士和工商业者进行政治学习和理论学习的决定”，社会主义学院吸收和中共高级党校学员的职务或者级别大体相当的民主人士（包括在中央的和地方的）分期分批入学。因此，凡属于本规定所列举的职务范围的各民主党派、无党无派和各方面的民主人士，有相当文化程度、身体健康、而在职务上允许离职一年学习的，根据本人自愿，可以申请进入社会主义学院学习；其中职务上不允许离职一年的，不要参加；年高、体弱、有病不适宜参加学习的，也不要参加。

参加社会主义学院学习的，如果因健康等原因不能终业的，可以中途退学。

社会主义学院学员的职务范围列举如下：

一、政协

1. 政协全国委员会委员、正、副秘书长、秘书处正、副处长、学委会委员和学委会办公室正、副主任。

2. 政协省、自治区和直辖市（包括原是直辖市后改为省辖市的市）地方委员会主席、副主席、常委、秘书长、副秘书长。各省省会和自治区人民委员会所在地的市以及50万以上人口的省辖市地方委员会主席、副主席。

二、民主党派

3. 各民主党派中央委员(中央理事)、候补中央委员(候补理事),秘书长和副秘书长。

4. 各民主党派中央直属各部（处、室）和委员会正、副负责人。

5. 各民主党派省、自治区、直辖市地方组织正、副负责人和由各民主党派中央提出的其他相当的地方组织的正、副负责人。

三、人民团体

6. 各全国性的人民团体常务委员（主席团委员、常务理事）、委员（执行委员、理事、监事）、候补委员（候补执委、候补理事、候补监事）、秘书长和副秘书长。

7. 各全国性的人民团体直属各部（处、室）和委员会正、副负责人。

8. 各人民团体省、自治区、直辖市地方组织正、副负责人和由各全国性的人民团体提出的其他相当的地方组织的正、副负责人。

四、国家机关

9. 全国人民代表大会代表。

10. 全国人民代表大会常务委员会所属相当正、副司、局长以上职位的人员。

11. 国务院所属各机关相当正、副司、局长以上职位的人员。

12. 最高人民法院和最高人民检察院所属相当正、副司、局长以上职位的人员。

13. 国防委员会委员。

14. 省、自治区、直辖市人民委员会委员和正、副秘书长以上的人员。

15. 省、自治区、直辖市人民委员会各厅（局）长、副厅（局）长、各委员会主任、副主任和职位相当的人员。

16. 各省省会和自治区人民委员会所在地的市以及50万以上人口的省辖市市长、副市长（原是直辖市后改为省辖市的，按照第14、15两条办理）。

17. 高等学校校长、副校长、院长、副院长

五、其他

18. 由政协全国委员会、民主党派中央、全国性人民团体、中央级国家机关等方面提出的科学技术、文艺卫生、少数民族、华侨、宗教界以及其他条件相当的民主人士。

中共陕西省委关于成立社会主义公学的决定

（1958年6月15日）

有关政治学校的设立、教学及领导等问题应按以下规定办理：

1. 校名：陕西社会主义公学

2. 教育对象：具有一定代表性的工商业者、省政协委员、县（市）政协副主席、各民主党派县（市）组织的负责人、县（市）人委科局以上的党外人士、省市政协、各民主党派、工商联机关干部中的骨干，每期招收500人左右。

3. 教学方针：学习理论，明确方向，联系实际，改造立场。

4. 课程内容：以社会发展规律、我国社会主义革命问题为主并辅以必要的时事政策……

5. 学习期限：每期半年至一年。

6. 经费：由财政厅负责解决。

7. 学校编制：本精简原则，编制60人左右。

8. 校舍：由省人委就西安近郊拨一所已停办学校校舍。

9. 领导：在党内由省委领导，省委宣传部具体管理教学方针和教材方面的问题，对外由省政协出面领导。

中央办公厅转发中央统战部《关于恢复各省、市、自治区政治学校的请示》

（1983年8月9日）

中央统战部《关于恢复各省、市、自治区政治学校的请示》，已经中央书记处同意。现转发给你们，请参照执行。

【附件】

中央统战部《关于恢复各省、市、自治区政治学校的请示》

（1983年7月25日）

中央社会主义学院自1956年10月创办以后，各省、市、自治区（除西藏外）先后创办了政治学校（有的称“社会主义学校”）。这些学校对帮助党外人士学习马列主义、毛泽东思想，学习党和国家的方针、政策，提高爱国主义、社会主义觉悟，对调动他们为社会主义服务的积极性，巩固和发展统一战线，起了重要作用。十年内乱期间，所有这些学校都被迫停办了。去年，中央决定恢复中央社会主义学院，党外人士十分高兴，并要求尽快恢复省、市、自治区的政治学校。各地统战部门也认为很有必要。为此，我们建议在一两年内，各省、市、自治区的政治学校应逐步恢复起来。

现将有关问题和我们的意见报告如下：

（一）办校方针。根据党的十二大提出的总任务，今后政治学校应该成为各民主党派、工商联、政协委员和无党派人士学习马列主义、毛泽东思想和党的路线、方针、政策的学校。其主要任务是培养、提高党外干部，特别是比较符合干部“四化”条件的党外干部，以适应贯彻“长期共存，互相监督”，“肝胆相照，荣辱与共”方针的需要。

学校应帮助学员联系实际学习马列主义、毛泽东思想的理论政策，使他们通过自我教育，提高对党的路线、方针、政策的理解和为80年代三大任务服务的积极性，为建设具有中国特色的社会主义、为祖国的统一和繁荣昌盛贡献力量。

各地的政治学校还可以根据具体情况，举办“统战干部培训班”，培训党内外的统战工作干部。

（二）各地政治学校的行政领导人，应安排一些适当的党外人士担任。

（三）关于校舍问题。各地政治学校被迫停办以后，原校舍均已被占用。请各省、市、自治区党委和人民政府责成占用单位尽快归还。如不能归还，应设法给以调剂解决或拨款重建。

（四）关于编制、经费等问题，由各省、市、自治区统战部请示党委，统筹安排解决。

（五）各地政治学校恢复以后，归统战部领导，政协负责日常工作。

中共陕西省委常委会纪要

（1984年4月3日）

决定：

1. 同意恢复陕西省社会主义公学，等条件成熟时，可改为陕西省社会主义学院。学校专业的设置和教学大纲，可由省委统战部和学校根据办学条件和工作需要逐步制定。

2. 成立省社会主义公学筹备小组，由省委统战部牵头，省政协和省级其他有关部门同志参加。

3. 恢复省社会主义公学所需的编制、经费和基建计划，学校的干部和师资力量的调配，由省委统战部（会）同省级有关部门研究解决。

4. 同意省社会主义公学在原校址（小雁塔）恢复开办，目前先从小雁塔文管所内至少划出25亩地供办学使用。

5. 省社会主义公学为地师级单位，成立党委，归省委统战部领导，日常工作由省政协负责。

中共重庆市委办公厅转发市委统战部《关于恢复重庆政治学校并改名为重庆社会主义学院的请示报告》

（1984 年 4 月 11 日）

经市委同意，现将市委统战部《关于恢复重庆政治学校并改名为重庆社会主义学院的请示报告》转发给你们，请按照执行。

市委认为，恢复和设立重庆社会主义学院，对帮助党外人士学习马列主义、毛泽东思想，学习党和国家的方针、政策，提高爱国主义、社会主义觉悟，对调动他们为社会主义服务的积极性，巩固和发展统一战线，有着重要的作用。社院应按照精简节约的原则办事，职工编制暂定三十人。有关学院开办事项，由市委统战部与有关部门联系办理。

【附件】

关于恢复重庆政治学校并改名为重庆社会主义学院的请示报告

市委：

中央办公厅转发中央统战部《关于恢复各省、市、自治区政治学校的请示》中办发［1983］58 号文件要求："在一两年内，各省、市、自治区的政治学校应逐步恢复起来。"这个指示，对我市有重要的现实意义。政协重庆政治学校是 1956 年成立的，对帮助党外人士学习马列主义、毛泽东思想，学习党和国家的方针、政策，提高爱国主义、社会主义觉悟，调动他们为社会主义服务的积极性，巩固和发展爱国统一战线，起了重要的作用。十年内乱期间，重庆政治学校被迫停办了，对开展统战工作、培训党外干部造成了很大损失。我市党外人士也多次提出，要求恢复重庆政治学校。从需要轮训和培训的对象看：全市总共约一万人左右。面对这样大量的轮训、培训任务，迫切需要恢复重庆政治学校。

现将有关问题和我们的意见报告如下：

一、学校的性质、任务和名称

中办发［1983］58 号文件提出政校的性质是："根据党的十二大提出的总任务，今后政治学校应成为各民主党派、工商联、政协委员和无党派人士学习马列主义、毛泽东思想和党的路线、方针、政策的学校。”其任务主要是：“培养、提高党外干部，以适应贯彻‘长期共存、互相监督’，‘肝胆相照、荣辱与共’方针的需要。”“还可以根据具体情况，举办统战干部培训班，培养党内外统战干部。”据此，拟采取四种办学形式：

1. 政协委员、民主党派成员和无党派人士轮训班，轮训市和区、县政协的党外委员、民主党派成员和无党派人士。

2. 统战干部轮训班，轮训市和区、县的党内外统战干部。

这两种轮训班均为每期四个月，主要学习党的统一战线理论、政策与党和国家的重要文件和方针、政策。

3. 研究班。组织市政协、各民主党派、工商联、参事室、文史馆的党外负责同志学习研究党的重要文件及统一战线的理论和政策。

4. 统战干部培训班。选拔比较符合干部“四化”条件的党内外干部，主要是党外干部入学培训，为统战系统干部队伍“第三梯队”的建设做准备。学制两年。比较系统地学习马列主义、毛泽东思想的基本原理（重点是统一战线问题），党的路线、方针、政策和其他必要的课程。经考试合格，发给毕业文凭。

在办学步骤上，本着“先易后难”的原则，逐步恢复。从今年第三季度开始，先办一百名学员的统战干部轮训班，以积累教学经验。明年下半年办 200 人的轮训班和研究班。积极创造条件，争取在 1986 年开始举办两年制、相当大专毕业水平的统战干部培训班。

鉴于培训任务繁重，目前许多省、市已将政治学校改名为社会主义学院，建议将政协重庆政治学校改名为重庆社会主义学院，以适应形势发展和轮训、培训任务的需要。

二、机构设置和职工编制

社会主义学院拟成立校务委员会，吸收有关单位党内外负责同志参加，共商办学大政方针。学院设院长一人，专职或兼职的副院长二至三人，其中应配备适当的党外人士；还聘请热心社会主义学院工作的离休老干部一、二人为顾问。院下设办公室、教务处、总务处、教研室四个室处（现在先成立综合性的教研室，待条件具备时再逐步成立必要的专业教研室）。

职工编制，参照省社会主义学院和市委党校均按教职工与学员一比二点五的比例，本着精简的原则，重庆社会主义学院拟按教职工与学员一比三的比例配备。目前先配备 30 人，以适应工作急需。现在教学力量奇缺，可先邀请统战系统的领导同志、市委党校的教员和其他大专院校在职或退休教师兼课，以解决当前的师资困难。同时请市组织、人事部门尽快调进必要的教学和行政骨干，并逐年分配一些大专文科、社会科学专业的毕业生加以充实，以便逐步建立起自己的教学队伍。

三、领导关系和党的组织

中办发[1983]58 号文件规定：政治学校恢复后，归统战部领导，政协负责日常工作。

社院应成立党委和机关支部，以利于加强党的领导和充分发挥党员的作用。

四、经费问题

为了便利工作，建议社院经费同民主党派一样，单列户头，由市财政直接拨款。

由于“十年内乱”，原政校的设备、家具以及图书资料等遭受严重破坏，损失殆尽。为了保证今年三季度轮训班能按时开学，学院急需修通公路、维修房屋、购置卧具、汽车等开办费用，由我部另造预算，请市财政统筹安排解决。

以上报告，如无不当，请市委批转有关部门办理。

市委统战部

1984年2月22日

中央统战部关于当前办好地方社会主义学院（政治学校）几个问题的通知

（1988年10月5日）

1983年中央办公厅转发中央统战部《关于恢复各省、市、自治区政治学校的请示》（中办发［1983］58号）以来，全国已有20个省、自治区、直辖市的社会主义学院（政治学校）陆续筹建恢复。

随着统一战线新的发展，各地对社会主义学院的恢复和建设提出了不少问题，希望予以明确。根据中央关于当前重点是把已经恢复和正在筹建的社会主义学院办好的指示精神，现将有关问题通知如下：

一、办好社会主义学院的必要性

社会主义学院是培养民主党派和无党派人士的政治学院，被称为“党外人士的党校”。办好社会主义学院，是件大事，非常必要，对于培养四化建设人才，对于坚持“长期共存、互相监督、肝胆相照、荣辱与共”的方针，完善共产党领导的多党合作制度，具有重要意义。

二、地方社会主义学院的性质和任务

省、自治区、直辖市社会主义学院是在中国共产党领导下的统一战线性质的政治学院。主要任务是：

1.组织党外中上层人士，进行学习研究，提高理论、政策水平和参政议政能力。

2.担负统战工作干部的培训工作，提高干部队伍的思想政治素质和业务水平。

3.根据教学和研究相结合的原则，积极创造条件进行统一战线理论研究工作，并逐步建立统一战线专业。

省、自治区、直辖市社会主义学院的教学内容主要有：马克思主义、毛泽东思想的基本理论；社会主义初级阶段的基本路线；党的统一战线理论、方针、政策和历史；有关的业务知识和现代科学知识。

三、地方社会主义学院的归属和领导体制

省、自治区、直辖市社会主义学院归省、自治区、直辖市党委统战部领导，教务、总务及行政等工作可以和有关部门直接联系办理；并取得政协、民主党派、工商联等部门的支持和帮助。

社会主义学院实行院长负责制。正、副院长中应有声望较高的党外人士。正、副院长的任免，按照干部管理权限和任免手续办理。学院建立院务委员会，由院长、副院长和院有关部门负责人组成。学院建设和教学中的重大问题，应及时向当地政协、民主党派和有关团体通报，听取意见，进行协商，并应形成制度。学院的中共党组织主要负责贯彻党的方针、政策，团结干部群众，完成各项任务。

四、地方社会主义学院的师资

社会主义学院除选调一定数量具有马列主义理论修养、统战政策水平和实际经验的同志担任专职教师外，还应聘请有关方面专家、学者授课，保证教学质量。教师职称的评定问题，根据实际情况，参照党校教师职称改革工作的办法办理。

五、加强对社会主义学院的领导

请各地党委统战部加强对社会主义学院的领导。认真帮助解决实际问题，以保证学院工作顺利进行。对尚未恢复的，要创造条件逐步恢复。

中共广东省委办公厅转发省社会主义学院临时党委《关于办好社会主义学院搞好党外干部培训的报告》的通知

（1989年6月19日）

省委同意省社会主义学院临时党委《关于办好社会主义学院搞好党外干部培训的报告》，现转发给你们，请研究贯彻。

【附件】

关于办好社会主义学院搞好党外干部培训的报告

省委：

当前，随着我国改革的不断深化和对外开放的不断扩大，社会主义民主政治建设的发展，民主党派参政议政的要求日益强烈，民主党派成员和无党派人士将陆续进入各级政府和有关单位担负一定的领导职务。在这种情况下，如何不断提高他们的参政议政水平，特别是提高其领导成员的政治素质和思想素质，真诚拥护和推进共产党领导的多党合作制度，是当务之急，是各民主党派自身建设的迫切要求。

广东省社会主义学院是一所统一战线性质的政治学院，是民主党派和党外人士的培训阵地，其主要任务是培养和提高党外干部，同时培训统战干部。我院自1983年复办以来，举办了各种类型的进修班、培训班、研讨班和两年制大专班共20期，培训民主党派、工商联、政协委员、无党派人士和统战系统的干部共1300人。这对于提高他们的政治理论水平、文化水平和统战业务水平，起到了很好的作用，为巩固和发展爱国统一战线，为统一祖国、振兴中华做出了一定的贡献。

为了贯彻执行中央关于办好社会主义学院的指示精神，根据形势发展的需要，学院拟从以下几个方面进行改革：

(一) 明确培训重点。省社会主义学院今后培训干部的重点是各民主党派和无党派人士。同时，也要培训统战干部。为此，拟举办以下层次的班：

(1) 民主党派成员（包括民主党派机关干部）进修班，每期时间一个月至一个半月。

(2) 民主党派中、上层人士研讨班，每期时间十天至一个月。

(3) 党外政协委员读书班，每期时间一个月。

(4) 进入各级政府领导班子（含后备人员）的党外人士培训班，每期时间四个半月。

(5) 统战干部进修班，每期时间两个月。

(二) 从实际出发，努力改革教学方法。除了采取“请进来”办班外，还适当“走出去”送课上门，以适应各民主党派的需要。

(三) 课程设置，除学习马克思主义基本理论和党在现阶段的方针、政策外，突出以下内容：统一战线原理，社会主义初级阶段的统一战线，共产党领导的多党合作制度，经济统战的理论与实践，统一战线史，各民主党派史，“一国两制”理论，海外统战问题，民族问题，宗教问题，知识分子问题，人民政协工作，民主党派建设，统战心理学等。此外，还开设行政管理科学、决策科学、现代自然科学知识等课程。以上课程的安排和分量将根据不同班次的不同要求有所增减。

目前，省社会主义学院在开展培训工作上遇到的困难很多，除了经费不足外，突出的问题是学生来源问题。各民主党派除了少数专职干部外，其他成员一般都在机关、学校等单位担任一定的职务，即使各民主党派组织派他参加学习，也往往由于其所在单位不同意而未能实现。据初步了解，应培训的民主党派各级组织负责人，全省共1180人，而已进修过的只有33人，民主党派的一般成员就更难有机会来参加学习了。至于被推荐担任政府领导职务的党外人士和后备人员，也由于培训对象没有划分清楚而未能到学院学习。今年9月份，我院拟举办第一期党外处级干部培训班。今后每年一期，每期60人。开办这种班，首先遇到的困难仍然是学生来源问题。

为了解决社会主义学院的学生来源问题，把学院办好，我们特提出如下建议：

(一) 希望各级党委和政府要重视民主党派和非党人士的培训工作，从各方面尤其是在财力上给予支持。

(二) 社会主义学院在培训民主党派和非党人士方面，起着其他学校不可替代的作用。建议明确规定各民主党派和非党人士，以及他们中参加政府领导职务的人士的政治培训工作由省社会主义学院负责。

(三) 为了提高民主党派和非党人士中参加各级政府及事业单位领导工作人员的政治素质和领导水平，建议上述人员在进入班子前，都应经过省社会主义学院培训，并取得学习结业证书，才安排进入领导工作岗位。

以上报告如无不当，请批转各地和有关单位。

广东省社会主义学院临时党委

1989年5月3日

中共广州市委办公厅转发市委统战部《关于办好市社会主义学院几个问题的意见》的通知

（1989年8月9日）

市委统战部《关于办好市社会主义学院几个问题的意见》，已经市委同意，现转发给你们，请研究贯彻。

【附件】

关于办好市社会主义学院几个问题的意见

市委：

广州市社会主义学院是我市民主党派和无党派人士的培训阵地。办好社会主义学院，对于培养“四化”建设人才，帮助民主党派加强自身建设，完善共产党领导下的多党合作制度，具有重要意义。该院自1986年底复办以来，在各有关方面支持下，克服没有校舍和师资不足等困难，举办了各种类型的进修班、培训班共8期，培训了民主党派、无党派人士和统战系统的干部300多人，收到良好的效果。

当前，随着党的十三届四中全会精神的深入贯彻，十三大确定的“一个中心、两个基本点”的基本路线继续坚决执行，社会主义民主政治建设的发展，民主党派参政议政意识的增强，民主党派和无党派人士中一些人将进入各级行政单位担负一定的领导职务。加强对党外人士的培训工作，提高他们的政治、理论、工作水平是当务之急。我市各民主党派和无党派人士也迫切要求办好市社会主义学院，使他们有一个学习的机会，以适应形势发展的需要。

根据中央办公厅中办发[1983]58号文和省委办公厅粤办发[1989]14号文关于办好社会主义学院的指示精神，结合我市的实际情况，对办好市社会主义学院提出以下意见：

一、要明确培训范围

市社会主义学院的培训对象是：

1. 民主党派市委委员、常委、正副主委，基层组织委员、正、副主任。

2. 市、区、县政协非中共的委员、常委。

3. 市、区、县人大常委会非中共的委员。

4. 市工商联非中共的委员、常委、正、副会长，区、县工商联非中共的常委、正、副会长。

5. 市台联、侨联、宗教团体非中共的委员、常委、正、副会长（主席）。

6. 各级政府、企事业单位非中共的副处级以上干部和优秀中、青年干部。

同时，培训统战工作干部（已列入中共党校培训范围的除外），包括：

1. 市、区、县统战部、对台办，市大专院校统战部、市局、总公司、直属单位的专、兼职统战干部。

2. 市、区、县政协、工商联、侨联、市台联、文史馆、参事室的机关干部。

3. 市各民主党派的机关干部。

4. 市、区、县民族宗教部门的干部。

凡属上述在职人员，身体健康，能坚持正常学习的，在职期间都应按统一计划分期分批到市社会主义学院进行短期学习。

二、要从实际出发设置班次和课程

办学以短期培训为主，根据不同的对象和不同的要求，采取多形式、多层次的办法办学。目前主要设置以下班次：

1. 进修班。组织民主党派和无党派人士学习进修。每期一个月。

2. 轮训班。轮训从事统战工作的专、兼职干部。每期一个月。

3. 研讨班。招收统战系统从事理论工作的干部。同时，根据需要组织民主党派和无党派人士就某些问题专门进行研讨。每期十至十五天。

4. 读书班。组织市各民主党派正副主委，市人大常委会非中共的委员，市政协非中共的常委、市工商联、侨联非中共的正副会长读书学习。每期十天。

5. 培训班。对进入各级领导班子的非中共人士进行培训。每期三个月。

贯彻理论联系实际的原则。当前短训班主要设置马克思主义、毛泽东思想的基本理论，社会主义初级阶段理论和党的基本路线；党的统一战线理论、方针、政策和历史；领导科学和现代管理等课程。

三、要配备好教学人员

目前，市社会主义学院教学人员缺乏，请市组织、人事和有关部门大力协助，积极物色选调具有大专以上文化、有马列主义理论修养、统战政策水平和实际经验的同志担任专职教师。同时，还需聘请有关方面的专家、学者和领导授课，以提高教学质量。

四、要保证党外人士参加学习

各级党委要重视民主党派和无党派人士的培训工作。对他们到市社会主义学院学习，要像对待中共党员到党校学习一样，给予重视和关怀，妥善解决他们离职学习的有关工作、福利、经费等问题。

五、财政上要适当照顾

办学要坚持勤俭节约的原则，努力节省经费。但由于市社会主义学院处于复办阶段，以及培训对象是民主党派和无党派的中上层人士，因此，请财政部门在经费上给予适当的照顾，以解决办学的环境和条件问题。

以上意见如无不当，请批转有关单位研究执行。

中共广州市委统战部

1989年7月31日

中共四川省委办公厅转发省委统战部《关于进一步办好四川省社会主义学院的几个问题的意见》的通知

（1989年4月7日）

省委统战部《关于进一步办好四川省社会主义学院的几个问题的意见》，已经省委同意，现转发给你们，望照此执行。

组织党外中上层人士学习马克思主义、毛泽东思想的基本理论，学习党的路线、方针、政策，是社会主义初级阶段坚持中国共产党对统一战线的领导，保证爱国统一战线巩固发展的一项重要措施。对于培养四化建设人才，坚持和完善共产党领导下的多党合作制度和政治协商制度，具有重要意义。各级党委对于有计划地组织各民主党派和无党派人士到省社会主义学院学习，要像对待组织党员干部到党校学习一样，给予重视和关怀，并按照党内外干部一视同仁的原则，妥善解决他们短期离职学习期间的有关问题。各地区、各部门如有对进一步办好社会主义学院的意见、建议，可以向省委统战部提出。省社会主义学院要注意不断总结经验，改进教学工作。

中共中央关于坚持和完善中国共产党领导的多党合作和政治协商制度的意见（节选）

（1989年12月30日）

民主党派应发扬自我教育的优良传统，对成员加强思想政治工作，深入进行坚持四项基本原则和反对资产阶级自由化的教育、爱国主义和社会主义的教育、国情教育以及民主党派同中共长期合作的优良传统的教育。

办好中央和省一级的社会主义学院，作为民主党派和无党派人士的联合党校。马克思列宁主义、毛泽东思想应列为社会主义学院的必修课。政府应从师资和经费上给予切实支持。

民主党派报刊要坚持四项基本原则，宣传国家的方针政策，并有自己的特色。

中共山东省委《关于恢复建立山东省社会主义学院的通知》

（1990年5月8日）

为了做好我省民主党派干部和无党派人士的培训工作，省委决定正式恢复建立山东省社会主义学院（原称山东省政治学校）。该院为省属厅级事业单位，由省委统战部代管。

中共湖北省委《关于贯彻执行〈中共中央关于加强统一战线工作的通知〉的意见》（节选）

（1990年9月10日）

为了加强党对民主党派和无党派人士的思想教育工作，应当努力办好社会主义学院，使之成为宣传我党的方针政策，对民主党派和无党派人士进行社会主义和爱国主义教育的阵地。社会主义学院要坚持正确的办学方向，把马列主义、毛泽东思想列为必修课。鉴于省社会主义学院筹备工作已基本就绪，应争取在今年上半年正式成立。有关编制、校舍、经费等问题由省政府研究解决。

一定要把省社会主义学院办好。社会主义学院是在中国共产党领导下的各民主党派人士的联合党校。它的主要任务是组织党外的上层人士进行马克思主义的学习和研究，提高理论政策水平和参政议政能力。社会主义学院恢复后，首先要有计划、有步骤地把各级民主党派和有关团体的主要骨干普遍轮训一遍，以适应民主党派建设的需要。各地、市、州、县可根据实际需要采用各种培训班形式，负责对党外人士的培训。

中央统战部关于进一步办好社会主义学院的意见

（1990年11月22日）

各省、自治区、直辖市党委统战部，中央社会主义学院，各省、自治区、直辖市社会主义学院：

中共中央《关于坚持和完善中国共产党领导的多党合作和政治协商制度的意见》中提出："办好中央和省一级的社会主义学院，作为民主党派无党派人士的联合党校"，以"支持民主党派加强自身建设"。这一指示明确了社会主义学院的性质、任务，给社会主义学院的建设和发展指明了方向。

为办好社会主义学院（含政治学校，下同），现提出以下意见。

一、办好社会主义学院对巩固和发展爱国统一战线的重要作用

中央社会主义学院是1956年4月在毛泽东、周恩来同志等老一辈无产阶级革命家的亲切关怀下创办的。随后，各省、自治区、直辖市（除西藏外）相继创办了社会主义学院（有的称政治学校）。当时，这些院校作为党外人士自我学习、自我教育的场所，对组织党外人士学习马列主义、毛泽东思想，学习党和国家的方针、政策，对提高他们的爱国主义、社会主义觉悟，巩固和发展统一战线，对调动他们参加社会主义革命和建设的积极性，都发挥了重要作用。

党的十一届三中全会以后，爱国统一战线进入一个新的历史时期。1982年，为适应形势发展的需要，中央决定恢复在"文革"中被迫停办的中央社会主义学院。1983年后，多数省、自治区、直辖市的社会主义学院（政治学校）也陆续恢复。到1989年，全国除中央社会主义学院外，已有22个省、自治区、直辖市恢复了社会主义学院，5个省（市）建立了筹备组，还有一些计划单列市或省辖市和地区，也陆续建立起了社会主义学院（政治学校）。但是，目前除少数省、区、市外，大多数社院仍处于恢复发展时期，面临着许多困难，有的至今没有校舍，还在租房办学，有的教学经费紧张，有的师资力量薄弱。这种状况，难以适应当前统战形势任务的需要。

党中央和中央领导同志多次强调，发展和巩固爱国统一战线必须用马列主义、毛泽东思想和党的路线、方针、政策去影响、提高跟我们共同战斗的民主党派和无党派人士，加强对他们的政治教育。社会主义学院，是对党外人士进行政治教育的重要场所。办好社会主义学院，对于支持民主党派搞好自身建设，对于我党同各界党外人士的团结合作，对于贯彻"长期共存、互相监督、肝胆相照、荣辱与共"的方针，巩固和发展爱国统一战线，维护安定团结的政治局面，都具有十分重要的意义。我们要从巩固发展爱国统一战线和社会主义制度，实现我国长期稳定发展的战略高度，来认识社会主义学院的地位和作用。中发［1989］14号文件中明确指出："政府应从师资和经费上给予切实支持"，这既是党中央对各级政府的要求，也是对社会主义学院工作的巨大支持。我们要认真贯彻落实中央的有关指示，发扬艰苦奋斗、勤俭办学的优良传统，并与有关方面通力合作，积极创造条件，克服困难，尽快解决校舍和办学经费等问题，切实搞好社会主义学院的建设。

二、社会主义学院的任务和教学内容

社会主义学院是中国共产党领导的具有统一战线性质的高等政治学院，是民主党派和无党派人士的联合党校，是统一战线系统的干部学院。

社会主义学院的主要任务是：

（一）组织民主党派各级领导骨干和无党派代表人士，学习研究马克思主义基本理论，学习党的路线、方针、政策和党的统战理论、政策，提高他们的理论政策水平和参政议政、实行民主监督的能力。

（二）对统一战线系统的干部进行岗位培训，提高统战干部队伍的政治素质和业务水平。

（三）根据教学和研究相结合的原则，进行统一战线历史和理论的研究工作。

（四）考察了解学员的政治思想情况、工作实绩和业务能力，为民主党派、统战部门及有关方面培养选拔干部和统战教学人才提供参考意见。

社会主义学院培训任务的确定，要实事求是，因地制宜，注重实效。

社会主义学院要坚持四项基本原则，坚持贯彻中共十三大提出的教育为社会主义现代化服务的方针，坚持教育为共产党领导的多党合作和政治协商制度服务，为增强各民族团结服务，为巩固发展爱国统一战线和建设四化、振兴中华、统一祖国服务。社会主义学院的教学内容主要是：马列主义、毛泽东思想的基本理论；党的路线、方针、政策；统战理论、方针、政策；中国近现代史、中共统战史、中国民主党派史和多党合作史；国际国内形势和统战业务知识及现代科学知识等。着重进行马列主义、爱国主义和社会主义教育，以提高学员的社会主义觉悟。

社会主义学院在教学中，要贯彻理论联系实际的方针。在教学方法上，应区别于一般学校，以自学为主，进行正面教育和自我教育。

社会主义学院教学大纲和通用教材，由中央统战部和中央社会主义学院组织编写。

三、社会主义学院的培训范围和学制

社会主义学院的学员对象，应以民主党派、工商联和无党派代表性人士为主。

社会主义学院的学制，以短期进修、培训为主，短、中、长相结合，开展多层次、多形式的教育。进修一般为一年左右，岗位培训为半年左右，短期轮训为三个月左右，专题研究班可视情况确定。

中央社会主义学院的学员对象，是各民主党派中央和全国工商联以及有关团体的秘书长以上领导干部，全国人大常委、政协常委中的党外同志，在政府部门任职的省、部级党外领导干部，无党派及民族宗教界代表性人士；全国人大代表、省人大常委中的党外同志，全国政协委员和省、自治区、直辖市政协常委中的党外同志，各民主党派中央、全国工商联委员、执行委员和机关的副部长以上干部，省、自治区、直辖市民主党派、工商联秘书长以上干部，在政府部门任职的厅局级以上党外干部；各民主党派中央、全国工商联机关和统战系统有关部门的处级干部和骨干。

要根据学员的不同层次，来确定班别和学习期限。

地方社会主义学院，可参照上述规定，确定相应的班次设置和培训对象及学制。

四、搞好社会主义学院的自身建设

（一）加强社会主义学院党的建设。社会主义学院可建立中共党组（或党委），实行中共党组或党委领导下的院长负责制，以保证党的路线、任务以及党的统一战线方针政策的贯彻执行。党组（或党委）全面领导学院的思想政治工作和干部管理工作，指导本机关中共基层党组织的工作。社会主义学院党的组织和党员，要善于同民主党派成员、无党派人士合作共事，尊重他们的职权，支持他们做好工作。

（二）选配好领导班子。选调坚持四项基本原则，基本符合干部四化条件，具有一定统战理论水平和熟悉统战工作的党内外同志，充实领导班子。各级统战部门，要把这项工作作为办好社会主义学院的根本措施切实抓好。

（三）努力建设一支德才兼备的师资队伍。这是办好社会主义学院的基本条件。社会主义学院的性质、地位和作用，决定了对教师素质的高要求。根据社会主义学院的教学特点，应当建设专职教师和兼职教师相结合，以专职教师为主的教师队伍。应选调政治思想强，具有马列主义理论修养、统战理论政策水平和实际工作经验的同志担任专职教师，聘请有关方面的专家、学者担任兼职教师。在师资队伍建设中，注意从原有的基础出发，注意质量，稳定发展。

（四）加强科研工作。社会主义学院是进行统一战线理论教学的基地之一，要根据教学与科研相结合的原则，进行马克思列宁主义、毛泽东思想，特别是党的统一战线理论的研究。要以马克思主义为指导，活跃社会主义学院的学术空气，提高科研和教学质量。

（五）加强思想、作风建设，坚持坚定正确的政治方向。社会主义学院的工作人员，要率先努力学习马列主义、毛泽东思想，坚持四项基本原则，反对资产阶级自由化，不断提高政治思想素质和业务水平。要确立以教学为中心，为教学服务，为学员服务，为党的统一战线工作服务的观念。

五、加强对社会主义学院的领导

社会主义学院作为中国共产党领导的具有统一战线性质的高等政治学院和民主党派及无党派人士的联合党校，必须在各级党委的领导之下进行工作。社会主义学院的教学业务工作，要接受同级党委组织部门（有关干部教育培训）和政府教育行政部门的指导。各级党委统战部对社会主义学院教育培训工作负有规划、指导、检查的责任，并要帮助社院解决所需编制、经费和师资配备等实际问题，以保证学院各项工作的顺利进行。

中共重庆市委《关于进一步办好重庆社会主义学院的请示》的批复

（1991年1月28日）

市委统战部：

你们《关于进一步办好重庆社会主义学院的请示》收悉。市委同意：

（一）将重庆市社会主义学院纳入成人教育干部院校序列，隶属市委统战部。业务归口市委组织部。

（二）原则同意适当增加人员编制，充实统战工作教学人员，请与市编委联系解决。

（三）关于教学经费和旧房维修问题，由市财政局统筹安排，请与市财政局联系，新建教学楼问题，请向市计委申报立项。

中共青海省委办公厅《关于成立青海行政学院和青海社会主义学院有关问题的报告》的批复

（1991 年 4 月 20 日）

根据青党校（1991）16 号报告，省委原则同意你们《关于成立青海行政学院和青海社会主义学院有关问题的报告》。有关编制、机构、校处两级干部职数、专业技术职称评聘，以及办学经费、基本建设等具体问题，请分别同各主管部门协商办理。

【附件】

关于成立青海行政学院和青海社会主义学院有关问题的报告

省委：

根据省委（90）第 26 次常委会议决定由省委党校兼办青海行政学院和青海社会主义学院，现将有关问题报告如下：

一、培训对象和办学规模

青海行政学院主要是培训全省副县（处）级以上行政、经济管理干部；青海社会主义学院主要是培训全省民主党派领导干部和无党派中上层人士。按照上述任务要求，两院成立后省委党校办学规模从目前的 600 人扩大到 1000 人。

二、课程和班次设置

青海行政学院主要设置马克思主义基本理论课；专业基础课；专业课；现代科学知识等四类课程。青海社会主义学院主要设置马克思主义基本理论；社会主义初级阶段基本理论；党的统一战线、民族、宗教理论和方针、政策；有关业务知识和现代科学知识等课程。

两院的班次，根据我省实际需要和不同的轮训和培训对象设置，学制有长有短，长短结合。

三、领导体制

省委党校、青海行政学院、青海社会主义学院为三块牌子、一套人员，党校正副校长同时也是两院的正副院长。建议省委统战部和省劳动人事厅各一名领导同志分别兼任两院副院长。学校实行校委领导下的校（院）长分工负责制，校委拟由 7—9 人组成，设校（院）长 1 名，第一副校（院）长 1 名，副校（院）长 1 名（不含两院兼职副院长），设教育长 1 名（副厅级），副教育长 2 名(正处级),协助校(院)长、副校(院)长做好教学、科研和学员管理工作,设秘书长 1 名(副厅级),副秘书长 1 名(正处级),协助校(院)长、副校(院)长搞好行政后勤工作以及落实校委会的重要决议,协调各处室的工作。

四、编制和机构

按照省委青发（1983）77 号文规定省委党校教职工与学员比例为 1:1.8，一校两院办学规模扩大到 1000 人，教职工编制总数为 556 人。

两院成立后党校需增设并调整一些机构：撤销学员管理处。成立培训一部（主要培训党员领导干部和理论骨干），培训二部（主要培训行政、经济管理干部），培训三部（主要培训民主党派领导干部和无党派中上层人士）。每个部设若干班，每班配备专职组织员（班主任）1 名（副处级）。

撤销理研室、党史党建教研室。成立科研处、《攀登》编辑部、党史教研室、党建教研室、现代管理教研室、法学教研室、党校工作联络处、财务处，机关党委、工会。请解决相应的职数。

五、教师队伍建设

教师队伍本着相对稳定，充实加强，着重提高，优化结构的原则进行调整。重点放在青年教师的提高上，采取分期分批下基层挂职锻炼和进行调查研究，送中央党校和有关单位进修等方法，提高青年教师素质。同时，请省委组织部和省劳动人事厅从省级党政机关和州、地、市、县委书记中选调 15 名既有较高理论水平又有实践经验，并热心于干部教育的干部，到校（院）任教或从事科研工作。对不适应校（院）工作的人员，请组织、人事部门给予调整。

六、专业技术职称评聘问题

根据我省实际，在校（院）实行职务、职称“双轨制”。即一方面实行助教、讲师、教授专业技术职务，另一方面实行科、处、厅级行政职务。目前省委党校共有教研人员 121 人，其中正副教授 13 人，占教研人员的 10.74%；讲师 51 人，占教研人员的 42.15%。按照教研人员高、中、初级专业职称的比例为 3:5:2 的要求，我校专业技术职务结构不合理，高级职称偏少，中级职称数量亦达不到要求，请省上有关部门予以解决。

七、经费问题

在省委、省政府的关怀和省财政的支持下，近年来省委党校经费基本上保障了教学的需要，但仍有一部分经费偏紧，教师的科研、调查研究以及学员的第二课堂现场教学和毕业社会调查等活动均不能保证。为此，请省财政安排经费预算时逐年适当予以增加。同时，从今年起增加专项科研经费和调查研究费、学员社会调查费等，专款专用。

八、改善基本办学条件

增设两院，教学规模扩大后，学员宿舍严重不足，急需要增建 1 栋学员宿舍楼；食堂容量也不够，需扩建；50 年代建的小礼堂已远远不能满足需要，急需新建礼堂一座。目前党校职工住房十分紧张，全校教职工和离退休人员 404 名，只有 136 户住在校宿舍楼房内，绝大部分住在 50 年代初建造的经 1984 年有关部门鉴定报废的危房内。随着办学规模扩大，教职工增多，急需新建 1 栋职工宿舍楼。1983 年以来，省委、省政府为改善省委党校办学条件，曾拟定841万元的基建投资计划，“六五”和“七五”期间先后完成741万元，目前学校大门、传达室和阅览室建设计划尚未完成。遗留项目和两院成立之后，初步规划基本建设项目共需投资1437万元，请省计委列入“八五”投资计划，逐年实施。今年请省计委优先安排学员宿舍楼、职工宿舍楼各一栋和一座礼堂，同时对15095平方米的职工宿舍危房进行改造。

以上报告，请予批示。

中共青海省委党校校务委员会

1991年4月2日

中央统战部1991—1995年全国社会主义学院教育培训规划

（1991年8月1日）

社会主义学院作为民主党派和无党派人士的联合党校，肩负着重要的教育培训任务。为了贯彻中共中央［1989］14号、［1990］10号文件和全国统战工作会议、全国统战工作座谈会精神，加强非中共干部培训工作，特制定今后五年全国社会主义学院教育培训规划。

一、指导思想和培训目标

今后五年社会主义学院培训工作的指导思想是：在中国共产党领导下，坚持社会主义方向，以马克思主义基本理论学习和党的基本路线教育为主要内容，开展教育培训工作。通过学习培训，使民主党派、无党派人士进一步增强接受中国共产党的领导，坚持社会主义道路的信念，坚定不移地与中国共产党长期合作，共同建设有中国特色的社会主义。

根据上述指导思想，社会主义学院的培训目标是：帮助民主党派和无党派人士提高马列主义、毛泽东思想理论水平，增强运用马列主义的立场、观点、方法分析和解决实际问题的能力；提高政治思想、业务水平和参政议政、民主监督的能力，以适应九十年代社会主义现代化建设和巩固、发展爱国统一战线的需要，适应更好地坚持和完善中国共产党领导的多党合作和政治协商制度的需要。

二、培训内容

社会主义学院主要组织民主党派和无党派人士进行政治理论学习，内容如下。

（一）马克思主义理论。要紧紧把握建设有中国特色的社会主义这个主题，学习马克思列宁主义、毛泽东思想的基本理论。着重学习马克思主义的哲学、政治经济学和科学社会主义理论，学习毛泽东同志的著作和邓小平同志等老一辈无产阶级革命家的著作。鉴于培训对象中的多数同志已学习过马克思主义的基本知识，学习的重点可放在对马克思主义理论基本观点的掌握和运用上。在学习中，强调学习马克思主义理论原著，并以自学为主。

（二）中国共产党的基本路线及方针、政策。要结合形势和任务，学习中国共产党的路线和方针政策，掌握建设有中国特色社会主义的经济、政治、文化的基本要求，进行爱国主义和社会主义的学习教育，进行坚持四项基本原则和反对资产阶级自由化的学习教育，进行民主法制和国情的学习教育。

（三）马列主义、毛泽东思想有关统一战线的理论和中国共产党的统战工作方针政策。要学习毛泽东、周恩来、邓小平同志等老一辈无产阶级革命家和以江泽民同志为核心的党中央关于统一战线的著述和规定，学习中国共产党关于统一战线的理论和方针政策。要根据培训对象的不同情况，有选择地重点学习、掌握以下统战理论和政策：（1）马列主义、毛泽东思想有关统一战线的基本理论；（2）新时期统一战线的理论和政策；（3）坚持和完善中国共产党领导的多党合作和政治协商制度的理论和政策；（4）“一个国家，两种制度”的理论和政策；（5）关于民族、宗教、知识分子、侨务等问题的理论和政策。

（四）中国共产党领导的多党合作和政治协商的理论、政策研讨。着重学习中国共产党领导的统一战线发展史，学习中国民主党派同共产党亲密合作的历史，学习中国共产党领导的多党合作和政治协商制度的基本特征和优良传统。根据九十年代党和国家的总任务、总目标和统一战线肩负的历史任务，研讨进一步加强民主党派的自身建设，提高民主党派和无党派人士参政议政、民主监督的能力，不断巩固和发展中国共产党领导的多党合作和政治协商制度。

此外，视需要还可开设一些讲座，学习有关经济理论政策、现代科技知识和管理知识、法律知识等。

三、培训形式和要求

在规划期间，社会主义学院培训工作以进修轮训和岗位培训为主。同时，根据形势和任务的需要，举办各种专题研讨班。在学习方式上，除组织授课、举办讲座外，还可组织必要的调查、参观、座谈等活动，使学习内容生动、活泼。

社会主义学院培训的一般要求是：

（一）各级社院的培训任务，要求本着从实际出发，因地制宜，量力而行，不断提高，讲求实效的原则确定，实行脱产轮训和在职业余学习相结合。

（二）各级社院要按照本规划确定的培训内容，对不同类型不同层次的干部分别提出不同的培训要求。对在人大、政协、政府、司法部门任职的非中共领导干部，主要进行马列主义、毛泽东思想和统战理论政策及时事政治的学习培训。在条件许可时，也可开设领导科学和管理科学等方面的课程。对近几年到民主党派、工商联工作或任职的各级负责人特别是中青年干部，要由各级统战部在同各党派、工商联协商后统筹安排，制定计划，进行岗位培训。通过总结经验，使培训工作不断完善，逐步实现规范化、制度化、科学化。

（三）坚持理论联系实际的方针，提高教学质量。必须加强教学内容的针对性和科学性，突出坚持党的领导和坚持走社会主义道路的教育。要把选学马列原著与授课内容相结合，把马列主义基本原理的学习与我国社会主义现代化建设和改革开放的实际相结合，把理论学习与研究国际形势和当代社会主义发展的实际相结合，把掌握基本理论与研究解决学员普遍关心的重要现实问题相结合，使培训内容常学常新，提高教育培训的质量。

（四）在社院教育培训中，要在自学的基础上，实行“三自”、“三不”的方针，即由学员自己提出问题，自己分析问题，自己解决问题；不抓辫子，不扣帽子，不打棍子。贯彻这个方针，一要保证有适当的教师授课；二要提倡认真读书，特别是要认真读马列主义原著，勤于思考，充分讨论；三要为学员们创造一个良好的学习环境。

四、培训对象和班次、学制

社会主义学院以培训民主党派、无党派代表人士为主。针对学员在年龄、任职、工作经历和政治、文化素质等方面存在的差异，在组织教育培训时，要实行分类培训的方法。具体要求是：

（一）培训对象

（1）中央社院培训对象

①各民主党派中央、全国工商联和有关团体的正副秘书长以上领导干部及机关领导骨干（60岁以下，下同）；②全国人大常委、全国政协中的非中共常委、委员；③省、自治区、直辖市人大、政协中的非中共正副主任、正副主席和省、区、市民主党派、工商联正副主委；④在政府和司法机关任职的省、部级和厅、局级非中共领导干部；⑤无党派和民族宗教界代表性人士；⑥列入后备名单的拟提省部级干部。以上培训对象总数约1100多人，在规划期间，由中央社院普遍培训一次。每年年底前，由中央统战部召开有各民主党派、工商联有关负责人和中央社院负责人参加的招生会议，落实下一年度中央社院招生计划。

（2）各地社院（政治学校）培训对象

①省、自治区、直辖市人大常委、政协中的非中共常委、委员；省、区、市民主党派、工商联的处级干部和骨干；在省、区、市政府任职的处级非中共领导干部；省、区、市各级民委和宗教团体的负责人；列入后备名单的非中共干部。以上对象，由省、自治区、直辖市社会主义学院负责培训，总数约33,000多人。在规划期间，省级社院应每年培训7000人左右（详见《1991—1995年省级社院规划表》）。

②直辖市和县（市、区）人大、政协中的非中共常委、委员，各民主党派、工商联组织正副秘书长以上负责人，在政府任职的科级非中共干部，由省、区、市社院或地、州、市、区社院（政校）负责培训。以上由各省、区、市党委统战部根据本省实际情况进行规划、安排。

为了做好民族、宗教界人士的培训工作，请各级民委和宗教部门提出规划意见，并区别层次，分别在中央社院和省级或地、市级社院（政校）举办民族、宗教界人士的短训班。

（二）培训班次、学制

要根据学员的不同层次和培训需要，确定不同的班次和学制。一般可设立：（1）研讨班，学一个月。（2）进修班，学制三个月。（3）理论班，学制半年。（4）在中央社院开设研究生班，学制两年，培养统战专业的硕士、博士研究生。

按照这一构想，各级各类干部参加培训的班次、学制如下：

（1）全国人大常委、政协常委、委员和在政府任职的省部级非中共领导干部，各民主党派中央、全国工商联副主席以上领导干部，在任职期间，要组织他们分期分批到中央社院参加省部级领导干部进修班或研讨班学习一次，学制分别为3个月或1个月。

（2）新任民主党派中央、全国工商联副主席和在政府任职的省部级非中共干部，应到中央社院进行为期半年的岗前或岗位学习培训。

（3）各省、区、市和计划单列市社院的专职教师和处以上教学行政人员，须在中央社院理论班进行为期半年的培训。

（4）中央社院在新校舍建成后，在步入正规办学的同时，经国家教委等有关部门同意之后，按照国家有关规定和要求，开办统战理论专业研究生班，依靠全国统战系统的优势，培训一批较高水平的统战人才。

（5）其他干部培训班次的学制，可根据不同对象，分别安排一至两个月。

（6）有条件的省级社院，也可根据需要，并报请有关部门批准，举办以马列和统战理论为主要内容的大专班或函授班，培养民主党派、工商联和统战系统的领导骨干。

五、教育培训体系和网络

要根据实际需要和各民主党派、工商联及无党派代表人士的不同特点，进一步建立、完善教育培训体系和网络。各省、自治区、直辖市党委统战部，负有对本省、区、市教育培训工作进行规划管理、组织实施的职责，切实加强对这项工作的领导，把社会主义学院（政治学校）办好，使之成为非中共干部和统战干部学习培训的主要阵地。

从总体上说，目前全国大多数省、区、市恢复成立的社院（政校），已初步具备一定的培训能力。在今后五年中，应按照中央统战部《关于进一步办好社会主义学院的意见》（统发［90］5号），一方面对现有的社院加强管理，完善教学条件，改进教学办法，提高教学质量和办学效果；另一方面，那些尚未恢复或建立社院的省、自治区，应积极创造条件，尽快恢复和建立社院。在此基础上，在全国逐步建立起以社院（政校）为基本阵地的、较为完整的、符合正规化要求的民主党派、无党派人士和统战干部教育培训体系和网络。

六、社会主义学院教育培训工作的管理

（一）各级党委要加强对社会主义学院教育培训工作的领导。社会主义学院教育培训工作是统一战线和统战干部工作的重要组成部分，各级党委要加深对社院教育培训工作重要意义的认识，把这一工作列入议事日程，每年研究一两次。主管统战工作的负责人，要亲自抓社院教育培训工作。社院教育培训工作的方针、政策和教育规划的研究制订及重要措施的出台，要在党委统一领导下进行，并报送党委审批。中央统战部和省、区、市统战部作为社院的主管部门，要切实加强指导、检查。要加强社院的领导班子建设和教职工队伍建设。在日常工作中，各级统战部、社院要加强同各级政协和民主党派、工商联的联系和协作，定期向他们通报社院建设和教育培训工作的进展情况。

（二）中央统战部对全国社院教育培训工作负有规划、指导、协调、检查的职能。地方各级统战部对本地区社院（政校）负有规划、指导、协调、检查的职能。

（三）加强社院教育培训的制度建设和法规建设。在规划期间，要根据中组部的要求精神，抓紧起草《社会主义学院工作条例》，并协助各民主党派中央、全国工商联，起草

《民主党派、工商联机关工作者培训条例》，将教育培训纳入正规化、制度化、科学化的轨道。

（四）搞好教材编写工作。在1991年年底前，中央统战部和中央社会主义学院要组织力量，编写社院主要课程的教学大纲和通用教材（试用稿）。

（五）建议各地党委和政府抓紧社院（政校）的校舍建设。搞好师资队伍建设，解决教师职称问题，建设一支专、兼结合的教师队伍。切实保证干部培训经费，并逐年有所增加。

本规划在执行过程中，要不断充实和完善。

山东省委办公厅、山东省政府办公厅《关于转发省委统战部〈关于进一步办好山东省社会主义学院的意见〉的通知》

（1992年3月5日）

省委统战部《关于进一步办好山东省社会主义学院的意见》，已经省委、省政府同意，现转发给你们。

进一步办好省社会主义学院，组织民主党派和无党派人士学习马列主义、毛泽东思想，学习党的路线、方针、政策，是坚持完善中国共产党领导的多党合作和政治协商制度、巩固扩大爱国统一战线的一项重要措施。各地、各部门要像对待组织党员干部到党校学习一样，有计划地组织民主党派和无党派人士到省社会主义学院学习，并按照党内外干部一视同仁的原则，妥善解决他们学习期间的有关问题。省社会主义学院要注意总结经验，不断加强和改进工作，搞好教学和自身建设，努力把学院办好。

【附件】

关于进一步办好山东省社会主义学院的意见

省委、省政府：

遵照党中央关于“办好中央和省一级的社会主义学院，作为民主党派和无党派人士的联合党校”的指示精神，我省于1990年5月8日恢复建立了山东省社会主义学院。近两年来，在省委领导和有关单位的协助支持下，省社会主义学院克服困难积极办学，共举办各种研讨班、培训班13期，培训党外人士和统战干部500多人，为坚持和完善共产党领导的多党合作和政治协商制度、巩固发展爱国统一战线发挥了积极作用。目前，中央和各省、自治区、直辖市社会主义学院已形成一定培训规模，正向着规范化、制度化的方向发展。由于我省社会主义学院恢复较晚，与兄弟省市相比尚有一定差距。为进一步办好山东省社会主义学院，现根据中央有关文件精神并结合我省实际情况，提出如下意见。

一、社会主义学院的性质、任务和作用

社会主义学院是中国共产党领导的具有统一战线性质的高等政治学院，是民主党派和无党派人士的联合党校，是统一战线系统的干部学院。省社会主义学院的基本任务是：

（一）组织省、市民主党派各级领导骨干和无党派代表人士，学习马克思主义基本理论，党的路线、方针、政策，提高他们的理论政策水平和参政议政、实行民主监督的能力。

（二）对统一战线系统的干部进行岗位培训，提高统战干部队伍的政治素质和业务水平。

（三）根据教学和研究相结合的原则，进行统一战线历史和理论的研究工作。

（四）配合有关部门考察了解学员的政治思想情况、工作实绩和业务能力，为民主党派、统战部门及有关方面培养选拔干部提供参考意见。

二、省社会主义学院的培训范围和对象

省社会主义学院主要培训民主党派和无党派中上层人士、统战系统干部，具体对象是：

党外中上层人士，包括：

1. 省人大、政协中的非中共代表和委员，市（地）和县（市、区）人大、政协中的非中共常委；

2. 省、市民主党派、工商联的处级干部和骨干，及其基层组织正副秘书长以上负责人；

3. 在省政府部门任职的处级非中共领导干部和市、县两级政府中任职的科级非中共干部；

4. 列入后备名单的非中共干部；

5. 市（地）、县（市、区）民族、宗教、侨联、工商联等部门、团体的负责人。

统战系统干部，包括：

1. 市（地）、县（市、区）政协机关，市（地）、县（市、区）党委统战部、台办，政府民族、宗教部门，省、市参事室，省文史馆等机关处、科级干部（含副主任科员）；

2. 省属高等院校、大中型企业、事业单位分管统战工作的党委书记、副书记和从事统战工作的专、兼职干部。

目前，我省共有各类培训对象13580人，省社会主义学院每年只能培训400—500人，与中央提出的对民主党派骨干和有代表性的无党派人士在3至5年内轮训一遍的要求相差甚远。必须加快步伐，尽快完成学院建设任务，逐步扩大培训规模。

三、省社会主义学院的课程设置和班次、学制

当前主要设置三方面的课程：马克思主义基本理论，学习哲学、政治经济学和科学社会主义，学习建设有中国特色的社会主义理论，学习党的路线和方针政策；马克思主义统一战线理论和党的统战方针、政策；中国共产党领导的多党合作和政治协商理论、政策，学习统一战线史、民主党派史和多党合作史。马列主义、毛泽东思想是社会主义学院的必修课。要着重进行马列主义、爱国主义和社会主义教育，不断提高学员的社会主义觉悟。

学制主要以进修轮训和岗位培训为主，短、中、长相结合，开展多层次、多形式的教育。主要班次有：①研讨班，学制1个月。②进修班，学制1至2个月。③培训班，学制2个月。④岗位培训班，学制2个月。⑤专题研究班，视情况而定，学制一般3个月至半年。

社会主义学院本着从实际出发，因地制宜，量力而行，讲求实效的原则确定培训任务。每年年底前，由省委统战部主持召开省各民主党派、工商联和省社会主义学院负责人等参加的招生会议，研究落实下一年度招生计划。

四、加强对省社会主义学院的指导

省社会主义学院在省委领导下开展工作，由省委统战部具体实施领导、检查和指导。省社会主义学院的教学业务工作，要接受省委组织部和省教育委员会的指导。省委组织部、统战部对省社会主义学院的教育培训工作负有规划、指导、检查的责任，并要帮助学院解决有关实际问题。为便于及时了解上级党委、政府的指示、部署，更好地开展工作，建议省直各部门将发给党校、干部和成人教育院校的文件、资料等也发给省社会主义学院，并通知参加有关的会议。

参加省社会主义学院学习的民主党派和无党派人士，不论是在政府机关、民主党派、有关人民团体或大专院校、企事业单位工作的，他们到省社会主义学院学习所需的差旅费、学杂费和学习期间的工资、福利待遇等，应按照财政部门的有关规定，根据与党内干部一视同仁的原则，由本人所在单位予以解决。

五、搞好省社会主义学院的自身建设

（一）加强省社会主义学院党的建设。省社会主义学院在条件具备时可建立中共党组或党委，实行中共党组（或党委）领导下的院长负责制。党组（党委）全面领导学院的思想政治工作和干部管理工作，指导学院机关中党组织的工作。社会主义学院党的组织和党员，要善于同民主党派成员、无党派人士合作共事，尊重和支持他们做好工作。

（二）加强师资队伍建设。选配具有马列主义理论修养、具备较高的统战理论政策水平和较丰富的实际工作经验的同志担任专职教师，同时聘请有关方面的专家、学者和领导同志（包括各民主党派领导）担任兼职教师或客座教授，组成一支专职教师和兼职教师相结合的教师队伍。要有计划地做好教师队伍的业务提高、培训工作，注重从政治上提高教师素质。

（三）加强统战理论研究工作。社会主义学院要加强与政协、各民主党派和有关团体的联系，注意调查研究，促进学术交流，提高科研水平和教学质量，并办好学院的理论刊物。

（四）加强思想、作风建设。社会主义学院工作人员要努力学习马列主义、毛泽东思想，坚持四项基本原则，反对资产阶级自由化，不断提高政治思想素质和业务水平。要在全体教职工中确立以教学为中心，为教学服务，为学员服务，为党的统一战线工作服务的观念，努力培养一支思想好、作风好、业务素质好的干部、职工队伍。

以上意见如无不当，请批转各地各部门。

中共山东省委统战部

1992年2月14日

九十年代统一战线部门工作纲要（节选）

（1992年4月20日）

办好社会主义学院。社会主义学院是统一战线性质的政治学院，是民主党派和无党派人士的联合党校。社会主义学院要坚持正确的政治方向，办出自己特色。树立爱国、团结、民主、求实的校风。

社会主义学院应学习马列主义、毛泽东思想、邓小平同志关于建设有中国特色社会主义的论述，学习统一战线理论方针政策，学习统一战线和各民主党派的历史。教学方法应区别于一般高等院校，主要采用自学和启发式、讨论式教学，还可组织学员进行社会调查。学制以短期为主，重点是办研讨班、培训班。教材、教学计划要与学制相结合。许多课程可邀请知名学者和党政领导干部讲课。

切实加强社会主义学院的自身建设，抓紧培养一支优秀的干部、教师、职工队伍。首先要加强领导班子建设，选调符合干部四化条件，具有一定统一战线理论水平，熟悉统战工作，懂得办教育的党内外同志担任领导工作。

统战部门对社会主义学院培训工作有规划、指导、检查的责任。

中共青海省委办公厅《关于青海社会主义学院有关问题的报告》的批复

（1994年1月5日）

根据青社字［1993］01号文报告，省委原则同意你们《关于青海社会主义学院有关问题的报告》。现批复如下：

（一）同意你们关于青海社会主义学院办学形式的意见；

（二）关于学员宿舍生活用品配备、学员生活补助费和外出考察经费以及购置交通工具等三种特需经费问题，请与财政厅商定。

【附件】

关于青海社会主义学院有关问题的报告

省委：

江泽民总书记在祝贺中央社会主义学院成立 36 周年暨复校 10 周年的贺信中指出："创办社会主义学院是一件有远见和深远意义的事情，也是一件有中国特色的事情"。江泽民同志的贺信高度概括了创办社会主义学院的重大意义，进一步明确了社会主义学院的办学方针、任务，目标和要求，对于办好社会主义学院有着极其重要的指导意义。在各级党委的重视下，截止到去年年底，据统计全国已恢复和成立省级、地区级社会主义学院共 85 所，每年办各种类型的班次 500 多期。与此同时，全国各级社会主义学院在我国政治生活中越来越活跃，其作用也越来越明显。兄弟社会主义学院之间的横向联系，也正在得到不断加强。自去年中央社会主义学院召开全国社会主义学院工作研讨会后，今年 8 月份，西北、华北地区的社会主义学院工作研讨会在兰州召开；社会主义学院系统"提高中华民族凝聚力"专题研讨会在广州召开；全国社会主义学院后勤工作研讨会在贵阳召开，在这些会议上就改革开放的新形势下，社会主义学院如何为巩固和发展爱国统一战线服务；社会主义学院如何办出自己的特色；如何进一步加强社会主义学院教学和统战理论的研究工作；做好统一战线两支队伍的培训工作等一系列问题进行了广泛的交流和探索，并取得了共识，从而振奋了精神，提高了办好社会主义学院的紧迫感和责任感，社会主义学院工作出现前所未有的好势头。

与此同时，我省社会主义学院在省委关怀下，复院三年以来举办各类培训班 9 期，培训统战工作者、各民主党派和民族、宗教人士约 400 余人次；和中央社会主义学院、兄弟社会主义学院建立了广泛的联系。由于多种因素的制约，我省社会主义学院还处于起步阶段，与兄弟社会主义学院相比有明显的差距。应从我省的实际情况出发，找准目标，办出我们自己的特色来，使社会主义学院更好地为我省的统战工作服务，为我省的经济发展服务，这是我省社会主义学院工作的当务之急。

我省是一个多民族，多宗教的省份。建国 40 多年来，我省把民族、宗教工作一直作为头等大事来抓，全社会都重视民族、宗教工作，所以民族、宗教问题上没有出现过大的事情。但是民族、宗教问题诱发的不安定因素依然存在，特别是西藏问题是境外分裂分子长期以来制造事端的筹码，是影响我国西南、西北地区社会不安定的一大隐患。无论从地理位置和历史渊源上讲，我省与西藏联系十分密切、境外分裂分子正是利用这一点，千方百计寻找机会搞渗透。所以说我省牧区反对和抵制分裂渗透的斗争，将会是长期的、严峻的任务。加强社会主义学院的工作，培训出更多的与共产党同呼吸共命运以及政策水平较高的民族、宗教界上层人士，利用他们的特殊身份，协助党和政府做好民族、宗教方面的工作，是维护民族地区的社会稳定乃至全省长治久安的重大措施。

前不久，西宁地区发生了一小撮坏人闹事的事件。事件虽已平息，但留给人们深思的就是“教权归属”问题。即教权掌握在谁的手中的紧要问题，在全民信教的民族中，谁掌握了“教权”，谁可以支配信教群众。“教权”一旦落入别有用心的人手中，其后果不堪设想。现在我省正在整顿寺院，当地统战部门应认真选拔那些政治可靠、群众中有影响的宗教界人士陆续送到社会主义学院进行培训，让他们系统地学习领会党的各项方针政策，帮助他们提高思想认识，掌握一些新思想和科普知识，使他们的言行与时代合拍，与党和人民同心同德。只有这样才能使“教权”始终牢牢地掌握在党和人民信得过的宗教职业者手中，才能使宗教与社会主义相适应，相协调，才能使宗教活动在宪法、法律和政策规定的范围内进行。因此，从现在起各级统战部要和社会主义学院密切配合，有目的、有计划地将培训民族、宗教界上层人士的工作列入重要的工作日程，制定出培训计划，狠抓落实。

当然，我们在加强对民族、宗教界上层人士的培训的同时，也要加强对民主党派和无党派人士的培训。帮助民主党派和无党派人士提高马列主义理论水平，增强运用马克思主义的立场、观点、方法分析和解决实际问题的能力，提高政治思想、业务水平和参政议政、民主监督的能力，使其更好地发挥作用。

综上所述，社会主义学院的培训任务正在和已经发生着突破性的变化，但就青海社会主义学院目前的状况而言，面临着许多问题和困难，与日益扩大的培训任务极不适应，亟待各部门的支持和关心，并就一些问题请示省委：

（一）经费紧张的问题一直困扰着社会主义学院，致使许多想办的事情搁浅。我们党一贯倡导“统战无小事”，“统战工作中要舍得花钱”即“花钱买平安”。我们遵循这一原则，就省委党校现有的办学条件努力给民族宗教界上层人士、民主党派和无党派人士提供一个良好的学习和生活环境。目前，党校兼办行政学院和社会主义学院和函授分院，实行一校三院制的办学体制，虽然，党校校委已经认识到社会主义学院的特殊性，从各方面给予工作上的便利。但是经费紧张确实是一个不容忽视的问题，为了进一步办好社会主义学院，以适应新形势的要求，我们认为在财政厅划拨的经费外，还需三种特需经费：

1. 党校学员的住宿比较紧张的情况下，校党委对党外学员在生活上给予照顾，实行从优原则，根据社会主义学院办学规模，安排了容纳 50 人的单人单间的学员宿舍。由于经费的原因，房内应购置配备的生活用品无法购置。考虑到党外人士一般年龄偏大的特点，我们将给每间宿舍配备沙发床、书柜、写字台、沙发、茶几等物件，并每 10 个学员配备一台 20 寸彩电等。预计每个学员平均所需费用 2000 元，共计 10 万元。

2. 由于社会主义学院培训的学员都是兼职的，他们收入少，2 个月的培训生活开销较大，加上其他原因，一些民族宗教上层人士到社会主义学院参加学习存在一定困难，为了解决这一矛盾，我们打算借鉴中央社会主义学院和其他兄弟社会主义学院的做法，每人每天从特需经费中补助伙食费 5 元。这笔特需经费根据我院办学规模，每年办两期，每期两个月，每期按 50 个学员计算，共计 3 万元。为了配合教学，了解我国社会主义建设的巨大成就，激发学员热爱祖国、热爱共产党，坚定走社会主义道路的信念。每期培训应安排外出参观考察2—3次，需要经费5万元。以上两项每年合计8万元。

3. 根据党外人士年龄偏大，年老多病的特点，为了避免在学习期间出差错，发生意外事件，我们的意见是购置一辆中型面包车，供工作、生活看病之用。根据目前的市价，需要3.5万元。

(二) 办学形式

就目前社会主义学院办学规模看，即每年两期，每期两个月，每期50人。五年培训计划只能完成500人，为了加速培训进度，又不受党校办学条件的限制，只能采取灵活多样的办学形式。比如，与省民宗委联合举办全省宗教局局长培训班；与伊协联合举办阿訇培训班，培训班可放在经学院；与佛协联合举办活佛（方丈）培训班，培训班可放在佛学院。以上班次的管理由主办单位和社会主义学院共同负责，课程的设置和讲授由社会主义学院的教员承担。培训时间由主管单位与社会主义学院共同商定。

以上报告妥否，请批示。

中央统战部关于《中央社会主义学院1995—1997年发展规划》（送审稿）的批复

(1995年1月11日)

你院报来的《中央社会主义学院1995——1997年发展规划》（送审稿），已经部研究同意。

此复。

【附件】

中央社会主义学院1995—1997年发展规划

(1994年11月23日)

中央社会主义学院创建于1956年，经历了创建、停办、复校和发展几个不同的历史阶段。在1992年10月校庆和新校舍落成后，中央社院进入了一个新的发展阶段。38年来，中央社院在组织民主党派、无党派人士高中级干部和统战干部的学习培训方面做了大量工作，为坚持和完善共产党领导的多党合作和政治协商制度，巩固和发展最广泛的爱国统一战线做出了贡献。

中央社院创办以来，一直得到中共中央的关怀、重视和全国政协、各民主党派中央、全国工商联的支持。中共十四大后，我国改革开放和社会主义现代化建设进入一个新的阶段，在新形势下爱国统一战线的地位和作用更加重要。社会主义学院作为爱国统一战线事业的组成部分，为了适应新形势的需要，中共中央要求把社院办得更好，为巩固和发展爱国统一战线，为我国的改革开放和社会主义现代化建设事业作出更大的贡献。江泽民同志在给中央社院校庆的《贺信》中提出："力争在2000年以前，把中央社会主义学院建设成为更富有自己特色的名副其实的党外代表人士和党的统一战线干部的学习培训基地，使它在社会上享有更良好的声誉，在党外各界代表人士中更具有吸引力，在统一战线的学术研究方面达到更高的水平和应有的权威性。"

为了认真贯彻落实江泽民同志《贺信》提出的奋斗目标，经院领导研究，决定制订中央社院发展规划，准备分两步走：第一步，1995—1997年，主要是打基础，经过三年努力，使社院的各项工作达到制度化、规范化、科学化；第二步，1998—2000年，要更好的发展，实现江泽民同志《贺信》提出的奋斗目标。

中央社院1995—1997年的发展规划如下。

一、指导思想

（一）中央社会主义学院，作为民主党派和无党派人士的联合党校，统一战线性质的高等政治学院，其主要任务是：组织民主党派领导干部、无党派代表人士和统一战线系统干部的学习和培训，并进行统战理论研究。

（二）中央社会主义学院建院的指导思想是，以邓小平同志建设有中国特色社会主义理论和党的基本路线为指导，坚持社会主义方向，以教学为中心，以改革为动力，以队伍建设为基础，以中共党组织的建设为保证，正确认识和把握干部教育工作的规律，全面推进社院的工作，努力将社院建设成为富有自己特色的名副其实的党外代表人士和党的统一战线干部的学习培训基地，更好地为中国共产党领导的多党合作和政治协商制度服务，为巩固和发展爱国统一战线服务，为振兴中华、统一祖国服务。

二、发展目标

（三）1995—1997年中央社院发展的总目标是：建立和完善有社院特色的教学科研体制和管理体制，建设一支素质优良、结构合理的教职员工队伍，使社院各项工作达到制度化、规范化、科学化，为实现江泽民同志《贺信》提出的奋斗目标打下坚实的基础。

（四）三年发展的具体目标是：在教学方面，深化改革、规范管理、提高教学科研水平，初步建立起具有社院特色的教学科研体制；在队伍建设方面，通过优化结构，充实骨干，提高全员素质，使社院教职员工队伍思想作风正，教学科研能力强，懂教育，知政策，会管理；在行政管理方面，通过改革，理顺关系，转换机制，初步建立起以教学为中心的科学的管理体制和有效的运行机制；在基本建设方面，完成二期工程，进一步改善办学条件；在中共党组织的建设方面，坚持党要管党，适应新的形势，认真搞好党的思想、作风、组织建设。

三、深化教学改革，提高教学科研水平，建立具有社院特色的教学科研体制

（五）明确培训对象和培训目的要求。

中央社院作为民主党派和无党派人士的联合党校，培训对象应以民主党派和无党派人士的高中级领导干部为主，并着力培训跨世纪的非中共领导干部。同时，培训统战系统的领导干部。培训对象包括：

（1）各民主党派中央和全国工商联等有关人民团体的正副秘书长以上的领导干部及机关领导骨干；

（2）全国人大代表和全国政协委员中的民主党派和无党派代表人士；

（3）省、自治区、直辖市人大、政协中的非中共正副主任、正副主席和省、区、市民主党派、工商联的正副主委和秘书长；

（4）在政府和司法机关任职的厅、局以上的非中共人士；

（5）无党派和民族宗教界的代表人士；

（6）非公有制经济代表人士；

（7）非中共的省部级后备干部；

（8）省、自治区、直辖市党委统战部领导干部；

（9）省级社院教学科研和行政管理骨干。

培训目的要求：通过学习培训，要求非中共人士拥护党的基本理论和基本路线，提高统战理论和政策水平，提高参政议政和民主监督能力；要求统战干部坚持党的基本理论和基本路线，提高统战理论和政策水平，提高政治素质和业务工作能力。

（六）明确办学规模和办学形式。

办学规模：根据社院现有的办学条件，每年培训各类学员800人左右。在保证完成培训计划的前提下，挖掘潜力，适当扩大办学规模。

办学形式：坚持现职培训教育和学历教育相结合，以现职培训为主。

现职培训，根据学员的不同情况，确定不同的班次：

（1）研讨班；

（2）进修班；

（3）培训班；

（4）读书班。

各类班次的学习时间一般为一至三个月。

学历教育，要积极创造条件，建立统战专业，开设大专班、本科班和研究生班，为统战系统培养高级专门人才，以适应新时期统战工作的需要。

（七）优化教学内容，改进教学方法，提高教学质量。

教学内容，根据不同班次和培训对象应有所区别，其主要内容包括：学习马克思列宁主义、毛泽东思想，中心内容是学习邓小平同志建设有中国特色社会主义理论；学习党的统一战线理论和方针政策，学习统一战线和各民主党派的历史，深入理解中国共产党领导的多党合作和政治协商制度；学习社会主义市场经济理论和基本知识；举办现代管理、法律、科学技术和历史文化知识专题讲座。

在教学中，要加强教学的针对性，努力提高教学质量。要贯彻“学马列要精，要管用”和理论联系实际的原则；要发扬自我教育的优良传统，贯彻“三自”（自己提出问题、自己分析问题、自己解决问题）和“三不”（不抓辫子、不扣帽子、不打棍子）的方针；要抓好自学、辅导、研讨、考察和总结交流五个环节，坚持“三个结合”（学员自学与必要的辅导相结合、理论学习与工作研讨相结合、校内教学与社会考察相结合）。

（八）加强教学基本建设，规范各项教学管理制度。

根据不同班次和学制，进一步修订和完善教学计划，制定教学大纲；加强课程建设，相对固定教学内容和辅导专题；编印学习文件汇编、讲课提纲和专题教材；加强教研室和教务处的建设，提高教学管理水平。

（九）加强理论研究，规范各项科研管理制度。

中央社院既是学习培训基地，也是统战理论和学术研究的阵地。教学工作要以科研为基础，科研工作要与教学紧密结合，为提高教学质量服务。要加强统战理论研究，坚持正确的研究方向，坚持理论联系实际，着重研究新时期统战工作中的理论问题；制订理论研究规划，选好研究课题，确定科研任务；健全科研机构，明确科研部门的职责，组建学术委员会，设立科研基金，定期评选优秀科研成果；开展调查研究和学术交流，积极参加中国统一战线理论研究会及有关院校的学术活动；争取三年内出一批有较高水平的统战理论研究论文和其他科研成果。

《学报》要努力提高办刊质量，扩大社会影响，使之成为有较高水平的统战理论研究和推动我院教学科研活动的刊物。

图书馆要突出统战和社院特色，着重统战资料和信息的积累、研究。要提高服务水平，充分发挥图书资料的作用，更好地为教学科研服务。

四、加强队伍建设，建立素质优良、结构合理的教职员工队伍

（十）队伍建设是我院建设和发展的一个关键问题，必须把它作为今后几年工作的重点。队伍建设的基本思路是：以师资队伍建设为重点，优化结构，充实骨干，提高素质，合理流动。

（十一）队伍建设，要全面综合进行规划，有组织有领导地向前推进，避免盲目性和随意性。院领导及有关部门要认真研究分析我院教职员工队伍的知识结构、专业结构、年龄结构、思想素质、工作能力和业务水平。根据我院近三年教学、科研和管理等方面的工作需要，制定切实可行的调进、培养、使用、调整和流动的规划和实施意见。这是整个队伍建设工作的前提和基础。

（十二）调整队伍结构，强化骨干队伍建设。要改变目前我院教学科研人员数量太少、专业技术队伍比较薄弱、有些部门缺少骨干的状况，采取切实有效的措施，积极引进教学科研人员和专业技术骨干。到1997年底，教学科研人员达到50人左右。党政和后勤服务部门需要补充的骨干，根据工作需要统筹考虑。对现任处、科两级骨干，要坚持述职、考核和培训制度，切实提高他们的政治思想素质、组织管理能力和业务工作水平。根据工作需要，经过批准，允许干部职工合理流动。

（十三）师资队伍建设是我院一项紧迫性、战略性任务。一方面要采取公开招聘、多方推荐等方法，积极引进教学科研人员，初步建立起一支有一定数量的高水平的专职教师队伍。另一方面，要继续聘请校外专家、学者和民主党派中央、党政部门的领导作为兼职教师，向他们颁发聘书，使兼职教师队伍相对稳定。

对现有教学科研人员，要采取业务定向、跟班辅导、明确教学科研任务、参与有关业务部门工作、参加社会调查和学术活动等办法，不断提高他们的业务水平和科研能力。教学科研人员每人都要订出进修学习和科研工作的计划。为了稳定骨干教师和吸引优秀人才，在生活待遇、工作条件等方面，可给予必要的政策倾斜。

（十四）加强对党政干部和工人的培训。要制定党政干部和工人在岗、脱产培训计划，按年度、部门逐一落实到人。党政干部要学习政治理论、统战理论和现代教育管理知识，并进行必要的考试，不合格的要进行补课和补考；工人要学习政治和本岗位技术业务，提高职业道德水平。要按计划组织技术工人进行等级培训和考核，三年内争取使所有技工达到中级工水平，其中骨干达到高级工水平。

五、深化管理改革，提高工作效率，建立具有社院特色的管理体制

（十五）管理改革势在必行，要抓住机遇，积极推进，精心设计，配套实施。

管理改革的指导思想是，逐步建立和完善社院内部的科学管理体制和有效的运行机制，做到有利于调动广大教职员工的积极性，有利于提高教学、科研和管理水平。要下决心逐步推进社院人事、后勤、财务及办公自动化的管理改革。通过改革，健全制度，理顺关系，明确职责，提高效率。

（十六）人事管理改革。

对教学科研人员、党政管理人员和后勤服务人员三支队伍实行分类管理。根据各自特点，分别建立任用、考核、分配、晋升和奖惩配套的人事管理制度。

对教学科研人员，制定教学科研人员工作量制，进行量化考核。在考核的基础上，实行教学、科研津贴分配办法。对其他专业技术人员，也要分别制定符合其工作特点的考核制度和分配制度。

对党政管理人员，参照《国家公务员考核暂行规定》，明确规定各处、室工作职责，实行处、室领导负责制和工作人员岗位责任制，重新核定各处、室编制。结合社院实际情况，制定党政管理人员考核制度。

对后勤服务人员，以管理为主的部门实行党政机关岗位责任制，以服务为主的部门实行与各种形式的承包责任制相适应的人事管理制度。

（十七）后勤管理改革。

后勤管理改革的指导思想是：提高工作效率，提高管理水平，提高经济效益，更好地为教学科研服务，为师生员工服务。后勤管理改革的目标是：行政管理职能与服务经营职能分开，将现在的总务处变为以行政管理职能为主的管理处和以服务职能为主的服务中心，逐步实现“小机构、大服务”的后勤管理体制。

管理部门的任务是：建立健全各种管理制度，提高宏观调控能力，协调下属单位关系，保证为教学、科研和学员、职工的生活提供优质服务。

经营服务部门的任务是：根据后勤各部门的不同分工，组织不同形式的经济实体，加强经济核算，实行经济承包责任制。通过改革，把经济利益和各单位的工作效果挂钩，打破“大锅饭”，增强后勤部门的内部活力。目前，要积极稳妥地推进这方面的改革，对行之有效的承包责任制要进一步深化和完善。随着改革的深化，逐步实现后勤改革的目标。

（十八）财务管理改革。

加强会计核算和审计监督，进一步健全和完善各项财务制度和审计监督制度。严格按照财务管理规定，对各项经费精打细算,合理使用,厉行节约,反对铺张浪费。加强财务机构建设,配备专职审计人员,对各部门的财务计划、收支及经费使用情况进行审计监督。

加强财务分析，发挥参谋作用。财务部门对学院的预算执行情况和经费使用情况，经常进行财务活动分析，总结经验，发现问题，提出建议。

改进财务管理，学院要本着集中领导，分块管理，各负其责，权责结合的原则，实施综合财务计划管理。

多方筹措办学经费，增收节支，开源节流，建立自我发展机制，努力提高办学效益。

（十九）加强制度建设，逐步实现管理工作规范化。

制度建设，是实现我院三年发展目标的重要组成部分。各主管部门要认真研究提出有关规章制度，报院里统一审批。经过三年努力，使全院教学、科研、行政、人事、后勤、财务及党群等部门的职责分工明确，管理制度健全，协调配合良好，工作运转正常。同时，要抓紧建立、健全监督机制，力求与制度建设同步进行，保证各项制度落到实处。

为了提高管理水平和工作效率，管理工作要逐步向办公自动化方向发展。争取三年内各主要处室和院领导办公室逐步配备微机，并着手规划设计终端联网工作。

六、加快基本建设，改善办学条件

（二十）社院的基本建设,要根据社院的办学特色,统筹规划,周密考虑,精心设计,合理布局,力争做到建筑美、环境美,为改善办学条件和职工生活,创造一个比较好的环境。

根据社院基建的总体规划，二期工程即住宅楼10500平方米、车库等附属用房3000平方米（含单身宿舍1000平方米、洗衣房、淋浴室300平方米），要在国家资金到位的情况下，抓紧落实，争取1997年完工。

七、加强党的建设，做好思想政治工作

（二十一）中共党组织的建设和思想政治工作的根本任务是，用邓小平同志建设有中国特色社会主义理论武装全体党员和教职员工，提高坚持党的基本理论和基本路线的坚定性和自觉性，保证和促进社院的建设和发展。

（二十二）坚持党要管党，从严治党的方针，认真贯彻中共十四届四中全会《关于加强党的建设几个重大问题的决定》，加强党的自身建设。抓好党的思想建设，组织全体党员认真学习邓小平同志建设有中国特色社会主义理论；抓好党的作风建设和廉政建设，坚持全心全意为人民服务的宗旨，严格执行院党组制定的《关于党风和廉政建设的若干规定》；抓好党的组织建设，坚持和健全民主集中制，发扬党内民主，坚持和完善集体领导和个人分工负责相结合的制度，强化集体领导，维护班子团结，保证决策实施；要发挥党支部的战斗堡垒作用，加强对党员的管理和教育，严格党内生活，严肃党的纪律，弘扬正气，反对不良倾向。

（二十三）加强和改进思想政治工作。思想政治工作要适应改革开放的形势，努力探索新特点、新思路、新作法。要紧紧围绕教学、科研、管理和后勤服务开展思想工作，力戒形式主义，注意针对性，讲求实效。要认真研究我院教职员工队伍中存在的问题，坚持正面教育，坚持疏导的方针，维护安定团结，充分调动教职员工的积极性。

（二十四）加强社会主义精神文明建设。认真贯彻邓小平同志提出的“坚持两手抓，两手都要硬”的方针，加强理想、道德、法制和纪律教育，弘扬爱国主义、社会主义的主旋律，提倡无私奉献和全心全意为人民服务的精神，树立江泽民同志为我院提出的“爱国、团结、民主、求实”八字校风。

（二十五）加强社院的民主建设。院领导要坚持群众路线，注意听取群众意见，接受群众监督，促进领导决策民主化、科学化。要建立和完善社院民主管理和民主监督的有关制度。工会要加强自身建设，发挥应有的作用。

八、做好工作，保证规划的实施

（二十六）中央社院作为民主党派和无党派人士的联合党校，对社院建设和发展的重要问题，要向各民主党派和全国工商联及时通报，听取意见，主动争取他们的支持和帮助，以推动社院各项工作的深入开展。

（二十七）贯彻实施社院的发展规划，是一件大事，必须加强领导，狠抓落实。各处、室要根据院三年规划的目标和要求，认真制定本部门三年规划、年度计划、实施步骤和具体措施。远期目标要明确，近期目标、措施要具体，要做到有可行性和可操作性。各部门对规划的实施要明确职责分工，抓紧落实，见到实效。

（二十八）院领导对分管系统的规划和各部门的年度计划、实施步骤、具体措施的落实情况，要进行认真的检查、督促和必要的考核。要把贯彻三年规划作为大事列入院领导的议事日程，认真制订社院每个年度的工作计划，及时检查，不断总结，扎扎实实地推动三年规划的落实。

内蒙古自治区机构编制委员会《关于内蒙古社会主义学院“五定”方案的请示》的批复

（1995年8月3日）

你部党统字［1995］19号《关于内蒙古社会主义学院“五定”方案的请示》悉。根据内党发［1994］8号文件精神，结合我区统战工作需要和社会主义学院教学特点，本着精减、统一、效能的原则，经研究，对社会主义学院“五定”方案批复如下：

一、机构规格

自治区社会主义学院为自治区党委统战部管理的相当副厅级事业单位。

二、内设机构

根据自治区社会主义学院的职责，内设5个处级机构。

办公室：

负责该院的文秘、会务、人事、劳资、保卫、计划生育、老干部等工作；承担院党组交办的工作。

教务处：

负责教学规划、教务、教材、电教等工作。

教研室：

负责马列主义基础理论教学和统一战线理论政策的教学工作。

总务处：

主管全院总务后勤工作。负责校产、办公楼及职工学员宿舍、车辆管理、食堂、医疗等生活服务工作。

学报编辑部：

负责学院学报的编辑、出版和发行工作。

三、人员编制

核定自治区社会主义学院人员编制49人。

四、人员结构

核定学院教学教辅人员23人，占47%。行政工勤人员26人，占53%。副厅级领导职数2人，处级领导职数13人，7正（含副院长职数2人），6副。

五、经费来源

经费实行全额拨款。

中共广东省委办公厅转发省委统战部《关于办好社会主义学院，加强党外干部培训工作的意见》的通知

（1995年8月25日）

省委统战部《关于办好社会主义学院，加强党外干部培训工作的意见》已经省委同意，现转发给你们，请结合本地区、本部门实际，认真研究贯彻。

【附件】

关于办好社会主义学院，加强党外干部培训工作的意见

省委：

党的十一届三中全会以来，在省委、省政府的关心支持下，省社会主义学院的建设有

了很大加强，在培训民主党派和无党派人士方面，发挥了很大的作用。随着改革开放的不断深入和社会主义市场经济体制的逐步建立，加强党外干部队伍建设，提高党外干部队伍素质显得更加重要和迫切。为此，特提出如下意见：

一、充分发挥社会主义学院在培训党外干部中的作用

社会主义学院是统一战线性质的政治学校，是民主党派和无党派人士的联合党校，主要任务是培训党外干部，同时培训统战系统干部。在新形势下，社会主义学院应以培训现职党外领导干部为主要任务，用马列主义、毛泽东思想，特别是用邓小平建设有中国特色社会主义理论武装党外干部，使社会主义学院成为党外人士增强基本政治制度意识、进行同中国共产党合作的优良传统教育的重要课堂，成为提高党外干部队伍素质的教育基地。

各级党委统战部门要把党外干部参加社会主义学院的学习情况列为对党外干部考核的内容，把社会主义学院学历当作推荐、任命党外干部担任各级政府及其部门、司法机关和企事业单位领导职务的条件之一。凡是担任上述领导职务的党外干部均应经过社会主义学院的培训，做到“先培训、后上岗”。党外领导干部在每届任期内应到社会主义学院轮训一次。党委统战部门和社会主义学院要认真规划，抓好落实，切实把进社会主义学院培训同干部的考核、使用结合起来。已经成立的市级社会主义学院（政治学校）要继续办好，未成立社会主义学院的市、县，统战部门要积极争取同级党校的支持，充分利用党校的有利条件，单独编班，积极开展党外干部培训工作。

二、认真落实党外现职和后备干部的培训计划

对省社会主义学院的培训对象实行分类分级培训的办法，学制以短期为主，长短结合。主要班次如下：

（一）研究班。主要对象是省各民主党派、省工商联、省参事室、省文史馆、省台联和侨联的正副职领导干部；省政协常委、市政协正副主席、在政协任职的厅局级党外干部及民族宗教界上层人士。学习时间不少于半个月。

（二）进修班。对象主要是省政协委员、市政协常委、县（市、区）政协正副主席以及市、县（区）委统战部正副部长和统战系统的科级以上干部。学习时间不少于1个月。

（三）培训班。主要对象是省、市、县(区)政协，省各民主党派、工商联、台联、侨联机关处级干部；政府部门、司法机关和企事业单位中的党外处级干部。学习时间不少于2个月。

（四）中青年干部培训班。主要对象是省、市、县（区）机关各部门、群众团体及企事业单位的科处级优秀中青年党外干部和拟进县以上政府班子任职的党外干部。学习时间不少于3个月。

省、市、县（区）委统战部，政协机关、台办、民委（宗教局）及企事业单位统战部的机关干部也按不同情况分别参加省社会主义学院不同班次的培训。

各市、县（区）委组织部、统战部，省直各有关部门、各大专院校和有关企事业单位，要根据社会主义学院的培训范围，做好培训对象的调查工作，从实际出发，制定培训计划，分别报送省委组织部、统战部统筹安排。各市、县（区）要按年度培训计划和招生名额，落实培训对象，完成培训任务，并妥善解决培训对象学习期间的待遇问题。

三、加强社会主义学院自身建设，提高教学科研水平

社会主义学院的教学工作要注意从党外干部的特点出发，坚持理论联系实际的方针，帮助学员学习和掌握建设有中国特色社会主义理论，学习新时期党的统战理论、方针、政策和有关知识。坚持学员自己提出问题、自己分析问题、自己解决问题的方法和不抓辫子、不扣帽子、不打棍子的原则，切实帮助学员提高分析和解决实际问题的能力。要适应新形势的要求，更新教学内容，改进教学方法。要组织教研人员深入实际，调查研究，增强教学的现实性、针对性和科学性，努力提高教学质量。要继续搞好科学研究工作，进一步开展统一战线基本理论研究、应用研究和对策研究。要充分发挥社会主义学院教职员工的积极性，逐步建立一支忠诚党的教育事业、政治思想素质优良、业务素质较高的教师队伍和干部队伍。要大力培养中青年教师，优化教师知识结构，稳定和充实理论教育队伍。

要根据社会主义学院的性质和特点，对人事、工资制度逐步进行改革，实行分类管理；对从事行政管理工作和党务工作的干部比照省委党校的做法，参照实行国家公务员制度和公务员工资序列；对专业教学科研人员，继续实行专业技术职务制度和相应的工资序列；对兼任行政管理职务和专业技术职务的人员，一个人只纳入一种序列。

四、各级党委要加强对社会主义学院和党外干部培训工作的领导

办好社会主义学院，加强党外人士培训工作必须在各级党委的领导之下进行。社会主义学院的工作应由同级党委主管统战工作的副书记分管，社会主义学院的院长应由同级党委统战部负责人兼任，主持日常工作的常务副院长应按同级党委直属机关部委办的正职设置。适当安排党外人士担任学院的专、兼职领导。

各级党委、政府要切实在人力、物力、财力、政策等方面对党外人士的培训工作给予支持。社会主义学院的基建费由财政视财力情况专款拨付，事业费部分列入财政计划并逐年增加。社会主义学院可按照中央的有关规定和国家有关政策，结合自己的实际情况，创办第三产业，除按国家规定缴纳有关税费外，所得部分可用于改善办学和生活条件。

以上意见如无不妥，请批转各地、各部门执行。

中共广东省委统战部

1995 年 6 月 1 日

中央社会主义学院科研管理暂行办法

（试行）

（1996 年 1 月 4 日）

为适应教学科研发展的需要，规范科研管理，特制定本办法。

一、总则

（一）中央社院的科研工作以建设有中国特色社会主义理论为指导，以统战理论研究为主题，为促进教学质量提高服务，为统一战线工作服务。

（二）坚持科研与教学相结合，理论与实际相结合的原则，围绕统战工作及教学工作中的理论和实践问题开展科学研究。

（三）贯彻“百花齐放、百家争鸣”的方针，努力创造学术民主、思想活跃的环境。

二、管理体制

（四）院学术委员会，是院长会议领导下的学术咨询机构。主要职能是，对科研工作规划、计划进行审议，评审重大科研成果，研究科研工作的重大问题，向院领导提出建议；评议研究生的毕业论文，参与职称评定的审议工作，主持院内学术讨论会，组织参加国内和国际学术交流活动。

（五）统战理论研究所，当前在我院既是学术研究部门，又是科研行政部门。研究所作为院学术委员会的办事机构，负责学术委员会的日常工作。

（六）科研课题管理实行院、所（室）两级管理。院级课题由院学术委员会确定，所（室）级课题由研究所、教研室确定，报院学术委员会备案。两级科研管理课题都要列入学院科研计划。

（七）科研课题未纳入学院科研计划的，一般不受学院的管理和资助。但科研管理部门应注意在方向上给予引导，在工作过程中给予必要的帮助和支持。

三、科研立项程序

（八）院级科研课题每两年集中审定、立项一次。随着科研课题的陆续完成和形势发展的要求，每年可递补或增补一次，数量不超过总量的二分之一。

（九）招标：院学术委员会根据我院教学科研工作的要求，提出一批题目，并提出课题应达到的基本要求，向全院公布，实行招标。

（十）投标：投标者填写中央社院科研项目申请书，提出自己对课题研究的构想，分析自己完成课题研究的条件，列出必要的经费开支预算，确定完成课题的时间。

（十一）审议：院学术委员会指派学科小组对投标者的申请书进行认真审议，提出初步意见；有些课题必要时邀请院外专家参与审议。

（十二）审批：院学术委员会对学科组初审的意见进行讨论（必要时请投标者到会答辩），然后以无记名投票方式表决。如果一个课题仅有一名投标者，则获半数以上票为通过；如果同一课题有两个以上投标者，则获票最多者中标。

（十三）签约：投标者经院学术委员会表决通过后，院学术委员会作为甲方，课题负责人作为乙方，在规定的期限内签订《中央社会主义学院科研课题议定书》，明确双方的责、权、利关系，切实保证按质如期完成。

（十四）所（室）级科研课题要紧密结合教学，以对现实问题研究为主，选题和成果形式以小型为主。每年春季集中立项一次，课题完成时限一般不超过一年，最多不超过一年半。课题确定后，承担者填写《所（室）级科研课题议定书》。研究所和教研室每年第一季度把科研课题的名称、承担者，完成时间等情况上报院学术委员会备案。

四、立项人资格

（十五）申请承担中央社院科研课题的人员，原则上是本院的在职人员。

（十六）科研课题主持人，一般应有高级学术职称。

（十七）接近离退休年龄的人员申请立项，一般应保证在到离退休年龄以前，完成课题三分之二。

（十八）一个人原则上最多只能主持两个院级的课题。如果其中一个课题已完成三分之二，根据工作需要，也可申报新的课题。

（十九）我院人员主持的与院外单位合作的课题，其立项手续与院内课题相同，其成果属各合作单位共有。

（二十）学院鼓励集体和个人申报同我院教学科研有关的国家级科研课题，国家课题的申报和审批按其有关规定程序进行。我院人员获准承担的国家课题，由院学术委员会代管。

五、科研课题管理

（二十一）从签订《议定书》之日起，至课题完成之日止，为课题进行时间。在这个时间中，每一个课题都应有阶段性成果。阶段性成果的完成时间和质量，应由《议定书》明确规定。

（二十二）各课题组必须按时提交《议定书》规定的阶段成果。如因故不能按时提交，院级课题应向院学术委员会，所（室）级课题应向所（室）写书面报告，说明原因，并提出下一步的安排打算，由院学术委员会或所（室）审议批准。

（二十三）因意外情况，科研课题不能按时完成的，经说明情况，可向院学术委员会，或所（室）申请适当延长时间，但院级课题最多不能超过原定时间的三分之一；所（室）级课题不能超过四分之一。

六、科研经费管理

（二十四）全院的科研经费统一由院学术委员会管理，按部门、课题立账，建立开支登记卡，随时掌握开支情况。

（二十五）院级科研课题和所（室）级科研课题经费使用的比例是 7:3。每年的科研经费 70%由院学术委员会掌握使用，30%由研究所和教研室掌握使用。学术委员会掌握的经费主要用于奖励基金，重点课题资助及全院性的学术活动等。

（二十六）每个课题的资助额在《议定书》上有明确规定。凡合规定的费用开支项目均在限额内开支，不得突破。手续是，单据由课题主持人签字，持开支登记卡到院学术委员会核准，按财务报销规定到院财务处报销。

（二十七）科研课题经费使用范围：

资料费：研究工作所需要的报刊、档案、文献、稿件的抄录、誊印、复印、翻译等费用，以及购置最必要的图书资料。

外出调查费：根据课题研究的需要必须外出调查的，应先向院学术委员会提交调查提纲，出行路线，往返时间。返回后，在两周之内提交足以反映此行成果的文字材料，然后，按规定到财务处报销。

小型会议费：为完成课题研究而需要召开的小型会议，可适当提供经费。

书稿打印和成果鉴定费：课题最终成果完成后，如需征求意见，可以打印数份（一般在20份以内)。成果鉴定包括会务费和鉴定专家的劳务费。

(二十八)我院人员承担的国家课题和委托研究课题，经费由院学术委员会代管，课题主持人统一掌握，按规定的使用范围计划使用。与院外单位合作的课题，原则上只承担我院人员所需费用。开支办法与院内课题相同。

(二十九)所(室)级科研经费使用方法。为了便于掌握每个课题的开支情况，各所、室可按课题建立开支登记卡。经费的开支须经所长、主任审批，并接受院学术委员会的监督和审计。各所、室掌握的经费要在财务处单列账目，当年节余经费可转下年度使用。

七、科研成果管理

(三十)科研成果的形式主要有：研究报告(包括调查咨询报告)、学术论文、专著、编著、译著、教材、参考资料、工具书以及不宜公开出版的确有学术或应用价值的文字材料。

(三十一)对科研成果要建立分层次的评审(鉴定)制度。

科研成果的评审(鉴定)可采取下列形式：

对书稿类成果，可采用小型会议、通讯等形式评审。评审专家一般须5人以上，大型课题须9人，其中院外专家须占五分之三。

对调查、咨询、研究报告各类成果，可由有关使用、受益部门(单位)就其科学性、效益性做出评价。

对重大科研成果，由委托单位、资助单位或主管部门直接组织、主持，或委托学院组织、主持鉴定。

(三十二)院级科研课题完成(脱稿)后，送院学术委员会评审。所(室)级科研成果完成后，由所、室学术小组评审，评审结果报院学术委员会备案。

(三十三)成果的发表和出版一般由作者自己解决。若成果确有较高的学术价值，由院学术委员会讨论和决定其出版资助问题。

八、科研档案管理

(三十四)学院要建立科研档案管理制度，要指定专人负责科研档案的收集、整理、归档工作。院级科研档案由研究所资料室负责，所(室)级科研档案由各所、室的兼职保密员负责。科研课题完成后，课题主持人应将本课题全部科研资料整理成册，连同最终成果存入学校档案部门，同时将复本交委托、资助部门(单位)。

(三十五)科研档案的内容包括：教学活动资料；科研成果统计资料；课题申请书和论证材料；课题审批、立项材料；研究课题议定书；科研成果；科研课题的阶段性成果检查材料；科研成果的评估、鉴定，奖励材料；科研课题经费开支决算材料；其他有关的必要材料。

九、奖罚办法

(三十六)科研课题在保证质量的前提下按期或提前完成(脱稿)，可将原定资助金额剩余部分的50%作为奖金发给作者，剩余部分不足300元的可全部发给作者。

(三十七)院学术委员会每两年评选科研成果一次，具有重大学术价值的科研成果可设特别奖，其他设一、二、三等奖和优秀论文奖。评选程序是，个人申请，单位推荐，院学术委员会评审，院长办公会批准（具体评选办法见附件一）。

（三十八）科研课题按《议定书》无故未能按期完成的，或因故延期又未完成的，除撤消其课题外，还要退回该课题已使用经费的30%，课题主持人一年以内不得申请新的课题。

（三十九）科研课题的获奖或受罚情况均记入科研档案。

【附件】

中央社会主义学院评定奖励优秀科研成果办法

为了推动我院科研工作的蓬勃开展，调动教学科研人员科学研究的积极性，特制定本办法。

一、学术论文发表奖

1. 申报本奖的必须是在本办法规定的报刊上发表或转载的学术论文（一、二类报刊名单见附件二）。

2. 凡在本办法规定的第一类报刊上发表或转载的学术论文，学院按稿酬的100%给予奖励。

3. 凡在本办法规定的第二类报刊上发表或转载的学术论文，学院按稿酬的50%给予奖励。

4. 凡符合上述奖励条件者，凭成果原件和稿酬通知单到院学术委员会办理申报登记手续，经院学术委员会验证、登记、签字后，到财务处领取奖金。

二、对策性研究成果采纳奖

1. 对策性研究成果的采纳是指在省、部级以上或相当于省、部级以上的刊物上发表的调研报告、政策建议或对策性文章等，或者是由省、部级部门及领导批转的调研报告、政策建议或对策性文章等。

2. 对策性研究成果采纳奖，暂不设等级，凡符合本办法规定的调研报告、政策建议或对策性文章，按每千字30元发给奖金，不足千字者按30元发给奖金。

3. 凡符合上述奖励条件者，凭成果原件和稿酬通知单；未发表的凭成果原件及有关批文或证明到院学术委员会办理申报登记手续，经院学术委员会验证签字后，到财务处领取奖金。

三、优秀科研成果奖

1. 评奖对象和范围：

凡我院人员公开发表、内部发表或由于特殊原因不宜发表的专著、教材、论文、调研报告、情报资料等；均可申报参加评选。

2. 评奖等级和条件：

优秀科研成果奖设一等奖、二等奖、三等奖。

评奖成果必须以邓小平建设有中国特色社会主义理论为指导，坚持党的基本路线，认真贯彻理论联系实际的方针。具体标准如下：

①一等奖：在理论研究上有突破、有创见，在学术界有相当影响，对统战工作及其理论研究有重大参考价值，对研究解决现实问题有重要指导意义。

②二等奖：在理论研究上有深度，有较高的学术价值和实际意义，对统战工作及其理论研究有积极作用，对解决现实问题有指导意义。

③三等奖：在理论研究上观点鲜明、见解新颖、材料充实、论证合理，对统战工作理论研究和解决实际问题有较好的参考价值。

3. 评奖时间和程序：

优秀科研成果奖的评定每两年举行一次。其程序为：

①个人申报。个人填写《优秀科研成果奖申请书》，与科研成果原件一并交到申请人所在室、所或学科相近的室、所。

②由上述室、所进行初选，并签署推荐意见，将有关材料报送学术委员会学科组。

③学科组对申报材料进行核定，并组织讨论、审议。

④在学科组通过的基础上，学术委员会经充分酝酿后以无记名投票方式表决，并将获奖名单报院长办公会议审批。

⑤对优秀科研成果按等级颁发证书和奖金。

4. 评奖的组织和领导：

院学术委员会负责全院优秀科研成果的评定工作。

申请人所在室、所负责本部门和与本室、所学科相近人员科研成果的评议、鉴定、申报工作。

5. 遵循的几条原则：

①评奖项目分为五个系列：专著、教材、论文、调研报告和情报资料（包括音像作品及计算机软件设计等）。

②各系列、各等奖的奖金数额根据学院当年财力决定。

③各系列同等奖的奖金不等。

④以我院人员为主，与校外合作的成果、部委委托研究的成果和我院人员承担的国家项目亦可参加评选。

⑤获奖项目均记入本人科研档案，作为晋升专业技术职务的重要依据。

中央社会主义学院学术委员会暂行条例

（1996 年 1 月 29 日）

第一条 院学术委员会是院长会议领导下的学术咨询机构，是学院推进学术民主和科学决策的重要形式。

第二条 院学术委员会由院长会议批准成立。我院学术委员会设委员11—13人，其中主任委员1人，副主任委员2人。学术委员会的委员主要有教授、副教授组成，并吸收少数其他教师和有关人员参加。委员缺额时及时增补。学术委员会设秘书1人，负责办理日常的具体事务。

第三条 根据中央社院的性质、任务和发展规划的要求，院学术委员会设科学社会主义，统一战线理论和中华传统文化研究等三个学科组。各学科组由3—5人组成，设组长1人，必要时可设副组长1人。学科组组长和组员由院长会议任命。

第四条 院学术委员会的任务：

1. 对学院的教育事业的发展规划、科学研究工作和研究生培养工作中的重大问题提出建议。

2. 审议科研工作的重大问题，包括全院性的科研规划、院级科研课题的立项、科研管理工作等。

3. 评审科学研究成果，提出科研成果的奖励办法。

4. 主持院内学术讨论会，组织参加国内和国际学术交流活动等。

5. 评议研究生的毕业论文，参与提升教授、副教授工作的审议。

第五条 学科组的任务：

1. 在本学科和相关学科范围内，对院科研规划和项目提出初步意见。

2. 审议所、室级项目的科研计划。

3. 评审所、室级项目的科研成果。

4. 组织学科范围内日常的学术活动。

第六条 院学术委员会由主任委员（主任委员不在时，由副主任委员）召集和主持。凡需要付诸表决的会议，须有三分之二以上委员到会方可举行。

第七条 院学术委员会重要决议均采用无记名投票方式进行。得票超过半数的议案为通过。

第八条 院学术委员会在讨论涉及委员个人及其亲属的重要议案时，在投票表决前须声明并回避，以求公正和公平。

中央统战部办公厅对中央社会主义学院《关于我院亟须解决的几个问题的请示》的批复

（1996年2月14日）

你院《关于我院亟须解决的几个问题的请示》，已经部干部培训工作小组研究并报部长办公会议审议，现将部长办公会议的意见复告如下。

（一）社会主义学院是培训统一战线党内外干部的重要阵地，搞好社院的长远规划和各项基础建设非常重要。在社院工作中，要坚持党的领导，坚持社会主义办学方向。中央统战部要积极支持帮助社院搞好队伍建设和教学、科研以及行政管理工作。中央社院对教学、科研和管理工作中的重大问题要及时向部请示汇报。

（二）同意成立中央社院院务指导委员会。院务指导委员会系协调、咨询性机构，对社院的办学方向、培训目标和院校建设、教学科研及后勤管理等重大问题，负有协商研究、协调指导之责。为有利于社院建设与发展，中央社院可设名誉院长1人，由德高望重的党外人士担任并兼任院务指导委员会主任。

（三）同意吸收一位中央社院领导作干部培训工作小组成员。根据中央统战部各厅、室、局的职能，由四局负责联系中央社院。部干部培训工作小组的日常工作，由四局教育处负责办理。

（四）为拓宽培训工作面，同意中央社会主义学院再挂一块牌子，名称为“海华文化交流中心”。

（五）同意建立“中央社会主义学院教育发展基金”，由中央社院按有关规定提出方案报部和有关部门审批。

（六）中央社院作为民主党派、无党派人士的联合党校和统战干部的培训基地，要集中精力抓好自身建设，努力完成担负的教学、科研和师资培训任务。同时，中央社院也要加强与地方社院的联系和交流，在教学、科研和管理等方面起示范作用。由中央统战部建立“全国统一战线干部教育理论研究会”，作为全国统一战线理论研究会的一个分会，中央社院和地方社院可以参加。

（七）制定《社会主义学院工作暂行条例》是必要的。但目前制定这一条例的时机还不成熟。此事可由部干部培训工作小组组织中央社院和部分省级社院共同研究，提出草案报部审定。

（八）“基本建设规划”问题，请中央社院提出具体方案报部审议。

（九）关于成立全国统一战线干部培训教材编审委员会问题，部长办公会议已同意由中央统战部筹组。全国统一战线系统的高级职称评审委员会，由四局牵头筹办，并报国家教委和人事部审批。

（十）同意中央社会主义学院和有关高校合作举办学历班和研究生班，由中央社院提出方案报部审批后商有关部门确定。

此复。

【附件】

关于我院亟须解决的几个问题的请示

中央统战部干部培训工作领导小组：

10月12日，在刘延东同志的主持下，社院领导向部干部培训工作领导小组汇报了社院班子调整后的工作、今后工作的基本思路和落实江泽民总书记《贺信》精神、迎接明年校庆40周年亟须解决的若干问题。现将有关问题整理如下，提请部干部培训工作领导小组研究并建议报部长办公会审定。

一、建议成立院务指导委员会

为进一步发挥民主党派参与办好“联合党校”的积极性，建议部批准成立中央社院院务指导委员会。院务指导委员会由中央统战部、全国政协办公厅、各民主党派中央、全国工商联和社院负责人组成。建议由一位德高望重的党外领导同志任主任。其主要职能是，指导教学科研工作，研究学院重大问题，以更好地推进社院的建设和发展。

二、理顺与部各局室的关系

社院是在部领导下的爱国统一战线重要的人才培养机构，根据部统一下达的培训规划和提出的培训任务要求，做出年度招生计划并认真贯彻落实。为更好地完成部关于干部培训工作的任务，建议社院领导1—2人参加部干部培训工作领导小组。

根据中组部（95）3号文件精神，建议四局主要负责检查、督促、指导培训规划和培训任务的落实，统一协调和安排部内在社院培训的年度计划并及时调拨培训经费。具体的教学组织工作由社院负责。

三、建议成立中华文化学院

为适应1997、1999年港澳回归祖国，做好海外统战工作的需要，我们拟进一步拓宽办学路子，面向海外开展中华文化教育与交流活动。因此建议再挂一块牌子，名称初拟为中华文化学院或中华文化教育交流中心（还可再征集其他的名字）。建议三局与社院一起筹划此项工作。

四、建立社院教育发展基金

为加强社院工作，更好地动员社会力量支持社院工作，拟参照有关省的经验，建立社院教育发展基金，以更好地改善办学条件，提高教学质量，搞好培训工作。此项工作可与建立中华文化学院统筹考虑。

五、关于与地方社院的关系

地方社院多次强烈呼吁，仿照中共党校系统的作法，从社院长远建设考虑，要求明确中央社院与地方社院的业务指导关系。若目前条件尚不具备，建议先成立全国统一战线教育研究会，作为中国统战理论研究会的二级分会，以加强全国社院的联系和沟通，推动统战干部教育事业的发展。

六、建议制定《社会主义学院工作暂行条例》

为规范全国社院工作，推动社院建设和发展，建议参照《中国共产党党校工作暂行条例》，抓紧制定《社会主义学院工作暂行条例》。提交全国统战干部培训会议征求意见。为此需把中央社院的机构改革等问题一并考虑。请四局与中央社院一起研究，提出方案报部。

七、关于增加经费基数的问题

目前，社院经费缺口较大。1995年国家预算拨款235万元，这与中央党校、国家行政学院相差甚远，就连中国工运学院、中央团校也不如，而社院1994年实际开支已达639.6万元。社院的经费困难状况，上半年已分别报部和全国政协。建议由部与全国政协一起报请瑞环同志批转财政部妥为解决。另外，7月17日部长办公会已批准明年举办校庆40周年纪念活动，请帮助及早落实校庆活动经费。

八、关于基本建设规划问题

社院现正根据当前和长远发展需要，拟定基建整体规划。目前社院尚有可利用土地18000平方米，拟在学院东北角和西南角各建一座大楼，总面积25000～35000平方米。这一规划设想，希望能得到部领导批准。

九、关于成立高级职称评审委员会和教材编审委员会问题

此问题，建议四局与社院一起到中央党校、国家行政学院及其他院校做些了解后，提出意见报部。

十、关于学历教育问题

拟尽早与有关院校合办研究生班，为统战部门、政协系统和民主党派、工商联机关培养理论研究骨干，为地方社院培养教师。希望批准试行。

妥否，请批示。

中央社会主义学院
1995年10月18日

中央社会主义学院聘请兼职教授工作暂行办法

（1996年3月9日）

第一条 为进一步适应新时期统战工作需要，努力提高办学水平，更好地培养民主党派新一代的领导人，经中央统战部批准，决定在充分发挥专职教师队伍作用的同时，聘请一定数量的社会知名专家学者任兼职教授，形成一支专兼结合的教师队伍。

第二条 根据教学计划和课程设置需要，主要从下列三方面聘请兼职教授：

（一）各民主党派中央、全国工商联有关领导；

（二）中共中央党校、国家行政学院等院校的教授；

（三）中共中央和国家机关有关部门的专家、领导。

第三条 兼职教授的职责：

（一）为我院学员、研究生及青年教师讲课或作学术报告。

（二）参加教研室学术活动，指导教学、科研工作。

（三）协助评审教材、学术论文及科研成果。

（四）为有关课程建设和学院建设出主意、提建议。

第四条 兼职教授的待遇

（一）按讲课次（时）数付给讲课酬金。

（二）参加科研、审议课题等活动付给相应酬金。

（三）赠送我院《学报》和有关教材。

（四）每年对兼职教授进行一次慰问。

第五条 兼职教授的聘请及联系办法。

（一）聘请兼职教授，由本院教研室提名，教务处汇总，报院长办公会议审定后，颁发聘书。

（二）兼职教授的讲课和日常工作联系。讲课按照科社和统战的课程划分，以教研室为主，教务处协助；其他课程的联系，以教务处为主，教研室协助。日常工作联系，根据工作需要，由教研室、研究所和教务处分别承担，具体联系人员名单由主管副院长确定（第一批兼职教授部门联系人员名单附后）。

第六条 因教学需要，临时聘请院外教员讲课，也是兼职教师队伍的重要形式。临时聘请院外教员讲课，按次（时）数付给讲课酬金。

中央统战部1996—2000年全国统一战线干部培训规划

（1996年8月5日）

1996年至2000年，是我国加快改革开放和现代化建设步伐，建立社会主义市场经济体制，实现国民经济和社会发展“九五”计划和2010年远景目标的关键时期，也是爱国统一战线进一步巩固和发展的重要时期。为进一步发挥爱国统一战线在促进改革开放和社会主义现代化建设，推进“一国两制”、和平统一祖国大业中的重要作用，必须认真贯彻以江泽民同志为核心的党中央关于建设高素质干部队伍的指示精神，进一步加强干部培训工作，培养造就大批德才兼备、与党真诚合作的党外代表人士和一支政治强、业务精、作风好的统战干部队伍。为做好这项事关全局的战略性、基础性工作，现根据党的十四届四中、五中全会和中发［1996］10号文件精神及全国统战工作会议关于教育培训工作的要求，并商各民主党派中央、全国工商联及有关人民团体，特制定1996—2000年全国统一战线干部培训规划。

一、指导思想和基本原则

1. 全国统一战线干部培训的指导思想是：以邓小平建设有中国特色社会主义理论为指导，全面贯彻党的基本路线和以江泽民同志为核心的党中央关于建设高素质干部队伍的指示精神，坚持用科学的理论武装干部，用先进的知识充实干部，用优良的传统教育干部，全面提高干部素质，教育培养一支拥护中国共产党领导，坚持走有中国特色社会主义道路、与我党长期亲密合作的党外代表人士队伍和一支具有马克思主义理论素养，熟悉党的统一战线理论、方针、政策，德才兼备的统战干部队伍。

2. 全国统一战线干部培训应遵循的基本原则是：——坚持以邓小平建设有中国特色社会主义理论和党的基本路线为指导。帮助党外代表人士深入学习邓小平建设有中国特色社会主义理论，坚定走有中国特色社会主义道路的信念，提高贯彻党的基本路线的自觉性。教育统战干部树立共产主义理想，在政治上与党中央保持一致，坚持党的基本路线，忠于职守，廉洁奉公，遵纪守法，全心全意为人民服务。

——坚持理论联系实际。加强培训内容的针对性和实效性，注重干部素质的培养和业务能力的提高；引导党外代表人士和统战干部将学习理论与研究解决社会主义市场经济体制下统一战线面临的新情况、新问题结合起来。

——坚持突出重点。重点抓好县（处）以上党外干部的培养教育，做到领导干部重点培训，后备干部优先培训，紧缺干部加速培训，年轻干部全面培训。党内干部的培训，按中组部的要求进行。

——坚持以自我教育为主。在党外人士的学习培训和协助民主党派、工商联对其成员的培训中，坚持"三自""三不"方针，即由学员自己提出问题，自己分析问题，自己解决问题；不抓辫子，不扣帽子，不打棍子。

——坚持面向21世纪，为社会主义现代化建设服务，为巩固和发展爱国统一战线服务。积极推进干部培训和社会主义学院（校）改革，加强干部培训理论研究，树立培训工作的超前意识和服务意识，学习先进的培训理论和培训方法，引进现代科学技术，逐步建立多层次、多渠道、多形式的干部培训新格局。

二、基本目标和具体要求

3. 全国统一战线干部培训的基本目标是：面向21世纪，逐步建立与社会主义市场经济体制和新时期最广泛的爱国统一战线相适应的干部培训机制，完善教学条件，确保完成全面提高统一战线党内外两支干部队伍素质和培养跨世纪人才的伟大工程。

4. 全国统一战线干部培训的具体要求是：中央统战部在五年内要安排2000名省（部）、地（厅）级党外领导干部和党外代表人士，200名地（厅）级以上统战干部参加中央社会主义学院的学习培训。全国每年安排参加学习培训的党外代表人士和统战干部总数不少于3万次，五年共计15万人次。

认真组织好党外代表人士的学习培训。协助各民主党派中央、全国工商联，每年安排200名省（部）、地（厅）级干部参加中央社会主义学院的学习培训。学员范围：各民主党派中央、全国工商联的正副秘书长以上领导干部；全国人大代表、常委中的党外人士，全国政协中的党外常委、委员；在政府和司法机关担任省（部）、地（厅）级领导职务的党外干部；省（区、市）人大和政协中的党外正副主任、正副主席，省（区、市）民主党派和工商联正副主委；拟提省（部）、地（厅）级领导职务的后备干部。五年共培训1000人。

加快少数民族干部和宗教界代表人物的培训。每年安排60名纳入中央统战部联系名单的少数民族党外干部和宗教界爱国人士参加中央社会主义学院的学习。五年共培训300人。

抓紧非公有制经济代表人士的培训。每年安排100名担任全国人大、省（区、市）人大代表，全国政协、省（区、市）政协委员，全国工商联和省（区、市）工商联执委以上职务的非公有制经济代表人士参加中央社会主义学院的学习培训。五年共培训500人。

开展党外知识分子的培训。每年安排40名党外知名专家、学者参加中央社会主义学院的学习培训。五年共培训200名。

切实抓好统战干部的培训。重点抓好局、处级统战干部的学习培训，每年安排40名省级统战部正副部长和120名省级统战部处级干部，参加中央社会主义学院的学习培训。五年共培训800人。

继续开展国（境）外培训。五年内培训党外干部和少数民族干部300人，统战干部150人。

各省、自治区、直辖市党委统战部要做好参加上述培训学员的选调工作，并结合本地实际制定相应的培训规划。

同时，按照《参照试行〈国家公务员暂行条例〉》的规定和要求，逐步开展机关工作人员的培训。积极创造条件，在中央社会主义学院和部分省级社会主义学院开展统一战线专业方向的学历教育和研究生教育，培养统一战线工作的专门人才。

三、培训内容和主要方式

5．全国统一战线干部培训的内容是：在政治理论方面，继续组织党外代表人士和统战干部学习马克思主义基本理论和党的路线、方针、政策，重点是学习邓小平建设有中国特色社会主义理论。要学习统战史、党派史及中国和世界近现代史，进行社会主义、爱国主义和统一战线优良传统的教育。

在统战业务方面，继续组织学习党的统一战线基本理论、政策。组织干部结合本职工作学习民主党派、工商联、民族、宗教、知识分子和台港澳及海外联络工作等方面的专门业务知识，掌握新时期统一战线的活动方式和工作方法，继承和发扬统一战线的优良传统。

在科学文化方面，根据不同班次和不同学员对象，按照缺什么学什么的原则，组织学习社会主义市场经济知识和有关的法律、法规，学习现代科技、管理、外语、计算机等方面的知识。县（处）级以上领导干部还应学习领导科学知识。

6．全国统一战线干部培训的主要方式是：以政治培训、在职培训和正规培训为主。党外代表人士和统战干部应根据中央关于干部轮训的指示和中央统战部的有关规定，到社会主义学院参加学习培训。在培训中，要以理论学习为主，辅之以必要的教学实践和考察。教学实践和考察原则上在本地区进行。主体培训班次要按照《关于全国统一战线干部培训工作若干问题的意见》进行，时间不少于一个月。

四、主要措施

7．进一步加强社会主义学院建设，不断增强综合实力。根据中共中央有关社会主义学院工作的指示精神和中央统战部《关于进一步办好社会主义学院的几点意见》，切实加强社会主义学院基础设施建设和队伍建设。中央社会主义学院要按照江泽民同志的要求，努力建设成为富有自己特色的名副其实的党外代表人士和党的统一战线干部的学习培训基地。各省、自治区、直辖市和副省级市都应建立社会主义学院。统战任务较重且有条件的地、州、市、区，可报请党委、政府批准，恢复或建立社会主义学院（校）。社院（校）要以教学为中心，以科研为基础，深化教学改革，完善教学科研条件，规范各类班次和学制，提高教学水平、科研水平和管理水平，逐步建立和完善具有统战特色的教学体系。

8. 充分发挥各类干部培训中心的作用。干部培训中心要解放思想，实事求是，按需办学，主动、有效地为社会主义现代化建设服务，为爱国统一战线服务，为学员服务，把干部培训、工作研讨、谈心交友融为一体。努力把培训中心办成适应统一战线工作需要的综合性教育培训服务基地。

9. 加快教材建设工作的步伐。初步建立适应统一战线干部培训需要的、规范实用的教材体系。成立全国统一战线干部培训教材编审委员会，统筹、指导教材的编写，负责统编教材（含教学大纲）和推荐教材的审定工作。

10. 加强统一战线干部教育理论和社会主义学院（校）教学、管理理论的研究。认真总结统一战线干部培训的经验，注意国内干部培训和国外继续教育信息的收集、整理、研究和利用。成立全国统一战线干部教育理论研究会，推动和指导统一战线干部教育理论及社会主义学院教学、管理理论的研究工作。各地社会主义学院（校）要充实科研力量，积极开展社会调查和学术交流。切实做好图书馆（室）和院刊编辑工作。科研活动要有经费保证。对重要的科研成果，给予表彰和奖励。要在统战理论和教育培训理论研究方面推出一批有较高水平的学术著作和理论文章。

11. 加强社会主义学院（校）师资队伍和教学、行政管理队伍建设。根据教学需要，建立一支有一定数量的、高水平的、稳定的师资队伍。同时，可聘请一部分知名专家和学者担任兼职教师。建立师资培训提高制度，选派一些有培养前途的教师特别是中青年教师进修深造或到国（境）外进行考察和学术交流。引进先进管理技术和经验，充实管理队伍，提高管理水平。积极筹备并成立全国社院系统高级技术职称评审委员会。

12. 各地统战部举办的各类计划内培训班次，要有正常的经费来源，不准摊派或转嫁负担。各类计划外的班次，必须坚持自愿参加的原则，确需收费的，要按当地省级财政、物价部门以及干部教育主管部门的有关规定执行，其收入要纳入本单位的财务管理，并按规定的用途使用。各类干部培训班次不得以营利为目的。

13. 推进干部培训的制度化建设。制定、印发《社会主义学院工作条例》和关于加强干部培训与使用相结合方面的规章制度，使干部培训工作逐步走向规范化、制度化。

五、进一步加强对干部培训工作的领导

14. 统一战线干部培训工作，是党的干部教育工作的重要组成部分，是巩固与发展爱国统一战线的一项事关全局的基础性工作，应纳入优先发展的战略地位。要积极争取各级党委切实加强领导，列入议事日程，同重视党内干部培训一样重视党外干部培训，同重视中共党校一样重视“联合党校”，从人、财、物方面给予保证。

15．根据《中共中央批转〈关于加强干部培训工作的报告〉的通知》（中发［1984］28号文件）精神，各省、自治区、直辖市党委统战部应成立干部培训工作领导小组，统一指导统一战线干部培训工作及社会主义学院（校）工作。

16．各级党委统战部应切实加强对社会主义学院的领导，充分发挥社院（校）在统一战线干部培训中的主渠道作用。

中共江西省委办公厅转发省委统战部《关于加强党外干部培训工作的意见》（节选）

（1996年8月12日）

各民主党派、省工商联和有关人民团体科以上干部，应根据所在党派省委会、省工商联和有关人民团体的安排，分期分批参加社会主义学院的学习培训，时间一般为一个月，每五年轮训一遍。

在政府和司法机关担任领导职务的党外人士，每届任期内除按组织部门要求参加中共党校、行政学院的学习外，还应参加社会主义学院的学习培训，时间一般为一个月。

各级人大常委会组成人员中的党外人士，各级政协委员、常委中的党外人士，每届任期内应分期分批参加省或地、市社会主义学院的轮训。

对拟提任的民主党派、工商联和有关人民团体领导干部，应到省社会主义学院进行岗前培训，时间一般不少于一个月。要逐步做到先培训，后上岗。

县处以上党外后备干部按分级培训原则，参加省或地、市社会主义学院的学习培训，时间一般为一个月。

列入省、地（市）重点联系的无党派专家、学者和知名人士应参加社会主义学院的学习培训。

少数民族和宗教界代表人士根据需要，组织他们参加社会主义学院的学习培训。

非公有制经济代表人士在作政治安排前，应根据需要并按照分级培训的原则，在省社会主义学院或地、市社会主义学院参加必要的培训。

民主党派、工商联和无党派人士根据组织安排参加社会主义学院的学习培训，其培训经费由各级财政统一解决，差旅费由所在单位按规定予以报销。学习期间，他们的工资福利和其他待遇不变。因参加培训而占用的工作时间，应计算工作量。

省和地市委统战部要加强对社会主义学院的领导，经常指导、检查社会主义学院的工作，帮助解决实际问题。

湖北省机构编制委员会关于印发《湖北省社会主义学院机构编制方案》的通知

（1996年8月26日）

《湖北省社会主义学院机构编制方案》经省机构编制委员会办公室审核，已经省机构编制委员会批准，现予印发。

【附件】

湖北省社会主义学院机构编制方案

湖北省社会主义学院是中共湖北省委领导下的统一战线性质的高等政治学院，是全省各民主党派、无党派人士的联合党校，是统一战线系统干部的培训基地。湖北省社会主义学院归口省委统战部，实行中共党委领导下的院长负责制。

一、改革的原则和内容

省社会主义学院要按照"精简、统一、效能"的原则，进一步明确职责，理顺关系，改善人员结构，提高教学质量，更好地为党的统一战线工作服务。

二、主要职责

（一）按照省委的部署和省委统战部的安排，协助做好党的统一战线工作，保证党的路线、任务以及党的统一战线方针政策的贯彻执行。并向省委、省委统战部汇报和反映情况。

（二）组织民主党派各级领导骨干和无党派代表人士，学习马克思主义基本理论，学习中国共产党的路线、方针政策和统战理论、政策，提高他们的理论政策水平和参政议政、民主监督的能力。

（三）对统一战线系统的干部进行岗位培训，提高统战干部队伍的政治素质和业务水平。

（四）根据教学和科研相结合的原则，进行马列主义、毛泽东思想和邓小平同志建设有中国特色社会主义理论的研究，以及党的统一战线历史和理论的研究工作。

（五）贯彻落实省委统战部下达的年度教学计划，负责各班次学员的入学、后勤保障、学籍管理、学员学习情况评鉴；考察了解学员的政治思想情况，工作实绩和业务能力，为民主党派、统战部门和有关方面培养、选拔干部提供参考意见。

（六）完成上级交办的其他事项。

三、内设机构

根据上述职责，湖北省社会主义学院内设四个部室。

（一）办公室（同时挂“党委办公室”牌子）

负责协助院领导组织院内日常工作的运转；负责院内外的联系与综合协调、接待、文电处理、机要档案、秘书事务、会议组织及信访、信息、保密工作；编写《工作简报》；会同有关部门做好学院人事及职称管理工作；负责学院离退休职工的管理、计划生育工作；负责学院党委的日常事宜和机关的党务、群团和工会工作。

（二）教研室

根据教学计划，负责课程安排，聘请教师和自学、讨论、辅导等教学活动，负责草拟有关教学方面的文稿。

负责马克思主义、毛泽东思想基础理论，邓小平建设有中国特色社会主义理论，社会主义市场经济理论，中共党史、中外近代史的教学与研究。

负责统战理论、历史以及统战方针政策的教学与研究。重点是中共领导的多党合作和政治协商制度，人民政协工作，民主党派史，党外知识分子工作，民族宗教理论、方针政策，海外统战工作方针政策，经济统战工作方针政策，基层统战工作，统一战线方法论等课程的教学与研究。

负责现代科学，包括领导科学、行管、文秘、公关等课程的教学和研究工作。

（三）教务部

负责编制教学计划，管理协调教学活动，招收学员，管理学籍，掌握学员的思想，反映教学情况，研究并提出教学工作改革方案，组织编写教学大纲；负责有关教学保证工作、电化教学工作；编写《湖北省社会主义学院学报》；负责起草有关文字材料和图书资料的管理工作。

（四）总务部

负责院内基本建设、资产和财务管理工作；负责全院干部、职工和学员生活服务、医疗保健以及安全保卫、绿化、车辆管理等后勤保障工作。

四、人员编制和领导职数

湖北省社会主义学院事业编制45名。其中，党委书记1名，院长1名（兼职），副院长2名，教务长1名（正处级）；内设机构处级领导职数12名（正处4名、副处8名）。

中共新疆区委办公厅关于印发《新疆社会主义学院机构编制方案》的通知

（1996年12月25日）

《新疆社会主义学院机构编制方案》经自治区机构改革领导小组办公室审核，已经自治区党委批准，现予印发。

【附件】

新疆社会主义学院机构编制方案

新疆社会主义学院是中共新疆维吾尔自治区委员会直属的副厅级事业单位，是中国共产党领导的具有统一战线性质的高等政治院校。

一、改革的原则和内容

按照“精简、效能、实事求是”的原则，坚持“一个中心、三个服务”（即以教学为中心，为教学服务、为学员服务、为统战工作服务），为自治区社会稳定、民族团结、经济发展做出应有的贡献。

二、主要职责任务

1. 组织自治区人大代表中的党外人士、自治区政协委员中的党外政协委员及非党县（处）级以上领导干部研讨马列主义、毛泽东思想、邓小平建设有中国特色社会主义理论和党的基本路线；研讨毛泽东、邓小平统一战线理论和党的统一战线政策；学习自治区党委改革开放的重大决策。

2. 组织自治区各民主党派、黄埔同学会的基层领导以上干部、工商联干部及其民主党派中的青年骨干，学习邓小平同志建设有中国特色社会主义理论和党的基本路线；学习中共统战史、民主党派史、多党合作史、共产党领导的多党合作和政治协商制度的理论和政策。

3. 举办伊斯兰教、天主教、基督教、佛教、东正教上层代表人士培训班、研讨班。进行时事政策、国内外政治经济形势教育，爱国主义教育；学习党的民族、宗教政策，进行法律、法规及宗教管理条例的教育；进行影响新疆稳定的主要危险是民族分裂主义和非法宗教活动的教育；研讨引导宗教与社会主义社会相适应的课题。

4. 举办非公有制经济代表人士学习班。学习党的改革开放政策，进行政治经济形势教育；学习有关经济法律、法规知识，进行遵纪守法、敬业教育。

5. 举办县（市）政协主席、副主席，统战部长、副部长，民宗局长、副局长及自治区统战部门工作干部学习班、培训班。

6. 举办对台干部培训班。学习邓小平建设有中国特色社会主义理论和党的基本路线；学习党的统一战线理论和政策；学习党和国家对台工作方针、政策和涉台业务工作。

7. 举办大专院校、大中型厂矿企业统战干部培训班。

8. 加强与各地、州、市政治学校联系，交流教学经验、办学信息，共同提高教学质量。

9. 完成自治区党委交办的其他工作任务。

三、内设机构

根据上述职责任务，新疆社会主义学院内设六个处、室。

1. 办公室

兼有党委、行政办公室的双重职能，保证学院内外的联系和院内各处室的综合协调工作。负责秘书、文书档案、翻译、劳动工资、组织人事、纪律检查工作；负责职称管理、治安保卫、计划生育和其他社会工作；负责院党委、院务委员会和行政办公会议的会务和记录工作；负责编辑《社院工作通讯》及院领导交办的其他工作。

2. 总务处

负责基建、财务、公产管理、职工福利、车辆管理、膳食、接待、卫生服务等教学行政后勤事务工作。

3. 教务处

负责制定办学规划、班级教学计划和具体教学方案；负责教学、学籍管理，电化教学和科研工作；组织编写和翻译教材；负责聘任兼职教师工作等。

4. 马列主义理论教研室

根据教学计划，安排马列主义基础理论、建设有中国特色社会主义理论、党的基本路线、方针、政策、改革开放的重大决策、国内外形势等专业的授课与辅导；指导学员撰写论文和社会考察；进行科研和调研活动。

5. 统一战线理论教研室

根据教学计划，安排统一战线（包括民族、宗教）理论、方针、政策、中共统战史、民主党派史和多党合作史及共产党领导的多党合作和政治协商制度等内容的授课和辅导；指导学员撰写论文和学习总结；了解学员的思想反映，进行科研和社会调研活动；指导学员社会考察。

6. 图书室

负责图书资料的订购、收集、保管、整理和借阅；订购、出版、配发教材资料；负责图书的阅览等工作。

四、领导职数和人员编制

新疆社会主义学院总编制35名。学院院领导职数4名，内设机构级别相当于副县级，职数12名，经费实行全额预算管理。

中共重庆市委办公厅印发《重庆社会主义学院机构编制方案》的通知

（1998年3月31日）

《重庆社会主义学院机构编制方案》经市机构改革办公室、市机构编制委员会办公室审核，市机构改革领导小组、市机构编制委员会审定，市委批准，现予印发。

【附件】

重庆社会主义学院机构编制方案

重庆社会主义学院是中国共产党领导的具有统一战线性质的高等政治学院，是民主党派、无党派人士的联合党校，是统一战线系统的干部学院，为局级事业单位。

一、主要职责

（一）组织民主党派各级领导骨干和无党派人士，学习研究马克思主义基本理论、邓小平理论，学习党的路线、方针、政策和党的统战理论、政策，提高他们的理论政策水平和参政议政、实行民主监督的能力。

（二）对统战系统的干部进行岗位培训，提高统战干部队伍的政治素质和业务水平。

（三）根据教学和研究相结合的原则，进行统一战线历史和理论的研究工作。

（四）考查了解学员的政治思想情况、工作实绩和业务能力，为民主党派、统战部门及有关方面培养选拔干部和统战教学人才提供参考意见。

二、内设机构

根据上述职责，重庆社会主义学院设 8 个内设机构。

（一）办公室

负责学院行政管理、文秘工作，负责院内外的联系与综合协调工作，编辑《工作通讯》。

（二）政治处

负责学院宣教、人事管理、离退休人员管理等工作，负责做好党组的秘书工作。

（三）总务处

负责学院财务管理、资产管理工作及其他后勤服务工作。

（四）教务处

负责学院教学的组织及管理工作。

（五）图书馆

负责对各类文献信息资料的采集、分编、应用与管理、开发和研究，提供咨询和信息服务。

（六）基础教研室

负责马列主义、毛泽东思想、邓小平理论和相关学科的教学科研工作，以及电化教学、计算机教学等工作。

（七）统一战线理论教研室

负责统一战线历史、理论、政策的教学科研工作。

（八）教学综合处

负责学院科研的组织管理工作及学员班的日常管理和思想政治工作，编辑《统一战线教学与研究》。

三、人员编制和领导职数

重庆社会主义学院全额拨款事业编制60名，其中行政管理人员、专业技术人员、后勤服务人员之比为48∶38∶14。

单位领导职数5名，院长1名（由市委统战部部长兼），党组书记、常务副院长1名（正局级），副院长3名（含党外人士1名），处级领导职数15名。

成都市机构编制委员会关于组建成都市社会主义学院的通知

（1998年3月31日）

成统报［1998］15号文收悉。经市委研究批准，同意组建成都市社会主义学院。

市社会主义学院的主要任务是：对全市民主党派各级领导骨干、无党派代表人士和统战干部进行专门知识的培训，组织理论研究和学术交流。

市社会主义学院为你部领导的局级事业单位，配备事业编制6名，所需经费由市财政全额拨款。

特此通知

中央统战部关于转发《中央社会主义学院教学工作暂行条例》的通知

（1998年6月22日）

现将《中央社会主义学院教学工作暂行条例》转发给你们，供各地社会主义学院在组织教学时参考。

【附件】

中央社会主义学院教学工作暂行条例

（试行）

第一章　总　　则

第一条　为了规范教学工作，提高教学质量，根据中央社院的教学特点、培训任务和多年来的教学实践，制定本条例。

第二条 中央社院的教学方针是，以建设有中国特色社会主义理论为指导，贯彻党的基本路线，坚持理论联系实际的原则，主要培养拥护中国共产党领导，坚持走有中国特色社会主义道路，能与中国共产党长期亲密合作的民主党派领导干部和无党派代表人士，同时培养具有马克思主义理论素养，熟悉党的统一战线理论、方针、政策，德才兼备的统战工作领导干部以及理论人才。

第三条 教学工作是中央社院的中心工作，提高教学质量是教学工作的关键问题。

第二章 班 次 设 置

第四条 中央社院设五种班次：进修班、培训班、专题研究班、读书班和研究生班。主体班次是进修班和培训班。

第五条 进修班。主要轮训各民主党派中央、全国工商联的正副秘书长以上领导干部；全国人大代表、常委中的非中共人士，全国政协非中共常委、委员；在政府和司法机关担任省（部）、地（厅）级领导职务的非中共干部；省（区、市）人大和政协中的非中共正副主任、正副主席，省（区、市）民主党派和工商联正副主委；纳入中央统战部联系名单的少数民族干部、宗教界爱国人士、非公有制经济代表人士和非中共知识分子；民主党派中央、全国工商联机关处以上干部；省（区、市）级党委统战部局、处级干部。省部级干部进修班学制1个月；地厅级干部进修班学制3个月。

第六条 培训班。主要培训相当于地厅级非中共中青年干部和准备进入地厅级以上领导班子的后备干部，同时培训社院教师。学制一般为半年或1年。

第七条 专题研究班。受委托组织非中共的省部级干部和在政府、司法机关担任地（厅）级领导职务的干部进行专题研究。学制一般为1个月。

第八条 读书班。主要是组织少数民族干部、宗教界爱国人士和非公有制经济代表人士读书学习及海外人士的中华文化学习。学制半个月—1个月。

第九条 研究生班。纳入国民教育序列，主要为民主党派、工商联和统战工作部门培养高素质的理论研究人才。学制2年。

第十条 中央社院的毕业（结业）证书是干部在中央社院学绩的一种标志。中央社院主体班次和研究生班发毕业证书，其他班次发结业证书。按照上级的有关规定，毕业证书是任用干部的一个重要条件。

第三章 招 生 工 作

第十一条 年度招生计划。根据中央统战部下达的年度办班任务和中央社院安排的班次来制定，经院党组、院长会议审核，报中央统战部批准。年度招生计划一经批准，一般不再变动，以保持其严肃性。

第十二条 招生协商会。一年一次，年初召开。邀请中央统战部、全国政协、民主党派中央和全国工商联的领导及负责干部培训工作的机关负责同志参加。中心议题是汇报上年度的招生情况，协商下年度的招生工作。同时简要汇报中央社院一年来的教学科研情况。

第十三条 招生通知。列入中央社院年度招生计划的班次，一般由中央社院根据主管部门划定的招生范围和分配的名额组织招生，中央统战部、民主党派中央和全国工商联的主管部门协助。招生通知要在开学前两个月发出。

第十四条 学员入学资格审查。教务部门根据招生条件和《学员登记表》反映的情况进行学员入学资格审查。

第十五条 入学通知。学员入学通知一般要在开学前二十天发出。

第四章 教 学 计 划

第十六条 教学内容。以邓小平建设有中国特色社会主义理论为中心，以中国共产党的统一战线理论和参政党建设理论为重点。辅之以国内外形势教育、爱国主义教育和市场经济、中华文化、领导科学、科学技术等知识的学习。

第十七条 课程设置。要贯彻“学马列要精，要管用”的原则，根据培训目标的实际需要和学制的长短，做出不同的安排。学制长的培训班，开设以邓小平建设有中国特色社会主义理论为中心的马克思主义基本理论课、统一战线理论课、参政党建设理论课、领导干部必备的业务知识课和现代科学文化知识课；学制短的进修班、研究班、重点开设建设有中国特色社会主义理论课和统一战线理论课，同时开设若干专题讲座。

第十八条 制定班次教学计划要征求主管部门的意见，特别是专题研究班及业务性较强的班次，一般按照主管部门的意图安排教学计划。

第十九条 教学计划的制定。教务部门拟制班次的教学总体计划，经领导批准后执行；教学部门根据教学总体计划制订教学具体安排和周课表。

第五章 教 学 方 法

第二十条 发扬自我教育的优良传统，坚持自学为主，阅读马克思主义原著为主、注重研讨的教学原则，实行“自己提出问题、自己分析问题、自己解决问题”的教学方法。

第二十一条 坚持理论联系实际的教学原则，实行自学与辅导相结合、理论学习与工作研讨相结合、校内教学与社会实践相结合的教学方法。

第二十二条 在教学中，要充分调动教师和学员两个方面的积极性，发扬教师和学员在理论与实践方面各自的优势，互教互学，教学相长。

第二十三条 要积极采取现代化教学手段，扩大信息量，增强生动性，提高教学效果。

第六章 教 学 实 施

第二十四条 列入中央社院年度招生计划的班次，教学实施工作一般由中央社院的教学部门负责，负责联系本班次的主管部门协助。业务学习较强的班次，教学实施分别负责，中央社院负责基础理论教学，主管部门负责业务教学。

第二十五条 为了组织好教学工作，教学部门一方面派遣1名教员常驻学员班，组织专题教学的实施和承担教学日常事务性工作；另一方面要组织好自学、辅导、讨论和教学总结。

第二十六条 组织好学员自学。自学时间一般不要少于总课时的40%。要引导学员读懂读深，及时解答学员读书中提出的疑难问题。为了搞好自学，经典著作可适当进行读书辅导。

第二十七条 组织好辅导讲座。辅导讲座时间一般不要超过总课时的40%。要保证授课质量，教师要讲好课，针对性要强；学员要集中精力听好课，虚心学习。每堂课一般应留出一定时间，由教师解答学员提出的问题。

第二十八条 组织好讨论。讨论时间一般不要少于总课时的20%。每次讨论要明确讨论重点，讨论中，要积极引导学员围绕当前大家所关心的热点及难点问题展开讨论，最后要听取讨论情况汇报。

第二十九条 组织好教学总结。学制在3个月以上班次，教学阶段结束，都要搞教学总结，学员要进行学习小结，并要形成文字材料。

第七章 学 员 工 作

第三十条 列入中央社院年度招生计划的班次，学员工作一般由中央社院学员工作部门负责。学员工作部门向每个学员班派遣联络员，负责学员班的行政、思想工作。设班主任的学员班，班主任既负责行政、思想工作，也负责教学组织工作，要协调好教学部门与学员工作部门的关系。

第三十一条 建立班委会。班委会是学员自己管理自己的组织。班委会设班长、副班长（1—2人）、学习委员、文体委员和生活委员，分别负责学员的各个方面的工作。学院各职能部门要面向学员，同班委会加强联系，为学员服务。

第三十二条 建立学习小组。每个班设立若干个学习小组，每组10—15人。每组选正、副组长各1名，组长负责学习，副组长负责行政工作。

第三十三条 中共学员的主体班次，要建立学员党支部，在院党组的领导下，配合学院做好学员的思想政治工作。民主党派学员的主体班次，根据实际情况，可建立民主党派临时支部（小组），同民主党派中央建立组织联系，配合学院做好学员的思想政治工作。

第三十四条 搞好入学教育。使每个学员都明确教学目的、内容和要求，了解学院情况和规章制度等，对学员要提倡“三个转变”，即领导干部向学员转变，工作向学习转变，家庭生活向集体生活转变。

第三十五条 组织好业余活动。要充分发挥文体委员的作用，在业余时间组织好学员的文体活动。

第八章 参 观 考 察

第三十六条 参观考察是社院教学的一个重要环节，要认真组织好。通过参观考察，使学员扩大视野，加深理论理解，提高参政议政能力，增强做好本职工作的责任感和使命感。教务、教学和学员工作部门负责学员参观考察工作。

第三十七条 京内参观。包括京内对工农业先进单位、科技园区、名胜古迹的参观和京外当天可以返回的参观。参观次数，原则上1个月的班2—4次，2个月的班4—6次，3个月的班6—8次。京内参观一般利用双休日进行。

第三十八条 社会考察。省部级干部班、1个月以上的局级干部班和2个月以上的其他班次可组织社会考察，时间一般为3—5天，地点要根据教学需要和经费多少选定。其他情况需要进行社会考察的，由提出考察的部门具体组织并承担经费开支。

第九章 教学研究和检查总结

第三十九条 教务部门负责教学检查和教学研究工作。对每个班的教学计划执行情况和具体教学实施情况进行检查，对每个班的教学效果进行深入研究，总结经验，找准问题，制定改进措施。

第四十条 学员座谈会。每个班都要召开学员座谈会，主体班要召开两次。座谈会由院领导主持，有关部门参加，听取学员对教学工作，行政后勤工作的意见和建议。

第四十一条 教学质量评估。每期主体班都要进行。教学质量评估是从教学管理，教师的教学质量和学员的学习效果三个方面进行的。衡量教学质量高低的标准是学员掌握基础知识的程度与解决实际问题的能力。

第十章 附 则

第四十二条 本条例经院办公会审核批准，自发布之日起施行。

广东省机构编制委员会关于印发《广东省社会主义学院（广东省统一战线干部学院、广东中华文化专修学院）机构编制方案》的通知

（1998年11月10日）

《广东省社会主义学院（广东省统一战线干部学院、广东中华文化专修学院）机构编制方案》已经省机构编制委员会领导批准，现予印发。

【附件】

广东省社会主义学院（广东省统一战线干部学院、广东中华文化专修学院）机构编制方案

根据《中共广东省委办公厅、广东省人民政府办公厅关于印发〈广东省机构编制委员会关于省直事业单位机构改革的实施意见〉的通知》（粤办发［1996］22号）精神，广东省社会主义学院（广东省统一战线干部学院、广东中华文化专修学院）机构编制方案确定如下：

一、主要任务

省社会主义学院是省委领导下的我省具有统一战线性质的高等政治学院，是民主党派和无党派人士的联合学校，是统一战线系统的干部学院（正厅级）。其主要任务是：

（一）贯彻中央和省委有关干部教育方面的方针、政策、指示，协助有关部门做好我省统一战线系统党内与党外两支干部队伍的培训工作。

（二）开展全省科级以上（含科级）党外干部和统战系统科级以上党内干部的业务培训。

（三）结合教学工作和统战工作的实践，开展统一战线理论的研究工作；组织编写统战工作方面的教材。

（四）指导市级社会主义学院（或政治学校）开展培训工作和统一战线理论研究工作。

（五）完成上级交办的其他任务。

二、内设机构

（一）办公室（加挂人事处牌子）

负责学院各项工作的综合协调，负责文秘、机要、档案、接待等管理工作。负责学院的人事工作。协助党组织做好职工思想工作，承担机关党务工作。负责离退休人员管理及安全保卫工作。

（二）总务处

负责基建、校园规划及管理、财产财务管理以及学员和教职工的后勤服务工作。

（三）教务处

负责教学培训计划、科研计划并组织实施；负责学员的学籍管理和学员的思想政治工作；负责教材、教学设备管理和教学组织工作；负责教学资料的搜集、整理、编印；负责管理学院图书馆。

（四）教学一部

负责马列主义哲学、政治经济学、政治学、邓小平理论、领导科学、管理学等学科的教学任务及相应专业的科研工作。

（五）教学二部

负责统一战线理论、非公有制经济模式理论、海外统战工作知识、民族宗教工作知识、统一战线历史及民主党派史等学科的教学任务及相应专业的科研工作。

（六）统一战线理论研究部（加挂中华民族凝聚力研究中心牌子）

根据统战工作实践，开展统一战线理论的专题研究工作，宣传党的统一战线理论和方针政策。从事中华民族凝聚力研究工作。负责院刊的组稿、编辑及出版工作。

三、人员编制和领导职数

核定事业编制69名，其中常务副院长1名（院长由省委统战部负责人兼任），专职副院长3名；正副处长（主任）13名（含机关党委专职副书记1名）。

四、人员经费

财政核拨经费57名，经费自给12名。

五、人员结构

行政管理及后勤人员，在总编制内按不超过30%的比例配备。

中央社会主义学院党风廉政建设责任制实施办法

（1999年4月29日）

第一章　总　则

第一条　根据中共中央、国务院《关于实行党风廉政建设责任制的规定》及《中央统战部党风廉政建设责任制实施办法》的精神，结合本院实际，制定本实施办法。

第二条　落实党风廉政建设责任制，要坚持以邓小平理论为指导，坚持“两手抓，两手都要硬”的方针，以高度的政治责任感，自觉贯彻执行党中央、国务院关于党风廉政建设和反腐败斗争的一系列指示。

第三条　落实党风廉政建设责任制，要坚持与完成本职任务相结合，坚持与党的建设和精神文明建设相结合，坚持与领导班子、领导干部的考核、管理相结合。

第四条　落实党风廉政建设责任制，要进一步建立和完善院党组统一领导，党政齐抓共管，机关党委组织协调，职能部门各负其责，依靠教职工支持和参与的领导体制和工作机制。

第五条　落实党风廉政建设责任制，要坚持从严治党的方针，强化监督制约机制，严肃党纪政纪；立足于教育，着眼于防范；谁主管，谁负责；一级抓一级，层层抓落实。

第二章　责　任　内　容

第六条　院党组对本院的党风廉政建设负全面领导责任。

党组书记、副书记对本院党风廉政建设负总责；党组成员和院领导班子成员根据工作分工，对职责范围内的党风廉政建设负直接领导责任。具体承担以下领导责任：

（一）贯彻落实中共中央、国务院关于党风廉政建设的部署和要求，分析研究职责范围内的党风廉政状况，研究制定相关工作计划，并组织实施。

（二）根据标本兼治、综合治理的方针，完善管理机制、监督机制，研究提出从源头上预防和治理腐败的措施。

（三）贯彻落实党和国家党风廉政法规制度，结合本院实际，制定具体制度规定，并组织实施。

（四）组织党员、干部学习邓小平关于党风廉政建设的理论，学习党风廉政建设法规，进行党性党风党纪和廉政教育。

（五）履行监督职责，对职责范围内的党风廉政建设情况，领导班子和领导干部廉洁自律情况进行监督、检查和考核。

（六）严格按照《党政领导干部选拔任用工作暂行条例》的规定选拔任用干部，防止和纠正用人上的不正之风。

（七）领导查处重大违纪案件，指导并支持机关党委履行职责，及时解决其工作中遇到的困难和问题。

（八）院党组每半年或一年听取一次党风廉政建设情况汇报，对加强廉洁自律、查办案件、监督检查等重要工作提出要求。

第七条 各部门领导班子对本部门的党风廉政建设负全面领导责任。其中，党政一把手对本部门的党风廉政建设负总责；领导班子其他成员根据工作分工，对职责范围内的党风廉政建设负直接领导责任。具体承担以下领导责任：

（一）贯彻落实上级党政机关及院党组关于党风廉政建设的部署和要求，分析本部门的党风廉政建设状况，研究制定工作计划，并组织实施。

（二）贯彻“预防为主”的方针，经常组织党员、干部学习党风廉政建设的重要文件和邓小平关于党风廉政建设的理论，学习党风廉政法规，抓好本部门党员、干部的党性党风党纪和廉政教育。

（三）贯彻上级党政机关及本院关于党风廉政建设规定，结合本部门实际，制定具体制度和办法。

（四）履行监督职责，对本部门的党风廉政建设情况，党员、干部廉洁从政情况进行监督、检查和考核。

（五）对本部门出现的重要问题要及时向主管院领导和机关党委报告，按照院领导、机关党委的要求，根据法律、法规进行调查处理。

（六）严格按照上级有关规定，开好处级领导干部民主生活会，会前广泛征求党内外群众的意见，会上认真开展批评与自我批评，会后以适当形式向群众反馈。

（七）负责或受主管院领导的委托，同本部门的干部进行廉政谈话，并及时汇报廉政谈话情况。

第八条 机关党委负责日常党风廉政建设工作的组织协调工作。具体责任内容：

（一）根据上级党政领导机关及院党组的要求，研究提出党风廉政建设的具体意见和建议，制定院内党风廉政建设责任制的实施办法，经院党组同意后，组织实施。

（二）及时总结党风廉政建设重要阶段性工作，并向院党组和中央统战部机关党委汇报情况。重要事项随时向院党组报告。

（三）负责对党风廉政建设责任制执行情况进行监督检查，对落实好的单位和领导干部及时向院党组建议予以表扬；对落实不力的部门和领导干部，及时向院党组提出对其批评或处理的建议，并有针对性地提出加强和改进工作的要求与建议。

（四）每半年向党组和党支部负责人会议通报一次党风廉政建设工作情况，提出存在的问题和解决的意见。

（五）具体组织开展党风廉政建设的宣传、教育和培训工作。

（六）负责组织和协调对违纪案件的查处工作。

（七）负责部署、指导和督促各部门开好处级领导干部民主生活会，为局以上干部民主生活会做好协助、服务工作，并将党风廉政建设责任制的落实情况列为重要内容。

（八）负责落实中央统战部机关党委和院领导责成办理和协调的其他工作。

第九条 各部门党组织及支部书记承担以下责任：

（一）协助同级领导班子贯彻落实党风廉政建设责任制。

（二）保证有关党风廉政建设的部署和要求在本支部和分管部门单位得到落实。

（三）对本支部党员、教职工认真进行经常性的党风党纪和廉政教育，有针对性地开展思想政治工作，树立正气，克服各种腐败现象。

（四）及时协助同级领导班子解决本部门工作中出现的苗头性、倾向性问题，纠正不正之风，支持查处违纪违法案件，并及时向主管领导汇报。

第十条 按照部门各负其责的要求，根据各自职能，分别对领导干部廉洁自律、厉行节约、制止浪费、预防贪污受贿等各项工作承担责任：

（一）办公室负责严格控制各种会议和庆典活动，严格执行通讯工具配备、使用规定，严格执行领导干部用车配车制度，认真落实好《关于对党政机关工作人员在国内外交往中收受礼品实行登记制度的规定》，做好礼品登记与上交管理工作，有关部门配合。

（二）人事部门按有关规定负责清理清查领导干部利用职权为配偶、子女和亲属经商办企业提供便利条件；严格管理公费出国（境）；受理领导干部收入申报及个人重大事项报告工作。认真落实好《关于党政机关县（处）级以上干部收入申报的规定》、《关于领导干部报告个人重大事项的规定》、《党政领导干部选拔任用工作暂行条例》和干部轮岗交流制度，有关部门配合。

（三）财务部门负责院内资金管理，严格财政资金和院预算外资金管理，预算外资金实行“收支两条线”管理的规定。协助院领导落实《关于党政机关厉行节约制止奢侈浪费的若干规定》，负责对二级财务的监督检查，有关部门配合。

（四）总务部门要严格按照国家有关规定和院内制度，加强住房管理；加强采购工作的管理，增强透明度，严格执行办公用品、劳保福利物品和校产物资统一归口采购的规定；要加强维修改造工程的管理；加强承包单位提成分配办法的管理，分配方案的制定要客观、科学、公正、透明。

（五）基建部门要严格执行国家基本建设程序，一切新、改、扩建工程实行公开招标制度，严防二次转包；加强工程质量监督管理，确保工程质量；加强建筑投资管理，做到专款专用。

（六）各部门不准私设“小金库”，不准公款私存。凡对院内外开展有偿服务的单位，必须建立严格的管理制度，做到账目清楚，收支两条线，并接受主管部门的检查监督。

（七）上级党政领导机关如再有新的规定和工作任务，将按院内各部门的职能、职责，及时明确责任单位。

第三章 责任考核

第十一条 院党组和院领导班子负责领导、组织对分管部门领导班子和领导干部执行党风廉政建设责任制情况的考核工作，并将贯彻落实党风廉政建设责任制的情况，在年初部署工作和年终总结时列入重要内容。

第十二条 各部门每年要对本部门科以上领导干部落实责任制的情况进行检查和考核，并向主管院领导、机关党委、人事部门报告检查考核情况。科以上领导干部执行党风廉政责任制的情况，列为述职报告的一项内容进行考核。

第十三条 人事部门在对领导班子和领导干部考核工作中，要把党风廉政建设责任制的执行情况作为评价、奖惩和选拔任用干部的重要依据。

第十四条 机关党委在评选先进支部、优秀党员和优秀党务工作者时，要把落实党风廉政建设责任制情况作为一项重要的评选标准。

第四章 责任追究

第十五条 领导干部违反本实施办法，有以下情形之一的，给予组织处理或党纪处分：

（一）对直接管辖范围内发生的明令禁止的不正之风不制止、不查处，或者对上级领导机关交办的党风廉政责任范围内的事项拒不办理，或者对严重违法违纪问题隐瞒不报、压制不查的，给予负直接领导责任的主管人员警告、严重警告处分，情节严重的，给予撤消党内职务处分。

（二）直接管辖范围内发生重大案件，致使国家、集体资财和人民群众生命财产遭受重大损失或者造成恶劣影响的，责令负直接领导责任的主管人员辞职或者对其免职。

（三）违反《党政领导干部选拔任用工作暂行条例》的规定选拔任用干部，造成恶劣影响的，给予负直接领导责任的主管人员警告、严重警告处分，情节严重的，给予撤消党内职务处分；提拔任用明显有违法违纪行为的人的，给予严重警告、撤消党内职务或者留党察看处分，情节严重的，给予开除党籍处分。

（四）授意、指使、强令下属人员违反财政法规政策，弄虚作假的，给予负直接领导责任的主管人员警告、严重警告处分，情节较重的，给予撤消党内职务处分，情节严重的，给予留党察看或者开除党籍处分。

（五）授意、指使、纵容下属人员阻挠、干扰、对抗监督检查或者案件查处，或者对办案人、检举控告人、证明人打击报复的，给予负直接领导责任的主管人员严重警告或者撤消党内职务处分，情节严重的，给予留党察看或者开除党籍处分。

（六）对配偶、子女、身边工作人员严重违法违纪知情不管的，责令其辞职或者对其免职；包庇、纵容的，给予撤消党内职务处分，情节严重的，给予留党察看或者开除党籍处分。

其他违反本实施办法第六至十条责任的行为，情节较轻的，可以给予批评教育或责令做出检查；情节较重的，给以相应的组织处理或党纪处分。

具有上述情形之一，需要追究政纪责任的，比照所给予的党纪处分给予相应的行政处分；涉嫌犯罪的，移交司法机关追究刑事责任。

第十六条 实施责任追究，要实事求是，分清集体责任与个人责任，主要领导责任和重要领导责任。

第五章 附 则

第十七条 本实施办法由院党组授权院机关党委负责解释。

第十八条 本办法自发布之日起实施。

中央统战部对《关于中央社会主义学院1998—2000年发展规划及2005年远景目标的报告》的批复

（1999年5月26日）

你院报来《关于〈中央社会主义学院1998—2000年发展规划及2005年远景目标〉的报告》，已经5月5日第12次部长办公会议讨论并原则同意。会议认为，中央社会主义学院在近几年培养统一战线两支干部队伍方面取得了明显的成绩，希望在今后的工作中进一步努力，按照江总书记的要求，把中央社院办成在社会上享有更好声誉、在党外各界人士中更具有吸引力、在学术研究方面达到更高水平的党外人士和统战干部的学习培训基地。

【附件】

关于《中央社会主义学院1998—2000年发展规划及2005年远景目标》的报告

中央统战部干部培训领导小组：

为了落实江总书记提出的“四个更”的建院目标，推动中央社会主义学院的建设和发展，我院于1997年下半年，在认真总结《中央社会主义学院1995—1997年三年发展规划》实施情况和经验的基础上，着手研究制定新的发展规划，经过反复讨论，于1998年初形成了《中央社会主义学院1998—2000年发展规划及2005年远景目标》讨论稿。1998年下半年，在院办公会讨论、修改之后，报送中央统战部、各民主党派中央及有关部门的同志征求意见。在此基础上，修改形成为这个送审稿。根据刘延东同志“报部干部培训领导小组并报部长办公会审批”的批示，现报请审批。

中央社会主义学院

1999年4月6日

中央社会主义学院1998—2000年发展规划及2005年远景目标

为了实现江泽民同志在《贺信》中为中央社院确定的“四个更”的目标，全面推进中央社会主义学院的建设和发展，根据中央统战部《1996—2000年统一战线干部培训规划》，结合学院实际，制定本规划。

一、指导思想和奋斗目标

（1）指导思想是：坚持高举邓小平理论伟大旗帜和党的基本路线、基本纲领，坚持解放思想，实事求是，深化改革，坚持以教学为中心，以科研为基础，以党的建设和队伍建设为保证，以行政后勤服务为保障，坚持理论联系实际，正确认识和把握统一战线干部教育工作的规律，全面推进学院的工作，使社院教育更好地为培养高素质的统一战线两支干部队伍服务，为巩固和发展爱国统一战线服务，为改革开放和社会主义现代化建设服务，为坚持、丰富、发展马克思主义理论和统一战线理论服务。

（2）总体目标是：努力实现江泽民总书记提出的“四个更”的目标，逐步建立和完善有中国特色的社院教学体系，使社院教育工作规范化、制度化，形成有中央社院特色的办学机制；进一步加强教学管理，改善办学条件，提高教学水平和培训质量，为学员提供良好的学习和生活环境，增强学院的凝聚力和吸引力；进一步加强教研和管理队伍建设，提高教职工队伍素质，培养一批有真才实学的教研骨干、学术带头人和管理人才；进一步搞好文明建院活动，树立“爱国、团结、民主、求实”的良好校风，使我院在社会上享有更良好的声誉；进一步加强科研管理，精心组织重点课题的研究和有影响的学术活动，力争多出高水平的科研成果，使我院在统一战线学术研究方面达到更高的水平和应有的权威性。进一步搞好基本建设，努力提高办学手段现代化程度，保证以教学为中心的各项任务的完成。总之，要努力把我院建设成为更富有自己特色的名副其实的党外代表人士和党的统一战线干部的学习培训基地，建设成为邓小平新时期统一战线理论的研究宣传阵地，力争到2000年时，基本实现江泽民总书记为我院提出的“四个更”的奋斗目标，到2005年时全面实现这一目标。

（3）基本任务是：根据学院的培训对象和任务，要努力组织好对各民主党派中央和省级组织领导干部以及各界非中共代表人士的培训，使他们具有适应新形势下中国共产党领导的多党合作和政治协商制度需要的政治理论水平，自觉地接受中国共产党的领导，坚定地走有中国特色的社会主义道路，提高民主监督、政治协商和参政议政的能力；努力搞好处以上统战领导干部的培训工作，帮助他们提高理论水平、政策水平和领导水平，发扬党的统战工作的优良传统和作风，做好党的统战工作；积极开展邓小平新时期的统战理论的研究工作，努力把中央社院建成统战理论教学研究基地，认真完成好承担的科研项目，通过教学科研培养精通统战理论教学研究的人才。

二、办班规模和班次设置

（4）中央社院的办班规模要在提高培训质量的基础上稳步发展。培训人数，前 3 年每年为 800 人，共计 2400 人；后 5 年逐步达到每年 1000 人，共计 5000 人。

（5）中央社院设五类班次：进修班、培训班、专题研究班、读书班和研究生班。主体班次是进修班和培训班。各类班次的学员对象、培训时间和培训规模为：

进修班，学员对象：各民主党派中央、全国工商联的正副秘书长以上领导干部；全国人大代表、常委中非中共人士，全国政协中的非中共常委、委员；省、自治区、直辖市人大、政协中的非中共副主任、副主席；省、自治区、直辖市民主党派和工商联正副主委；各民主党派中央、全国工商联机关处以上干部；省、自治区、直辖市党委统战部的领导干部。学制 1—3 个月，每期 50 人，前 3 年每年 8 期，共培训 1200 人，后 5 年每年 10 期，共培训 2500 人。

培训班,学员对象相当于地厅级非中共中青年干部和进入地厅级以上领导班子的后备干部。学制 3 个月—1 年,每期 50 人,前 3 年每年 3 期,共培训 450 人,后 5 年每年 4 期共培训 1000 人。

专题研究班，学员对象为非中共的省部级干部和在政府、司法机关担任地厅级领导职务的非中共干部，以及非中共的知名专家、学者。学制 1 个月，每期 40 人，前 3 年每年 3 期，共培训 360 人，后 5 年每年 4 期，共培训 800 人。

读书班，学员对象为纳入中央统战部联系名单的少数民族干部、宗教界爱国人士和非公有制经济代表人士。学制半个月—2 个月，每期 40 人，前 3 年每年 4 期，共培训 480 人，后 5 年每年 5 期，共培训 1000 人。

研究生班，招生对象为统战部门、民主党派和工商联的在职干部。学制 2—3 年，每期 50 人，前 3 年同其他院校联合举办，后 5 年创造条件申请单独举办。前 3 年培养在职研究生 150 人，后 5 年预计培养在职研究生 300 人。同时，攻读硕士、博士学位的研究生，学制 3 年，每年招生 2—4 名。前 3 年同其他院校联合招生，后 5 年创造条件争取设立硕士点和博士点。

利用中央社院的师资和其他各种办学条件，适应现实需要，采取多种形式多种渠道办学，扩大社会效益。

三、深化教学改革，提高培训质量

（6）完善教学内容体系，加强教材建设。教学改革的核心是教学内容的改革。要逐步形成和完善以邓小平理论和统战理论为中心内容的教学体系，概括为“一个中心、一个重点、四个结合”，即：坚持以学习邓小平理论为中心，突出统一战线理论和有中国特色的政党理论这个重点，把学习邓小平理论同学习马列主义、毛泽东思想的基本理论著作结合起来，把学习理论同学习党的路线方针政策结合起来，把学习理论同学习现代化建设和参政议政、统战工作等必备知识结合起来，把学习理论同联系工作和思想实际，总结经验，加强修养，提高素质，促进民主党派自身建设结合起来。根据教学内容体系的要求，设置以邓小平理论为中心的马克思主义基本理论课程，新时期统一战线理论、方针、政策课程，有中国特色的政党理论课程，民主党派党史党建课程，以及国内外形势、社会主义市场经济、法律法规、领导科学、科学文化知识等课程。同时，建立起与新的教学体系相配套的教材体系。前3年制定出各门课程的教学大纲，编印讲课提纲和专题概要，后5年下大力气组织编写出具有较强科学性和时代精神、适用对路的系列化教材。

(7) 坚持理论联系实际的教学方针和自我教育为主的教学方法，加强对现实问题的研讨。要坚持理论联系实际的教学方针和以自我教育为主的教学方法，实行“三自”(自己提出问题、自己分析问题、自己解决问题）和“三不”（不抓辫子、不扣帽子、不打棍子)，充分发挥学员在教学中的主体作用。同时，积极组织和引导学员认真学习邓小平理论和中共中央有关文件，掌握基本理论，密切联系实际，总结经验，思考问题。帮助学员选择难点、热点、重点问题进行研讨，加大研讨力度，提高研讨质量。主体班次和高层次的班要组织社会考察。有价值的研讨材料和考察成果要提供有关部门参考。

(8) 规范教学管理制度，提高教学科研人员的积极性。进一步完善和严格执行现有的教学管理制度，逐步制定一些新的制度，如：教师组织教学的制度、备课授课制度、教学考评制度、教学效果评估制度、挂职锻炼制度和学员跟踪调查制度。要把竞争机制和激励机制引进到教学管理中来，逐步把是否认真组织教学、教学效果的好坏、教学水平的高低同教学岗位的聘任、专业技术职务的晋升以及年终考核、教学津贴的发放挂起钩来，促使教学人员以高度的责任感认真组织好教学，讲好每堂课，使我院教师在教学内容、教学方法、讲课艺术，特别是讲课效果上都有较大的提高。

(9) 加强学员管理，充分发挥学员在教学研讨中的作用，教学相长。建立班委会组织形式，健全必要的规章制度，实行学员自我管理的体制。

四、加强科研工作，提高科研水平

(10) 明确指导思想，突出重点。科研工作要以邓小平理论为指导，重点研究新时期爱国统一战线中的重大理论问题和实际问题。中央社院的科研必须强调为教学服务，科研的方向、课题、内容必须与教学紧密结合。

(11) 组织好研究课题，提高科研品位。要集中人力和财力抓好重点科研课题的研究，树立精品意识，提高科研质量和档次。争取每年承担国家级及省部级课题2—3个；常设院级课题10个，年滚动30%；社院系统内协作课题2个。前3年完成科研课题20个，重点抓好《统战系列丛书》的编辑工作，后5年完成科研课题30个。确保重点科研课题的必要经费。围绕教学的需要，还要安排部分室（所）级科研课题，开展统一战线成果的研究，争取一、二年内出阶段性成果。

（12）组织开展科研活动，加强学术交流。中央社院的科研工作要与统战系统各部门及有关学术单位、实际工作部门加强联系和合作，也要加强与地方社院的联系和合作，发挥整体优势，形成特色。要鼓励教学科研人员积极参加专业对口的国内、国际的学术研究会，拓宽交流渠道，提高科研水平。前3年每年组织统战系统内的学术研讨会2次，后5年争取每年参与组织全国性或国际性的学术研讨会1次。

（13）办好《学报》，加强图书资料信息工作。要努力提高《学报》的办刊质量，扩大社会影响，使之成为较高水平的统战理论研究和推动教学科研活动的刊物。在已被确定为中国政治核心刊物的基础上，争取办成全国优秀刊物。经济上逐步实现自负盈亏。

图书馆要建成现代化、多功能、有特色、与我院教学科研发展相适应的统战学科的文献资料信息中心。馆藏文献结构要坚持马克思主义基本理论著作要有、统战专业文献要全、文艺作品要精的原则，形成一个学科专业结构合理、与教学科研相适应的统战特色的文献保障体系。要开展馆际合作，扩大文献资料共享范围，更好地为教学科研服务。

五、加强中华文化学院建设

（14）中华文化学院，与中央社会主义学院是“一个实体、两块牌子”。立足国内，面向海外，主要面向港澳台同胞、海外华侨华人和国际友好人士。中华文化学院的宗旨、任务是：认真贯彻邓小平“和平统一，一国两制”方针，高举爱国主义旗帜，适应海外统战形势发展的需要，积极开展对港澳台同胞、海外华侨华人和国际友好人士进行中华文化等方面的学习培训、研究和交流，弘扬中华文化，促进祖国统一，振兴中华。

（15）中华文化学院建设的总体目标是：把中华文化学院建设成为国内外知名的海外华侨华人的中华文化的学习培训中心、研究中心、交流中心。

（16）中华文化学院以中华文化为培训的主要内容，兼顾其他内容，逐步建立相对稳定的生源网络，形成适当的培训规模；以中华文化海外华人文化为研究重点，并积极开展国内外学术交流活动。

（17）要着力加强中华文化学院的基础建设工作，重点是迅速建立适合中华文化学院特点的领导体制和办学机制。同时，建立中华文化教育基金，拟定基金管理办法，建立各项管理制度，使中华文化学院逐步走上正规化的办学道路。

六、进一步加强队伍建设，建成一支高素质的教职工队伍

（18）队伍建设的基本思路是：在保持我院目前行政干部、教师和专业技术人员及工人三支队伍相对稳定的前提下，优化结构，充实骨干，提高素质，合理流动。

（19）按照中编委批准的《中央社院机构编制方案》，研究确定部、处、科三级机构及其职能，按规定程序研究提出干部考核、使用、调整和流动的计划和实施意见。

（20）进一步加强教学科研队伍的建设。我院教学科研队伍，应随着教学科研任务的增加相应扩大，2005年达到教职工人数的三分之一。要严把入口关，因岗设人，要按教学科研专业岗位需要有目标地调入45岁以下正高级职称，在国内有一定影响的人员；要充分发挥现有教学科研人员的作用，加强管理，鼓励竞争，避免产生重科研轻教学的情况，不断提高教学水平，多出科研成果；要重点抓好中青年教学科研骨干的培训，尤其是对副高级以上职称人员要严格要求，严格管理。到2005年，成长一批高水平的、在国内有较高学术地位的名教授和专家学者。要继续做好专业技术职务评审工作，确定专业岗位和职称指标，严格评审标准和程序，逐步实现规范化、制度化管理。

(21) 进一步加强行政后勤干部队伍建设。结合行政后勤改革的进程，努力建立起行政后勤干部录用、考核、奖惩、晋升、轮岗、培训和竞争上岗等的正常运行机制，采取切实有效措施解决干部职务偏低问题，调动干部积极性。近三年在编制限额内，适当充实一些政治业务素质好、文化层次较高的年轻干部。

参照《国家公务员暂行条例》和企事业单位用工管理办法，三年内分别制定行政管理人员、服务人员管理条例。参照机关后勤改革的有关改革规定，在服务岗位建立从优秀工人中选聘管理人员的制度，调动工人的积极性；建立下岗制度，对不合格人员，原则上要下岗，并接受人事部门安排的再培训和再分配。

(22) 进一步加大对干部和工人的培训力度。分期分批把干部的理论培训、业务培训和学历教育结合起来，努力提高干部的政治和业务素质。三年内，要视情有计划地安排科、处级干部参加本院举办的不同类型班次的脱产培训，制定培训计划，按年度、部门逐一落实到人。处以上干部参加学习培训，坚持做到每年不少于1个月；工人要学习政治和本岗位的技术业务、提高职业道德水平，要按计划组织技术工人进行等级培训和考核，不断提高技术水平。

七、加强后勤管理改革，提高服务质量

(23) 后勤管理改革的基本思路是：改革旧体制，建立管理、服务分开的新体制，提高服务质量，增强创收能力。

参照机关后勤改革的基本精神，结合我院实际情况，抓紧改革后勤机构，建立新的管理体制。后勤机构改革的主要方向是，按职能将后勤机构分为管理、服务两个体系；将服务部门划为事业单位，实现服务一条龙，与管理部门建立经济核算关系，实行多种形式的经营承包责任制，独立核算；经营实体打破部门分割，实行企业化统一管理，增强整体创收能力，自主经营，独立核算，自负盈亏。

(24) 建立承诺制度，提高服务水平。为了树立良好的职业道德，提高服务质量，后勤工作必须逐步建立承诺制度；要把学员、教职工关心的热点、难点服务问题作为服务承诺的重点；服务承诺项目要从实际出发，成熟一项，承诺一项，兑现一项；逐步建立有效的内外监督办法，对承诺服务情况实行严格的奖惩制度；建立服务承诺制度的工作要与机构改革同步进行。

八、加强财务管理改革，提高资金使用效益

(25) 加强财务管理和财务监督，严格按照国家财务制度和法规办事，依法理财，进一步健全和完善我院各项财务制度，加强财务分析，并做好对院二级财务的指导和监督。配备审计人员，按规定对院和各级财务进行常规性审计。

合理安排经费预算，严格进行资金预算管理、优化经费支出结构，继续做好“部门经费切块包干”管理工作，本着“经费包干、自求平衡、超支不补、节余留用”的原则，管好用好事业经费。艰苦奋斗、厉行节约、勤俭办事业，努力开源节流，增收节支，积极组织创收，使财务管理制度化，会计核算现代化，计划管理科学化，提高资金使用效益。加强国有资产管理，充分利用现有资源，降低办学成本，提高办学效益。

（26）后勤服务部门的经费管理，由原来的经济核算方式，逐步转变为以成本消耗为补偿依据，按服务项目和服务质量计费的经济核算方式。后勤服务部门实行独立经济核算的差额预算管理。

九、搞好基本建设，改善办学条件

（27）抓好二期工程，积极做好基建工作。在资金到位的情况下，争取2000年前，完成6000平方米附属用房（含单身宿舍、医务室、理发室、印刷厂、商店、库房等）及5000平方米风雨操场的建设任务；采用申请上级拨款和自筹资金两条腿走路的办法，吸纳1.5亿元资金，在2000年底前，初步完成中华文化学院大楼18000平方米基建资金的筹集工作。

（28）有计划地完成1号宿舍楼、学员楼电源线增容工程，工程竣工后供电线路系统应达到北京市供电局的统一标准；分步对学员楼内部装修更新改造；完成锅炉燃煤改燃气工程。

（29）采取有效措施，提高院内环境质量。绿化工作以美化环境，夏秋季降温，春冬季防沙，提高空气质量为目标。建设西围墙绿化带，大力营造防风林带。

（30）逐步采用电脑管理的先进工作手段，根据需要为办公室逐步配备电脑，并创造条件实现院内外联网，提高管理水平和工作效率。筹备建设上英特网工作。利用电教室分批培训各级管理人员，并制定出电脑使用的统一制度，为全院电脑的正确操作和充分利用打下基础。视情建立教学闭路电视系统。

十、加强机关党的工作，建设文明学院

（31）认真贯彻党的十五大精神，坚持从严治党的方针，加强党的建设。一是加强党的思想建设，坚定不移地用邓小平理论武装全党。一要重点抓好领导干部的理论学习；二要统筹规划好理论学习的内容；三要进一步建立健全学习制度和学习考核制度；四要在坚持马克思主义学风上有一个明显进步。通过深化、扎实的理论学习，把广大党员干部的思想和行动统一到十五大精神上来。使广大党员干部在思想上与党中央保持高度一致；二是加强党的组织建设，把党组织建设成为坚强的领导核心，充分发挥党组织的优势。认真总结研究党支部目标管理经验，进一步健全完善党支部目标管理责任制；三是加强党的作风建设，坚持全心全意为人民服务的宗旨，充分发挥党密切联系群众的优势。

（32）加强和改进思想政治工作。思想政治工作要紧密围绕改革开放和社会主义现代化建设实际，围绕新时期爱国统一战线的实际，围绕社院的实际，努力探索新的历史条件下思想政治工作新特点、新思想、新作法。根据本部门、本单位业务工作，抓住群众最关心的热点、难点问题，适时进行国内外形势、党的方针政策和民主法制的宣传教育。针对党员、干部和职工在改革中遇到的新矛盾、新问题，开展耐心细致的思想政治工作，引导他们正确处理个人利益与国家利益的关系，增强心理承受能力，并主动协助有关部门解决群众的实际问题、化解矛盾、理顺情绪、调动积极性。从政治上、生活上关心离退休党员、干部。

（33）加强社会主义文明建设。认真贯彻邓小平同志提出的“坚持两手抓，两手都要硬”的方针，加强理想、道德、法制和纪律教育，弘扬爱国主义、社会主义的主旋律，提倡无私奉献和全心全意为人民服务的精神。加强校风建设、创建文明校园，保证必要的财力、物力投入，狠抓落实，务求实效。

(34) 加强工会、共青团等群众组织的建设。充分发挥他们联系广大教职工的纽带作用，要关心教职工生活，为广大教职工多做实事，多办好事，要开展各种群众性的寓教于文、寓教于乐、丰富多彩、健康向上的活动，如各种棋类、球类、歌咏比赛等。举办爱国主义、职业道德、理想信念、革命传统教育讲座等。使之成为教职工之家，成为加强精神文明的阵地。

中央社会主义学院党组关于加强学习改进思想作风的若干规定

(2000年5月)

为巩固“三讲”教育成果，加强党组和行政领导班子的自身建设，在学习和思想作风建设方面特做如下规定：

一、加强学习

(一) 认真落实中央关于加强学习的指示，及时组织学习中央重要文件和中央领导同志重要讲话，并结合社院实际贯彻中央精神。

(二) 坚持中心组学习制度，围绕重大现实和理论问题，围绕教学过程中提出的重要问题，每年至少学习三至五次，视内容和情况邀请有关专家学者参加。学习的有关工作由机关党委具体准备。

(三) 每次学习讨论的内容和时间，事先通知参加学习的同志，要认真准备，踊跃发言，要坚持理论联系实际的学风，注重实际效果。学习情况和成果，要如实送报上级主管部门和院内通报交流，有价值的可在院内外报刊上发表。

二、联系群众

(四) 院领导每年直接听取直属单位的工作汇报。

(五) 院领导每年有计划地召开各种类型的座谈会，听取对学院工作的意见和建议。

(六) 院主要领导同直属单位主要负责人，其他院领导同分管的单位班子成员，每年谈一次心。

(七) 建立调研制度。院领导每年就全院和自己分管工作中的重要问题及群众反映意见大的问题（一、两个），做调查研究，拿出解决办法，提请党组或院办公会讨论。

(八) 通过工会等群众组织及设立意见箱等多种渠道，广泛听取群众意见，关心群众生活。由机关党委办公室负责对群众意见进行登记、转送、答复，并定期公布办理结果。

三、贯彻民主集中制

(九) 坚持党组会议、院长会议、院办公会会议制度，就社院改革和发展中的重大问题，进行民主讨论，科学决策，集体做出决定。

(十) 坚持集体领导与个人分工负责相结合的原则，坚持集体领导、民主集中、个别酝酿、会议决定的工作规则，真正做到讲大局、识大体，发挥好班子的整体功能。

（十一）党组会议、院长会议、院办公会议议题，要适当增加研究思想理论问题的内容，增加研究教学、科研、财务和学员工作中重大问题的内容，减少一般事务性议题。

（十二）党组会议、院长会议、院办公会议的议题，要做出阶段性安排，出“安民告示”。充分做好会议的准备工作，对重要议题要开展必要的调研和协调，有的议题要事先征求有关部门负责同志的意见，形成比较成熟的文件，并提前印发与会者，以提高会议质量和效率。对重大事项和问题的决定，不搞临时动议，要在会前通气、酝酿协商，按民主集中制的原则进行，如意见分歧较大，除紧急情况外，一般暂缓决定，待进一步调研酝酿，交换意见并基本达到共识，再行表决。

（十三）党组会议、院长会议、院办公会议决定的事项要按期认真贯彻落实。落实工作除特殊交待的外，一律由办公室负责督办、催办和检查。办公室要及时将催办落实情况和结果向院领导汇报，并向院直属单位通报，好的表扬，差的批评，不断改进工作，提高办事效率。

四、建立务虚会制度，完善中层干部集训制度

（十四）务虚会每年召开一次，参加范围为党组成员、办公会议成员和直属单位负责人，务虚会的主要内容是，就本学年或某阶段社院改革、发展和建设中的重大问题，进行议论，集思广益，明确思路，统一认识，起到上下沟通、增强团结、推动工作的作用。务虚会的成果，要向全院通报。

（十五）中层干部集训每年举行两次，一般利用寒暑假上班后、开学前的时间。参加范围为处级以上干部和院机关党委委员、支部书记。其主要内容是总结工作，交流经验，研究布置下一阶段工作任务，以达到统一认识，改进作风，提高效率，增强班子的团结和凝聚力的目的。集训的成果，要向全院通报。

五、开好民主生活会

（十六）按中央规定和要求，开好党组每年两次的民主生活会。生活会的内容和时间要事先通知与会人员，要认真做好准备，除特殊情况不得缺席。要借鉴“三讲”教育的做法，预先征求群众意见，开展必要的谈心活动，认真开展批评与自我批评。生活会请中央统战部有关部门同志到会，并将会议情况向中央统战部专题报告，必要时在院内一定范围内通报。

（十七）党组成员要参加分管单位领导班子的民主生活会，还要参加所在支部的组织生活。

六、精简会议、文件，提高办事效率

（十八）精简会议。为了使各直属单位特别是教研部门集中精力抓工作，要严格会议审批制度，从严控制会议召开的次数、规模和时间。院办公会议除特殊需要，基本定在每周一下午召开。全院中层干部会（含通气会），一般情况下一个月召开一次，会议内容要精，讲话要短，会议时间一般不超过两小时。

（十九）精简文件。以院名义印发的文件，要减少数量，提高质量，保证文件的指导性和权威性。有关职能部门印发红头文件、简报，须经院办公会议批准。

（二十）提高办文、办事效率，加快运转速度，向院请示的公文，要急事急办，实行15日办结、答复制度。

（二十一）院领导的外事活动，按有关规定办，严守外事纪律。

中央社会主义学院2000年工作总结和2001年工作要点

（2000年12月）

2000年工作总结

中央社会主义学院在中央统战部和院党组的领导下，高举邓小平理论旗帜，坚持正确的政治方向，认真学习贯彻党的十五大和十五届五中全会精神，积极进取，努力开拓，圆满地完成了教学培训和其他各项工作任务，为落实江总书记提出的“四个更”奋斗目标，培训统一战线两支干部队伍，做出了新的成绩。

一、认真学习江总书记“三个代表”的重要论述，巩固和扩大“三讲”教育成果

1. 认真学习江总书记关于“三个代表”的重要论述。院中心组多次召开专题学习会和民主生活会，深入学习、讨论“三个代表”的重要论述，处以上干部分别撰写了学习体会，在此基础上，院机关党委专门召开全体党员大会，交流了学习心得。通过学习，进一步提高了党员干部的思想觉悟和党性修养，增强了办好中央社院，更好地为统战工作服务的责任感和使命感。

2. 认真学习邓小平统一战线理论，及时传达和学习全国统战工作会议精神。院中心组和各部门自觉坚持学习制度，把学习统战理论与“三讲”教育和学习“三个代表”论述结合起来，与学院的工作实际结合起来，取得了良好的学习成效。在中央统战部第6次邓小平理论学习征文活动中，有6篇论文分别获得一、二、三等奖，机关党委获得组织奖。为了进一步落实江总书记提出的“四个更”要求，社院召开了“学习全国统战工作会议精神，加强中央社会主义学院建设”座谈会，总结经验，明确方向，鼓舞干劲，振奋精神，有力地推动了中央社院的全面建设。

3. 搞好“三讲”教育整改和“回头看”活动。年初社院顺利完成了“三讲”教育后两个阶段的工作，在广泛征求群众意见的基础上，制定了《中央社院“三讲”教育整改实施方案》，并出台了一系列具体的整改方案。紧接着开展了“三讲”教育“回头看”活动，领导班子召开了民主生活会，党员干部认真总结整改工作，进一步巩固了“三讲”教育成果。

二、进一步深化教学改革，加大科研力度，提高教学质量

1. 全年共举办各类班次16期，培训学员682人，上半年克服了学员楼等装修带来的困难，在外租房，坚持办学，赢得了各方面的好评。在教学中，合理制定教学计划，加强教学管理，深化教学内容改革，收到良好效果；努力为学员服务，特别是搞好学员的日常学习、生活的各项服务工作,同时加强学员的思想政治工作,增进交流和沟通,使学员学得安心,学得扎实。

2. 加大科研力度，科研成果显著。一是完成了5项国家级项目：《正确处理社会转型期的人民内部矛盾问题》、《邓小平关于社会主义现代化建设政治保证思想研究》、《中国传统文化与有中国特色社会主义文化建设》、《民主党派参与国家政治运作的程序和方式研究》、《邓小平与马克思主义中国化》。二是完成了14项院级项目和7项室所级项目，发表论文69篇，约30万字。主编8部、合作编写5部统编教材。三是学术活动活跃。受中央统战部委托与内蒙古社会主义学院联合举办了《全国社会主义学院建设与发展研讨会》，与辽宁省社会主义学院联合举办了《21世纪非公有制经济发展与统一战线理论研讨会》，与广东省社会主义学院联合举办了《统一战线与中华民族凝聚力》研讨会。四是加强对外学术交流，全年40余人次参加了国际性、全国性有影响的学术活动。

3. 教学辅助工作有所加强。学报坚持办刊宗旨，努力提高办刊质量，在统战理论和政策的宣传中发挥了重要作用。下半年召开了第四次全国社院学报工作研讨会，总结交流办刊经验，推动了全国社院学报工作的发展。图书馆加强情报信息职能，突出统战特色，编辑出版了《全国社院统战专业图书报刊馆藏联合目录》，提高了服务水平。

三、中华文化学院工作取得成效

中华文化学院加强对内对外交流工作，全年举办各类培训班9期，培训465人，为进一步搞好培训和扩大交流积累了经验。通过参加香港回归三周年文艺活动、上海国际青少年文化艺术节、中日中小企业与私营企业发展学术研讨会、“经济全球化与中华文化走向”国际学术研讨会、“公民与道德”国际学术研讨会和“反台独、求统一、保和平”为主旨的全球华人反独促统大会等国际性会议和活动，学习经验，结交朋友，进一步宣传了中华文化学院。还组织编写了《中华文化丛书》。

四、深化改革，加强管理，进一步提高行政后勤工作效率

1. 认真搞好春秋两季开学和各个班次的开学、结业典礼，加强宣传工作，扩大了社院的社会影响；努力开展中央社院同社会各界和地方社院的交往，搞好信息交流工作；加强了社院的综合治理，保证学院有一个良好的学习、生活环境。

2. 根据中编发［2000］1号文件精神，落实社院“三定”方案，认真做好基础性工作。同时，进一步规范了干部的选拔任用和调配、教职工培训、职工工资福利、机关工作人员的招录、专业技术职务评审、年度考核等工作的管理，并为成立社院后勤服务中心做了大量的综合研究工作。

3. 认真贯彻全国经济工作和财政工作会议精神，做好1999年决算和2000年预算工作；严格部门经费管理，保证资金的合理有效使用；根据财政部和全国政协机关关于“清产核资工作”的安排,进行了院清产核资工作,防范国有资产流失；做好煤改气工程收尾账务结算和学员楼、教学楼、食堂修缮工程的账务管理；配合后勤改革,做好有关的财务工作。

4. 加大后勤改革力度，成立了后勤服务中心。从建立新机制入手，进一步树立服务意识和大局意识，使后勤管理向科学化、规范化迈进。同时，后勤各部门团结协作，努力创收，取得了一定成绩。还调整了部分职工的住房，做好售房工作等，保障了各项工作的正常运行。

5. 关心和重视老干部工作。组织老同志学习党中央重要会议精神和有关文件，及时向老同志通报社院有关情况，通过组织外出考察、新春茶话会、书画活动等，丰富和活跃了老同志的生活。

五、加强基础设施建设，改善办学条件

为了创造更好的学习条件，在中央统战部领导和有关单位的大力支持下，上半年进行了学员楼、教学楼、食堂的修缮工程，在时间紧、任务重、资金未能按期到位的情况下，克服各种困难，按时保质地完成了任务，改善了学员的学习和生活条件，为建设面向新世纪的中央社院提供了硬件保证。王兆国、何鲁丽、刘延东同志视察时，对修缮工程给予了充分肯定。与此同时，附属用房工程工作也有了较大进展。

六、加强机关党的建设和精神文明建设

1. 搞好机关党的建设是完成各项任务的重要保证，社院各级党组织和广大党员干部认真学习江总书记在中央思想政治工作会议上的重要讲话，深刻领会“三个代表”的重要思想，提高理论水平，增强党性锻炼，进一步提高了政治思想素质。

2. 广泛开展了以胡长清、成克杰等重大典型案件为反面教材的警示教育活动，组织党员干部参观打击和预防经济犯罪为主题的展览，观看《胡长清案件警示录》、《生死抉择》等影片，进一步增强了党员干部的公仆意识和廉洁自律意识，有力地促进了党风廉政建设。

3. 加强组织建设，召开了机关党委换届选举大会，总结工作，提出建设规划，选举产生了第三届机关委员会和机关纪律检查委员会，为加强党的建设提供了组织保证。

4. 采取多种形式，推进文明建院。充分发挥各级党组织和工会、共青团组织的作用，开展“保护母亲河”捐植、内蒙古扶贫送温暖、“情系西部，共享母爱”捐款，组织球类比赛、新春联欢会等文化娱乐活动，看望生病、生活困难职工，营造健康向上，团结奋进的良好氛围，进一步推动了学院的精神文明建设。

经过全院同志的共同努力，我们较好地完成了各项工作任务。但是，还有许多工作需要我们进一步去改进和发展，比如：教学工作需要进一步适应新时期统战干部培训的需要；教学与科研要进一步紧密结合；行政后勤改革要进一步深化；职工思想政治工作要有针对性，进一步关心和提高职工生活水平等，使中央社院的工作在现有的基础上再上一个台阶。我们相信，在院党组的领导下，全院职工紧密团结在以江泽民同志为核心的党中央周围，努力开拓进取，中央社院工作一定会取得更大的发展。

2001 年工作要点

中央社会主义学院 2001 年工作的总体思路是：高举邓小平理论伟大旗帜，认真学习贯彻全国统战工作会议精神，进一步落实江总书记提出的“四个更”的要求，以落实“三定”方案为契机，全面加强社院建设，推动社院各项工作再上新台阶。

一、深入学习贯彻全国统战工作会议精神，制订新的发展规划

深入学习全国统战工作会议精神，认真贯彻“认清形势，坚定信念，统揽全局，把握重点，狠抓落实，乘势前进”的工作方针，全面加强自身建设。按照中共中央关于加强和改进学习的要求，转变学风，健全制度，努力把理论学习提高到一个新水平。坚持院中心组学习制度，建立报告会和业务讲座制度，推动全院同志特别是领导干部和教学科研人员的理论学习，重点学好江泽民同志关于“三个代表”的重要论述，学好全国统战工作会议文件，联系实际，深入研究统一战线发展和干部培训的新情况、新问题。在此基础上，研究制订中央社院新的发展规划。同时，组织力量，配合中央统战部四局筹备好全国社会主义学院工作会议。

二、认真落实“三定”方案，加强干部队伍建设

1. 按照中编办和中央统战部的要求，认真落实中央社院“三定”方案。加强院和直属单位领导班子建设，做好直属单位领导干部的调整、充实、交流工作。建立健全各项规章制度，建立新的工作运行机制。

2. 深化干部人事制度改革，试行竞争上岗和干部任用公示制，建立能上能下、公平竞争、优胜劣汰、择优用人的管理机制。

3. 加强干部的培养教育，制定干部培养规划，建立挂职锻炼和干部培训轮训制度，提高干部队伍的素质。

4. 加强老干部工作，坚持座谈会、通气会制度，做到政治上关心，生活上帮助。建设好老干部活动中心，组织开展有益身心健康的各项活动。

三、进一步加强教学工作，改革和完善教学体系，提高教学水平

1. 完善教学布局，逐步建立适应不同层次和不同类型班次的教学体系。提高教学的科研含量、现实针对性和理论的鲜活性。贯彻理论联系实际的方针，发挥学员优势，加大科研力度，深化教学方法改革。办好各种班次，认真完成教学任务。全年办班 20 期，培训学员 1000 人。

2. 加强师资队伍建设，优化师资队伍年龄结构、知识结构和专业结构，有计划地安排教师进修、调研、考察、挂职锻炼和参加学术活动。

3. 加强学科建设和教材建设，推进统战学研究，认真组织好“统战系列丛书”的编写。

4. 坚持从严治校的方针，提高教学管理和学员工作的水平，办好《统战教研参考》，加强教学研究，及时反映学员思想动态和学习、研究的理论成果，有针对性地做好学员的思想政治工作。

四、进一步完善科研课题制度，推动教学科研一体化

1. 完善课题研究制度，加强科研项目、成果、资金的管理，对重点项目重点扶持，进一步提高科研水平。围绕统战工作实际，根据教学需要，选择一些有理论价值和实践意义的课题，进行多角度、全方位的深入研究，推动教学科研一体化。

2. 继续完成承担的国家项目，积极争取新的国家项目。申报中央统战部的研究课题，重点研究中国政党制度和参政党建设问题，认真组织开展学术活动。

3. 加大图书信息资料工作力度，提高《学报》办刊质量，进一步提高为教学科研服务的水平。

五、建立健全制度，加强管理，进一步提高后勤服务工作的水平

1. 按照《国办发［1998］147 号》文件的精神，深化后勤体制改革。服务中心要加强管理，搞好服务，增收节支，提高工作效率。

2. 严格财务制度，执行财经纪律，切实加强财务监管和审计，严格预算开支，提高资金使用效益。

3. 制订新的内部分配办法，打破平均主义大锅饭。

六、搞好基本建设，努力改善办学条件

1. 加快基本建设步伐，加强基础设施建设，修订校园总体建设规划。

2. 搞好中华文化学院综合大楼的立项。

3. 抓紧附属用房工程的申报和开工，积极做好相应的准备工作。

4. 利用旧锅炉房，改造建立一个临时的文体活动场所。

七、努力做好中华文化学院的工作

1. 加强基础建设。筹备建立中华文化学院“董事会”，设立中华文化学院发展基金，酝酿聘请中华文化学院高级顾问和客座教授。

2. 健全工作机构，探索建立相对灵活的办学机制。研究建立各类培训班及其课程设置、招生办法、学员管理、经费管理等制度。继续举办国画班、民营企业管理培训班、海外班。

3. 积极开展学术研究和对外文化交流活动。继续搞好《中华文化丛书》第二辑的编辑出版工作。

八、加强机关党的建设和思想政治工作，促进精神文明建设

结合学院实际，继续贯彻落实《中国共产党和国家机关基层组织工作条例》，认真贯彻执行中央关于廉政建设责任制的规定，认真总结和改进党支部目标管理，切实抓好学院机关党的思想建设、组织建设和作风建设，搞好党风廉政建设，提高基层组织的战斗力，促进文明建院。认真组织好学习邓小平理论征文和纪念中国共产党成立80周年理论征文活动。充分发挥工会、共青团组织的作用，积极开展群众性的文体活动，活跃教职工文化生活。

2001年是中央社院大发展的关键年。全院同志务必要解放思想，求真务实，开拓进取，团结奋斗，以只争朝夕的拼搏精神，扎扎实实地做好各项工作，为巩固和发展中国共产党领导的统一战线事业做出应有的贡献。

关于社会主义学院建设的重要讲话、文章、贺信、题词摘编

党和国家主要领导人的讲话、贺信、题词

邓小平题写校名

1992年6月，邓小平同志亲笔为中央社会主义学院题写校名：

中央社会主义学院

江泽民题写校风

1992年6月16日，中共中央总书记江泽民为中央社会主义学院题写校风：

爱国　团结　民主　求实

贺　　信①

（1992年10月16日）

江泽民

中央社会主义学院的同志们：

在庆祝中央社会主义学院新校舍落成暨纪念建院三十六周年、复校十周年之际，向你们表示热烈的祝贺，向全院师生员工和为社会主义学院的建设和发展作出贡献的同志们，致以亲切的慰问！

中央社会主义学院是在毛主席、周总理等老一辈革命家亲自关怀下，创办的民主党派和无党派人士的联合党校，是统一战线性质的政治学院。今年六月，邓小平同志亲笔为中央社会主义学院题写了校名，这是对统一战线工作的鼓励和支持。

---

① 这是江泽民发给中央社院新校舍落成典礼庆祝大会的贺信。

创办社会主义学院，是一件有远见和深远意义的事情，也是一件有中国特色的事情。建院以来做了许多有益的工作，受到各民主党派和各界人士的共赞同钦。毫无疑义，社会主义学院，必须始终坚持社会主义方向。要认真组织学员同志学习马克思列宁主义、毛泽东思想，中心内容是学习邓小平同志建设有中国特色社会主义的理论，还要学习统一战线的理论方针政策，学习统一战线和各民主党派的历史。坚持理论联系实际，树立爱国、团结、民主、求实的校风。坚持解放思想，立足本职，奋发进取，真抓实干，力争在2000年以前，把中央社会主义学院建设成为更富有自己特色的名副其实的党外代表人士和党的统一战线干部的学习培训基地，使它在社会上享有更良好的声誉，在党外各界代表人士中更具有吸引力，在统一战线的学术研究方面达到更高的水平和应有的权威性。

党的第十四次全国代表大会的胜利召开，是我国社会主义的改革开放和现代化建设发展的一个新的里程碑。我衷心希望社会主义学院在十四大精神指引下，坚定不移地全面贯彻党的基本路线，为坚持和完善中国共产党领导的多党合作和政治协商制度，巩固和发展最广泛的爱国统一战线做出新的贡献。

在党的十四大精神指引下，努力办好中央社会主义学院①

（1992年10月16日）

宋　平②

同志们：

今天中央社会主义学院举行新校舍落成典礼暨建院36周年、复校10周年纪念会，我代表中共中央和江泽民总书记向中央社会主义学院表示热烈的祝贺，向各民主党派、工商联的同志和中央社会主义学院的同志致以诚挚的问候！

中央社会主义学院作为统一战线性质的政治学院、民主党派和无党派人士的联合党校，党中央历来是关心和重视的。36年前，它在毛主席、周总理等老一辈革命家的亲切关怀下创办起来。1982年以邓小平同志为核心的党中央批准复办。十三届四中全会以来，以江泽民同志为核心的中央领导集体对中央社会主义学院的建设和发展倍加关怀。前不久，邓小平同志为中央社会主义学院题写了校名，江泽民同志题写了“爱国、团结、民主、求实”八字校风，并特意为今天的庆祝会发来了贺信。这些是对统一战线工作极大的鼓励和支持。

中央社会主义学院创办以来，特别是近年来，在组织政协委员、民主党派和工商联的

---

① 这是宋平在中央社院新校舍落成典礼庆祝大会上的讲话。

② 宋平，中共中央政治局常委。

领导骨干、无党派代表人士及其他党外干部学习理论等方面做了大量工作，深受各界党外人士的欢迎和赞誉，为坚持和完善共产党领导的多党合作和政治协商制度，巩固和发展最广泛的爱国统一战线做出了贡献。

目前，党的第十四次全国代表大会正在举行。这次大会是在我国改革开放和现代化建设进入新阶段的时刻召开的。全党和全国各族人民都寄希望于这次大会，世界上关心中国的朋友都注视着这次大会。党的十四大，系统阐述了邓小平同志关于建设有中国特色社会主义的理论，制定了今后一个时期的战略部署，号召全党坚定不移地坚持党的基本路线，解放思想，抓住时机，加快改革开放步伐，努力把经济建设搞上去。我们要很好地学习、领会十四大的精神，认真贯彻落实十四大提出的任务。爱国统一战线在建设有中国特色的社会主义宏伟事业中肩负重任，大有可为。社会主义学院作为统一战线事业的组成部分，工作也大有可为。我相信，在十四大精神的鼓舞下，同志们一定会进一步解放思想，振奋精神,把中央社会主义学院工作做得更好，使中央社会主义学院工作迈上一个新的台阶。

下面，我就办好中央社会主义学院讲三点意见。

第一，充分认识和发挥社会主义学院在建设党外代表人士队伍和统一战线工作干部队伍中的作用。

十四大报告中几次讲到统一战线工作。统一战线是建设有中国特色社会主义理论的组成部分，也是建设社会主义民主政治的重要内容。报告强调要巩固和发展新时期的爱国统一战线。这就要求我们有一支同党亲密合作、有声望的党外代表人士队伍和一支政治素质好、业务水平高的党内统一战线工作干部队伍。建立一支跨世纪的党外代表人士队伍，实现新老交替，是90年代统一战线工作面临的一项重要任务。在继续发挥老一代党外代表人士作用的同时，要努力做好新的党外代表人士的工作。在党的统一战线工作干部队伍中，一批长期从事统一战线工作的老同志将从第一线陆续退下，更多的新同志参加进来,迫切需要学习和提高。中央社会主义学院应责无旁贷地承担起这项光荣而又重要的任务，增强责任感，扎扎实实做好工作，为统一战线两支队伍的建设贡献力量。

第二，从实际出发办出中央社会主义学院特色。

中央社会主义学院既不同于普通高等学校，也不同于一般成人院校，学员主要是各民主党派的高中级干部和无党派代表人士。中央社会主义学院办学，无论在教学内容、教学方法，还是师资队伍建设、学制等方面都要体现出中央社会主义学院的特色。教学内容应紧密结合我国社会主义现代化建设和改革开放的实际，紧密结合国际形势和当代社会主义发展的实际，要少而精。要坚持以短期培训为主，以自学为主，以专题研讨为主。在学习中，要理论联系实际，畅所欲言，鼓励学员研究新情况、探索新问题，倡导自己提出问题，自己分析问题，自己解决问题。

十四大提出，用邓小平同志建设有中国特色社会主义的理论武装全党，具有极其重要的现实意义和长远意义。邓小平同志建设有中国特色社会主义的理论，是马克思主义同我国实际相结合的最新成果，是指引我们实现新的历史任务的强大思想武器。对建设有中国特色社会主义的理论，党内同志要学，党外同志也要学。中央社会主义学院要把学习建设有中国特色社会主义理论作为建院的根本任务和教学的中心内容。

要努力学习党的统一战线理论、方针、政策，提高政治、政策水平。我国各民主党派和无党派人士有着同共产党长期合作的光荣历史，在中国革命和建设的不同历史时期做出过重要贡献。建议学习统一战线和各民主党派的历史，学习一些经济知识和现代科学知识，扩大知识面，以提高参政议政能力，更好地为社会主义现代化建设服务。

第三，树立爱国、团结、民主、求实的好校风。

中央社会主义学院要能够很好地承担起自己的任务，必须有一支能够坚持社会主义方向、政治和业务素质好、熟悉党的统一战线政策、有事业心的教职工队伍，有一个好的校风。江泽民同志题写的“爱国、团结、民主、求实”八字校风，言简意赅，具有很强的指导性。一定要按照这八个字，搞好校风建设，各项工作都要体现八字校风。树立良好的校风，非一日之功，需要长期培养。还要建立一套行之有效的制度。

中央社会主义学院的工作要注意多听各民主党派和党外各界人士的意见，和他们一起商量学院的建设和发展大计，研究学院的教学情况。同时，也希望有关部门对学院的建设给予更好地支持。

江泽民同志在贺信中殷切提出，要力争在2000年以前，把中央社会主义学院建设成为更有自己特色的名副其实的党外代表人士和党的统一战线干部的学习培训基地，使它在社会上享有更良好的声誉，在党外各界代表人士中更具有吸引力，在统一战线学术研究方面达到更高的水平和应有权威性。希望中央社会主义学院在党的十四大精神指导下，朝着这个目标，奋发进取，开拓前进。

视察中央社会主义学院时的讲话

（1995年10月19日）

李瑞环[①]

对中央社会主义学院的情况，脑子里原来有一个大体的轮廓，刚才听了汇报，又有了进一步的了解。应该说你们做了大量工作，是有成绩的。今天来这里看了以后，有感而发谈几点想法。

第一，中国的民主政治建设，民主党派的建设发展，决定了社院存在的重要性、必要性和长期性。

我们既不是一党专政，也不搞反对党，而是中国共产党领导的多党合作。这是独具特

① 李瑞环，中共中央政治局常委、全国政协主席。

色的，是非常科学的，是符合中国国情的。二战期间，世界几巨头斯大林、邱吉尔、罗斯福聚在一起，邱吉尔和罗斯福说斯大林搞一党专政，不民主。斯大林说，我们也有民主的一面，你们搞多党制，天天打架，也不行。我国的政党制度同他们都不一样。实行中国共产党领导的多党合作，必须以民主党派的存在为前提。民主党派现在正面临新老交替、接班换代的问题。这个问题已向中央汇报过。今后两年民主党派要着力积极培养高层次、高水平的接班人，建设发展好各级组织。民主党派有了新成员、新领导，才能够继续发展，长期存在。社院的存在与民主党派的存在是相联系的。民主党派里的年轻人增加了，就有一个如何学习、提高的问题，有一个如何理解对待中国共产党领导的多党合作，把这个光荣传统一代一代传下去的问题。因此，办好社院不是一时的权宜之策，而是要长期坚持的重大举措。这是由中国的国情决定的，是巩固和发展爱国统一战线、坚持和完善中国共产党领导的多党合作和政治协商基本制度的需要。

第二，要根据社院的功能、规模来搞社院建设的总体规划。

刚才你们提了许多问题，我看主要是两个：一是钱，二是基建。基建还是钱，这是相联系的。社院的培训对象是哪一级的，什么层次的，每年培训多少人，规模多大，要先定下来。我的基本想法是：小规模，高水平，长流水，不断线。

规模如果搞大了，会带来一系列问题。社院应当有别于党校，应当有统战特色，吃的、住的都要更好一些。来上学的都是党外同志，生活、学习条件要尽量宽裕一些。

规模不要大，但水平要高，层次要高。来这里学习的党外同志，不是一般的普通的干部,比如是不是限在主要培训省一级的、培养党外接班干部这样的层次更合适。

长流水、不断线，就是要正规化。中央党校搞正规化，就是为了消除过去那种热一阵冷一阵的现象。过去让省、部一、二把手到中央党校学习，有的就不去，现在有规定，不去就不行。正规化，一年几期，安排谁来谁就得来。每年每期培训数量多少，要规划好，不能一年全部轮训完，也不能接受一次培训就一劳永逸，再也不来了。中央统战部有关同志要和社院的同志一起研究一下，制定一个详细周全的培训规划。

第三，办学经费问题要作为一个突出问题加以解决。

现在你们的经费挂在政协，和八个民主党派一起，几家一分，一家一点。你们是学校，经费和机关不一样，应该放在院校系列，争取在财政部立一个户头。中央党校、国家行政学院，都是这样。这样可能有难处，但必须争取。由中央统战部和全国政协一起来努力，从根本上予以解决。

第四，要考虑设一个名誉院长。

社院现在的院长是民主党派的一位负责同志，党组书记是中央统战部分管副部长，是不是可以考虑在任人大副委员长、政协副主席的民主党派老一辈领导人之中选一位当名誉院长。这样做有利于提高社院的知名度，扩大社院的影响，再说有些问题请他们出面帮助解决，也会方便得多。

江泽民题词

1996年8月28日，中共中央总书记江泽民为中央社会主义学院建院40周年题词：

坚持正确的政治方向
办好中央社会主义学院

李鹏题词

1996年7月22日，中共中央政治局常委、国务院总理李鹏为中央社会主义学院建院40周年题词：

多党合作谱新篇
风雨同舟创伟业

乔石题词

1996年7月，中共中央政治局常委、全国人大常委会委员长乔石为中央社会主义学院建院40周年题词：

培养民主党派和无党派的优秀人才为巩固和
发展爱国统一战线工作服务

李瑞环题词

1996年8月20日，中共中央政治局常委、全国政协主席李瑞环为中央社会主义学院建院40周年题词：

研究理论　培养人才
促进团结　服务四化

讲话、文章

更好地为社会主义建设服务[①]

（1956 年 10 月 15 日）

吴玉章[②]

同志们：

根据中国人民政治协商会议全国委员会关于组织各界民主人士和工商业者进行政治学习和理论学习的决定，委托中国人民大学创办社会主义学院。在中共中央正确的领导和中国人民政治协商会议全国委员会的深切关怀以及各有关部门的大力帮助和支持下，经过了几个月的筹备工作，今天正式开学了。我特代表全院的同志们表示深深的感谢。由于校舍尚待建设，今年只能采取走读的办法，而且只能招收在京的和虽住外地但能够在京解决房子问题的部分学员，也只能在临时的地址开课。又由于筹备工作仓促，各种条件的限制，同学们的学习条件和工作人员的工作条件还不是很好的，也希望同志们原谅。

大家知道，当前我国已经取得了社会主义革命的决定性胜利。我国人民现时的任务，就是要争取世界持久和平，动员和团结国内外一切可能动员和团结的力量，尽可能迅速地把我国建设成为一个伟大的社会主义国家。社会主义学院，正是为了适应我国社会主义建设和社会主义改造新的政治形势的需要，适应各界民主人士对政治学习和理论学习的要求而成立的。

社会主义学院开设三门政治理论课，即哲学也就是辩证唯物主义与历史唯物主义、政治经济学和中国革命史。此外，还组织一些重要时事政策学习，并适当地组织一些参观。它所招收的学员，多是高级干部。它的目的，是帮助各民主党派和无党派以及各方面民主人士中的高级干部提高政治理论水平，以便更好地为社会主义建设服务。它的学习方法是采取自由、自愿、自觉的原则。

我们社会主义学院，顾名思义就是要学习社会主义，也就是要学习马克思列宁主义。

我们学习马克思列宁主义的目的，是要使我们学会能够用马克思列宁主义的立场、观点和方法，来正确地处理中国革命的实际问题，同时使我们能够正确地有批判地吸取古代优秀的文化遗产。我们不要求死读马克思列宁主义条文，而是要求精通它，然后应用它，

① 这是吴玉章在社会主义学院第一期学习班开学典礼上的讲话。

② 吴玉章（1878—1966），老一辈无产阶级革命家、教育家，中共中央委员，中国人民大学校长兼社会主义学院院长。

精通的目的全在于应用。所以我们要提倡独立思考，联系实际，重视学习质量，为了提高学习质量，我们采取“宁可少些，但要好些”的精神来安排我们的学习。因为少了就能够学得熟学得透。熟能生巧，贪多了消化不了就不会应用，倒不如学得少一点学得好一点，在已学好了的基础上再争取增多。

现在我院的149名学员中，大多是年纪较大的同志，其中很多是参加过“辛亥革命”、“五四运动”的老前辈，现在又是在各部门中担任负责工作的高级干部。他们对于一般学术已经有了修养，又有丰富的社会知识和实际工作经验，有较高的理解能力和独立钻研的能力，对于马克思列宁主义也曾看过一些书籍。但是马克思列宁主义这一种完整的、正确的学说，必须有系统的学习，才会得到它的全貌。理论联系实际，是共产党传统的行之有效的方法，必须大力提倡。只有把马克思列宁主义的普遍真理和中国革命的实践结合起来，才不致犯教条主义的错误。我们在学习中，不仅要联系中国的实际，而且要联系外国的实际，不仅要联系现在的实际，而且要联系过去的实际。我党中央，特别是毛泽东同志，是善于以理论联系实际的，因而能够领导我国革命获得一次又一次的伟大胜利。例如：我国的人民民主统一战线，不仅在长期革命斗争中要继续下去，而且在人民民主专政时期中也要长期继续下去。这是创造性地以理论联系实际的例子。又如革命在全国获得胜利后，毛主席就用“全盘包下来”的办法，使人人都有饭吃、人人有事做，这就是古书上所说：“民吾同胞，物吾与也”、“一视同仁”的气魄。他又说：“不让饿死一个人”，这比“一夫不获，时余之辜”，“使人人各得其所”等古代胸怀更加伟大。因而能团结群众为实现社会主义而奋斗。这也是合乎曾子答孔子门人问所说“忠恕”二字的道理。忠是尽自己的责任，恕是推己及人，也正如孔子所说：“己所不欲，勿施于人”，“己欲立而立人，己欲达而达人”。毛泽东同志善于以社会主义的内容用民族的形式表达出来，善于用民族的成语表达出来，使人感到熟悉而亲切。如“惩前毖后”，“治病救人”，“以其人之道还治其人之身”，“实事求是”，“推陈出新”，“百花齐放”，“百家争鸣”等等都是很好的例子。我们应当用这种方法来学习马克思列宁主义。

几千年来中国的文化遗产是很丰富的，有很多杰出的著作，也有很多伟大的发明创造。如指南针、天文、数学、医药学、印刷术、造纸等等，尤其在思想方面有许多伟大的人物，我们大家所熟悉的要算孔子，他是我国古代最伟大的思想家之一，他和希腊伟大的思想家亚里士多德差不多同时代。现在我把上面所讲“忠恕”二字的关于曾子答孔子门人问的一段故事全部写出来，加上我不成熟的解释意见，以供大家参考研究。《论语》上说：“子曰：参乎！吾道一以贯之。曾子曰：唯！子出。门人问曰：何谓也。曾子曰：夫子之道忠恕而已矣。”旧时的解释说：“尽己之谓忠，推己及人之谓恕。”这固然很好，但是他们两人讲话中的内在联系没有明白说出来，就使人难于了解。假如用现在通俗的话来说就是：孔子叫曾子的名字说：“参啊！我的‘道’用一个‘一’字就可以贯通了。”曾子立刻答复说：“是！”这是表现曾子有深刻的了解。等到孔子出去后，学生们问曾子说：“先生讲的什么？”曾子答复说：“先生的‘道’就是‘忠、恕’两字罢了。”“道”是中国古代哲学家的通用语，它的意义就是“道路”或“道理”，可作“法则”或“规律”解释。孔子和曾子的谈话还可以从《许氏说文》上得到解答，说文解释“一”字说：“‘一’唯初太始，道立于一，造分天地，化成万物。”注解说：“太始就是太极。”《易经》上说：“易有太极，是生两仪”，又说，“一阴一阳之谓‘道’”。这就是说，一个统一（整体）的东西中间包含有两个不同（矛盾）的部分，就是有一阴一阳在其中的所谓“道”的本质。现在我们画的太极图是一个圆圈内画两个相等而不同颜色的鱼的形状，这就是表明在一个东西内包含有两个相反相成的东西。这两个东西在易经上叫做两仪，又叫做“阴、阳”，又可以叫做“天、地”。如老子说：“有物浑成，先‘天、地’生。”因此我们可以说，孔子所说的“一”，就是所谓“太极”的一个统一（整体）物，而曾子所说的“忠、恕”，就是一个统一（整体）物内在的相反相成的两部分“己、人”（矛盾）。这和辩证法“对立的统一”的特征相合。列宁说：“‘统一’（整体）物之分而为二以及我们对其各‘矛盾’部分的认识，是辩证法的本质”。（见列宁《关于辩证法问题》）请看列宁著：《黑格尔〈逻辑学〉一书摘要》的附录，就可以更清楚地了解这个真理。

由此看来，我们如果以马克思列宁主义的理论来整理我国古代学说合理的部分，是可以得到一些收获并且能发扬光大它们。当然不能庸俗地、歪曲地、牵强附会地来证明说马克思列宁主义的辩证唯物主义我国早已有了。因为马克思的辩证唯物主义是在 19 世纪 40 年代，资本主义更发达了，发生周期性的经济危机，而无产阶级已经强大起来和资产阶级斗争的尖锐化，而且得到了一些胜利。这就表明无产阶级是资产阶级的掘墓人，资本主义必定归于灭亡，社会必向共产主义前进。马克思用革命的方法批判地吸收并改造和发展了几千年来人类思想所积累的全部先进成果，才创造性地得出了辩证唯物主义这一伟大的真理。这是时代的产物，是社会发展到资本主义时代阶级斗争更加明显、更加剧烈的时代产物。虽然古代大思想家多少都了解一部分辩证法，但不能说他们已经了解了整个辩证法，更不能说他们已经有了辩证唯物主义。因为他们受了时代的限制，不可能有马克思这样的辩证唯物主义。因此，不能把原始的朴素的辩证法的一些表现与马克思主义的辩证唯物主义混为一谈。这是必须说明的。各位同志马上就要开始学习了，对此一定会感到很大的兴趣。我希望同志们在学习中不仅要和现在的实际联系，而且也联系到古代的历史学说。因为我们这些老同志大半都有丰富的旧学研究，是容易做到的。我所说的如有错误或不妥的地方，还望给予批评纠正。

另外，我还想说明两点，这就是我们的学习方法采取自由、自愿、自觉的原则，是不是连必要的制度也不要了呢？不是的，一些必要的制度，如上课时除特殊情况外不能迟到早退等等，还是应该要的。因为只有这样，才能保证学习质量。其次就是我们的教师虽然比较有系统地学过马克思列宁主义，学到了许多东西，但一般说来都比较年轻，教学经验也还不是很丰富的。我院的学员，一般的对旧学有些研究，因此，在学习中，教师和学员应该是互为师生，互相学习，互相取长补短，使“教学相长”，以求共同提高。关于教学方法和教学计划另有规定，我就不讲了。

同志们，学习是一件艰苦的脑力劳动，必须发扬刻苦钻研的精神。掌握并学会运用马克思列宁主义科学，是一个艰巨的任务，必须老老实实地学习、再学习。科学的道路并不是平坦的，但只要我们努力，科学堡垒是能够攻破并占有它的。因此，我希望我们的学员努力地、勤恳地学习，我们的工作人员努力地工作，提高工作效率，用创造性的态度钻研业务，更好地为教学服务。我想只要全院的同志们同心协力，社会主义学院是能够办好的。

最后，预祝同志们学习好，身体健康。

理论学习与实际联系起来，才有力量，才有创造[①]

（1963年9月10日）

李维汉[②]

主席点名要我讲话，一来是身体有病，正在治疗过程，同时很多情况不清楚，没有准备讲话。据我了解学院办得很好，学过的同学很满意，他们所在的机关也很满意。我们应该感谢吴老和其他参加学院工作同志的努力。政协要办这个学校，中共中央也要办这个学校，中央要统战部多照料一些，实际上统战部没有做多少工作，学院办得好，我们沾了光。所以我今天来，一是祝贺这期开学，也是感谢吴老及学院同志们的工作。

同志们都是来学习马列主义和毛主席思想的，学习马列主义是一视同仁的，没有共产党与非党的区别，一样教，一样学，一样的教材，只要真心学，是可以学到东西的。吴老刚才谈到世界观和方法论，这是很重要的问题。在座的有很多是科学家，搞自然科学的占多数，自然科学家学习马列主义的一天天多起来，这是好现象。十多年来，从中央到地方为各民主党派、各界人士办了一百多所政治学校（临时讲座除外），这一方面表明我们的国家和我们的党总是愿意帮助一切愿意学习的人，给人以学习机会；另一方面也表现了非党人士学习马列主义的愿望。帮助各界人士学习马列主义、毛主席著作，是社会主义革命和社会主义建设的一项重要事业，是我们中国的一个特点。学习马列主义，可以增进我们的思想一致、认识一致，使我们团结得更好。从事科学研究、特别是从事自然科学的人们，认真地进行科学实验、改造自然，是不是会有一些辩证法和唯物论呢？我看是有的，有的人不仅有，而且还很多。这是客观存在，是客观规律，但是是否那样自觉、那样完整，我看不一定，可能有一些自发的、朴素的辩证唯物主义的成分，也有很多资产阶级的世界观和方法论，经过学习，再去进行科学研究、改造自然，就会自觉地运用辩证唯物主义，搞社会科学的人就会自觉地运用历史唯物论，历史唯物主义是辩证唯物主义运用于历史，学习历史唯物主义，可以帮助我们认识人类发展的规律和发展方向。人类向哪里走，社会向哪里走是必然的趋势，是不以人的意志为转移的，帝国主义、资本主义、殖民主义

① 这是李维汉在中央社院第五期学习班开学典礼上的讲话。

② 李维汉（1896—1984），老一辈无产阶级革命家，中共中央统战部部长、全国人大常委会副委员长、政协全国委员会副主席。

一定要灭亡，被压迫的人民一定要翻身，人类一定要走向社会主义、将来走向共产主义，虽然会有挫折和失败，但会一定要向那个方向走。在马克思和恩格斯的时候只有几个人，就发表了共产党宣言，指出了人类发展的方向，中国共产党创立时，也只有十多人，被人瞧不起，但它代表着人类的发展方向、代表着广大人民的利益，虽然一时还不能被人们所认识，在斗争中人民会慢慢地觉悟起来，参加革命队伍。所以认识人类发展的方向，不论对自然科学家还是社会科学家，都是很重要的，认识了社会发展方向，不论出现什么乌云风浪，立场总是可以站稳的。

我们代表着历史前进的方向，代表着最大多数人民的利益，尽管现在力量小一点，还没有原子弹，一个也没有，人家估计我们要很长时间才会有，那是人家的事，修正主义和反动派在估计人民力量时，总是会犯错误的。三国条约很多国家签了字，表面上中国是孤立的，懂得马列主义的人知道中共是表面的少数，百分之九十的人民与我们是一致的，虽然他们现在还认识不清楚，只要我们不动摇，坚定地作宣传工作，他们迟早会觉悟的，代表百分之九十的少数，逐渐会变成多数。我国七亿人民的认识、决心、信心是否完全与我们一致呢？我看要分几类，完全与我们一致的是少数，坚决反对我们的也有，只占百分之几，多数人处于中间状态，处在中间状态的人经过学习教育和实践，会慢慢与我们一致起来，所以现在的少数逐渐会变成多数。

今天国际上的大是大非很突出，马列主义与修正主义斗争关系到人类的命运，不会一下子就结束，斗争的内容很广阔、很丰富，包括了我们的三大主义教育（国际主义、社会主义、爱国主义）的内容。这场斗争是马列主义发展的新阶段，是国际共产主义运动发展的新阶段，在斗争中中国共产党站在最前面，并由毛主席掌舵。我们有幸生长在这个时代，学习起来就更亲切更生动。

是不是也学习一些有关中国共产党的材料，中国共产党是全国人民的领导核心，六条标准中接受党的领导是第一条，认识这个党、认识毛泽东思想是怎样发展来的，对于接受党的领导是有好处的。

理论学习与实际联系起来，才有力量，才有创造，要尽可能联系国内社会主义革命和社会主义建设，联系反对帝国主义、反对现代修正主义，联系民族民主革命实际，还可以联系自己的立场、观点和方法。我们这些人大多数是旧社会过来的，不管我们如何想革命，想做好工作，旧社会的习惯、资产阶级的东西多少都会存在一些，甚至封建主义的影响也有，从社会来看，资产阶级的东西学得还不少，不断在影响我们，所以兴无灭资不是短期可以解决的。毛主席在延安对劳动模范们说：你们脸要天天洗，地要天天扫，这是个比喻，思想要天天打扫，不打扫就要发霉，学习中要自觉地联系自己，把学到的东西与自己的思想比较比较，结合结合，每天搞搞思想清洁卫生，形成一个习惯，使我们能学到东西并巩固下来，继续对我们的思想和今后工作发生影响。社会总要前进，每个人都要进行自我改造。

我们处在伟大的时代，中国共产党在国际上有很大影响，担负着光荣的任务，大家要努力学习，努力工作，好好进行自我改造，多起作用。

最后祝大家身体健康。学习好。

在政协委员高级学习班会见会上的讲话（摘要）

（1984年11月30日）

刘澜涛①

今天我是奉命来的，来的时候是不讲话来的，听听大家的意见，了解些情况。那么既然大家要我讲话，我也就不能不简单说几句。

刚才听了你们的院长孙晓村把社会主义学院的历史、过程、成绩，以及这个班的教学计划讲了一下，讲得很好。社会主义学院是我们国家的一个特殊的产物，恐怕世界上各个国家都没有。它是民主党派联合办的党校，叫社会主义学院。当时有人提议叫毛泽东思想学校，毛主席没有赞成用毛泽东思想命名，我看是有道理的。共产主义是两个阶段，社会主义是头一个阶段，社会主义学院是根据历史的任务定的名字，它是长期存在的机关。你们诸位能够进入社会主义学院学习，我看是很宝贵的。如同我们有些党员到党校学习很高兴一样，你们恐怕也会很高兴。这个中国特殊的产物，有一整套特殊的经验，它和党校，党的培训班不一样，是民主党派联合办的学校。

要办好学校，有三个关键：第一指导思想对头，第二领导班子适当，第三校风要好。社会主义学院的指导思想是为社会主义服务，为祖国服务的，确切地说是为党的总任务服务的。两个文明，三大服务，有个对头的指导思想。二是有个坚强的领导班子，政治上和党中央保持一致，学校领导要有经验，各方面知识开阔。三是校风要好，民主的学习空气很浓厚，教员和学员一样，自我学习，自我改造，学为了用，有崇高的目的，很自觉。我们现在的社会主义学院具备了这个条件，有优良的传统。

你们学院的院长孙晓村是我们党的真诚朋友，有这样好的学院领导人孙晓村领导你们学校，你们是很幸运的。

你们这个班开学是在国家最好的时期开办的，可以说社会主义学院复校以来都是处在党和国家最好的时期来办的。虽然有些问题还没有恢复到最好的时期。党的路线是正确的，把毛泽东思想的很大一部分向前发展了。中央是成熟的，不仅有久经考验的老前辈，还有一些马列主义的年富力强的后辈。这是我们的事业的保证。

---

① 刘澜涛，政协全国委员会副主席。

办好社院是提高统战干部素质的根本性措施[①]

（1987年4月3日）

孙晓村[②]

我完全拥护邓颖超主席在大会开幕时的讲话，讲话不长，但很感动人，我听后增强了责任感，我虽体衰多病，但仍决心要为国家的安定团结，为爱国统一战线的巩固和发展，尽自己的一份力量。费孝通副主席所作的常委会的工作报告和彭友今同志所作的提案工作情况的报告，令人信服地说明我们政协这一年来为祖国的统一大业，为改革开放，为四化建设，为爱国统一战线做了许多实实在在的好事。工作报告中提到中央社会主义学院的情况，有的委员想了解社会主义学院的历史和近几年的情况，我认为有责任向各位委员作一简要的汇报。遗憾的是，我最近身体不好，这篇稿子没有体力和时间请社院的负责同志集体讨论审定，有不妥处，应由我个人负责。

一

1956年，我国基本上实现了社会主义改造的任务，为了适应当时形势的需要，进一步组织和推动党外高级民主人士和高级知识分子学习马列主义、毛泽东思想，进行自我教育和自我改造，当时民主党派负责人倡议举办一所党外人士的学校，名为“毛泽东思想学院”，毛主席对办学表示赞同，并定名为“社会主义学院”。

1956年2月，二届全国政协常委会第二十次会议通过决定：“社会主义学院由本会委托中国人民大学在北京举办，吸收和中共高级党校学员的职务或者级别大体相当的民主人士（包括中央和地方的）分期分批入学。”同年3月，中央统战部向中央书记处报了《举办社会主义学院的实施方案》，方案提出，社院的“校舍和设备与高级党校的标准相同”。4月上旬，党中央批准了该方案。经过半年多的积极筹备，在周总理的亲切关怀下，社会主义学院第一期于1956年10月正式开学。从第三期起，为区别于省、市、自治区地方社会主义学院，改名为中央社会主义学院。

中央社会主义学院从1956年到1965年，共举办了六期。参加学习的有1800余人，学员主要是全国政协委员、民主党派和无党派民主人士以及党外高级知识分子，其中有不少是文化教育、科学技术、医药卫生等各方面的党外著名的专家、学者和社会上的知名人士。

---

① 这是孙晓村在政协六届五次会议上的发言。

② 孙晓村（1906—1992），全国政协常委、民建中央副主席、中央社会主义学院院长。1988年后，任政协全国委员会副主席。

在中央社会主义学院创办后，各省、市、自治区（除西藏外）也都陆续兴办了社会主义学院、政治学校和工商业者短期讲习班。据不完全统计，到“文化大革命”前，全国各地共举办近300所，参加学习的达5万人以上，学员主要是各级地方政协委员、民主党派和各族各界爱国人士。

社会主义学院是一所具有中国特色的统一战线性质的新型学校，是我国民主党派和党外人士的“党校”，兴办这样的学校是我国的创举。“文化大革命”前，它在组织和帮助民主党派、无党派民主人士学习马列主义、毛泽东思想，学习党和国家的路线、方针、政策，提高爱国主义、社会主义觉悟，提高为社会主义服务的积极性，巩固和发展革命的统一战线方面，起了重要作用。但在“文革”十年动乱期间，中央和地方社会主义学院、政治学校都被迫停办、解散，这在社会主义学院的历史上，不能不说是一次难以弥补的重大损失。

二

党的十一届三中全会后，根据新时期的形势和任务的要求，1982年，中共中央书记处决定恢复中央社会主义学院，1983年11月，中央社院在停办18年之后重新开学。中办发［1983］58号文件转发中央统战部《关于恢复各省、市、自治区政治学校的请示》下达后，各地社会主义学院、政治学校也相继恢复，现已复校办学或正在复校筹建的有18个省、市、自治区。

社院的复校办学，是在党的十一届三中全会路线的指引下，进行拨乱反正，开创统战工作新局面所取得的一个新成果。同时，也是标志着社院进入一个新的发展阶段。随着新时期统战性质、任务的变化、发展，今天的社院不完全同于“文革”前的社院，而是在新的历史条件下有新的发展，根据这几年中央社院的办学经验和今后的发展趋势看，主要表现在：

1. 学校性质的发展。中央社院不仅是统一战线性质的学校，“党外的党校”，而且还是统战性质的属于高等院校体系的学校，这就是说，社院只有从过去主要是进行思想改造的基地发展为正规化、专业化、现代化的学校，才能适应新时期统战任务的要求。

2. 办学层次、任务的发展。中央社院除组织党外中上层人士学习马列主义基本理论，党的路线、方针、政策，进行统一战线教育，提高认识、加强自我教育这个主要任务外，还要承担统战系统在职干部的培训，输送符合干部“四化”条件的统战专业人才和进行统战学科建设和理论研究等新任务，成为党外人士学习教育的基地，统战干部培训的基地，统战后备专业人才培养的基地和统战理论教学研究的基地。

办学层次也要逐步多样化：如党外中上层人士研讨班、统战干部进修班、大专班、本科班以至研究生（后三者要视条件逐步举办）。这是使社院逐步走向正规化，也是提高统战干部素质、保证统战工作顺利开展的一项根本性措施。

3. 办学方式的发展。现在要开放办学，与有关院校、科研单位、业务部门密切配合，校内学习与校外参观调查结合，学习与政治协商、民主监督结合，学习与推动工作结合，从而不断提高教学质量。

中央社会主义学院从复校三年多来，在一无校舍、二缺师资的困难条件下，坚持边办学边建校的方针，举办了各种类型的学习班共 10 期。其中：政协委员学习班 3 期，民主党派、工商联新近负责干部学习班 1 期，地方社院干部学习班 1 期，统战系统干部培训班 1 期，地方社院师资进修班 1 期，政协文史干部培训班 1 期，统战系统党政干部专修班（大专班）2 期，参加学习的共 456 人。学员中有全国政协委员，各民主党派、工商联的中央委员，执行委员，省、市、自治区政协委员、人大代表和政协、民主党派、工商联担任秘书长以上领导职务的负责干部（其中有不少是从事经济建设、科学技术、文教医卫等各方面的专家、学者）以及各地社院负责干部 158 人；有统战系统在职的中青年干部 298 人。

通过上述各种类型的班次，我们组织和帮助党外人士和统战系统在职干部学习了马克思主义基本理论，学习了十一届三中全会以来党的路线、方针、政策，学习了党的统一战线理论和政策，以及其他社会科学知识等，几年来的办学实践证明，效果不错，从多数学员反映出来的情况来看，主要收获表现在以下几个方面：

1. 通过学习马列主义基本理论，学习党和国家的路线、方针、政策，提高了运用马克思主义的立场、观点、方法去认识问题、分析问题、解决问题的能力，特别是提高了对建设有中国特色的社会主义和经济体制改革的认识，明确了社会主义精神文明建设和物质文明建设的相互关系，进一步从理论上加深了对党的十一届三中全会以来的路线、方针、政策的理解，认识到它的科学性、正确性。增强贯彻执行党的路线、方针、政策的自觉性。正如有的学员深有体会地说，学习后，思想开阔了，心里亮堂了，认识提高了。还有的学员说，通过学习，理顺了自己头脑中的一些问题，懂得回去以后如何更有效地开展工作。

2. 通过学习党的统一战线理论和政策，了解到马克思主义关于统一战线的基本思想，中国共产党关于统一战线的基本理论、基本政策和历史经验，懂得统一战线是一门科学，是科学社会主义的重要组成部分；明确了新时期统一战线的性质、任务、方针和政策，进一步认识到新时期爱国统一战线的必要性、重要性、长期性，在社会主义建设时期，统一战线仍然具有强大的生命力，仍然是一大法宝。从而使他们提高了认识，转变了思想，增强了做好统战工作的信心和决心。

3. 进一步明确了新时期人民政协、民主党派的性质、任务、地位和作用。学习前，一些新调到民主党派工作的同志，对政协、民主党派在新时期的地位和作用是不太明确的，认为“阶级既然消灭了，政协、民主党派无存在的必要”，学习后，认识到四化建设，统一祖国，对内搞活，对外开放，立足国内，面向港、澳、台，面向海外，这都需要人民政协、民主党派的长期存在，继续发挥作用，不是可有可无，而是任务更加繁重，责任更加大了。

此外，这些学习班为统战系统、民主党派培训了一批中青年干部。近几年来，统战系统、民主党派调进不少中青年干部，他们过去对统战理论了解不多，对统战业务不熟悉。经过学习、培训后，提高了他们的马列主义理论和专业知识水平，增强了他们忠诚党的统战事业的责任感和实际工作能力。结业回去后，大都表现很好，工作积极，水平提高，能力增强，得到各单位的好评，有不少人被提拔、重用，成为骨干力量。

不少党外政协委员和代表性人士通过学习，明确了自己在新时期统一战线中的光荣职责和任务，提高了为四化建设服务的积极性、自觉性，他们各尽所能、发挥所长，以国家主人翁的态度，贡献出自己的才智，为社会主义建设做出成绩。

从社院这几年的教学实践和新时期统一战线的任务看，我们认为，从中央到省、市、自治区恢复和加强社会主义学院工作，办好社会主义学院是完全必要的。

首先，是因为当前我国正处在进行社会主义现代化建设的新的历史时期，我国爱国统一战线也已进入新的历史发展阶段，在新形势下，面临许多新情况、新问题，作为政协委员和民主党派成员，如何更好地认清形势，发挥作用，迫切需要重新学习。

其次，十一届三中全会以来，随着爱国统一战线的深入发展，统战对象的范围扩大了、方面更多了，各级政协委员的人数增加了，政协委员中的党外人士的比例增大了，因此，组织和帮助党外人士学习马列主义、毛泽东思想，学习时事政治和党的路线、方针、政策，这是在新形势下开展统战工作的一项重要任务。

第三，近几年来，各地政协、民主党派、工商联相继建立一些新组织，吸收相当数量的新成员，增加不少新干部，出现了“基层新、成员新、干部新”的“三新”情况。当前统战系统干部正在新老交替，多数干部是近几年调到统战部门工作的“新兵”，他们对统战理论和政策不太了解，对统战业务不太熟悉，甚至对统战工作缺乏正确的认识，要发挥统一战线工作的优良传统，把这方面好的经验传下去，就迫切需要对这些干部加强学习，有系统地对他们进行培训。再者，随着今后改革、开放的推进，“一国两制”的基本国策的实施，更需培养这方面的统战专业人才。

所以，当前加强各级社院的工作，办好各级社院，既是适应新时期统一战线新形势和新任务的客观需要，也是反映各民主党派和党外人士以及统战系统干部的共同愿望和要求。邓小平同志在党的全国代表会议上强调指出，要加强干部队伍马克思主义基本理论的学习。我们认为，办好社会主义学院，对帮助和推动统战系统干部，尤其是党外人士学习马克思主义基本理论，掌握党的路线、方针、政策，做好新时期的统战工作，巩固和发展爱国统一战线，有着十分重要的作用。

三

几年来，中央社院和地方社院在复校办学中，对组织和帮助党外人士学习马列主义、毛泽东思想和培训统战系统的在职干部，虽然取得了成绩，但由于复校时间不长，经验不足，因而在办学的过程中遇到一些实际困难和问题。

首先，是校舍问题。“文革”期间，从中央到地方社院，被迫停办，校舍被占，目前虽然中央社院和一些地方社院已复校办学或正在筹建，但多数是临时租房办学，中央社会主义学院依靠国防大学（原军事学院）挤出几幢楼租借给我们，我们才能开班上课，在此我代表社院向国防大学表示衷心的感谢。没有校舍是普遍的情况，这就严重影响到各级社院的发展，而且花钱较多，经济上很不合算。中央社会主义学院蒙北京市的大力支持，在中央民族学院西北，拨给90亩地，建校工程已开始两年，由于拆迁任务重，又不是重点工程，所以进展较慢。

其次，关于新时期社院的性质、任务和办学方向问题，需要进一步明确。

第三，关于学院的规格问题，目前也不十分明确。

第四，关于社院的编制和经费问题。目前的情况是，普遍存在编制紧，人员少，经费不足的困难。影响教学工作的正常开展。

希望全国政协、中央统战部对社院工作加强领导，分工合作，帮助社院解决工作中的困难，特别是校舍建设、教学队伍的建立以及上述其他的问题。

社会主义学院是各民主党派和党外人士的学校，因此，要办好社院，除自身的主动积极努力外，更需要得到各民主党派、工商联和社会上各方面的积极支持和关心，不只是社院办社院，而要大家办社院，领导重视，自身努力，党派支持，三者缺一不可。只有这样，社院才能得以发展，才能真正办成统战性质的学校，才能适应新时期统一战线形势和任务的客观需要，完成历史赋予新的任务。以上所陈，是否妥当，请各位委员批评指正。

办学要从实际出发，要有特色[①]

(1991年3月12日)

丁关根[②]

(1991年3月12日下午，丁关根同志在中央社会主义学院听取院领导汇报后，对学院建设和发展作了讲话:)

一、在培训统一战线的两支干部队伍中，社会主义学院负有重任

1982年10月中央决定复办社会主义学院，8年多来办了28期，培训了1157名学员，积累了一定的办学经验。因原校舍被移用，大家在比较困难的条件下，边建设边办学。现在新校舍建设有进展，基建投资完成过半，竣工面积过半，明年可望基本完成，到那时办学条件将会大大改善。我们要在充分肯定已有成绩的基础上，看到面临的新形势。要振奋精神，加快步伐，把各项工作进一步抓上去。

宋平同志对社会主义学院很关心，要求把社会主义学院办好。各民主党派也都非常关心。在去年党外领导干部研究班座谈会上，大家一致要求新校舍能尽快建成。统战部确定的今年几项主要任务之一就是要大力加强统一战线的两支干部队伍的培训工作：一是党内的统战干部，一是统一战线内的党外骨干。社院在完成这项工作中承担的任务很重。统战部专门成立了干部培训小组，要认真抓好这项工作。

---

① 这是丁关根在听取中央社院工作汇报后的讲话。

② 丁关根，中共中央政治局候补委员、中央书记处书记、中共中央统战部部长。1992年10月后任中共中央政治局委员。

二、抓紧工程建设，尽快把校舍建成

基建工作，过去说“过五关”，现在要过“几十关”。你们有困难，请提出来，我们帮助去解决。一定要抓紧时间，尽快把校舍建成。搞基建，第一要实用，第二要保证质量，第三要节约资金。在实用、保证质量、节约的基础上，还要注意美观。施工要按工程进度计划办事，要集中力量打歼灭战，使资金很快发挥效益，投入使用。基建工作抓紧与不抓紧大不一样。抓得不紧，老完不了。水、电、气、暖各项设施，要配套完成。各方面的工作都要考虑得细一些。社院校舍的条件还是很好的。我相信学校会培养出更多、更好的人才。

三、办学要从实际出发，要有特色

无论在教学内容、教学方法，还是在师资队伍建设、学制等方面，都要体现出社会主义学院自己的特色。

1. 教学内容与教学方法。现在社院的学习内容有几个方面：①马列主义基本理论。②统一战线理论、方针、政策。③党派历史。④工作研讨。在教学方法上，听课、自学、讨论、实地参观。还可采用电化教学的方法，通过播放领导同志形势报告的录音，知名教授、学者讲课的录像，进行学习。教学要理论联系实际，讲方针、政策，要搞“案例”教学，展开启发式讨论。教师举出具体事例、具体问题，学生各抒已见。这种方法有利于互相启发，活跃思想，推动学习深入。统战部的领导要来社院和学员座谈，要安排这样的课程。学员来自全国各地，统战部要来听取意见，了解情况，既是调查研究，也是沟通思想，有来有往，互相交流，目的是共同把统战工作做好。这是一般学校所不多见的。社院要创造出自己的教学特色。

2. 学制问题。一定要从社院自己的特点出发，从社院刚搭起架子的实际出发，不能和大专院校、高校那样办。培训对象不同、目的不同，教学内容、学制的长短也应有所不同。社院的学制是否先以短期为主，三个月左右，有的可以半年，也可以一二个月。我们培训的对象大部分是在岗位上的负责干部，培训时间不宜太长。建议在三至六个月中间确定培训班学制，太短了，学不完，也不容易“消化”。一二个月的是专题性研讨班。大体按照这样的学制，设计教学计划。

关于两年制统战专业大专班，我们考虑得不成熟。我的想法是对已分配到统战部门工作的大学生进社院短期培训，学习有关统战的专业课程，就不再办大专班了。如果在统战部门中，有些青年同志具备深造条件，工作也有需要，经教委同意，再办也不是不可以。

3. 师资队伍。这是办好学校的关键。有的同志提出建设一支以专职教师为主，专兼结合的教师队伍。我有个想法，供你们考虑。社院需要的教师可能很难调进，因为学员层次高，工作多年，阅历丰富，多数已大学毕业，对教师的要求相当高。在校生人数少，可是课程不算少。各种专业的教师都要配齐，师生比将相当高，教师讲课时数可能相当少。因而我的想法，近期内，逐步配齐专业基础课教师，相当数量的课程可以邀请国内知名学者、教授来校讲课，请统战部门有理论基础、实践经验的同志讲课，聘请他们做社院的客座教授或名誉教授。每年事先商定计划，以便他们做好安排。这样，我们教师队伍的阵容就强大得多了。我相信，会有很多的同志愿意来社院讲课，支持党的统一战线事业。

4. 教材和教学计划。马列理论教材基本可选用党校编写的。统战理论教材，统战部政策理论研究室正在编。教材、教学计划要与学制相结合。对教学培训的经验，要很好总结。要制定各种班次的教学计划，按教学计划确定教材，逐步规范化、制度化。

5. 在校学员规模。新校舍建成后，可安排学员三四百人，一年两期七八百人。学制再编短一点，人数还可增加。从社院性质讲，这个规模不算小。关键在质量。如何招生，需要很好规划。

四、抓好自身建设，树立良好校风

社院要成为学习马列主义、毛泽东思想，学习党的基本路线，学习统一战线的理论、方针、政策的学校。宋平同志讲社会主义学院一定要坚持社会主义，就是要坚持正确的政治方向，坚持四项基本原则，不能搞资产阶级自由化。社院要以此作为办学的指导思想，认真贯彻。

社院抓自身建设，先从领导班子的建设、党的思想、组织建设抓起。在抓紧新校舍工程建设的同时，要抓好学院的自身建设，“同步”进行。做到在新校舍建成之时，也就有了一支思想好、作风好的干部、职工队伍。

学校要有好的校风。社院建立什么样的校风，要和孙晓老、民主党派的同志共同商量，征求意见，明年年初要响亮地提出来，作为办学方针，也是对学生的要求。社院每个教职工更要身体力行，做出表率。

最近，我们在全国统战工作座谈会上提出，统战部机关思想、作风建设“约法三章”：真诚团结，坚持原则，认真负责。强调“五种风气”：学习思考，民主集中，勤奋自强，团结协作，无私奉献。我希望社院在抓基建的过程中，把队伍带好，创造一个良好的新开端，在社会上取得良好的声誉。让我们共同努力，迎接学校新阶段的开始。

最后，请你们转达我对学院全体同志的问候，希望大家很好地工作，把新校舍早日建成，把队伍建设好。请社院领导同志向参加社院建设的工地工人、干部同志表示感谢，感谢他们对社院的支持。

社会主义学院是培训统一战线“两支队伍”的重要基地①

(1992年7月3日)

丁关根

一年多来，中央社院变化很大。今天请各民主党派、工商联和全国政协办公厅的负责同志来，主要是请大家看看社院新校舍建设的情况、并请大家对如何办好社院提出意见。刚才杨纪珂、宋堃同志向同志们作了介绍，大家发表了许多很好的意见。下面我讲几点看法和意见。

① 这是丁关根在听取中央社院工作汇报后的讲话。

一

从老一辈革命家到中央第三代领导集体，十分关心和重视社院的建设和发展。同志们知道，社会主义学院的名称是由毛主席亲自确定，是在周总理的直接关怀下创办起来的。1982年中央书记处批准复办社院。十三届四中全会以来，以江泽民同志为核心的中央领导集体对社院建设很关心，宋平同志有多次重要指示。最近，邓小平同志亲笔为我们“中央社会主义学院”题写了校名，江泽民总书记为社院亲笔题写“爱国、团结、民主、求实”八字校风。这充分体现了老一代革命家和中央领导对统一战线，对各民主党派、工商联，对社会主义学院的关怀和期望，是对我们工作的鼓励支持。我们一定不辜负老一辈革命家和中央的期望，把社院建设好。

90年代爱国统一战线的一项重要任务是建设好“两支队伍”。一支是党外代表人物队伍，一支是统战工作干部队伍。这在《九十年代统一战线部门工作纲要》中列为十项重要工作目标之一。建设“两支队伍”，我们设想搞一个硬件，一套软件。一个硬件就是社院，这是建设统一战线“两支队伍”的重要基地。一套软件初步确定有七项：①《邓小平论统一战线》，这部书比较系统地收入了小平同志关于统一战线的重要论述。小平同志在统一战线方面，继承了毛泽东同志的统一战线思想，又根据新时期的历史条件和时代特点进行了创造性的发展。小平同志关于新时期统一战线的思想，为我们提供了新时期统战工作的基本理论、方针、政策和原则。这部书已出版。②《统一战线工作干部基本读物》，选编了马恩列斯、毛主席、周总理、小平同志、泽民同志等关于统一战线的重要文章、讲话，汇集了马列主义、毛泽东思想关于统一战线理论的经典著作。这部书也已出版。③《九十年代统一战线部门工作纲要》阐明了统一战线的基本指导方针和主要政策，提出了90年代统一战线工作的任务、目标和要求。这个文件中办已批转。④《中国统一战线教程》，由中央统战部和社院合作编写，已出版。⑤统战史，现在版本不少，写民主革命时期的多，写建国以来的少，中央统战部准备博采众长，编写一本。⑥《统一战线工作方法论》，正在抓紧进行。⑦统战工作100例，设想通过典型事件的回顾与研究，阐述党的统一战线方针政策、工作方法、优良传统和经验教训，从中有所借鉴，获得教益，现正着手编写。在建设“两支队伍”工作中，各民主党派、工商联和各界党外人士对社院寄予很大期望，统战部门、统战工作干部和全国各地社院也寄予很大期望。我们要扎扎实实做好社院的各项工作，为建设“两支队伍”积极做出贡献。

前一段社院工作做出了明显成绩。比较突出的有三点：一是基建工作抓得紧，主体工程进展顺利，有望按期完成。中央批准复办中央社会主义学院快10年了，真正把基建搞起来是近一年多，现基本成形。教学楼、学员楼、食堂先期交付使用，办公楼、图书馆、礼堂即将陆续竣工。有了这些基础设施，加上我们已有一支教学和管理队伍，社院的工作大体能够正常运转起来了。

二是边基建，边教学，按照确定的教学方针和规划，取得了新的进展。教学是学院的中心工作。从统一战线和社院实际出发，重点办培训班、研讨班，学制以短期为主，实践证明这是恰当的，有效的。去年9月，校内开始办学，实行3个月的新学制，教学质量好于往年，可以说朝正规化办学的方向迈出了可喜的步子，取得了一定的经验。

三是切实加强了自身建设。去年我们提出基建和自身建设“同步”进行，现在看做得比较好。自身建设中首先是领导班子建设。经过调整后的新的社院领导班子是得力的，杨院长和同志们坚持正确的政治方向，责任心强，工作勤奋，真抓实干。在同志们的带动下，机关干部、教师、职工队伍和校风建设也有进步。

在此，请允许我代表中央统战部向全院的同志，向为建院付出辛勤劳动的所有同志，表示衷心的感谢和问候！

当然，我们也必须看到，中央社院的各项工作还处在起步阶段，还有不少问题需要很好地研究解决，大量的艰巨的工作还在后头，再继续努力，进一步加强工作。

二

现在全党都在学习和贯彻邓小平同志的重要谈话和泽民同志6月9日在中央党校的讲话精神。小平同志谈话的中心思想是：必须坚定不移地全面贯彻执行党的“一个中心、两个基本点”的基本路线，解放思想、实事求是、放开手脚、大胆试验，排除各种干扰，抓住有利时机，加快改革开放步伐，集中精力把经济建设搞上去，不断地把有中国特色的社会主义事业全面推向前进。江泽民同志最近在中央党校的讲话，阐述了学习贯彻小平同志谈话的重大意义、中心思想和精神实质，作了科学的概括和阐述。认真学习江泽民同志讲话，对于深刻领会、全面落实邓小平同志的重要谈话精神，进一步统一全党的思想，把改革开放和经济建设搞得更快更好，有着重要的指导和推动作用。

小平同志的谈话，鼓舞了全党全国人民，各方面的积极性空前高涨。在全国出现了加快改革开放和经济建设的大好形势。今年，夏粮丰收。工业总产值1—5月平均增长17.9%。1—5月国民生产总值增长11.3%。企业技术改造步伐加快。市场供应充足，进出口贸易持续增长，利用外资明显增加。居民收入继续增加。总的看，各方面的工作都有前进，最令人高兴的是大家精神状态好，都在努力把经济建设搞上去。小平同志的谈话，对增强党的凝聚力，对调动全国人民的积极性，起了巨大的作用，是最有效的思想政治工作，也是最有力的统一战线工作，意义十分深远。当前，我们要把广大群众的积极性引导好、发挥好。要解放思想，实事求是，真抓实干，少说空话，多办实事，鼓实劲，出实效。要加紧转换国营企业的经营机制，政企分开，把企业真正推向市场，要使我们的经济从粗放型转向集约型；要加快调整经济结构，把好投资方向，避免重复建设，大力发展第三产业；要坚持科技是第一生产力的方针，促进科技进步，加强技术改造，提高经济效益。要转变政府职能，机构要精简，计划要改善，市场要扩大，宏观要管好、微观要放活。总之，要认真贯彻小平同志谈话精神，思想要解放，工作要扎实，改革开放的步子要加快，上台阶的意识要增强。脑筋要活，思路要正，走出一条既有高的速度又有好的效益的国民经济发展路子。

在加快改革开放和经济建设的新形势下，统一战线的任务加重，领域拓宽。统战工作为经济建设、改革开放服务的潜力很大，要充分发挥统一战线专家学者多、社会联系广、海外交往多等优势，更好地为经济建设、改革开放服务。同时要继续为维护团结、稳定的政治局面服务。我们中央统战部、社院和各民主党派、工商联的同志都要努力学习小平同志、泽民同志的讲话精神，解放思想，实事求是，奋发进取，真抓实干，更好地适应新形势的需要，使我们的工作迈出新步伐，登上新台阶，做出新贡献。

三

关于社院的性质、任务和建院方针，《九十年代统一战线部门工作纲要》中已经作了明确表述。中央社会主义学院是统一战线性质的政治学院，民主党派和无党派人士的联合党校。社院的任务是：培训党外代表人物和统战工作干部这“两支队伍”中的骨干。办社院是中国特色，在世界上独一无二。社院的建院方针可否这样提：坚持党的基本路线，理论联系实际，高标准、严要求，办出自己特色。这个提法是抛砖引玉，请社院同志研究，也请各民主党派、工商联的同志研究。社院的校风就是江泽民同志的题词：“爱国、团结、民主、求实”。这是和大家共同商定的。

随着社院即将建成，社院的工作重心将由基建和教学并重转到更加注重教学；教学工作将由试验、探索逐步走向正规化；管理工作包括教学管理、行政管理、后勤管理等，就是说整个社院的建设都要进一步达到规范化。这个时期的工作非常紧张，也非常有意义。这里，我讲十条意见，供同志们参考。

第一，爱护校园。千辛万苦建校，很不容易，希望大家倍加珍惜和爱护。与此同时要搞好绿化、美化，保持校园整洁、舒适，采取措施加强对建好的各项设施的管理和保养，为学员提供一个良好的学习环境。

第二，制定校规。学院正规化、规范化，必须有一整套制度。没有规章制度的约束，任何管理都无从谈起。要从社院的实际出发，制定一本校规，做到有章可循。校规制定后，无论是教职工还是学员，都要严格执行，共同遵守。

第三，建设校风。对“爱国、团结、民主、求实”八字校风，要深入宣传，身体力行。

八字校风思想性很强，言简意赅。

爱国，是我们现阶段统一战线两个范围联盟的共同政治基础，是对统一战线成员最基本的要求。弘扬爱国主义精神，是实现中华民族大团结，共同建设有中国特色社会主义的强大动力。爱国主义不是抽象的，在不同历史时期有不同的内容。当代中国，爱国主义与社会主义本质上是统一的，在爱国旗帜下团结愈广泛，对社会主义建设愈有利。

团结，是统一战线的基本宗旨。统一战线的全部工作，归结起来就是：团结一切可以团结的力量，调动一切积极因素，化消极因素为积极因素。

民主，是建设有中国特色社会主义的根本目标之一。没有民主，就没有社会主义，也就没有爱国统一战线的巩固和扩大。

求实，是我们党的优良工作作风。力戒形式主义，真抓实干，少说空话，多办实事，才能使我们的事业取得成功。我们的培训要实在，见实效。

树立八字校风非一日之功，需锲而不舍，长期养成。社院的教学、管理等各项工作都要体现八字校风。尤其一开始就要抓好，这一点非常重要。

第四，抓好教学。提高教学质量是办好社院的关键问题。去年我讲过，社院办学，无论在教学内容、教学方法，还是师资队伍建设、学制等方面，都要体现出社院的特色。

社院教学的主要内容是马列主义、毛泽东思想基本理论，邓小平同志关于建设有中国特色社会主义的理论，统一战线的理论方针政策和统一战线、各民主党派的历史。当前和今后一个时期，要很好地组织学习小平同志的重要谈话、中央政治局全体会议精神和泽民同志在中央党校的讲话。十四大之后，还要认真组织学习十四大文件。十四大后各民主党派要换届，民主党派的培训班还要组织学习民主党派的文件。学习的内容很多，关键是要理论联系实际。刚才万国权同志说，学员反映灌得多、讨论少，要很好地解决这个问题。据说中组部的干部培训中心办得不错，采用启发式、讨论式教学，时间不长，效果很好。建议社院的同志去了解一下，学习人家的长处。

关于开设大专班、研究生班，培养统战专业硕士、博士研究生问题，可以作为一个设想，现在一方面条件不完全具备，一方面培训的任务很重。现有的一套比较成熟了，社院的信誉建立起来了，各方面的条件具备了，再办不迟。近期还是应集中精力搞好短期的培训班、研讨班。还可以办一些专题性的短期研讨班。如专题交流、讨论怎样加强参政议政，怎样更好地贯彻党领导的多党合作和政治协商制度等等。办班形式可以多样化。

关于师资队伍建设，总的还是专兼结合。专职教师一定要专业对口，结构合理，少而精。中央社院的教师队伍，质量在全国应是一流的。当然这是指专职和兼职两部分。单讲专职，显然够不上。把兼职的包括进来，社院教师队伍将是非常强的。这支队伍有三个方面：一是民主党派和工商联中有大批专家学者，很多同志都是大学者，造诣很深。二是全国各地社院中有一批高水平的教师，可以邀请他们来讲课。三是统一战线部门中也有既有理论又有实践并能担负教学任务的干部。我们可以请他们来讲学。还可以请中央、国务院有关部门同志到校作专题报告或讲课。关键是要把兼职教师很好地组织起来，尽快确定特邀、聘请客座教授、名誉教授的名单，请求他们给予支持，并建立起联系，尽量在他们感到方便的时候，请他们来讲课。

第五，加强研究。社院在办好教学的同时，应加强统一战线基本理论和统一战线历史的研究。社院的学报在理论研究上有一定深度，要总结经验，办得更好。研究和教学应紧密结合。社院的研究工作重点应当和统战部政策理论研究室、民主党派中央机关研究部门有所区别，各有侧重，协调配合。统战部政策理论研究室要加强与社院的联系。我的想法，统战部研究室主要负责组织、协调、规划，把全国统一战线的研究力量组织起来，统筹安排，工作中更多的是政策性研究。社院可以多进行一些理论性研究，学术性可更强一些。社院的研究队伍要逐步充实。可否将来把中国统战理论研究会办事机构放到社院，请有关同志考虑。

第六，优质服务。要千方百计做好后勤保障工作，为教学工作、为学员、为教职工提供良好服务，特别是使学员在学习和生活上感到满意。社院的服务人员，要经过培训，实行挂牌服务，微笑服务。

第七，突出特点。社院的一切工作都要紧密结合社院的实际，有自己的特点。要处处从培训对象的实际来考虑，不能照搬高校的做法，刚才看了一些设施，感到有些方面不适合社院的学员，如图书馆的楼梯太陡。社院的学员不是20岁左右的大学生，大都是40岁、50岁以上的人，楼梯应当平缓些。还有一点要引起注意，不能走小而全的路子。今天《光明日报》有篇文章，题目是《现在还想万事不求人吗?》，建议同志们认真看一看。社院在校学员规模是400人，可能经常达不到400人，又是短期培训班、研讨班，搞小而全就形不成规模效益，还会造成非教学人员过多。图书馆也要体现社院特色，可多订些报刊供大家阅览。进书应理论方面的为主，特别是统一战线方面的书。社院距北京图书馆很近，其他方面的书可以去借阅。

第八，抓紧建成。现在有的工程还未竣工，要继续抓紧，注意质量，严格验收。主要工程建完之后，还有些配套工程，要精打细算，合理安排。再建一栋职工宿舍楼是必要的，建车库也是需要的，其他的要严格控制。

第九，勤俭办学。我们党向来提倡勤俭办一切事业。办学要本着勤俭的原则，少花钱，多办事，切不可大手大脚，铺张浪费。国家财力有限，我们一定要节约。既要给国家省钱，又要把学院办好。社院的机构要符合精简、高效的原则，一定要精干，决不能搞得臃肿，从一开始就要十分注意这个问题。进人要集体讨论，一定要掌握好。千万不能把摊子铺大，要集中精力把学院管理好。

第十，机关建设。要进一步加强领导班子和职工队伍建设。去年我们提出领导班子约法三章：真诚团结、坚持原则、认真负责。社院领导班子的结构是很好的，各自的水平、经验、能力都不错。班子最重要的是团结。一班人团结一致，可以创造出大于个人能量之和的动力。亚里士多德的名言，整体大于局部之和。前提条件是团结。同志之间一定要提倡顾全大局，信任互助，宽容谦让，共同把工作做好。坚持原则是领导班子必备的素质，也是增进团结的基础。认真负责，就是要有事业心，责任感，要以对统一战线事业高度负责的精神对待工作，要做出好成绩来。在社院的起步、创业阶段，尤其要提倡每个班子成员主动想问题，自觉抓工作。要认真加强教职员工队伍的建设，切实关心职工的生活。

按照计划，10月15日将举行新校舍落成典礼，同时庆祝社院建院36周年、复办10周年。现在距10月15日还有3个多月，时间紧，工作多。建议同志们制定一个工作计划，精心安排，责任到人，确保落实。

最后，希望同志们奋发进取，兢兢业业，脚踏实地，真抓实干，以出色的工作成绩，迎接党的十四大胜利召开，为巩固和发展爱国统一战线做出贡献。同时希望全国政协、各民主党派、工商联对社院的工作给予更多的关心和支持，多给社院提意见，提要求。建议社院加强与各民主党派联系，定期通报情况，征求意见，这应形成制度。

社院建成指日可待，社院将来要办成一个什么样的学校，建议大家认真讨论。初步考虑，社院的目标是否可以这样提：在2000年以前，把中央社会主义学院办成有中国特色的、全国第一流的、在社会上享有良好声誉的、在党外各界代表人士中具有吸引力的、在统一战线学术研究方面具有一定权威性的这样一个建设统一战线两支队伍的培训基地。这个提法现在先不作定论，待大家研究讨论后，社院落成时正式确定。这个目标可以说相当高,但并非高不可攀。我提议，从现在起，我们就要树立雄心壮志，朝着这个目标前进。

坚定社会主义信念，提高政治思想素质[1]

（1992年10月16日）

杨纪珂[2]

各位领导、各位来宾、同志们：

在全国人民深入学习贯彻邓小平同志南巡重要谈话精神，举国热烈庆祝中国共产党第十四次全国代表大会胜利召开的日子里，中央社会主义学院迎来了新校舍落成和建院36周年、复办10周年。今年6月，德高望重的邓小平同志亲笔为我们题写了“中央社会主义学院”的校名，江泽民总书记为我们题写了“爱国、团结、民主、求实”的八字校风。今天，宋平、李锡铭、丁关根等中央领导同志，全国人大、全国政协、中央统战部、各民主党派中央、全国工商联、中央和国务院有关部委、中央党校的负责同志，北京市委、市政府、市政协的负责同志，以及各地社院的同志们，欢聚一堂，共与盛会。刚才，丁关根同志宣读了江泽民总书记的贺信，宋平同志代表中共中央作了重要讲话，领导同志们为我院新校舍落成揭幕，这都充分体现了老一辈无产阶级革命家和以江泽民同志为核心的中共中央对爱国统一战线、对中央社会主义学院的亲切关怀和殷切期望，体现了各民主党派中央、全国工商联和无党派人士对中央社会主义学院的热情支持，标志着中央社会主义学院进入了一个新的发展阶段。借此机会，请允许我代表中央社会主义学院，向在座的各位领导和同志们表示崇高的敬意和衷心的感谢！感谢中共中央对学院建设的重视和关怀，感谢中央统战部、全国政协、各民主党派中央、全国工商联、中央和国务院有关部委对学院的关心和支持，感谢北京市委、市政府及有关单位对学院工作的支持和新校舍建设工程的帮助，感谢大家光临我们隆重的庆祝大会！

中央社会主义学院是在毛主席、周总理等老一辈无产阶级革命家的亲切关怀下，经中共中央与各民主党派和无党派民主人士协商，于1956年创办，并由毛主席亲自命名。创建之初，学院的教学实施方案、教学原则和校舍建设，都是经周总理批准确定的，1956年到1965年，共举办6期学习班，有1800多名民主党派和无党派民主人士入校学习，对提高他们的社会主义觉悟，巩固和扩大统一战线，发挥了重要作用。

中共十一届三中全会后，在邓小平同志的关怀下，中央书记处于1982年2月，决定复办中央社会主义学院。从此，学院的历史揭开了新一页。复办10年来，学院按照中央统战部和全国政协的要求，坚持边基建边办学，共举办了不同类型的班次40多期，培训学员1600多人，为建设统一战线两支队伍、发展新时期的爱国统一战线做出了应有的贡献。

---

① 这是杨纪珂在中央社院新校舍落成典礼庆祝大会上的讲话。

② 杨纪珂，致公党中央常务副主席、中央社会主义学院院长。

回顾学院的历史，我们深深体会到，中央社院每一步建设和发展，都离不开中共中央的亲切关怀，离不开老一辈革命家的辛勤抚育，离不开民主党派和无党派人士的竭诚支持，离不开各有关部门的热情帮助。中央社院前任院长吴玉章、孙晓村两位老前辈为社院的建设竭尽心力，我们永远缅怀他们的历史业绩。中央社院的全体教职员工为学院的各项建设也付出了辛勤劳动，为党的统战事业默默无闻地做出了贡献，在此我向全体教职员工表示衷心的感谢！一些专家学者和有关部门、民主党派的负责同志大力支持社院的教学工作，无保留地传授他们丰富的学识和经验，为学院增添了光彩，我代表中央社院向他们表示诚挚的谢意！

中国共产党第十四次代表大会胜利召开，标志着我国社会主义的改革开放和现代化建设进入了一个新的阶段。爱国统一战线在实现建设四化、统一祖国、振兴中华的总目标和实现国民经济第二步战略目标的历史任务中，担负着光荣的历史使命。中央社会主义学院作为民主党派和无党派人士的联合党校，作为统一战线性质的高等政治学院，在新的历史时期担负着建设统一战线两支队伍的光荣任务。

江泽民总书记的贺信和宋平同志代表中共中央作的重要讲话，为我们进一步办好中央社会主义学院指出了明确的方向，提出了很高的要求。我们要组织全院同志认真学习、深刻领会这些重要指示精神，特别是学院的领导干部首先要学习好，并坚决贯彻落实到学院的工作中去。我们一定要做到：

第一，深入学习、认真贯彻中共十四大精神，用邓小平同志建设有中国特色的社会主义理论指导工作，统一思想，振奋精神，勇于开拓，坚持党的基本路线，理论联系实际，高标准严要求，办出自己的特色，是我们的建院方针。我们要为推进社会主义现代化建设和改革开放服务，为坚持和完善中国共产党领导的多党合作和政治协商制度服务，为巩固和发展最广泛的爱国统一战线服务，努力开创中央社院工作的新局面。

第二，进一步加强对统一战线两支队伍的学习培训工作。要继续发扬统一战线自我教育的优良传统，坚持理论联系实际的原则，按照邓小平同志提出的“学马列要精，要管用”的精神，组织学员认真学习马列主义、毛泽东思想的基本理论，特别是学习邓小平同志关于建设有中国特色的社会主义理论；学习党的统一战线理论和方针政策。不断加深对建设有中国特色的社会主义理论和实践的理解，增强贯彻执行党的基本路线的自觉性，坚定社会主义信念，提高政治思想素质和参政议政能力，以适应90年代统一战线工作发展的需要。

第三，加强校风建设。“爱国、团结、民主、求实”的八字校风，体现了统一战线的传统和特色。爱国，是新时期统一战线两个范围联盟共同的政治基础。在当代中国，爱国主义与社会主义本质上是统一的，主要表现为献身于改革开放和建设社会主义、促进祖国统一的事业。团结，是统一战线的基本宗旨，我们要更紧密地团结在中国共产党的周围，共同致力于社会主义现代化建设。民主，是社会主义的本质特征。没有民主，就没有社会主义，也就没有爱国统一战线的巩固和扩大。我们要努力创造团结、民主、和谐的环境，鼓励学员敞开思想，畅所欲言，自由研究，民主讨论，推动学习的深入。求实，是我们的优良传统，要继续坚持和发扬理论联系实际的学风，培养实事求是的思想作风。总之，要以“八字”校风来规范全院师生的言行，从严治校。

第四，为了完成党赋予的光荣使命和重要任务，要进一步加强学院的自身建设，不断改进工作，首先要建设好领导班子。领导干部要真诚团结，顾全大局，坚持原则，认真负责，真抓实干，做出实绩。二要建立一支有较高水平的专兼结合的师资队伍。发挥统一战线专家学者多、社会联系广的优势，充实师资力量。三要有计划地开展统战理论的研究工作，推动教学工作的深入，把学院办成统战理论研究和宣传的一个重要阵地。四要建立一支政治素质高、思想作风好、业务能力强的干部职工队伍，提高工作质量，实现优质服务。五要建立健全规章制度，形成一套行之有效的、有利于培养人才、多出成果的运行机制，把各项工作纳入正常有序的轨道。

我们决心在中共中央的领导和中国共产党第十四次全国代表大会精神指引下，力争在2000年前，把中央社会主义学院建设成为更富有自己特色的名副其实的党外代表人士和党的统一战线干部的学习培训基地，使它在社会上享有更良好的声誉，在党外各界代表人士中更具有吸引力，在统一战线的学术研究方面达到更高的水平和应有的权威性，全院同志都要为实现这一目标而努力奋斗！

我们必须下力量培养更多真诚合作的党外干部[①]

（1994年3月26日）

王兆国

刚才听了社院党组宋堃同志的汇报，几位领导都讲了话，我也讲几点意见。

首先要充分肯定中央社院38年，特别是近几年来为培养各民主党派、无党派人士中高级干部和统战干部所做出的贡献。历史上，民主党派的许多著名人士都到社院学习过；到省里，也常听到许多人说在中央社院学习过。他们都在国家一级、省部一级、地区一级的政权机构中工作，有副部长、副省长、副专员、副县长，也有正副厅局长。培训这支队伍，使他们在各自岗位上与共产党密切合作，在工作上更好地贡献自己的力量。这说明社院工作取得了很大成绩。因此，非常感谢社院的领导、教师和职工所做出的努力。

中央社院历史悠久。中央社会主义学院是毛主席定的名，周总理确定的办校方针。1992年6月，邓小平同志为中央社会主义学院题写了校名，江泽民总书记题写了校风，即“爱国、团结、民主、求实”八个字。1992年10月新院址落成时，隆重举行了中央社会主义学院建校36周年、复校10周年纪念大会。江泽民同志发来《贺信》，宋平同志代表党中央讲了话。丁关根同志前两年亲自抓社院工作。这些都说明中央非常关心社院的建设。

---

① 这是王兆国在听取中央社院党组工作汇报后的讲话。

刚才宋堃同志和其他几位同志讲得很好。提出的问题，回去要抓紧研究，采取措施；如有必要，可以再开一个这样的会。对提出的问题我就不一一说了。下面我谈几点看法：

一、新时期社院的地位、作用更重要了

党中央要求把社院办得更好。新时期社院工作更重要了。党的老一代领导人，毛主席、周总理、刘少奇同志等，他们从抗日战争开始，就同各民主党派建立了友谊，团结合作，共谋救亡图存之伟业。建国以后，在和平建设时期，我们同各民主党派之间经常就重大国事进行协商。同心同德，和衷共济，建立了深厚的感情。新时期，建设好社院，就要培养更多的拥护党的方针政策、和共产党真诚合作的党外干部。

我们过去二十年的建设，有成功的经验，也有失误的教训。党的十一届三中全会以来，在邓小平同志提出的以经济建设为中心，坚持四项基本原则，坚持改革开放的党的基本路线指引下，国家的经济建设取得举世瞩目的成就。我们经过十几年的努力，经济体制要向社会主义市场经济体制转变，这个变化非常大，是大的改革，是第二次革命，这是邓小平同志讲的话。我国的改革，第一是成功的、世界瞩目的；第二是平稳的、渐进发展的。今年的改革，是全面的改革，有些方面还要有突破性进展。改革会给人们带来实惠，也会引起利益格局的调整。各行各业都会受到改革的影响，都应积极参与这场改革。改革，需要全党的团结，需要各民主党派、各民族的团结。大家齐心协力，改革才能不断向前推进。改革不是一出文件，问题就都解决了，这是不可能的。成绩是主流，也必须认识到会产生一些新问题，所以也必须解决好改革中的问题。民主党派、工商联、无党派知名人士，请他们来学习党的方针政策，积极做工作，这是新时期总目标、总任务的需要。我们做这方面的工作，要积极培养新的党外干部。

同时，国际、国内形势的变化，也需要加强培养干部。戈尔巴乔夫把苏联搞得亡党亡国，解散苏联共产党，国家也解体了。这个形势对我们有影响。全国人民都受到教育，包括“六·四”时情绪偏激的学生。他们说：“苏联解体是灾难性的后果。”西方要“西化”、“分化”我们，往往利用人权、民族宗教等问题挑起事端，所以，我们更需要培养和我们真诚合作的党外干部队伍。这说明新时期社会主义学院的地位、作用更重要了。作为领导干部，如果看不到复杂的局面，看不到培养人才的重要作用，是会吃大亏的，而且必须早做工作，长期坚持不懈地去做这项工作。

中央是下力量要把社院建好的，我们必须下力量培养更多真诚合作的党外干部，在政治上坚定的，同共产党密切合作的，有一定理论水平、工作能力的党外领导干部。

二、社院的领导和教师队伍必须加强

这些年，社院的班子做出努力，付出辛勤的工作，完成了培训任务，成绩要充分肯定。新时期社院的任务更重。社院的班子要加强，师资队伍要加强，这是形势的需要，任务的需要。因此，让宋堃同志坐到社院来，任涛同志是多年搞理论研究的，何乃光同志在地方搞过教学，又调来两位较年轻的副院长，即于泽荣、姜汝真同志，他们是办过大学的，都有比较丰富的经历和经验，这个班子是加强了。

社会上有复杂的一面，也会反映到社院干部职工队伍中来。有问题就要抓，有的问题事先要讲清楚。前两年社院抓出六个人，大都是搞基建贪污受贿的。干部职工队伍中，有什么问题就抓什么问题，对各级领导干部更要严格要求。

还有，班子内部有些不同意见，对教学的也好，对管理方面的也好，干部不同的地方，可以理解。一个班子来自五湖四海，都是党和国家干部，要团结一心，把工作做好，有不同看法是正常的，看问题角度不同，大家要互相谅解一些，通过协商解决问题。班子建设最关键，是办好社院的关键。我对建设好社院是有信心的。

关于处理好与政协、各民主党派中央的关系等问题，社院提出建立院务委员会，这个办法也不是不可以考虑。

三、培训对象的来源要扩大

现在的关键是,招生计划下通知后,培训对象不来,或来的很不齐。这要出主意,想办法。培训对象要明确,让他来就必须来。要充分利用这个地方,你们要不间断地办学,计划以内的可以办,计划以外的也可以办。培训社会上来的对象,也是统战工作,如好多台资企业人员,没有经过训练就当经理,这怎么行呢?要充分利用社院这个地方,做法可以活一些。

非公有制代表人士培训班办了三期。个体劳协、非公有制企业、商会的都有，关键是工商联这个民间商会。要从地方上组织好，提高他们的政治素质。他们赚了一些钱，但是政治水平、政策水平不高。今后应提出，他们要进组织，进私营经济协会、个体劳动者协会，属哪级的到哪级学习，分期分批地轮训。经过培训，发结业证，否则，不让入会。现在我们提出，非公有制经济代表人士要为社会主义经济做贡献，还要为两个文明建设做贡献，这就要求有一定的培训教育，否则很容易出问题。应该说，他们绝大多数是好的，个别的有些问题。因此，一定要教育。在面上也要教育，有关社会影响的问题。各省的社院，也要认真对党外人士组织学习，进行教育。个体劳协、私营经济协会、工商联，要把有没有经过培训作为一种考核指标。否则忽视了对这些人的教育，容易出毛病。

我们党组要研究一下，党中央主要是通过社院来培养各民主党派领导干部，提高他们的能力，有的安排在权力机构或政府机构里，有的在政协。培养这么多人，党中央非常重视，但具体措施和主意，你们要多考虑，提出意见，报到部里讨论。我们可以先与中央领导口头疏通，然后再写文字报告。你们不要不敢出主意，要敢出主意，敢当参谋。这个方面，要下些力量，提出具体措施。

党外干部再忙也要来学习，不知道党的方针、政策怎么行?学习不来，权力机构的干部照当，这不行。这一条不能含糊。中央党校的学习可严了，通过学习看干部的表现如何。现在年轻的同志与老一辈比，差距很大。民主党派的干部也一样，新老之间差距也很大。因此，社院的培训任务更重了。

当然，这里有个费用问题，地方民主党派组织经费少，有的来学习，工资发不了，怎么办要研究。有的就要包，给补助；有的可以让省政府负责经费。要有一套机制。这要好好向瑞环、锦涛同志汇报、请示。培训对象确定之后，可由中央统战部、中组部发文。

四、师资问题

社院要有一定数量的，高水平的，固定的师资、科研队伍，但不要太多。太多了，负担就重。这样，既可以教学，又可以搞科研。对市场经济理论的教学，可以和中央党校名教授联起来。有固定的，有外请的，这样对提高教学质量有好处。统战部的局长、副局长和台办负责同志都可以来讲课。国际形势可请外交部、中联部的同志作专题报告。

办学以短期为主，要不要办一两年的大专班？可以研究。函授是好事，社院培养一批函授生，地位也可以提高。能否带研究生，读双学位，要好好研究。要让社院在这方面发挥作用，提高地位。社院与一般的院校不一样，把社院变成招待所不行，社院自己要把社院的地位、作用看重才行。中央很重视，自己更要把自己的地位看得重要，要加重责任感。

我赞成以教学为主，加上科研工作。社院年轻的同志可以到部里研究室去学习，部里的人也可以到社院工作一段时间，还可以外出共同搞调研。

搞函授，达到标准，你们可以发文凭。教委还没批，批了就可以发文凭了。办函授是好事，要多支持一下。只要方向对，就要齐心协力推动。

统战部有个统战理论研究会，是给部领导提供政策理论方面的咨询服务的。社院的科研力量，要很好地组织起来，研究课题要有分工，重大的事，要由统战部研究室来做。你们把教学和科研结合起来，作用就更大了。

五、经费问题

社院不断发展，要有经费支持。社院不能像清华、北大那样，靠科技力量去创收，也不能搞什么有偿咨询之类的事，经费就相当紧张。经费问题：第一，统战部要向有关部门提出适当增加社院经费的建议；第二，既不要办公司、做买卖，又要有一套自己发展自己的手段。大家要共同想办法。

社院这块地盘要规划好，充分利用起来。中央社院是在北京市区，三环以内，离学院路很近，非常宝贵，寸土寸金，一定要用好，规划好，统筹考虑。

部里考虑有几个地方：第一，社院是各民主党派的联合党校，搞正规培训；第二，怀柔培训中心以培养统战系统工作干部为主，也可请各民主党派领导干部采取比较轻松的自由讨论问题，交换意见，沟通思想认识；第三，烟台培训中心，也可以让民主党派干部到那里学习、工作、休假。我们可以同民主党派、工商联、无党派人士到那里谈心，不是办正式的学习班。

最后请转达对社院全体干部、教师、职工的问候和感谢。

提高认识，明确目标，把统一战线干部培训工作推向新阶段（节选）[①]

（1996年6月24日）

王兆国

四、办好社会主义学院，充分发挥“联合党校”的作用

社会主义学院是中国共产党领导的具有统一战线性质的高等政治学院，是民主党派和

① 这是王兆国在全国统战干部培训工作会议上的讲话的一部分。

无党派人士的"联合党校"。办好社会主义学院，对于贯彻党的"长期共存、互相监督，肝胆相照、荣辱与共"的方针，支持民主党派搞好自身建设，巩固和发展我党同各民主党派、各民族、各界党外人士的团结合作，维护安定团结的政治局面，推进改革开放和社会主义现代化建设事业的发展，都具有重要的意义。要继续按照中央的要求，认真贯彻中央[1989] 14号文件精神，下大力气把社会主义学院建设好。

(一) 抓紧基本建设，增强社院综合实力

各省、自治区、直辖市和16个副省级市，都应根据中央14号文件精神建立社会主义学院。统战任务较重且有条件的地、州、市（区），可报请党委、政府批准，恢复或建立社会主义学院（校）。为了保证教学科研活动的正常进行，社会主义学院（校）应有相应的校舍、教学科研设施和后勤保障体系。目前尚无校舍的要加快建设；与党校或其他干部院校合办的社院，应保持相对的独立性，保证统一战线干部培训任务的完成；已经建成的社院应加强教学设施和设备配套建设，搞好管理，发挥效益，保证教学工作的顺利进行。同时，也希望社院要解放思想，勇于实践，努力探索自我发展的路子。

(二) 明确领导体制，理顺工作关系

社会主义学院教育培训工作必须在各级党委的统一领导下进行。各级党委统战部作为党委的职能部门，应切实加强对社会主义学院的领导，经常指导、检查社会主义学院的工作，并帮助解决实际问题。社会主义学院的教学业务工作，要接受同级党委组织部门（有关干部教育培训）和政府教育行政部门的指导。

(三) 深化教学改革，走正规化办学的路子

社会主义学院应结合党外代表人士学习培训的特点，组织他们学习马列主义、毛泽东思想，学习邓小平建设有中国特色社会主义理论，党的统一战线理论、方针和政策，统一战线、各民主党派的历史。要坚持以自我教育为主的方针，在继续贯彻"三自"、"三不"方针的基础上，探索自我教育的新形式。以教学为中心，深化教学改革，规范学制、班次和课程，不断提高教学水平，逐步建立和完善具有统战特色的教学体系。拓宽办学渠道，扩大辐射范围，在教育培训为经济建设服务方面有所作为。积极创造条件，培养高层次的统战专门人才。注重科研工作，使科研和教学紧密结合，力争在统一战线学术研究方面达到比较高的水平。

(四) 加强领导班子和师资队伍建设

社会主义学院应搞好教职工队伍建设，努力建立一支合格的教学、管理和后勤服务队伍。选配具有较高马克思主义理论水平，熟悉统战工作和教育培训工作，德才兼备、年富力强的同志充实社院的领导班子。社院的正、副院长中应有声望较高的党外人士。社院应有一定数量的、高水平的、稳定的教学科研人员，并在社院编制中占有适当的比例。同时，可聘请一部分知名专家学者担任兼职教师。注意教师的培养和提高，支持他们的业务进修和学术交流。认真贯彻落实中央关于知识分子的有关政策，切实关心教师的职称、住房和生活，真正为他们解除后顾之忧。

(五) 增进工作交流，完善培训网络

参照《中国共产党党校工作条例》，制订《社会主义学院工作条例》，以规范社院的工作职能和工作方式，建立健全工作交流和片会制度，推动各地社院的工作。加强中央社会主义学院的建设，充分发挥中央社会主义学院在教学、科研和管理方面的示范作用。中央社会主义学院应按照党中央的要求，坚持正确的政治方向，发扬“爱国、团结、民主、求实”的校风，努力实现江泽民总书记提出的目标，切实建设成为有自己特色的、高水平的党外代表人士和统战干部的学习培训基地。

对中央社会主义学院创办的回顾和工作的设想

（1996年8月）

聂　真①

中央社会主义学院已经成立40周年了。它是适应中国社会主义革命和建设的特点及规律而产生的。当时，大家议论，党有党校，团有团校。各民主党派和无党派民主人士也应有自己的学习马列主义、毛泽东思想的高等学府，以便不断培养和提高自己的参政议政、建设祖国的才能。而且由于对农业、手工业和资本主义工商业的社会主义改造，到1956年已基本完成，就是说，我国向社会主义过渡，已基本上实现。但这主要是从经济基础上说的，至于资产阶级的思想意识和世界观，当然还残存着。这就提出来一个各民主党派、无党派及工商界人士学习马列主义、毛泽东思想并改造世界观的任务。这是一个很重大的政治任务，是属于社会主义革命和建设总任务的一部分。社会主义学院就是在这样的情况下产生的。

关于学院的校名，经过一段时间的酝酿。当时邵力子说：“叫毛泽东思想学院吧！”毛主席说，还是叫社会主义学院好。于是就定了这样的校名。

1956年3月中旬，由中央宣传部、中央统战部共同提出，依照高级党校办学的办法，草拟了一个方案，报告周总理和中央书记处，明确提出：学制、课程、教学形式、组织机构、校舍建设、与高级党校相同。中央书记处和周总理都批准了这个报告。1956年3月27日，政协第二届全国委员会常务委员会第二十次会议，通过了《关于组织各界民主人士和工商业者进行政治学习和理论学习的决定》，并通过了成立社会主义学院的决定。决定指出，与中央高级党校学员相同级别职务的民主人士，分批分期到社会主义学院学习，每期一年。学习内容暂定为《辩证唯物主义》、《政治经济学》、《中国革命史》三门必修课。可以增加一些选修课，此外，还可以组织一些重要的时事政治学习。

4月14日，在全国政协学习委员会上，决定成立社会主义学院筹备委员会。由吴玉

① 聂真，全国政协学委会原副主任、中央社会主义学院原党组书记、副院长。

章、李维汉、邵力子、杨明轩、聂真、张制宜、李新、包尔汉、千家驹、邓哲熙、刘孟纯、朱介夫、程菲英、李益三、沈兹九、浦熙修、周益三共17人为委员，推举李维汉、包尔汉、聂真、沈兹九、浦熙修5人为常委。

1956年7月5日，政协学习委员会又通过了社会主义学院学习方法的决定。指出根据学员对象：1.学员学习采取自愿、自觉、自由的“三自方针”；2.规定入学和结业时，不考试，学习中不检查思想，不审查历史。

1956年7月7日，政协第二届全国委员会第二十五次常委会通过了学员条件和范围为：全国政协委员，正、副秘书长：各民主党派中央委员、正副秘书长；各省、直辖市、自治区政协常委、正、副秘书长；民主党派各部委正、副负责人；全国性群众团体委员、秘书长；人大代表；国防委员会委员；省、直辖市的厅局长；各高等院校的正、副校长；科技、文教、卫生、少数民族、华侨、宗教界的负责人以及高级民主人士、科学家等等。

1956年9月，政协二届二十九次常委会通过了社会主义学院的领导人选：院长吴玉章，副院长邵力子、杨明轩、聂真、千家驹，秘书长刘孟纯。1964年又增加魏景昌为副院长。吴老是中共中央委员、人大校长兼任社院院长。邵老是民革负责人兼政协副主席。杨老是民盟负责人、光明日报社社长。聂真是中共党员、人大副校长、全国政协学委会副主任并兼任中央社院党组书记。千家驹是民盟负责人、经济学家。魏景昌是中共党员、原钢铁学院院长。刘孟纯是民革负责人、全国政协副秘书长。

第一期学员学习，因社院校舍尚未建好，暂借政协礼堂上课，于1956年10月15日，在政协礼堂举行第一期开学典礼。后因学员增多，又借中央高级党校的教室上课学习。

1956年10月15日，国务院批准社会主义学院校舍第一批建筑面积为37000平方米，地址在紫竹院公园以北，中央民族学院以南。1958年3月社院校舍正式开工，到1960年10月建成。1961年搬到新校舍内上课。社院从1956年10月办班开始，到1966年“文化大革命”中被迫停办，共办6期，学习班学员1800人。其他机关干部学习班人数未计在内。因社院原来没有校舍，开始时每班学员人数招的少，也未办机关干部学习班。校舍建好后，才依照高级党校的办法，加办机关干部学习班，并决定先办统战部的机关干部学习班，再办各民主党派、各群众团体的机关干部学习班。

针对社院学员的情况，当时教学任务主要解决三个问题：

（一）破资产阶级世界观，建立马列主义、毛泽东思想的无产阶级世界观。

（二）从思想上、认识上解决中国革命的发展规律问题，其中包括：①只有在无产阶级政党——中国共产党领导下，中国革命才会取得彻底胜利；②只有社会主义才能救中国。

（三）不断地提高马列主义、毛泽东思想水平和当时党的路线、政策水平以及工作能力问题。

当时在教学力量的组织和配备上，学习秘书起了很重要的作用，因为学习秘书都是从大学的哲学、政治经济学、中国革命史的教研室中抽出来的青年教员担任的。他们对毛泽东思想和马列主义经典著作比较熟，又有一些教学经验。将他们配备在学员的学习组织中，与学员同时参加学习和讨论，在学员各组的学习和讨论过程中，他们随时可以起到讲解和指导讨论、帮助解答问题等作用。他们和学员生活学习在一起，不仅在书本知识和理论上随时随地起讲解作用，而且在解决学员思想问题、提高认识问题上也起相当大的作用，还可以帮助学院领导了解学员的思想情况和要求，而且对学员写个人学习总结也起到了帮助作用。

至于哲学、政治经济学、中国革命史三门基础理论课的教学工作，是由人民大学的哲学教研室、政治经济学教研室和中国革命史教研室中比较有经验的老师和教授担任的。

在选修课中，对提高思想，改造思想起作用最大的，是《实践论》、《矛盾论》、《关于正确处理人民内部矛盾的问题》、《中国革命与中国共产党》四篇名著。并附加一些必要的参考读物，请人作报告等等。

在教学方法上，很大一个特点，就是强调学员在学习马列主义、毛泽东思想和改造思想的过程中，发挥自觉性和主动性，坚决地贯彻了“自觉、自愿、自由”的方针。根据这一方针，在学习过程中又引申出一个新的三自方针：“自己提出问题、自己分析问题、自己解决问题”。在运用这个方针的学习过程中，学院领导还提出：“敞开思想，畅所欲言、自由思考、自由辩论”，并提出三不主义，即“不抓辫子、不打棍子、不戴帽子”。在这个学习方法的贯彻过程中，每一个学员都曾经提出过很多问题，分析过很多问题，并解决过很多问题——从书籍中遇到的问题、听报告中的问题、工作中的问题、历史中的问题，到自己思想中的问题。在分析问题、解决问题时，不但自己写、自己问、自己讲，还与别的同学集体讨论、集体辩论。然后再集中问题，从小会辩论发展到大会辩论。这样学习的结果，真正改造和提高了学员的思想，解决了学员思想中存在的问题，改变了学员过去对人、对事、对社会、对世界的错误观点和看法，真正是换了脑筋、换了思想。这样的学习，不但使学员自然而然地改造了自己，而且提高了分析问题、解决问题的能力。学校将每期的学习情况写出总结，报告给中央统战部和全国政协常委会。

当然，在国家的社会主义革命和建设中，各个时期的路线政策是不完全一样的；学员数量的多少、学习中需要解决的问题、学校需要办的规模的大小，都不可能是一样的，以上所说的只是在“文化大革命”以前五六十年代的情况。“文化大革命”中中央社会主义学院被迫停办，房子也被占去；“文化大革命”后重建，浪费了很多人力物力和时间，有些干部老了，去世了，培养的学习秘书也都四散到别的单位工作，这些情况大家都知道，就不多写了。

经多年社院工作实践，为了加强社院建设，自己有些设想：

一、学校教学队伍的建设问题

中央社院早期既无校舍，开学要求又紧迫，因而教学工作都是请人民大学各教研室的讲师、教授兼任的。人大的教师还有人大的任务，不能拿出更多的力量长期为社会主义学院服务。所以社会主义学院必须建立自己的各种教研室，抽调和培养一批各类教师。当时正是要这样做的，“文化大革命”来了，一切都做不成了。这个任务就自然由新建的社会主义学院来做了。当然完成这个任务也是艰巨的。现在国家处于大规模建设的新时期，连高级党校的教学队伍，课程门数和招收的学员都比过去多了。社院的教师队伍人数，所学课程门数，也应当根据形势的发展而增多和扩大。

二、关于社院招生问题

根据国家建设形势的发展，人才的需要，各民主党派、各群众团体、各高等学校、各少数民族都需要培养人才，将来还有香港、澳门、台湾和海外华侨都需要培养人才，训练干部，做统战工作。因而社院招生人数，亦应根据形势及发展状况进行调整，不论是高级班，机关干部班，都应如此，都应扩大。

三、根据原来社院的计划和设想，除各种学科设教研室和各种教师外，还要设一个高级研究部

研究部中设研究员，设学习秘书。在研究部中，设一些研究室。在研究部的任务中，不但为本院培养教员，为国家培养研究生，还要为全国政协副主席、常委、政协委员、各民主党派负责人服务。中央统战部负责同志定期和不定期地在此居住，研究问题，以便向党中央、国务院写出建议，同时写出高水平的理论和学术著作。研究员和学习秘书，除搞研究工作和教学外，还可以为他们服务。社院最好从中央党校、人民大学、北京大学、社科院研究生院，抽调一批比较好的教授、导师和新培养的博士等到中央社院工作。

四、社院还要出一个高水平的，以马列主义毛泽东思想为指导的统战理论性质的学术刊物

发行范围是全国性的，包括香港、澳门、台湾及全世界华侨密集地区。

五、关于社院的领导关系问题

过去党的领导归党中央，与中央党校一样，属部级单位。中央统战部是代表党中央领导社院，在行政上全国政协也是领导社院的上级。过去社院的工作报告，分别送中央统战部和全国政协，中央统战部还专门开部务会议讨论社院问题，每逢讨论社院问题时，李维汉同志都参加。政协学习委员会也讨论社院的问题，社院还在政协大会上作工作报告，由大会党组摘要报告毛主席。这些制度对于中央了解社院的工作情况和加强社院建设都非常重要。

新时期社会主义学院的光荣使命

（1996 年 8 月）

宋 堃[①]

1996 年 10 月，中央社会主义学院迎来了建院 40 周年华诞，隆重热烈地纪念这个日子有着特殊的重要意义。在新的历史时期，中央社院任重道远，大有可为。今年 6 月，中

① 宋堃，中央社会主义学院原党组书记、常务副院长。

央统战部召开了全国统一战线干部培训工作会议，王兆国同志做了重要报告，制订了1996—2000年全国统一战线干部培训规划，进一步明确了社会主义学院的目标、任务和有关的方针等问题。认真贯彻这次会议精神，必将全面推动社院工作的发展。我在此衷心地祝愿中央社院今后更好地肩负起自己光荣的历史使命。我作为曾在社院工作过一段时间的干部，对中央社院怀有特殊的感情，很高兴写点纪念文字。

江泽民同志在1992年10月的《贺信》中，非常精辟地指出："创办社会主义学院，是一件有远见和深远意义的事情，也是一件有中国特色的事情。"我认为，这句话的内涵十分深刻和丰富，中央社院40年的历史已充分证明了这一点。创办社会主义学院绝不是偶然的，它是在我国社会主义改造基本完成之后，适应坚持、完善中国共产党领导的多党合作和政治协商制度，进一步巩固和发展爱国统一战线的需要而诞生的。在社会主义时期，既然在我们国家政治体制中长期存在着共产党领导的多党合作和政治协商这项基本政治制度，存在着党与非中共人士的联盟，而且要"长期共存、互相监督、肝胆相照、荣辱与共"，就必须要创办社会主义学院，作为民主党派、无党派人士的联合党校和统一战线性质的高等政治学院，以肩负起它的历史重任。因此，社会主义学院具有鲜明的中国特色，成为爱国统一战线事业的一个重要组成部分。从1956年创办社院起，中共中央的三代领导集体在各个历史时期，都十分重视和关怀社会主义学院的建设和发展，在重大问题上都给予明确的指示。40年来，中央社院在组织统一战线两支干部队伍学习培训方面做了大量卓有成效的工作，为巩固和发展爱国统一战线做出了自己的积极贡献。

一

1956年，经几位民主党派和无党派知名人士提议，由毛泽东主席亲自定名，在全国政协主席周恩来的亲自主持下，并经全国政协常委会决议，社会主义学院诞生了。当时，一方面是适应各民主党派和各界人士加强学习和自我教育的迫切需要；另一方面是中央统战部根据当时国内形势，提出了统战工作的方针任务，明确地把对党外人士的学习教育工作作为统战工作的中心任务。中央统战部李维汉部长向中共中央积极提议创办社院，为此花费了不少心血，起了至关重要的作用。社院创始之初，由于种种原因，是依托中国人民大学办的，因此社院主要领导成员除民主党派和无党派知名人士外，是由该校调来的，授课也主要由该校教授负责。

社院创办后，从1956年10月至"文化大革命"前，组织了各民主党派成员和各界人士进行学习，其中有许多老一辈的无党派知名人士和各民主党派领导人。据我记忆，中央统战部部务会议大体每年都要讨论中央社院的培训计划和办学方针、原则及重大工作问题，中央社院原来的老领导聂真同志大都出席这种会议，中央统战部领导人也常到社院向学员讲话。社院初期确定的学习方法，强调自由、自愿、自觉的原则，六十年代初又明确提出要贯彻"三自"（自己提出问题、自己分析问题、自己解决问题）和"三不"（不抓辫子、不扣帽子、不打棍子）的方针，总的说来对学员提高认识，进行自我教育的效果是好的。当然，由于当时的历史条件，社院的理论、政治学习，侧重于立场和思想的改造，不能说没有"左"的影响。

那时，统战系统各单位党的关系，都隶属中央统战部机关党委，因此我有机会与中央社院的同志见面。1958年遵照中共中央的指示精神，中央统战部抽调部本身和系统各单位同志到山西崞县下放劳动锻炼，与我在一个乡的下放干部中就有中央社院的“学习秘书”，一起相处得很好。

“文化大革命”开始后，中央社院被迫停办，校舍楼被占用，人员大都下放“五·七”干校，除一部分图书外，甚至连社院的床、桌、椅等物品都搬到了干校。那时统战系统各单位分成两个干校，我有机会到过另一个干校，见到过许多熟悉的同志，包括中央社院的一些同志。在当时，见面也只能是关切地问问情况。有趣的是，在我到宿舍看望同志们时，又见到了中央社院原来比较考究的床、桌、椅，但由于干校的条件，不少都有损坏。回想当年为党外人士提供优裕学习条件而特殊置办的这些物品，如今落到了这种地步，也是始料不及的。后来干校的同志陆续回到北京，由于各种原因，有些同志包括社院的同志，离开了统战系统。

二

从1978年五届全国政协一次全体会议开始，就陆续有民主党派和党外人士提出恢复社会主义学院的意见和建议。中央统战部领导对此很重视，反映上报到中共中央。1982年初，以邓小平同志为核心的中共中央，决定恢复中央社院。但学院的校舍问题，由于复杂的原因，迟迟不能解决。因此，中央同意另选地址建院。经聂真同志和其他同志的共同努力，在现在的院址开始了新建社院校舍的工程。

1983年7月，我在工作中了解到，民主党派和党外人士对恢复中央社会主义学院很高兴，同时提出希望各省、市、自治区的社院（“文革”前许多地方称为“政治学校”）也能尽快恢复。根据中共中央已批准恢复中央社院的情况，我起草了《关于恢复各省、市、自治区政治学校的请示》，经中央统战部审核后报中共中央批准，由中共中央办公厅转发了这个文件（即中办发〔1983〕58号），这对推动各地社院的恢复工作，起到了积极作用。现在，经过若干年努力，全国各地已有社会主义学院130余所。

1983年以后，我经常应邀到中央社院去讲课。当时由于社院尚没有自己的校舍，只能租房办学和办公。有机会见到当时的院领导，如江云、吴江、朱真、劳鸿起等同志，也时常谈起社院的一些情况。那时，中央社院处于艰苦创业阶段，一切都是从头开始，基本上分成两摊子，一摊是租房办学办公的地方，一摊是基建的地方，两处相距也较远。

此后我因工作关系，参加过几次由已故中央社院院长、民建中央领导人孙晓村主持召开的会议。这些会议主要是向各民主党派、全国工商联等团体介绍社院办学和基建进展情况，同时听取各民主党派负责人的意见，互相沟通，增进共识，目的是进一步在现有条件下办好中央社院。各党派同志除肯定中央社院的办学成绩外，一致希望社院基建任务能尽快完成，有了新校舍，才能创造更好的办学条件，满足各方面的培训任务。

1987年以后，中央社院的领导体制有所变化，由中央统战部领导。在部内我虽不分管这方面工作，但是，在部长办公会议上曾几次讨论中央社院的工作和人事问题，因此大体情况也了解。1988年部领导曾就关于当前办好地方社会主义学院（政治学校）几个问题向各地统战部和社院发出了通知，进一步推动各地社院建设问题。1989 年底，在中共中央制订的《关于坚持和完善中国共产党领导的多党合作和政治协商制度的意见》（即［1989］14 号文件）中，非常明确地强调了“办好中央和省一级的社会主义学院，作为民主党派和无党派人士的联合党校”这一重要任务。1990 年夏，在福建召开社院工作研讨会，武连元同志和四局同志出席了会议，我正好也在福建召开其他会议。这年 11 月中央统战部发出了《关于进一步办好社会主义学院的意见》（统发［1990］5 号），适应当时形势，进一步明确了若干重大问题。1991 年 8 月，中央统战部又制订了《1991—1995 年全国社会主义学院教育培训规划》（统发文 178 号），由我签发各地贯彻执行。

三

我是 1991 年 4 月到 1995 年 3 月底担任中央社院党组书记（1993 年底又担任常务副院长）的，整四年时间。鉴于自己对社院性质、任务的了解，它是加强统战系统党内外两支干部队伍建设的培训基地，有广泛的政治和社会影响，因此深感自己责任的重大。而且在前两年多，我在部内工作任务还很重，生怕自己精力和时间影响到工作。但既然社院工作如此重要，组织上决定了，自己就必须竭尽全力、努力去做好工作。这四年中，在中央统战部的领导下，在全国政协和各民主党派中央、全国工商联的大力支持下，在杨纪珂院长、金开诚副院长和院党组同志共同努力下，团结和依靠全院教职员工，做了一些工作，社院的建设和发展有了相应的进展。我是热爱这项事业的，也倾注了自己的努力和心血，但也有遗憾和不尽人意之处。

我在中央社院工作的四年，可以说是社院建设和发展承上启下的重要时期。这四年大体说主要是两个阶段：一是尽快完成社院的基建任务，筹备落成和校庆的各项工作，并召开社会主义学院工作研讨会；二是遵照江泽民同志《贺信》的要求和奋斗目标，全力组织贯彻实施，加强社院各方面工作的建设，逐步使社院工作制度化、规范化。

第一阶段，1991 年 4 月刚任命我到社院工作，见到的情景是，中央社院除了学员楼刚刚竣工外，整个环境还是一片大工地，没有道路，坑坑洼洼，院周围用铁丝网围着，许多基建工程尚未动工。应当说，复办后中央社院前几任院领导和全体职工，经过若干年的艰苦奋斗和创业努力，才奠定了现在这个基础，确实非常不容易。我根据当时情况，经院党组研究确定，在明确立足依靠全院教职工前提下，要实行几个转变：一是从当年下半年起，在社院内办学，改变以前若干年一直在外边租房办学的情况；二是社院全体工作人员从宿舍楼地下室，全部转到学员楼办公，改善办公条件，加强纪律，明确任务；三是为了在社院内办学，同时适应教职工的需要，必须立即创办食堂，加强后勤工作的建设。

当时，丁关根同志兼任中央统战部部长，他十分重视中央社院，先后数次亲临社院视察工作，并对社院工作的重大问题，做了许多重要指示。1991 年 6 月底，全国政协常委会通过杨纪珂为中央社院院长的任命后，丁关根同志即约杨老和我两人到他办公室，当面讲明社院工作的重要性，讲了他对社院工作的意见，指示我们要负责抓好社院工作，特别是请杨老多花时间、精力，研究社院重大工作，决不能仅仅看成是个名义问题。丁关根同志还特别关注社院基建进展问题，亲临工地视察，他亲自与国家计委投资司负责同志商量基建投资到位问题，与北京市主管副市长商谈保证施工进度问题。在他的提议下，部领导决定，社院基建工程，必须于1992年9月底竣工。丁关根同志亲自在中央社院和中南海怀仁堂主持召开各民主党派、无党派人士和全国工商联负责人座谈会，通报中央社院工作情况，由我具体介绍中央社院基建方案和规模。后来，经几次座谈协商酝酿，最后确定了“爱国、团结、民主、求实”的八字校风。丁关根同志请邓小平同志亲笔题写了“中央社会主义学院”校名，请江泽民同志亲笔题写了“爱国、团结、民主、求实”的校风。他亲自抓社院校舍的基建工作和校庆纪念活动方案，指示我们代拟中央领导用的草稿，经他修改审定后上报。总之，1991、1992年中央社院同志渡过了十分紧张的日日夜夜，工作任务是繁重的，工作量是巨大的，依靠全院教职工的共同努力奋斗，在不断提高办学规模的情况下，终于在9月底胜利完成了中央社院新校舍的基建任务。

1992年的金秋十月，在中共十四大胜利举行之际，于10月16日举行了隆重热烈的庆祝社院新校舍落成和校庆纪念大会，江泽民同志为大会发来《贺信》，宋平同志亲临大会代表中共中央对社院工作作了重要讲话。各民主党派中央和全国工商联领导人、各有关方面的人士、在校的学员、全国各地社院的负责同志，欢聚一堂，出席了庆祝大会。与此同时，中央社院受中央统战部委托，第一次召开了为期六天的社会主义学院工作研讨会。通过会议，交流了经验，研讨了社院重大工作问题，特别是学习了江泽民同志《贺信》和宋平同志的重要讲话，进一步明确了新时期社院的性质和任务，中央领导的指示使大家受到巨大鼓舞和深刻教育，这对全国各地社院的工作有着极大的推动作用。

第二阶段，1992年10月中央社院新校舍落成和校庆后，以贯彻江泽民同志的《贺信》为标志，中央社院进入了一个全面建设和发展的新阶段。江泽民同志《贺信》和宋平同志的重要讲话，精辟地阐明了新时期社院的性质、地位、作用和建院方针，是指导我们工作的纲领性文件，对社院的建设和发展有着深远的重大意义。中央社院今后的中心任务，就是在中共中央统战部领导下，认真贯彻执行党的基本理论和基本路线，认真贯彻执行《贺信》提出的目标和要求，全面加强社会主义学院的建设，经过长时间努力，逐步实现《贺信》中提出的任务。

这两年多中央社院的工作正是围绕这个中心来组织贯彻实施的。这期间的1993年底，为了适应工作需要，部领导对社院班子作了调整，主要是充实了两位较年轻的同志。

王兆国同志主持中央统战部工作以来，对中央社院的工作一贯十分重视，部长办公会议多次讨论社院的工作问题，王兆国同志也约我谈过社院工作。特别是1994年3月，王兆国同志和各位部领导亲临中央社院视察工作，并听取了社院党组的工作汇报，针对社院工作作了重要指示，明确了许多重大问题。如进一步指出，新时期社院地位、作用更重要了，党中央要求把社院办得更好；社院的班子要加强，师资队伍要加强，这是形势的需要，任务的需要；要充分利用这个地方，要不间断地办学；社院要有一定数量的、高水平、固定的师资科研队伍；把社院变成招待所不行，既不要办公司、做买卖，又要有一套发展自己的手段等。王兆国同志的指示，对中央社院工作是有力的鼓舞和推动。

这两年多的时间，概括地说，院领导和院党组主要进行了两个方面的工作：

第一，抓社院的基础建设。首先，在1993年上半年，院领导和党组多次讨论了社院的“三定”（定任务、定机构、定编制）工作，初步确定了适应社院正规化要求的机构设置和人员编制，并重新任命了科以上干部的职务，调整了部分同志的级别。社院的“三定”方案，及时向部上报。其次，抓教学科研工作，这是社院工作的中心。在社院复办后已有经验的基础上，逐步建立正规化的办学体制和机制。特别是我们努力充实了专职教师队伍，先后调进十来位有高级职称的教师。办学的规模和教学质量都较以前有了明显的进展，并建立了统战理论研究所。再次，抓学院的各项规章制度建设，抓思想政治工作，抓党风廉政建设，抓党组织建设，抓职工队伍建设，抓后勤工作的各项改革措施。这些方面都取得了一定成效。

第二，抓社院的三年发展规划。我们既要抓好当前的各项实际工作，又要有阶段性地发展规划。为此，1994年就把制订1995年至1997年三年规划作为工作重点。总的思路是，在到本世纪末的六年要逐步实施《贺信》的目标和要求，“前三年打好基础，后三年更好发展”。经过全院同志上下几个月的反复讨论，在总结过去的经验、统一认识、明确目标的基础上，终于制定出三年规划，并报中央统战部批准。规划的指导思想，扼要地说就是：坚持社会主义方向，以教学为中心，以改革为动力，以队伍建设为基础，以加强党的建设和思想政治工作为保证，全面推进社院的工作，以进一步发挥社院在组织学习和培训党内外两支干部队伍中的积极作用。

与此同时，我们遵照江泽民同志《贺信》的指示精神，思索和探讨新时期社院建设和发展的一些重大问题，这集中反映在1994年7月、10月我在西北、华北和华东两个社院工作研讨会上的发言。一方面，必须看到新时期社院工作的任务更加繁重、更加艰巨了。社院是培训统一战线两支干部队伍的重要基地之一，特别是在统一战线面临着新老交替的重要时期，很大程度上担负着培养跨世纪党外代表人士的历史任务。这直接关系到爱国统一战线和我国多党合作的巩固与发展，关系到我国社会主义民主政治建设的发展。另一方面，从社院本身来讲，时代背景和历史任务与过去都有了根本的不同。随着我国改革开放、建立社会主义市场经济体制和新时期爱国统一战线的发展，许多重大政策方针和工作问题，都直接影响或者决定着社院的建设和发展。在这两个社院工作研讨会上，我提出了一些问题，如新时期社院的地位、作用（侧重是讲社院的长期性、重要性和必要性）问题，社院办学和各项工作如何体现联合党校特点问题，社院的培训目标及培训的对象、范围、层次问题，社院教学中如何更好地贯彻邓小平建设有中国特色社会主义理论问题，社院如何更好地体现以教学科研为中心和发展社院多种办学形式的问题，社院的教学大纲、教学体制和提高教学质量问题，社院师资队伍和职工队伍建设问题，行政和后勤工作的改革和发展问题，全国社会主义学院之间的协作和发挥整体优势问题，等等。对这些问题，试图提出一些想法和思路，目的是把社院办得更好。

在新的历史时期，社会主义学院的建设和发展面临着许多新情况、新问题，需要认真研究和深入探讨，需要更好地开拓前进。祝愿中央社院在新形势下不断取得新的成就，做出更大的贡献！

认清形势，明确思路，努力推动正规化办学[①]

（1997年12月12日）

刘延东

学习邓小平理论，贯彻党的十五大精神，要像江总书记要求的那样，“一定要以我国改革开放和现代化建设的实际问题、以我们正在做的事情为中心，着眼于马克思主义理论的运用，着眼于对实际问题的理论思考，着眼于新的实践和新的发展。”我们社会主义学院的同志学习和贯彻党的十五大精神，同样必须要坚持理论联系实际的原则，着眼于运用邓小平理论来研究和解决社会主义建设和发展中的实际问题。

当前，社会主义学院建设和发展中一个十分突出的问题就是正规化办学问题。什么是正规化办学？为什么要正规化办学？怎样正规化办学？这些问题没有现成的答案，需要我们根据办学实践的发展，不断摸索，及时加以总结。但有一点是明确的，这就是新时期爱国统一战线的发展要求我们正规化办学，中央党校已经创造了正规化办学的成功经验，国家行政学院也正朝着这个方向努力，中央社会主义学院近几年的实践也证明正规化办学是建设和发展社会主义学院的有效途径。因此，社会主义学院必须走正规化办学的道路。

要正确认识和把握正规化办学，首先要正确认识社会主义学院当前发展的水平和所处的阶段。社会主义学院要在党的路线方针、政策的指引下，确定自己的发展战略和办学方针，必须从实际出发，从社院的“院情”出发。目前社会主义学院“院情”是什么？我看最重要的一条就是处在非正规办学向正规化办学的转变时期，处在正规化办学的起步阶段。

之所以这样说，首先是因为社会主义学院、特别是中央社会主义学院近年来已经在正规化办学的道路上迈出了可喜的第一步。下面，我根据中央社院的实践，着重谈谈这个问题。

一、明确了“四个更”的建院目标

作为一所学院，首先必须明确自己的建院目标，确立正确的办学指导思想。中央社会主义学院是民主党派和无党派人士的联合党校，统一战线性质的高等政治学院，主要任务是：组织民主党派领导干部、无党派代表人士和统一战线系统干部的学习和培训，并进行统战理论研究和宣传。1992年10月江泽民总书记向中央社院明确提出，力争在2000年以前把中央社院建设成为“更富有自己特色的名副其实的党外代表人士和党的统一战线干部的学习培训基地，使它在社会上享有更良好的声誉，在党外各界代表人士中更具有吸引力，在统一战线的学术研究方面达到更高的水平和应有的权威性”。1995年，中央社院经过全院干部和教职工的大学习、大讨论，我们明确地把江总书记提出的要求概括为“四个更”，作为建院目标。实践证明，江总书记提出的这个目标是高瞻远瞩的，也是切实可行

① 这是刘延东在全国省级社院院长研讨班上的讲话。

的。把它概括为“四个更”，比较简明、响亮，容易学习贯彻。中央社院明确这个目标，确实起到了鼓舞士气，振奋精神，推动工作的巨大作用。

二、确立了“高层次、有特色、正规化”的办学方针

为了实现江泽民同志提出的“四个更”的目标，我们确定了中央社会主义学院的“九字”办学方针：即高层次、有特色、正规化。高层次，是指中央社会主义学院的培训对象应以各民主党派和无党派人士中的高中级干部为主，着力培养一大批能与中共真诚合作的跨世纪的新一代代表人士，也是说中央社院的教学科研和行政后勤管理要达到高水平。有特色，是指中央社会主义学院要体现“联合党校”和统一战线干部培训的性质，在办学形式、教学内容、教学方法、教学管理，以及与之相联系的行政后勤管理等方面都要办出自己的特色。正规化，就是要按教育规律办事，要建章立制，使各项工作走向制度化、规范化，减少盲目性和随意性。就目前来看，首先要规范招生、班次设置和学制，使短期轮训、长期培训和学历教育相结合，建立起合理有效的培训机制；规范教学内容，加强教材建设，建立起适应统一战线干部培训的教材体系；规范教学管理，加强制度建设，建立起具有自己特色的教学科研管理体制；加强队伍建设，努力提高教学科研水平和培训质量，使教学工作跃上一个新的台阶。对于“九字”方针，必须完整地、全面地理解。正规化是“九字”方针的核心；高层次和有特色，是正规化的重要内容和重要前提。正规化也就是将我们社会主义学院高层次、有特色的教育培训规范下来，形成一套完整的、有效的、切实可行的规章制度。没有高层次和有特色，正规化就无从谈起；没有正规化，高层次、有特色就难以形成规范而成为长期坚持的制度和办法。

三、强化了以教学为中心、以科研为基础的办学指导思想

根据中央社院的性质、任务和江总书记对中央社院的要求，总结多年的实践经验，形成了一个比较明确的办学指导思想。这就是：高举邓小平理论的伟大旗帜，坚持党的基本路线，坚持社会主义方向，以教学为中心，以科研为基础，以党的建设和队伍建设为保证，正确认识和把握统一战线干部教育工作的规律，全面推进社院的工作，努力将社院建设成为富有自己特色的名副其实的统一战线两支干部队伍的学习培训基地和统一战线理论研究的阵地，更好地为中国共产党领导的多党合作和政治协商制度服务，为巩固和发展爱国统一战线服务，为振兴中华、统一祖国服务。

贯彻这一办学思想，关键是始终坚持以教学为中心，以科研为基础。近几年，我们在进一步挖掘办学潜力，做好培训工作的同时，重点抓好科研，抓大型学术活动，取得了显著的成绩。这两年，中央社院承担了五个国家级科研项目和一批省部级项目。今年上半年与各民主党派中央宣传部和湖南省社会主义学院联合组织了全国民主党派自身建设理论和实践座谈会，下半年又与中央统战部六局、江苏省社会主义学院联合召开了党外知识分子工作研讨会，这既研究了问题，又锻炼了队伍，还扩大了中央社院的影响，取得了一举数得的成效。

四、初步实现了正规化培训与自我教育方针的结合

坚持自我教育为主和“三自”、“三不”原则，是中央社院教学的突出特色和优良传统。根据学员的特点，中央社院自建院起就采取以“自由、自愿、自觉”为原则的教学方法，当时《关于社会主义学院学习方法的规定》指出：“务必使每一个学员在这里学习的时候情绪是轻松愉快的，所求的马列主义真理的知识和觉悟的提高都是经过自觉自愿的努力钻研，然后自然而然地获得的。”要达到这个要求，必须坚持实行启发式教学，“以自学为主、学原著为主、专题研讨为主”。必须在教学过程中始终贯彻“三自”、“三不”原则，即“自己提出问题，自己分析问题，自己解决问题”和“不抓辫子、不扣帽子、不打棍子”。多年来中央社院教学实践说明，坚持自我教育为主和“三自”、“三不”原则，有利于形成宽松良好的学习环境和浓厚的钻研气氛，有利于学员主动地把学习理论与自己的工作和思想实际结合起来，有利于提高教学效果。党的十一届三中全会以来，我国进入了改革开放和社会主义现代化建设的新时期，我国的统一战线也达到了一个新的发展时期，新的时代特点和新的历史任务要求用邓小平理论武装党外领导干部和代表人物，提高他们的政治理论素质、领导水平和参政议政的能力，使他们成为新时期的社会活动家、政治家。中央社院承担的任务和当前学员的特点，要求我们必须加强正规化培训。各民主党派中央、全国工商联也希望我们加强正规化培训工作。在这样的条件下，就必须把坚持自我教育和正规化培训有机地结合起来。我们的做法是：坚定不移地走正规化办学的路子，充分发挥学员自我教育的优势，将培训的主导性和自我教育的主体性结合起来，以培训引导和促进自我教育，以自我教育落实和保证培训的效果。

五、形成了五个教学环节成龙配套的教学体系

为了在教学中贯彻理论联系实际的原则，提高教学培训的质量和效果，中央社院在吸取多年教学经验基础上，形成了自学—辅导—研讨—考察—总结五个教学环节成龙配套的教学体系。同时把五个环节相互衔接、相互促进并做到“三个结合”，即“学员自学与必要辅导相结合，理论学习与工作研讨相结合，校内教学与社会考察相结合”。这五个环节，环环相扣，促成了理论与实际相结合。具体表现在：自学要求学员认真研读原著及有关文件，并与结合实际、独立思考统一起来；辅导要求教师深入了解学员普遍关注的问题，精选有针对性和启发性的课题，讲授中善于运用邓小平同志建设有中国特色社会主义理论，科学地回答教学重点、难点和热点问题，并留出适当时间与学员相互切磋，提高学员运用理论解决实际问题的能力；工作研讨是理论联系实际的重要环节，我们注重精选研讨题目，引导学员在理论与实际结合上多下工夫，着力增大研讨深度，切实解决一些重要的现实问题；教学考察注重选择具有教育意义、与教学紧密相连的项目，通过考察促进学员从理论与实际的结合上加深对教学内容的理解；教学总结坚持以运用邓小平理论特别是邓小平统战理论解决建设有中国特色社会主义实际问题的程度，作为衡量学习效果的主要标准。通过总结巩固理论与实际相结合的成果。这样，就把整个教学过程变成用建设有中国特色社会主义理论武装思想、指导工作、增进共识、凝聚人心的过程，变成理论与实际相结合的过程，变成用“爱国、团结、民主、求实”校风规范行动，提高政治理论素质，提高参政议政能力的过程。

六、加强了行政后勤管理和师资队伍建设

为了推动正规化办学，近几年我们重点抓了队伍建设，使干部素质有了较大的提高，建立了一支基本适合教学科研需要的行政后勤管理和师资队伍。师资队伍建设是中央社院正规化办学的一个关键问题。要尽快实现江泽民同志提出的“四个更”的奋斗目标，必须抓紧建设素质优良、结构合理的教师队伍。根据中央社院教学科研力量比较薄，一些部门缺乏学科带头人的实际情况，按照王兆国同志提出的“中央社院要有一支一定数量的、高水平的、固定的教学科研队伍”的要求，从1994年开始，院党组把队伍建设作为近几年工作的一个重点，下决心切实抓出成效来。几年来，师资队伍建设有了加强。我们的体会是：一是坚持专、兼结合的原则。专职教师和兼职教师在教学方面各有优势，可以互补，不能相互代替。只有坚持专、兼结合，才能充分体现中央社院师资队伍的特色和优势。一方面，明确专职教师是教学科研的基本力量，必须切实加强专职教师队伍建设。我院采取公开招聘、引进、选调等方式，先后引进20余名教学科研人员，现在专职教学科研人员40名，其中教授8名，副教授15名，专职教师队伍得到明显加强。另一方面，按照“要把兼职教师很好地组织起来”的要求，中央社院注意总结历年来建立兼职教师队伍的经验，于1996年初举行隆重仪式，向30位经常在我院授课的各民主党派领导、著名专家教授和中央、国家机关有关部门的领导，颁发了中央社院兼职教授聘书。二是坚持质、量并重的原则。建设一支高水平的师资队伍，首先要把好入口关，确保质量；其次也要有一定的数量。社会主义学院的规模和实际情况，决定了不可能配备很多教师，但没有一定的数量，高质量也是很难保证的。同时，在选调教学科研人员，还必须继续抓好对现有教学科研人员培养，在专业和年龄等方面有一个合理的结构，形成梯队，建设一支高水平、高层次的教师队伍。

总而言之，经过我们近年来卓有成效的工作，中央社院已经在正规化办学的道路上迈出了坚实的第一步。但是，我们也必须清醒地看到：第一，《社会主义学院工作条例》还没有颁行。社会主义学院的工作还缺乏具有权威性的文件。第二，党外干部和党外代表人物的培训还没有形成一套严格的制度，还不能像我党干部那样把学习培训和选拔任用结合起来，形成一套有效的管理机制。第三，社会主义学院的整体水平还不高，各地社院发展还不平稳。一些社院的“三定”还没有进行，一些社院没有或只有少量教师，一些社院基础设施简陋甚至没有校舍，社院还没有自己的教学大纲和统编教材，距离江总书记提出的“四个更”还有相当大的差距。因此，我们说社会主义学院的办学，还处在非正规办学向正规化办学的转变时期，处在正规化办学的起步阶段。

随着党的十五大以后我国社会主义市场经济体制的进一步完善，在这样一个转型期，旧的格局要打破，新的机制要建立，很多矛盾，很多问题，甚至是一些比较敏感的问题需要我们去研究，去解决。可以说困难和机遇并存，挑战和希望同在。我们一定要按照党的十五大提出的“要抓住机遇而不可丧失机遇，要开拓进取而不可因循守旧”的要求，大胆探索，大胆实践，既要尊重历史，又要突破陈规；既要实事求是，又要勇于创新，真正开拓出一条适合社会主义学院实际，适合新时期统一战线发展要求的正规化培训的路子来。

在办学过程中，要坚持以教学为中心，以科研为基础的指导思想，要坚持“高层次、有特色、正规化”的办学指导方针，要狠抓师资队伍建设，培养一批在国内外有影响的理论骨干和学术带头人，要狠抓教学、行政及后勤管理，建立起合理、高效的管理体制，提高各项工作的管理水平，要按教育规律办事，向中央党校学习，坚持走正规化办学的路子，中央社院既要办好正规培训，也要办好研究生教育、函授教育和中华文化学院，要办出自己的特色。

立足特点，探索创新，深化邓小平理论教学工作[①]

（1998年12月16日）

赵 广[②]

“全国社会主义学院纪念党的十一届三中全会20周年，深入学习邓小平理论教学工作研讨会”，是中共中央统战部委托中央社会主义学院召开的，这次会议认真总结交流了各地在邓小平理论教学中，着眼社院的实际和特点，适应新形势和新任务，所进行的有益探索和创造积累的初步经验，提高了认识，达成了共识，取得了圆满成功。这是一次务实高效的会议，是一次团结鼓劲的会议，是全国社会主义学院的同志们为党的十一届三中全会20周年献上的一份礼物，也是为正在兴起的学习邓小平理论新高潮交出的一份答卷。现在，我结合同志们研讨交流的情况，联系中央社院的教学实践，重复和强调几个问题，作为这次会议的总结。

一、充分认识社会主义学院在推动邓小平理论学习中的历史责任

党的十五大号召全党要兴起一个学习邓小平理论的新高潮，《中共中央关于在全党深入学习邓小平理论的通知》明确要求：“各级党校、干校要精心安排教学计划，改进教学方法，提高教学质量”和做好邓小平理论进教材、进课堂、进头脑的工作，这对社会主义学院的教学培训工作提出了新的更高的要求。我们社会主义学院的同志一定要充分认识深入学习邓小平理论的重大意义，充分认识社会主义学院在兴起“新高潮”、提高“新水平”中的历史责任。

深入学习邓小平理论，兴起学习邓小平理论新高潮，是以江泽民同志为核心的党中央在面向新世纪的这样一个重大历史时刻做出的一项重大战略部署。江泽民同志指出：“我们党有一条宝贵经验，就是每当革命和建设处在重大历史关头，总是特别重视理论指导，总是结合不断发展的实际加强党员、干部的理论学习。”当前，我国正处于建设有中国特色社会主义的重大历史关头，简单地说，就是“发展处于关键时期”，“改革进入攻坚阶段”，“稳定遇到新的问题”，“国际形势错综复杂，出现种种新变动”。面对新的形势和新的任务，必须用邓小平理论武装人民，特别是武装各级领导干部，坚持高举邓小平理论伟大旗帜不动摇。正如《通知》所指出的，这“关系到党和国家工作的全局，关系到中国社会主义事业的长远发展，关系到中华民族的前途命运”。所以，党中央、江总书记一而再、再而三地强调、号召全党高举邓小平理论旗帜，兴起学习新高潮，把学习邓小平理论提高到新水平。

---

① 这是赵广同志在“全国社会主义学院纪念党的十一届三中全会20周年，深入学习邓小平理论教学工作研讨会”上的总结。

② 赵广，中央社会主义学院党组副书记、常务副院长。

社会主义学院作为中国共产党领导的统一战线性质的政治学院，民主党派和无党派人士的联合党校，在兴起学习邓小平理论新高潮，实现用邓小平理论武装人们头脑的战略任务中，肩负着责无旁贷的崇高使命和义不容辞的光荣职责。党的十五大高举邓小平理论伟大旗帜，对我国跨世纪的发展做出了战略部署；各民主党派、工商联相继召开全国代表大会，顺利完成了换届任务；九届人大一次会议、政协九届一次会议也开得圆满成功，统一战线各方面代表人物正在新老交替中顺利进行政治交接，我国新时期统一战线进入了一个至关重要的发展时期。中央统战部适时提出，要在统战系统兴起学习邓小平理论特别是邓小平新时期统战理论新高潮，加强思想政治工作，提高统一战线两支干部队伍培训工作新水平。毫无疑问，这对社会主义学院工作，特别是教学培训工作提出了新的更高的要求。正如王兆国同志所明确指出的那样："现在，对民主党派和无党派人士的培训任务越来越重，社院的工作就显得更加重要。"我们在社院工作的同志，一定要深刻认识形势和任务，增强历史责任感、使命感、紧迫感和自觉性。

我们一定要充分认识深入学习邓小平理论的重大意义，进一步提高学习的自觉性，进一步提高在教学培训中贯彻邓小平理论的自觉性。要充分认识深入学习邓小平理论是提高全党特别是各级领导干部思想理论水平的一项战略决策，是在统一战线工作中坚持党的领导，实现党的领导，引导统一战线成员坚持正确的政治方向的根本保证。因此，它关系到党和国家工作的全局，关系到我国改革开放和社会主义现代化建设事业，关系到新时期爱国统一战线的发展壮大。在教学培训中，要加大学习邓小平理论和邓小平统一战线理论的力度，要使邓小平理论"进教材、进课堂、进头脑"。要通过社会主义学院的培训，帮助民主党派和统一战线各方面成员、特别是新一代代表人物进一步学习和掌握邓小平理论，增强运用这个理论分析和解决实际问题的能力，使他们能够在建设有中国特色社会主义的伟大事业中，在坚持和完善中国共产党领导的多党合作和政治协商制度中，发挥更大的作用，做出更大的贡献。

要把这项工作做好，关键在于深化改革，重点是搞好教学改革。因此，我们要以十五大精神为指导，认真总结社会主义学院复校以来特别是近几年的办学经验，研究在新形势下如何深化教学改革、改进教学方法、提高教学质量、增强培训效果，把深化教学改革、提高教学质量作为一个核心问题、系统工程来认真研究和探讨，努力创造出我们自己的教学特色，把教学工作，特别是邓小平理论的教学工作提高到一个新的水平。系统地探讨这一问题，我想有几个环节要抓好：一是对社会主义学院教学的特点要有清醒、正确的认识，有的放矢地搞好教学改革，提高培训质量。二是教学内容的设计要科学，课程设置、讲授内容要适合形势要求，符合培训和学员的需要。三是教学方法要对路，理论联系实际，有针对性，现实感强，使学员爱听、有所得。四是教学管理要规范，从招生到结业整个教学过程都有章可循，规范化、制度化；重视和加强教师队伍建设；重视教学方法、教学规律的研究。五是教学保障要有力，要到位。对于这些问题，我们已经进行了一些有益的探索，还需要继续深入地探索下去。

二、准确把握社会主义学院教学培训的特点和优势

社会主义学院的培训，不同于普通高校，也不同于中共党校和行政学院。从"联合党校”的性质和任务出发，从社会主义学院培训对象的特点出发，我们认为，社会主义学院的培训，是面向民主党派和无党派代表人士的以自我教育为主的政治培训，具有自己独到的特点和优势。深刻认识、准确把握这一点，是总结近年来教学工作经验的重要前提，是搞好邓小平理论教学的重要前提。

其一，关于政治培训

社会主义学院教育培训的本质特点之一，就是其浓厚的、强烈的政治性和政策性。江泽民同志为中央社院建院40周年的题词是：“坚持正确的政治方向，办好中央社会主义学院。”所谓坚持正确的政治方向，就是坚持中国共产党的领导，坚持社会主义的办学方向。也就是要通过组织民主党派和无党派代表人士学习马列主义、毛泽东思想和邓小平理论，学习中国共产党的路线、方针和政策，帮助他们提高政治理论素质，坚定政治立场和政治信念，提高政治鉴别力和政治敏锐性，增强参政议政，民主监督的能力。不但要培养有一定理论素养的人才，而且要培养有作为的社会活动家和政治家，培养能与中共亲密合作共事的、能带领自己所联系的群众一道前进的党外新一代代表人物。这一要求是很高的，必须在教学培训的各个环节上有所体现，使学员在理论水平、政治觉悟、组织领导能力等方面有显著的提高。当前最重要的就是在教学中深入学习邓小平理论，深入贯彻党的十五大精神。

其二，关于面向民主党派和无党派代表人士

社会主义学院的培训对象，主要是民主党派和无党派代表人士，特别是他们中的高中级干部和新一代的代表人物。这就决定了社院教学培训的对象，层次高，学历高，要求高。他们作为民主党派、工商联的领导骨干和统一战线各方面新一代代表人物，文化程度普遍较高，绝大多数学员有高级职称，相当一部分成员有硕士、博士学位，有一定的理论基础和比较丰富的文化知识；有的有十几年、几十年的工作经历，有一定的实践经验；他们对教学要求较高，要求教师不仅讲基本理论，还要讲党的方针、政策，不仅要讲改革中的热点、难点问题，还要讲清思想上的困惑和疑虑，改革的出路和解决的措施等等。

其三，关于以自我教育为主

坚持以自我教育为主和“三自”、“三不”原则，是社院教学的突出特色和优良传统。根据学员的特点，中央社院自建院起就采取以自我教育为主的教学方法。当时《关于社会主义学院学习方法的规定》指出：“务必使每一个学员在这里学习的时候情绪是轻松愉快的，所求的马列主义真理的知识和觉悟的提高都是经过自觉自愿的努力钻研，然后自然而然地获得的。”考虑到学员大都经过较高层次的国民教育，有一定的文化基础和理论基础，有较长的社会工作经历和实践经验，来社院学习主要是学基本理论，而且着力于学会运用马克思主义基本理论的立场、观点和方法分析现实中的问题，这就决定了社院教育培训不能单靠在课堂上讲授知识，而应在引导学员读书、思考、研讨上，在提高分析问题、解决问题的能力上下功夫。这就要求在教学中，要切实贯彻“自己提出问题、自己分析问题、自己解决问题”的原则，力求少而精，同时要尽可能地回答社会实践中的热点、难点、疑点问题，引人入胜。

其四，关于由上述特点所决定的培训内容和培训形式

由于社会主义学院教学培训的上述本质特点，决定了社会主义学院的教学内容，服从

于和服务于党和国家政治生活大局，服从于和服务于党和国家的中心工作，适应、配合形势的发展和任务的变化。还必须适应不同班次、不同层次学员的实际和需要，学制长短不同，教学内容要相应调整。但无论在什么条件下，既然是政治培训，就要集中安排学习马克思列宁主义、毛泽东思想、邓小平理论和党的路线、方针、政策。根据“学马列要精，要管用”的原则，首先要集中安排学习邓小平理论和新时期统一战线理论。与这样的学习内容相适应，社院的教育培训的形式主要是专题教学，即以组织高水平专题讲授为目的，辅之以交流、研讨和社会考察。

准确地把握这些特点，十分突出的一个问题是正确理解“培训”和“自我教育”的关系。坚持自我教育为主和“三自”、“三不”原则，是中央社院教学工作的一条主要经验。这是根据学员特点和教学特点的一大创造。中央社院从建院起就采取以“自由、自愿、自觉”的教学原则。但党的十一届三中全会以来，我国进入了改革开放和社会主义现代化建设的新时期，我国的统一战线也进入一个新的发展时期，新的时代特点和新的历史任务要求用邓小平理论武装党外领导干部和代表人物，提高他们的政治理论素质、领导水平和参政议政的能力，使他们成为新时期的社会活动家、政治家。在这样的条件下，我们必须把坚持自我教育和正规化培训有机地结合起来，既充分发挥学员自我教育的优势，发挥学员学习主体的作用，又要充分体现教学培训的主导性，发挥教员教学主体的作用，以培训引导和促进自我教育，以自我教育落实和保证培训的效果。这种做法是有充分根据的。最大的根据就在于我国民主党派的性质、作用和成员构成发生了根本的变化。我国各民主党派的阶级基础发生了根本的变化，“他们已经成为各自所联系的一部分社会主义劳动者和一部分拥护社会主义的爱国者的政治联盟，都是在中国共产党领导下为社会主义服务的政治力量”。民主党派成员90％以上是改革开放后新加入的，他们与中国共产党有着建设有中国特色社会主义的共同信念，有以邓小平理论为指导的普遍共识，有通过社会主义学院的培训提高其成员政治素质和理论素质，提高其参政议政能力的强烈要求，所以我们一定要根据这种变化了的形势，认真组织好教学培训，特别要认真组织好邓小平理论和邓小平新时期统一战线理论的教学，提高教学培训的水平和质量。

三、大力强化邓小平理论在社院教学内容体系中的重要地位

为了适应党的十五大以来兴起学习邓小平理论新高潮的要求，适应当前社会主义学院教学培训工作的新情况，必须大力强化邓小平理论在社院教学内容体系中的地位，使其既牢牢地居于教学内容体系的中心地位，坚如磐石；又具有适合社院教学特点的丰富内涵，生机盎然。

总结创办和复办两个时期的经验和近年来的教学实践，中央社院新的教学内容体系可以概括为：强化一个中心，突出一个重点，搞好四个结合。具体地说就是，组织学员以学习邓小平理论为中心，突出统一战线理论和有中国特色的政党理论这个重点，把学习邓小平理论同学习马列主义、毛泽东思想的基本理论著作结合起来，把学习理论同学习党的路线、方针、政策结合起来，把学习理论同学习现代化建设和参政议政、统战工作等必备的知识结合起来，把学习理论同联系工作和思想实际，总结经验，加强修养，提高素质，促进民主党派自身建设结合起来。这个教学内容体系的最大特点，就是进一步强化邓小平理论的这个中心，并在邓小平理论这个中心中突出新时期统一战线理论这个重点。强调四个结合，是为了学好邓小平理论这个中心和这个重点；也只有搞好四个结合，才能把握好这个中心和这个重点。

1.关于进一步强化“一个中心”

在新的历史条件下，社院教学的中心内容就是深入学习邓小平理论。要把邓小平理论学习引向深入，达到十五大要求的新水平，首先要在系统学习邓小平理论，全面、正确地理解和掌握邓小平理论科学体系和精神实质上下功夫。党的十五大报告指出，邓小平理论“集中体现在十一届三中全会以来邓小平著作以及党和国家的重要文献中”。因此，《邓小平文选》应作为学习邓小平理论的主要教材。要选读原著，这是完整、准确掌握邓小平理论科学体系、基本原理和精神实质的根本途径。其次要在学习研究邓小平理论对马克思主义新贡献、新发展上下功夫，把学习邓小平理论同学习党的十五大文件结合起来，全面正确地理解和掌握十五大精神。党的十四大以来以江泽民同志为核心的党中央，运用邓小平理论回答和解决我国改革和发展中出现的一系列新的重大问题，以许多新观点、新思想丰富了邓小平理论的内容，如：对邓小平理论的科学概括，对社会主义初级阶段和社会主义本质的认识的深化，对经济体制改革和社会主义市场经济的新的论述，对坚持和完善共产党领导的多党合作和政治协商制度的论述等，既坚持了马列主义基本原理，又实事求是地解决了前进中的新问题，理论上有新的突破。党的十五大报告对邓小平理论的概括、阐述和运用，代表了我们党在旗帜问题上，在建设有中国特色社会主义问题上认识的新水平，在中央社院的理论教学中应很好体现。要引导学员按照中央《通知》要求的，充分认识邓小平理论同马克思列宁主义、毛泽东思想是一脉相承的统一的科学体系，是马克思主义在中国发展的新阶段，只有这一理论才能解决当代中国社会主义的前途和命运问题，在思想上和工作中牢固确立邓小平理论的指导地位；深刻理解中国现在处于并将长期处于社会主义初级阶段的科学论断，准确把握基本国情，毫不动摇地贯彻执行党的基本路线和基本纲领；深刻理解党的十五大关于建设有中国特色社会主义经济、政治、文化的一系列重大决策是对邓小平理论的坚持运用和发展，具有长远的指导意义；深刻理解实现跨世纪发展的宏伟蓝图，关键在于加强和改善党的领导，把学习邓小平理论引向深入，并以此来调整教学计划、充实教学内容，增设一些新的专题，使之更加适应形势发展对培训的要求，使学员在对邓小平理论的科学认识上，在运用邓小平理论解决实际问题的能力上，在改造主观世界的自觉性上都有新的提高，努力达到十五大要求的新水平。

2.关于进一步突出“一个重点”

坚持以学习邓小平理论为中心内容的同时，要突出党的统一战线理论和有中国特色的政党理论这个重点。这是社院教学的重点，也是研究的重点，是最体现社院教学特色的东西。首先，要安排学好邓小平新时期统一战线理论。邓小平新时期统一战线理论是邓小平理论的重要组成部分，它的精髓是解放思想，实事求是；核心是高举社会主义、爱国主义两面旗帜；本质是争取整个中华民族的大团结大联合；基础是坚持党的领导和发扬社会主义民主。邓小平新时期统战理论，是指导我们做好统战工作的强大思想武器，也是我们提高统战理论教学水平之根本所在，一定要下功夫学，学懂弄通，提高运用的能力，指导我们的工作和教学，组织安排好学员的培训学习。其次，要组织好中国政党制度和政党理论的学习，使学员深刻了解中共领导的多党合作和政治协商制度是中国革命和建设在长期实践中形成的一项基本政治制度，自觉接受共产党的领导，增强参政党的历史责任感；深刻了解在跨世纪的历史时期，如何卓有成效地履行参政党的职能，发挥参政党的作用，是民主党派新一代领导干部面临的主要课题；准确认识民主党派的性质、地位和作用；深入了解新时期民主党派工作的内容、机制和运作程序，使他们尽快进入角色，担负起历史赋予的政治责任。再次，要认真组织好统一战线方针、政策、知识、历史，以及统战工作各个领域如知识分子、民族、宗教、海外统战等的专题讲授和学习，全面贯彻党的统一战线政策，增强中华民族凝聚力和大团结。通过培训，帮助学员认识新时期爱国统一战线的战略地位，提高理论政策水平和工作能力，把跨世纪的统战工作做好。

3. 关于进一步搞好“四个结合”

在坚持“一个中心”“一个重点”的同时，要结合学习马克思主义的基本理论著作，这有助于更好地掌握马克思主义的立场、观点、方法，有助于正确理解邓小平理论与马列主义、毛泽东思想是一脉相承的统一的科学体系，有助于加深对邓小平理论的理解。要根据邓小平理论的教学专题，本着“要精、要管用”的原则和短期培训的特点，选编马列主义有关论述，以自学为主，教员适当做些串讲辅导。

要结合学习党的路线、方针、政策，认清形势，明确任务。理论专题教学必须紧紧联系党的路线方针政策，把学理论与学文件结合起来，把握文件精神，贯彻到授课、辅导等教学环节中。同时组织好专题讲座、研讨和重要文件的学习。这实际上是一个理论联系实际的课，也是形势与任务课，使学员了解工作大局，了解有关决策部署，自觉地把思想统一到党的路线方针政策上来，这既有助于提高学员的思想政策水平，也有助于结合实际提高理论水平。

要结合学习现代化建设和参政议政、统战工作等必备的知识，要从学员的实际需要出发，要适应知识经济的需要，适应社会发展的需要，站在当今世界知识的前沿努力汲取、传授各种新的知识，如金融、现代管理、知识经济、世界经济、国际政治、现代科技、法律、文史和计算机，以及新形势下参政议政、民主监督、统战工作等基本知识。这些知识课程的讲座要安排得科学合理，分量应适当。

要帮助学员联系工作思想实际，总结经验，进行自我教育，在改造客观世界的同时改造主观世界，加强自身建设。在发展市场经济和对外开放形势下，通过理论课教学和学习，解惑释疑，有针对性地解决学员中一些带普遍性的思想认识问题，增强坚持邓小平理论和党的基本路线的自觉性、坚定性，明确前进的方向，这是学院培训目标的要求。

四、积极探索和改进邓小平理论教学的方法

按照江泽民同志强调的“一个中心、三个着眼于”的要求，社院教学一定要从自己培训对象的特殊性出发，紧密围绕全党全国工作的大局，针对学员的思想实际和工作实际，在提高理论水平和运用理论解决实际问题的能力上下功夫，在加强思想政治坚定性上下功夫。这既是一个学风问题，也是一个政治问题，直接关系到社院教学改革的成败，要花大力气切实解决好。为此，要积极探索、努力改进邓小平理论教学的方法，切实解决好以下几个问题：

1.抓好教学环节的成龙配套，努力贯彻理论联系实际的原则

为了在教学中贯彻理论联系实际的原则，提高教学培训的质量和效果，中央社院在吸取多年教学经验基础上，形成了自学—辅导—研讨—考察—总结五个教学环节成龙配套的教学体系。同时把五个环节相互衔接、相互促进并做到“三个结合”，即“学员自学与必要辅导相结合，理论学习与工作研讨相结合，校内教学与社会考察相结合”。这五个环节，环环相扣，促成了理论与实际相结合。具体表现在：自学要求学员认真研读原著及有关文件，并与结合实际、独立思考统一起来；辅导要求教师深入了解学员普遍关注的问题，精选有针对性和启发性的课题，讲授中善于运用邓小平同志建设有中国特色社会主义理论，科学地回答教学重点、难点和热点问题，并留出适当时间与学员相互切磋，提高学员运用理论解决实际问题的能力；工作研讨是理论联系实际的重要环节，我们注重精选研讨题目，引导学员在理论与实际结合上多下功夫，着力增大研讨深度，切实解决一些重要的现实问题；教学考察注重选择具有教育意义、与教学紧密相连的项目，通过考察促进学员从理论与实际的结合上加深对教学内容的理解；教学总结坚持以运用邓小平理论特别是邓小平统战理论解决建设有中国特色社会主义实际问题的程度，作为衡量学习效果的主要标准。通过总结巩固理论与实际相结合的成果。这样，就把整个教学过程变成用邓小平理论武装头脑、指导工作、增进共识、凝聚人心的过程，变成理论与实际相结合的过程，变成用“爱国、团结、民主、求实”校风规范行动，提高政治理论素质，提高参政议政能力的过程。

2.贯彻实行“两为主、一加强”，提高“自我教育”的效率

根据学员的特点，中央社院自建院起就坚持以自我教育为主的原则。1956 年 7 月 7 日全国政协学委会通过的《关于社会主义学院学习方法的规定》明确规定：“除教员必要的讲授之外，着重自由研究、民主讨论，提倡开动脑筋、独立思考；着重理解、学习、分析问题，将理论运用于实际；提倡人尽其言，言尽其意，允许学术上各种见解的存在和争辩。务必使每一个学员在这里学习的时候情绪是轻松愉快的，所求马列主义真理的知识和觉悟的提高都是经过自觉自愿的努力钻研，然后自然而然地获得的。”要达到和实现这一要求，在教学过程中就必须坚持贯彻“两为主、一加强”：即以自学为主，以读原著为主，加强专题研讨。

坚持这一教学的原则和方法，是社院教学的突出特色，也是社院的优良传统。这个特色就决定了社院教学要放在引导学员读书学习、思考研讨上，放在提高分析、解决问题的能力上，放在学员“自己提出问题，自己分析问题，自己解决问题”上。要引导学员认真读书。在教学安排上，要精心组织课程，减少授课时间，采取课堂“精讲”，讲课少而精，保证学员有足够的读书时间和研讨时间。讲课与辅导是为了帮助学员更好地自学，而不是代替学员自学。要使学员认识自学的重要，提高自觉性。自学，要引导学员认真读原著及有关文件，结合实际独立思考。同时本着少而精的原则，编印一些辅导性教材和教学参考资料，安排一些导读辅导。辅导，要了解学员普遍关心的问题，提出有针对性、启发性的课题，并运用邓小平理论科学地给以解答。

3．要下大力气提高授课质量，努力改进课堂教学

课堂教学是社院教学的重要环节，课堂讲授质量直接关系到社院教学质量，甚至影响到学员的学习积极性和社院的形象。如不抓紧提高讲课水平、教学质量，不但影响教师队伍素质的提高，而且影响社院的形象和吸引力。我们应充分认识这个问题的严峻性，下大决心改进和提高。教员要下苦功夫认真备课。要深入研究，从理论到实际，从政策到知识，真正融会贯通，不是简单地东拼西凑，这样讲起来才能自信，才能有新意，也才能给人以启发。个人要精心备课、试讲，提倡教研室集体把关，从讲课的基本观点、实际例子和授课层次、逻辑、技巧等都进行严格把关。这也可以减少课堂重复，是一种互相帮助、互相学习，应成为一项制度。另外，教研室内部，教研室之间，要有计划地互相听课、观摩教学，课后进行评议，这样坚持数年必能提高授课技巧、质量和水平，教师也会大受其益。

4．要加大研讨分量，改进研讨方法，提高研讨质量

要通过研讨，使学员加深对基本理论的理解，开拓思路，提高运用理论分析和解决当前重大实际问题的能力。搞好研讨，一是要选好题目，围绕每个阶段的教学内容，结合现实的热点、难点问题，归纳成几个专题，组织学员开展讨论和研究；二是要解放思想、实事求是，积极探索，求真务实，努力讲一些新话；三是要发扬学术民主，坚持“三不”，即“不抓辫子、不扣帽子、不打棍子”；四是要把学员的积极性和教员的主导作用结合起来，教员要参加研讨，指导研讨，向学员学习，教学相长；五是要重视研讨成果的使用，把研讨中有价值的东西提炼概括出来，整理上报有关部门供决策参考，或报刊发表，以发挥研讨的社会效益。

五、深入研究邓小平理论教学中的突出问题

当前，社会主义学院的教学中还存在着一些比较突出的问题。要深化教学改革，深化邓小平理论的教学，必须认真研究和解决这些问题；这些问题也只有在深化邓小平理论教学的实践中才能很好地解决。

1．如何把邓小平理论教学同学习党的十五大精神结合起来

这是当前最突出的问题。党的十五大代表了党对建设有中国特色社会主义认识的新水平，如何在邓小平理论教学中深入贯彻党的十五大精神，把二者结合好，是一个十分重要的课题。由于社会主义学院及其教学工作的特殊性，怎么样根据社院的特点创造性地实现这个结合，更是一个需要认真探讨的课题。

2．如何更好地解决理论联系实际问题，彻底端正学风

这不仅是一个学风问题，也是一个政治问题。如何通过我们社会主义学院的教学培训，解决改革开放和社会主义现代化建设中的重大问题，解决我国新时期统一战线中的重大问题，解决学员思想上的困惑和疑问，帮助他们提高素质和能力，需要我们认真研究。

3．如何根据民主党派和无党派新一代代表人物的特点，增强教学的针对性

教学要有的放矢，邓小平理论的教学要有的放矢，必须深入研究和了解学员的特点，根据学员的特点和需要来安排教学。这是当前教学中十分突出的一个问题。教与学是矛盾的统一体，体现的是人与人的关系，用哲学的话说是两个主体之间的对立统一。教员是教

的主体，学员是学的主体，在教学中要处理好教与学的关系，归根到底要使学员学有收获，解决学员学好这个问题。绝不能不看对象，就制定我们的教学计划，就在课堂上大讲一气。

4. 如何正确处理政治培训和思想政治工作的关系

社会主义学院是一个“培训基地”，培训任务主要是通过教学的各个环节来完成的。但学员集中到这里学习，反映出的问题是多方面的，其中有大量的思想认识问题，需要通过认真地、过细地思想工作来解决。因此，社院也要努力了解和研究民主党派和无党派人士思想动态，有针对性地做好思想政治工作。

5. 如何正确处理基本理论学习和工作研讨的关系

这是一个老问题，也是一个始终没有很好解决的问题。要搞好培训，特别是较长班次的规范化的培训，必须安排必要的理论课程，而学员，尤其是较短班次的学员又往往希望立竿见影，研讨解决工作中所遇到的实际问题。这在深层次上反映的是学员工与学的矛盾。如何解决好，需要我们正确对待，认真研究。

6. 如何改进邓小平新时期统一战线理论的教学

研讨和探讨如何搞好邓小平理论的教学十分重要，研究和探讨如何搞好邓小平新时期统一战线理论的教学同样十分重要。在某种意义上说，研究和探讨后者更加重要。因为进行统战理论教学没有现成的经验可以借鉴，而这又是社院必须进行、也最能体现社院教学特色的东西。解决好这个问题是提高社院教学水平和质量的关键，也是深化邓小平理论教学的关键。

7. 如何把邓小平理论特别是新时期统一战线理论的教学、科研和宣传更好地结合起来

深入的理论研究，准确的理论宣传，是促进邓小平理论学习向深度和广度发展的重要条件。社院是教育人的地方，除了自己学习理论之外，还担负着研究、宣传邓小平理论，特别是新时期统一战线理论的任务。如何以教学为中心，开展和带动科学研究？如何把科研成果充实到教学中，提高教学水平？这是一个问题的两个方面，需要认真研究。

8. 如何根据新的形势和新的任务，创造邓小平理论教学的新方法

比如：民主党派参政议政、民主监督的案例教学；老一辈民主党派领导人的传统教学；学有专长的学员上台讲问题；教学研讨中的教学与学员交流问题等等。

江泽民同志在给中央社院的《贺信》中指出：“创办社会主义学院，是一件有远见和深远意义的事情，也是一件有中国特色的事情。”在纪念党的十一届三中全会召开20周年的时候，重温江总书记这一重要论断，我们备感亲切，备受鼓舞。当前全党全国人民正在深入贯彻落实党的十五大精神，全面推进建设有中国特色社会主义的伟大事业，社会主义学院的工作面临着很好的发展机遇。中共中央和各民主党派对社院寄予厚望。我们一定要以党的十五大精神为指导，高举邓小平理论旗帜，认清形势，明确任务，增强使命感和责任感，坚持解放思想，立足本职，奋发进取，真抓实干，把以教学为中心的各项工作落到实处，把邓小平理论的教学再推进一步，努力推动“有远见”、“有中国特色”的社会主义学院事业的发展，为实现江总书记在《贺信》中提出“四个更”的奋斗目标，把社会主义

学院的教育培训提高到一个新水平而努力奋斗。

肩负起统一战线教育培训历史使命

（2000年12月）

何鲁丽

中央社会主义学院是中国共产党领导的具有统一战线性质的高等政治学院，是民主党派和无党派人士的联合党校。回顾走过的历程，总结办学经验，探索中央社会主义学院的发展规律，已成为摆在我们面前至关重要的课题。

中共中央历来重视和关怀中央社会主义学院。1956年10月，在毛泽东、周恩来等老一辈无产阶级革命家亲切关怀下创办了这所学院。毛泽东主席确定学院的名称，周恩来总理审批了学院的教学原则和建院方案。1982年2月，中共中央做出决定，恢复在“文革”中被迫停办的中央社会主义学院。邓小平同志在学院新校舍落成前，亲笔题写校名。

以江泽民同志为核心的第三代领导集体，非常重视和关怀中央社会主义学院。1992年6月，江泽民同志为学院题写“爱国、团结、民主、求实”八字校风。同年10月，建院36周年暨复校10周年之际，江泽民同志特意向全院教职员工发来贺信。1996年建院40周年之际，江泽民同志再次题词：“坚持正确的政治方向，办好中央社会主义学院。”李瑞环、胡锦涛、荣毅仁等党和国家领导人出席了庆祝建院40周年大会。

江泽民同志指明学院性质是“民主党派和无党派人士的联合党校、统一战线性质的政治学院”，具有“学习培训基地”的重要作用；强调学院办学方向和根本原则是“必须始终坚持社会主义方向”；提出学院的任务和教学内容“要认真组织学员同志学习马克思列宁主义、毛泽东思想，中心内容是学习邓小平同志建设有中国特色社会主义的理论，还要学习统一战线的理论方针政策，学习统一战线和各民主党派的历史”；倡导加强学院的学风、校风建设，“坚持理论联系实际，树立爱国、团结、民主、求实的校风”；要求形成“坚持解放思想、立足本职、奋发进取、真抓实干”的良好精神状态和工作作风。

江泽民同志的贺信与题词，指明了办好中央社会主义学院的指导方针和原则，具有深远的指导意义和巨大的激励、推动作用，是中央社会主义学院必须始终遵循的建院之本。

八年来，中央社会主义学院认真贯彻落实江泽民同志贺信与题词精神，全面推进教学改革创新，着力把学院办成“更富有自己特色”的学习培训基地。

一是突出“联合党校”政治培训的特色。围绕用邓小平理论武装学员头脑和统一战线大团结大联合的主题进行政治培训，是“联合党校”办学的根本特色。中央社会主义学院把政治培训作为主要任务，不断加大政治培训力度。培训着眼于坚持用邓小平理论指导工作和行动，自觉接受中国共产党的领导；着眼于增进建设有中国特色社会主义的共识、加深对中国共产党的基本路线、基本方针、基本纲领及统一战线理论方针政策的理解；着眼于坚持和完善中国共产党领导的多党合作和政治协商制度，继承和发扬多党合作的优良传统。教育学员从思想上理论上牢固确立这些基本观点和政治原则，在任何时候都毫不动摇地坚持正确的政治方向。

二是突出培训对象和培训目标的特色。学院的培训对象，是民主党派领导干部、无党派代表人士及其他非中共代表人士、中共统一战线工作干部和理论研究人员，具有学历和职务层次高、社会影响大的特点。学院以培养造就高素质的统一战线各方面领导人才为培训目标，特别是培养造就“能继承和发扬多党合作优良传统、同共产党肝胆相照、真诚合作的新一代政治家、国务活动家和社会活动家”。

三是突出教学内容的特色。紧密结合改革开放和现代化建设的新形势、新任务，根据民主党派搞好新老交替、政治交接的迫切需要，学院不断深化教学内容改革，初步形成了“以学习邓小平理论为中心,以邓小平新时期统一战线理论和有中国特色的政党理论为教学重点”的教学内容体系与“基本理论武装、重大问题研讨、必备知识学习”的教学布局。

四是突出学风、校风建设的特色。贯彻江泽民同志贺信提出的“坚持理论联系实际，树立爱国、团结、民主、求实的校风”，学院从民主党派领导干部和无党派代表人士学员特点出发，坚持不懈抓学风、校风建设，把理论学习同学员的思想和工作实际结合，同总结经验、加强修养、促进民主党派自身建设相结合，用校风培训学员行为规范。

五是突出教学方法的特色。学院发扬统一战线教育培训的优良传统，引导学员在自觉自愿基础上进行自我教育，实行“自己提出问题、自己分析问题、自己解决问题”和“不扣帽子、不抓辫子、不打棍子”的“三自”、“三不”方针，营造出适合学员特点、有利于敞开思想、调动学习主动性的环境氛围。

八年来，中央社会主义学院培训民主党派领导干部、各界代表人士及中共统一战线干部6000多名，占建院44年培训学员总数的60%。

最近，江泽民同志在全国统战工作会议上发表重要讲话，深刻阐明了面向新世纪巩固和发展爱国统一战线的指导方针和原则。这些对于办好面向新世纪的中央社会主义学院，具有重要而深远的指导意义。我们要据此并结合中央社院的实际，制定和实施到2005年的《中央社会主义学院发展规划》，设计出面向新世纪的建院蓝图，努力把中央社会主义学院办成走在时代前列、充满生机和活力的统一战线教育培训基地。

学习贯彻全国统战工作会议精神，全面加强中央社院建设

(2000年12月)

于泽荣[①]

2000年底中央召开的全国统战工作会议，明确了统一战线一系列重大理论和方针政

① 于泽荣，中央社会主义学院党组副书记、常务副院长。

策问题，分析了当前统一战线面临的形势，提出了今后一个时期统一战线工作的任务。学习贯彻好会议精神，对中央社院今后的建设和发展至关重要。

一、充分认识建设高素质党外代表人物队伍的重要性，增强做好社院工作的使命感和责任感

统一战线工作主要是做党外有代表性人物的工作，培训和造就一大批与我们党亲密合作的新一代党外代表人物，直接关系到统一战线的巩固和发展。这次全国统战工作会议对建设高素质党外干部队伍提出了明确要求。干部培训工作是建设高素质党外干部队伍的重要环节。社会主义学院是民主党派、无党派人士的联合党校，其主要任务是做好党外代表人物的培训工作。因此，办好社会主义学院，对建设高素质党外代表人物队伍，巩固和发展党领导的多党合作和政治协商制度，具有不可替代的作用。《中共中央关于加强统一战线工作的决定》单列出一条，对办好社会主义学院提出了明确的要求，这对中央社院和全国所有社会主义学院都是一个很大的鼓舞和鞭策。我们在社院工作的同志必须认真学习全国统战工作会议精神，把握统战工作大局，增强做好社院工作的使命感和责任感，积极争取各级党委的关心和重视，争取各民主党派和无党派人士的支持和帮助，努力工作，开拓进取，按照江总书记1992年给中央社院“贺信”中提出的要求，全面加强社院建设，把社院办成名副其实的统一战线两支干部队伍培训基地和统战理论研究基地。

二、坚持社会主义办学方向，深化教学改革，努力提高培训质量

兆国同志《在全国统战工作会议上的工作报告》中指出，培养适应时代要求的新一代党外代表人物，要着重抓好六个环节。第一个环节就是要明确标准，“要使新一代党外代表人物，具有较高的政治把握能力、参政议政能力、组织领导能力、合作共事能力。最根本的是要坚持政治标准，使他们能够坚决拥护中国共产党的领导，坚定不移地走有中国特色的社会主义道路，善于从政治上认识和处理问题，始终保持政治上的清醒和坚定”。这应该成为社会主义学院的目标。

社院必须坚持社会主义办学方向，坚持政治培训为主的原则。要针对进入新世纪统一战线所处的更加开放、复杂的社会环境，各民主党派、工商联和有关人民团体进一步实现政治交接任务，始终把坚定正确的政治方向放在首位。要把邓小平理论特别是新时期统一战线理论作为主要教学内容，全面提高新一代党外代表人物的政治素质、理论素质和领导素质。

社院在几十年的发展过程中，形成了鲜明的办学特色，还要适应时代发展的要求，在继承的基础上发展创新。要适应国际国内形势的变化和新一代党外代表人物队伍的特点，以全国统战工作会议精神为指导，深化教学改革，调整教学布局，加强教学管理，增强教学的针对性和实效性，不断提高培训质量。要根据全国统战工作会议精神，抓紧修订不同班次的教学计划，修改统战理论教材。

三、紧密联系统战工作实际，在统战理论研究方面迈上新台阶

加强统战理论研究，首先是提高教学质量，做好培训工作的需要。社院的教学内容主要是马克思主义基本理论和统战理论两个方面，而统战理论方面的教学任务主要由社院的专职教师和统战部门的领导同志来承担。统战理论是社院的学科特色和优势。这些年来，中央社院随着教师队伍的不断加强，教学质量也在逐年提高。但是，统战理论方向的教学仍然是薄弱环节，在这方面的优势还没有充分发挥出来。科研工作是提高教学质量的基础，加强统战理论研究是提高统战理论教学质量的关键。必须组织教师紧紧围绕统一战线基本理论和教学中的热点、难点问题展开深入研究。

加强统战理论研究，也是统战工作的需要。社院不仅是统一战线两支干部队伍的培训基地，还应该成为统战部门可以依靠的理论研究基地。理论、政策研究是统战工作开创新局面的重要基础，新时期统一战线面临许多新情况、新问题，要求我们必须围绕统一战线带有根本性、全局性的重大问题，深入调查研究，及时提出新的理论观点和政策思想，不断推动统战工作的开展。社院可以也应该在统战理论研究方面发挥更大作用。中央社院在这方面做了一些工作，也出了一些研究成果，但是与江总书记提出的“在统一战线的学术研究方面达到更高的水平和应有的权威性”的要求还有很大差距。其根本原因是，社院的教师大多不熟悉统战工作。要采取让教师到部机关和各民主党派机关挂职锻炼、参加部里组织的重大调研活动、与部各局室合作研究等措施，使教师接触统战工作实际，使理论研究更好地为统战工作服务。我们一定要进一步加强科研管理、明确科研方向和政策导向，积极主动地争取中央统战部各局室的支持和帮助，使中央社院的统战理论研究工作迈上一个新台阶。

四、积极选调、培养教师，努力建设一支高素质的师资队伍

2000年下半年，中编委正式发文，明确了中央社院的规格、机构和编制。这是中央社院建设和发展中的一件大事，部领导非常重视，在延东同志的领导和干部局大力支持下，“三定”工作进展顺利。到目前为止，经过调整和充实，院领导班子已基本配齐，部门领导和处级干部也已到位。下一步，在抓好干部队伍思想建设和作风建设的同时，要重点转向师资队伍建设。

任何一所学校都以教师和学生为主体。社院要培养高素质的统一战线两支干部队伍，必须建设一支高素质的教师队伍。总结多年来的办学经验，社院的师资队伍建设要走专兼结合的道路。根据社院的特点，一些公共理论和形势政策教育，可以充分利用社会资源，聘请部分专家学者和有关部门领导担任兼职教师。为了保证教学质量，兼职教师也要做到相对稳定。同时，社院必须有一支政治素质高、基础理论扎实，有一定教学经验、热爱社院教育培训事业的专职教师队伍。依靠他们来承担统战理论方面的教学和研究工作，并做好教学组织和教学研究工作。中央社院还要造就一批学术造诣较深、在学术界和统战系统有一定影响的学科带头人。

中央社院目前虽然已经有了一支以20多位教授、副教授为骨干的教师队伍，但占总编制的比例仍然很小。这次定编，对人员结构做了重大调整，增加了20个教师编制。今后，随着后勤服务人员的自然减员和后勤管理改革的深入，所占行政编制空出以后，基本上可以用于补充教师队伍，教师和专业技术人员最终可达100人，占总编制的60%。在这次机构调整中，成立了师资处，将对师资队伍建设进行调研规划，根据社院教学和科研工作实际需要，有计划地逐步引进教师。同时，进一步加强教师队伍的培养和管理，提高教师的政治和业务素质，进行教师聘任制度和分配制度的改革，充分调动教师的积极性，形成一个有利于优秀人才成长，教师队伍不断优化的机制和环境。

五、加强基础设施建设，进一步改善办学条件

部领导和全国政协办公厅对中央社院的发展建设非常重视，不仅经常到社院检查指导工作，而且从人员编制、经费和教学设施等方面切实给予支持。经过多年的努力，中央社院的规格、机构和编制问题已经得到解决，年度行政事业费有较大幅度提高，教学设施也在不断完善。2000 年，部领导亲自出面筹措资金，对教学楼、学员楼和餐厅进行全面装修，校舍面貌焕然一新。现正自筹资金，因陋就简，将已废弃的锅炉房改装成使用面积达 1300 平方米的学员文体活动中心和老干部活动中心，争取上半年竣工。同时，正在向市规划局和国家计委积极申报教学辅助用房和学员宿舍工程项目，争取下半年开工。全国政协办公厅还答应今年给中央社院解决几辆汽车。以上项目落实以后，办学条件将会得到进一步改善。下一步要抓紧中华文化学院大楼的建设、图书资料信息现代化和校园网建设，开展多媒体教学和远程教学，形成全国社会主义学院培训网络，进一步增强办学的整体功能，提高统一战线两支干部队伍的教育培训水平。

2000 年 12 月 20 日，在全国统战工作会议闭幕不久，中央社院即召开了“学习贯彻全国统战工作会议精神，加强中央社会主义学院建设”座谈会。座谈会全面总结了八年来中央社院贯彻落实江总书记《贺信》，全面加强社院建设的情况。兆国同志、何鲁丽院长和延东同志对学习贯彻全国统战工作会议精神，进一步加强社会主义学院建设作了重要指示，全院教职工深受鼓舞。我们要继续深入学习贯彻全国统战工作会议精神，继续以江总书记《贺信》精神为动力，抓住进一步发展的良好机遇，以只争朝夕的精神，努力办好社会主义学院。

贺 信

贺 信[①]

（1998 年 10 月）

黄 菊[②]

上海市社会主义学院：

值此上海市社会主义学院建院 40 周年之际，谨向你们表示热烈的祝贺，并向为市社会主义学院的建设和发展付出辛勤劳动、做出贡献的同志们致以亲切的慰问！

① 这是黄菊发给上海市社会主义学院建院 40 周年的贺信。

② 黄菊，中共中央政治局委员、上海市委书记。

40年来，特别是1984年恢复办学以来，你院全体同志坚持正确的办学方向，怀着高度的政治责任感和历史使命感，在组织民主党派和工商联干部、无党派代表人士、统战干部学习马列主义、毛泽东思想、邓小平理论，学习党的路线、方针、政策等方面，做了大量卓有成效的工作，为坚持和完善中国共产党领导的多党合作和政治协商制度，为巩固和发展最广泛的爱国统一战线做出了积极的贡献。

希望全院同志在党的十五大精神指引下，高举邓小平理论伟大旗帜，坚定不移地全面贯彻党的基本路线，坚持正确的政治方向，发扬“爱国、团结、民主、求实”的校风，不断提高办学水平和学术研究水平，进一步规范办学体制，努力办出自己的特色，为上海的统一战线事业做出新的贡献。

贺　信①

(2000年5月29日)

吴官正②

请王久祜同志转省社会主义学院的同志们：

值此山东省社会主义学院恢复建立10周年暨新校舍落成之际，我代表中共山东省委向你们表示热烈的祝贺，并向为省社会主义学院的建设和发展做出贡献的同志们，致以亲切的慰问！

10年来，省社会主义学院在省委的领导下，坚持社会主义办学方向，积极组织民主党派成员和党外各界人士，认真学习马列主义、毛泽东思想特别是邓小平理论，认真学习江泽民同志一系列重要讲话和新时期党的统一战线理论、方针、政策，努力加强对统一战线两支干部队伍的教育培训，做了大量的工作，取得了可喜的成绩，为巩固和发展新时期广泛的爱国统一战线做出了积极的贡献。

当前，我们正处在世纪之交的重要时刻。实现跨世纪的宏伟目标，是中国共产党和各民主党派、党外各界人士共同的历史使命。社会主义学院工作是党的统战工作的重要组成部分，在建设有中国特色社会主义的宏伟事业中，任重道远，大有可为。希望省社会主义学院在邓小平理论指引下，紧密团结在以江泽民同志为核心的党中央周围，始终坚持正确的政治方向，按照江总书记“爱国、团结、民主、求实”的校风要求，奋发进取，真抓实干，进一步加快正规化办学步伐，办出水平，办出特色，建设高素质的党外代表人士队伍和统战干部队伍，坚持和完善中国共产党领导的多党合作和政治协商制度，为推进党的统一战线事业发展做出新的更大的贡献！

---

① 这是吴官正发给山东省社会主义学院恢复建立10周年大会的贺信。

② 吴官正，中共中央政治局委员、山东省委书记。

题 词

荣毅仁题词

1996年7月9日，国家副主席荣毅仁为中央社会主义学院建院40周年题词：

亲密合作
风雨同舟

费孝通题词

1996年5月，全国人大常委会副委员长、民盟中央主席费孝通为中央社会主义学院建院40周年题词：

多党合作
培养人才

孙起孟题词

1996年，全国人大常委会副委员长、民建中央主席孙起孟为中央社会主义学院建院40周年题词：

支持民主党派自身建设的创造性有效措施

雷洁琼题词

1996年6月，全国人大常委会副委员长、民进中央主席雷洁琼为中央社会主义学院建院40周年题词：

革新教学　严谨治校
培养统一战线干部

王光英题词

全国人大常委会副委员长、全国工商联名誉主席王光英为中央社会主义学院建院40周年题词：

实至名归

程思远题词

1996年10月15日，全国人大常委会副委员长程思远为中央社会主义学院建院40周年题词：

高举社会主义和爱国主义旗帜

培养跨世纪人才

卢嘉锡题词

1996年9月，全国人大常委会副委员长、农工党中央主席卢嘉锡为中央社会主义学院建院40周年题词：

多党合作

再谱新篇

吴阶平题词

全国人大常委会副委员长、九三学社中央主席吴阶平为中央社会主义学院建院40周年题词：

为完善中国共产党领导的多党合作和政治协商制度培养优秀人才

2000年10月9日，全国人大常委会副委员长、九三学社中央主席吴阶平祝贺《中央社会主义学院学报》创刊100期题词：

总结经验　开拓创新

团结协作　奋发图强

王兆国题词

全国政协副主席、中央统战部部长王兆国为中央社会主义学院建院40周年题词：

发扬光荣传统

培养优秀人才

1998年10月21日，全国政协副主席、中央统战部部长王兆国为上海市社会主义学院建院40周年题词：

坚持办学方针，发展统一战线

阿沛·阿旺晋美题词

全国政协副主席阿沛·阿旺晋美为中央社会主义学院建院40周年题词：

继承光荣传统

争取更大光荣

董寅初题词

1996年7月1日，全国政协副主席、致公党中央主席董寅初为中央社会主义学院建院40周年题词：

中央社会主义学院建院40周年成绩斐然。为适应跨世纪的到来，我们应遵从江主席的教导，努力建设高素质干部队伍；在民主党派中培养德才兼备的年轻一代，坚定不移地跟党奔向新世纪！

万国权题词

1996年6月17日，全国政协副主席、民建中央副主席万国权为中央社会主义学院建院40周年题词：

统一战线性质的高等政治学院

何鲁丽题词

1996 年 8 月，全国政协副主席、民革中央副主席何鲁丽为中央社会主义学院建院 40 周年题词：

辛勤耕耘四十载
多党合作育英才

1999 年 8 月，全国人大常委会副委员长、民革中央主席、中央社会主义学院院长何鲁丽为江西省社会主义学院建院 40 周年题词：

多党合作创伟业
齐心协力育英才

周谷城题词

1986 年，全国人大常委会副委员长周谷城为上海市社会主义学院复院题词：

团结一切力量，振兴中华，建设两个文明，繁荣祖国。
加速沿海物质建设，促进祖国精神文明。

周铁农题词

1999 年 6 月 12 日，全国政协副主席周铁农在视察甘肃社会主义学院工作时题词：

同心协力，办好甘肃社院

蒋正华题词

2000 年，全国人大常委会副委员长、农工民主党中央主席蒋正华为江西省社会主义学院题词：

培养统战工作英才
服务江西经济建设

丁石孙题词

全国人大常委会副委员长、民盟中央主席丁石孙祝贺《中央社会主义学院学报》创刊100期题词：

坚持多党合作制度
加强参政议政工作

成思危题词

全国人大常委会副委员长、民建中央主席成思危祝贺《中央社会主义学院学报》创刊100期题词：

努力弘扬爱国团结民主求实精神，为民主党派培养更多的高素质人才，促进多党合作在新世纪的坚持和发展。

许嘉璐题词

全国人大常委会副委员长、民进中央主席许嘉璐祝贺《中央社会主义学院学报》创刊100期题词：

百期转瞬多少探求恁般心血尽显国家政治特色
千载伊始如此奋发何其艰难力促党派事业辉煌

罗豪才题词

全国政协副主席、致公党中央主席罗豪才祝贺《中央社会主义学院学报》创刊100期题词：

高举爱国团结旗帜
弘扬民主求实精神

张克辉题词

全国政协副主席、台盟中央主席张克辉祝贺《中央社会主义学院学报》创刊100期题词：

学报百期致贺

世纪之交，中央社会主义学院学报正式出版已有百期。在此，我谨代表台盟中央对学报多年来所取得的成绩表示由衷的祝贺。

21世纪是我国政治、经济、文化大发展的重要时期。在新的形势下，统一战线肩负着更加光荣而艰巨的历史使命。

我希望并相信，学报一定会围绕统一战线大联合、大团结的主题，高举爱国主义、社会主义旗帜，紧密结合我国经济、政治和社会发展中出现的新特点和新问题，进一步推动理论研究和教学工作，为坚持和完善中国共产党领导的多党合作和政治协商制度，为祖国的发展、振兴和统一大业做出更大贡献。

经叔平题词

2000年10月25日，全国政协副主席、全国工商联主席经叔平祝贺《中央社会主义学院学报》创刊100期题词：

加强非公有制经济理论研究

促进民营企业健康发展

教学情况和教学经验

教 学 情 况

概 况

社会主义学院成立以来，特别是党的十一届三中全会以来，在中共中央和各级地方党委的关心和重视下，坚持中国共产党的领导，坚持社会主义办学方向，致力于教育培养拥护中国共产党领导、与中国共产党亲密合作的党外代表人士，为中国共产党领导的多党合作和政治协商制度的巩固与完善，为爱国统一战线的发展，提供了高素质党外人才和统战干部人才的培养保证。据不完全统计，自 1996 年至 2000 年，全国社会主义学院系统共举办培训班、进修班、读书班 3814 期，培养民主党派、无党派人士、爱国宗教界人士和非公有制经济代表人士共计 233755 人次，统战干部 30199 人次。认真总结教学经验，对于进一步办好社会主义学院有着重要的意义。

1. 坚定教学指导思想，坚持用马克思主义理论特别是邓小平理论教育人、武装人

社会主义学院是中国共产党领导的统一战线性质的高等政治学院，是民主党派和无党派人士的联合党校，是从事党的统一战线工作的重要部门。其办学目标，就是按照中共中央的要求，把社会主义学院办成培训民主党派和无党派人士及统战工作干部和理论研究人才的基地，办成学习、研究和宣传马克思列宁主义、毛泽东思想和邓小平理论的重要阵地，并充分发挥在统一战线工作中的作用。这就决定了要办好社会主义学院，必须始终坚持中国共产党的领导，坚持社会主义的方向，这是社会主义学院教学的最重要的前提。

为了坚持中国共产党的领导和社会主义办学方向，各级社会主义学院都确立了明确的教学指导思想。根据社会主义学院的性质和任务，各级社会主义学院都把教学指导思想确定为：以马克思列宁主义、毛泽东思想、邓小平理论和党的基本路线为指导，坚持社会主义方向，以教学为中心，以改革为动力，以党的建设和队伍建设为保证，正确认识和把握干部教育工作和学院管理工作的规律，更好地为中国共产党领导的多党合作和政治协商制度服务，为巩固和发展爱国统一战线服务，为振兴中华、统一祖国服务。几十年来，各级社会主义学院根据这一指导思想，扎扎实实地组织教学和培训工作，并以此推进学院的建设，各方面的工作都取得了新的进展。

为了坚持中国共产党的领导和社会主义办学方向，各级社会主义学院都有明确的培训内容。经过几十年的努力，社会主义学院已经形成了比较稳定的教学内容，这就是：第一，坚持学习马列主义的基本问题、毛泽东思想的基本问题、邓小平理论的基本问题。第二,坚持学习中国共产党的统一战线理论、方针和政策，学习统一战线和民主党派的

历史和多党合作的优良传统。第三，学习社会主义市场经济理论和法律法规及科学文化知识。

坚持党的领导，坚持社会主义方向，以马克思主义理论特别是邓小平理论教育人、武装人，是社会主义学院的性质、任务及学员特点所决定的。几十年来，各级社会主义学院一直把坚持社会主义办学方向作为建院之本，不断加强和改善党对学院的领导，认真解决好“办什么样的学校，培养什么人”的问题，在培训工作中着重抓了“四个坚持”：其一，在教学指导思想上，把坚持社会主义方向摆在首位。各级党组织、院领导高度重视并用主要精力把握好培训工作的方向关，坚定不移地在政治上、思想上同党中央保持一致。其二，在培训目标上，坚持培养一支拥护中国共产党领导，坚持走有中国特色的社会主义道路，能与中国共产党长期亲密合作的党外干部队伍和具有马克思主义理论素养，精通党的统一战线理论、方针和政策、德才兼备的统战干部队伍，特别是要着力培养高层次、高质量的民主党派后备干部。其三，在培训内容上，坚持把学习马列主义、毛泽东思想特别是邓小平理论及党的统战理论、方针和政策，作为根本任务和培训的中心内容。其四，在培训方法上，坚持理论联系实际，提高培训对象的政治素质。

2. 把握社院教学的特点，增强教学的针对性

社院的性质和任务决定了社院教学与普通高校有很大的不同，与党校、行政学院也有不同，具有自身的特点：第一，社院教学的对象层次高，学历高，要求高；第二，社院教学的内容不像高校课程相对稳定，有较定型的教材；第三，社院教学的方法是自我教育为主，不像高校以课堂教学为主；第四，社院教学的要求高，有很强的政治性和政策性；第五，社院的教师是专兼结合的，既要充分发挥社院专职教师的作用，又要充分利用社会上的优质人才资源。根据社院“联合党校”这一特殊性质的要求，各级社会主义学院在教学过程中坚持把握以下几个原则：

第一，坚持政治原则性和学术探索性相结合的原则。社院姓“社”，因此，社院的教学一定要坚持社会主义方向，体现政治性。同时，又要对当前改革和发展中出现的问题，站在理论的高度大胆研究和探索，对学员提出的热点问题，敢于阐述自己经过深思熟虑、言之有理、持之有据的见解，给学员以启迪。

第二，坚持理论与实际相结合的原则。教学人员只有不断提高运用马克思主义的立场、观点、方法分析和解决实际问题的能力，才能更好地加强教学的针对性和现实感。因此，各级社院一方面要求教员认真学习党的方针政策，关心、重视和研究政治大局，认真、深入进行调查研究，提高理论与实际结合的力度和水平；另一方面，学院给教员创造条件，有计划地安排他们参加调研，到统战部机关和民主党派机关挂职锻炼、向学员学习。经过艰苦的努力，切实提高了教师理论联系实际的能力，使教学内容逐渐丰富多彩起来。

第三，坚持学员自学和教员指导相结合的原则。社院的学员大都有较强的自学理解能力，教学实施中多安排一些自学是必要的，以充分调动和发挥学员学习的主动性、积极性。但各级社院都把握了自学而不是放任自流，随心所欲，坚持做到有指导的自学，以科学的方法、有针对性的指导，做到事半功倍，收到好的学习效果。

第四，坚持课堂讲授和研讨交流相结合的原则。课堂教学不仅是学院教学实力的表现，也是教师综合素质的体现。根据社院的特点，课堂上和课后讨论也是课堂教学的补充和延伸。各级社院在组织教学中都非常重视这个环节，特别是教师参与学员的研讨，这是沟通教与学，发挥教员和学员两个积极性的重要途径，对教员来说是有效的调查研究，深化对实践的认识，增强教学的针对性；对学员来说，彼此交流，深入探讨，互相切磋，澄清认识，可以提高运用理论分析、解决实际问题的能力。

3. 明确培训对象，走“高层次、有特色、正规化”的办学路子

经过数十年的实践，社会主义学院确立了“高层次、有特色、正规化”的办学方针。高层次，是指社会主义学院的培训对象应以各民主党派和无党派人士中的高中级干部为主，着力培养一大批能与中共真诚合作的跨世纪的新一代代表人士，即社会主义学院的教学、科研和行政、后勤管理要达到高水平。有特色，是指社会主义学院要体现“联合党校”和统一战线干部培训性质，在办学形式、教学内容、教学方法、教学管理以及与之相联系的行政后勤管理等方面都要办出自己的特色。正规化，就是要按照教育规律办事，建章立制，使各项工作走向制度化、规范化，减少盲目性和随意性。正规化是“九字”方针的核心，高层次和有特色是正规化的重要内容和重要前提。正规化也就是将社会主义学院高层次、有特色的教育培训规范下来，形成一套完整的、有效的、切实可行的规章制度。没有高层次和有特色，正规化就无从谈起；没有正规化，高层次、有特色就难以形成规范而成为长期坚持的制度和办法。

为了落实“高层次、有特色、正规化”的办学路子，各级社会主义学院走访了党校、行政学院等单位，虚心求教，认真学习他们的办学经验，并从各自的实际出发，确立了自己的发展战略。

在教学的实践中，各级社会主义学院的共同做法是：第一，规范招生、班次设置和学制，使短期轮训、长期培训和学历教育相结合，建立起合理有效的培训机制；第二，规范教学内容，加强教材建设，建立起适应统一战线干部培训的教材体系；第三，规范教学管理，加强制度建设，建立起具有自己特色的教学管理体制；第四，加强队伍建设，努力提高教学质量，使教学工作跃上一个新台阶。四十多年来，在各级统战部的领导下，经过全体教职员工的不断努力，各级社会主义学院在“高层次、有特色、正规化”的办学道路上已迈出了可喜的步伐。

4. 坚持以教学为中心的办学思想，推动教学不断发展

教学是所有学校的中心工作。社会主义学院的发展，关键是在提高培训质量和提高教学水平上。在实际工作中，各级社会主义学院努力改善教学条件，并从以下三个方面来提高教学质量。

第一，从规范化管理的要求抓好制度建设。在不断总结教学管理经验的基础上，各级社会主义学院相继制订了诸如《教学组织实施细则》、《教学人员工作规范》等规章制度，使整个教学过程，从计划招生、安排专题、聘请教师、组织教学，到学员管理等各个环节都有章可循，逐步形成具有社会主义学院特色的教学管理体制。

第二，从体现特色的要求抓好教材建设。根据社会主义学院教学人员有限的特色，在

教材建设中，大都发挥教学人员集体的智慧，在讲义和提纲的基础上，组织编写专题教学提要，并正式出版。随着办学的日益正规化，教材建设也逐渐规范，一批由社会主义学院教材编审领导小组审定的教材已陆续出版。这些教材，从内容到形式都具有社会主义学院的特色。

第三，从加强针对性的要求抓好教学组织工作。在组织教学实践中，各级社会主义学院坚持了“三自”（学员自己提出问题、自己分析问题、自己解决问题)、“三不”（不打棍子、不扣帽子、不抓辫子）的好传统，认真抓好自学、辅导、研讨、考察和总结交流五个环节，坚持“三个结合”，即学员自学与必要的辅导相结合，理论学习与工作研讨相结合，校内教育与社会考察相结合。同时，各级社会主义学院还根据不同班次的特色组织教学，加强了教学的针对性。

5. 建设一支高素质的教师队伍，专兼结合，形成自身优势

根据社会主义学院规模小、教学科研人员少的实际情况，教师队伍建设必须坚持专兼结合。专职教师和兼职教师在教学方面各有优势，可以互补，但不能相互替代。各级社会主义学院都把师资队伍建设作为一项重要工作，要求教师牢固树立教学第一和保证教学质量的意识，牢固树立集中精力教书育人的意识，师资队伍明显加强，教学质量日益提高。同时，各级社会主义学院还采取“内培骨干、外请名师、专兼结合”的方式，在招聘引进学科带头人和加强培养专职教师的同时，还聘请社会著名专家学者和党政机关及民主党派领导人为兼职教授，逐步满足学员获取多方面知识的需求。

为了全面提高教师的整体素质，各级社会主义学院普遍采取业务定向、跟班辅导、明确教学任务等办法，给教师压担子，让他们在教学实践中提高业务能力。同时，以老带新，既发挥老教师学科带头人作用，又让年轻教师得到锻炼和提高。

6. 积极抓落实，促进教学管理的规范化、制度化

社院教学的全过程有三个重要环节，即教、学、管。教学管理必须贯穿到“教”与“学”的全教程，这是提高教学质量的重要手段和保证。通过办学实践，各级社院逐步建立了一系列教学管理制度，收到了一定的成效。从社院的实际出发，教学管理主要在三个方面：

一是教务管理。教务管理是教学一系列管理的动态表现，其根本任务是保证教学培训工作有序高效地正常运转，确保教学任务和教学计划的顺利实现，确保教学质量和教学水平的不断提高。首先，各级社院逐步加强教学管理的规范化：从招生开始到学员结业，对学员的学籍、学纪、学历、毕（结）业规范化；招生对象、学制、班次设置规范化；制定校历、教学计划安排、课程设置、周课表、教学考评、教学反馈、教学津贴等规范化，真正使教学有规可依。其次，各级社院加强教学管理的制度化：比如民主制定教学计划制度、集体备课制度、任课教师选聘制度、教学考评制度、教学分析、总结制度，重点是引入择优和竞争机制，从教学管理手段上激励教师全心全意献身社院教育事业。

二是学员管理。学员管理的根本任务是营造良好的学习环境和氛围，充分调动学员的学习积极性、自觉性，努力完成社院的培训任务。为此，各级社院都重视了学员的入学教育、学籍学纪管理、请销假、建立班委和党派支部组织、情况反映等，并根据新的情况不

断补充、完善。

三是队伍管理。实现“教”与“学”管理的规范化、制度化，关键在人，在于有一支高素质的师资队伍、联络员队伍和教务队伍。在办学实践中，各级社院都注意了这方面的工作。师资队伍建设是社院队伍建设的重点，是提高社院教学质量和教学水平的关键；联络员直接与学员打交道，是联系社院与学员的重要纽带，他们的整体素质与工作状况，代表着社院的水平和形象；教务人员是保证教学工作正常运转，提高教学质量、管理水平的关键。这三方面的人员都要有很强的敬业精神和服务意识，要有较高的理论素养和管理协调水平，要懂教学规律，要有调研、总结和文字表达能力。这些也是各级社院多年着力的一项重要工作。

教学经验

组织党外人士学习邓小平理论的教学实践

中央统战部干部局

党的十五大将邓小平理论确立为党的指导思想，明确规定：中国共产党以马克思列宁主义、毛泽东思想、邓小平理论作为自己的行动指南。这是我们党经过近20年改革开放和社会主义现代化建设的成功实践作出的历史性决策。实践证明，在当代中国，只有把马克思列宁主义同当代中国实践和时代特征结合起来的邓小平理论，而没有别的理论能够解决我国社会主义的前途和命运问题。邓小平理论是当代中国的马克思主义，是马克思主义在中国发展的新阶段。邓小平理论不仅是中国共产党集体智慧的结晶，也是包括各民主党派和无党派人士在内的我国各族人民集体智慧和科学实践的结晶。只有认真学习、深刻领会邓小平理论，掌握邓小平理论的科学体系和理论发展状况，才能正确运用它来指导我们的实践。这不仅对全党同志十分重要，而且对我党广泛团结各民主党派和无党派人士坚持四项基本原则，坚持多党合作和政治协商制度，充分发挥参政议政和民主监督作用，为巩固和发展爱国统一战线，为建设有中国特色社会主义伟大事业做出更大贡献，尤为重要和必要。为适应这一需要，统战系统从80年代起就开始组织党外代表人士学习邓小平理论。

组织党外人士学习邓小平理论，经历了一个历史发展过程。从十一届三中全会，开始了有中国特色社会主义的建设工作，组织党外人士学习邓小平建设有中国特色社会主义理论是在中央社会主义学院恢复以后，特别是80年代末，才真正开始有计划地组织学习。80年代末，主要是进行社会主义基本理论的教育，特别是社会主义初级阶段理论的教育。1989年中央14号文件下发以后，组织他们着重就坚持和完善中国共产党领导的多党合作和政治协商制度进行学习研讨。1992年邓小平同志视察南方讲话之后，我们就社会主义本质等重大理论问题组织党外人士认真学习。党的十四大以来，特别是《邓小平文选》第三卷出版之后，我们又帮助党外人士系统地掌握邓小平理论的科学体系。党的十五大提出要重视培养非党干部，这是十一届三中全会以来的第一次，非常明确，这给我们提出了新的要求。1998年7月1日，党中央又发出深入学习邓小平理论的号召，我们又及时向各地统战部和社院下发了在统战系统深入开展学习邓小平理论的通知，促进了统战系统学习邓小平理论的活动。通过几年来的实践，邓小平理论已经成为统一战线干部培训特别是党外代表人士队伍培训的主要内容。

总结几年来的工作，我们的主要做法是：

一、科学规划和安排学习内容

根据“学马列要精，要管用”的原则，我们在组织党外人士学习邓小平理论的过程中，按照党外人士的特点和统一战线培训工作的要求，合理安排学习内容。

1. 系统学习，全面掌握邓小平理论的科学体系

江泽民同志指出，邓小平理论“内容丰富，博大精深，涵盖我国现阶段经济、政治、文化、军事、外交和党的建设等各个方面的基本问题”，“一定要从总体上和科学体系上领会和掌握这一理论的基本内容、基本观点和基本精神”。按照这一要求，我们针对党外人士的特点和实际情况，提出要以科学态度，通过系统学习，把邓小平理论作为一个完整的科学体系来加以把握的学习要求。我们要求学员要系统地通读《邓小平文选》一、二、三卷，弄清一些重要理论观点产生的历史背景和主要内容。在基本掌握邓小平理论内容的基础上，听取有关专家、教授的专题辅导，加深理解，深化学习效果和思想认识，从而达到把握理论体系和理解科学内涵的目的。

2. 重点突出，深入学习邓小平新时期统一战线理论

江泽民同志指出，深入学习邓小平理论，不仅要从总体上把握，而且还“要注意从这一理论论述较多的若干重要领域，对有关的思想理论和方针政策进行系统的学习和理解。”邓小平新时期统一战线理论是邓小平理论的重要组成部分，是邓小平同志关于新时期爱国统一战线工作的重要思想和理论，是指导新时期爱国统一战线不断巩固和发展的理论基础。党外人士是新时期爱国统一战线工作的主要对象，提高党外人士的政治理论水平，使他们与中国共产党同心同德，合作共事，是爱国统一战线不断发展的重要基础。因此，组织党外人士学习邓小平理论，就要在全面把握它的科学体系的同时，重点组织他们学好邓小平新时期统一战线理论。

邓小平新时期统一战线理论涉及到统一战线的各个方面，为了便于党外人士学习掌握，根据邓小平同志对统一战线各领域的重要论述，我们将学习内容归纳为以下几个重要部分：马列主义、毛泽东思想关于统一战线的基本理论；中国共产党统一战线的基本政策；邓小平新时期统一战线的基本理论；中国共产党领导的多党合作政治协商制度；多党合作的历史和现状；努力发展平等、团结、互助的社会主义新型民族关系；坚持宗教信仰自由政策，巩固同爱国宗教界的统一战线；“一个国家、两种制度”的理论与实践；邓小平同志关于知识分子问题的思想与党外知识分子工作。在具体组织学习中，根据培训班对象的不同，又分别重点讲述有关部分的理论和政策。这样有重点地组织教学，加强了培训的针对性，效果良好。

3. 根据学员的需求，开设专门课程

党外人士有民主党派成员，有政府和司法机关的领导干部，有非公有制经济代表人士，有民族、宗教界代表人士，有党外知识分子代表人士等。根据他们的工作和思想实际，我们又分别组织开设了市场经济知识、国家法律法规和基本政策、领导科学与领导艺术、管理科学等专题课程，使他们对国家法律和政策有了进一步的了解，这样既帮助他们深化对邓小平理论的认识，又帮助他们更好地履行自己的职责。

二、努力探索适合党外人士特点的培训形式

党外代表人士的特点，一是有很强的政治代表性。这是主要特点。他们往往都是一部分群众或一个社会群体的代表人物。毛主席在50年代曾形象地把党外人士和他们所代表的群众的关系比做是“一根头发与一把头发”的关系。二是层次高。一方面是社会职务较高。我们培训的党外人士中，有各民主党派中央、全国工商联和有关团体的主要领导干部和机关工作骨干；有全国人大和政协的非中共常委和委员；有各省区市人大、政协中的非中共正副主任、主席、常委、委员；有在政府和司法机关任职的省、部、地（厅）级和县、处级非中共领导干部；有民族宗教界代表人士；有非公有制经济方面的代表人士。另一方面是文化层次高。我们培训的中高级党外代表人士一般都有大学以上学历，相当一部分人具有高级技术职称，他们都有自己的专业特长，是本行业内有突出贡献的专家或某个学科中的学术带头人，年富力强，思想活跃等等。

根据党外人士的这些特点，我们采取切实有效措施，有针对性地组织学习活动，初步形成了一套具有统一战线特色的培训形式。

1. 自我教育

自我教育不仅是统一战线中进行思想政治工作、提高成员思想觉悟的重要方法，而且是统一战线内部解决矛盾、协调关系、促进团结、增强合力的基本方针，是中国统一战线的一大特色，也是统一战线培训工作的重要形式。我们在组织党外人士学习邓小平理论的过程中，坚持自我教育的方针，贯彻“自己提出问题，自己分析问题，自己解决问题”的“三自”原则，实行“不抓辫子、不打棍子、不扣帽子”的“三不”方针，在研讨一些理论问题时，不设框框，由学员联系自己的思想和工作实际，提出问题，相互讨论，在讨论中分析问题，提高认识，达成共识。

2. 研读原著

学习邓小平理论要以学习原著为主，这是党中央对全党提出的基本要求。从统一战线的角度看，读好原著，学好原著，也是爱国统一战线开展自我教育，增进建设有中国特色社会主义共识的重要途径，是党外人士培训工作中“三自”原则的要求。因此，我们在组织他们学习邓小平理论的过程中，采取了坚持以学习研究原著为主的方式。重要理论观点，我们要求重点读，反复读，力求做到弄懂弄通，在深入学习的过程中，深化对邓小平理论的认识。学员们经过研读原著，普遍感到，有助于历史地考察邓小平理论的重要理论观点，准确地把握各个原理和观点之间的相互联系，全面地理解它的科学体系和思想发展脉络，深化自己的认识。

3. 专题教学

这是统一战线干部培训和社会主义学院教育培训的主要方法。目前，由于培训的学制不统一，普遍比较短，而党外人士文化层次又普遍较高，具有很高的理论研究素养，因此，全面系统地组织理论讲授不太符合学员的学习要求。通过近年来的实践，将邓小平理论分为若干专题，在学员自学原著的基础上，聘请专家讲授。同时，结合不同时期国家的形势和工作的重点，开设相关内容的专题讲座，围绕这些专题，组织学员学习研讨。实践证明，这种专题组织学习的路子，在一定程度上做到了按需教学，适合党外人士的实际情

况，受到了他们的欢迎，也取得了良好的学习效果。比如，中央［1989］14号文件下发以后，中央统战部和各级统战部门及时开设了“中国共产党领导的多党合作和政治协商制度”、“中国特色的政党制度”、“西方多党制与中国政党制度”等专题；党的十四大召开以后，又开设了“什么是市场经济，如何建设社会主义市场经济体制”、“中国特色社会主义的理论与实践”等专题；党的十四届六中全会召开以后，我们又及时开设了“参政议政与加强社会主义精神文明建设”等专题。通过专题教学，使党外人士能够科学地看待现实，深入地分析问题，积极地在建设有中国特色社会主义伟大事业中知情出力。实践证明，这种专题组织学习的路子，在一定程度上做到了按需教学，适合党外人士的实际情况，受到了他们的欢迎，也取得了良好的学习效果。

4．联系实际

联系实际学习理论是深化学习效果的重要途径。邓小平理论是几十年来我国社会主义建设实践，特别是改革开放20年来实践经验的总结，是被实践证明了的科学理论。学习邓小平理论，只有紧密地联系实际，才能引起学习兴趣，学以致用，也才能长期坚持。首先是联系社会主义现代化建设的实际。组织他们研究形势和任务，学习党的路线、方针和政策。组织他们参观考察改革开放的先进地区和部门，开阔视野。其次是联系每个党外人士的工作实际。研究如何把党的路线、方针和政策同本地区、本部门的实际结合起来，切实解决工作中的问题。最后是联系思想实际，澄清思想上的模糊认识。通过理论联系实际的学习，使党外人士能够坚定社会主义的政治方向和政治立场，牢固树立正确的世界观、人生观、价值观，增强分清理论是非的能力，提高运用党的基本理论、基本路线解决实际问题的能力。

三、党外人士的学习效果明显

由于采取了适应党外人士特点的培训形式，使党外人士学习邓小平理论取得了良好的效果。

1．党外人士普遍增强了建设有中国特色社会主义的共识

许多党外人士反映，通过系统地学习，他们真正理解了邓小平理论是内容丰富、科学严密的理论体系。在邓小平理论的指导下，中国人民在中国共产党的领导下，不断深化改革，使国家的面貌发生了巨大的变化，亲自感受到我们的国家社会稳定，民族团结，综合国力日益增强，人民生活更加富裕。这是在邓小平理论的指引下，取得的巨大成就。这种成就使各民主党派和无党派人士与中国共产党在建设有中国特色社会主义问题上取得了广泛的共识，这一共识成为各民主党派与中国共产党“长期共存、互相监督、肝胆相照、荣辱与共”的重要政治基础。许多党外人士在学习之后表示，通过学习邓小平理论，使他们对社会主义更加充满信心，要充分发挥参政议政和民主监督的作用，为建设有中国特色社会主义贡献更大的力量。

2．帮助党外人士提高了对中国共产党领导的多党合作和政治协商制度的认识

通过学习，特别是学习邓小平新时期统一战线关于多党合作的理论，使党外人士深刻地认识到，中国共产党领导的多党合作和政治协商制度是适合我国民主政治、具有中国特色的社会主义政党制度。在这一制度中，中国共产党是社会主义事业的领导核心，是执政

党；各民主党派是各自所联系的一部分社会主义劳动者和一部分拥护社会主义的爱国者的政治联盟。民主党派不是在野党，更不是反对党，而是同共产党通力合作，共同致力于社会主义事业的亲密友党，是参政党。这一政治制度具有十分明显的优越性，它防止了一党专制，将一党领导与多党合作有机地结合起来，实现了国家稳定和社会进步的统一，对保持社会稳定、推进社会主义民主政治建设发挥着重大的作用。这样的认识，使他们在思想上筑起了抵御“西化”的坚固屏障，为坚持和完善这一基本政治制度奠定了坚实的思想基础。

3. 帮助党外人士明确了责任，促进了爱国统一战线的巩固和发展

有的学员学习以后真诚地说，只有学习以后，才真正开始从内心深处把自己摆到了党外人士和统战工作者的位置上，感到负有重大的政治责任，光荣的历史使命。他们表示，愿意通过自己的努力工作来团结所联系的一部分群众，为巩固和发展爱国统一战线做出应有的贡献。

4. 提高了党外人士的整体素质，促进了民主党派的自身建设，为党外人士的选拔使用提供了人才资源

党外人士通过系统地学习邓小平理论，在政治觉悟、理论水平上都有很大的提高，特别是学习后在工作岗位上努力实践，许多人很快成为工作上的骨干。通过培训，同共产党亲密合作的新一代党外代表人士逐渐成长起来，为党外人士的新老交替，为民主党派跨世纪的组织交替和政治交接，为巩固和发展多党合作培养了大批人才。据不完全统计，自1989年至今，全国统战部门已经组织五十余万人次党外人士进行理论学习，大多数党外代表人士参加了统战部和社会主义学院组织的邓小平理论学习培训。以党外领导干部为例，截至1997年2月，全国担任地方县（处）以上人民政府及司法机关领导职务的党外干部共计有八千余人，其中80%以上经过统战部和社会主义学院的培训，副省级以上党外干部无一例外地都经过了培训。进入各级人大、政协的党外代表人士，也基本上经过了社会主义学院的培训。通过学习培训，为去年以来的党派和人大、政协、政府的换届提供了有力的党外人才保证，一批与党亲密合作的新的代表人物陆续走上领导岗位。各民主党派、工商联已经基本完成了组织上跨世纪新老交替的历史任务。统一战线培训工作起到了自己应有的作用。

四、组织党外人士学习邓小平理论的体会

几年来，我们按照中央的要求，认真组织党外人士学习邓小平理论，在实践中，我们有了一定的工作体会，主要是：

1. 领导重视是做好组织党外人士学习邓小平理论工作的关键

几年来，中央统战部先后举办了3期党外省部级领导干部统一战线与多党合作专题研究班，2期党外高级专家学者邓小平理论研究班，6期党外省部地厅级领导干部统一战线理论专题研究班，4期党外地厅级领导干部赴港培训班，30多期民主党派干部培训班，20多期民族宗教界代表人士读书班，6期非公有制经济代表人士学习班等培训班。各地统战部也组织了省内相应层次的党外人士培训班、研讨班等每年3000多期。这些班次的举行，都得到了各级领导的关心和支持。特别是我部和中央组织部、中央党校联合举办的党外省

部级领导干部研究班，得到了李瑞环、朱镕基、胡锦涛等中央领导同志的高度重视，他们出席开学和结业典礼并作重要讲话，亲自给学员作报告，还深入到学员中间，了解情况，交友谈心。王兆国同志和中央组织部、中央党校的领导同志亲自关心过问研究班和学员的情况。刘延东同志亲自跟班，与学员一起学习、座谈、讨论。各地党委主要领导同志对省内的党外人士培训工作也积极支持，有的亲自讲课，有的深入到学员中，解决实际问题。正是有了各级领导的重视和支持，党外人士培训工作才得到了不断的发展。

2. 科学规划是做好组织党外人士学习邓小平理论工作的前提

凡事预则立，不预则废。为了使党外人士学习培训得到有计划、有步骤地开展，我们加强了对这一工作的规划。中央统战部作为党中央主管统一战线工作的部门，一贯重视组织党外人士学习邓小平理论。王兆国同志十分重视培训工作，多次指示要认真组织党外人士学习邓小平理论。几年来，不仅本部门每年组织层次较高的党外代表人士进行学习，而且还要求各省、区、市统战部认真组织好党外人士的理论学习，并充分发挥培训工作部门的职能作用。自1990年中央统战部成立干部培训工作领导小组以来，每年召开会议，对统一战线干部培训工作进行总体规划，并加强指导和监督检查，注意研究新情况，解决新问题。几年来，根据培训工作的发展形势，我们召开了全国统一战线干部培训工作会议，对统一战线干部培训工作进行了总体部署，先后下发了《1991—1995年全国社会主义学院教育培训规划》、《1996—2000年全国统一战线干部教育培训规划》。各地也根据实际制定了必要的规划和制度，比如，上海、北京、江西等地制定了《关于统一战线干部培训工作的意见》、《关于加强党外干部培训工作的意见》等文件。这些文件提出了党外人士培训的指导思想、基本内容、培训形式、学制等方面的要求，为组织党外人士学习邓小平理论提供了制度保障。

自中央（1996）10号文件下发和全国统一战线干部培训工作会议以后，各地对党外人士的培训更加重视。党外干部的培训基本上已纳入干部培训的总体规划之中。大部分省级统战部都成立了统战干部培训工作领导小组，具体规划、指导干部培训工作。

3. 精心组织是做好组织党外人士学习邓小平理论工作的基础

一是各单位要协调配合。组织党外人士集中学习，涉及到各方面，以干部培训部门为主，注意协调好各方面的关系，理顺机制，才能搞好。我们在工作中，一方面在开学前，召集有关单位召开协调会，协商培训工作中的问题，共同分析问题，共同解决问题，调动各方面的积极性，共同参与，把培训工作做好。二是合理组织教学内容，使学习内容与学员要求基本相符，达到按需求教学。三是精心安排实地考察，尽可能调动学员的学习积极性。比如，党外人士平时参观考察的机会较少，因此，普遍要求到先进地区参观学习。我们尽量组织他们到沿海发达地区、经济建设有成就的地区（单位）去参观学习，通过精心组织来保证学员们完成学习任务。

4. 加强调查研究，注意信息反馈，是改进培训工作，使教学内容常学常新的保证

对党外人士的培训工作不能一成不变，要在实践中不断改进，才能取得更好的效果。为此，我们在培训中十分重视调查研究，注意地方培训工作和学员学习效果的信息反馈。几年来，我们先后对各地开展党外人士培训工作和组织学习邓小平理论的情况进行过五次

调查研究，形成了调研成果。有的地方还进行了专题座谈会、问卷调查等不同形式的调查研究。这一方面有效地督促各地切实重视统一战线干部培训工作，另一方面，对不同阶段的学习内容，培训形式、培训效果和学员需求进行总结，研究新情况和新问题，及时调查充实学习内容，改进培训形式，使学员的每一次学习都有新的收获。

以江泽民同志《贺信》为指针，坚持走高层次、有特色、正规化的办学道路

中央社会主义学院

中央社会主义学院，创建于1956年，经历了创建、停办、复校和发展几个不同的阶段。中央社会主义学院创办40年来，在中共中央的关怀重视，全国政协、中央统战部的领导，各民主党派中央和全国工商联的支持下，在组织民主党派高中级领导干部、无党派人士和统战干部的学习培训方面做了大量工作，共办班95期，培训各类干部5590人，为提高统一战线党内外两支干部队伍的素质，为坚持和完善中国共产党领导的多党合作和政治协商制度，巩固和发展爱国统一战线做出了应有的贡献。

回顾中央社会主义学院所走过的历程，特别是1992年10月新校舍落成四年来的工作实践，我们在以江泽民同志的《贺信》为指针，坚持走高层次、有特色、正规化的办学道路方面，积累了一些经验，有了一些初步的体会。

一、坚持中国共产党的领导，坚持社会主义办学方向，是办好中央社院最重要的前提

中央社会主义学院，作为中国各民主党派和无党派人士的联合党校，中国共产党领导的统一战线性质的高等政治学院，其主要任务是：组织民主党派高中级领导干部、无党派人士和统一战线系统干部的学习培训，并进行统战理论研究。这就决定了要办好中央社会主义学院，必须始终坚持中国共产党的领导，坚持社会主义办学方向。这是中央社院办学的最重要的前提。

为了坚持中国共产党的领导和社会主义办学方向，院党组十分重视领导班子的思想建设。在政治上，坚定不移地贯彻执行党的基本路线，坚持用邓小平建设有中国特色社会主义理论统一思想，统一行动。我们感到，中央社院的领导班子，必须充分认识中国共产党领导的多党合作和政治协商制度是我国一项基本政治制度；必须充分认识各民主党派作为参政党在社会主义民主政治建设中的地位和作用；必须充分认识中央社会主义学院作为民主党派和无党派人士的联合党校存在的长期性、重要性和必要性，并从这样的高度，来把握和领导社院的建设发展和办学的各项工作。几年来，我院领导班子成员，无论来自哪个单位，无论分管哪项工作，都能自觉学习邓小平建设有中国特色社会主义理论，学习党的统一战线理论、方针和政策，并以此指导工作。去年以来，还有计划地组织处、科两级干部跟学员一起系统地学习建设有中国特色社会主义理论。

为了坚持中国共产党的领导和社会主义办学方向，确立了明确的办学指导思想。根据

中央社院的性质、任务，以及江泽民同志《贺信》提出的建设目标，近年来进一步确立中央社院的办学指导思想是：以邓小平建设有中国特色社会主义理论和党的基本路线为指导，坚持社会主义方向，以教学为中心，以改革为动力，以党的建设和队伍建设为保证，正确认识和把握干部教育工作和学院管理工作的规律，全面推进社院的工作，努力将我院建设成为富有自己特色的名副其实的非中共代表人士和党的统一战线干部的学习培训基地，更好地为中国共产党领导的多党合作和政治协商制度服务，为巩固和发展爱国统一战线服务，为振兴中华、统一祖国服务。几年来，他们根据这一办学指导思想，扎扎实实地组织和推进社院的建设，各方面的工作都取得了新的进展。

为了坚持中国共产党的领导和社会主义办学方向，根据党的基本路线和新时期党的统一战线工作的要求，明确了社院的培训内容。经过多年的努力，中央社院已经形成了比较稳定的教学内容，这就是：第一，坚持学习马列主义、毛泽东思想，中心是学习邓小平建设有中国特色社会主义理论，这是社院的主要教学课程；第二，坚持学习中国共产党的统一战线理论、方针、政策，学习统一战线和民主党派的历史，这是体现统一战线性质的教学内容，是社院的重点课程，也是社院自身特色的主要体现；第三，学习社会主义市场经济理论和法律法规及科学文化知识。

二、确立明确的奋斗目标和办学思路，并以此推动工作，是办好中央社院的根本

一所学校，究竟要办成什么样的学校，根本问题是必须首先树立明确的奋斗目标和清晰的办学思路。只有这样，才能以此动员和号召广大教职工形成合力，团结一心，艰苦奋斗，逐步推进学校的建设和发展。

中央社会主义学院的奋斗目标，是江泽民总书记在《贺信》中提出的“四个更”的要求。这就是：“力争在2000年以前，把中央社会主义学院建设成为更富有自己特色的名副其实的党外代表人士和党的统一战线干部的学习培训基地，使之在社会上享有更良好的声誉，在党外各界代表人士中更具有吸引力，在统一战线的学术研究方面达到更高的水平和应有的权威性。”

院党组提出，要贯彻江总书记《贺信》精神，中央社院必须坚持走高层次、有特色、正规化的办学道路。高层次，一是中央社院招收的学员层次要高，一般招收副局级以上的各民主党派领导干部和党外各界代表人士；二是中央社院要努力建设一支高层次、高水平的专兼职师资队伍；三是中央社院的教学质量、科研水平和行政管理应该是一流的。有特色，最主要的是突出统战特色，体现民主党派和无党派人士联合党校的性质。不仅在教学目的、办学形式、教学内容和教学方法等方面要体现这种特色，学员的学习和生活条件也要根据统战工作的需要，尽量搞得好一些。正规化，就是要从规范招生、班次、学制、教学内容、教材以及制度建设等具体工作入手，抓紧建立起一套正规化的教学体制、科研体制、行政后勤管理体制和有效的运行机制。

在工作部署上，院党组提出今后五年我院的工作分三步走：第一步是通过迎接1996年10月建院40周年，进一步争取中央和各方面的关心支持，扩大社院的社会影响，促进社院自身建设，推动各方面工作的开展；第二步是到1997年底，全面落实三年规划，为社院今后的建设和发展打好基础，同时提出后三年的规划设想；第三步是到2000年，全面提高教学质量、科研水平和管理水平，进一步改善办学条件，基本达到江总书记提出的奋斗目标。

为了统一全院教职工的思想，发动大家努力实施院党组提出的工作要求，去年暑假前后，在全院教职工中开展了“大学习大讨论”活动。这次活动，中心是围绕贯彻落实江总书记《贺信》精神，组织大家学习邓小平关于统一战线工作的论述，重新学习江总书记《贺信》和其他领导同志对社院的指示和讲话精神，紧密联系社院实际，就关系社院建设和发展的重大问题展开讨论。这次活动收到了很好的效果，通过学习讨论，全院教职工不仅统一了思想，明确了方向，振奋了精神，增强了信心，而且对社院今后的工作提出了许多很好的意见和建议。

在形成工作基本思路和开展“大学习大讨论”的基础上，院党组又进一步研究提出了关系今后中央社院建设和发展的十个重大问题，请中央统战部审批。部长办公会议根据部干部培训工作小组的意见，很快进行了研究，并做出明确批复。这对中央社院是一个很大的鼓舞。

三、坚持教学与科研相结合，努力提高教学质量和科研水平，是办好中央社院的中心任务

根据近几年的工作体会，我们感到要坚持以教学为中心，必须解决两个问题，一是思想认识问题，一是实际工作问题。

在思想认识方面，必须明确，教学是所有学校的中心工作。一所学校办得好坏，首先要看教学质量和科研水平如何。如果教学科研上不去，一切无从谈起。中央社会主义学院也不例外。作为民主党派高中级领导干部和无党派人士以及统战干部的重要学习培训基地，中央社院的工作究竟怎样，能否实现江泽民总书记《贺信》中提出的目标，根本的标志也是要看我们的教学质量和科研水平如何。教学科研工作要达到高水平、高质量，就要牢固树立以教学为中心的思想，其他工作都要服从、服务于教学这个中心。也就是经常说的“一个中心，三个服务”，一个中心就是以教学为中心，三个服务就是学校的一切工作必须为教学服务，为学员服务，为统战工作服务。

在实际工作方面，必须把提高教学质量和科研水平放在第一位。坚持教学与科研相结合，教学以科研为基础，科研为教学服务。我们感到这项工作需要院领导亲自抓，花大力气抓。应当有硬指标考核，比如教学管理、教材建设、教师讲课质量、理论研究成果等，要有明确的目标要求。这些目标（包括个人的工作数量、工作质量、工作成果）应当与个人的奖励、收入挂起钩来，实行目标管理，才能打破“大锅饭”，调动教学科研人员的积极性，把教学质量和科研水平抓上去。

近几年，我们主要从以下四个方面来提高教学质量和科研水平。

（一）抓管理制度，逐步规范。在总结过去教学管理经验的基础上，去年制订了《教学组织实施细则》，使整个教学过程，从计划招生、安排专题、聘请教师、组织教学，到学员管理等各个环节都有章可循，在教学管理工作规范化方面大大前进了一步。现在着手修订《教学科研人员工作规范》等制度，以使教学管理工作进一步规范化，逐步形成具有社院特色的教学管理体制。

（二）抓教材建设，体现特点。1992年，我院与中央统战部研究室合作，共同编写了《中国统一战线教程》，1995年又修订再版为《新编中国统一战线基本教程》。这部教程，不仅中央社院使用，而且发行到全国，成为不少地方社院的基本教材。1995年下半年，我们组织编写了《建设有中国特色社会主义理论专题教学提要》和《统一战线理论专题教学提要》，已由华文出版社出版发行。现在组织编写的《中国传统文化专题教学提要》也已基本定稿。这几本教学提要，都是按专题形式编写的，比较适合以专题组织教学的要求，从内容到形式都具有社院特色。

（三）抓教学组织，注意求精。近几年来，在组织教学过程中，不仅继续发扬了社院"三自"和"三不"的好传统，而且认真抓好自学、辅导、研讨、考察和总结交流五个环节，坚持"三个结合"，即学员自学与必要的辅导相结合，理论学习与工作研讨相结合，校内教学与社会考察相结合。还注意根据不同班次的特点来组织教学，加强了教学的针对性。从去年下半年开始，对学员晚上的课外活动也做了具体的安排，活跃了学员的业余生活。

（四）抓科学研究，充实基础。科研是教学的基础。没有高水平的科研，就没有高质量的教学。没有统一战线学术研究方面应有的权威性，就不可能在统一战线教学方面达到应有权威性。基于这样的认识，我们在教学基本走上正轨的情况下，开始着力抓科研工作。1994年初，我院正式成立了统战理论研究所，担负理论研究和科研组织两项职能。近两年来，又调入了一批具有较扎实的理论基础、具有一定教学经验和科研能力的教学科研人员。在此基础上，我院于今年三月正式成立了院学术委员会，同时制订了院学术委员会工作条例和科研工作管理办法。目前，我们除承担中央统战部关于知识分子队伍调研课题的一个子课题之外，还组织了几个院级课题，两个教研室和研究所也都有自己的课题。

四、搞好以党的建设为核心、以师资队伍为重点的队伍建设，是办好社院的重要保证

要搞好中央社会主义学院的工作，很重要的一条是要发挥中共党组织的战斗堡垒作用，发挥共产党员的先锋模范作用。我院共产党员占教职工的一半以上，在某种意义上说，党的建设和党员的工作做好了，全院的工作也就好办了。因此，院党组和机关党委坚持以邓小平建设有中国特色社会主义理论和党的基本路线为指针，认真贯彻党的十四届四中全会《决定》精神，始终把党的建设放在重要位置上。

几年来，院党组和机关党委坚持把用邓小平建设有中国特色社会主义理论武装全体党员干部，作为加强党的建设和队伍建设，搞好统战教学和各项工作的根本措施。我们始终坚持每周半天的学习制度，有计划地组织党员干部学习《邓小平文选》第三卷，学习《邓小平同志建设有中国特色社会主义理论学习纲要》及《什么是社会主义市场经济》等，同时组织副处级以上干部参加中央统战部和社院自己组织的读书班，到目前为止已基本轮训一遍。我们还注意加强党员教育管理工作，严格组织生活制度，开展了革命传统教育和向孔繁森同志学习的活动，认真对干部进行廉洁自律教育，加强党风和廉政建设。在培养、教育和考察积极分子、搞好组织发展方面也做了大量工作，近几年共发展了8名新党员。工会和团支部也都根据各自的特点，开展了一些有意义的活动，寓教于乐，活跃了教职工的文化生活，增强了社院的凝聚力。我院党的建设工作，得到了上级领导的肯定和鼓励，院机关党委获得了部机关党委授予的先进基层党组织称号和评选优秀论文活动组织奖。

根据我院教学、科研人员少，专业技术力量比较薄弱，一些部门缺少骨干的实际情况和王兆国同志关于“中央社院要有一支一定数量的高水平的固定的教学科研队伍”的指示，从1994年开始，院党组下决心把队伍建设作为近几年工作的一个重点。我院队伍建设的一个基本思路是：以师资队伍建设为重点，优化结构，充实骨干，切实提高教职工的整体素质。

两年来，我们引进了10名教师，其中有4名教授，3名副教授，还有博士和硕士。同时有8名同志晋升了高级职称，其中2名正高职，6名副高职。师资队伍得到了加强。有了教师，就要充分发挥他们的作用。我们的做法是采取业务定向、跟班辅导、明确教学科研任务等办法，给教师压担子，让他们在教学科研实践中提高教学科研水平。现在，教师既搞教学，又搞科研，任务比较饱满，老教师开始发挥学术带头人作用，年轻教师也得到锻炼和提高。另一方面，去年年底我院给经常为社院授课的30位校外知名专家、学者和中央、国家机关等党政部门以及各民主党派中央的领导，颁发了兼职教授聘书。我院已初步形成了一支有一定数量的相对稳定的专兼职教师队伍。我们体会，根据社院的性质和特点，教师队伍建设必须坚持专、兼结合。专职教师和兼职教师在教学方面各有优势，可以互补，但不能相互替代。在科研方面，则肯定主要依靠专职教师。我们逐步认识到，专职教师是社院教学和科研的基本力量。

目前，我院专职教师和科研人员仍不能满足教学科研任务的要求，有待继续充实。但充实调整教学科研人员，必须把好入口关，宁缺毋滥，确保质量，必须坚持高水平、高层次，并在专业、年龄等方面要有一个合理的结构，形成梯队。

党政管理干部的素质也是至关重要的。社院的发展目标和各项工作，要靠各级党政干部去组织实施。没有一支结构合理、素质优良、得力精干的党政管理干部队伍，社院的建设发展和各项工作是难以实现的。这里的关键在于不断提高党政干部自身的政治思想素质和工作业务素质，养成好的思想作风和工作作风。出路在于坚持经常性的培训，近年来，我们采取多种形式，组织党政干部参加政治培训和业务培训，收到了初步的效果。

五、积极推进管理改革，是办好中央社院的动力

一所学校，管理水平如何，直接关系到教职工积极性的调动，关系到人力资源的有效利用，关系到有限财力和物力的充分利用，最终也会影响到教学科研水平的提高。因此，必须努力提高社院内部的管理水平。提高管理水平的出路在改革。

这几年，我们把逐步建立和完善社院内部的管理体制和有效的运行机制，作为社院实现发展目标的基础性工作。首先努力加强院内规章制度建设。经过各部门努力，经院办公会讨论通过，近年来共建立了26项规章制度，使我院教学、科研、行政、后勤管理向着规范化、制度化方向迈进了一大步。

除了教学、科研管理改革以外，在行政、后勤管理方面也进行了一些改革。在行政管理方面，主要是对教学科研人员、党政管理人员和后勤服务人员实行分类管理，依据各类人员的不同特点，分别建立任用、考核、晋升、奖惩制度。连续两年进行年度全员考核和去年开始实行的领导干部述职报告制度，对增强各级领导干部和各类人员的工作积极性和责任心起到了促进作用。目前，根据中央组织部和中央统战部的统一部署，正着手进行参照公务员管理的前期工作。财务工作实行“经费包干、切块管理、节余留用、超支不补”的管理办法，进一步加强了财务管理和财务监督。

连续几年，对膳食科、服务科、锅炉房、绿化组等部门实行了带有承包性质的改革，去年交通科也进行了承包。这些改革措施，对于提高工作效率，改善服务工作以及为社院增收节支，起到了积极的推动作用。从去年下半年开始，在学员伙食管理上，实行了自助餐的就餐形式，比较好地满足了学员的不同需求，解决了多年来想解决而未能解决的问题，受到学员的普遍欢迎和领导的称赞。

六、搞好硬件建设，是办好中央社院的基本物质条件

1956年中央社会主义学院成立时，经过周恩来总理和中央书记处批准，“中央社院的校舍和设备与高级党校的标准相同”。去年10月李瑞环同志视察中央社院时指出：“社院应当有别于党校，应当有统战特色，吃的、住的都要更好一些。来上学的都是党外同志，生活、学习条件要尽量宽裕一些。”作为一所学校，没有校舍或校舍残缺不全，靠“打游击办学”，是办不好学的。作为民主党派和无党派人士的联合党校，更不应当如此。我们必须积极争取各方面的支持，搞好硬件建设，这是办学的最基本的物质条件。

1992年我院新校舍落成，办学条件有了根本的改观。近几年来，在经费比较紧张的情况下，我们每年都设法挤出一些钱来办一两件事情，逐步改善办学条件。比如，学员楼的二三层和餐厅装了空调，改装了多功能厅，添置了一些必要的设备等。但是，目前仍存在一些困难和问题，如二期工程项目和经费问题、配套设施问题、校舍的维修和设备的改造更新问题等都亟须加以解决。部领导对改善中央社院办学条件问题非常重视。王兆国部长多次指示我们，要利用好中央社院的土地，把社院规划好，建设好。目前，根据部领导的指示，我们正在着手拟定基本建设总体规划，争取用好现有的土地，把校园建设得更好，使办学条件得到进一步改善。

把握规律，实事求是，全面推进教育正规化建设

辽宁省社会主义学院

历史进入新世纪，面对改革开放、社会主义现代化建设和新时期爱国统一战线的新形势、新任务要求，社会主义学院建设和发展中面临一个十分突出的问题，就是如何实现正规化办学，进一步提高统一战线两支队伍培训质量。对此，我们辽宁省社会主义学院进行了初步探索，于2000年5月制定出《辽宁省社会主义学院教育正规化方案》。《方案》作为学院未来五年建设与发展的行动纲领，将具有重要指导作用。

一、实现教育正规化，是新时期社会主义学院发展的必然要求

搞好统一战线两支队伍培训是一项事关爱国统一战线巩固与发展的基础性工程，而社

会主义学院就是培训这两支队伍的重要基地。江泽民总书记对社会主义学院寄予厚望。1992年10月，他在给中央社会主义学院的《贺信》中，要求把社会主义学院建设成为："更富有自己特色的名副其实的党外代表人士和党的统一战线干部的学习培训基地，使它在社会上享有更良好的声誉，在党外各界代表人士中更具有吸引力，在统一战线的学术研究方面达到更高的水平和应有的权威性。"总书记的《贺信》是指导社会主义学院工作的纲领性文件。深入领会《贺信》的精神实质，进一步提高培训质量，努力实现教育目标，是社会主义学院的中心任务，也是学院生存发展之所在。这就要求社会主义学院必须加强教育正规化建设。只有学院实现了教育正规化，才能够更好地完成对民主党派和无党派代表人士和统战干部的教育培训，才能真正提高他们的政治素质和理论素养，更好地实现新世纪民主党派和无党派人士的政治交接和高素质后备人才队伍的培养。民主党派和无党派代表人士到社院来，不仅要提高理论素养、工作能力，而且更要注重提高政治素质，提高他们自觉接受共产党的领导，与中国共产党合作共事的自觉性。这就要求社会主义学院具有与之相适应的学习、管理和生活条件，有比较系统、针对性强的学习内容和较高水平的教师队伍和管理队伍等。这些条件正是学院教育正规化的主要内容。

提出社会主义学院教育正规化，主要是针对目前存在并需要改变的非正规化、非规范化情况而言。从社会主义学院的发展来看，由于多数脱胎于机关，加之其工作与机关联系较多，其干部也大多来自于机关，使得培训工作在一些方面还未能按照教育培训规律开展，由此使有些培训工作不能取得应有的成效。以往在学院建设上存在着注重完成一年一度的培训任务，对学院整体发展和长期建设重视不够的问题，特别是存在对教学科研队伍建设重视不够和短期行为的问题。加之社会主义学院恢复时间还不长，基础比较薄弱，总体上说处于初级发展阶段，对学院办学规律还把握不够，办学不规范、不正规的情况比较普遍。这与新形势下培训任务和目标的要求相比，还存在较大的差距。随着新时期爱国统一战线的发展和对统一战线两支队伍培训的要求日益提高，社会主义学院教育正规化问题已突出地摆在我们面前。中央社会主义学院在总结办学经验的基础上，已率先提出了"高层次、有特色、正规化"的办学方针。几年来的实践也已证明，实行正规化办学是建设和发展社会主义学院的正确方向和有效方针。

辽宁省社会主义学院自恢复建院以来，教学培训工作不断取得进展，但与此同时，在班次设置、学制、课程安排、培训方式，以及行政后勤管理等方面，都还存在随意性和不规范性，越来越制约了培训质量的提高。从学院的管理来看，许多方面还存在机关化管理模式，与高等政治学院很不相称，很不适应。随着统一战线对培训两支队伍的要求不断提高，随着学院教育事业的日益发展，教育正规化问题逐渐提上日程。1997年，学院在总结过去几年教学培训工作经验的基础上，借鉴中央社会主义学院的经验，提出了逐步由机关化办学向正规化办学转变的思想。1998年，院党组组织全院职工，特别是中层以上干部学习中央有关文件指示精神和兄弟社院的经验，就辽宁省社会主义学院的发展方向和前景问题进行反复讨论，从而达成了共识。一致认为，从社院的实际出发，走教育正规化的道路，是社会主义学院发展的惟一正确方向和目标。从1999年开始制订教育正规化方案。几年来，在制订方案的过程中，学院广泛征求了省委统战部、省各民主党派、部分省市社院和我院部分学员的意见，院主要领导还亲自到北京征求中央统战部和中央社院的意见，前后五易其稿，于2000年5月，经省委主管书记和统战部批准，《辽宁省社会主义学院教育正规化方案》（以下简称《方案》）定案。这是学院建设与发展走出的重要一步。

《方案》坚持“高层次、有特色、正规化”的办学方针，提出从2000年起五年内基本实现教育正规化的目标。要求从教学到科研，从教师队伍建设到教学设施、办学条件以及行政后勤管理等方面基本上实现正规化。这是指导学院新世纪发展的一个重要的行动纲领。按照《方案》要求，将逐步把我院建设成为全国一流的省级统一战线两支干部队伍培训中心和统战理论研究中心。

二、把握规律，认准教育正规化的方向

实现教育正规化，首先要把握社会主义学院的办学方向和特点，从社院的“院情”出发，使教育正规化建设符合学院发展的实际。

社会主义学院教育正规化必须是把握正确的培训目标，突出政治培训的正规化。社会主义学院在当前和今后一个时期培训工作的目标，就是要按照江泽民同志提出的建设高素质干部队伍的基本要求，以邓小平理论为指导，全面贯彻党的基本路线，坚持用科学理论武装干部，用先进知识充实干部，用优良传统教育干部，全面提高干部素质，教育培养一支拥护中国共产党领导，坚持走有中国特色社会主义道路，能与中国共产党长期亲密合作的党外代表人士队伍和一支具有马列主义理论素养，精通党的统一战线理论、方针、政策、德才兼备的统战干部队伍。实现教育正规化，要深入把握社会主义学院培训的政治方向。社会主义学院的培训目标决定了其培训主要是政治培训，培训工作主要是通过组织学习党的基本理论、基本路线和统一战线理论政策等，提高认识，在建设有中国特色社会主义事业上增进共识。在教学思想上，要把坚持社会主义方向、坚持党的领导摆在首位；在教学内容上，要坚持把学习马克思列宁主义、毛泽东思想，特别是学习邓小平理论作为中心内容。学院为增进培训效果，需要开设许多方面的课程，如市场经济、法律、现代科技、领导科学等，但这些都要围绕在建设有中国特色社会主义事业上，在坚持共产党领导的多党合作和政治协商制度上取得共识来开设，使之形成共同为祖国振兴和统一而努力奋斗的思想理论基础。正确认识和把握学院的办学目标和政治方向，这是实现教育正规化的根本要求。

社会主义学院教育正规化必须是突出统战特色的正规化。内容决定形式，好的形式则更有效地为内容服务。社会主义学院是具有统一战线性质的高等政治学院，其培训内容最大特色就是具有统战性质，学院的培训工作是统战工作的一个重要方面。这就要求我们把马克思主义统一战线理论政策作为学院的一门主课，并使教育与统一战线实际工作紧密结合，使培训内容、方法、管理手段、后勤服务、院风和硬件建设都体现出党的统战特色，体现统战政策的要求和长期形成的统战工作的光荣传统；使培训工作本身成为统一战线工作功能的发挥，统战政策原则的贯彻，统战工作方法的运用，以及促进统战工作任务的落实。

社会主义学院教育正规化必须是遵循自身教育规律的正规化。社会主义学院教育正规化是以对社院教育规律的认识为基础的。这种认识至少要包括以下几个层次规律：首先是成人干部教育的一般规律。社会主义学院首先是干部培训学院，它的培训对象不是普通的为获取知识而学习的青年学生，而是成人干部和代表人士。这就决定了它在教学内容、教学方法和教育方针等方面都不同于一般高等学校，它的正规化办学的方式也不能照抄照搬高校。它要按照干部成长规律的要求开展教育。其次是政治教育的规律。社会主义学院是高等政治学院，学院的培养目标主要是使学员在政治理论、政治觉悟、思想水平诸方面得到提高。政治教育是学院教学内容的中心，这又使之区别于其他的成人专业教育。第三是深刻认识统一战线两支队伍教育培训规律，尤其是对党外代表人士教育培训的规律。社会主义学院的培训对象和培训任务、目标所决定，它的教育培训也不同于党校、团校及其他政治院校。它所进行的主要是一种求同存异的政治教育，是一种强调共同政治目标和共同利益基础上政治共识性的教育。这是一种以自我教育为主，辅之以外部引导，使之自觉认识并坚持走社会主义道路，自觉坚持共产党领导的多党合作和政治协商制度的教育。社会主义学院教育本身就是重在揭示规律，引导统一战线各方面的代表人士透过社会生活纷纭复杂的现象，从理性的高度、从规律性的高度去认识社会的政治经济发展，并由此不断提高理论思维和政治思维水平。

社会主义学院教育正规化必须是体现高层次教育要求的正规化。就目前社会主义学院的办学质量来说，还不能说是高层次的，但就社会主义学院的培训对象、培训目标及教育内容与方法来说，都应该是高层次的。教育正规化就是要以比较规范的方式来充分体现这种高层次。首先，社会主义学院培训目标是高层次的。它承担着党所交给的较高层次的统战培训任务，尤其是中央和省级社会主义学院的培训对象是高层次的，一般都具有较高的文化层次，较丰富的实践经验和较广泛的生活阅历，其中一部分学员是国家的高级干部。其次，由此要求社会主义学院的教师队伍、教学水平和管理水平都应是高层次的。江泽民同志在给中央社院的《贺信》中提出的“四个更”的要求，就是要求社会主义学院的建设和教学培训、科研等项工作要具有高起点、高水平、高层次。这就需要学院和各有关方面共同努力，需要加强学院教育正规化建设，以保证和实现“高层次”的要求。

总之，社会主义学院教育正规化是从自身培训实际出发，体现社会主义学院特点和规律的正规化；是体现高起点、高水平、高层次培训要求的正规化。只有把握了学院的性质、特色和层次等要求，才能真正贯彻好教育正规化的方针。

三、突出重点，稳步推进教育正规化建设

实现教育正规化，就是要围绕培养高素质的党外代表人士和党的统一战线工作骨干这一目标，以教学为中心，在招生对象、学制、课程设置、考试、考核等一系列问题上进行全面改革；从教学到科研，从师资队伍建设到教学设施、办学条件以及行政、后勤管理等方面，逐步做到规范化、制度化。我们在《方案》中，就规范招生，设置班型，规范教学内容、教学方法和教学科研管理体制，加强教师队伍建设、教材建设和行政后勤管理服务等方面都提出了具体目标要求和措施。目前，全院上下都在积极努力，为实现这一目标而奋斗。

在《方案》中，首先根据社会主义学院的性质和功能，从辽宁的实际出发，重新明确了省社院的基本任务和教育目标。围绕教育培训、科学研究、理论宣传这三大任务，分别提出具体要求。对于教育培训对象进一步做出规范。其中，将非公有制经济代表人士也列入正式培训对象，每年至少要办两期以上学习班。列入省社院的培训对象总计约2000人。

实现教育正规化的核心就是要抓好教学科研工作的正规化。社院的教学工作要主动适应国内外形势任务对统一战线的要求和党外代表人物队伍的发展变化，完善教学布局，科学设置课程，合理安排教学内容，不断深化教学改革，并逐步实现授课方式和教学手段的现代化。

所谓教育正规化主要是办学方式和课程设置的正规化。我们对于培训班、进修班、专题研讨班三种班型（以培训班为主），分别在招生对象、学制、课程设置、教材、教学方法、考核方式，以及学员社会考察、班主任工作等方面都做了具体规范。从现在起到2002年底，学院要分别制订和修订《各班次课程内容安排方案》、《教师讲课条例》、《教学评估细则》、《教学工作调研方案》、《培训班社会考察细则》、《班主任工作制度》，以及《兼职教授聘任与联系制度》等。我们从本院专职教师状况和所承担的教学任务的实际出发，提出要进一步提高《邓小平理论》、《邓小平统一战线理论》、《党的统一战线理论与实践》、《统一战线史》、《中国政党制度》、《社会主义市场经济理论与实践》等课程的授课水平，丰富和深化课程内容，并根据培训工作的需要，进一步开设和讲好《党派合作史》、《领导科学》、《民族理论与实践》、《非公有制经济及其代表人士》等课程。我院目前教学手段比较落后，要在二至三年内逐步实现多媒体教学。

科研工作是学院提高教学水平的基础。必须加强科研工作，以科研促教学，通过科研使理论教学有深度、有新意，并真正联系实际，实现江泽民总书记提出的“在统一战线的学术研究方面达到更高的水平和应有的权威性”。抓好科研工作的正规化建设，主要是加强对科研工作的领导和进行制度化管理。要加强计划性。我院正在制订《“十五”科研工作规划》，计划从现在起，三年内在省级以上刊物发表论文20篇以上，其中国家级5篇，并编写出适合辽宁特点的教材2—3部。《方案》确定我院科研工作的重点是统一战线理论和非公有制经济理论研究，要求在三至五年内，在这两方面达到国内外研究的前沿水平，成为辽宁的权威。为了加强对科研工作的领导，切实实现这一目标，于去年11月成立了院学术委员会。目前，委员会正在抓紧制订科研规划，申报国家和省社科规划课题，建立科研奖励制度，制订《教师专业技术职称评审推荐制度》等项工作。我院的《学报》，经过努力于去年得到国家新闻出版署批准，公开发行。这对我院进一步搞好科研工作是个极大的促进。

加强对教师的管理和教育，建设一支高素质的教师队伍是教育正规化的重点。社会主义学院学员素质的高层次和培训任务目标的高标准，要求建立一支高素质的专兼结合、结构合理的教师队伍。教师的素质直接关系到学院培训工作的质量。目前，社会主义学院教师队伍还参差不齐，既存在教师队伍人员不足、力量薄弱的问题，也存在部分教师水平不高、还不熟悉统战理论政策和统战工作实际的问题。可以说，师资队伍建设问题是教育正规化建设的一个“瓶颈”。所以，必须切实加强教师队伍首先是专职教师队伍的建设。我们的工作主要集中在以下几个方面：一是制定教师队伍发展规划，明确一定时期内调入教研人员的具体计划。要充分考虑教师队伍的年龄结构、专业结构和实际工作需要。我们从实际出发，提出“两年内争取调入一名政治类或中文类专业毕业的研究生，承担起学报的具体编务工作；调入一名熟悉日语的教师，以适应同日本有关院所进行学术交流的需要；到2002年，专职教师要从目前的6名增加到10名，到2004年增至13名，达到学院编制的四分之一，初步形成一个学科结构、专业结构和年龄结构比较合理的专职教师队伍。”二是严格规定调入教师的质量标准和调入程序。其基本条件是：具有硕士研究生以上学历或副教授职称以上，具有教学和实践经验的理论工作者。要通过严格的考试、考核把具有较高马克思主义理论水平、熟悉统战理论和政策、有一定实践经验和政治素质好的同志调进来。三是根据学院的教学科研任务和教师的专业特长，明确教师的岗位和开设课程，规定教学、科研任务，并实行目标责任制管理。四是规范教师备课、试讲、评估、教学总结等环节，以保证教学质量。五是对教师进行培训、进修，明确提高教师政治素质和业务素质的方式和途径。如《实施细则》提出：“从2001年到2004年，逐步送教师到重点高等学校、中央社会主义学院或有关干部院校学习。重点是学习统一战线理论与政策、政党制度、民族与宗教等课程，通过学习进修提高教师理论和知识水平。”

实现教育正规化，必须坚持开门办学、开门办院方针。几年来，我们面向国内外，大力拓展社院办学和学术活动的空间，已收到初步的效果。今后还要在这方面下更大的功夫。为了进一步提高教学科研水平，提高学院的地位和影响，我们聘请了全国著名经济学家王珏、刘方域等四名学者为我院特邀顾问。社院办学要适应经济发展和改革开放形势的需要，不仅要搞好统战两支队伍的培训，还要扩大学院的社会功能，挖掘和发挥自身的优势。例如，要加强对非公有制经济代表人士的培训和在促进非公有制经济健康发展方面努力尽到社院的责任，在提高非公有制经济代表人士素质方面搞好服务。为此，于1999年5月，以我院为基地组建了“辽宁省非公有制经济研究会”，我院院长担任会长，同时建立了研究会信息资料中心、法律咨询中心和人才服务中心，创办了会刊《辽宁非公有制经济》。去年8月以来，又举办了3期非公有制经济代表人士培训班。研究会先后多次对非公有制企业会员单位提供有关信息，开展法律援助活动等。为适应社会发展的需要，学院建立了计算机培训点。我们还与辽宁新闻出版学校联办了高教自考辅导班。为了拓展学术空间，进一步提高科研水平和扩大学院影响，于2000年8月，由我院主办，日本立命馆大学经济学部、辽宁省政府发展研究中心和辽宁省非公有制经济研究会协办，日本国际交流基金赞助，召开了“中国暨辽宁·日本中小企业和私营经济21世纪合作与发展研讨会”。日本立命馆大学和日本大学的9位学者和省内外50余名专家、学者围绕中日中小企业和私营经济在两国经济发展中的地位作用、面临的问题和原因，以及新世纪两国中小企业的交流与合作等问题，进行了深入研讨。副省长刘克田和日本国驻沈阳总领事馆总领事渡边英雄先生出席了开幕式并致辞。我院院长徐继舜在会上做了主题报告。会议取得了圆满成功。这次会议不仅对辽宁的中小企业发展起了促进作用，而且增进了我院同日本有关院校之间的交流。此外，于2000年10月，与中央统战部、中央社会主义学院、辽宁省委统战部联合举办并由我院具体承办了“21世纪非公有制经济发展与统一战线理论研讨会”，也获得了圆满成功。通过以上开门办学、拓宽学术交流空间和加大对社会的服务，加强了学院与社会各界和兄弟社院的联系。目前，在国际交流方面，我院已与日本立命馆大学、日本大学、环日本海经济研究所、俄罗斯科学院远东研究所、朝鲜社会科学院、香港亚洲文化交流基金会等单位建立了经常性的友好往来和学术交流。在交流与共同研讨中，使我们开阔了视野，进一步提高了理论水平和研究能力，同时也扩大了学院的影响。

实现教育正规化，必须有高效能的、一流的行政后勤服务做保证。为此，我们加强了对行政后勤工作的改革与管理。针对我院行政后勤工作存在的机制不活、办事效率不高和服务不到位等问题，我们决心从改革入手，注重从源头上进行治理，逐步推进行政后勤工作的正规化建设。一是深化改革，建立健全竞争激励机制。我院于2000年首先进行干部人事制度改革，实行了全员合同聘任制。实行竞聘上岗，双向选择，能者上、庸者下。通过改革，增强了职工的竞争意识、进取意识和岗位风险意识。又进行了院服务中心管理体制改革，通过竞聘，实行了定额承包，打破了分配上的平均主义，有效地提高了工作效率和服务质量。二是加强管理，建立健全规章制度。贯彻“从严治院”的方针，严肃纪律，健全岗位目标责任制，逐步实行科学化、制度化、法制化管理，使学院人、财、物等各种资源得到科学合理的开发和利用。三是加强思想政治工作，创造良好的思想氛围和舆论环境。2000年10月，在贯彻全国思想政治工作会议精神过程中，制订了学院《关于加强思想政治工作的几点意见》，重新修订了思想政治工作责任制。为了加强党员教育，我们从2000年起，每年开展一次“保持共产党员先进性学习教育活动”。去年第一次活动收到了很好的效果。同时，在全院职工中开展了爱岗敬业教育和职业道德教育。四是加强对行政后勤人员的管理和教育，使之牢固树立行政后勤工作为教学服务、为学员服务、为统一战线服务的观念。

此外，加强领导班子建设和机关建设也是教育正规化建设的重要方面。尤其是领导班子建设是实现社院教育正规化建设的重要保证。我们要求各级领导干部都要切实转变工作作风，说实话，办实事，说干就干，干就干好，努力提高办事效率。

在教育正规化建设中，要始终注意突出重点，抓住关键，并兼顾各项工作，全面加强各项建设和管理，从而努力实现社会主义学院作为高等政治学院培养高素质统战人才的目标，为巩固和发展爱国统一战线，为社会稳定和经济发展做出应有的贡献。

坚持正确方针，促进社院的正规化办学

四川省社会主义学院

党的十一届三中全会是具有深远历史意义的伟大转折，从此，我们国家走上了建设有中国特色社会主义的正确道路。今天，我们纪念党的十一届三中全会召开20周年，继续深入学习邓小平理论，认真贯彻十五大精神，必将对社会主义学院的教学工作和各项工作的发展，起到重要的推动作用。

四川省社会主义学院自1984年9月恢复建院以来，在中共四川省委的领导下，在省委统战部的指导帮助下，在我省各民主党派和工商联的关心支持下，坚持以邓小平理论为

指导，坚持党的基本路线和基本纲领，以邓小平理论教学为中心，突出统战理论特色，贯彻理论联系实际的原则，主要培养拥护中国共产党领导，坚持走有中国特色社会主义道路，能与中国共产党长期亲密合作的民主党派干部和无党派代表人士；培训具有马克思主义理论素养，精通党的统一战线理论、方针、政策的统战干部队伍，不断推进办学工作向正规化发展。据不完全统计，十几年来共举办各类培训班 140 期，培训学员 9800 多人次。编写教材和参考书 10 本，包括：《马克思主义统一战线概论》、《统一战线古鉴》、《中共统战史简明教程》（已再版）、《爱国统一战线》（已第三次再版）、《建设有中国特色社会主义理论》（已再版）、《爱国统一战线》（已第三次再版）、《建设有中国特色社会主义理论》、《人民政协论》、《市场经济论》、《邓小平理论史》等，共 180 余万字。其中《人民政协论》获四川省政府三等奖、省统战理论研究会一等奖。撰写论文 160 余篇，约 86 万字，有的论文被收集到国家一级出版社编辑出版的大型文库中，有的被全国性的学术会议评为优秀论文，有的获得省级学会的等级奖励。为庆祝我院建院 40 周年，已将论文汇编成《四川省社会主义学院论文集》第 1、2 集。以上编写出版的书籍和发表的论文，在省内外产生了较好的影响。经过多年的实践，特别是近几年来，我们在教学及管理工作中初步摸索了一些规律，积累了一些经验，基本做法主要有以下几个方面：

一、规范班次和学制

我院的班次设置从我省统一战线两支干部队伍不同构成的实际出发，采取长班短班相结合，政治培训与学历培训相结合，计划内班与计划外班相结合，“请进来”与“走出去”办班相结合，做到办班的形式多样化。

1985 年至 1993 年，为适应全省统战干部队伍建设需要，我院在举办各类短期培训班的同时，与四川省委党校联合举办了四届统战干部大专班，（政治专业）学制为两年，对我省统战系统在职的青年干部进行学历培训。

从 1993 年开始，根据上级有关精神要求，我院转入主要对两支干部队伍的轮（培）训，使办班类型和学制逐步规范化。班次设置基本固定为三种类型：一是进修班，二是培训班，三是研讨班。进修班主要轮训县处级党外领导干部（党外副县长、地、市、州正、副局长，县级人大党外副主任、县级政协党外副主席）和县属局级党外干部，学制一般为 40 天或 60 天；培训班主要培训县级统战部正、副部长，统战、政协机关干部和民主党派机关干部以及党外中青年干部等，学制一般为 30 天；研讨班主要组织市、地、州民主党派主、副委，县级商会正、副会长，非公有制经济代表人士和分管统战工作的县级领导干部等进行专题研讨，学制一般为 10 天或 15 天。以上办班类型，多年来一直保持在年培训 400 人以上的规模。这既与我院教学设备和师资力量相适应，又与我院应培训对象的现状相适应，基本能满足我省统战工作对干部的要求。

在上述班次中，进修班和培训班是学院的主体班，学习结束时，学员经考核合格，颁发由省委组织部和统战部联合印制的结业证书。主体班的学员是学院培训目标的主要体现者，无论培训人数和办班的期数，在每年的培训总任务中，都占绝对多数，至少不低于 50%。非主体班主要是解决那些既属于社院必须培训的对象，又因兼职多，社会活动多，业务工作忙，不能参加较长时间脱产培训的同志，使他们能及时得到一定程度的政治和业务培训。从1994年起，为加强党委对统战工作的领导，我院报经省委同意，特增设了县委副书记研讨班，并已取得较好效果，现已成功地举办了3期，还将继续坚持下去。为提高基层统战干部的理论水平和业务素质，在搞好计划内办班的同时，我院还举办了以乡镇统战委员，县、市、区、文卫系统统战干部，党外副乡、镇长为对象的计划外班，现已举办10期。此外，我院统战理论教研室还走出校门与绵阳市委统战部联合举办了3期党外干部培训班。我院教师还应邀先后到成都市及武侯区、金牛区，内江市、泸州市、遂宁市、攀枝花市和省政协学习班、省委党校研究生班、省神学院、华西医科大学讲学，受到欢迎和好评。

二、规范教学内容和课程设置

教学计划包括教学内容、课程设置，各班次教学总计划和具体计划或安排等内容。

对教学内容的安排，我们始终坚持以马列主义基本原理特别是邓小平理论为中心，以中国共产党的统一战线理论为重点。辅之以国内外形势教育、爱国主义教育和市场经济、法律法规、领导科学、计算机基础知识和基本技能等知识的学习。

对课程的设置，我们坚持贯彻“学马列要精，要管用”的原则，注重针对性，根据培训目标的实际需要和学制长短，做出不同的安排。学制长的进修班、培训班，开设以邓小平理论为中心的马克思主义基本原理课，统一战线理论和政策课，领导科学课以及计算机基础知识课等。邓小平理论课主要由我院社科教研室承担，近年开设的专题主要有：学习党的十五大重温邓小平关于社会主义本质的论述；坚持党的基本路线不动摇；实事求是，按照客观规律办事；中国社会主义制度的优越性；关于我国政治体制改革的几个问题；关贸总协定与世贸组织；海峡两岸关系若干问题等等。统战理论课和领导学课，主要由我院统战理论教研室承担，常年开设的专题有：统一战线的重要性、必要性和长期性；我国社会主义政党制度；努力发展党内外合作共事；经济领域统战工作；协调民族关系，加强民族团结；巩固和扩大党同民族宗教界的统一战线；政治协商，民主监督，参政议政；坚持一国两制方针，和平统一祖国；党外知识分子统战工作；侨务工作；中共统战史；民主党派史；人民政协史和领导者的素质。进修班还开设为期10天的计算机课，学员既学习计算机基础理论知识，又上机进行实际操作。学制短的研讨班，重点开设邓小平理论课和统战理论与政策课。

为了扩大学员的知识面，开阔学员视野，丰富教学内容，我们根据培训对象和教学进度，在各班次聘请四川联大、西南财大、省社科院、省委党校的知名专家、教授和省级党政机关的领导同志，省民主党派、省工商联的负责同志来学院举办若干专题讲座。近年来，已开设讲座的专题主要有：我国经济形势及发展战略；对当代中国与世界政治格局的再认识；东南亚金融风暴对我国的影响和对策；统一战线的形势和任务；对台工作；工商联及非公有制经济工作；非公有制经济的发展形势及地位、作用；民主党派自身建设；关于民主党派政治交接的几个问题；邓小平理论的精髓；邓小平经济理论的指导意义；以江泽民同志为核心的党中央对统一战线的新贡献。上述课程设置，内容丰富，针对性强，普遍受到学员的赞誉，认为非常“解渴”。

各班次教学总计划由学院教务处负责制定。内容包括对教学目的、教学内容提出总的要求；对开学、各阶段的教学、社会考察、学员学习考核、学员自我总结、班、组鉴定、结业等做总体安排。总计划报经学院领导批准后执行。统战理论教研室和社科教研室根据教学总体计划制定出具体安排（任课教师授课专题必须由该教学需要统一确定，教师本人不能够自行选择)。学院其他有关部门，我们都征求主管业务部门的意见，特别是业务性较强的班次，一般都要与主管业务部门商议后，再确定教学计划。如民主党派主、副委班和机关干部班，我们都与省委统战部党派处商议；非公有制经济代表人士班和商会正、副会长班，与省委统战部经济处商议；县级政协党外副主席班，与省政协地方办商议；县级人大党外副主任，与省人大干部任免处商议。

三、规范教学实施

教学实施总体上由我院具体负责，有关主管部门协助，对业务性较强的班次，在教学实施中，由我院主要负责基础理论教学，主管部门主要负责业务教学。如县政协党外副主席班、县人大党外副主任班的业务教学主要由省政协和省人大的有关部门负责。

在教学实施过程中，我们始终坚持以自我教育为主，坚持自学为主，阅读《邓小平文选》原文为主，注重研讨交流。坚持“三自”（自己提出问题、自己分析问题、自己解决问题）和“三不”（不抓辫子、不扣帽子、不打棍子）的方针。坚持理论联系实际，实行自学与辅导相结合，理论学习与工作研讨相结合，校内教学与社会考察相结合。在教学中，充分调动教师和学员两个方面的积极性，发挥教师和学员在理论和实践方面各自的优势，互教互学，教学相长。积极采用形式多样的教学手段，丰富教学内容，扩大信息量，增强针对性和生动性，提高教学效果。注重抓好6个环节的工作。

1.组织好课堂辅导

要求教师要讲好课，保证授课质量。自觉遵守理论宣传有纪律的原则，其授课内容及政治观点必须坚持四项基本原则，坚持正确的理论导向；要力求做到完全脱稿，做到既有正确的理论，又有恰当的实例，重点突出，有针对性。反对平铺直叙，照本宣科。每期进修班我们都要在学员中开展问卷调查。对教师授课质量按照优、良、一般、差四个等级进行评定。教师授课质量经学员问卷调查测评后，按照省人事厅关于专业技术人员年终考核的标准和学院教师管理的有关规定实行奖罚。

2.组织好学员听课

要求学员要尊师重教，自觉遵守学院有关规定要求，按时到课，不得迟到、早退和无故旷课；要自觉维护课堂秩序，不得在课堂上吸烟、使用通讯工具等，集中精力听好课，作好笔记。班主任对学员到课情况实行严格考勤，并将此作为期末学员鉴定的重要内容之一。

3.组织好讨论

学员小组讨论是课堂教学的延伸，每个教学阶段的讨论次数一般不少于两次。小组讨论既起到帮助学员加深理解，消化课堂辅导内容的作用，又是教师向学员学习的极好机会，是送上门来的“调查研究”，任课教师和班主任都要参加学员小组讨论。每次讨论都要提出题目，明确讨论重点，积极引导学员联系工作实际，围绕当前所关心的热点及难点问题展开讨论。

4. 组织好学员自学

要求自学时间一般不少于总课时的三分之一。引导学员读懂读深，及时解答学员读书中提出的疑难问题。为了更好地加强学员自学引导工作，统战理论和社科教研室还针对本阶段教学内容，分别列出《邓小平文选》一、二、三卷中的若干书目以及党的十五大报告和《建设有中国特色社会主义理论学习纲要》等辅助材料，供学员自学阅读。

5. 组织好社会考察

社会考察是教学工作中的一个重要内容，要精心安排，认真组织好。过去几年，我院曾组织学员到缅甸、越南和广西、广东、海南、云南、贵州、陕西等地参观考察。现在根据上级有关规定的原则，结合教学需要，组织学员到本省一些地、市、州考察。学员处与教务处共同负责联系落实考察地点，研究确定考察内容。学员处具体组织实施考察活动。通过社会考察，使学员扩大了视野，提高了认识，坚定了信心，加强了对理论的理解，增强了做好本职工作的责任感和使命感。

6. 组织好教学总结

每个教学阶段结束，我们都要及时进行教学总结，由统战理论和社科教研室分别主持召开学员班委、小组长会，学院领导和教务处、学员处负责人、班主任参加，请学员就本阶段的课程设置、教学内容、教师授课等情况提出意见和建议。凡属对学院的意见建议，院领导研究改进；凡属对教研室的意见建议，教研室研究改进；凡属对学员的意见建议，及时反馈给本人，促其改进。每期结束，学院都要召开全体学员座谈会，由院领导主持，有省委统战部和有关主管部门的领导以及本院各处、室、馆负责人参加，广泛听取学员对本期整个教学及管理工作的意见和建议。为了贯彻落实《中共中央关于在全党深入学习邓小平理论的通知》精神，把我院邓小平理论教学提高到新水平，今年8月下旬，学院专门在我省彭山县召开了“邓小平理论教学研讨会”，有关处、室、馆的负责人和全体教师参加了会议，既研讨了如何把我院邓小平理论教学提高到新水平的问题，又对我院近年来的教学工作情况进行了认真的总结。

四、规范教学管理

我们结合本院的实际，制定了《四川省社会主义学院教学工作暂行条例》。条例共分10章、37条，内容包括总则、班次设置、招生工作、教学计划、教学方法、教学实施、学员管理工作、参观考察、教学研究和检查总结等9个方面，是我院规范教学工作，提高教学质量应该遵循的基本准则。教学管理，主要包括对教师和学员的管理两个方面。

1. 对学院教师，我们既要贯彻党的知识分子政策，尊重知识，尊重人才，尊师重教，又要实行必要的管理，以利于充分调动教师的积极性和主动性

为此，我院制定了《关于对教研人员任务和职责的有关规定》。作为川社发（1998）13号文件，下发给有关处室。《规定》分“教师的任务和职责”和“教学科研任务工作奖惩办法”两个方面，共13条，一是要求每位教师必须完成处、室分配的各个班次的教学任务。二是每年必须完成1—2篇在省级以上刊物（含经省以上新闻出版部门批准的内部刊物）公开发表的科研论文或正式出版发行的著作篇章和学术译文的科研任务。其中，具有助教、讲师职务的教师每人每年至少完成1篇科研论文。具有副教授以上职称的教师每

人每年至少完成2篇科研论文。三是每年必须完成一周（5天）时间的社会调查任务。调查结束后要写出1篇理论同实际相结合的3000字左右调查报告交给教师所在处、室，并存入教师个人教学业务档案。四是必须遵守“五必到”。教师实行不坐班制，为了保证全院各项任务的完成，规范管理，对教师实行“五必到”考勤，即授课，下班讨论，处室政治、业务学习，学院大会，院内卫生大扫除。每次由本人在考勤表上签字，月底报人事处。

为了确保上述规定的实行，《规定》同时还明确了奖惩办法。对完成任务的实行奖励；一是课时奖，二是科研论文奖，三是教学质量奖。凡教学、科研、社会调查任务中，任何一项未完成者，均不得发放学期奖、年终奖、目标奖和评选先进。

2. 对学员的管理，我们要注意发扬统一战线的优良传统

在学习、生活上尽可能满足学员的合理要求，热情服务，为其创造一个宽松、和谐、愉快的学习环境，又对学员实行必要的管理。第一，搞好入学教育。在各个班次的开学典礼上，都要由院领导做学习动员，要求学员实现“三个转变”。即学习期间，由领导干部向学员转变，由工作向学习转变，由家庭生活向集体生活转变。使每个学员都明确教学目的，内容和要求，了解学院情况和规章制度等，并组织学员座谈讨论，端正其学习态度。第二，建立学员班委会。班委会是学员自己管理自己的组织。班委分别负责学员的各个方面的工作。第三，建立学习小组。每个班设若干个学习小组，每组选组长一名，负责本组的学习、行政工作。第四，组织好学员文体活动。由学院工会和学员处共同配合、组织，发挥学员文体委员的作用，开展球类、棋类、唱歌等各项文体活动，丰富学员的业余文化生活。院活动中心每周定时向学员开放。第五，组织好期末学习成绩考核。每期培训班和进修班在教学活动结束之后，由统战和社科教研室分别拟出若干题目，供学员选择写出3000字左右的学习心得体会，作为学习成绩考核。第六，组织好自我总结和鉴定。期末，培训班学员都要用一天的时间鉴定。第七，严格请假制度。要求学员在院学习期间处理好工学矛盾，一般不得因工作而影响学习，特殊情况必须请假并获得学员处和教务处批准同意。请假在三天以上者，必须经院领导批准同意。

学员管理工作由学院学员工作处具体负责。学员处向每个学员班派遣班主任，班主任既负责行政管理和思想工作，也负责教学管理工作。负责做好每位学员每一堂课的考勤，保证学员到课率；加强对学员自学的督促、检查；负责平时收集学员的学习体会、意见和建议，并将收集情况形成文字材料，及时交教务处汇总；负责对学员结业鉴定做出实事求是的评价。每期进修班学员在院期间的学习情况都由学院反馈给当地干部主管部门和学员所在单位。

五、今后的打算

我院虽然在教学及管理工作方面取得了一定的成绩，但各项工作发展不平衡，离江总书记提出的把社会主义学院建设成为“四个更”的高等政治学院的要求，还存在较大差距。正规化办学是一个综合性的转变过程。为了进一步适应新形势的要求和需要，我们对今后工作有以下一些打算：

1. 进一步落实《四川省社会主义学院关于“九五”期间干部轮、培训和建设发展的

规划》提出的培训任务的要求，继续保持适度办班规模

我院“九五”期间计划举办计划内各类培训班总数43期，培训学员2200人。其中1996年办班8期，培训学员443人，1997年办班8期，培训学员303人，1998年办班9期，培训学员430人。1999年仍计划举办各类培训班9期，即：非公有制经济代表人士班；县级商会正、副会长班；地、市、州民主党派正、副主委班；分管统战工作县委副书记班；县级统战部正、副部长班；党外副县长（包括地、市、州正、副局长）班；县级人大党外副主任班；县级政协党外副主席班；县属局级正、副局长班。拟培训学员410人。

2. 进一步调查、充实授课专题，完善课程设置体系，以适应邓小平理论教学需要

统战理论教研室拟在原有17个统战理论专题的基础上，新开设3个专题：统一战线的基本原则和工作方法；统一战线与社会主义民主法制建设和民主党派的自身建设；领导学课在原有的领导者的素质、领导者的思维专题基础上，还将逐步开设领导的科学决策、领导艺术等新专题，使之逐步完善。社科教研室计划在原有7个专题的基础上，新开设17个专题：邓小平理论是马克思主义在中国发展的新阶段；依法治国、建设社会主义法制国家；深入开展反腐败斗争；调整和完善所有制结构；市场机制在国家宏观调控下对资源配置的基础作用；加快推行国有企业的改革；公有制的实现形式应当多样化；知识经济基础知识；西方市场经济简介；西方议会制度述评；对当代中国与世界政治格局的再认识；我国经济形势及发展战略；行政和工商管理学等。丰富教学内容，扩大学员知识面。学院要求教师要做到一专多能，规定具有助教、讲师职称的教师要准备好3个专题以上教学内容；具有副教授以上职称的教师要准备好4个专题以上的教学内容。

3. 进一步加强教师业务培训，继续做好名誉教授的聘请工作，逐步建立起一支有较高水平的以专职为主、专兼职结合的师资队伍

我院现有14名专职教师，其中副教授7人，讲师5人，助教2人。近几年来，有计划地选送到中央党校、中央社院和重点高等院校进修、学习的教师累计已达45人次。为继续做好这项工作，学院决定今后凡是统战系统（包括中央统战部、中央社院和兄弟社院）举办的学术研讨会，省级统战部门的工作会，根据需要，都将派教师参加，并决定在统战和社科教研室原有业务经费的基础上，再拨一定数量的经费，专款专用，供教师科研、社会调查、学习、培训、进修之用。学院原有外聘名誉教授6人，有的已退休，有的体弱多病。为此，学院决定作重新调整，拟注意更多聘请年富力强、学术水平较高的中青年专家、学者来院授课，并从中选择，成熟一个聘请一个。

4. 进一步加强科研工作，以科研促教学，以教学带科研

1999年每位教师除了必须完成规定任务的论文之外，还将承担中央统战部下达的1999年统战干部教材编写任务。根据中央统战部教材编写委员会下发的教材编写题目，统战理论教研室已申报了《人民政协概论》一书的编写任务；社科教研室已申报了《中共统一战线历史》、《中国各民主党派简史》和《中国近现代简史》三本书的编写任务。此外，社科教研室先前编写的《社会主义市场经济理论与实践》一书的初稿已告完成，并已报请中央统战部教材编审委员会修改审定。本院院刊《求同论坛》经上级批准，已由统战系统内部发行刊物转为学报类公开发行刊物，我们将充分运用其“由内转外”和理论学

习、研究、宣传等综合性刊物的优势，更好地为教学科研工作服务。

5. 进一步开展教学研讨活动，增强教师业务素质，提高教学水平

在教师加强自我学习，钻研邓小平理论、统战理论等业务知识的基础上，继续坚持开展各教研室教师集体研讨，集体备课，新专题试讲，教学观摩等教研活动，使之相互学习，相互促进，取长补短，共同提高。继我院首届邓小平理论教学研讨会之后，学院决定，以此为契机，形成制度，每年年底召开一次有院领导、有关处室负责人和全体教师参加的全院性的教学工作研讨会，交流教学经验体会，总结本年度教学工作，研究改进措施，部署下一年度教学工作。

6. 进一步加强教学管理工作，以保证教学工作的顺利进行

管理出效益，学院的教学管理、教务管理、教师管理和学员管理都直接或间接关系到办学效果和学员的学习质量问题，务必搞好。今后，我院的各项教学管理工作，拟在现有基础上继续落实和完善《四川省社会主义学院教学工作暂行条例》和《我院对教研人员职责和任务的规定》；建立健全学员管理的各项规章制度，使其更加制度化、规范化和科学化。要求各管理部门和每位做管理工作的同志都要牢固树立“管理就是服务”的观念，积极地、创造性地为教学服好务，为学员服好务，为提高学习效果服好务，为提高办学质量服好务。

7. 继续探索社会主义学院的教学特色和提高邓小平理论教学水平的方法、措施

……(略)

8. 认真学习、借鉴兄弟社院的好经验、好做法

……(略)

我们认为，脚踏实地，扎扎实实地把社院的教学工作和各项工作做得更好，把邓小平理论的学习、教学、研究和宣传做得更好，就是对党的十一届三中全会召开20周年的最好的纪念。

不断探索培训规律，着力提高教学水平

湖北省社会主义学院

我院复办12年来，始终把统一战线党内外两支干部队伍的教育培训作为中心任务。截至2000年底，共举办各类培训班、研讨班、学习班79期，培训3381人次。在积极完成培训任务的同时，我院努力探索具有统战特色的办学形式和规律，不断提高教学培训水平和教学质量，取得了一定的成绩。

一、突出重点，多层次、多渠道地开展教学培训工作

根据社会主义学院特定的性质任务和我院的实际，我们坚持走“小规模、高层次、正规化、有特色”的办学路子，突出培训重点，办出特色。一是认真办好主体班。这类班培训对象以民主党派骨干和党外各界代表人士为主，涉及到我省统一战线各个领域和不同方

面，层次高、影响大。在教学组织、课程安排、学员管理上都力求规范，学制一般一个月。这类班在教学内容的安排上，注重把握系统性与针对性相结合。首先，是教学内容必须具有系统性和逻辑性，使课程之间形成有机的联系。我们在安排课程时，一般分三个阶段实施教学。第一阶段是形势和政治理论教育，第二阶段是有关政策和知识的培训，第三阶段是工作研讨和交流，即理论教育—知识培训—经验交流。其次，是安排教学内容根据不同班次学员对象的需求和差别各有侧重。如对党外领导干部，则侧重形势和政治理论、领导科学的学习和研究；对非公有制经济代表人士，则侧重社会主义市场经济理论和企业管理、法制法规的学习；对宗教教职人员，则侧重党的宗教信仰自由政策及宗教如何与社会主义社会相适应问题的学习和交流等，像这样既讲系统性更追求针对性地安排教学内容，往往能够收到很好的效果。二是突出抓好跨世纪党外中青年干部的培训。根据我省各民主党派、团体领导班子建设和换届的需要，省委和省委统战部、省级各民主党派、团体把培养跨世纪党外干部作为重点，加大培训力度。据近五年培训情况统计，我院就举办了各类中青年党外干部培训班 23 期，培训中青年党外干部 1160 人，占总培训人数的 73.4%。针对这类班的特点，我们在教学安排上注重历史与现实的结合。在教学目标上侧重于思想教育，帮助学员澄清一些模糊认识，树立科学的、辩证的思维，使他们对党的统战理论政策、民主党派的历史地位作用有正确的认识。在培训中注重学员管理上的自主性，着眼于提高中青年党外干部的理论政策水平和参政议政能力，为各民主党派、团体培养、推荐优秀的中青年后备干部。三是努力拓宽培训领域和办学渠道。随着我国改革开放的不断深入和发展，统一战线工作领域也在不断发展，我们克服目前办学条件差、经费缺的困难，以改革创新的精神，不断扩展培训领域和办学渠道，多方联系、创造条件，开展多层次、多形式、多渠道办学。主要有：(1) 联合办班求实效。利用办好社院主体班次的间隙，与有培训需要的各地市委统战部联合办班，学员在我院学习后，普遍反映“没有听过这么高层次、这么精彩的课”，联办单位反映“对非公有制经济人士健康成长发挥了积极作用，提高了民主党派成员的综合素质”。他们建议社院今后多办类似培训班。(2) 外出办班求新意。根据有关单位的需要，与外省社院联合办班，请兄弟省社院领导和教师给学员上课，学习交流统战工作经验，开阔了眼界，丰富了知识，效果很好，学员非常满意，也非常欢迎。(3) 民主党派新成员班求影响。每年我院都要与省级各民主党派联合举办新成员培训班，以会代训，会训结合，普及了统战知识，扩大了社院的影响。(4) 文化学院班求创新。我们经过努力申办，省教育厅批准成立了湖北中华文化研修学院，省劳动和社会保障厅批准成立了湖北中华文化研修学院职业培训中心，使我们同时具备了开展文化知识和劳动技能职业上岗培训的资格，拓宽了社院办学渠道。我们举办了公共关系大专班，一些统战系统的干部职工通过学习考试拿到了毕业文凭。还举办了物业管理培训班和经营师系列职业资格班，都比较成功，为提高各界人士的政治素质、文化知识、业务能力做出了努力。

二、体现统战特色，努力探索适合党外人士特点的培训形式

我院的培训对象主要是党外代表人士，他们有两个显著的特点：一是代表性很强。大多是一部分群众或社会群体的代表人物。二是层次高。我们培训的党外人士中有各民主党派省委会、省工商联的领导干部和机关工作骨干，有全国人大代表和全国政协委员，有省人大和省政协中的非中共常委和委员，有市、区、县人大政协中的非中共正副主任和正副主席，有在政府和司法机关任职的县、处级非中共干部，有民族宗教界代表人士，有党外知识分子代表人士，有非公有制经济代表人士。他们大都具有大专以上学历，相当一部分人具有高级技术职称和专业特长，有的还是我省有突出贡献的专家学者和学科带头人，他们年富力强、思想活跃。但是他们中的一些人，特别是新一代民主党派和党外代表人士，同老一代领导人相比，缺乏对统一战线理论的系统学习，缺乏对中共领导的多党合作历史传统的深入了解，缺乏实践锻炼和政治考验，根据这些特点，我们采取切实有效的措施，有针对性地组织教学活动，逐步形成了一套具有统一战线特色的培训形式。

一是坚持正确的政治方向，着力体现统一战线联合党校的特点。社会主义学院既不同于普通高等学校，也不同于一般的成人院校，它有自己独特的培训对象、教学内容、教学方式和自身特点的学风、校风。我们始终坚持社会主义办学方向，认真组织学员学习马克思列宁主义、毛泽东思想，特别是邓小平理论，初步形成了具有社会主义学院特色的教学内容体系，这就是：强化一个中心，突出一个重点，搞好四个结合。具体地讲就是，组织学员以学习邓小平理论为中心，突出统一战线理论和有中国特色的政党理论这个重点，把学习邓小平理论同学习马列主义、毛泽东思想的基本理论著作结合起来，同学习党的基本路线方针政策结合起来，同学习现代化建设和参政议政、统战工作等必备的知识结合起来，同联系工作和思想实际，总结经验，加强修养，提高自身素质，促进民主党派自身建设结合起来。

二是紧密结合当前的形势、任务办学，突出培训的时效性。我国正处在新的历史发展和社会变革时期，形势发展很快，新的理论、新的知识层出不穷，需要我们学习和了解的东西很多，不学习就会落后。在新的形势下，统战工作面临许多新情况、新问题，要使统战工作形成新气势，开创新局面，也有很多新的东西需要我们去研究和探讨。这样，既给我们的教学工作提出了很高的要求，也为我们的教学提供了更加广阔的天地。十多年来，我们狠抓教学培训的时效性，紧密结合当前的形势、任务办学。围绕党的中心工作，服务于党的基本路线。根据学员对象的不同特点和需要，不断地充实深化培训内容。1992 年我们紧扣邓小平同志南方谈话精神，在“发展才是硬道理”、“统一战线要为发展服务”上做文章，启发学员思想，更新旧的观念，树立新的社会主义观，学员反映有“耳目一新”、“精神一振”之感。1994 年以后，我们围绕《邓小平文选》第三卷的学习和党的十四届三中、四中、五中全会的精神做文章，重点学习社会主义市场经济理论和基本知识，结合国家出台的重大改革措施，研究市场经济条件下出现的新情况和新趋势，增强学员支持改革、服务改革、投身改革的自觉性。党的十五大后，为贯彻落实党的十五大精神，我们始终坚持以邓小平理论的教学为中心内容，切实做好邓小平理论“三进”（进教材、进教室、进头脑）工作，将邓小平理论分成若干专题，在学员自学原著的基础上，聘请专家教授讲课，教员下班辅导，学员共同探讨，引导学员深刻认识邓小平理论的科学体系。我们还编写出版了《爱国统一战线基础》、《邓小平统一战线理论辅导读本》、《中国共产党领导的多党合作和政治协商制度简明读本》，参与中央统战部、中央社院编写《统一战线疑难问题》、《中华文化概述》等辅导教材，认真及时办好《湖北省社会主义学院学报》，供学员学习研讨、思考。同时，结合不同时期国内外形势和党的工作重点，开设相关内容的专题讲座，围绕这些专题，组织学员研讨。例如，围绕十五届四中全会精神，安排了“国企改革”、“企业管理及制度创新”；围绕迎接香港、澳门回归及祖国统一，安排了“香港、澳门问题”、“两岸关系”等课程；围绕迎接新世纪，安排了“当代高科技与知识经济”、“世界金融形势”、“环境保护及可持续发展”、“湖北跨世纪发展战略问题”、“科教兴鄂”等课程；围绕贯彻落实全国统战工作会议精神，安排了“全国统战工作会议精神”专题讲座。我们还根据不同班次的特点，分别讲授了民族、宗教、工商、税务政策法规、新合同法、新税法等针对性强、学员关心的热点、难点、重点问题。实践证明，这种紧密结合当前的形势、任务办学，突出培训的时效性的教学路子，适合党外人士的思想和工作实际需要。

三是发扬自我教育的优良传统。自我教育不仅是统一战线中进行思想政治工作，提高党外人士思想觉悟的重要方法，而且是统一战线内部解决矛盾、协调关系、促进团结、增强合力的基本方法，是我国统一战线的一大特色，也是社院教学培训工作的重要形式。长期以来，我院在组织党外人士政治培训工作中，坚持班委会自我管理，教学中坚持自我教育的方针，贯彻“自己提出问题，自己分析问题，自己解决问题”的“三自”原则，实行“不抓辫子、不打棍子、不扣帽子”的“三不”方针，坚持以自学为主，以研读原著为主，专题教学与自学讨论、大会交流相结合。在讨论中分析问题，提高认识，达成共识。学员们在班委会和小组长的带领下，静心学习，深入思考，热烈交流，深入研讨，并到企业、农村等地实地考察，回党派省委会机关座谈，举办丰富多彩的联谊交友活动，学员们普遍感到“一次学习，终生受益”。特别是请非中共领导同志讲与中共合作共事的体会，请民主党派省委会领导讲加强民主党派自身建设和民主党派民主监督的作用，请宗教领袖谈爱国爱教，请私营企业家讲经营管理，很受学员欢迎。在教学中，由班委会组织学员开展专题讲座、学习沙龙等活动。有不少学员主动推荐或自荐上台讲课，他们自带多媒体投影仪录像片，利用自学时间给本班同学们介绍、讲授我国政治、经济、科技发展的热点问题。有的学员结合研究专业方向，向学员介绍有关情况和知识，激发了学员学习的积极性，做到能者为师、教学相长，学学相长，生动活泼。

我们还注重建章立制，加强教学组织和学员管理工作。我们建立了教学测评和总结会议制度。每期班结束后，都召开总结会，评述办班情况，总结经验，分析不足，提出改进意见。同时，还建立了处长带班制，班主任、组织员、辅导员责任制。每期班派三名工作人员，处长、副处长轮流带班，深入学员中，协调工作，了解情况，广泛交友，与学员建立了亲密友好的关系，使我院工作人员和教师也受到教育，得到提高。全院上下树立“一个中心，三个服务”的思想，在为教学服务、为学员服务，为发展统一战线服务方面取得了一定的成效。

四是坚持理论联系实际的学风。理论是行动的先导，学习的目的在于应用。教学培训的过程，是解决学员思想和实际问题的过程。邓小平同志指出，学马列要精，要管用，也是强调理论联系实际的问题。在教学实际中，我们始终注意理论与实际相结合，引导学员解决思想和工作上的难点、疑点和深层次问题，激发学员投身改革开放和社会主义现代化建设的积极性和自觉性。首先是联系改革开放和现代化建设的实际，组织党外人士研究形势和任务，学习党的路线方针政策。每期班我们都安排了形势教育，重点讲授湖北政治经济形势和发展战略，参观经济开发区以及一些先进企业、农村，开阔视野。其次是联系新时期统战工作的实际，研究和解决党外人士在实际工作中遇到的一些新问题。第三是联系学员的思想实际，通过自我教育，澄清思想上的模糊认识。通过社院的学习，使党外人士能够坚定社会主义的政治方向和政治立场，牢固树立正确的世界观、人生观、价值观，增强分清理论是非的能力，提高运用党的基本理论、基本路线解决实际问题的能力。

由于采取了具有统战特色适应党外人士特点的培训形式，十多年来我院教学培训工作受到学员的普遍赞赏，取得了良好的效果。一是学员们普遍增强了建设有中国特色社会主义的共识，使他们对社会主义更加充满信心，提高了参政议政和民主监督的能力；二是帮助学员们提高了对中国共产党领导的多党合作和政治协商制度的认识，使他们在思想上筑起了抵御“西化”“分化”的坚固屏障，为坚持和完善这一基本政治制度奠定了坚实的思想基础；三是帮助学员们明确了责任，促进了爱国统一战线的巩固和发展，学员学习后感到肩上的责任重大，表示愿意通过自己的努力工作来团结所联系的一部分群众，为巩固和发展爱国统一战线做出应有的贡献；四是提高了党外人士的整体素质，促进了民主党派的自身建设，为党外干部的选拔使用提供了条件。目前，我省在人大、政协、政府及司法机关担任领导职务的党外干部，大都经过省社院的培训。一批优秀学员经过社院培训后陆续走上领导岗位。

三、勇于创新，不断提高教学培训工作水平

十多年的教学培训工作，使我们有了一些体会。

一是领导重视是做好社院教学培训工作的关键。这些年，省委、省政府和省委统战部非常关心社院建设，在我省财政情况十分紧张的情况下，决定增加社院经费投入，改善办学条件，易地新建校舍。这些年来先后有十多位省委副书记、常委、省政府副省长和几十位省政协正副主席来我院讲话，作动员报告，并给学员讲课或座谈。省委统战部、省级各民主党派领导经常来我院讲座，与学员一起学习讨论，每期民主党派培训班都要把学员请到各个党派机关座谈，听取学习体会。各市、州和大专院校统战部领导亲自送学员来社院学习或来社院看望学员。正是有了各级领导的重视和支持，我院的教学培训工作才得以顺利进行。

二是充分发挥“联合党校”的优势，依靠统一战线各方面力量办好社院。社院作为民主党派和无党派人士的联合党校，是在各民主党派、工商联和党外各界人士的关心、帮助下建设发展起来的。民主党派和党外人士中有一批政治素质高、业务能力强、有办学经验的人才，我们不仅请民主党派的同志授课，还常倾听他们的意见，和他们一起商量学院的建设和发展大计，研究学院的科研情况，坚持每年召开一次教学协商会，汇报我们教学培训工作情况，协商下年度的教学培训计划。在具体的教学培训中，我们始终坚持“联合党校”联合办，联合招生、联合教学、联合提高教学质量和巩固教学成果。注意调动和发挥联办单位、兼职教师和参训学员的积极性，收到了明显的效果。首先是调动和发挥联办单位的积极性，每期班都与联办单位共同发入学通知，共同制定教学计划，共同组织教学，共同进行学员管理。各联办单位的主要负责人亲临学院，有的负责同志还自始至终与学员一同学习。这样既有利于提高学员的到校率，又有利于活动的组织和教学工作的开展，还进一步密切了学院与联办单位的关系。其次是发挥兼职教师的积极性和作用。我们采取发聘书、兑现授课报酬、经常听取兼职教师的意见等方法，调动兼职教师积极性，充分发挥他们的作用。兼职教师积极参加教学活动有利于提高教学质量，有利于提高学院的吸引力和社会知名度。再次就是调动学员的学习积极性。这是学员搞好学习的内因。我们坚持开展入学教育，明确学习目的、任务和要求，灵活安排教学内容和课程，增强学员的学习兴趣，丰富学员的物质文化生活，引导学员乐于学习，激励学员的学习热情。学员的积极性调动起来了教学培训就能收到事半功倍的效果。有的学员结业回单位后，巡回宣讲自己在社院学到的知识和学习的心得体会。很多学员表示，希望有机会再来社院学习。

三是以提高干部队伍素质为目标，深化教学改革，提高教学质量和科研水平。社院的中心工作是教学，教学的关键是质量。根据社院教学培训对象的特点，我们坚持不断深化教学改革，努力提高教学质量和科研水平。首先教学要求高标准。对外聘教师，我们尽可能请在我省知名度较高的专家、学者或省直有关部门的领导同志。他们在讲授中，将理论与实际紧密结合，起点高、信息多，深受学员欢迎。在注重对教师“精挑细选”的同时，我们对教师的教案也要求“精益求精”。有的领导同志授课，其教案多次送我院征求意见，几易其稿。对社院专职教师的教案，由集体讨论通过，反复进行试讲，试讲达不到院里规定的要求，不批准登台授课。学员听课后，还要对教师授课质量进行评价，由教务处综合后，反馈给授课教师，以利不断改进提高教学质量。因此，学员们听课后反映，这些老师的讲授质量都很高，使我们有很大收获。其次科研树立“精品”意识。我们始终把科研作为提高教学质量的重要环节来抓，使教学、科研协调发展，相互促进。对科研课题集体攻关，每位教师选定课题后，要经过集体研究论证，看有无研究价值，写出提纲或初稿后再集体讨论，然后送请院领导审阅，数易其稿后方送出发表。在编写教材、编辑院刊过程中，我们从体例、章节、内容、文字、校对到设计版式等方面都十分认真，尽可能防止出现差错，尽可能做到让读者满意。调研报告、省委领导讲话的起草都是如此，我们写的调查报告、领导讲话有些被省委有关部门转发。再次，在教学内容安排方面，着眼于提高学员的政治理论素质，坚持党领导的多党合作，坚持建设有中国特色社会主义的思想基础。以学习邓小平理论为中心，既坚持马克思主义的基本理论，又适应新形势发展的要求，着眼于提高理论素质、思想水平、政治觉悟和知识能力。与此同时，在教学的实效性和组织管理上力求有新的提高。对主体班，在入学通知中明确要求学员“两个带来，两个留下”即入学时带来一条关于本地区统战工作方面的新的经验，带来一个最希望省社院解决的疑惑问题；结业时留下一篇有价值的论文，留下一条对省社院深化教学改革的意见和建议。使学员有较充分的学习和思想准备。在学习期间安排专门时间，对“两个带来、两个留下”，进行座谈和交流，并请有关领导和部门的同志参加，听取他们的意见和建议以及好的经验。我们还开展了对教学培训工作的评估，对课程设置、教材、教师授课质量、培训组织管理工作以及食宿等方面情况，进行问卷调查和评估，促进了教学培训和管理工作的不断提高。在教学改革的同时，我们在教学方法、教学设施和教材建设等方面都有很大提高。

四是热情细致地做好行政后勤保障工作。全院干部职工牢固树立为教学服务、为学员服务、为统战工作服务的思想。克服困难，爱岗敬业，把教学培训工作当成统战工作来做，把学员当成亲人，做到精心计划、周密安排、热情服务。我们坚持每期班开班前召开处长会、各处室检查汇报各项工作准备情况，院领导还深入课堂、食堂、宿舍，与学员一起听课、讨论，主持课堂教学，上台讲课，及时听取并解决学员对教学、生活的意见和建议。教学组织人员不分节假日坚持跟班，与学员交心谈心，与学员同娱乐，广交朋友，后勤人员周到热情安排食宿。学员们很受感动，在结业前纷纷凑钱向我院赠送书籍资料和生活文娱用品，与工作人员合影留念，依依不舍，令人感动。多年的教学实践证明，社院教职工的精神面貌和工作作风，对学员们影响较大，是一门没有列入课程表的重要课程。

认真抓好具体教学环节，扎实做好邓小平理论教学工作

北京社会主义学院

党的十五大召开为社会主义学院的教学工作提出了新的更高的要求。我院在教学工作中面向跨世纪统一战线事业，把培训工作与完成政治交接的历史任务和加强民主党派自身建设紧密结合，在奠定多党合作和政治协商制度的坚实基础、在邓小平理论的学习上下功夫，使学员的思想统一到邓小平理论教学工作上。我们的主要做法是：

一、在教学思路上讲求一个“真”字

把邓小平理论的学习提高到新水平，提高的关键是要有求真务实的精神，这是我们教学工作始终如一的指导思想。我们认为在培训工作中，要使学员在学习上有较大的收获，必须根据小平同志：“学习马列要精，要管用”的教导来学习邓小平理论。因此，我们在制定教学工作计划的时候，首先要强调的是读“真经”，想“真事”，求“真义”，在培训工作中“动真格的”。在教学计划制定之前针对不同的对象进行深入细致的调查研究，有针对性地安排教学，在有条件的情况下，我们还邀请任课老师与即将参加学习的学员一道进行座谈，使教与学的联系更加紧密。

提高邓小平理论的学习效果，要把“真”与“实”相结合。根本的要求是理论联系实际，在坚持这个原则的过程中，我们把邓小平理论的学习放在精读原著上，特别是把《邓小平文选》第三卷的有关篇章作为我们的必读内容，让理论先入脑。同时注重理论学习要面向我国改革开放和社会主义现代化的实际，在结合实际学理论方面，我们把社会关注的问题与学习过程有机结合起来，比如全国九届人大召开后，面对政府机构改革，我们及时邀请国家编制委员会的同志作报告，介绍政府机构改革的思路。还有，在贯彻中共十五届三中全会精神时，我们邀请社科院有关专家为学员讲授我国农业和农村问题等，使学员从社会现实的发展过程看邓小平理论的正确性。

在引导学员关注社会现实的同时，我们更强调邓小平理论的学习必须与统一战线工作

的实际，特别是与党派建设的实际相结合。比如我们在举办民主党派区级组织读书班时，不仅在班前进行了学员情况的调查研究，而且根据教学的指导思想要求每一位参加学习的学员，入学之前，要对所在的区级组织进行深入的调查研究，并将调研的成果带到读书班。带着工作的实际，带着调研的成果，学习邓小平新时期统一战线理论，使学习过程有的放矢，使学习的效果显著提高。

二、在教学内容上注重一个“新”字

邓小平理论是在中国改革开放和社会主义现代化建设新的历史时代形成的。因此，邓小平理论教学工作要有新意突出表现为教学内容的安排必须新颖，这些新的内容包括党的十五大和邓小平理论研究的一些新成果的介绍和国家经济与社会发展的新形势、新动态。为此，我们邀请中央党校沈宝祥教授结合真理标准讨论20周年，讲述邓小平同志倡导的解放思想、实事求是的思想路线的发展历程，邀请臧志风教授讲授十五大关于经济改革和经济发展的新观点；请北京大学刘伟教授讲授经济新理论研究成果；请国家体改委副秘书长石小敏介绍今年的经济形势和经济发展思路；请海协会副秘书长张金城介绍了汪辜会谈的最新情况等等。结合知识经济的学习，我们组织学员参观高科技企业和示范农业等，使学员们在学习过程中耳目一新，不仅提高了学习的兴趣，更重要的是在理论与实践的结合上加深了对党的十五大精神和邓小平理论的深入理解。

三、在教学方法上主张一个“活”字

在邓小平理论教学中我们主张的活有两个方面的含义，一个是指在政治氛围上的生动活泼，另一个是指教学组织工作的活泼多样。

政治氛围的生动活泼，我们始终坚持爱国、民主、团结、求实的校风。贯彻了在坚持四项基本原则基础上的“三自”和“三不”精神，鼓励学员在学习和研讨过程中畅所欲言，学员讲真话、讲实话，在民主和谐的气氛中经过思想和碰撞达成共识，学员对此是很满意的，认为“北京社院确实是我们民主党派的党校”。同时，在教学组织工作中，我们也在不断探讨多样性的教学方法。主要有：在课程安排上既有必修也有选修课；在学习内容上，既有必读书目，也有选读书目；辅导中，既有大课的讲授，也安排专题答疑研讨；在参观点的选择上，既有代表时代发展的新兴企事业，也有在国企改革和经济发展中处于困境的企业。有的班次，为了增强对十五大提出的经济体制改革和经济发展的认识特别是对企业性质的认识，我们既选择了效益好的国有企业如雪莲集团，也选择了混合经济形式的企业如亚都集团和非公有制的企业如用友软件公司等。通过对不同所有制企业的参观学习，使学员亲身感受和认识改革开放和社会主义现代化建设的现实，使邓小平理论的学习落实到实处。

四、在教学环节上贯穿一个“通”字

邓小平理论的教学是一个系统工程,在实践中要经过自学—辅导—参观—研讨—总结等几个环节,要使我们的教学工作提高质量,必须根据教学的指导思想,使每个环节都围绕中心展开,环环相扣、环环贯通。对自学我们提出必要的书目和精选的思考题;辅导过程力争与学员的思想贴得更近;在参观上更是倾注很大心血,把学员的情况与参观单位进行交流,并提出我们希望与要求试图把参观的过程与教育培训有机地结合起来;要求研讨过程要紧紧围绕主题,努力做到言之有物,言之有理,学研结合,共同提高。总结是升华的过程,是“收获的季节”。对于好的总结,我们给予肯定、推荐和表彰。让学员在学习中总结,在总结中学习,在总结中提高。围绕着教学主旨,每一个环节、每一个过程都是一次“充电”,都是一种强化,学习的质量和效益就是在环环相扣和环环相通中得到新的“增量”。

五、在教学组织上狠抓一个“严”字

做好邓小平理论教学工作的关键是人，抓好社院人的工作，抓好教学组织管理，是教学工作的基础。

在这方面，我们不仅制定了管理制度和运行机制的流程，而且全院的工作都围绕着教学展开。具体的方法是：每个班开班前，召开老师、教务处干部和行政后勤负责人联席会议，谈意义、讲任务、定措施，使之工作明确，责任到人。读书班开班后，主管院长主持，处负责人具体指挥，工作人员与学员一起共同学习、生活。在学习中发挥引导作用，在生活中为学员服务。工作人员每次都受到了学员的交口称赞。读书班结束后，我们还要进行信息反馈，包括教学情况进展，学习中疑难问题的解决、学习效果的评估以及各方面工作情况的考核，填写考核登记表，并提出今后教学工作的改进意见等等。一年多的运行表明，我们的工作效率较高，组织程序运转顺畅，工作环节有条不紊，保证了教学效果和教学质量。

在党的十五大精神鼓舞下，我们在邓小平理论教学工作实践中，努力去把握“真”、“新”、“活”、“通”、“严”。在教学效果和教学质量上下功夫，把邓小平理论教学工作要“常训常新”作为我们追求的目标，开展了一些新的方法，进行了一些新的尝试，积累了一些新的经验。

当然，在邓小平理论教学工作中，我们离跨世纪统一战线事业的要求，离北京统一战线培训工作的要求还有差距，面临的主要问题是“深入”和“规范”的问题。

所谓“深入”，就是怎样在现有的基础上，把邓小平理论的学习引向深入。在培训工作上，不仅要使邓小平理论进教材、进课堂，更重要的是入耳、入脑，使学员自觉地用邓小平理论阐释的科学世界观、方法论去认识世界和改造世界。在这方面，由于实践需要过程，理论相对滞后，使得我们的工作也有一定的困难。比如，在改革开放的今天，如何看待剥削问题，党的奋斗目标与现实政策之间是否有两难选择，党的带头致富政策是否使党组织陷入了尴尬的境地？除此之外在反腐败等问题上，仍然有许多需要回答的问题。值得注意的是新时期统一战线的理论辅导，学员们总是感到不甚满意。应该说，这方面的理论发展面临着新的形势等等。所谓“规范”，就是结合统一战线事业的需要，根据不同的培训对象，怎样使邓小平理论的学习内容相对稳定，以教学大纲的形式做出明确的规定，同时在教学方式方法上给予准确的定位，能够用相对客观的评估尺度对教学过程给予评估，从而实现教学的规范化等等。

在今后的教学工作中，我们要根据党中央关于深入学习邓小平理论通知的要求，进一步贯彻党的十五大精神，站在面向世界、面向21世纪中国的改革和发展的高度，站在北京市统一战线事业发展的高度，以坚持和完善我国基本政治制度的历史责任感和使命感，去组织邓小平理论的教学工作，把邓小平理论教学工作提高到一个新的水平。

坚持创新发展，提高教学水平

上海市社会主义学院

贯彻党的统一战线精神，把上海市社会主义学院建设成具有中国特色、时代特征、上海特点的各民主党派、无党派人士的联合党校和统一战线干部的政治学院，是我院办学的努力方向。近年来，我院在中共上海市委和市委统战部领导下，坚持创新、发展，在教学培训工作方面作了一些有益的尝试和探索。

一、以邓小平理论为中心，构建社院教学的基础理论、政党理论和政策理论新体系

我们在探索社院办学特色的实践过程中，切实感觉到构建一个能反映社院教学规律的教学体系十分重要。我们从社院的教学对象和任务出发，构建了"一个中心，两个突出，两个结合"的教学体系。

"一个中心"就是确立以邓小平新时期统一战线理论为中心的教学内容，贯彻教学全过程。"两个突出"即突出统战基础理论和突出中国特色政党理论，以党的三代领导人的重要思想和全国统战工作文件精神作为基本依据进行教学，这是社院办学培训的特点、强项和优势。"两个结合"，指的是结合党的路线、方针、政策的宣讲，组织以提高参政议政能力为目的的专题教学；结合现代科技、文化知识，开设以拓宽知识面、提高综合素质为目的的专题讲座。在教学实践中我们感到这个教学体系基本上能适应当前统一战线工作与社会政治经济发展互动的趋势。

二、紧密联系党和国家的大局，丰富教学内容，努力形成社院的教学特色

我院在教学内容上努力形成社院的特色，抓住一个"**实**"字，体现一个"**精**"字，突出一个"**活**"字，反映一个"**广**"字。

"**实**"，是指教学针对性。教学内容既要针对学员的思想实际又要联系统一战线发展的实际情况。中共十五大后，我国的社会、经济结构发生了很大的变化，统一战线也随之拓展了新的工作领域，产生了新的理论增长点。我院及时组织了一系列专题教学，如《统一战线与政治体制改革》、《私营经济的创新与发展》等，帮助学员进一步转变观念。台湾大选之前，我院开设了《台湾"政党政治"与台湾大选》、《党中央三代领导对台政策与台湾问题》，帮助学员正确认识台湾"政党政治"的实质。针对学员中对多党合作的模糊认识，我们增设了《中西方政党制度比较》等课程，通过纵向分析与横向比较，帮助学员加深理解江泽民总书记提出的关于衡量我国政党制度四条标准的科学性，增强坚持中国共产党领导的多党合作制度的共识。

"**精**"，是指在组织理论教学时，贯彻"学马列要精，要管用"的原则。即在有限的教学单元时间中，在照顾理论体系完整性时，突出马克思主义统战理论的教学重点，把"精"与"管用"的原则贯穿教学的全过程。我们组织了一系列以专题研讨为主的教学，把培养学员学会运用马克思主义的立场、观点和方法分析社会发展中的重大问题，提高学员参政议政能力作为教学的主线，努力实现从单纯的理论把握向坚定的政治信念飞跃。

“活”，指的是教学内容安排的多样化。我们在组织教学过程中，首先注意针对不同班次的学员安排不同类型的课程，如对非公经济人士培训班适当增加经济领域中有关形势、政策及相关知识的学习，对党派新成员培训班则以统战基础理论为主。其次，在教学模式上变传统封闭的满堂灌为开放的、活跃的讨论式，通过举办学员论坛，让学员各抒己见，增加了学员之间相互学习、相互交流的机会，使学员学得更主动，课堂气氛更活跃。我们还组织学员结合教学进行调研，既完成理论调研、政策调研的课题，又能提高学员对重大现实问题进行战略思考的能力，增长解决重大现实问题的才干。

“广”，是指教学内容的广博。社院的学员绝大多数是高学历、高职称者，有丰富的阅历和一定的社会地位，具有知识比较广博、视野比较开阔、思想比较活跃等特点。为此，社院开设了一系列关于当代世界经济、政治、科技、文化、法制等课程，举办了“中华文化系列讲座”，聘请了国内知名专家学者来讲课或作专题报告，使学员不断了解世界，提高学员对当前世界发展的大趋势和时代进步的科学认识，增强学员综合分析判断的能力。

三、充分发挥专兼职师资队伍的优势，共同构筑统战系统人才新高地

从社院实际情况出发，我们注意发挥专兼职师资队伍的作用。一是聘请市委统战部领导、统战系统各单位领导、各党派市委主委、市有关职能部门负责同志到社院来讲课。他们的讲课政治性强、政策性强、信息量大，不但体现了理论与实践、理论与政策的结合，而且体现了领导对社院教学的高度重视。二是与本市党校、高校联合办学，充分利用了本市高等院校专家学者的智力资源，他们讲课观点新、立意高、理论有深度，且使我们的师资长年流动，教学内容常新。三是联合各民主党派市委、各系统党委合作办学，不但保证了社院的生源，而且为各党派、各系统党委考察培养干部提供了有利条件，深受各方的欢迎。四是利用全国统战资源为上海社院教学服务，我们以“走出去、请进来”的方法，每年都有与中央社院及外省市的统战部、社院联合举办的各类培训班，不仅丰富了我们的教学内容，而且使我们学到了各地社院办学经验。

加强社会主义学院的教学建设是新形势下坚持党的统一战线的重要内容，我们将继续坚持以政治培训为主，不断提高教学水平。在中共上海市委、市委统战部的领导下，在中央社院的指导下，学各地社院之长，创上海社院之新，努力实践江泽民总书记所要求的“四个更”目标，开创新世纪社院工作新局面，为上海统一战线两支队伍的建设做贡献。

从实际出发开展邓小平理论教学

天津市社会主义学院

党的十五大提出，要在全党兴起一个学习马列主义、毛泽东思想特别是邓小平理论的新高潮。这充分体现了以江泽民同志为核心的党中央对学习邓小平理论的高度重视，体现了党中央高举邓小平理论伟大旗帜不动摇，坚定不移地把建设有中国特色社会主义伟大事业全面推向21世纪的坚强决心，意义极为深远。邓小平理论是我们党的伟大旗帜，也是爱国统一战线的伟大旗帜。在纪念党的十一届三中全会20周年的日子里，回顾几年来我院培训和科研工作的发展历程，我们对高举邓小平理论伟大旗帜的重要意义有了更深刻的体会，同时也进一步增强了用邓小平理论武装统一战线两支干部队伍，把邓小平理论教学工作提高到新水平的责任感和紧迫感。下面仅就我院近几年教学、科研工作状况特别是邓小平理论教学情况进行汇报。

一

长期以来，由于种种原因，我院办学条件一直没有得到彻底改善。全院仅占地1.8亩，教室只有3间，没有学员住宿条件，培训经费数量也很少，因此培训、教学和科研工作都受到严重制约。1996年新领导班子到任后，坚持党的解放思想、实事求是的思想路线，带领全院教职员工开展“爱社院、兴社院、做贡献”大讨论。大家以邓小平理论作指导，解放思想，实事求是，对照先进社院找差距，从而在三个方面统一了认识：一是形势在发展，统一战线也在发展，这对社院工作提出了新的要求，我们不能再消极等待，要创造条件主动开展工作；二是把教学、科研作为社院的中心工作，充分发挥社院在两支干部队伍建设中的培训作用，这样才找准了社院的位置；三是在培训内容、培训渠道、培训方式上不能再墨守成规，要创造条件，从统一战线和社院的实际出发，树立创新意识，努力开拓社院培训工作的新局面。

为了使培训工作更加适应统一战线两支干部队伍的需要，两年来，我们通过问卷和座谈方式，以民主党派成员、非中共领导干部、非公有制经济代表人士和统战干部为对象进行了四次调研，根据大家的意见和要求，对培训的内容、班次、渠道、地点和服务方式等进行了调整。

在培训内容上，坚持以邓小平理论和党的统一战线理论为主课。同时，根据党外干部的要求，增加了领导科学、领导心理学；满足非公有制经济代表人士的愿望，讲税法和经营谋略；适应办公自动化、信息化的潮流，筹借资金建立高配置计算机房，开展计算机培训；为提高统战系统干部的业务素质和能力，开设了公文写作和公关礼仪讲座等。

在培训班次上，根据民主党派机关干部提高学历的要求，经多次联系协调，在我院建立中央党校函授学院天津分院社院学区，设立专升本“行政管理”专业。

在培训渠道上，改变了办班渠道单一的局面。一是对主体班给予人力和经费的保证，确保完成统战部下达的培训任务；二是采取联合办班的方式，由民主党派或有关单位出培训经费，我院承担培训班的教务、教学和后勤服务工作；三是领导和教师为基层送教上门；四是面向统一战线各界人士和统战系统领导干部开设理论讲座；五是开展社会办学，我们已取得社会力量办学资格证书，为下一步建立中华文化学院做一些准备条件。

在培训地点上，改变了过去租用宾馆住宿办班的常规，到中央社院和北京社院办班，既保证了一流的师资，又有良好的学习氛围，还节约了培训经费。

在服务方式上，面向全市大统战，帮助基层培训班设置课程、推荐师资、提供音像资料。

为改变我院师资力量较弱的状况，我们采取了四方面措施，一是积极支持教师参加中央社院和统战有关部门的进修学习，创造条件提高他们的政治理论素质；二是安排教师参加统战系统调查研究，同统战部和有关委局一起，就我市宗教情况、中年知识分子心态和我市民主党派新一届领导人状况开展调研，通过调研实践，教师了解到大量的鲜活信息，引发出理论思考，将自己的所见、所闻、所思、所感，及时地充实到教学内容中去，有利于讲好统战课，使之更贴近实际；三是组织教师踊跃撰写论文参加全国学术会议，开阔教师的理论视野；四是支持全体教师在保证教学质量的前提下，担负起统战教学任务，走上讲台。通过两年多的实践，我院的教学和科研工作不断取得新进展，现在我院教师已能承担十几个专题的讲课任务，授课量也逐年增多。两年内参与筹备或主持院内学术研讨会6次。参与市委统战部或市宗教局等单位组织的专题调研并执笔撰写调研报告9次，其中《关于天津市宗教信仰情况的调查报告》获1996年中央统战部颁发的全国优秀调研报告二等奖，《关于天津市高等院校中青年知识分子心态的调研报告》参加全国部分高校知识分子统战工作研讨会交流并获1997年天津市委统战系统优秀调研成果二等奖。编写《中国知识分子大裂变》等专著4本，撰写并发表论文30余篇。多次出席全国社院系统召开的统战理论研讨会，积极开展对外学术交流活动，其中有5篇论文被评为入选论文或获奖。

两年来，我院与市委组织部、统战部、有关工委联合办党委书记班、民主党派后备干部班、民主党派基层组织负责人班、优秀知识分子班、党外领导干部班、非公有制经济代表人士班、统战干部班等共10期，与各民主党派联合办班3期，共培训学员553人；举办计算机应用能力培训班、速成班9期，培训统战干部203人；面向社会举办“广告设计师电脑培训班”2期，培训学员45人；为基层提供音像资料61次；院领导和教师送教上门47次，培训学员2269人次。

有为才能有位。统战系统的领导和各民主党派充分肯定我们的工作，强烈呼吁改善社院的办班条件，现在我院解决校舍问题已有了大致的轮廓。当长期困扰我们的生源问题得到初步解决的时候，当听讲座的学员坐满走廊的时候，我们深深地感到，从实际出发，解放思想，是我们搞好社院培训、教学科研工作的根本。

二

党中央《关于在全党深入学习邓小平理论的通知》对学习邓小平理论的重要性和紧迫性做了充分阐述。对如何把邓小平理论的学习提高到新水平做出了新的战略部署，明确要求“各级党校、干校要精心安排教学计划，改进教学方法，提高教学质量。”社院作为民主党派和无党派人士的联合党校，统一战线两支干部队伍的培训基地，为深入学习邓小平理论作出贡献是责无旁贷的任务。

把邓小平理论教学推向新水平也要从实际出发。

首先从我们培训对象的学习情况看。自从党的十四大提出用邓小平建设有中国特色社会主义理论武装全党的战略任务以来，统一战线两支干部队伍学习《邓小平文选》、《邓小平建设有中国特色社会主义理论学习纲要》、《邓小平经济理论学习纲要》等文选和十五大文件，注重理解和掌握邓小平理论的基本观点和精神实质，把理论和实际相结合，取得了一定的成绩。但是也存在一些问题，例如片片段段学习多，全面系统学习少；学习具体观点多，把握科学体系少；结合工作联系实际多，结合改造世界观少等等。在新的形势下，如何克服学习中存在的这些问题，把邓小平理论的学习在原有基础上再提高一步是我们要深入研究的问题。

其次是从我院教学工作的实际看。我院校舍没有集中住宿的办学条件，也没有专门的培训经费，所以不可能用较长的时间组织培训对象系统地、全面地进行邓小平理论的学习。同时，我院的教师人数也较少，承担系统的邓小平理论教学辅导任务还有一定的困难。这些情况使我们目前还难以像中央社院和兄弟院校那样组织学员系统学习邓小平理论。但是形势紧迫感、自身的责任感促使我们下定决心，千方百计克服困难，从我们的实际出发，把邓小平理论作为教学工作的中心，认真完成统一战线两支干部队伍的培训任务，为统一战线做出应有的贡献。

三

为了坚持以邓小平理论教学为中心，同时还要保证邓小平理论的教学水平，根据我院实际采取了一系列的措施。

1. 以邓小平理论为中心，加大教学力度

我们以课堂为阵地，通过三种方式进一步加大邓小平理论教学力度。一是在课程设置中加大邓小平理论学习比重，各班培训都安排自学《邓小平文选》原著，“解放思想、实事求是”、“社会主义初级阶段理论”等基础理论辅导课程成为各班次必选内容。二是在教学内容上增加新的专题，如：邓小平统一战线理论；邓小平对民主党派理论的发展和贡献；邓小平理论与知识分子工作；党的第三代领导集体对统一战线理论与实践的发展和贡献。社院领导和教师多次在社院的主体班和基层单位宣讲这些专题，使邓小平统战理论成为统战系统培训的热点。三是在培训形式上针对我院经费短缺、无学员住宿条件、只能办短期班的实际，在办班前一周随入学通知发出教学提纲，提前布置自学内容和研讨提纲，使自学过程在班前完成，抓住有限的课时进行辅导和研讨，收到较好的学习效果。

2. 以领导干部为重点，提高邓小平理论学习深度

领导干部的政治理论素质是承担领导责任的首要前提，也是实现正确领导的必要条件。统一战线系统各党派、各部门领导干部对邓小平理论科学体系和精神实质的正确理解和把握，直接关系到各民主党派政治交接和自身建设，关系到政治协商、民主监督、参政议政的水平，关系到新时期统一战线的巩固和发展。为此，我们以局、处级领导干部为服务重点，从三个方面入手，帮助、促进他们提高邓小平理论学习的自觉性。一是提供学习条件。十五大以来，我们与市委统战部紧密配合，坚持中心组学习制度，为本系统领导干部学好邓小平理论提供教学资料和后勤保障。我们准备了《紧紧围绕十五大主题，把邓小平理论学习提高到一个新水平》、《重新认识和正确理解社会主义初级阶段理论》、《加强理论学习，提高领导干部素质》、《高举邓小平理论伟大旗帜，阔步迈向21世纪》等一系列高水平的音像辅导报告，帮助领导干部加深了对十五大主题和邓小平理论的理解。我院图书资料室自行编辑的《统战文摘》，摘录了各大报刊学习邓小平理论体会的精华，深受领

导干部的欢迎。二是提出联系实际的研讨专题，引导大家学习邓小平理论着眼于运用，着眼于对实际问题的理论思考，着眼于新的实际和新的发展。三是提供研讨交流的场合与阵地。如：我们组织民主党派和工商联领导同志，结合中央［1989］14号文件发表10周年召开学习邓小平理论、做好党派工作理论研讨会，提前发出研讨题目，引导大家在学习中弘扬理论联系实际的学风，民主党派的领导干部认真准备，在研讨会上相互启发切磋，就民主党派高举邓小平理论伟大旗帜，搞好参政议政、加强自身建设问题提出了颇有见地的看法，进一步促进了邓小平理论在党派工作中的运用。

3. 以音像资料为媒体，拓宽邓小平理论学习广度

领导干部要学邓小平理论，统一战线的一般干部和成员也要学，但是由于培训经费短缺，一些民主党派及其基层组织和一些区级社院无力长期请知名专家进行理论辅导，也无力支付较高的政治理论音像资料费用，因而难以保证政治学习的质量。我们在调研中发现这一带有普遍性的问题，设身处地从基层的实际情况考虑，推出了用成本价格出租理论辅导音像资料的服务举措。一方面，我们注意积累本院好的资料，另一方面不惜拿出有限的培训经费购买高质量的音像资料。由于这种方式收费低廉、程序简化、减少浪费，深受统战系统各单位的欢迎。两年来，我们为基层提供邓小平理论音像辅导资料45次，受教育面达1300余人，进一步拓宽了邓小平理论学习广度。同时，我们收回的资金用于培训资料费用的合理滚动，也为我们购买新资料增加了实力。做这项工作虽然很辛苦，没有利润甚至亏损，但考虑到它的社会效益，我们仍然要坚持做下去。

以上是我们的工作情况，与兄弟院校相比，特别是在邓小平理论教学的深入方面有很大差距，经过这次研讨会的交流，进一步学习和了解了兄弟院校的先进经验，我们将以此为动力，进一步改进我们的工作，将我院邓小平理论的教学水平再提高一步。

邓小平统战理论教学探索

广东省社会主义学院

近年来，广东省社会主义学院注重联系实际，积极探索邓小平统战理论教学的方式和方法，由此提高了教学水平，收到了相应的积极效果，也获得了很好的经验。下面从三个方面加以介绍。

一、提高素质，集中力量

改革开放以来，历史、人民、实践均选择了邓小平理论作为指导我们事业的伟大旗帜，党的十五大更进一步明确了以“高举邓小平理论伟大旗帜，把建设有中国特色社会主义事业全面推向21世纪”为大会主题。由此，全国、广东省、乃至于我们社会主义学院，都兴起了学习邓小平理论的新高潮。

在学习邓小平理论掀起新高潮的形势下，来院学习的广大学员充满了学习邓小平理论的热情。但是，我们教师的理论素质和投入的力量还不能完全适应教学工作的需求。这主要表现在：第一，教学模式流于从理论到理论，从书本到书本，显得单调枯燥，难以帮助学员解决工作中的实际问题；第二，教学内容“泛”有余而“精”不足，难以帮助学员提高学习邓小平统战理论的水平；第三，教学人员流于“单兵作战”，缺乏“团队阵营”，难以在教师之间实现相互促进，共同提高。

学院领导高度重视存在的这些问题，经过研究，采取了六项措施，使邓小平理论特别是统战理论的教学工作，上升到一个新水平。这六项措施是：第一，安排教师到中央社院、省委党校等地就读培训班、研讨班、研究生班，在时间上给予保证，在经济上解除教师的后顾之忧，以利教师通过接受再教育，系统学习邓小平理论。第二，组织教师参加各类邓小平理论学习研讨会，以利教师掌握最新的研究成果和研究动态。第三，筹办院内的理论学习研讨会，以利在教师中形成良好的理论氛围并促使教师释放出理论研究的潜能。第四，组织教师到各级统战部门挂职锻炼，安排教师出任培训班班主任，参与省委统战部的调研活动，参与《改革开放以来的广东统一战线》一书的写作，以利教师掌握来自实践的第一手资料。第五，组建跨部门的理论教学小组，集中力量强化和深化邓小平理论的教学。第六，学院要求院内各个部门积极支持邓小平理论的教学工作。如院刊编辑部（筹）就先后推出了多册邓小平关于统一战线论述摘编等资料。

经过近两年的努力，在邓小平理论教学方面，收到了提高队伍理论素质和集中力量的效果。那些参加过中央社院培训班、省委党校培训班、研究生班的同志感到：经过较长时间的再教育，使自己在理论上更丰满了，登台授课的自信心更足了，堂上效果也更好了。那些经常参加理论研讨会的同志认为：会开多了，脑子转得也勤了，视野开阔了，观念也更新了，不再担心自己的理论教学会落伍于时代。那些到过省、市统战部门挂职锻炼或参加过有关部门调研活动的同志体会更深。有的说，过去我们是“三门”（指家门、校门、教室门）教师，缺乏实际工作经验，一讲理论总是书本上的甲乙丙丁，很难联系上实践中的子丑寅卯，下去锻炼以后，要理论联系实际就得心应手了。至于集中力量抓理论教学，效果显得更加明显。过去，多数同志感到理论课难上，致使只有个别同志“单兵作战”，集体备课之类教研活动难以开展。现在，在学院的领导下，已成立了跨部门的理论教学小组，其主要任务是抓邓小平理论尤其是其中的统战理论的教学，参加的教师共有10名。教学部的所有同志都自愿报名参加了这个组的活动。与此相应，现在教学部的同志都能独立地讲授邓小平理论专题课，所讲授专题又均能获得学员较好评价。

二、把握系统，注重层次

我们在强调提高教师理论素质、加大理论教学力度的同时，还遇到了一些其他的问题。

首先，我们的学员既有党外中青年干部，又有党内的处级干部，还有少数民族地区的乡镇长，甚至有党派省一级主委、副主委等，他们的要求不一，水平参差不齐。因此，我们难以在邓小平理论教学中设计出一个普遍受欢迎的教案。其次，经过党派、政协和许多地市统战部“九七”换届后，一大批其他系统的干部被充实到统战系统来，他们中许多人本着从零开始的理念，要求教师尽可能详细地讲授马克思主义统战理论的发展，而这又不是一两个单位时间所能济事的。再次，不少来院学习的高级知识分子要求集中讲授邓小平理论究竟新在何处，并希望采用对比研究的方法来说明问题。当然，还包括其他的问题和要求。

针对上述实际问题，我们经过研究，根据不同的班次、不同对象的实际要求，让教学部门的同志拿出内容、编排、深浅不同的数套教案。经过集体讨论，决定在原有的基础上提炼出既注重系统、又层次分明的三套教案。

1. 马克思主义关于统一战线的基本理论

这套教案是为新进入统战系统的学员设计的，要求从马克思一直讲到邓小平，是为统战打基础的教案。教学中要求在讲马、恩、列、毛、邓的统战理论时贵精不贵全，重点落在邓小平统战理论上，突出讲前后之间的继承和发展。为避免简单介绍观点的弊端，我们要求把马、恩、列、毛、邓各自所处的时代背景讲透，把各位理论巨匠的性格讲活，从而烘托出其理论光华。实践证明，这套教案取得了事半功倍的效果。有的学员听完课后兴奋地说：花半天时间既学了理论，又了解了伟人的性格和重大历史事件，有骨有肉，有声有色，获益匪浅。

2. 邓小平建设有中国特色社会主义理论

这套教案主要是为中等层次的学员设计的，它既概述基本理论，又突出邓小平的统战理论。我们要求授课者把握邓小平理论中“解放思想，实事求是”的精髓，把邓小平理论与新时期党的统战理论、方针和政策融会贯通，强调联系广东改革开放以来的实践。事实证明，这套教案不仅适用性广，而且受到了学员普遍的欢迎。有不少学员表示：邓小平理论我们在单位就学过，但进学院后找到新角度，得到了新收获，感到邓小平的统战理论博大精深，不同凡响，用邓小平理论来指导统战工作，一定能大有作用。

3. 邓小平的统战理论

这是一套带有较强研讨性质的专题教案，是为层次较高的学员设计的。我们要求教师在实施教案时，除较为全面地表述邓小平关于新时期统一战线的基本观点外，还要探索几个深层次的问题。其一，关于新时期的上限在理论和实践上有无差异？其二，如何认识毛泽东与邓小平的个性及其对统战理论的影响？其三，为什么说邓小平将马克思主义的统战理论发展到了一个新阶段？我们要求教师在回答这些问题时，既要坚持四项基本原则，又要充分解放思想，以便引导和启发学员深入学习理论。如授课教师认为，在 1956 年三大改造完成后，中国的国情、阶级关系发生了根本性的变化，这种变化从理论上表明我们已经走近了新时期的大门；从实践上说，新时期无疑是以十一届三中全会为标志开始的；这中间的时间差是“以阶级斗争为纲”的路线造成的；这样认识问题更能从理性的高度看到三中全会是伟大的历史转折，邓小平理论是时代和人民的需要。又如为什么说邓小平将马克思主义的统战理论发展到了一个新阶段，授课的教师感到阐述起来并不困难。因为，邓小平提出的“爱国统一战线”论、扩大统战“法宝”论、“一国两制”论以及知识分子“已经成为工人阶级一部分”的观点、“允许个体经济发展”的观点等，均符合中国的国情，均发展了此前的马克思主义统战理论，有些还言人之所未言，具有开创性意义。

教学中我们大胆地实践了这几种模式，结果活跃了课堂、活跃了思想，受到了学员的较高评价。今年 11 月统战部长班的学员在听过课后，数次邀请授课教师前去切磋理论问题，有时到深夜两点多钟，师生们仍兴致勃勃，言犹未尽。

三、结合省情，强化专题

改革开放以来，在中央统战部的指导下，在省委的直接领导和支持下，广东的统战系统高举邓小平理论的伟大旗帜，解放思想，勇于探索，发挥优势，选准位置，在统战工作中形成了“一个重点、两个特色”的格局。

所谓“一个重点”，就是以民主党派工作为重点，着力在坚持和完善共产党领导的多党合作和政治协商制度方面取得新突破。所谓“两个特色”，其一是发挥广东毗邻港澳、华侨众多的特色，力争海外统战工作取得新发展；其二是发挥广东非公有制经济发达的特色，大力开辟非公有制经济代表人士统战工作的新领域。

“一个重点、两个特色”就是广东统战工作的具体省情，学院的理论教学必须结合省情。为此，我们以邓小平理论为核心，强化了理论与实践密切结合的三个专题课，学院安排职称较高、研究能力较强，表述较好的三位同志分头攻坚，并带动其他同志攻关。

主攻“一个重点”的同志拿出了题为“理论、历史、定位、参政——党派成员成功的八字箴言”的教案。他围绕着邓小平的“特色”和“优点”论，以丰富的史实和资料说明，中国共产党领导的多党合作和政治协商制度是历史和人民作出的符合中国国情的选择；共产党的执政党地位和民主党派的参政党地位都是不容怀疑和不可移易的；党派成员只有在“参政”二字上有所作为，才能发扬多党合作的特点和优点。他的这一专题课以论带史，深入浅出，内容翔实，说理透彻，获得了学员一致好评。结业后不少学员要求该教师到自己单位去上课，今年在校外巡回讲解了十多场。有的单位，如新会市委统战部、省农工民主党还特地将他的讲稿编印成书或印成材料，以供大家参考学习。

邓小平认为海外关系是个有利条件，“可以打开各个方面的关系”；我们有几千万海外爱国同胞，“这在世界上是独一无二的”；海外爱国同胞是我国“独特的机遇”。这些论述，是主攻“海外统战”这一特色专题课教师致力钻研的理论。这位教师最近推出的题为“谊联四海，根连五洲”的书稿，即是她的专题课和主体内容。在授课时，她努力揭示邓小平有关海外统战论述的丰富内涵，从实践邓小平有关理论的角度来认识改革开放以来广东海外统战工作的进程和业绩。她强调，当前要实践邓小平的海外统战理论，就要注意发挥广东人缘、地缘优势，使交友的范围逐步从“三胞”老一代延伸到中青年一代、从工商界延伸到专业界、从“老爱国”延伸到新移民，尽可能在争取人心上下功夫。她还介绍：我院老院长郑群同志在广东发起的中华民族凝聚力理论研究，就是海外统战工作实际需要呼唤的结果。目前这项研究已历10年，研究成果《中华民族凝聚力学》即将出版。这一理论的研究有助于发展党的统战理论，强化党的统战工作特别是海外统战工作。她认为，中华民族凝聚力的理论是最贴近党的统战理论的，是十分有助于学习邓小平统战理论的。由于这位教师注重联系广东的实际，从深层展示了邓小平的海外统战理论，推动了具有广东亦即我院特色的中华民族凝聚力理论研讨活动，使学员感到真切、贴切和亲切，因而该专题获得了广大学员的交口称誉。

非公有制经济生机勃勃是广东的又一特色。承担这一特色专题课的同志是长期从事这方面研究的教师。在构思专题的框架时，她以邓小平关于“发展一点个体经济”、允许个体经济的存在和发展“归根到底，是要更有力地发展生产力”等论述为根本，阐明江泽民在十五大报告中关于“非公有制经济是我国社会主义市场经济的重要组成部分”等论断，是对邓小平理论的发扬光大。继而说明：如无邓小平理论为指导，如不能把握邓小平理论的精髓，广东的非公有制经济便不能蓬勃发展。她在介绍广东去年非公有制经济创税超70亿的业绩的同时，又不讳言不少企业因负担过重而关门歇业的问题。她认为，要使广东的非公有制经济健康、稳步发展，就必须加大对非公有制经济代表人士统战工作的力度，强化统战部门为非公有制经济代表人士服务的功能，调整非公有制经济人士与其他群体的利益关系，建立健康的非公有制经济企业家的队伍。不少学员反映：这一专题课以论得透彻、述得生动、资料丰富、结合实际而见长，是学院教师精心推出的拳头产品。

近年来，特别是党的十五大以来，我们在邓小平理论的教学方面取得了一定的成绩和经验，但也存在着一些问题。如怎样从理论上讲清党外知识分子统战工作的问题，如何从理论上分析香港回归后海外统战工作的格局与对策等。但是我们深信，只要我们把握邓小平理论“解放思想，实事求是”的精髓，坚持理论联系实际的学风，就一定能与时俱进，取得理论教学方面的新进展。

加强党外干部培训，造就一支跨世纪党外干部队伍

重庆社会主义学院

党外干部是我国干部队伍的重要组成部分，具有很强的政治代表性。江泽民同志在十五大报告中指出，要重视培养非党干部，这明确地给我们提出了战略性的任务。重庆社会主义学院作为重庆市统一战线两支干部队伍的培训基地和民主党派及无党派人士的联合党校，肩负着培养与党真诚合作的新一代党外代表人士，造就一支跨世纪党外干部队伍的神圣使命。在市委的正确领导和市委统战部直接领导下，我院自1984年复校以来，共举办各类培训班86期，其中党外干部班74期，占培训班总数的86%，共培训党外干部4000多人，为提高我市党外干部的政治素质和参政议政的能力尽到了我们的一份责任。总结近几年党外干部培训工作的实践经验，有利于探索我院办学“高层次、正规化、有特色”的新路子。

一、抓课程设置，增强党外干部培训的针对性

科学设置课程，是培训工作的基础。在课程设置上，我们遵循党中央和市委统战部的要求和党外干部培训的特殊规律，坚持“学马列要精、要管用”的原则，以邓小平理论、统战理论及历史、市场经济理论知识和当代科技知识四大体系为主，始终坚持以邓小平理论为中心，突出党的统一战线理论和有中国特色的政党理论这一重点。针对不同学制和不同班次的培训任务，有的放矢地安排具体的教学内容。同时搞好四个结合，即：教学与学习马克思主义基本理论著作相结合；与学习党的路线方针政策相结合；与学习现代科技知

识和其他知识相结合；与工作实际相结合。

具体说来，为适应重庆直辖后党外干部不断扩大、各民主党派处于政治交接时期的形势和要求，我们首先安排好邓小平理论的教学，引导学员全面、正确地理解和掌握邓小平理论的科学体系和精神实质；同时安排好统战理论课，特别是邓小平新时期统战理论，这是我们的教学重点，我们力求使学员在学习中提高维护我国多党合作和政治协商制度的自觉性；在此基础上，进一步组织好统一战线方针、政策、统战史、社会主义市场经济理论、财税知识、当代科技知识，军事知识和民族宗教等专题的讲授和学习，以提高学员的综合素质和业务能力。

针对党外干部大多数在某一领域都是专业骨干的特点，我们着重给他们讲授我国的基本政治制度、大政方针政策和统战理论课，以帮助增强他们的政治鉴别力和政治敏锐性，提高参政议政的能力。党外干部平时多忙于业务，对于领导学理论和知识有所生疏，我们同时加强这方面的培训，以提高领导能力。此外还开设一些开阔视野、扩大知识面的讲座。

二、抓课堂教学，提高讲授质量

教学是社院的中心工作，课堂教学是搞好培训工作的关键。自1998年以来，我们提出要创造一批“名牌”课，要求教师在课堂上站得住，叫得响，深入浅出，把老课讲新。全体教师拿出“台上一堂课，台下几年功”的钻劲，经过两年多的努力，初步取得了较好的效果，《统战工作中的哲学原理》、《近代爱国主义的几个问题》、《面向21世纪的中国政党制度》、《金融知识》等课题深受学员的喜爱和好评。

为确保教学质量，我们要求教师集体备课，以便于博采众长，丰富和深化准备材料。对于新开设的课题，无论是资深教授或年轻教师，都必须先试讲，经评议合格后才能上讲台。由此促使教师在备课时广泛开展社会调查，使理论更好地与实践相结合，并运用马克思主义基本理论说明新情况、新问题，给学员提供新思路，帮助他们解决思想中的疑虑。在课堂上，我们要求教师留出一定时间给学员提问，教师答疑解惑，取得了较好的效果，达到了教学相长。另外，根据不同班次的教学需要，我们还聘请一些市内知名专家、教授来学院讲课，以丰富我们的教学内容。

为更好地借助兄弟社院的教学经验，取长补短，1999年6月，分管教学的副院长带领我院教务教学组一行去四川省社院进行了细致的交流和探讨，之后，请来了他们教学经验丰富、课堂教学艺术把握得好的教授来我院授课，我院全体教师和教务人员进行了观摩。今年初，我院教学人员再次到四川省社院进行教学观摩活动，主要听了他们的邓小平新时期统战理论、非公有制经济代表人士统战工作、民族宗教等课题，以丰富和提高我们的课堂授课质量，并在此基础上更深入地进行教学交流活动。

三、抓教学管理，促进培训正规化

教学管理是搞好培训的保证。为加强教学管理，促进教学正规化、科学化，我们主要从以下几个方面着手：

（一）建立健全制度。第一，我们制定了《学员守则》、《班主任职责》、《班委会工作条例》等制度，力求从制度上来加强管理。第二，我们在每一个班都由学员民主推选成立班委会和学习小组，学制长的班还成立临时民主党派支部，使学员的活动做到有组织、有领导、有管理地进行，营造出民主、团结、勤奋、求实的学习氛围。学员的许多活动和管理工作都由班委会出面组织，实现了学员的自我民主管理。第三，从去年以来，我们完善了以前的考勤制度，规范、严格了请假制度，并在学员座位上分别注明单位和姓名，既有利于教师熟悉学员，又有利于学员之间相互交流。第四，给每一个学员印发了统一的包括院内外教师的讲课提纲，使学员从忙于记笔记中摆脱出来，发挥思维积极性，更好地主动参与课堂教学。

（二）加强入学教育。开学之初，市委统战部领导和我院领导都要作动员报告，进行入学教育，阐明培训的目的和意义，并对学员提出希望，以引起高度重视，使之安下心来，认真学习。并组织学员座谈，谈打算，谈安排。

（三）提倡自学原著、注重研讨的教学方法。党外干部一般文化层次较高，有较深的理论基础和实践经验，具有独立思考和自我阅读学习的能力。因此，我们提倡以自学为主，以阅读马列主义原著为主，注重研讨的教学方法。引导学员坚持和发扬统一战线自我教育的优良传统，认真贯彻“三自”、“三不”方针。这些方法都能及时帮助学员解决疑难，学以致用，同时推动学员独立思考，活跃气氛。

细致严密的管理保证了培训工作的顺利进行，学员们感慨地说：“既有所获，又自我管理，这是非常适合我们党外干部培训的形式。”

四、抓学习效果，提高培训质量

培训效果是检查培训质量高低的一把标尺。在抓培训效果上我们的做法主要有：一是不定期对学员进行社会跟踪调查；二是在培训期间进行问卷调查；三是召开学员座谈会；四是要求撰写心得体会。因此，我们在党外干部培训工作中取得了良好的效果：

（一）党外干部普遍增强了建设有中国特色社会主义的共识。来自市科委的一位处长在心得体会中写道：“通过两个月的系统学习，进一步理解了邓小平理论的丰富内容，深切感受到近20年来我国发生的巨大变化，社会稳定、民族团结、综合国力日益强盛、人民生活更加富裕，这是在邓小平理论指导下，中国共产党领导全国人民共同取得的巨大成就。这种成就使各民主党派和无党派人士与中国共产党在建设有中国特色社会主义问题上取得了广泛的共识，这一共识成为党外干部与党‘长期共存、互相监督、肝胆相照、荣辱与共’的重要政治基础。”许多党外人士在学习之后表示，对社会主义更加充满信心，要充分发挥参政议政和民主监督作用，为重庆的经济、社会发展贡献更大的力量。

（二）帮助党外干部提高了对中国共产党领导的多党合作和政治协商制度的认识。沙坪坝区一位民主党派负责人在座谈时说：“中国共产党领导的多党合作和政治协商制度是适合我国民主政治、具有中国特色的政党制度，具有十分明显的优越性。它防止了一党专制，将一党领导与多党合作有机地结合起来，实现了国家稳定和社会进步的统一，对保持社会稳定，推动社会主义民主政治建设发挥着重大的作用。”这样的认识使他们在思想上筑起了抵御“西化”的坚固屏障，为坚持和完善这一基本政治制度奠定了坚实的思想基础。

（三）帮助党外干部明确了责任，促进了我市爱国统一战线的巩固和发展。民盟一位新成员在我们跟踪调查时真诚地说："通过学习，才真正从内心深处把自己摆到了党外人士和统战工作者的位置上，特别是重庆直辖市的诞生，重庆爱国统一战线规模空前扩大，为实现重庆新的振兴负有重大的政治责任和光荣的历史使命。"他表示，愿意通过自己的努力工作来团结所联系的一部分群众，为巩固和发展我市爱国统一战线做出应有的贡献。

（四）提高了党外干部的整体素质，促进了民主党派的自身建设，为党外人士的选拔使用提供了人才资源。党外干部通过系统地学习邓小平理论，在政治觉悟、理论水平上都有较大提高，特别是学习后在工作岗位上努力实践，许多人很快成为工作中的骨干。通过培训，同中国共产党亲密合作的新一代党外代表人士逐渐成长起来，为党外人士的新老交替和政治交接，为民主党派跨世纪的组织交替和政治交接，为巩固和发展多党合作培养了大批人才，有力地保证了一批与党亲密合作的新的代表人物陆续走上领导岗位，有力地保证了各民主党派、工商联基本完成了组织上跨世纪新老交替的历史任务。沙坪坝区一位民主党派负责人说："在社院的几次培训，使我收获不少，无论是我自身素质、理论水平、领导能力，甚至包括走上领导岗位等都与社院的培训有着密切的关系。"

总之，近几年来，我们在培训党外干部工作中，牢牢把握贯彻十五大精神，学习邓小平理论这条主线，从我市统一战线工作任务和培养跨世纪党外干部队伍的需要出发，积极探索，取得了一定的成绩，但离"高层次，正规化、有特色"还有一定距离。我们也正是通过总结经验，肯定成绩，找出差距，更好地发挥联合党校的作用，为培养跨世纪党外干部做出更大的贡献。

总结经验，积极进取，开创社院教学培训工作新局面

山东省社会主义学院

21世纪，社会主义学院同党的其他工作一样，面临着新的机遇和挑战。必须不断总结经验、大胆开拓，才能适应形势变化的需要，为党的统战事业做出更大贡献。

一、坚持正确的办学方向

多年的教学实践，山东社院总结出了一条办学基本经验：要始终坚持社会主义办学方向，紧紧围绕党的中心工作开展政治培训，将统战工作的需要作为社院办学工作的出发点和落脚点。

社会主义学院作为民主党派和无党派代表人士的联合党校，中国共产党领导的具有统一战线性质的高等政治学院，其主要任务决定了社院的教育培训工作具有政治性、统战性的特点。在政治上，坚定不移地贯彻执行党的基本路线，坚持用马克思主义、毛泽东思想、邓小平理论统一思想、统一行动；在形式上，社院的教育培训不是以学历教育为主，在内容上也不是以某一专业知识的提高为目的，而是服从和服务于全党全国的工作大局，组织统战系统两支干部队伍学习马克思主义理论，党的统战理论、方针、政策，提高干部

的政治素质和分析、研究、处理问题的能力，教育培训的重点放在提高学员的政治素质上。

坚持将统战工作的需要作为社院工作的出发点和着力点，要做到：一是制定社院培训规划及年度计划时，要紧紧围绕统战工作部署，做到重点突出；二是在确定培训内容时，要重点突出邓小平新时期统一战线理论和党的新时期统战工作方针、政策等内容，并以此作为每期培训班的必修课程；三是在教学方法上，坚持统一战线自我教育的优良传统，做到自学与辅导相结合，授课与讨论相结合，课堂教学与社会考察相结合，同时坚持“三自”、“三不”方针，努力形成民主求实的学习环境和浓厚深入的钻研气氛。

多年来，我院始终坚持这一基本经验，不仅保证了办学的正确方向，使办学工作指导思想明确，而且也确保了为全省统战系统培养高素质统战人才的教学目标。

二、从规范教学管理入手，保证各类班次有序进行

教学管理是保证教学工作顺利进行的关键环节，是实施正规化办学的基础。在当前，由于种种条件的限制，我院的办学工作离正规化的要求尚有较大差距。从规范教学管理入手，不断创造条件，促使办学工作不断上台阶是目前我院走向正规化办学的最佳途径。为此，我院根据当前教学实际以及存在的问题，制定了《教学工作暂行条例》、《教学组织工作细则》、《各类班次工作程序》、《班主任工作条例（试行）》等一系列规章制度，通过制度的建立和完善，使教学管理工作走向规范：一是规范班次类型，将所有班次区分为进修班、研讨班、培训班和读书班四种类型。根据不同类型班次及学员对象的特点，在教学方式上有所区别。如对以培训和进修为主的班次，就以理论和政策学习为主，通过对统一战线理论、方针、政策的学习，提高学员统战知识素养、扩大知识面；对以研讨为主的班次，通过学习统一战线工作某一个或某几个方面的知识，突出中心和要点，在学习的基础上进行深入的专题研讨，争取使学员在某一个或几个方面的问题上提高认识，把握问题实质，从而提高工作能力和水平。二是规范教学内容，围绕全面提高统一战线两支干部队伍素质和培训跨世纪人才这一目标，在教学中，邓小平统一战线理论和新时期统一战线理论政策已成为每期班的必修课程。同时，根据不同时期形势的需要，不同培训班次和不同学员的特点，还设置了其他一些相关课程，基本形成了“四大块”内容相结合的教学模式，即：基础课——邓小平理论，统战课——统一战线理论知识和方针政策，应用课——政治经济形势和专业知识，社会实践课——参观考察与调查研究。三是规范教材，除了一些专业性较强的课程外，我们规定所有班次都要使用由中央统战部或中央社会主义学院组织编写的全国统战干部培训教材，保证了教材质量。四是规范培训工作程序，规范的主要内容包括：培训计划的制定与实施，招生工作，学员的接待与安排，开学典礼与结业典礼，学员自学、讨论、课堂辅导、参观考察，培训方式、方法，学习考核，培训工作总结等有关教学各个环节。这在一定程度上保障了招生计划的完成以及教学组织管理工作的协调运行，也提高了工作效率，保证了培训质量。

三、认真研究短期班特点，不断改革教学方法

社院的教学培训工作，特别是省级以下社院，由于客观因素的制约，各类班次的学制大多在一个月之内，短的一周左右，最长的也很少超过三个月，这就决定了社院办班是以短期培训为主。针对短期班的特点，我们在教学工作中采取了专题化的教学方式，主要做法是：办班之前对办班的目的、任务及要达到的目标要求进行深入的调查研究，在此基础上确立明确的办学指导思想，并根据这一指导思想确定一个总的专题，也就是本期班的主题。然后围绕这一主题对教学内容进行分解，总结出几个与主题紧密相关的几个小的专题，最后根据小的专题明确各专题课的中心内容，并制定出切实可行的专题题目，安排给有关教师备课。对专题课中难以涉及到的具体内容，我们通过配发有针对性的教材，并安排适当的自学时间，让学员们结合课堂的学习进行自学，扩大知识面，加深对各专题的认识。另外，在教学实施过程中，加大研讨力度，研讨的每一个题目都经过教学组织人员的深入研究，并结合学员特点反复论证，使之具有针对性和研讨性，同时要求每位教师都要参与研讨，在研讨的过程中为学员答疑、提示引导研讨内容，起到一定的组织作用。这就有效地解决了时间短与培训效果的矛盾，使各班次都能在较短的时间内达到令人满意的教学培训效果。

在教学管理方面，各教学有关单位协调行动、明确分工、密切合作。同时向每个班次派驻班主任，其主要任务就是协助教学管理部门沟通班委会与学院之间的关系，做好学员的思想政治工作，协助班委会组织好课堂教学、讨论、自学等环节，尽可能多地承担一些事务性的工作，让班委会有更多的时间实现自我教育、自我管理的功能。

四、以科技为先导，促进教学手段上台阶

随着科技的高速发展，现代化的手段在各类教学培训中的运用越来越普遍。假如社院的教学手段还停留在黑板粉笔时代，电教也仅仅是局限于放一放录像片、录像带之类的简单功能上，显然严重脱离了时代的需要。简单落后的教学手段，要想培养出一支适应社会需要的具有现代化意识的高素质的统一战线干部队伍是不可能的。教学手段的现代化也应是社院建设的当务之急。

目前在大、中、小学，多媒体和网络技术的运用，使得课堂教学丰富多彩起来。社院教育培训也应在这方面多下工夫，把它作为教学手段创新的一个重要方面。具体来讲，第一是要建设有现代化教学手段的硬件设施，第二是要在硬件设施完备的基础上搞好数据资料的建设，为专兼职教师备课提供丰富而方便的资料，让学员在学习过程中了解到更多的知识。当前随着我国政府上网工程的开展，社院上网也变得越来越紧迫。通过上网，建立社院网页，可随时反映社院动态，更新教学培训资料，让学员离开后可继续关注母校的信息，查询统一战线方面的资料。这样就使得社院在学员的生活中不是一个短暂的回忆，而是可以随时在网页上访问、保持密切联系的政治生活的基地。目前，山东社院对此已有了深刻的认识，并把建立和完善教学手段的现代化作为近期奋斗的目标，促进教学工作再上台阶。

五、发挥社院优势，构筑社院培训网络

全国各地社院的师资力量、办学条件参差不齐，单看某一所社院条件都是有限的，但我们应当注意到全国社院的综合优势。早就有“全国社院是一家”这条不成文的口号，各地社院在师资队伍、办学设施上都各有优势，也都可以相互支持。利用全国社院的综合力量，互相取长补短、协作办学，应当是值得探索的路子。一是可以请外地社院的教师为本地学员上课；二是可以把培训班办到外地社院，与兄弟社院联合办学；三是可以通过现代化教学手段，实现彼此间联合，包括图书资料、教学信息、科研动态、社院新闻等等，都可通过建立网络联系，远程协作，促进互相之间经验的交流。这样，不仅充分利用了各地社院的优势资源，也可提高学员对参加社院学习的积极性。在这基础上构筑一个全国社院培训网络，将会进一步提高各地社院办学的综合实力，发挥出巨大的能量，过去教学培训工作中的一些难题也会在这个网络中得到解决。

迈向新世纪，我们会遇到各种新的问题和挑战，只有总结经验、开拓进取，在继承的基础上努力创新，才能适应不断变化的形势，开创社会主义学院教学工作的新局面。

建构具有社院特色的教学体系

贵州省社会主义学院

贵州省社会主义学院是贵州省惟一的具有统战性质的高等政治学院，是民主党派和无党派人士的联合党校；同时也是贵州省培养统一战线两支干部队伍的重要基地和统一战线理论宣传、教育、科研的重要阵地。

学院始建于1956年11月2日，原名贵州省政协政治学校，经历了创办、停办、复办三个阶段，至今已有42年的历史。1984年1月经省委批准改为“贵州省社会主义学院”。

在42年的办学实践中，特别是复校以来，我们不断总结经验，探索出一条适合我省情况的教学体系，在教学计划、教学内容、教学管理等方面有着自己的特点。主要体现在以下几个方面：

一、办学体制的多样性

学院是一所学习政治理论、时事形势、党的路线方针政策、统战理论和实践、领导科学等多方面知识，以主要招收县、处级以上民主党派、工商联、无党派人士、政协委员和统战工作干部为培训对象的高等政治学院。从协助民主党派加强自身建设帮助统战干部提高自身思想政治素质和业务素质出发，组织学员通过学习，达到帮助党外人士提高理论政策水平和参政议政能力，树立和中国共产党长期合作的观念，坚定接受中国共产党的领导，坚持走社会主义道路的信念；帮助统战工作干部提高思想政治素质和业务素质，增强热爱统战工作，做好统战工作信心的目的。基于此，学院办班在体制上呈现出极大的灵活性。从时间上看：除中文秘书大专班两年以外，有半年的、三个月的、两个月的、一个月的、二十天和半个月的；从班次上看：有政治理论班、统战干部培训班、非中共领导干部读书班、民族语言培训班、政协工作研讨班、政协委员读书班、民主党派人士读书班、对台工作干部培训班、工商联干部培训班、宗教干部培训班、侨务干部培训班、宗教神职人员培训班、台联、台胞学习班、非公有制经济代表人士读书班；除此而外，还派出骨干教师，协助有关部门进行“以会代训”、“专题讨论”的统一战线理论教育，扩大培训面。从学制上看：有学历班和非学历班。这种办学体制的多样性符合社会主义学院教学工作的实际。

二、教学内容的针对性

学院举办的班次多种多样，每个班都有自己不同的特点，必须根据不同的班次，安排不同的学习内容。同时，随着国际、国内形势的变化和有中国特色社会主义现代化建设的发展，不时补充和更新教学内容。因此，教学内容必须具有鲜明的针对性。中央制订的“二大块”内容符合学院教学的实际，一般来讲，各个班都安排有国际、国内形势，马列主义、毛泽东思想、邓小平理论，党的路线、方针、政策，社会主义理论和实践，统一战线理论和实践这样一些课程，这主要是解决学员一般性的理论问题和学员较深层次的思想认识问题。同时，根据各个班次不同的特点，分别安排一些不同的内容，以解决不同的具体问题，比如，非中共领导干部读书班安排中国共产党领导的多党合作和政治协商制度、领导科学、行政管理等内容；民主党派班则安排民主党派的历史和传统、性质和作用，以及自身建设等内容；工商联培训班则安排经济统战、公共关系，以及新时期工商联的地位和作用等内容；政协工作研讨班则安排提案、文史资料、智力支边，政协机关自身建设等内容。这些不同的教学内容，具有鲜明的针对性，可以解决不同班次所遇到的不同具体问题，学院的教学实践证明，这种教学内容安排既照顾到一般，又照顾到特殊，有利于社会主义学院教学工作的开展和教学质量的提高。

三、教学形式的灵活性

社会主义学院的学员，来自于党的统一战线工作部门、人民政协、各民主党派、工商联等，大都具有十分丰富的工作经验。而学院举办各种班次的办班时间，大多数在一个月左右，除去报告、参观、讨论、文娱活动时间以外，学习时间相对较短，因此社会主义学院虽然是高等政治院校，它的教学形式却不同于一般高校的教学形式，它没有系统理论学科的讲授，它的教学形式必须灵活多样。采取自学为主、讲课为辅的教学方法，采取诸如讨论、参观、考察、总结、交流、社会调查等多种教学形式，做到校内、校外相结合，理论和实践相结合。一般来讲，讨论的问题应该是教学中的重点问题，结合社会的“难点”、“热点”，确定讨论的题目。围绕题目的要求进行讨论，并拟好讨论提纲，这样可以避免无的放矢；参观应有具体的要求，在参观过程中注意搜集记录材料，并加以整理，在此基础上进行分析、研究，做出明确的结论；交流则要有代表性，交流必须建立在总结学习经验的基础上，达到互教互学的目的；考察和社会调查必须具有针对性，解决学习和工作中所遇到的问题；总结则在学习的基础上进行，避免片面和空洞。教学形式还必须和培训对象相结合，根据不同的对象采取不同的形式。学院在长期的教学实践中，在探索教学形式多样化的过程中积累了相当多的经验。在具体的教学实践中，注重处理好几种关系，首先是处理好教学计划与不同班次具体实际的关系。教学计划建立在办班单位的办学目的、实际需要和学院现有条件的基础上，因此，每次教学计划的制定都要经过学院和办班单位的多次磋商，在实施的过程中，还要根据情况的不断变化加以修改、补充，这样做，收到了很好的效果。不少学员深有感触地说：学院能够结合我们的实际需要，安排如此周密的学习计划，使我们学习收获很大，受益匪浅。不少学员都希望以后能有机会再到学院来学习。其次是处理好专题辅导与自学研究的关系。对上课教师，要求他们在讲课中贯彻“学马列要精，要管用”的原则，讲课要做到少而精、高层次，起到提纲挈领的作用。在辅导和自学关系中，坚持以自学为主，把自学放在突出的位置抓好，组织好，使学员能真正做到“自己提出问题、自己分析问题、自己解决问题”。再次是处理好总结和提高的关系。

四、在抓好教学的同时，抓好科研

自复校以来，学院坚持以教学为中心，科研为基础，以教学带动科研，以科研促进教学质量的不断提高和教学工作的不断发展。据统计，1982 年以来，学院教职工共发表论文 260 余篇，其中在国家级和省级以上各类公开刊物上发表的就有 170 余篇，获国家级和省级各类奖项 14 项，一等奖 1 篇，二等奖 2 篇，三等奖 5 篇，优秀奖 5 篇，还有 1 篇获美国科学学术会议二等奖，有不少论文被编入国内理论研究的各类文库。另外，还在各种内部刊物上发表论文 90 篇。1998 年 9 月，学院还召开了科研工作会议，总结了复校以来科研工作所取得的成绩和经验，对今后学院科研工作的开展提出了规划，成立了院学术委员会，这些举措，都将极大地推动学院教学科研工作的不断发展。

学院在教材编写方面做了不少工作，编写了教材和教学辅导材料多部，其中《中国统一战线理论和实践》曾荣获贵州省第三次哲学社会科学优秀成果二等奖。教材和教辅材料解决了教学中的重点、难点和热点问题。为适应教学科研工作的需要，1992 年学院成立了学报编辑部，编辑出版了《贵州省社会主义学院学报》，学报注重理论联系实际，科研服务于教学，汇集了学院教研人员的科研成果和其他部门的经验总结、理论探讨，是学院科研工作的重要阵地。经省出版局审核批准学报从 1999 年元月起转为公开出版刊物。为了促进教学质量不断提高，学院还在经费比较紧张的情况下，加强图书资料方面的建设，尽可能地满足教学、科研对图书资料的需求。

根据几年来的实践，我们认为建构具有社院特色的体系，有必要做到：

第一，始终明确，社会主义学院的中心任务就是进行两支干部队伍的培训。坚持以教学为中心，为我省统一战线各部门培训干部，不受干扰，即使是贴钱也要办班，在办班中积极主动。从办班单位实际情况出发，尽可能争取省财政的支持，把培训干部这个中心任务摆在第一位。

第二，始终明确，社会主义学院的学习以理论学习为主。加强理论学习，是我们党面向新世纪，推进社会主义事业的需要，是提高干部队伍特别是领导干部队伍思想政治素质，坚持党的基本路线的需要。党的十五大号召在全党兴起一个学习马列主义、毛泽东思想和邓小平理论的新高潮，十五大以后，中央又强调加强理论学习。只有加强理论学习，才能始终坚持正确的政治方向。学院规定：在课程设置上坚持以基本理论学习为主，一般班次，基本理论学习安排比重占三分之二；民主党派培训班，基本理论学习占四分之三。通过学习，对民主党派干部来讲，解决自觉接受中共领导，执行党的基本路线，搞好多党合作和政治协商，提高思想政治素质，调动积极性投身到社会主义建设中的问题；对统战干部来讲，则解决提高思想政治素质，用马列主义的立场、观点、方法来解决统战工作中遇到的问题，提高业务能力，收到了明显的效果。

第三，在管理上，做到既有制度化管理又有宽松的学习、生活环境。学院不断健全和完善各项规章制度，使各方面的工作有章可循、有据可依，向着“高层次、有特色、正规化”的方向发展。同时，又坚持了统一战线工作的优良传统，为学员提供一个宽松的、心情舒畅的学习环境。一方面，提高教学管理的质量，组织开展丰富的课余生活，参观、考察，通过这些活动，消除了学员学习的紧张感；另一方面，学院从搞好校园建设入手，对整个校园进行规划和绿化。现在整个校园占地面积八十余亩，其中一半以上为绿化带，整个校园依山傍水，绿树成阴，鸟语花香，环境幽静，是读书学习的好地方。

第四，认真抓好“两堂”，促进学院工作的全面发展。

“两堂”即课堂和食堂，抓课堂就是要不断提高教学质量。学院聘请了13位省内知名的专家、学者作为兼职教授，他们在学术上有很高的造诣，对学院教学质量的提高将是一个极大的推动。在学院内部则注重充实和培养教师队伍，注意发挥他们的专业、专长，开展互教互学，教学相长，使他们的教学质量不断提高。多年来，每个班我们都有比较高质量的授课。抓食堂就要坚持“以教学为中心，为学员服务、为统一战线服务”的指导思想，为学员提供热情周到的服务，视学员为亲人、为朋友，充分发挥食堂“第二课堂”的作用，使学员对生活表示满意，视学院为母校，到学院学习有回“家”的感觉。“两堂”质量的不断提高受到了学员的称赞，由于学院注重抓“两堂”，因此，在提高教学质量、改善服务、促进改革等方面，都取得了明显的效果。

提高教学质量，狠抓行政管理，努力使社院培训更有吸引力

江苏省社会主义学院

中共中央召开的第十九次全国统战工作会议是继往开来,具有历史意义的会议。会议进一步强调了新世纪统一战线工作的重要性,制定了一系列方针政策。在培养统战代表人士方面,中央对社会主义学院赋予重要的责任,明确社会主义学院要不断提高教学、科研和管理水平,只有这样,社院对各级各类统战人士才更有吸引力,才能在社会上享有更高的声誉。近几年来,我们江苏社院在提高教学质量,加强行政管理方面做了一些探索,取得了一些经验,围绕如何使社院的培训更有吸引力方面做了一些工作。现向大家汇报如下:

一、适应形势，抓好重点人物的培训

教学培训是否有吸引力，在于培训班次是否符合统战工作的需要和形势发展的需要。近年来，我们根据统战工作的新变化，重点抓骨干队伍的培训。

首先是抓民主党派和工商联的骨干培训。随着统一战线工作不断加强和被重视，不仅统战部和各民主党派、工商联迫切需要通过培训来教育和选拔干部，各方面的代表人士也迫切需要学习统战理论和党派工作经验，以适应新担负的任务。我们近期举办的6期民主党派领导班子成员和骨干培训班，共有300多人，各方面都表现了很高的积极性。我们组织他们重点学习邓小平理论，多党合作的理论以及民主党派的优良传统。并根据需要请老

一代民主党派领导人现身说法，讲传统，谈体会，有的放矢，讲求实效，很受学员欢迎，大家深感受益匪浅，学有所获。

其次是抓市、县统战部以及有关部门统战干部的培训，尤其是区、县统战部长的培训。近几年来，各级统战部门新人多，变化快，有些人对统战工作的重要性认识比较模糊，对统一战线的历史、现状、方针政策、基本知识和工作方法缺乏系统的了解，对工作的转换不太适应，即使一些老同志，面对新形势下统战工作出现的新情况和新特点也研究不够，了解不多，视野窄，方法少。我们近几年培训的7期统战干部培训班300多人，针对上述情况，有的放矢地设置课程，突出新时期统战工作的研究和交流，大家感到有新意、有实效，虽然是务虚，但很有针对性和指导性。

三是抓宗教代表人士的培训。宗教问题党和政府非常重视，也是社会问题中的重要方面。要解决好宗教问题，很重要的是抓宗教代表人士的培训。近年来，我们连续办了9期宗教教职人员中青年骨干读书班，培训260多人，组织他们学习邓小平理论，了解国际国内形势，中国近代史和帝国主义侵华史，学习党的宗教政策和法律法规。统战部和宗教局在培训期间加强同他们的联系，了解他们的思想动态，有的放矢地做工作，并帮助他们解决实际困难。通过培训，学员提高了认识，了解了政策，也明确了自己的任务，主动配合政府加强对宗教事务的管理，自觉抵制境外敌对势力利用宗教对我国进行渗透。这类培训班一直得到有关部门的重视和好评。

二、联系实际，注重培训内容的针对性

教学培训是否有吸引力，在于教学内容是否符合学员的实际。我们社院举办的各类培训班，由于层次不同，学员素质不同，知识结构不同，企图用统一的教学内容肯定是不行的。我们着重注意培训内容的针对性。

邓小平理论是贯穿于各个班次教学内容的主线。但对每个班次的侧重点也有所不同。对民主党派骨干，党外领导干部等层次较高的班次，在理论的系统性上下功夫，就社会主义民主、政治体制改革等大家比较关心的方面进行专题研讨。面对宗教班等一些班次，着重在邓小平理论的基本观点和基本内容，进行社会主义和爱国主义的教育。

对统一战线理论和政策的教学也不搞一刀切。在学习基本理论的基础上，着重在大家关心的热点和难点问题上下功夫。民主党派骨干培训班，主要是多党合作理论，特别是结合对西方国家多党制分析和我国政治文化、政治制度的历史发展和现实条件，讲清中国共产党领导的多党合作和政治协商制度的必然性和优越性；党外领导干部培训班重点在参政议政，如何同中共干部合作共事方面；宗教团体中青年骨干培训班主要是党和政府的宗教工作的方针政策；对统战干部，则强调统一战线的理论探讨和工作研究。

各类培训班内容的针对性，还表现在各种系列知识的讲授方面。结合各类培训对象的特点，系统介绍大家关心的热点和难点问题，力图用最前沿的课题，通过深入介绍和分析，使大家拓宽思路，开阔眼界，在政治培训的同时，也得到新知识的充实，新观点的了解。这方面的内容安排得当，往往使培训班的教学内容充满生机。

三、精心组织，努力抓好各教学环节

教学培训是否有吸引力，还在于各个教学环节的精心组织和实施。我们在总结过去教学管理经验的基础上，制定了《教学组织工作细则》，使整个教学过程，从教学计划、教师上课、讨论、参观考察、检查总结到学员管理、课外活动等各个环节做到有章可循，职责明确，加强了教学的规范化管理。

首要的是抓好教学计划的制定。我们在和举办单位充分协商的基础上，初步制定教学计划，然后以书面的形式寄给参训学员，听取他们的意见和要求，使教学计划更趋合理。

第二，抓教师的选聘。在长期的教学实践中，我们确定了比较优秀的专兼职教师队伍。我们同教师保持密切的联系，向他们介绍学员的情况，给他们出题目，提要求，反馈学员的信息，使教师的讲课，不断贴近学员的实际。在教师的选聘上一丝不苟。只有教师讲课内容的高质量，才有培训的高质量。培训班的吸引力，很大程度上体现在教师的讲课中。

第三，抓教学培训的活动和过程。在整个培训过程中，除了抓住教师讲课这个核心外，我们还抓自学、讨论、课外活动、考察等各个环节。每次都注重教科书和参考书的发放，图书馆的开放，有足够的资料供大家阅读。加强讨论的组织，每次讨论都确定题目，使大家既能消化讲课内容，又能互相学习、共同提高。我们根据不同班次组织各种活动及外出考察，使学员之间加深了解和加强联谊，这是最受大家欢迎的。

第四，抓教学总结。每期培训班，我们都要求学员在学习结束时撰写学习体会，一方面互相交流；另一方面利用学院学报的阵地，把精彩的刊登出来，反映教学成果，使大家有学习成就感。另外，对一些重点班次，我们要求对培训工作填写问卷调查，对课程设置、讲教内容、教学效果以及教学管理诸环节进行评估，不断总结、提高培训质量。

四、积极探索，在教学方式和模式上创新

教学培训是否有吸引力，还在于教学培训的方式和模式上不断创新，探索适合新形势的路子。我们在教学方法上也进行了一些改革，特别是在县处级领导干部培训班进行案例教学。选择一些典型的案例，让学员扮演决策者的角色，充分利用自己所学的领导科学知识和实际工作经验，谈自己解决问题的思路和方法。学员感到这种方式新颖、灵活、实在，效果较好。我们还针对省各民主党派、工商联在宁正、副主委，秘书长平时工作繁忙，难以脱产学习的情况，举办不定期的专题研讨班，在确定全年教学计划的基础上，每月确定时间送课上门，大家深感这种灵活的教学方法既节省了时间，不耽误工作，又学到了知识，提高了自己的领导水平。

五、积极努力，力争基本建设上新台阶

教学培训是否有吸引力，还在于社院硬件设施的完善。随着市场经济的发展和人民生活水平的提高，我们的培训设施也不能满足于原有的简陋的条件，学员也需要较高标准的服务。我们在省委，省政府和省委统战部的关心支持下，早在 90 年代初建成了具有中央空调的教学楼和学员宿舍楼。去年，我们又投资 200 多万元对内部设施进行改造。装修了学员餐厅、锅炉房和厨房，进行了煤改气的改造，部分学员宿舍也进行了整修。院内环境也彻底改造，改造后的校园和院外优美的环境逐步协调，体现社院崭新的面貌。今年，我院又投资 1000 多万元，临街修建 5600 平方米的图书馆综合楼，预计到今年 10 月底竣工。

整个工程完成后，社院的基建全部完成，功能齐全，设施完好，环境优美，有2万多平方米建筑的社院将以新的面貌在新世纪统一战线培训中发挥重要的作用。

六、深化改革，在加强管理上下功夫

教学培训是否具有吸引力，还在于能否加强行政后勤管理，在提高服务质量上下功夫。由于原来“大锅饭”思想的影响，和“命令式”的管理模式，在行政后勤工作方面弊端丛生，矛盾时现，既不能提高质量，提供有效的服务，也在经济上浪费较大，不能积极地创收。我们根据改革的精神，在行政后勤管理上摸索适合江苏社院的管理模式。我们成立了院服务中心，把食堂、住宿以及设备动力管理工作，划归服务中心。学院对服务中心实行经济管理的办法，制定实施细则，确定他们的职责权利，在经济和人事方面给他们一定的自主权，院对他们制定考核指标，规范他们在经济和服务质量方面的具体要求。在服务中心主任的人选上，采取院内干部职工竞聘的办法，经过民意测验和考核，确定合适的人选。通过服务中心的改革，服务质量和经济效益有了良好的开端，对学员的后勤服务工作有了明显的改善，学员比较满意。

要把社院建成对民主党派、无党派人士有吸引力的联合党校，是一项系统工程，必须在教学班次、教学质量、教学管理、教学设施，以及服务质量等方面发挥综合的优势，而且以改革的精神，根据形势发展的需要不断改进完善。我们江苏社院在这方面做了些工作，但离中央的要求，离统战工作实际的需要还有很大的距离。我们将虚心学习兄弟社院的经验，不断进取，锐意创新，把社院的各项工作提高到一个新的水平。

以“三个代表”思想为指导，努力提高社院教学培训工作水平

湖南省社会主义学院

江泽民同志“三个代表”的重要思想，是我们做好一切工作的总纲。社会主义学院如何按照“三个代表”的要求，培养造就适应党的统战事业发展需要的高素质的党外领导干部和统战干部队伍，努力提高教学培训质量和科研工作水平，使之成为统战系统“两支队伍”的培训基地和统一战线理论和政策的研究基地，我们有下面一些做法和体会。

一、把学习“三个代表”思想与学习马列主义、毛泽东思想邓小平理论结合起来，坚持方向，突出特色，在端正社会主义学院办学指导思想上下功夫

把江总书记提出的“三个代表”的重要思想作为我们社院工作21世纪指导方针，首要的问题是要明确社会主义学院的办学方向，这就是必须坚持四项基本原则，坚持社会主义方向，坚持政治培训为主的原则，这是由社会主义学院的性质和党中央赋予社会主义学院的根本任务所决定的，也是“三个代表”思想在社院工作的具体落实。回顾我院自1988年复办以来所走过的历程，我们一直坚持把端正指导思想摆在首位。并在培训统一战线两支队伍中取得了可喜的成果。特别是在坚持一个中心（以教学科研为中心），建设

好两支队伍（教师队伍和管理队伍），搞好三个服务（为统战工作服务，为教学科研服务，为学员服务），努力向有特色、正规化迈进方面取得了可喜的进展。自1994年以来我院共举办各类读书班、研讨班、培训班、进修班121期，培训学员6878人。教学课程、专题由原来的44个增加到66个。从总的形势看，数量确实是上去了。但面对新的形势和任务的要求，如何提高培训质量，仍然是摆在我们面前不容忽视的问题。

为了适应新形势的需要，我们在认真学习“三个代表”重要思想的基础上，按照中共中央关于加强党校工作的精神，借鉴党校教改的有益经验，在社院教学改革中着眼于提高学员的政治理论素质，着力于夯实坚持中国共产党领导的多党合作、共同建设有中国特色社会主义的思想基础。在教学内容上，紧紧围绕学习邓小平理论这个中心，既坚持马克思主义又充分适应世界大趋势和中国新发展的要求，开设包括“理论武装”、“世界眼光”、“战略思维”和“素质修养”几方面内容的教育课程，使之达到既坚持马克思主义的基本理论又适应新形势发展的要求，全面提高理论素质、思想水平、政治觉悟和知识能力的目的。在具体做法上，我们坚持“一个为主”，把握“三个重点”，在“五个着眼点”上下功夫。“一个为主”，就是以邓小平理论为主课。把握三个重点：一是把握好以毛泽东同志为核心的第一代中央领导集体，在探索中国革命特色和规律的过程中，不断总结我国统一战线的经验和教训，所形成的毛泽东统一战线理论；二是把握好十一届三中全会以后，以邓小平为核心的第二代领导集体，如何根据国际国内形势的变化和党的工作重点的战略转移，总结新中国成立以来正反两方面经验，系统地回答和解决了新时期统一战线的一系列根本问题，在丰富和发展毛泽东统一战线理论的基础上，所形成的邓小平新时期统一战线理论；三是把握好以江泽民同志为核心的第三代中央领导集体，高举邓小平理论伟大旗帜，在学习、运用邓小平理论包括邓小平新时期统一战线理论的过程中，继续丰富和发展了党的统一战线理论，全面推进了新时期爱国统一战线的发展所形成的新观点、新体系。在“五个着眼点”上下功夫：一是在教学内容和课程设置上突出一个“精”字，做到“精选、精读、精教、精通”。根据各种不同类型班的特点，精选马、列、毛和邓小平理论以及江泽民同志的有关论述，进行精读、精讲，务必弄通，把学习邓小平理论与学习十五大精神同“三个代表”思想结合起来，使之上升到新境界、新水平。二是在思想观念的阐述上强调一个“准”字，就是要完整准确地理解和掌握邓小平理论的精神实质和科学体系，深刻认识和理解邓小平理论与马列主义毛泽东思想是一脉相承的科学体系，把学习邓小平理论和学习马列主义毛泽东思想与党中央的路线、方针、政策有机结合起来。三是在观点与论证上讲求一个“新”字，就是要注重在学习和研究中共三代领导集体对马列主义的新贡献、新发展上下功夫，从而把学习邓小平理论与学习“三个代表”重要思想有机地贯穿起来。四是在分析问题和解决问题上力求一个“深”字，就是要紧密结合当前社会上的热点、难点、疑点、焦点问题把学习邓小平理论与发展新世纪统一战线、提高参政议政水平等结合起来。五是在组织教学上强调一个“严”字，就是要严格要求，规范管理，把学习理论与联系思想工作实际、全面提高素质结合起来。通过学习，做到思想认识上有高度，理解把握精神上有深度，视野上有广度，分析问题和解决问题上有力度，从而使邓小平理论的学习上升到新的境界、新的水平。

二、把学习“三个代表”思想与深化教学改革结合起来，发挥优势，把握重点，在完善教学体系和提高教学质量上下功夫

“三个代表”思想是一个完整的科学体系，深刻领会它的科学内涵和内在体系，对指导社院的教学培训和学科建设具有十分重要的意义。社会主义学院作为中国共产党领导的具有统一战线性质的高等政治学院，各民主党派、无党派人士的联合党校，要发挥自身的优势，提高培训质量，首要的问题是必须以学科建设为龙头，建立和完善以邓小平理论为中心的教学体系。

近一年多来，我们以“三个代表”思想为指导，在原有的“四大块”即基础理论、统战理论、应用知识和社会实践教学模式的基础上，形成了以邓小平理论为主干的“五大块”教学模式，即第一部分：以“五个当代”为中心内容的时事政策。“五个当代”即当代世界政治、当代世界经济、当代世界科技、当代世界军事，当代世界思潮，包括国际国内形势，党的路线方针政策，“三讲”教育和思想政治工作，以及当前的一系列热点、难点、焦点问题等。第二部分：马克思主义基础理论，包括“三个基本”，即马克思列宁主义基本问题，毛泽东思想基本问题，邓小平理论基本问题以及以江泽民为核心的中共第三代领导集体对马列主义的新发展。使学员把握坚定正确的政治方向，掌握马克思主义的立场、观点和方法，提高思想政治水平。第三部分：统一战线理论与政策。包括统战理论、方针、政策，中共统战史、中国政党史，多党合作理论，人民政协工作，宗教理论与政策、民族理论与政策、非公有制经济理论与统一战线的基本理论和方针政策，着力提高学员业务能力和水平。第四部分：综合应用知识。包括科技知识、法律知识、管理学、决策学、公共关系学、电脑操作等，着力帮助学员扩大知识面，提高实际工作能力。第五部分：社会实践课。包括参观考察、调查研究、工作交流等，使学员增长知识、学习经验，提高发现问题、分析问题、解决问题的能力。这样就丰富了原有的教学模式和内容，拓宽了新的教学和研究领域，在实践中逐步健全和完善以邓小平理论为主课的有社会主义学院特色的教学体系；使社会主义学院成为统战系统的更富特色的高等政治学院、更具凝聚力的党外人士的联合党校、更高水平的统战干部学院和更有影响的统战学术研究中心。

同时，我们按照全面提高各级各类干部政治素质、业务素质、思想道德修养和工作能力的总体目标，针对不同层次、不同类型的培训班、研讨班、读书班，增添了不同的教学专题。首先，我们把“五大块”模式与按专题组织研究有机结合起来，如在学习马列主义、毛泽东思想、邓小平理论这个专题时，我们结合学习“三个代表”的重要思想，及时设计安排了如下教学专题：“马克思主义在中国发展的新阶段”、“邓小平理论与21世纪社会主义的发展”、“以江泽民同志为核心的中共第三代领导集体对邓小平理论的新发展”、“‘三个代表’是马克思主义建党理论的新发展”、“正确把握‘三个代表’思想的精神实质和科学内涵”、“学习‘三个代表’思想，实践‘三个代表’要求”、“‘三个代表’思想与新世纪统一战线的发展”、“以江泽民‘七一’讲话为指南，自觉加强民主党派自身建设”等，丰富了原有教学模式的内容。其次，我们根据“精炼、管用、实效”的原则，不断拓宽新的研究领域。如结合多党合作理论，组织学习党同党外人士合作共事政策，把研讨合作共事作为必修课，纳入党派干部班教学计划，结合学习江泽民同志“建设高素质干部队伍”、“领导干部一定要讲政治”等重要讲话，联系工作实际，设计“中国特色社会主义政党制度与参政党建设”、“做高素质的党外干部”等课题；结合学习贯彻党的十五大精神，我们设计了“十五大精神与统一战线”、“第三代党中央领导集体对统一战线理论的丰富和发展”、“所有制结构的调整与统一战线”、“知识经济与科教兴国战略”等课题。再次，我们还根据当前社会上存在的热点、难点问题，开设了“社会主义建设的基本原理与中国特色社会主义的主要特点”、“关于所有制实现形式的创新”、“政治体制改革与建设社会主义民主”、“中国社会主义发展的总趋势和前景”、“正确认识社会主义和资本主义发展历史进程”、“全国统战工作会议精神学习辅导”、“高度重视新世纪初统战工作”、“论党外干部的形象塑造”等专题，在实践中逐步健全和完善以邓小平理论为主课的有社会主义学院特色的教学体系。

三、把学习“三个代表”思想与新时期统一战线的理论与实践结合起来，全面规划，集体攻关，在提高科研水平上下功夫

学习“三个代表”重要思想，要在真正弄懂弄通什么是“先进生产力”，什么是“先进文化”，什么是“根本利益”上下功夫。社院的科研工作要上台阶，必须按“三个代表”中提出的“先进性”的要求，加强科研工作，特别是统战理论政策的研究。社院是学习、研究、宣传马列主义、毛泽东思想和邓小平理论特别是邓小平统战理论政策的重要阵地，其统战理论政策的研究不应停留在对政策的简单理解水平上，而“应达到更高的水平和应有的权威性”，使之成为在社会上享有知名度和具有权威性的统战理论研究基地，从而加强培训的针对性和有效性，切实提高教学的科研含金量。为此，我们从21世纪统战工作的全局出发，从六个方面规划了统一战线的研究课题：①深入研究有中国特色的政党理论和新一代党外代表人物队伍建设问题，推进中国共产党领导的多党合作事业；②深入研究社会主义市场经济条件下统一战线所面临的新情况、新问题，积极探索新的工作思路和对策；③深入研究当今世界的民族、宗教问题，探索我国民族、宗教工作的基本规律；④深入研究非公有制经济的状况、特点及其发展趋势，致力探索做好非公有制经济代表人士思想政治工作的有效途径和方法；⑤深入研究知识经济条件下的党外知识分子工作，发挥知识分子在科教兴国战略中的作用；⑥深入研究“和平统一、一国两制”问题，推动港澳统战工作的开展，促进祖国的完全统一。

在具体做法上，我们坚持把教学与科研结合起来，形成教学、科研相互促进的良性循环。首先，重视调查研究。做到授课前进行调查研究，确定专题。每个授课的专题，也就是科研的题目。其次，指导学员写论文。要求一个月以上的培训班，教师要指导学员以论文形式完成一篇学习总结。第三，教学、科研密切结合，相互促进。几年来我们坚持以邓小平关于新时期统战理论为指导，围绕经济建设这个中心不断涌现出来的新问题，在制订教学计划的同时，紧密结合教学实践拟定科研长远课题，集中人力财力攻关，力求拿出成果，对教学工作有一定的促进和指导作用。近几年来，我们先后组织教学科研人员参加了邓小平统战理论研讨会、非公有制经济研讨会、企业统战工作研讨会、社会主义精神文明建设研讨会、“一国两制”与祖国统一理论研讨会等各种学术会议十余次。在教学科研中取得了一系列突破性成果：教师围绕统战理论研究申报省级及其以上社会科学研究重点课题和规划课题8项，批准立项5个，完成3项；主编、合编、参编专著、编著、教材20余种，省级以上刊物公开发表论文100多篇，参加各级学术会议交流论文80多篇，50多篇在各种学术研讨会上获奖。教师的严谨学风和良好的钻研精神影响和鼓励着来社院参加培训的学员，他们在我院学习期间和回单位工作后认真开展调查研究，积极参加社会实践，写出了有质量的统战理论文章1200多篇，其中在各级刊物发表400余篇，获奖的120多篇。

四、把学习“三个代表”思想与加强社院干部教师队伍建设结合起来，优化结构，重点培养，在建立高素质的干部教师队伍上下功夫

办好社会主义学院，关键在于有一支高素质的干部教师和管理人员队伍。如何按照“三个代表”的要求，加强社院教师队伍建设，培养一支高素质的教师队伍，是提高社院教学培训和科研工作水平的关键。

为了培养一支高素质的教师队伍，我们根据王兆国同志提出的“社院要有一定数量的高水平的固定的师资、科研队伍”的要求，按照“以专为主，专兼结合”的原则，合理组织调配教学力量，按每个教师的特长和爱好，扬长避短，定岗定位，并采取切实有力的措施，加快我院高素质教师队伍的成长：一是为专职教师确定教学专题。根据不同类型培训班的教学内容需求和特点，全院分成马列基础理论、统战理论、市场经济理论、法学、管理学、民族宗教、党派史、港澳台研究、计算机应用等教研组，列出66个教学专题，按每个教师所学专业、特长和爱好，为其确定教学专题，为每位教师确定教学科研发展的方向。二是加强对师资队伍的培训。这个培训包括理论培训和实践培训两个方面：从理论培训来说，主要是根据专题教师确定的教学专题及掌握专业知识的程度，坚持有计划、有制度、有重点和多层次、多形式的原则，采取送出去，请进来，按专题集中时间办学习班，集中听辅导课，跟班听课等措施进行系统理论知识的培训。从实践培训来说，主要是为了弥补社院教师在统战实践经验方面的不足，有必要加强师资队伍的实践经验培训，采取下基层统战部门去锻炼一段时间、参加省委统战部相关处室工作、深入基层进行调查研究等措施进行培训，以加强教学的针对性；采取在教师队伍中开展“怎样上好一堂课”的讨论、试教评教等措施，来提高教师的教学水平。三是建立了“一委一所四教研组”为框架的教学和学术研究机构。“一委”就是成立院学术委员会，由院领导和学科带头人组成指导全院业务的学术机构；“一所”就是成立统战理论研究所，建立一支阵营整齐，老中青相结合的统战理论研究队伍。“四教研组”就是按照“三专”，即岗位专门化、教学科研专职化、业务水平专家化的目标要求，把全院教师按“政治”、“统战”、“经济科技”、“综合”四大门类组织起来，定期开展教学研究活动。

现在，全院教职员工46人，专职教师20人，高于普通高校所占比例；专职教师20人中，教授3名，副教授3名，讲师16名，高级职称所占比例将近50%，也高于普通高校。20名专职教师中，青年教师12人，所占比例达到60%，青年教师中研究生4人，占青年教师比例为30%。这支队伍不但数量适当、结构合理，而且个个爱岗敬业，忠于职守。同时，为了多方面加强学员与社会联系，扩展学员知识面，强化学员对实际工作经验的总结和应用，我们还在省委、省政府领导和著名专家教授中聘请了16名兼职教授，他们乐于奉献，甘做人梯，为我院统战干部培训做出了贡献。根据学院培训工作的目标、性质和特点，我们制订了66个课题的教学计划，并将这66个课题落实到每个教师岗位，做到定人、定位、定责，既明确分工，又互相协作，集体研讨，共同提高。为了提高青年教师的教学科研能力，学院采取送出去深造，攻读在职研究生，参加各种学术会议和经验交流，以及“老带新”、“压担子，逼着上”，精神鼓励和物质鼓励相结合等措施，调动他们的积极性，目前，一批年轻教师正在茁壮成长。教务处、科研处12名青年教师全部走上讲台，最多的每年讲课130多个课时，最少的也有20个课时。大多数青年教师已成为学院教学骨干，教学效果良好，受到培训学员普遍欢迎。

五、把学习“三个代表”思想与学员的思想学习工作的实际问题结合起来，在培养和激化学员学习的主动性、积极性、创造性，全面提高学员素质上下功夫

学习“三个代表”思想关键在于落实“三个代表”要求。“三个代表”是执政党的立党之本、执政之基和力量之源，也是坚持和完善中国共产党领导的多党合作制度之本、之基、之源。这对于与中国共产党“长期共存，互相监督”共同致力于社会主义现代化伟大事业的各参政党，尤其是对各参政党的政党建设，有着不可或缺的指导意义。基于这种指导思想，在推进社会主义学院的教学改革中，我们坚持把学习“三个代表”思想与解决学员思想、学习、工作、生活中的实际问题结合起来，从“三个需要”的高度提高对“三个代表”的认识：一是深刻认识以“三个代表”为指导，是多党合作制度发展的需要，从而明确“三个代表”思想从根本上回答了执政党的先进性与如何建设一个先进的党的问题，各民主党派只有遵循“三个代表”的思想，才有可能保持和发展参政党进步性与广泛性相结合的特征，在多党合作中发挥更大的作用。二是深刻认识以“三个代表”思想为指导，是民族复兴与社会发展的需要，从而明确以“三个代表”思想为指针，是民主党派所处的历史地位，在社会主义事业中所应肩负的历史使命决定的。三是深刻认识以“三个代表”思想为指针，是参政党自身建设的需要，从而明确各民主党派只有认真学习领会“三个代表”思想，才能跟上时代前进的步伐，适应历史发展的要求，在与执政党长期合作的新的历史进程中真正发挥参政党的作用。

通过“三个代表”思想的学习，进一步激发了学员学习的积极性、主动性和自觉性。在这个基础上，我们认真改进了教学方法，注意在五个方面狠下工夫。一是开展启发式教学，教师要精讲，在讲授、辅导中注意启发、诱导，提出问题让学员思考，共同研讨。二是发扬自我教育的优良传统，坚持“三自”（自己提出问题，自己分析问题，自己解决问题）方针，以自学为主，研讨为主，教师对讲授的内容要指定学习材料，提出思考题目，学员要认真攻读原著，在读书、思考、研讨、交流上下功夫，提高学员的分析能力和鉴别能力。三是举行必要的答疑，必要时也可组织有关领导、专家、学者集体答疑。四是组织好生动活泼的小组讨论会，教师与学员一道共同从理论和实践的结合上寻求正确的答案。五是实行开放式教学，让学员走出去，深入社会、深入基层、深入实践，去实地考察、访问，以开阔视野，提高认识，更新观念，增强教学效果。

在具体操作上，我们坚持抓好五个环节—自学、辅导、研讨、考察和总结交流，实现“六个结合”即：个人自学、集中讨论与专题辅导相结合；系统讲课与专题辅导相结合；

学习与工作经验、心得体会交流相结合；课堂教学与参观访问、实地考察相结合；脱产培训与以会代训相结合；讲课与调查研究、谈心交友相结合。与此同时，我们还认真组织必要的文化娱乐活动，创造一个和谐、轻松、愉快的气氛，以进一步形成“爱国、团结、民主、求实”的良好校风。由于我们自觉坚持以“三个代表”思想为指导，在培训“两支队伍”和搞好“两个基地建设”中狠下功夫，学员素质和培训质量得到了明显提高。根据我们对“九五”期间参加学习培训的学员的跟踪调查，来我院研讨和学习、培训的有地州市领导和县区市领导干部共708多人，其他学员4432余人，通过来我院研讨、学习和培训，马克思主义理论水平、统战理论修养和政策水平大大提高，参政议政能力和实际工作能力普遍增强，逐步成为各个部门各个单位统战工作的骨干力量，学员中得到提拔和调到更重要岗位担任更重要职务的有近2000人。其中担任省政协常委、省人大常委及民主党派主委、副主委的有47人，担任州市实职副市（州）长有近10人，地州市人大代表、政协委员、常委及民主党派主委、副主委的有400多人，担任县区市实职副县（区市）长的有近100人。学员们普遍反映，社院有六个好的环境：一是有一个气氛浓厚的政治环境；二是有一个活泼融洽的思想环境；三是有一个互帮互学、教学相长的学习环境；四是有一个管理透明的民主环境；五是有一个优美健康的文化环境；六是有一个舒适整洁的娱乐休息环境。不少学员深有感触地说：“在社院学习一次，受益一辈子。”

努力贯彻全国统战工作会议精神，积极探索陕西社院教学规律

陕西社会主义学院

江泽民总书记在全国统战工作会议上的讲话，是面向新世纪巩固和发展爱国统一战线的纲领性文件，对于指导社会主义学院的发展具有重要意义。加强社会主义学院的建设，探索教学规律必须把学习和贯彻全国统战工作会议精神同江泽民同志关于对社院工作的指示精神结合起来。

陕西社会主义学院从1984年复办以来，坚持社会主义办学方向，结合陕西实际，紧紧围绕培训对象的特点，研究、总结符合社会主义学院教学规律的培训方式和教学内容，迄今共举办各种类型的班次110多期，培训党外干部和统战干部4000多人次，逐步形成一套具有我院特色的教学模式。受到有关部门和各民主党派、无党派人士的好评。

一、适应形势要求，针对培训实际情况，合理选择培训形式，确保良好的培训效果

社会主义学院的恢复和发展时期，正处在我国社会经济政治大变革的时代，这对社院既是机遇又是挑战。只有把握时代的脉搏，跟上形势的发展，才能有所作为，有所成就，也才能在干部教育园地占有一席之地。

社会节奏日益加快，对干部教育提出新要求，如果培训安排不科学或不合理，会直接影响学员的积极性。所以，培训形式的选择，是社院办学中需要解决的一个重要问题。在

办班实践中，我们主要抓了办班类型和教学方法这两个环节。

在办班类型方面，我们认为，社会主义学院的办学宗旨和培训对象的特点，决定了其办班类型不能单一化。为此，我们在选择培训方式时，采用“规范与变通相统一”的原则，大胆突破传统的办班类型，在坚持院内办班为主的前提下，根据培训实际情况，辅之以其他的方式，扩展了培训范围，逐步形成了“一主四辅”的班次类型。“一主”，即是指计划内的主体班次。这种班次一般在每年年终由教务处走访有关联办单位进行调查摸底，弄清各联办单位办学需求，然后制定出一年的培训规划，报经省委统战部批准后实施。这种班是我们培训工作的重点和主要方面。“四辅”是指不在我们的年度培训规划之中，联办单位临时提出办学要求的一些班次。这样的班，我们根据实际情况，采取灵活多样的形式。归纳起来，大体有：一是院内走读班。如西安市九三学社想办一期骨干培训班，学员在本市不需住校，这个培训班未列入计划，我们把它安排在两期培训班的空隙间，并办成了走读形式。学习结束后，市九三学社的同志反映很好，认为这样做，既达到了预期的学习目的，又方便了他们的成员，还节约了开支。二是省内纵向联办。我们派出教研室的部分教师与我省汉中地区社会主义学校联合办班，这种纵向联合办学，使两校优势互补，扩展了培训范围，得到全体学员的肯定。三是院外辅导班。学习党的有关重要会议精神，通过放录音、录像，请有关专家、教授讲授形式，在党派机关举办学习党的重要会议精神辅导班。这种送学上门的形式，受到省、市民主党派、工商联的一致好评。四是省际横向联办班。我们与辽宁省抚顺市、江西等兄弟院校联合办班，通过学习、座谈等形式，进行交往交流，增进了相互之间的了解，互相学习和交流了许多经验。实践证明，我们实施“规范与变通相统一”的原则是可行的。“一主”使我们不断地摸索、总结出一些长远的、系统的、规范化办学的经验，促进了社会主义学院培训的正规化进程。“四辅”则使我们的培训更为灵活，满足了一些联办单位特殊需求，方便了联办单位和学员，扩大了培训范围。同时，亦使我们的教职人员增加了教学工作量，锻炼了队伍。

在教学方法方面。我们的培训对象绝大多数是中高级知识分子和地县级领导干部，教学方法必须有别于普通高校和党干校。我们在坚持“三自”即自己提出问题、自己分析问题、自己解决问题和“四不”即不抓辫子、不扣帽子、不打棍子、不装袋子的方针的基础上，竭力为学员创造一个宽松、和谐的学习环境，充分发挥学员学习的主动性，使学员敢于暴露自己的真实思想，善于思索一些问题，弄清一些问题。具体讲有三条：第一，坚持自学、讲课、讨论三个环节有机结合。在安排教学计划时，合理分配自学、讲课、讨论所占的学时。为了使学员自学能“有的放矢”，教研室每期都根据教学计划的总体要求，拟定出教学计划的具体实施安排，为学员自学提出参考书目和思考题，让学员在学习每个专题前对其有个初步的了解，然后由教师进行专题辅导，最后进行讨论，加深理解。第二，坚持理论联系实际的学风，注重把理论学习与改革开放的实践结合起来。每期培训班我们都组织学员参观、考察活生生的经济建设主战场，使学员亲自体验改革开放气息，更好地理解课堂上所学的理论。第三，坚持理论学习为经济建设中心服务的思想，使社院的课堂成为科学技术与地县结合的纽带。在地县政协主席研讨班上，考虑到我省许多县需要科技扶贫，我们与西安发明家适用技术研究所联系，请他们的一批专家、教授为学员讲授“适用技术”。许多专家教授带着他们的科研成果向学员作介绍。同时，他们就如何引进技术、资金，如何掌握经济信息，进行技术合作等，给学员作了介绍，深受学员们的欢迎。

二、根据培训对象的特点，科学确定教学内容，合理设置课程

社会主义学院的培训对象，有着不同一般党校和一般干部学校的特点，即学员的差异性很大。其中，既有汉族的，也有其他少数民族的；既有学有专长的专家、学者、教授，也有工作在经济领域的企业家和管理人员；既有共产党员，也有各民主党派成员和无党派代表人士；既有信仰马克思主义的，还有信仰宗教的。这种差异性给社院的教学带来了难度，从而在教学内容选择上往往会遇到这样一个矛盾，即社院作为一种特殊的培训学校，其培训对象的特殊性和多样性要求教学内容必须深刻而又灵活。而作为一个教学单位，却要求有相对稳定的教学内容，太灵活往往会没有特点。因此，在确定教学内容时，必须把握好“灵活与稳定”的关系。结合我院实际，我们在解决这一矛盾时采取了这样的方法：把教学内容划分为三个层次。第一是进行思想教育，为旨在帮助学员转变观念的教学内容。如马克思主义基本理论、毛泽东思想概念、邓小平理论，社会主义市场经济理论，形势教育、现代科技、爱国主义教育等。第二是属于统战基础知识、基本理论和政策的专业基础理论课。如统一战线的基本理论与政策、民族与宗教的理论和政策、党派史、统战史、多党合作的政府与实践，党派自身建设，台港澳和海外统战工作及祖国统一问题等。第三是根据各班次的情况，从学员实际工作出发，选择实用性、操作性强的“实务课”。这三个层次的教学内容我们采取第一、二层次的教学内容相对稳定，每个班都根据办班的实际适当选择。第三个层次的教学内容选择比较灵活，不同类型的班次，根据他们的工作情况进行选择。培训对象不同，内容也不相同。

对培训对象进行分类，总结共性，发现个性，合理调协课程。在新形势下，社会主义学院的培训对象发生了很大的变化，范围更加广泛。根据我院培训过的班次，我们把培训班大体分为三类：一是领导干部研讨班，包括地县政协主席班、地县统战部长班，党外领导干部班等。二是民主党派、工商联领导骨干培训班。三是其他培训班，如黄埔同学会、宗教界人士，民族干部、统战干部培训班等。

这三类班次各有特点。参加领导干部研讨班的学员，多数人从事领导工作多年，实践经验丰富，理论水平、政策水平也比较高。但是，他们中的许多人，则从别的岗位调入统战系统，是统战新兵。于是，在课程设置上，我们侧重于统战理论和统战政策，尽量开设与工作有关的课程，并注重加强教学内容的可操作性，使他们在认识统战、执行统战政策、掌握统战工作方法等方面有所收获。

参加民主党派、工商联骨干部训班的学员，大多数是大专院校、科研院所的高级知识分子，他们学历高，大都是业务骨干，年纪轻、思想活跃，敢想、敢说。但是，他们中的许多人是民主党派的新成员，对本党的历史、现状以及民主党派的地位和作用了解不多，对建设有中国特色社会主义理论与社会主义市场经济理论等认识不深，由于这些学员大都不是从事统战工作的专职人员，我们在教学目标上侧重于思想教育，即帮助学员澄清一些模糊认识，注重帮助学员树立科学的、辩证的观念；使他们对党的统战理论政策有正确的认识，并对民主党派的历史地位和作用及如何做一名合格的民主党派成员有正确的认识。

所以，我们在课程设置上加大了学习邓小平理论、国际国内形势与省情等内容，还开设了统一战线的基本理论与政策、党派史、统战史、本党（会）史、民主党派自身建设、参政议政的原则与方法等。

其他培训班的学员范围比较广，共同点是专职人员，因此，课程的专业性较强，但各班次之间的差别很大，除了一些公共课程如邓小平理论、社会主义市场经济政府、形势报告等外，只能根据具体的班次设置课程。如在宗教界人士培训班上，开设了专业性较强的课。如贯彻宗教信仰自由政策，引导宗教与社会主义相适应；依法加强对宗教事务的管理等课程。

三、加强科研活动，重视调查研究，促进教学更上新台阶

为了贯彻落实江总书记贺信精神，达到"四更"的奋斗目标，我们认为，社会主义学院的科研水平必须上一个新的台阶。只有搞出一批有水平、有质量的科研成果，为"两支干部队伍"学习统战理论和政策提供有益的帮助，才能有"权威性"，有"吸引力"；只有搞出有实际价值的调查研究成果，为党委统战部门制定政策提供参考，才会有良好的声誉。此外，科研是教学的基础，科研搞好了，教学质量才能提高。只有高水平的教学，才无愧于"两支干部队伍的培训基地"。

近年来，我们以总书记的要求为目标，结合教学和统战工作实际，大力开展基础理论和统战理论研究及统战实际工作的调查，积极编写具有社院特色，适合"两支干部队伍"系统学习的教材，出了一批成果，促进了教学水平的提高。

1. 加强建设有中国特色社会主义理论和统战基础理论研究，为其繁荣发展添砖加瓦。我们做了两个方面的工作：首先，编写了一些统战教材。我们采取自己编写，与兄弟院校、兄弟单位联合编写，出版发行了10本教材，主要有《统一战线简明教程》、《中国共产党统一战线简史》、《中国共产党统一战线概论》、《中国政党制度概论》、《经济领域统战工作与政策》、《邓小平建设有中国特色社会主义理论教程》、《国共关系研究》、《知识分子问题新探索》、《邓小平理论与统一战线》、《人民政协与中国特色的社会主义》等。其中4本教材获得陕西省社会科学优秀成果奖。此外，我们还自编了7本教材供内部使用。这些教材，为我省统一战线"两支干部队伍"系统学习统战理论政策提供了方便。其次，为省内、全国社院系统的有关理论研讨会以及有关刊物撰写了一批论文。这些年，我们参加了全国社院系统召开的各种理论研讨会，每次都提交质量较好的论文。参加了我省统战理论学会、省委统战部和我院共同组织的纪念毛泽东诞辰100周年召开的"毛泽东与统一战线研讨会"，提交论文5篇全部入选论文集。自我院院刊创办以来，教员的撰稿占刊登稿件的近1/4，还有部分教师的论文在其他刊物上发表。这些科研成果有深度，有新意，得到了专家的好评。这些作者又都是教学的主力，其研究成果直接转化到教学实际中，从而推动和促进提高了教学质量。

2. 深入统战工作实际，注重搞调查研究。1992年，我们利用到汉中地区社校联合办学的机会，边讲课、边调查，写出了《汉中地区宗教问题及其对策》和《基层贯彻中央15号文件精神情况》两个调查报告。在调查报告的基础上，两名教师分别备出了宗教问题和经济领域统一战线的课程。我们还组织教师以大专院校非党知识分子思想状况和我省合资企业情况进行了调查，写出了两篇调查报告。我们利用办工商联班的机会，在学员中进行调查，写出了《陕西个体私营经济发展的调查》。这些调查，以其丰富翔实的第一手资料和有说服力的分析论证，为党委统战部门和地方政府提供了有价值的决策依据。

四、加强教师队伍自身建设，多渠道培养专职教师，促进教学水平的提高

教师是学院教学与科研的骨干力量，教师水平的高低是学院教学水平、科研能力的关键。社会主义学院要办出特色、办出水平，必须要有一支政治素质好、业务水平高的专职教师队伍。我院受客观条件的限制，教师力量比较薄弱。为此，我们立足现实，不等不靠，重视现有教师的培养和锻炼。我们主要从四个方面抓了教师队伍的培训工作。

1. 更新观念，多渠道培养建立自己的师资队伍。我们狠抓了教师队伍的政治学习与业务学习，如组织大家学习，讨论、观看一些著名学者的录音、录像报告；派出老师参加与教学有关的研讨会；输送部分教师进入中央社会主义学院进修；鼓励和支持教师外出讲课。近几年，先后有几批教师为省、地政协，统战部门及大专院校等有关单位、学校讲课，受到了较大锻炼。通过灵活多样的培训方式，帮助教师转变观念，更新知识，提高其业务能力和教学水平，锻炼教师队伍。

2. 明确课程分工，增加新的内容，加重老师担子。我院现有专职教师5人，对于他们所授的课程进行了具体分工，除了明确传统课目外，还要求每个教员开设1—2门新课，视其个人的特长加重担子。同时，对于新开设的课程，提出了要符合社会主义学院办学时间短的特点，注意把这些学科的基本原理与统战工作实际结合起来，从而拓宽教师知识面和专业领域。

3. 发挥老师的整体力量，采取集体备课，搞教学观摩。教师在备新课时，做到集体备课，层层把关，紧扣每一个环节。教员在试讲前，要通报这一课所讲内容，包括要讲哪些理论、表述的观点，如何突出重点、难点、疑点问题，联系什么样的现实问题，所要达到的目的。然后，由其他老师进行集体讨论，采纳各方面的意见，形成一个基本框架，再由个人备课。在正式上讲台前，教师一律要写出教学提纲，由教研室审查后，再发给学员，以便帮助学员更好地理解所学内容。同时，我们亦组织教务处、教研室的同志进行教学观摩，综合评教，找出老师讲课中存在的问题，及时反馈本人，大大提高了教学质量。

突出新疆特色，围绕稳定发展，
大力加强统战培训工作

新疆社会主义学院

新疆是我们伟大祖国的西北边陲，战略地位十分重要。西方敌对势力对我国实施“西化”、“分化”战略中，往往把新疆作为突破口，利用民族、宗教、人权等问题，加紧分裂破坏活动。党中央历来都十分重视新疆问题，先后发文件、作指示，加强新疆工作。江泽民总书记于1990年、1998年两次考察新疆工作，对加快新疆经济发展、维护新疆社会稳

定做出了一系列指示。特别是在党的十五届五中全会闭幕后，江泽民总书记就维护新疆稳定、加强反分裂斗争问题向全党作了重要讲话，这为我们做好新疆的各项工作指明了方向。加强新疆统战教育培训工作，不仅关系到新疆的稳定与发展和西部大开发战略的实施，而且影响全国的稳定和发展。多年来，新疆社院在自治区党委和统战部的领导下，突出新疆特色，紧紧围绕稳定和发展这个主题，坚持马列主义、毛泽东思想和邓小平理论为指导，以统一战线理论政策为主要内容，以培训高素质的统一战线两支队伍为目标，发扬艰苦创业精神，克服办学条件差、经费紧张等困难，采取租房办班、联合办班的方式，自1996年以来，举办各类培训班79期，培训各类学员2451人。近三年来，在省部级以上刊物发表文章120多篇。为巩固和扩大爱国统一战线，维护祖国统一，维护民族团结，维护社会稳定，促进新疆经济发展做出了积极贡献。

一、突出特色，坚持社会主义办学方向

新疆统战教育培训工作既有与兄弟省区一致的共性特征，又有自身的个性特点。首先，新疆是一个多民族、多宗教地区。第五次全国人口普查，新疆少数民族占总人口的59.39%，信教群众达800—900多万人，宗教人士2.8万多人，各类宗教活动场所达2.4万多个，民族宗教问题既是新疆统战工作的重点，也是社院培训工作的重点。其次，新疆民主党派建立组织较晚，成员数量少，加之自1997年换届后，一批新人走上领导岗位，素质有待于进一步提高。新疆有6个民主党派，大都是80年代、90年代初建立新疆区委会的，现有5个市委会，党派成员有3734人。加强对民主党派干部、骨干的培训，是新疆社院的一项长期任务。第三，新疆非公有制经济数量较少，但近年发展迅猛。截至2000年底，全区个体工商户40.8万户、从业人员60.8万人，私营企业1.9万户，从业人员22.4万人。非公有制经济纳税22.22亿元，占全区税收总额的10%多。非公有制经济人士，作为社会主义市场经济条件下发展起来的一种新的社会群体，通过培训，“团结、帮助、引导、教育”，使他们爱国、敬业、守法，是社院义不容辞的责任。第四，近几年来，由于党政机关机构改革，全区15个地州市、98个县市区统战部门的人员有了较大的变化，干部更新较快，年轻人增多，通过社院等院校的培训，对于做好新世纪的统战工作意义重大。第五，党外知识分子是新疆社会主义现代化建设的一支宏大队伍，如何引导他们为科教兴国、科教兴新做贡献，是培训的重要内容。此外，还有党外干部、对台工作干部等等。

社院作为统一战线两支队伍的培训基地，又是思想文化阵地，在新疆又处在反分裂斗争的第一线。这些年来，境内外敌对势力和民族分裂主义分子相互勾结，在新疆境内制造了一系列打砸抢事件和暴力恐怖事件，严重影响了安定团结的政治局面和经济建设的大好形势。我们社院根据中央和自治区党委的要求，在统战干部培训工作中，坚定不移地坚持社会主义办学方向，注重政治培训，把培养什么样人的问题摆到学院建设的第一位。一方面，要求学院处以上领导干部牢固树立四个意识，即政治意识、大局意识、责任意识、阵地意识。旗帜鲜明地反对民族分裂主义和非法宗教活动，在维护祖国统一、维护民族团结、维护社会稳定这样的大是大非面前，做到认识不含混，态度不暧昧，行动不动摇。另一方面，学院服从和服务于稳定和发展的大局，充分利用社会主义学院的讲台，宣传马列主义，宣传党的路线方针政策，宣传祖国统一和民族团结，教育和引导统一战线各族各界人士为新疆的稳定和发展服务。针对社会上有的院校利用讲台宣传唯心主义，宣传分裂思想的问题，要求我们的教职工用马克思主义和党的声音占领社院这块阵地，决不允许宣传唯心主义、宗教教义、分裂主义思想。凡是违背四项基本原则、违背马克思主义辩证唯物主义和历史唯物主义、违背党和人民利益的错误思潮，必须坚决抵制，自觉地在思想上政治上同党中央保持高度一致。

在办学指导思想上，我们坚持把坚定正确的政治方向放在第一位，坚持共产党的领导，坚持马克思主义的指导地位，不搞指导思想上的多元化，牢固树立阵地意识，用党的基本路线和各项方针政策教育学员，用正确的理论和思想占领教育阵地。“认真贯彻执行教育为社会主义事业服务，教育与社会实践相结合的教育方针”。

在教学内容上，我们坚持以马列主义、毛泽东思想、邓小平理论为指导，把党的统一战线理论政策贯穿于教学的始终，结合新疆实际，突出宣传马克思主义国家观、民族观、宗教观、历史观、文化观，宣传党的民族、宗教政策和国家的法律、法规，宣传爱国主义、社会主义思想，宣传多党合作的理论政策，把维护祖国统一、维护民族团结、维护社会稳定作为培训工作的政治要求，贯穿于培训工作始终，保持政治上的坚定性和敏锐性。

在培训对象上，近年来我们根据自治区党委的要求和党委统战部的安排，着重抓了与自治区联系的民族宗教上层人士、县市统战部长、对台工作干部、民主党派干部、非公有制经济代表人士等的培训。这些人是党联系和团结各族各界人士的桥梁和纽带，党的民族宗教政策和国家的法律、法规，一旦被他们掌握，就可变成维护祖国统一和民族团结的重要力量。我们曾对自治区联系的200余名宗教上层人士进行法制培训，组织不同信仰的伊斯兰教、佛教、道教、天主教、基督教等宗教人士，共同学习党的宗教政策和有关法律法规，共同探讨宗教与社会主义社会相适应问题，收到了良好的效果。通过培训，使他们加深了对党的宗教信仰自由政策的理解，明确了宗教活动要服从和服务于国家的最高利益和民族的整体利益的大道理，增强了挖掘和发扬宗教中的积极因素，为祖国统一、民族团结和社会发展多作贡献的自觉性。

我们结合教学，认真组织学员学习江总书记考察新疆时的重要讲话及加强新疆反分裂斗争的重要指示精神，加强马克思主义民族观、宗教观的教育，加强民族团结和“三个离不开”教育，极大地提高了统一战线两支队伍的政治觉悟。在反对民族分裂主义和非法宗教活动斗争中，许多党外人士，立场坚定、旗帜鲜明地站在国家和人民的立场上，为宣传政策、团结群众、协调关系、化解矛盾，做了大量艰苦细致的工作，为新疆的稳定和发展做出了贡献。

二、注重质量，努力增强教学效果

教学是社院的中心工作，教学质量是社院的生命，社院的一切工作都围绕教学工作进行，为提高教学质量服务。为了提高教学质量，增强教学效果，我们针对培训对象不同的年龄结构、文化层次、民族成分、社会经历、接受能力、思维方式等，不断改进教学方法。

1. 重点抓好三个环节。一是开好教学准备会。每期办班前，学院领导都要召开各处室领导参加的教学准备会，明确分工，各司其职，各负其责，共同为教学服务。二是精心设计教学内容。针对不同班次和培训对象，确定不同的教学内容。这些年来，我们举办过统战部长、工商联干部、民主党派负责人、宗教界人士、对台工作干部等培训班，除了安排学习相关的政策和专业知识方面的内容外，突出了邓小平理论、统一战线政策、党的十五大精神、民族宗教政策、法律法规、多党合作、西部大开发与新疆大发展、WTO情况介绍等内容。这样安排，内容比较丰富，针对性强，对学员不仅进行理论政策教育，而且进行专业知识学习，扩大了知识面，增强了工作能力。普遍反映，收效较大。据我们对部分培训对象调查反馈的信息，有些宗教人士宣传党的宗教政策方面比有的基层干部还要强。三是合理安排师资力量。结合每期班参训人员的特点，我们注重精挑细选，安排学院领导、骨干教师、机关业务处长，民主党派和工商联领导亲自讲课，并邀请党校等单位的专家教授讲课。这样安排，优势互补，相得益彰，他们联系实际紧密，理论政策和业务比较熟悉，教学效果就好。

2. 规范程序，认真备课授课。统战教育是一项政治性、政策性和策略性很强的工作。备好课是教学的基础。我们要求教员、教研室主任、学院领导三级把关，严格要求，一丝不苟。要求教员对马列课要讲精、讲管用。为此，首先要真信、真学、真教、真用，使其入心入脑。对统战理论课要讲新、讲深。要把在改革开放的新形势下统战工作出现的新情况、新问题，中央和自治区出台的新政策、新理论以及新知识，及时充实到教案中去，增强教学的新意和深度。讲授是教学的关键环节，我们要求理论观点正确，条理清晰，通俗易懂，联系实际举一反三，讲清道理。比如，在讲民族关系问题时，我们联系近年来新疆发生的分裂破坏案件，讲清这既不是民族问题，也不是宗教问题，而是极少数民族分裂主义分子打着民族、宗教的旗号，挑拨民族关系，煽动民族仇视，制造民族矛盾，破坏民族团结，其本质是反对共产党的领导和社会主义国家政权，妄图把新疆从祖国大家庭中分裂出去，从而使学员从阶级的利益和理性的高度加深了加强民族团结的自觉性。

3. 突出统战特色，讲究教学方法。教学中，我们注意发扬统一战线自我教育的优良传统，认真贯彻“三自、三不”方针：即自己提出问题、自己分析问题、自己解决问题；不抓辫子、不扣帽子、不打棍子。每期办班都成立班务会，学员自己管理自己，在讲好必修课和辅导课的同时，还注重课后的自学、研讨、交流、座谈和必要的社会考察，收到了良好效果。

4. 搞好三个结合：一是课堂教学与参观考察相结合。每期办班，我们组织学员参观、考察经济技术开发区、改革开放的先进单位、依法管理好的寺庙，使学员开阔了眼界，增强了感性认识，从理论和实践的结合上加深了对教学内容的理解。二是自办与联办相结合。我们在积极完成统战部下达的培训任务的同时，发挥社院统战理论政策教学的优势，主动寻求合作伙伴，进行联合办班，先后与新疆生产建设兵团、乌鲁木齐市委统战部、民宗委等单位联合办班，培训了千余名民族宗教人士，受到联办单位的好评。三是教学与科研相结合。我们在注重抓好教学的同时，认真搞好科研工作。带着教学中的问题进行科研，把科研的成果运用到教学中去，促进了教学质量的提高。近年来，院领导和部分教师，还分别赴港澳、内地和南北疆部分地州进行学习考察及调研活动，掌握了大量第一手资料。学院还通过召开“十五大理论政策研讨会”、“西部大开发、社院怎么办”研讨会等，锻炼提高教职工的科研能力，为学院的教学打下了良好的基础。

三、关键是要建设一支专兼结合的教师队伍

办好社院，搞好培训，关键是要建立一支政治坚定、素质优良、治学严谨、专兼结合的教师队伍。这些年来，一方面我们用“三个代表”的重要思想教育教师队伍，引导他们忠诚党的统一战线教育事业，宣讲马列信念坚定，教书育人为人师表。同时，采取送学、开会、调研、考察、在职自学等方法，先后有数十名同志到境内外学习考察，增长了见识，开阔了眼界，提高了整体素质。同时，我们还坚持以老带新，搞好对青年教师的传、帮、带。邀请党校、科研、机关的专家教授讲课。组织教师听课，派年轻教师到地州县挂职锻炼，到党校锻炼，购买党校著名教授讲课录像带，组织教师观看、研究、讨论，从中受益匪浅。两年来有 4 名同志取得了副教授资格。

四、今后的几点设想和打算

进入新世纪，我院决心抓住机遇，以改革和创新为动力，积极调整教学结构，重点计划，实施“四大工程”、“五大改革”，促进社院的全面发展。

“四大工程”，一是“基建工程”：采取多种方案，促使教学办公楼早日竣工，为我院教学、科研工作创造良好环境。二是“名师精品课工程”：从 2001 年上半年开始，重点培养 1—2 名有名气、有影响的骨干教师，要确定人员，重点培养。建设 1—2 门重点课程，设计课程内容，实行三级把关，进行试讲、修改、逐步提高。通过一两年的努力，力争达到精品课，提高我院教学质量与知名度。三是“教学改革工程”：着重于教学内容的改革，教学管理改革，教材与教学方法的改革。四是“管理现代化工程”：要依法行政、依法管理、科学管理。

“五大改革”，一是根据新世纪、新任务对统战人才的需要，抓好“一个中心，四个方面”的“教学内容的改革”，即紧紧围绕学习邓小平理论这个中心，建设好“理论基础”、“统战政策”、“政党制度”、“中华文化和当代新知识讲座”这四个方面内容的教育课程。二是“教学方法的改革”：坚持“三自、三不”方针，即：“自己提出问题、自己分析问题、自己解决问题”，“不抓辫子、不扣帽子、不打棍子”。坚持联合办班、开门办班，逐步实现电化教学、信息化教学。三是“教学管理改革”：管理一要科学、二要合理、三要现代化。四是“教材改革”：以中央统战部和中央社院编写的新编统一战线教程为基础，结合新疆实际，用五年左右时间编写出新疆统一战线工作系列教材，包括“民族篇”、“宗教篇”、“多党合作篇”、“经济领域统战工作篇”等内容。五是“人事制度改革”：按照自治区党委和人民政府的有关要求，将竞争机制引入人事制度工作，逐步对教师和有关人员实行聘任制。

新疆社院在前进中做了一些工作，取得了一些成绩。但与上级要求和兄弟单位相比，差距还较大。我们决心以江泽民总书记“三个代表”重要思想为指针，深入学习贯彻全国统战工作会议精神，发奋努力，开拓创新，不断开创社院建设团结、稳定、振奋、活跃的新局面。

把握民族特点，发挥地缘优势，努力办好少数民族自治地区的社会主义学院

延边社会主义学院

延边社会主义学院自1986年恢复办学以来，紧紧把握延边州的民族特点，发挥地缘优势，先后举办各种班次43期，培训学员1800多人，为延边朝鲜族自治州的社会稳定、民族团结和经济发展做出了贡献，赢得了州委和州政府的肯定。

几年来的办学实践使我们感到，少数民族自治地区的统一战线干部培训，必须紧密结合本地区的具体情况，有所侧重地安排教学内容，采取灵活多样的办学形式，才能适应新时期最广泛的爱国统一战线迅速发展的需要，更好地服务于经济建设这个中心。

一、立足于维护社会稳定、增强民族团结，为创造安定团结的社会环境，发展边疆地区经济，办好党外人士培训班

在边疆少数民族地区，民族团结和社会稳定紧密相连，与改革开放和经济建设息息相关。我州自党的十一届三中全会以来，各族人民以建设有中国特色社会主义理论为指针，不断深化改革，扩大开放，使延边的经济建设和社会事业有了长足的发展。经济的发展，使各民族的团结不断加强，社会主义民族关系得到了不断巩固和改善，各民族形成了平等、团结、互助、合作的新型社会主义民族关系。但不容否认，由于历史的、社会的和国际的种种原因，延边地区的不安定因素依然存在，特别是境外敌对势力总想利用民族问题、宗教问题打开缺口，对我们进行渗透。他们利用延边州特殊的历史背景、地理位置、民族条件和宗教感情，不断地进行各种影响活动；利用探亲、旅游、经济文化交流、办慈善事业等合法身份，进行非法活动。一些境外的宗教组织，利用广播等手段进行“空中传教”，偷运、邮寄宗教宣传品，或直接插手干涉我国宗教内部事务，干扰党的民族宗教方针政策的贯彻和执行，给延边州的安定团结和社会稳定带来了许多复杂情况。因此，加强对延边州各界党外人士的教育工作就显得特别重要。

延边是个民族自治地区，虽没有民主党派组织，但无党派知名人士、非党知识分子、归侨侨眷、台胞台属、宗教人士等统战工作对象大量存在。从90年代开始，我院在州委统战部的领导下，先后举办了13期州、县（市）政协党外常委读书班、党外人士培训班和宗教界人士学习班。这些班以维护社会稳定，增强民族团结，为发展边疆地区经济创造安定的社会环境为宗旨，把建设有中国特色社会主义理论、新时期的统一战线理论和民族宗教理论政策作为重点内容，引导学员结合延边的实际进行学习讨论，提高认识，同时组织学员到沿海开放地区和州里的几家大企业参观考察。州领导与学员座谈，向他们介绍自治州民族团结、社会稳定和经济建设的情况。通过学习，学员们取得了较大收获：一是提高了对世界格局发展趋势的认识，坚定了自觉接受党的领导和走社会主义道路的信念；二是提高了理论政策水平，增强了参政议政能力；三是加深了对民族区域自治制度和党的宗

教政策的正确理解，坚定了走民族团结道路、做爱国宗教人士的信心和建设好延边朝鲜族自治州的决心。几年来，通过社院的培训，我州的一批党外人士提高了政治理论素质和参政议政能力，走上了参政议政岗位。目前，在州政协中，党外常委有34名；在州人大中，党外常委有5名。这些同志，大多在我院学习过，他们为延边州的稳定发展发挥了积极作用。

二、结合地域、民族特点，办好党外干部和民族干部的培训班

延边朝鲜族自治州地处中、俄、朝三国交界区，东临日本海，是东北亚地区的中心，也是对外开放的前沿地带，而且在对外开放对象方面具有多国性，在国内外开放的地域上具有衔接性，在区域内有效结合的组织上具有统一性。因此，延边州具有得天独厚的地缘优势，这是其他地区无法比拟的。延边还是一个多民族聚居的地区，有朝鲜、满、回等26个少数民族，归侨侨眷近3万余人，他们与海外有血缘、亲属、同乡、同学等各种亲谊关系，特别是有相当数量的朝鲜族家庭与朝鲜或韩国有一定的联系，构成了延边州特殊的人文优势。如何利用好这些独有的地缘优势和人文优势，充分发掘全州干部的潜能，把延边州建设成祥和、民主、发达、进步的少数民族自治州，是全州干部工作的中心任务。

延边是民族自治地区，按照民族区域自治法关于在自治机关所属工作部门中要尽量配备实行区域自治的民族干部的要求，朝鲜族干部在延边州的干部队伍中占有较大的比例。随着改革开放的深入，越来越多的非中共党员干部走上了各级领导岗位。抓好民族干部和党外干部的培训，对于进一步坚持和完善党领导的多党合作制度，推进社会主义民主政治建设和国家政权建设有着重要作用。由于延边州具有少数民族干部比例较大的特点，在培训党外干部的同时，也就兼有培训民族干部的性质。正是由于这一原因，州委决定把1990年建立的延边民族干部学校与社会主义学院合办。因此，我院的党外干部培训工作，在教学安排、课程设置上也必须考虑民族干部培训的要求。几年来，我院先后开办了17期党外干部与民族干部兼容的各种培训班。在教学安排上，这些班除与党外人士培训班有相同之处外，还具有时间更长一些，内容更系统、深入一些的特点。特别是根据目前实际，突出了三个方面：第一，着重学习了十四届三中、四中、五中全会精神及邓小平建设有中国特色社会主义理论，使学员的政治素质、理论水平得到较大提高。第二，着重学习了社会主义市场经济理论知识，提高了管理水平和业务能力，以适应边疆近海地区改革开放的需要。第三，着重学习了党的民族政策和民族区域自治法，增强了对民族团结的认识。几年来，我院配合统战部对党外后备干部加强培训，取得了较好效果。党外干部孙兴凯同志，先后多次在州社会主义学院学习，接受了较为系统的理论培训，思想觉悟、理论水平、业务素质，参政议政能力均有较大提高。1990年由县教育局副局长提拔为州教委副主任，他坚持产教结合，积极探索新时期民族地区办学新路子，为全州教育事业和“普九”工作的开展，做出了显著贡献，1996年3月被选为州人大常委会副主任。我院还专门举办了三期除朝鲜族以外的人口较少的少数民族干部培训班，专门培训这些民族的干部，使他们同样感受到党和政府对他们的关心照顾，并通过他们来调动这些少数民族群众建设延边、振兴延边的积极性，促进全州各族人民之间的团结和睦，加强自治州的社会稳定。

汉族与朝鲜族及州内其他少数民族的团结问题，是全州工作最普遍、最经常，也是最敏感的一个问题。因此在培训中，我们还专门开设了“民族团结”这一专题，除了学习党的民族政策和民族区域自治法以外，还结合组织学习领导管理学，对搞好民族团结、发展民族地区经济进行较为深入的讨论，并对如何搞好民族团结总结了三点体会：一要坚持马克思主义的民族观，为建设有中国特色的社会主义共同奋斗；二要加强思想建设和各民族大团结的教育，做到平等相待，充分信任，相互尊重；三要做好各少数民族干部的培训、选拔工作。

三、适应少数民族自治地区改革开放的需要，办好统战干部的培训班

改革开放以来，特别是我国同韩国建交以来，延边州的对外开放力度不断加大，开创了发展经济的良好局面。1983 年 8 月，邓小平同志来延边视察时为延边题词：“把延边朝鲜族自治州建设得更快些、更好些”；1991 年 1 月，江泽民同志来延边视察时为延边题词：“把延边朝鲜族自治州建成全国模范的自治州”。省委省政府也对州的发展作出了明确的指示。领导的期望，政府的寄托，都对延边州的经济建设提出了更高的要求。几年来，延边州以发展外向型经济为突破口，确定了“南联北拓，东出西进，面向东北亚”的对外开放总体战略，把图们江流域的开发开放作为“天字号”工程，重新确认我州边疆近海的区位优势，加快开边通海的进程，形成了以边境开放城市珲春为龙头，以自治州中心延吉为依托，全方位开放的格局。

适应全州改革开放的战略需要，州委特别重视统一战线两支干部队伍建设，大力加强统战干部培训工作。我院自成立以来，已经举办了 10 期各类统战干部培训班，为全州各县（市）机关、厂矿、企事业单位及乡镇街道培训专职统战干部 313 人，为延边州的改革开放做出了一定的贡献，受到了州委有关部门的好评。在对统战干部进行培训的时候，我们也同样注意了与延边朝鲜族自治州的民族性、地区性紧密结合。在着重进行建设有中国特色社会主义理论和统战理论的培训外，还加强了社会主义市场经济知识和民族区域自治政策的培训，以适应少数民族自治地区改革开放和民族自治的需要。特别是学院曾为基层的统战干部专门开设了市场经济理论学习班和民族理论政策学习班，组织学员学习了有关股份制、经济合同、外经外贸、民族团结、民族自治等课程。经过培训，帮助统战干部更新了知识，提高了做好延边地区新时期统战工作的能力。

总结几年来延边社会主义学院的办学经历，我们有以下几点体会：

第一，党委重视是办好社院的重要保证。

我院能有目前的规模和成绩，没有州委领导的重视和关心是不可能的。1986 年我院恢复办学时，可以说是白手起家，是在州委领导的大力支持下才得以迅速恢复。当时州里经济建设任务比较繁重，资金较为短缺，但州委、州政府仍千方百计地从地方财政拿出一定的资金重建学校，并重视学院的建设，使学院校舍齐备，领导班子和师资队伍健全。多年来，州委还一直坚持把党外干部的培训工作纳入党委的议事日程，作为全州干部培训规划的一部分进行统筹安排。州委和州政府领导还经常深入学院了解情况，解决困难，并多次为学员作报告，介绍全州的发展情况，有力地推动了统一战线教育培训事业的发展。

第二，从实际出发，有针对性地安排教学内容，是提高培训质量的重要前提。

无论举办党外人士学习班、党外干部培训班、民族干部培训班，还是统战干部培训班，我们始终本着邓小平同志提出的“学马列要精、要管用”的原则，结合党的方针、政策和实际工作的需要，针对不同的班次、不同的对象，安排不同的教学内容。如在州、县(市)政协换届后，面对大批党外人士首次进入政协组织的情况，我们举办了政协非党常委读书班，把统一战线理论和多党合作、政治协商理论作为重点学习内容。在少数民族干部班中，我们把学习马克思主义关于民族问题的基本理论和党的民族政策作为重点学习内容，做到了教学目的明确、理论联系实际，提高了广大学员的学习积极性，使学员们感到来社院学习真有收获，不虚此行。

第三，采取灵活多样的培训形式，是提高培训质量的重要途径。

我们感到，社院的培训工作要坚持科学化，注重培训的针对性和有效性。就培训形式而言，既要有理论培训，又要有实践培训。理论培训要采取自学、辅导、讨论、交流相结合的方式，也可以请领导或典型人物作报告，以及撰写论文。实践培训主要是组织学员到发达地区参观考察，了解国情，开阔视野，增强商品经济意识。少数民族地区多为边远地区，交通不便，信息不灵，出去看一看是很有好处的。近几年，我们先后几次组织党外干部到沿海开放地区参观考察，收到了意想不到的效果，有的同志在提交的论文中说：“坐在屋里读书，弄不明白的问题，出去走一走看一看就明白了，其中一个关键问题是意识和胆略问题”。

总之，十年来，我们延边社会主义学院从本地区的实际情况和本院的客观条件出发，努力为少数民族自治地区的统战工作，为延边的经济、社会发展做了一点事情。今后，我们将积极探索少数民族地区社院办学的新路子，做好统战教育事业，进一步做好统一战线干部培训这项具有战略意义的宏伟事业，为把延边州建设成为全国模范的少数民族自治州做出应有的贡献。

科研活动和科研经验

科 研 活 动

概 况

科研是教学工作的基础。社会主义学院成立以来尤其是复办以来，各级社会主义学院都非常重视科研工作，围绕社会主义现代化建设和统一战线工作中的重要理论问题和实际问题，调查研究，总结经验，进行理论探索，为提高教学质量服务，为爱国统一战线服务，为社会主义现代化建设服务，做出了应有的贡献。

由于各级社院始终坚持以科研为基础，坚持以邓小平理论为指导，强调科研必须为教学服务，认真研究热点、难点和重大理论问题，取得了丰硕的成果。仅据1982年以来的不完全统计，截至2000年年底，全国各级社院共出版教材343部；在中央及省市级公开刊物上发表论文2689篇；完成国家科研项目61项，完成省级科研项目200项。认真总结社院从成立尤其复办以来的科研工作经验很有必要，对于推动新世纪社院教学和科研工作的发展有着重要的促进作用。

一、加强党的三代领导集体统一战线理论的研究，明确科研的指导思想和目标

统一战线理论是党的基本理论和方针政策的重要组成部分。建党80年来，我们党的三代领导人在不同的历史时期统一战线的实践中，提出了一整套具有中国特色的统一战线理论和方针政策，极大地丰富和发展了马克思主义的统一战线学说。各级社会主义学院在科研活动中，坚持正确的舆论导向和正确的学术研究方向，普遍组织过“毛泽东统一战线思想”研讨会、“周恩来统一战线思想”研讨会、“邓小平统一战线思想”研讨会、“第三代党中央领导集体对统一战线理论的贡献和发展”的学术研讨活动，形成了对我党三代领导人统一战线思想理论的系列研究。

二、进一步强化“以教学为中心，以科研为基础”的意识，做到科研为教学服务

科研是教学工作的基础，各级社院都坚持强调科研必须为教学服务。科研的方向、课题、内容必须与教学紧密结合。要围绕教学需要，认真研究热点、难点和重大理论问题，不断增大教学的科研含量。努力使教学专题、科研课题和学员研讨题融为一体，实现教学科研一体化。社会主义学院复办以来，从中央社院到各地社院，都召开过社院教学工作研讨会。经过反复的探讨，大家逐步取得了共识，促进了教学工作。

三、关注热点、难点和重大理论问题，深化理论研究

党的十一届三中全会以来，我国的政治、经济和社会生活各个方面发生了深刻的变化，统一战线面临着新的形势。各级社院都适时组织了相关的学术研讨活动，如“多党合作和民主党派自身建设”、“统一战线与精神文明建设”、“海外学人与统一战线”、“所有制结构的调整与非公有制经济的发展”等研讨会相继召开。同时，各级社院还结合一些重大的纪念活动、庆祝活动，积极开展学术研究，如纪念抗日战争胜利50周年、纪念党的十一届三中全会召开20周年、纪念建国50周年、庆祝我国政府恢复对香港、澳门行使主权等，各级社院都以理论研究的成果来庆祝或纪念。

四、建立面向社会、内外协作的开放的科研体制，促进科研成果转化

随着统一战线事业的不断发展，在统一战线理论研究中也存在一些需要共同努力完成的课题。各级社院一方面充分调动院内教学科研人员的积极性，同时也建立起一支以院内科研队伍为主，联合统战部、党校、社科院、高等院校、民主党派和学员的科研力量，共同完成重要的科研课题。社院系统主办的研讨会、组织撰写的教材和著作、课题论证会等，大都邀请有关方面的专家学者参加。同时，社院的教学科研人员也积极参加外单位组织的各种学术活动，交流了信息，开阔了视野。

五、树立精品意识，抓好重点科研课题的研究

我国改革开放的不断深入和发展，也要求统一战线理论研究不断地解放思想，与时俱进。各级社院在科研工作中都有紧迫感和责任感，都意识到要不断提高科研质量和科研档次，也都确立了各自的重点课题，集中人力和财力，确保重点课题高质量地完成。

全国社会主义学院工作情况交流会

1986年9月1日至10日，“全国社会主义学院工作情况交流会”在广东省社会主义学院举行。参加会议的有全国政协和中央统战部的有关领导、中央社会主义学院和各省、市、自治区社院主管教学业务工作的领导同志等约40人。交流会主要讨论研究了社院教学工作中的一些实际问题，包括协作编写统战理论与政策课教材问题。会上，大家畅所欲言，总结了社院复办以来的工作经验，明确了学院的工作指导思想、主要任务、办班形式以及教学内容等，推动了社会主义学院工作前进。

西北四省（区）第一次社会主义学院协作会

“西北四省（区）社会主义学院第一次协作会”于1987年4月29日至5月6日在西安召开。出席协作会的代表有：陕西社会主义学院副院长铁木尔哈达，办公室主任李培厚、教务处处长刘俊文、行政处处长李振兴、教研室副主任郭蒲洲；宁夏社会主义学院副院长宋治邦；甘肃社会主义学院教务处处长马际文、办公室副主任张继祖；新疆社会主义学院教研室主任原新华；陕西安康地区社会主义学校负责人陈泽东。应邀参加会议的还有：中共陕西省委统战部部长、省政协副主席吴庆云，中共中央统战部四局副局长秦秀兰、四局副处长范建民，中央社会主义学院秘书长朱真，教研室主任忠泉；上海市社会主义学院副秘书长杨承祈；黑龙江社会主义学院教务处处长王德馨等。

这次协作会讨论了中央统战部四局草拟的《关于社会主义学院（政治学校）若干问题的意见（征求意见稿）》；交流和总结办学筹建社院中的一些情况和经验；商定了如何进一步搞好相互协作的一些事项。

协作会是在社院恢复和筹建中的初期由民间自发组织的一种加强交流、取长补短的一次协助活动，对于加强社院之间的联系与合作，加深相互之间的感情，集思广益起了积极的作用。

第二次全国地方社院工作研讨会

“第二次全国地方社院工作研讨会”于 1990 年 11 月 6 日至 11 日在福建社会主义学院举行。出席这次研讨会的有中央和全国 25 个省、自治区、省辖市以及 3 个市一级的社会主义学院的 50 名代表。中央统战部和福建省委统战部有关领导同志也应邀参加了会议。会议总结并交流了自 1989 年全国社院教学工作研讨班以来，社院各方面建设的新进展和经验，同时根据中共中央［1989］14 号文件精神，共同探讨了社院各方面的建设，和社院如何贯彻、体现“作为民主党派和无党派人士的联合党校”的特色，以及需要研究解决的问题。

会议开幕式由福建省社院副院长金惠钦主持。中共福建省委常委、省委统战部部长、福建社院院长张克辉致欢迎词；中央统战部副部长武连元作了关于《认真积极地办好社会主义学院》的重要讲话；中共福建省委常委、秘书长赵学敏代表省委讲话；中央社院副院长燕天甲也讲了话。出席开幕式的还有中央统战部干部局局长李生玉，中央社院副秘书长刘培本，福建省政协副主席陈希仲，福建省各民主党派、工商联，省台联等负责同志。

这次会议是在贯彻中央［1989］14 号文件和全国统战工作会议精神，统一战线工作深入开展的大好形势下召开的。会议共收到 31 篇材料。会议在有关社会主义学院建设的基本问题上取得了共识。这次会议对推动省级社会主义学院的建设起了积极的作用，是具有十分重要意义的一次会议，被称之为“福州会议”。

提高中华民族文化素质，增强民族凝聚力学术研讨会

1993 年 5 月 16 日，由广东中华民族凝聚力研究会和广东省社会主义学院联合发起的全国社会主义学院系统“提高中华民族文化素质，增强民族凝聚力学术研讨会”在广东社

院举行，来自全国社会主义学院系统的专家学者 70 多人参加了会议。围绕着会议主题，专家、学者共同商讨，共同研究，使中华民族凝聚力问题的研究大大得到深化。会议共收到论文 48 篇。

第一次全国部分省、市非公有制经济研讨会

1993 年 7 月 14 日至 21 日，在广州社院举办了“第一次全国部分省、市非公有制经济研讨会”，北京、上海、山东、福建、广西、四川、甘肃等省市的工商联和大专院校以及广东省、广州市有关专家、学者、非公经济代表人士共有 20 多人参加了会议。会议提供论文 20 多篇。

华东地区社院工作研讨会

1993 年 10 月 25 日至 27 日江苏社院组织召开“华东地区社院工作研讨会”。会议的主要内容是：交流省级社院在教学与内部管理工作方面的经验与体会，探讨提高培训质量、加强社院自身建设等问题。中央统战部、中央社院、华东六省一市社院以及甘肃、黑龙江、吉林等省社院和江苏省委统战部共计 40 余人参加了大会，中央统战部顾问、中央社院党组书记宋堃到会并讲话。会议共收到交流材料 30 篇。

第一次全国部分地方社院学报（学刊）编辑工作会

会议于 1994 年 12 月 2 日在福建省社会主义学院举行开幕式。12 月 2 日至 3 日，代表集中开会。会议的主题是：在邓小平理论指导下，根据社院的性质和任务，结合办刊的实践，交流信息，总结经验，探讨社院学报如何建立作者队伍和组稿制度，提高学报质量和权威性，扩大发行量和影响，以及研究学报内容、版式、栏目设计的灵活多样性，建立全国社院系统学报的联系网络等方面问题。本次会议前后共 10 天，与会代表在会议期间，在福建厦门武夷山等地考察。中央社院副院长任涛，中央社院学报副主编贾平安出席会议。出席会议的还有全国 17 个省市社院的代表，以及福建省委统战部研究室、福州市委统战部研究室、省各民主党派、工商联宣传处的负责人。

全国部分省、市社院邓小平统一战线思想研讨会

1995年6月27日至29日，吉林社院举办全国部分省、市社院“邓小平统一战线思想研讨会”。中央、吉林、辽宁、黑龙江、陕西、河南、青海、宁夏、湖南、湖北、广东、上海宝山区、吉林延边州等15所社院和吉林省政协、省民建、黄埔同学会、省经济管理干部学院等单位，共计47人参加了研讨会。省委副书记张岳琦出席开幕式并讲话，中央社院副院长任涛在闭幕式上作总结。会议收到论文32篇，中央社院学报1995年第5期发了专刊。吉林社院特为研讨会编纂出版了《邓小平论统一战线》文摘，受到与会者好评。

抗日民族统一战线理论研讨会

1995年7月11日至16日召开“抗日民族统一战线理论研讨会”。会议的主要内容是：纪念抗日战争胜利50周年，研究和宣传抗日民族统一战线的理论与实践，弘扬爱国主义精神，繁荣统战理论研究。会议主办单位是：江苏省社院与江苏统战理论研究会。参加研讨会的有来自中央社院和广州、重庆、福建、上海、湖北、湖南、黑龙江、浙江等10多个省、市社会主义学院的领导和理论工作者，以及江苏省统战理论研究会的部分领导同志，共50余人参加了大会。研讨会共收到论文40多篇，其中主要优秀成果汇编成《江苏统战》95增刊第122期(总)。

全国部分省、区、市社院后勤管理工作研讨会

1995年8月2日至11日，吉林社院主办了“全国部分省、区、市社院后勤管理工作研讨会”。中央、北京、吉林、辽宁、黑龙江、山东、山西、内蒙、甘肃、江苏、福建、湖北、湖南、四川、云南、广西、贵州、安徽(筹)、重庆、武汉、广州、吉林延边州等21所社院主管后勤工作的领导和有关同志，共计53人参加了会议。中央社院副院长何乃光、副秘书长段展发出席会议。开幕式上，省人大、省政协、省委统战部、省民主党派和有关人民团体的领导到会祝贺。省委统战部副部长王曙光、中央社院副院长何乃光作了讲话。大会上，有17位同志交流了加强

后勤工作的做法和经验。吉林社院院长梁植文介绍了《深化后勤改革,加快“三个基地、一个中心”建设》的经验。此次会议,认真回顾了过去一年各地社院不断强化后勤管理,优化后勤服务,探索后勤改革路子所取得的可喜成绩,深入探讨了今后社院后勤改革的方向和方法,对于加强各地社院后勤工作,提高管理水平和服务质量,以及探索后勤改革起到了很大的推动作用。研讨会收到论文和经验材料 15 篇,合编后由中央社院发了专刊。

西北、华北地区社会主义学院工作研讨会

西北、华北地区社会主义学院工作研讨会于 1995 年 8 月 7 日至 13 日在新疆乌鲁木齐市召开。参加这次会议的有陕西、甘肃、青海、宁夏、新疆、北京、山西、河北、黑龙江、辽宁、上海、福建、广东、广西、湖北、湖南、云南、河南、重庆、武汉、深圳、广州等社院，和新疆伊犁等地州政治学校，共 28 所院校的 50 名代表。中央社院于泽荣副院长、中央统战部四局助理巡视员胡洪宝同志参加了研讨会。研讨会主要研讨了新形势下社会主义学院教学工作的特点及其规律性，对今后社院工作再上新台阶提出了意见和建议。同时，对中央统战部干部局为全国干部培训工作会议起草的几个文件稿进行了讨论、修改。

华东地区暨全国部分省地社会主义学院工作研讨会

1995 年 10 月 6 日至 10 日，上海市社院筹备组织了华东地区和全国部分省地市社院参加的工作研讨会。除华东六省一市的社院代表外，云南、湖南、吉林、广州、阿克苏、朝阳、四平、青岛、南通、汉中等省地市社院的代表及我市 13 个区级社院的负责人共 50 多名代表参加了会议，中央统战部干部局余敏安，中央社院副院长姜汝真、副教务长蔡福金应邀参加了会议。

各地代表分别介绍了社院建设和发展的信息，交流了在教学改革中所取得的经验，讨论了新形势下社院如何深化改革、办出特色、工作再上一个新台阶。

全国部分社院社会主义市场经济条件下民主党派工作研讨会

1995 年 11 月 21 日，“全国部分社院社会主义市场经济条件下民主党派工作研讨会”

和“第二次全国社院期刊联谊会”在广州社院举行。到会有14个省市社院的领导及专家学者22人。中共广州市委副书记、市政协主席邬梦兆同志和市政协副主席、市委统战部部长廖志刚同志出席了开幕式，并作了重要讲话。本次会议共收到21篇论文，社院期刊7种，15位同志在大会发言。

华东地区社会主义学院教学工作研讨会

1996年9月，江西省社院承办了“华东地区社会主义学院教学工作研讨会”，来自华东六省一市社会主义学院的领导和教务处负责同志出席了会议；原中共江西省委副书记舒惠国，省政协副主席、省委统战部部长梅亦龙到会并讲话。研讨会以社会主义学院要走高层次、正规化、有特色的办学道路为主题，交流了全国统战干部教育培训工作会议以来社会主义学院工作的情况和经验，研讨了在新的历史条件下社会主义学院的改革和发展，以及教学、科研、管理、服务等方面的新思路、新举措。

第三届社院期刊联谊（研究）会

“第三届社院期刊联谊（研究）会”于1996年9月7日至12日在山西省社院举行。中央社院及部分地方社院的领导、院刊（学报）负责人以及专家、学者33人出席了会议。

会议以邓小平同志建设有中国特色社会主义理论和党的基本路线为指导，以落实全国统一战线干部培训工作会议精神为主要内容，交流办刊经验，研究如何发挥社会主义学院期刊的整体优势等问题，以更好地为培训统一战线两支干部队伍服务。会议取得了积极的成果，获得了圆满成功。

与会同志一致认为，首先，要明确办刊宗旨，办出院刊特色。院刊要为社院的教学科研服务，为统一战线服务，为坚持和完善中国共产党领导的多党合作和政治协商制度服务。其次，要提高院刊质量，扩大社院影响。要建立一支高素质的编辑队伍，逐步完善编辑制度；要组织重点作者，发表有影响、有水平的文章。第三，要拓宽办刊思路，增强刊物的可读性。要在宣传党的统一战线理论、方针、政策，研究统战工作中的重点、热点、难点问题的同时，刊发提高统一战线两支干部队伍素质所需要的社会主义市场经济、现代科技、历史和我国传统文化等方面的文章，增强刊物的可读性，更好地为统一战线服务。

全国政协常委、山西省人大副主任、山西省社院院长李蓼源主持会议。中共山西省委常委、秘书长武正国向大会表示祝贺，山西省政协副主席、省委统战部部长、山西省社院党委书记吴慧琴发表了讲话。第二届社院期刊联谊（研究）会议会长梁锦伟向大会报告了第二届会务工作。中共山西省委统战部副部长马存义、武锦福、岳纪安，省社院党委副书记原建武，副院长尹世明、丹保安等也出席了会议。

第四次省、区、市社会主义学院行政工作会

会议于1996年10月28日在福建省社会主义学院隆重举行。全国24个省（区、市）社会主义学院院长和学院有关部门负责人共55人参加会议。参加大会的省领导有：中共福建省委副书记习近平，省人大副主任黄长溪，省政协副主席金能筹、卢浩然、陈家振、蔡载经、周畅、叶庆耀。中央统战部的胡洪宝同志、中央社院的蔡福全同志莅会指导。会议由省社院副院长陈爱群主持。

省委副书记习近平在会上作重要讲话。省政协副主席、省委统战部部长兼省社会主义学院院长金能筹在会上致词。中央统战部，中央社院，省各民主党派、工商联，兄弟省社会主义学院的代表分别在会上致贺词。会议共收到各地社院的经验材料20份，有17位院领导在大会上介绍了经验。这次会议贯彻刚闭幕不久的党的十四届六中全会精神，认真学习江总书记纪念建党75周年座谈会上的讲话和刚结束的全国统一战线干部培训工作会议精神，对如何搞好社院后勤行政工作提出了许多意见和建议。会议进一步明确新时期社院行政工作的地位和作用，行政工作必须讲政治，行政、后勤工作和各方面工作要密切联系，相辅相成；行政、后勤工作要逐步适应社会主义市场经济体制，面向社会，寻找机遇，接受挑战；要深化改革，进一步加强行政后勤工作的“软”、“硬”件建设。在以上几方面均形成共识。

出席大会的还有福建省委办公厅、省委组织部、宣传部，省各民主党派、工商联、省直部分厅局，省委党校、省社科院、福建师大等负责同志。

中西南地区社会主义学院教学研讨会

1996年11月，在四川社院召开首次“中西南地区社会主义学院教学研讨会”。参加人员有：中央统战部干部局、中央社院有关负责同志、云南社院、贵州社院、重庆社院、湖南社院、湖北社院、广东社院、广西社院的有关院领导、处室负责人和教师，以及四川社院的院领导、各处室负责人和全体教师。共计40余人。会上，各地社院就教学、科研、人员编制和机构设置等情况进行了交流，并对社院今后的发展建设进行了有益的探讨。经与会者充分酝酿、讨论、研究，会议形成《中西南地区社院合作协议》。本《协议》决定，

由中西南地区各社院轮流承办，每年召开一次中西南地区社院工作会议，主要内容是，研讨社院教学、科研或培训工作，促进各社院之间的交流与合作。会议商定，下次会议于1998年7月在广东省社会主义学院召开。

全国部分省市社院统战理论教学研讨会

1997年6月3日至7日，上海市社院组织了“全国部分省市社院统战理论教学研讨会”，出席会议的有中央社院和北京、山西、辽宁、江苏、湖北、广东、四川、贵州、云南、广州、本溪等省市社院的领导和教师。会议主要针对统一战线理论研究和教学工作中出现的一些难点和热点问题进行研讨。近年来我们从实际工作中共收集了50多题，共分为统一战线基本理论方面的问题，统一战线在新形势下面临的新情况、新问题，以及统一战线理论与实际相结合时遇到的两难性问题。

与会者认为对统一战线理论教学和实践中的疑难问题的研究是一件十分有意义、有价值、有开创性的工作。所搜集研究的题目，大多带有普遍性，很多是各地教师经常碰到的问题，也是学员们经常提到的问题，急需理论工作者给予详细的回答和深刻的理解。

此次研讨，进一步丰富了上海市社院编辑的“疑难问题”一书，对推动统一战线理论研究向纵深方向发展起到了积极的作用，对运用全国社院科研力量、集体智慧开展统战理论研究是一次极好的实践机会。

全国民主党派自身建设理论和实践座谈会

1997年6月9日至12日，8个民主党派中央宣传部、中央社会主义学院和湖南社院共同组织，由湖南社院承办的“全国民主党派自身建设理论与实践座谈会”在长沙举行。出席会议的有中共中央统战部副部长刘延东，民盟中央副主席吴修平，民进中央副主席楚庄、邓伟志，农工民主党中央副主席田光涛，台盟中央副主席陈仲颐，致公党中央常务副主席、中央社会主义学院院长杨纪珂，中央社会主义学院副院长姜汝真，以及中共湖南省委副书记郑培民，省人大常委会副主任潘基碩，副省长潘贵玉，省政协副主席、省委统战部部长石玉珍，省人大常委会副主任谢佑卿，省政协副主席阳忠恕和蔡自兴、林子亮、卢光琇等领导同志。

为了表彰优秀成果和先进组织单位，会议举行了发奖仪式，吴修平、冯梯云、路明、楚庄、田光涛、邓伟志等6人获特别奖；12人获一等奖；52人获纪念奖；民盟中央宣传部、民建中央宣传部、民进中央宣传部获优秀组织奖。

第五次省、区、市社会主义学院行政后勤工作会

1997年10月13日至16日，“第五次省（区、市）社会主义学院行政后勤工作会”在重庆社会主义学院举行。来自中央统战部、中央社会主义学院和全国省（区、市）社会主义学院的代表63人参加了会议。会议收到论文22篇。

在开幕式上，中共重庆市委办公厅副秘书长孙贤元同志作了重要讲话，强调指出社会主义学院要高度重视行政后勤工作，必须有一支高素质的、作风过硬的行政后勤工作队伍，行政后勤工作必须科学化、制度化，为保证社会主义学院各项培训计划的完成，做出重大贡献。中共重庆市委统战部副部长胥洪浩同志代表重庆市政协副主席、中共重庆市委统战部部长、重庆社会主义学院院长李兵同志致词。中央统战部干部局副处长余敏安同志和中央社会主义学院副院长何乃光同志也分别讲话并向大会表示祝贺。

这次会议的宗旨是以邓小平理论为指导，深入学习和贯彻党的十五大精神，认真研究新形势下社会主义学院行政后勤工作的新情况、新问题，总结经验，发扬成绩，找出差距，制定规划，开拓进取，使社院行政后勤工作不断适应新形势下统一战线培训工作的需要。

会议进行了大会发言和小组讨论，通过了会议纪要。与会代表认为，加强领导是搞好社院行政后勤工作的关键；必须从管理科学的高度充分认识社院行政后勤工作的重要地位和作用；社院行政后勤工作必须加快改革步伐，引入竞争机制和激励机制，不断适应社会主义市场经济发展的需要；努力建设一支高素质的行政后勤工作队伍，是搞好社院行政后勤工作的重要途径；社院行政后勤工作要实现科学化、规范化、制度化、增强决策过程的透明度、计划实施的有序度、情况反馈的灵敏度、修订计划的准确度。

会议期间，与会代表参观了红岩村革命纪念馆、歌乐山革命烈士陵园和重庆市容。

华东六省一市社院工作研讨会

以认真贯彻党的十五大精神，总结交流统一战线干部培训工作经验，研究探讨新形势下办好省级社会主义学院特点和规律为主题的“华东六省一市社院工作研讨会”，1997年11月8日至13日在山东社院召开。参加会议的有上海、江苏、浙江、安徽、福建、江西、山东等华东六省一市社院的院长、副院长以及教学、科研处室的负责同志。中央社院，云南、河北、济南、青岛社院的同志应邀参加了会议。

省政协副主席、省委统战部部长、省社院院长王久祜受省委李文全副书记委托，代表中共山东省委向大会表示热烈祝贺，并介绍了山东改革开放、两个文明建设的情况和统一

战线工作形势。

中央社院姜汝真副院长向与会代表介绍了中央社院落实江总书记“四个更”指示，制订落实三年规划的有关情况。上海、江西、浙江、江苏、福建、云南、山东社院的代表分别介绍了教学和科研工作的经验和体会。大会围绕统一战线两支干部队伍培训，进行了深入的研讨，认为党的十五大高举邓小平理论伟大旗帜，对统一战线工作提出了新的任务和要求，在多党合作、民族宗教、侨务、知识分子、非公有制经济以及海外统战工作等方面都有重要的表述。把党的统一战线工作推向21世纪，关键在于培训高素质的统一战线干部队伍。要从战略高度认识做好统一战线干部培训工作的重大意义，进一步增强做好两支干部队伍培训工作的紧迫感、责任感。做好新形势下的教学、科研工作，必须高举邓小平理论伟大旗帜。培训工作要体现统战特色，不断深化教学和科研改革，适应跨世纪发展的需要，建立具有统战特色的教学体系，规范教学工作环节，大力加强师资队伍建设。

与会同志建议，加强中央社院与各省市社院在研究生教育、函授教育以及中华文化学院等工作中开展广泛的合作，以推动和促进社院沿着“高层次、有特色、正规化”的方向健康发展。

党外知识分子工作理论研讨会

由中央社会主义学院和江苏省社会主义学院联合举办的“党外知识分子工作理论研讨会”，于1997年11月15日至18日在江苏南京举行。中央统战部副部长、中央社会主义学院党组书记刘延东同志出席会议并作了重要讲话。江苏省委副书记曹克明同志代表省委、省政府看望了与会同志，并介绍了江苏经济和社会发展以及党外知识分子工作的有关情况。江苏省政协副主席、省委统战部长林玉英同志等出席了开幕式。参加会议的有中央统战部、中央社会主义学院，部分省、市委统战部负责党外知识分子工作的领导，社会主义学院从事理论研究的同志及首都研究知识分子问题的专家学者共49人。

与会同志围绕“邓小平关于知识分子理论的主要思想”、“社会主义市场经济条件下，知识分子工作中出现的新情况、新特点”、“统战部如何做好党外知识分子工作”、“如何密切党与党外知识分子的关系”等问题开展了热烈的讨论。大会共收到论文35篇。

中央社会主义学院院长杨纪珂同志作了大会总结，并对这次研讨会所取得的成绩给予充分肯定。

周恩来统一战线思想与实践研讨会

由中央社会主义学院、中央统战部政策理论研究室和重庆社会主义学院联合举办的“周恩来统一战线思想与实践研讨会”，于1998年3月27日至31日在重庆社会主义学院召开。这是继中共中央、全国政协、外交部、中央党史研究室举办纪念会之后，召开的又一次全国性的纪念周恩来诞辰100周年的会议。

参加研讨会的有中央统战部、中央党史研究室、中央文献研究室、中央党校、中国社会科学院、南开大学的专家学者，以及中央社会主义学院和20所省市社会主义学院的领导和理论工作者。原周恩来总理办公室主任、原中央统战部副部长童小鹏同志作为特邀代表出席了会议。

在开幕式上，中央社会主义学院副院长姜汝真同志宣读了中共中央候补委员、中央统战部副部长、中央社院党组书记刘延东同志题为《百年恩来、千古风范》的报告。报告全面概括了周恩来同志对党的统一战线事业做出的重大贡献，阐述了周恩来统一战线思想的主要内容，并就今后如何深入学习和研究周恩来统一战线思想与实践，为巩固和发展新时期爱国统一战线作出新的贡献，提出了重要的指导性意见。中共重庆市委副书记刘志忠同志作了题为《学习光辉榜样，弘扬红岩精神，开创统战工作新局面》的讲话。他指出，重庆是周恩来同志长期战斗过、生活过的地方。抗日战争时期，以周恩来同志为首的中共中央南方局，为建立、巩固抗日民族统一战线立下了功勋，并且培育了以“爱国、奋斗、团结、奉献”为内涵的“红岩精神”。我们学习周恩来同志的光辉榜样，就是要弘扬红岩精神，搞好重庆统一战线工作，为开创重庆经济社会发展的新局面献计献策，继续做出更大贡献。重庆市政协常务副主席、中共重庆市委统战部部长、重庆社会主义学院院长李兵同志在会上致词。童小鹏同志作了专题发言。

与会代表有57名，向大会提交论文共43篇。在研讨会上，原中央统战部副部长、原中央社院党组书记宋堃同志、中央党史研究室副主任石仲泉同志等代表作了大会发言。与会代表怀着对周恩来同志的深厚感情，对周恩来同志在党的统一战线事业中的历史功绩、周恩来同志的统一战线思想、周恩来同志的崇高品格和精神风范、新形势下学习研究周恩来统一战线思想和实践等问题进行了广泛而深入的研讨。致公党中央名誉主席、中央社会主义学院院长杨纪珂同志在大会闭幕时作了总结发言，对研讨会的成功召开给予了充分肯定和高度赞扬。

研讨会期间，与会代表还参观了周公馆、红岩村等周恩来同志生活战斗过的地方。

社院科研管理研讨会

1998年5月27日至31日，上海市社院组织召开了省市社院参加的“社院科研管理工作研讨会”，中央社会主义学院副院长姜汝真教授、研究所副所长顾兆贵，以及北京、山西、内蒙、辽宁、山东、湖南、贵州、云南、本溪等省、市、自治区社院的分管院长和科研部门负责人参加了会议。

会上大家交流了社院科研工作的情况和经验，对科研工作在社院的地位以及如何搞好社院科研管理工作进行了研讨。并对加强社院科研管理工作提出了五点建设性意见：一要认识到位，工作才能到位。教学是中心，科研是基础，要培养一支高素质的研究队伍。二要明确科研方向，坚持理论联系实际，贯彻“双百”方针。明确以邓小平理论为指导，以统战理论为重点，联系统战系统各领域的工作，联系统战教学工作中的热点、难点、重点问题，联系改革开放中的新情况、新问题，开展科研工作。三要加强科研管理，提高科研管理水平。要建立负责科研的工作机构，建立科研管理制度，积极开展学术活动，狠抓项目落实。四要积极创造条件，逐年增加科研投入，配备电脑等硬件设施。五要狠抓队伍建设，严格要求，建设一支高水平的教学科研队伍。同时，大家还一致认为，社院工作要上新台阶，一定要提高科研工作质量。通过研讨，互相交流了经验，开拓了思路，明确了方向，增强了提高科研水平的责任感和使命感。

中南、西南地区社会主义学院第二次教学工作研讨会

1998年6月26日至7月1日，“中南、西南地区社会主义学院第二次教学工作研讨会”在广东省社会主义学院举行，参加会议的有中央统战部干部局助理巡视员胡洪宝、中央社院副院长姜汝真、广东省省委统战部副部长欧阳冬以及来自贵州、重庆、广州、江西、广西、深圳、四川、湖南、海南、云南、广东等省市社会主义学院的领导、教学部门负责人、教师、管理人员等共计42人。这次会议以“学习十五大精神，深化教学工作改革”为主题，收到论文、材料共16篇，与会同志围绕主题展开了热烈的讨论和交流，并获得了广泛的共识：一、必须以邓小平理论为指导、十五大精神为动力，不断深化社院的教学改革；二、必须坚持“高层次、有特色、正规化”的办学方针；三、必须重视师资队伍的建设。

全国社会主义学院图书资料工作研讨会

1998年10月15日至20日，“全国社会主义学院图书资料工作研讨会”在西安举行。这是全国社院系统召开的第一次关于图书资料工作的业务研讨会，会议由中央社会主义学院主办，陕西社会主义学院承办。参加会议的有来自中央和全国27个省市社会主义学院的领导和从事图书资料工作的专业人员40余名。陕西社会主义学院院长谭冰石主持会议。陕西省委统战部部长李锦江致欢迎词。中央社会主义学院党组副书记、常务副院长赵广，中央统战部四局助理巡视员胡洪宝出席会议并讲话。

这次会议的研讨主题是：深入贯彻党的十五大精神，高举邓小平理论伟大旗帜，结合社会主义学院的实际，认真总结和交流社会主义学院图书资料工作的情况和经验，研究和探讨加强社会主义学院图书资料工作的思路和措施，以进一步提高图书资料工作为教学科研服务、为学员培训服务的水平和质量，促进社会主义学院的建设和发展。围绕这个主题，与会代表认真交流了各自在社院图书资料建设方面的工作经验；审定了《全国统战专业报刊目录》和《全国社院图书馆馆藏统战专业图书联合目录》；研究了全国社院图书资

料工作进一步协作和信息交流等问题。大会共收到学术论文30余篇。中央社会主义学院常务副院长赵广作了大会总结，陕西社会主义学院院长谭冰石致闭幕词。

全国社会主义学院纪念中共十一届三中全会座谈会

1998年12月11日，“全国社会主义学院系统纪念中共十一届三中全会座谈会”在湖南社院召开。省委副书记郑培民，省人大常委会副主任谢佑卿，副省长唐之享，省政协副主席、省委统战部部长石玉珍，中央统战部三局局长毛公宁，中央社会主义学院副院长姜汝真，以及老同志佟英、潘基硕、何绍勋出席了会议。全国26所社会主义学院的领导同志共60余人参加了会议。

全国社会主义学院纪念党的十一届三中全会20周年，深入学习邓小平理论教学工作研讨会

“全国社会主义学院纪念党的十一届三中全会20周年，深入学习邓小平理论教学工作研讨会”，于1998年12月14日至16日在北京举行。这次会议是中共中央统战部委托中央社会主义学院召开的，出席会议的有来自全国27所社会主义学院的60位代表。中央统战部常务副部长、中央社院党组书记刘延东同志作了主题报告。中央社院常务副院长赵广同志作了会议总结。中央统战部办公厅主任曹维新、研究室副主任庄聪生、干部培训领导小组办公室主任胡洪宝同志出席了会议。会议通过认真总结交流各社院根据中共中央精神，紧密结合爱国统一战线的实际，在深化邓小平理论教学中所进行的有益探索和取得的初步经验，提高了认识，达成了共识，取得了圆满成功。

中南地区社会主义学院第三次工作研讨会

1999年7月12日至23日，广西社院和湖南社院共同承办的“中南地区社会主义学院第三次工作研讨会”。参加会议的有四川、湖北、广东、贵州、云南、重庆、武汉、广州、海南、湖南、广西等11个省、区、市社会主义学院的领导及有关部门负责人，中央社院、北京社院有关部门负责人应邀参加了会议，共25人。广西区政协副主席、广西社

院院长梁超然、中共广西区委统战部部长覃志刚参加了开幕式并讲话。中共中央候补委员、湖南省政协副主席、省委统战部部长石玉珍，全国人大常委、湖南省人大常委会副主任、湖南社院院长谢佑卿等领导同志参加了闭幕式并讲话。

这次会议的主题是，如何把社会主义学院建成统战理论与政策研究基地。会议收到论文、材料12篇。与会同志解放思想、实事求是，围绕主题展开了热烈的讨论，在如何搞好统战理论与政策的教学和科研方面达成了广泛的共识，主要有：

1. 社院必须坚持以邓小平理论为指导，加大研究力度，努力把社院建设成为名副其实的统一战线理论与政策的研究基地；

2. 社院工作必须坚持以科研为基础,以教学为中心,正确处理教学与科研的辩证关系；

3. 深入开展统战理论与政策研究，必须注重教研队伍的建设；

4. 社会主义学院之间要多交流，走联合办学、联合研究的发展道路；

5. 要加强对科研工作的领导，加大经费投入，加强研究基地的建设。

全国社院《邓小平新时期统一战线理论学习纲要》教学研讨会

1999年8月10日至13日,吉林社院同中央社院、中央统战部研究室共同举办了"全国社院《邓小平新时期统一战线理论学习纲要》教学研讨会"。中央、北京、天津、上海、吉林、辽宁、黑龙江、内蒙、河北、河南、山西、甘肃、宁夏、新疆、江苏、福建、广东、云南、贵州、湖南、湖北、四川、海南等28所社院和江苏民建、吉林民建、民进等单位,共计71人参加了研讨会。省委副书记苏荣、中央社院常务副院长赵广在开幕式上讲话。省政协副主席、省委统战部部长赵家治、副部长张鸿梅、中央社院教务长张先义出席了开幕式。会议期间,中央统战部研究室副主任罗广武为与会者作了学术报告。研讨会入选论文64篇,会上交流22篇,中央社院学报1999年第9期发了专刊。这次研讨会对于总结交流各地社院在邓小平统一战线理论教学中的经验和研究成果,探索统一战线理论的教学方法,深入研究邓小平新时期统一战线理论的基本观点和科学体系,不断提高社院教学和科研水平都起到了积极的推动作用。

纪念《中共中央关于坚持和完善中国共产党领导的多党合作和政治协商制度的意见》颁发10周年研讨会

由中央社会主义学院、中共中央统战部一局、八个民主党派中央宣传部、重庆社会主义学院联合举办的"纪念《中共中央关于坚持和完善中国共产党领导的多党合作和政治协商制度的意见》颁发10周年研讨会”，于1999年11月3日至6日在重庆社会主义学院举行。来自中央统战部、中央社会主义学院、各民主党派中央宣传部、各省市区统战部、民主党派、社会主义学院的领导和专家学者等60余人参加了研讨会。会议共收到论文40多篇，其中有20篇论文在大会上宣读。

全国部分地市社会主义学院工作研讨会

受中共中央统战部委托，由中共本溪市委统战部、本溪市社会主义学院举办的“全国部分地市社会主义学院工作研讨会”，于2000年5月14日至16日在本溪市召开。来自全国15个地市（直辖市区）统战部、社会主义学院的41位代表出席了会议，会议又特邀辽宁、北京、上海、天津、云南、湖南、河南、江苏、山东等9个省及直辖市以及广州、武汉等副省级市社院的领导和同志到会参加研讨。中央统战部统一战线干部培训领导小组办公室主任胡洪宝，中央社院副院长王钧广、副教务长李景源等同志也到会，并分别就社院的改革和建设、发展等问题作了研讨发言。

这次会议的指导思想是：以邓小平新时期统战理论和党的十五大精神为指导，紧密结合21世纪统一战线工作及党外代表人物队伍建设的实际，着重就地市社院的任务、地位和作用，地市社院的现状、特点和优势以及地市社院的建设与发展等问题进行了深入的研究与探讨。与会同志一致认为，这次会议时间虽短，但达到了明确目标、统一思想、振奋精神、推动工作的预期目的。

社会主义学院建设与发展研讨会

2000年7月28日至31日，中央统战部委托中央社会主义学院和内蒙古自治区社会主义学院在内蒙古社院召开了“社会主义学院建设与发展研讨会”。中央统战部、中央社院、北京、陕西等四个省区统战部及22所社院的代表共58人参加了会议。会议得到了内蒙古自治区党委和区党委统战部的高度重视与支持，自治区党委副书记王占同志出席大会开幕式并讲话，自治区政协副主席、统战部长谭博文和自治区人大副主任陈瑞清等领导出席开幕式。中央统战部秘书长于泽荣参加会议并讲话。中央社院党组副书记、副院长游洛屏作会议小结。中央统战部干部培训领导小组办公室主任胡洪宝作了题为《对21世纪社会主义学院发展若干问题的思考》的发言。

会议以邓小平理论为指导，认真学习贯彻江泽民同志在全国党校工作会议上的讲话，联系统一战线和社院实际，总结了《1996—2000年全国统一战线干部培训规划》的贯彻落实情况和社院建设与发展的经验，深入分析研究了新世纪社院建设与发展面临的形势和任务，学习参照国内外继续教育、干部教育的成功经验，研讨了制定2001—2005年培训规划的有关问题。大家还以高度的责任感，对当前与今后的干部培训和社院工作提出了意见和建设。与会同志一致认为，研讨会开得圆满成功，达到了预期目的。

中国暨辽宁·日本中小企业和私营经济21世纪合作与发展研讨会

2000年8月10日至12日召开了由辽宁社院主办，日本国立命大学经济学部、辽宁省政府发展研究中心、省非公有制经济研究会协办，日本国际交流基金赞助的“中国暨辽宁·日本中小企业和私营经济21世纪合作与发展研讨会”。来自中日两国的60余名专家学者围绕中日中小企业和私营经济在本国经济发展中的地位作用、面临的问题和原因，以及新世纪两国中小企业的交流与合作等问题进行了深入交流与研讨。省政府副省长刘克田、日本国驻沈阳总领事馆总领事渡边英雄参加研讨会开幕式并致辞。辽宁社院院长徐继舜在会上做了主题报告。会议获得圆满成功。

21世纪非公有制经济发展与统一战线理论研讨会

2000年10月10日至12日，辽宁社院与中央统战部五局、中央社院、辽宁省委统战部联合举办并由辽宁社院具体承办了全国性的“21世纪非公有制经济发展与统一战线理论研讨会”。来自全国统战系统的50余位代表，广泛深入地探讨了21世纪非公有制经济发展给统战工作带来的新情况、新问题，并就如何做好21世纪我国非公有制经济领域统战工作等问题进行了深入探讨。会议取得积极成果。

面向新世纪我国政党制度建设理论研讨会

2000年10月27日至28日，“面向新世纪我国政党制度建设理论研讨会”在北京社院举行。这次研讨会是根据世纪之交爱国统一战线和多党合作事业发展的需要，由中央统战部一局和北京社院联合举办的。研讨会以邓小平新时期统一战线理论为指导，对新世纪到来之际，我国政党制度建设面临的新情况、新问题，特别是如何坚持、完善和发展中国共产党领导的多党合作和政治协商制度，加强民主党派思想政治工作面临的挑战和对策等问题进行了较深入的研究和探讨。

中央统战部常务副部长刘延东、民进中央副主席楚庄、北京市政协副主席卢松华出席会议并在开幕式上讲话。出席会议的还有中央社会主义学院常务副院长于泽荣、北京社会主义学院院长傅镇岳，及中央统战部、全国政协、北京市委统战部、各民主党派、中央社会主义学院、部分省、市、自治区统战部、社会主义学院、部分高校和科研机构的有关专家学者60余人。本次研讨会共收到论文70余篇。

华东地区社会主义学院教研培训工作研讨会

2000年11月2日至9日，“华东地区社会主义学院教研培训工作研讨会”在合肥召开。会议的主题是：以邓小平统一战线理论为指导，研究和探讨新形势下进一步搞好社会主义学院教学、科研和培训工作的思路和方法；分析21世纪社会主义学院工作面临的形势和任务，展望跨世纪的社会主义学院建设与发展战略。来自华东六省一市和云南省社会主义学院的院领导和有关同志共23人参加了会议。中央统战部干部局、中央社会主义学院的有关同志出席会议。安徽省政协副主席、省委统战部部长、省社会主义学院院长秦德文出席会议并讲话，他强调社院华东片会的召开对社院建设发展有积极作用，社院的教研培训工作对于社院进一步发展具有重要意义；阐述了社院在新世纪所要承担的重要任务。他还全面介绍了安徽的省情、省社院的情况。

与会代表经过深入研讨，取得了以下共识：第一，社院对于培训的对象、班次、时间要有规范，加强社院教学培训工作的正规化建设；建立完整的社院教材体系，通过编著教材培养锻炼教学科研人才，提高教学效果和科研水平；中央统战部、中央社院应在社院教学培训工作的规范性、科学性方面加强指导力度。第二，社院要注重提高“三化”：一是在教学上要实行现代化、自动化，提高教学效果；二是在干部队伍中实行优化组合，使教职工各尽所能、各尽其责，提高他们的积极性；三是在行政管理工作上实行决策科学化，使所制定的学院规章制度力求规范科学。第三，社院在坚持正确的办学方向中，也要加强教学科研工作的时效性、针对性。21世纪的发展日新月异，国际国内形势的变化对社院提出很高要求，社院要以教学为中心，使教学科研工作更贴近统战实践，增强时效性、针对性，充分发挥社院接近群众、接近实际的优势，在新时期统战工作中发挥更大的作用。

全国晏阳初教育思想学术研讨会

2000年11月28日，“全国晏阳初教育思想学术研讨会”在湖南社院召开。参加会议的有全国政协委员、原湖南省政协主席刘正，全国政协委员、原湖南省政协副主席龙禹贤，中国地方教育史志研究会会长、中央教科所原所长周玉良，国家督学、原师范司司长孟吉平，国家督学陈白玉，省教育厅副厅长朱俊杰博士，省教委原党组书记冯象钦，省教育厅原副厅长刘欣森等领导，以及来自北京、上海、四川、河北、重庆等多省的学者，共120多人。

统一战线与中华民族凝聚力学术讨论会

由中央社会主义学院、中共广东省委统战部、广东省社会主义学院和广东中华民族凝聚力研究会联合主办的“统一战线与中华民族凝聚力学术讨论会”于2000年12月19日至21日在广东省社会主义学院举行。广东省政协副主席、省委统战部部长、广东社院院长彭禹贤，原广东省政协副主席杨应彬、郑群、黄浩、祁烽、曾近义、杨奎章，原广州市政协副主席司徒梅芳，中央社会主义学院原副院长任涛、教务长张先义，广东社院副院长黄炎辉、卜鼎焕、邓洪军等出席了大会。来自中央、北京、山西、重庆、天津、青海、内蒙古、福建、新疆、陕西、贵州、吉林、浙江、湖北、上海、广西、山东、黑龙江、河北、四川、广东、广州、深圳等23所社会主义学院以及广东省部分高校和科研单位的专家学者围绕主题展开了热烈的讨论。大会共收到论文40篇。

第四次全国社院学报工作研讨会

2000年12月20日至22日由中央社会主义学院在北京召开了“第四次全国社院学报工作研讨会”。有27个省市社院的18位院长和40多位代表出席了会议。这次研讨会的主题是：以邓小平理论为指导，深入学习、贯彻全国统战工作会议精神，总结各社院的办刊经验，促进全国社院系统的学报在21世纪再上一个新台阶。中央社院常务副院长于泽荣在开幕式上作了关于《深入学习贯彻全国统战工作会议精神，办好社会主义学院学报》的报告，中央统战部宣传办副主任党五涛到会并讲话，中央社院副院长王钧广作了会议总结。

科 研 经 验

中央社会主义学院科研工作情况和基本经验

中央社会主义学院复办特别是20世纪90年代以来，全体教学科研人员在院党组和院领导的高度重视和直接领导下，全面落实“以教学为中心，以科研为基础”的办学指导思想，在努力提高教学质量的同时，加大邓小平理论和新时期统一战线理论研究的力度，适应统战工作跨世纪发展的需要，紧密联系统战工作和培训工作的实际，围绕重点、难点、热点和新问题，深入调研，集中力量，协同攻关，取得了一批科研成果。

一、主要的科研成果

（一）完成教材和参考材料的编写

1.《新中国统一战线基本教程》、《建设有中国特色社会主义理论专题教学提要》、《邓小平专题理论教学大纲》、《中华文化概要》、《统一战线理论概要》等。

2.《邓小平文选索引》、《科学社会主义经典著作导读》、《建设有中国特色的社会主义理论疑难问题解答》、《邓小平理论教学实践与探索》、《高举邓小平理论伟大旗帜，全面跨入新世纪》、《统一战线教学学习文献》等。

3. 承担的部编教材：《中国各民主党派简史》、《民族问题简明教程》、《中国民主党派建设概论》、《统一战线简明教程》、《邓小平理论概论》、《社会主义市场经济理论与实践》、《中华文化概述》、《统一战线疑难问题》、《统一战线文献选编》、《中国近代简史》、《中国共产党与各民主党派合作共事事例选粹》、《经济领域统战工作概论》等。

（二）完成科研项目

1. 完成国家项目4项：《正确处理社会转型期的人民内部矛盾问题》、《邓小平关于社会主义现代化建设政治保证思想研究》、《中国传统文化与有中国特色社会主义文化建设》、《邓小平与马克思主义中国化》；另有两个项目正在实施中：《中国特色的政党制度》、《博弈论在国有企业经营管理人员选拔聘用中的应用研究》。

2. 完成院级项目31项：《民主党派自身建设的理论与实践》、《周恩来与统一战线》、《把握精神实质，努力开拓进取》、《文明的冲突与对话》、《统一战线论丛》、《统一战线思想史》、《统一战线干部教育培训工作手册》、《邓小平统一战线理论读本》、《世纪之交的历史抉择》、《知识分子与中国社会变革》、《统战理论与实践问题解答》、《新时期统一战线工作中党外知识分子工作的理论、方针和政策的探讨》、《中华文化与智慧谋略》、《影响中国历史的一百人物》、《中国知识分子大裂变》、《新中国统一战线五十年》、《全国统战专业报刊目录》、《中国传统文化的历史阐释与现代价值》、《全国社院系统馆藏统战图书联合目录》、《中华文化学院文库》（第一辑）、《中国传统文化与有中国特色社会主义文化建设》、《港澳台及海外华人华侨学者论中华文化》、《文明冲突论与中国文化发展战略》、《中国传统文化与西方文化》、《中华文化在海外的传播与影响》、《中西文化碰撞中的马克思主义》、《儒家价值观与东亚经济发展》、《先秦儒学与中国传统文化》、《儒学与梁漱溟的人生哲学》、《庄子与中国传统文化》等。

3. 完成部室所级项目20项：《发展是硬道理》、《邓小平新时期统一战线理论与实践》、《中国古典名著故事丛书·史记·社会生活卷》、《中国古典名著故事丛书·史记·军事外交卷》、《现代新儒学与宋明理学》、《共和国统一战线风云》、《民族政策科学导论》、《我国多党合作的历程》、《无党派人士俞颂华评传》、《资治通鉴新注》、《史记精言妙语》、《史记文献研究》、《少年版史记》、《中国历史文选导读》。译著：《大自然的权利》、《时间》。参与合译：《苏联解体亲历记》、《尼克松晚年谈话》、《马来西亚总理马哈蒂尔演讲集》、《冒险的岁月——埃德加·斯诺在中国》等。

此外，据粗略统计，中央社院教学科研人员编写专题大纲12种，约53万字；在全国各类报刊发表论文461篇，约276万字；与院外人员合作出版编著、译著、合著多部，截至2000年12月，编辑出版《中央社会主义学院学报》99期；主编、合作主编、编制资料4种，约60万字，初步形成了有社院特色的图书资料文献库。

二、主要的学术活动

中央社院复办以来特别是近些年来学术活动活跃，其中比较大型的学术活动有：

1. 1997年6月，与中央统战部一局、各民主党派中央和湖南社院联合举办了《民主党派自身建设理论与实践学术研讨会》。

2. 1997年11月，与中央统战部六局、江苏社院联合举办了《新时期党外知识分子工作理论研讨会》。

3. 1998年3月，与中央统战部、重庆社院联合举办了《周恩来统一战线思想与实践研讨会》。

4. 1998年10月，与陕西社院联合举办了《全国社院图书资料工作研讨会》。

5. 1998年12月，与中央统战部四局联合举办了《纪念党的十一届三中全会召开二十周年，深入学习邓小平理论教学工作研讨会》。

6. 1999年8月，与云南社院联合举办了《新中国统一战线五十年征文及学术研讨会》。

7. 1999年11月，与中央统战部一局、各民主党派中央和重庆社院联合举办了《纪念中共中央14号文件发表10周年学术研讨会》。

8. 2000年10月，与中央统战部五局、辽宁社院联合举办了《21世纪非公有制经济发展与统一战线理论研讨会》。

此外，中央社院部分教师还参加了一些国际或全国性的有影响的学术活动和出国考察、调研活动。

上述学术活动由于得到了中央统战部领导和有关厅局室的直接支持和具体指导，院领导的高度重视，加上邀请了一批有影响的专家、学者，会前进行了认真准备，会议组织严密，提交的论文水平较高，因此，这些会议都开得非常成功，社会影响比较大，对推动统战理论研究，推动社院系统科研工作的开展、提高教学质量和培养教学科研队伍，更好地为统战工作服务，起到了促进作用。

三、评优和获奖情况

按照中央社院《评定奖励优秀科研成果办法》的规定，在院学术委员会主持下，从1996年以来，每年都颁发《学术论文发表奖》，已有69人次、124篇获奖；两年一次的评选优秀著作、优秀论文工作已于1999年1月开始进行，第一次评选从学术委员会成立以来三年中的17部著作、226篇论文中评选出优秀著作6部、优秀论文12篇、优秀论文提名7篇，并予以通报表彰，对调动教学科研人员学术研究的积极性起到了推动作用。

近年来，中央社院有20多人次在全国性的优秀著作和优秀论文评奖中获得奖项。

四、抓好科研工作的基本经验

第一，把科研选题和教学专题结合起来，为培训党内外两支干部队伍服务。中央社院始终强调科研工作要紧密结合统战工作的实际，为教学服务。要围绕教学需要，认真研究热点、难点和重大理论问题，不断增大教学科研的含量。与此同时，抓好课题立项，积极申请国家项目，与中央统战部《统一战线理论研究规划》课题紧密结合，狠抓重点，实施精品战略。通过开展科研学术活动，努力实现江总书记对中央社院提出的“在统一战线学术研究方面达到更高水平和应有的权威性”的要求。

第二，通过抓科研锻炼提高师资队伍，以适应社院跨世纪发展的需要。建设一支立场坚定、功底扎实、学风严谨、师德高尚的教师队伍，是社院发展的基础环节。充分发挥老教授、专家、学者在科研上的传帮带作用，加大对中青年教师的培养力度，加强管理，严格要求，正确引导，培养良好的师德和良好的学风。重视调动教学科研人员的积极性，根据他们的兴趣和专长，确定专业方向，根据学科建设的需要，确定合理的人才结构，使其潜能尽可能充分发挥出来。

第三，建立健全科研组织和制度，实行科研课题招投标制，逐步形成一套行之有效的竞争、激励、约束机制。充分发挥院学术委员会的作用，尊重学术带头人的意见和建议，创造宽松和谐的学术环境，鼓励学术争论和讨论，鼓励多出有创新、有说服力的高水平成果。加强科研管理，坚持科研成果的专家评审制度，保证科研成果质量。促进科研成果向教学的转化，努力提高教学水平。同时，创造条件，保证科研投入，加强经费管理，使科研经费真正用到出科研精品上。

第四，各级领导重视，指导思想明确。中央统战部领导和学院领导十分重视科研工作，明确提出了“以教学为中心，以科研为基础”的办学方针，注意调动教学科研人员的积极性和全院各部门支持科研工作的自觉性。院领导多次参加科研工作和学术委员会会议，亲自指导，具体安排，给教学科研人员很大的鼓舞。

进入新的世纪，中央社院提出了新的五年科研规划，并有决心、有信心在院党组的领导下，振奋精神，开拓创新，与时俱进，使科研工作再上新台阶。

上海市社会主义学院科研情况介绍

坚持正确的舆论导向和正确的学术研究方向，努力创造良好的学术研究氛围，精心设计课题，积极组织力量，认真开展学术活动是我院多年来一直坚持的科研方向和方法。近年来，共举行了25次大型学术研讨会和若干次小型座谈研讨会及不定期地举办学术沙龙活动。

一、关注重大课题，深化理论研究

我院重点开展了对党的三代领导人的统一战线思想的学习、研究与宣传。召开了“毛泽东统一战线思想”研讨会（1993年）、“周恩来统一战线思想”研讨会（1996年、1998年），1994年（两次）、1995年和1997年分别举行了“邓小平统一战线思想”和“第三代党中央领导集体对统一战线理论的贡献与发展”的学术研讨活动，形成了对我党三代领导人统一战线思想理论的系列研究。拓宽了研究范围，从更高的理论层次上加深了对新时期邓小平统一战线思想的理解。

党的十五大以来，我国的政治、经济和社会各个方面发生了新的变化，统一战线面临着新的形势。我院及时组织了“十五大精神与跨世纪的统一战线”、“所有制结构的调整与非公有制经济的发展”两次学术研讨会，对跨世纪统一战线的特征、所有制结构调整对我国社会生产力发展和社会结构的影响，以及在新形势下如何做好非公有制经济代表人士工作等问题，进行了深入的研讨。

结合上海统战工作的实际，突出统战理论研究的特色，对民主党派、海外统战、统一战线为精神文明建设服务等问题进行了研讨，先后举行过“参政党的理论与实践”、“海外学人与统一战线”、“统一战线与精神文明建设”、“多党合作和民主党派建设”等学术研讨会。

结合一些重大的纪念活动、庆祝活动，积极开展学术研究。在纪念抗日战争胜利50周年、党的十一届三中全会20周年、建国50周年和上海解放50周年等活动时，举行了“抗日民族统一战线与爱国主义”、“十一届三中全会的历史功绩与统一战线”、“庆祝上海解放50周年”、“新中国50年与统一战线”等学术研讨会，认真总结统一战线的历史经验，探讨未来的发展趋势。

1997年和1999年，我国政府分别对香港、澳门恢复行使主权，围绕这两次重大的政治活动，我院举行了“一国两制与香港回归”、“一国两制与澳门回归”学术研讨活动，以理论研究的成果庆祝这两大盛事，同时以此为契机，深化了对邓小平“一国两制”理论的学习与研究。

爱国主义是统一战线的一面旗帜。我院组织了“中华民族凝聚力”研讨会，组织了由海内外学者参加的“杜重远学术思想”研讨会，弘扬爱国主义精神。

世纪之交，我院着眼于新世纪统一战线的发展，进行理论探讨。2000年3月举行了

“国际国内形势与统一战线发展趋势”座谈会；6月举行了“国际国内形势与人民政协的发展趋势”的座谈会；11月举行了“三个代表与统一战线”学习讨论会。从理论上分析问题，提出建设性的意见。

二、联合社会力量，研究疑难问题

改革开放以来，随着统一战线的不断发展，在统一战线理论研究中出现了一些难点、热点问题。我院从1996年开始，组织30余名专家学者、统战干部研究统战理论疑难问题。1996年我们连续两次举行统战理论疑难问题论证会，分别邀请外省市社院和本市的专家学者对初稿进行论证。《统一战线疑难问题研究》由上海社科院出版社出版。1999年，中央统战部教材编审委员会，将“统一战线疑难问题”列为重点课题。

三、深入调查研究，指导促进工作

调查研究是统战理论研究的基础，是连接实践和理论的纽带。1999年，我院同市委统战部组成调研组，通过走访、座谈等方式，对“新形势下的统战工作”和“我国的政党制度”进行了深入的调研。调研报告报送中央统战部后荣获二等奖。其中一部分同志的观点建议，通过简报送到党政机关领导部门，得到了充分的肯定。

四、采取多种形式，宣传政策理论

采取学习座谈、时事讲座、学术沙龙等多种形式宣传政策理论。1995年、1996年我院举行了两次“学习江泽民关于台湾问题讲话”的座谈会；1998年、1999年、2000年我院根据形势需要，邀请国际问题专家就“中美关系问题”、“科索沃战争后的国际形势”、“澳门回归问题”、“中国加入WTO问题”、“世纪之交的国际形势”等举行时事报告会；我院还通过学术沙龙这种比较灵活的形式，邀请学者主讲宗教知识、台湾信息、知识经济等问题。

五、认真编辑书刊，努力多出成果

我院在各项学术研究的基础上，积极组织力量，编辑出版了《统一战线十二讲》、《邓小平统一战线理论概述》、《香港澳门概况》、《社会主义学院教学研究文集》（三集）、《统战理论讲稿选编》、《民主党派大事概述》、《爱国统一战线学习文件选编》（四编）、《社会主义学院学习参考资料》等各种学习书刊。

理论研究的意义在于应用，应用的关键是抓好成果转化。这是我们在大量的学术研究中一直坚持的工作基础。

吉林省社会主义学院科研成果介绍

（一）以教材建设为重点，共组织编写或参编教材15部，主编或参编专著3部。1983年吉林省政治学校复办后，培训中使用的学习参考资料都是自编的。1986年建院后，随着教学工作的规范化，教材建设的工作便提到日程上来。1989年，我院开始抓教材的编写，并以此推动科研工作的开展。5月，由副院长赵庆久和教务处、教研室等9名同志编写的《新编统战知识问答》，约18万字，内部出版。12月，由我院宋春礼任主编、与部分党校和大专院校合编的《统一战线理论专题讲座》，约18万字，大连出版社出版发行。这两本书被应用到教学中，受到学员的欢迎。1990年，为了鼓励和调动教学人员参加科研活动，我院制定了《关于教学人员编写教材、科研活动的管理办法》。5月，由我院教研室2人参编的《马克思主义哲学教程》出版发行。同时，我院采取与兄弟社院和统战系统合作编书的办法，加快教材编写的步子，在全国社院系统产生了广泛的影响。7月，由我院赵庆久、刘铁成任主编，与省委统战部和省各民主党派合编的《民主党派成员手册》，约27万字，中国展望出版社出版发行。1991年7月，由我院刘铁成任主编，8所社院合编的《统一战线理论教程》，约24万多字，吉林大学出版社出版发行。1992年3月，由我院刘铁成、广东社院卜鼎焕任主编，11所社院合编的《中国政党制度概论》，约21万字，吉林人民出版社出版发行。10月，由我院邴文举、孙信任主编，10所社院合编的《中国共产党统一战线史》（1949—1991），约25万字，吉林人民出版社出版发行。10月，由我院邴文举、陈辅逵任主编，12所社院和院校及吉林省宗教局合编的《民族理论与政策》和《宗教理论与政策》，约43万字，延边大学出版社出版发行。11月，由我院邴文举、刘熙芳和李树有任主编，19所社院和部分省、市委统战部合编的《统战领导学》，约28万字；14所社院和部分省、市委统战部合编的《统战管理学》，约26万字，吉林人民出版社出版发行。1993年1月，由我院韩忠金、孙信任主编，9所社院合编的《中国民主党派简史》，约26万字，延边大学出版社出版发行。10月，由我院邴文举、陈辅逵和广东社院卜鼎焕任主编，13所社院合编的《经济领域统战工作理论与政策》，约13万字，吉林人民出版社出版发行。1994年5月，由我院韩忠金、孙信任主编，7所社院合编的《中国共产党统一战线史》（1921—1949），约20万字，吉林人民出版社出版发行。12月，由我院教研室摘编并内部出版了《邓小平论统一战线》，约6万字。至此，我院的培训教材基本配套，对提高教学质量起到了十分重要的作用。在省第三次统战理论研讨会上，由我院组织编写的《民主党派成员手册》、《统一战线理论教程》、《中国政党制度概论》、《民族理论与政策》、《宗教理论与政策》、《统战领导学》、《统战管理学》等7部书，获大会优秀成果奖。此外，1997年2月，我院孙信和中央社院贾平安主编的《中国知识分子大裂变》，由民主与建设出版社出版发行；1998年11月，由中央社院姜汝真、贾平安、张树桐、我院孙信和内蒙社院郑伯华编著的《统一战线思想史》，约33万字，吉林人民出版社出版发行，此书系吉林省“八五”社会科学重点科研项目，是国内第一部全面系统地阐述统一战线思想发展历史的专著。

（二）采取“请进来，走出去”和以老带新的方法，加大了统战理论研究的力度，共发表论文228篇。一是，请进来，在我院举办的全国部分省、市社院“邓小平统一战线思想研讨会”和“《邓小平新时期统一战线理论学习纲要》教学研讨会”，我院入选论文8篇；在我院举办的省统战系统、大专院校部分单位“统一战线与社会主义精神文明建设理论研讨会”，我院入选论文8篇。二是，走出去，积极参加中央统战部、中央社院和兄弟社院共同举办的“民主党派自身建设理论与实践座谈会”、“党外知识分子工作理论研讨会”、“周恩来统一战线思想和理论研讨会”、“《新中国统一战线50年》统一战线理论研讨会”和“21世纪非公有制经济发展与统一战线理论研讨会”，我院入选论文13篇，获优秀论文奖4篇。其中，《21世纪非公有制经济发展十大趋势》获优秀论文一等奖，《论执政党在参政党自身建设中的作用》被评为优秀论文奖。三是，发挥统战理论骨干作用，积极参加省内举办的“统战理论研究会”、第二、三、四、五次“省特色理论研讨会”、“香港回归与邓小平统一战线思想研讨会”、“台湾政治走向与我们的对策专题研讨会”，我院入选论文20篇，获奖论文8篇。其中，《发挥统一战线的协调功能，创造安定团结的政治环境》获省统战理论研究会优秀成果二等奖；《社会主义市场经济条件下人生价值取向》获“省第二次特色理论研讨会”二等奖，并被收集在《邓小平与中国》一书中；《宗教与社会稳定》、《中国共产党领导的多党合作和政治协商制度与社会稳定》，在长春市“稳定、改革、发展与统一战线理论研讨会”上，被评为优秀论文。四是，通过参加科研活动，以老带新，调动了教研人员的积极性，在省级以上报刊发表论文160多篇，其中，7篇论文被《求是》内刊登载和《新时期党建文库》、《世纪之交的思考——当代中国领导干部文集》、《特色社会主义文库》、《跨世纪战略丛书》等大型文集收入，《从“八字”方针到“十六字”方针——统一战线指导方针的升华》获中共中央统战部宣传办主办的“回眸50年，迈向新世纪”全国统一战线大型征文优秀论文奖。五是，拉动了教学、后勤管理、图书馆建设等方面的科研工作，发表论文12篇，获奖论文2篇。《浅谈社院的班次设置》、《坚持“三个为主”，抓好“四个环节”，办好短期学习班》、《深化后勤改革，加快“三个基地，一个中心”建设》，在中央社院学报发表。《在新形势下发挥社会主义学院图书馆作用的思考》被大型文库《中国科学管理文萃》收载。

（三）将科研成果应用到教学中，带动教学水平的提高。以论文《论邓小平统一战线思想的基本特征》而形成的“邓小平统一战线思想”专题讲座，在培训班上讲授，受到好评。以论文《市场经济条件下人生的价值取向》而形成的“统一战线与社会主义精神文明建设”专题讲座，应用到教学中，得到肯定。

（四）推动了教师队伍建设，教学水平和科研能力明显提高。通过科研活动，以老带新，给专题，压担子，锻炼培养了年轻教员，大都具备了独立研究课题的能力，有的担任了主编或副主编，发表了多篇较高质量的论文，授课满意率达95%以上。

重庆社会主义学院科研成果介绍

学术研究是一个院校得以生存和发展的生命力。社会主义学院作为中国共产党领导的统一战线性质的高等政治学院、民主党派和无党派人士的联合党校，其学术研究的价值在于通过对党的统一战线经验和教训的总结，针对新形势下统一战线出现的新情况、新问题，进行理论的创新，从而指导统战工作实践。从1956年我院创办到1984年复校以前，由于强调“团结、教育、改造”，谈不上真正意义上的学术研究。1984年复校以后，随着我院教学改革的不断深化，特别是1998年9月学院科研处的建立，我院的科研工作逐渐步入正规化管理的轨道。为了使我院的科研工作规范化、制度化，学院科研处制定出台了

《重庆社会主义学院科研工作管理试行条例》、《重庆社会主义学院科学基金项目经费管理暂行办法》、《重庆社会主义学院社会科学研究规划项目管理暂行办法》和《重庆社会主义学院社会科学研究课题指南》等基础性文件。在建章立制的基础上，科研处积极组织、引导我院的社会科学研究工作，结合我院的自身特点，制定了我院社会科学研究五年规划和年度计划，坚持对教研人员科研工作量进行年度考核，开展优秀社科成果评奖工作，鼓励专兼职科研人员积极撰写论文、著书立说，参加院内外学术研讨，积极申报院级、市级及全国社科课题。1999 年，由我院科研处处长、副教授罗振建任课题组长的专著《统一战线学研究》首次参加了重庆市社科研究课题申报；2000 年，院级社科课题申报也正式开展，由我院科研处处长、副教授罗振建任课题组长的专著《统一战线学研究》、由我院副院长华渝生任课题组长的专著《非公有制经济统战工作》及我院图书馆副馆长罗萍的论文《论图书分类标引工作》参加了申报。目前，我院拟成立院学术委员会，为我院的社会科学研究创造一个良好的学术研究环境。

在规范化、正规化、科学化的管理下，我院教学科研水平日益提高，理论研究成果显著，在注重“量”的同时，加强理论的深度研究，力争做到“质”和“量”的有机统一。截至 2000 年 12 月，我院专兼职教研人员 11 人共发表社科论文 210 多篇，参编著作 11 部，其中，有近 50 篇论文获得中央级、省部级社科优秀论文奖或被大型理论文集收录转载。如我院党组书记、常务副院长、教授戴孝庆同志撰写的《论公有制的实现形式》、《马克思主义哲学原理和周恩来统一战线思想》两篇论文先后获得重庆市政府颁发的重庆市第一次、第二次社会科学优秀科研成果评选三等奖；原我院院长章剑、政治处副处长尹红同志撰写的《充分发挥人民政协的职能作用，做好知识分子工作》；科研处处长、副教授罗振建同志撰写的《进一步发挥人民政协在参政议政中的基础性作用》、《团结与民主：人民政协的两大主题》先后获重庆市人民政协理论研讨会二等奖；教研室副主任、副教授陈洪金等同志撰写的专著《我国企业文化的理论与实践》获重庆市第四届优秀社科成果政府三等奖等等。此外，由戴孝庆同志主编的反映中国在世界反法西斯战争中的重大贡献的专著《中国远征军入缅抗战纪实》、我院副院长华渝生同志撰写的《古今中外道德生意经百例》、副院长黄祯重主编的《史记》故事丛书等著作也相继出版发行。与此同时，积极组织开展学术研讨活动。1997 年、1998 年、1999 年我院连续三年分别承办了“第五次省（区、市）社会主义学院后勤工作会议”、“周恩来统一战线思想与实践研讨会”和“纪念《中共中央关于坚持和完善中国共产党领导的多党合作和政治协商制度的意见》颁发 10 周年研讨会”三次全国性的研讨会；复办 16 年来，我院有近 60 人次参加全国、省、市有关学术研讨活动。由于我院在统战理论研究方面独树一帜，逐步成为我市统战理论的研究基地。回顾我院科研历程，基本的经验是：重视科研工作的基础性地位和作用，加强对科研工作的领导是前提和关键；加强对科研工作的规划、管理、协调、检查是中心环节；积极开展学术交流活动是载体；建立和完善科研规章制度，发挥广大教研人员的积极性、主动性和创造性是保证。

我院科研工作仍处于起步阶段。新世纪、新形势、新任务，要求我们进一步加强对统一战线中的重要理论问题和实际问题的研究，把科研工作提高到一个新的水平。新世纪统战理论研究任重而道远！

加强科研管理工作的几点做法

湖南省社会主义学院

近几年来，我院根据自身的性质和特点，按照江泽民同志提出的“努力造就一批真正熟悉人物和历史，精通党的统一战线理论和政策的专家”、“要在统一战线的学术研究方面达到更高的水平和应有的权威性”的要求，努力抓好科研队伍、科研体制、科研管理、科研基地等一系列基础性建设，取得了明显的成效。我们主要采取了如下一些做法：

一、端正指导思想、强化科研意识

要建立一支政治坚定、素质优良、富有开拓精神的科研理论队伍，首先应从端正指导思想入手，必须以邓小平理论特别是邓小平新时期统一战线理论为指导，充分调动全院教师搞科研的积极性、创造性，研究探索建立社会主义市场经济体制过程中统一战线出现的新情况、新问题及相应的新对策，研究党外干部和统战干部如何进一步提高整体素质等问题。为此，学院将科研列入重要日程，从五个需要的高度强调科研的重要性：搞好科研是跨世纪统一战线和实施科教兴国战略决策的需要；是努力办出社会主义学院特色的需要；是造就高素质教师队伍的需要；是促进教学提高培训质量的需要；是使教育培训工作更好地为改革开放和现代化建设服务的需要。在这一基础上，按照我院四大块（马列主义基本理论特别是邓小平理论，新时期统一战线理论和政策，国内外形势和党的路线方针政策，科技文化、法律、计算机操作等应用基础知识）相结合的布局，制定了切实可行的科研计划，把全院的科研力量组织起来，选好课题，定人定位定责，协作攻关。

二、健全组织机构，营造科研氛围

我院目前虽然因编制的限制，只有三个处室（教务处、人秘处、行政处），但为了加强对科研工作的领导，学院建立和健全了层层抓科研的机制：首先是由主持工作的副院长亲自挂帅抓科研，另由一名副院长管教学和科研。其次，教务处对教务和教研进行了合理的分工，理顺关系，保证科研力量。第三，在全院范围内，对其他处室有科研能力的同志进行了认真的组织，形成了一支由院长负责、处室专管，全院参与的科研队伍。第四，是与省委统战部、省政协、各民主党派省委的有关研究机构建立联系渠道，经常联合开展统战理论研究活动。第五，走出去，请进来，组织社院的干部教师和省会各界的统战理论工作者共同开展课题研究，编辑出版统战著作。近年来，我们采用这种办法，编写了《统一战线论》、出版了《毛泽东、周恩来、邓小平的统战艺术》等一批专著，营造了一个浓厚的科研氛围。

三、突出特色，抓住重点，集中优势搞好攻关

从我院的情况看，由于人员少，力量单薄，要全面开花是不可能的，必须从社院的实际出发，采取“突出特色，抓住重点，集中优势兵力搞攻关”的战略方针。所谓突出特色，就是根据社会主义学院既不同于普通高等院校，又有别于一般的成人教育学院的特点，突出其“统战性、理论性、实践性”。首先是统战性，这是社会主义学院教学科研的一大特点和优点，是与其他院校相区别的重要标志，这是由社会主义学院的性质、任务决定的，科研工作必须突出这一点。其次是理论性，就是要在研究深度上下功夫，如果没有一定的理论深度，就无助于丰富和发展新时期的统一战线科学理论，无助于提高学员的政治素质、理论素质和分析问题、解决问题的能力，当然也谈不上科研的价值。至于“实践性”，是马克思主义学风的本质要求，也是科研工作生命力的体现，只有扎根于实践的土壤，才能使我们的科研工作在为改革开放和现代化建设及党的统战工作服务中发挥它的权威性。在突出特色的基础上，我们联系湖南的实际，根据我院教师的特长，围绕江泽民同志提出的“要在统一战线的学术研究方面达到更高的水平和应有的权威性”的要求，确定了“邓小平理论中的统一战线思想”等十二个重点课题。并根据所选课题组织了攻关小组。与此同时，与省统战理论研究室和全省的九五科研课题衔接，把院内与院外、系统内与系统外、自我为主与申报国家课题有机地结合起来，既突出了特色，又抓住了重点，使集中优势兵力攻关落到了实处。

四、坚持老中青结合，搞好“专业定位”、“专题落实”

为了使社院教学培训工作朝着“正规化、有特色、高层次”的方向迈进，我们根据社院的性质、特点，在科学地界定教学内容、合理设置课程、逐步形成有特色的教学体系的基础上，坚持以老带新、老中青相结合，做到人人有专题、个个有任务，使“专业定位，专题落实”与科研项目密切挂钩。实践证明，中青年教师要从根本上提高教学水平，必须进行科研工作，以科研促教学。教学中的难点就是科研的重点，攻破难点就等于进入了科研。近年来，我们将全院老中青三个层次的教师都按照教学和科研的总体任务要求，逐个逐个进行了“专业定位”、“专题落实”，使每个教师有了一个明确的目标和任务，有力地促进了全院教学科研队伍素质的提高。

五、加强科研协作，建立开放的科研体系

社院既是统战系统“两支干部队伍”的学习培训基地，也是统战理论和学术研究的阵地。为此，我们坚持“联合党校联合办”的方针，除了抓本院的科研建设外，还与各地市州委统战部和社会主义学院以及省各民主党派、工商联建立密切的联系，在联合办学中建立科研基地，把各地市州委统战部工作中的热点难点问题和各民主党派的调研课题作为我们科研的重要内容。近几年我们协同省委统战部和省工商联联合开展了民营经济研究，成立了民营经济研究会；与各民主党派开展了参政党建设理论的研究，与各地市州开展了党外干部工作的调查研究，产生了一批优秀的调研成果。此外，我们还与中国政法大学、中央民族大学、华中师范大学以及省电大、省高等院校建立了长期联系与合作关系，前四所高校都在我院设有教学点或函授站。这样做，既为我省经济建设培养了人才，使我院的教学设施和教育培训功能得到了充分发挥，取得了显著的社会效益，也促进了我院教学科研的开展。实践证明，经常与社会各学术单位、实际工作部门和兄弟院校加强联系与协作，开展调查研究和学术交流，加强科研信息情报工作，建立全方位的开放的科研体制，是促使社院科研上水平的重要举措。

六、搞好配套服务，建立各种激励机制

我院为了加强对科研工作的领导和管理，除了针对科研本身所做的工作外，还注意搞好各类配套服务。近几年来，学院先后为科研上台阶办了一系列实事：一是创办院刊，及时反映院里的教学情况和科研动态，使之成为学习、研究和宣传统战理论与政策的重要阵地，成为反映我院教学、科研的园地；二是定期组织教师下基层搞调研，让教师掌握第一手资料；三是充实图书资料室，加强科研信息情报工作，努力把图书馆办成具有社院特色的多功能现代化的综合性文献资料信息中心，更好地为教学科研服务；四是开辟电脑室，学院购置了586电脑35台，要求每个教学科研人员都能使用，为搞好科研提供了方便；五是通过“走出去，请进来”，一方面定期组织教学科研人员参加各种培训，另一方面请一些专家、学者和优秀科技人才来院里传经送宝；六是组织教学科研人员参加院内外举办的各种学术研讨会和学术交流活动。近几年来，我们先后组织教学科研人员参加了十多个学术会议，撰写各类论文50多篇，出版专著5部。为了及时表彰教职工的科研成果，学院还制订了《科研奖励条例》，每年颁奖一次。

抓好科研，推动教学工作登上新台阶

黑龙江省社会主义学院

黑龙江省社会主义学院自1984年9月恢复建院之后,几届领导班子都十分重视科研工作。特别是自1991年以来,学院领导认真贯彻江泽民同志给中央社会主义学院贺信中关于社会主义学院要“在统一战线的学术研究方面达到更高的水平和应有的权威性”的重要指示,不断加大科研力度,带领和组织教学科研人员抓科研促教学,实现了教学科研双丰收。近十年来,我们自行编辑出版理论、专业书籍8部,参与省级科研项目编写出版7部著作,与兄弟院校合编教材4本,在省级以上报刊发表专论文章78篇。我们通过科研实践活动,培养和锻炼了教师队伍,提高了教学质量,在抓科研促教学方面积累了一些经验。

一、把科研工作摆上位置，抓在手上

科研工作在社院建设中占有极其重要的地位，尤其是在理论教学中，科研工作的先导作用更为明显和突出。近几年来，我们克服畏难情绪和无所作为的思想，坚持把科研工作当做加强社院建设的一件大事，摆上位置，抓住不放。主要作法是：

1. 当做大事，纳入日程

我院几届领导班子都十分重视科研工作的开展，把科研纳入学院重要议事日程。在1984年恢复办院时，我们设置了统一战线研究所，创办了《统战论丛》院刊，为教学科研人员提供了发表研究成果的园地。特别是近年来的办学实践，更使我们认识到，搞好科研是提高教学质量，锻炼教师队伍，出成果、出人才的重要保证。对科研方面的重大问题都由院长办公会议讨论，年初制定计划，下达科研课题，落实到各处室和每个科研人员，并把它列入个人岗位责任制的考核之中。为加强对科研工作的组织领导，决定由统一战线研究所代行科研处的职责，负责督促和考核，年终进行评比奖励。

2. 领导带头，共同攻关

几年来，学院领导班子在科研工作上坚持率先垂范，以身作则。他们既是科研活动的组织者，又是参加者。他们热心科研工作，带头编写专著和理论文章，把学院的科研工作不断推上新的台阶。十年来，院领导带领处科级中层干部和教师先后编写和参编了《中国共产党党务工作大辞典》、《中华人民共和国政务工作大辞典》、《统战学辞典》、《统战工作500例》、《对台工作手册》、《台湾风情》、《中国民主党派工商联建设概论》、《统战理论十二讲》、《中国资本主义工商业社会主义改造（黑龙江卷）》、《邓小平建设有中国特色社会主义理论教程》和《中国民主党派工作辞典》等11部书，三百多万字。

学院领导的带头，激发了教学科研人员的科研热情，他们除了完成本院的科研任务外，还与兄弟院校和科研机关合作，参编了《统一战线理论教程》、《领导决策学》、《民族理论与政策》、《宗教理论与政策》、《中国共产党统一战线史》、《中国统一战线大事记本末》等著作。还在国家级刊物发表论文8篇，其中有3篇论文被《世界宗教》、《新华文摘》、《求是学刊》等有影响的刊物全文转载。

对于重大课题，院领导组织全院教师、科研人员共同攻关。1994年由孙连全、杜永生同志牵头编撰的《中国民主党派工作辞典》一书，被列为黑龙江省社会科学“八五”规划重点项目。在时间短、任务重的情况下，为了高质量地完成这本书的撰写工作，我们组织了全学院有科研能力的人员，分成若干个小组，每个小组承担几个部分，立目的词条由小组集体研究，分头撰写。整个书稿的统编统审和审校工作全部由本院人员承担。在领导的带动及全院科研人员的共同努力下，该辞典以较高的水平、较高的质量，在《中共中央关于坚持和完善中国共产党领导的多党合作和政治协商制度》发表5周年之际出版发行。在出版座谈会上，与会的省有关领导、各民主党派省委领导和专家学者给予了高度评价，一致认为，这部辞书为黑龙江省社会科学研究和统战理论研究增加了新成果，为黑龙江省出版界出好书增加了新成果，为黑龙江省增了光。

3. 全力支持，予以保证

学院领导对科研工作始终给予全力支持，在人、财、物上保证科研工作顺利进行。一是在资金上给予必要的资助。1991年以来，学院每年都拨出一定的科研经费资助编书和出版《统战论丛》院刊。1995年是经费投入最多的一年，达到十几万元，占财政预算的三分之一。二是在工作时间上，实行弹性管理。对有科研任务的人员，允许外出查阅资料，或在家撰写书稿，时间由自己支配。三是对重大的科研项目，在人力上给予保证，必要时动员有科研能力的教职工分工协作，共同完成科研任务。

由于领导重视，身体力行，并采取了一系列保证措施，我院科研工作得以顺利开展，取得了一定的成绩。

二、注重实效，紧密结合教学实际搞科研

注重实效，是我院近年来抓科研工作的一个根本指导思想和显著特点。近几年，我们一直注意把教学中遇到的“难点”、“热点”作为科研重点，力求有所突破，有所创新。同时，注意把科研成果及时应用于教学实际，不断提高教学质量。

1．结合教材需要开展科研工作

根据社院性质和特点，学院在教学内容上主要以建设有中国特色社会主义理论和统一战线理论为主。但是，几年来一直没有固定、系统的教材。为使教员在讲课中能有所遵循，使讲课内容系统化、条理化，学院组织两个教研室的教员，先后对两大基础理论进行了全面研究，在结合教学实际的基础上，编写了《统战理论十二讲》、《邓小平建设有中国特色社会主义理论教程》两本教材。1996年，我们为适应统战干部培训和开办大专函授班教材的需要，又决定由研究所牵头，组织编写《统战理论简明教程》，力争年内出书。同时，还提出了加强两支队伍培训的科研课题。这种围绕教材基础建设开展的科研活动，不但使教员讲课有了基本的依据，而且还可以发给学员作为学习参考，初步形成了本院相对固定的较为系统的教材体系。

2．结合教学“重点”、“热点”搞科研

在改革开放的形势下，新问题层出不穷。社会上反映强烈的一些问题，也往往是教学中的重点和热点。对此，我们组织教员有针对性地对重点、热点问题进行研究，既出了成果，又促进了教学。

90年代初，由于东欧剧变、苏联解体，引起一些人困惑不解，甚至有的人对社会主义失去信心，对我国的改革开放政策也产生怀疑。针对这些问题，我们安排教员就国际共产主义运动的形势、历史经验和教训以及中国的社会主义前途等问题，从理论与实践上进行深入研究，写出了《和平演变的考验与战胜和平演变的有利条件》等论文，在培训班上讲了《九十年代与中国的社会主义》等专题课，使学员澄清了一些模糊认识，坚定了改革开放、建设有中国特色社会主义的信心。

改革开放以来，非公有制经济蓬勃发展，从业人员队伍也迅速壮大起来，成为我国社会结构中一个新的利益群体。为了更好地贯彻“团结、帮助、教育、引导”的方针，迫切需要对非公有制经济代表人士进行有计划的培训。过去，我们的教员对非公有制经济及其从业人员接触不多，了解得也少。但由于教学工作需要，我们组织教员对非公有制经济发展进行专题研究，同时，我们对民族宗教问题也进行了专题研究，对这些问题，都写出了一批专题论文，先后在报刊上发表了《转变观念发展非公有制经济》、《非公有制经济的地位和作用》、《关于我省个体私营经济发展态势的思考》、《关于非公有制经济人士政治需求的几点思考》等文章。这些成果用于教学，收到了较好效果。

民族与宗教的问题历来比较敏感，近几年腐败问题也成为人们关注的焦点。我们结合教学，对这些问题进行了专题研究，先后发表了《关于民族问题的思考》、《论宗教的社会适应性》、《对宗教社会凝聚力的剖析》、《传统道德与中华民族凝聚力》、《宗教与保持社会安定团结的关系》、《在整个改革开放过程中都要反对腐败》等论文，这些成果，充实了教学内容，提高了授课质量，很受学员欢迎。

我们体会到，结合教学的重点、热点问题开展科研工作，以科研成果充实教学内容，不仅起到了科研、教学双丰收的效果，而且也是提高教员业务水平的有力措施。

3．结合重大历史和现实问题开展科研

紧密围绕重大历史和现实问题开展科研工作，是丰富教学内容，提高教学质量的重要一环。

1995年，是世界反法西斯战争和中国抗日战争胜利50周年。我们组织教员学习了抗日战争史和抗日民族统一战线史，并就抗日民族统一战线问题进行专题研究，撰写了5篇论文。其中《抗日战争时期美国对中国共产党政策转变及其原因初探》、《国共两党第二次合作是抗战胜利的重要条件》、《简论中国共产党建立抗日民族统一战线的客观依据》等3篇论文，被推荐参加了在江苏社院召开的理论研讨会，并在江苏省统战理论刊物《江苏统战》上发表。

为了适应培训工作需要，我们组织教学科研人员开展邓小平统战理论基础的专题研究，撰写了《邓小平统战理论研究论纲》、《邓小平为恢复坚持和发展党的实事求是思想路线做出了巨大贡献》、《对“一国两制”构想的理论价值和时代意义的思考》等6篇论文。其中《从求实、创新、超越特点上探析邓小平统战理论的哲学意蕴》等两篇文章，推荐参加了中央社院和吉林社院召开的邓小平统战思想研讨会，得到了好评。

此外，我们还结合社院教学管理、后勤管理、图书馆建设等开展了科研工作。

在教学管理上，我们撰写了《开拓进取，抓好教师队伍建设》、《学员自己管理自己问题初探》和《我院教学工作的几点作法》等文章，对加强教学管理问题进行了深入探讨，并在新疆自治区社院召开的部分地方社院教学管理研讨会上作了介绍。

在后勤管理上，我们加强了如何坚持以教学为中心，发挥后勤保证作用的研究，先后撰写了《运用辩证唯物主义的方法做好后勤工作》、《运用马克思主义哲学观点做好后勤工作》、《谈谈后勤工作的最大难题与对策》等论文，分别在武汉、吉林地方社院后勤工作研讨会上作了介绍。

在图书馆建设上，我们除在硬件上为科研人员提供图书资料做了大量工作外，还在软件上开展图书馆正规化、科学化和信息化的研究，先后撰写和发表了《关于社会主义学院图书馆建设的思考》、《小型专业图书馆的改革》等5篇论文。其中《浅谈社会主义学院图书馆的信息服务工作》一文，在东北地区党校系统第五次情报年会上荣获一等奖。

三、科研促进教学，成果显著

科研工作的深入开展和科研成果的实际应用，有力地推动了教学工作。比较明显的效果就是锻炼了教师队伍，提高了教学质量，提高了社院的知名度。

1. 培养了一批年轻教师，建立起一支比较精干的能够承担教学、科研任务的师资队伍

通过科研活动，年轻教师开阔了眼界，增长了知识，积累了经验，提高了理论、政策、业务水平，提高了逻辑思维能力和表达能力。有的年轻教员已经具备独立研究课题的能力，能够发表较高质量的论文，担任编撰著作的主编和副主编。这些科研成果运用到教学上，大大地增强了年轻教员讲课的信心，也提高了讲课质量。目前，8名年轻教员都已经走上讲台，有的已成为教学骨干，承担了主要课程。由于教学工作量饱满，也推动了教师职称评定工作的顺利进行。几年来，在本院晋升正副教授（研究员、副编审）9名，除调走2名、退休1名外，现有正副教授7名（其中有2名是院内兼职的教授），讲师7名，形成了一支高中级配套的比较精干的教师队伍。

2. 教学质量有了显著提高

科研工作的开展，极大地促进了教学质量的提高，教员通过参与科研活动，提高了理

论政策水平。特别是通过编撰教材和结合教学重点、难点开展的专题研究，使教员能对所承担的专题课程有比较全面的理解。他们在大量查阅资料，反复深入的研究过程中，对所研究课题的历史现状，最新动态及重点、难点、核心问题等，都能有一个系统的了解和深刻的认识。经过锻炼，有的年轻教师由没讲过课到上台讲课；由逻辑性不强、层次不清到重点突出、条理清晰；由内容干瘪、呆板到材料充实联系实际，生动活泼，学员比较满意，取得了较好的培训效果。

3. 扩大了社院的影响，提高了社院的知名度

通过抓科研促教学，学院教师素质发生了明显的变化。过去，我们在办学上是“专兼结合，以兼为主”，主要课程大都是外请教员，本院教员上不了台。经过几年的努力，教师政治业务素质有了很大的提高，目前已实现了专兼结合，以专为主。不但一些主要课程由本院自己承担，而且还把一些年轻教员推上了讲台，收到了较好的效果。有些教师在讲课上不仅形成了自己的特色，而且成为科研带头人。省内一些干部院校、成人高校和各民主党派举办的培训班，都请我们的教员去讲专题课，产生了很好的社会影响。1995 年，省委教育领导小组和省教委根据我们的师资力量和水平，批准我院开办了经济管理专业研究生课程进修班和统战专业、经管专业大专函授班，其中大专函授班的课程全部由本院教师承担。这不仅是一个突破性的变化，而且也提高了社会主义学院在外界的知名度，使其地位和影响发生了很大的变化。

社会主义学院学报

概　　况

《学报》是高等院校教学科研工作乃至学院总体建设不可或缺的组成部分，是反映高等院校教学科研的重要学术窗口。由于社会主义学院是统一战线性质的高等政治学院，作为社会主义学院的学报则是反映学院统一战线理论研究成果、宣传党的统一战线方针、政策的重要阵地，是开展统一战线理论研究的重要部门，在推动统一战线理论研究、引导学术研究方向、宣传统一战线的新形势新局面、展示统一战线最新研究成果方面具有举足轻重的作用。

1982 年中央社会主义学院复办，随着教学科研工作的发展，学院迫切需要一份刊物，来反映学院的教学科研成果。1988 年中央社会主义学院的《统战理论教学》创刊（内刊），这就是《中央社会主义学院学报》的前身。1990 年 1 月，《统战理论教学》更名为《中央社会主义学院学报》（双月刊），公开发行。之后，随着各省市社会主义学院教学科研工作的发展，省市社会主义学院的学报也相继创刊，其中创刊较早的有上海社会主义学院的《上海统战理论研究》、四川社会主义学院的《求同论坛》、陕西社会主义学院的《陕西社会主义学院学报》、贵州省社会主义学院的《贵州省社会主义学院学报》、黑龙江省社会主义学院的《统战论丛》等。

近些年来，由于党中央对社会主义学院的重视，社会主义学院各项事业得到了空前大发展，尤其是社会主义学院的教学科研工作有了很大发展。因此，各省市社会主义学院相继创办了学报，且基本上都是公开发行。截止到 2000 年底，全国省、直辖市、自治区社会主义学院学报共有 21 家，另有浙江社会主义学院、青海社会主义学院与省委党校合办学报。还没有创办学报的省市社会主义学院也正在积极筹办。此外济南市、广州市、青岛市等社会主义学院也都有自己的学报。

中央社会主义学院学报

《中央社会主义学报学报》是中央社会主义学院主办的、以刊登统一战线理论以及相关学科理论研究成果为主要内容的社会科学理论刊物。学报创刊于 1988 年 7 月，创刊刊名为《统战理论教学》（内刊）。创办《统战理论教学》的宗旨是：反映统战理论教学和研究成果，交流信息，促进新时期统一战线理论的研究，推动社会主义初级阶段统一战线理论和实践的发展；另外，反映和交流社会主义学院的办学经验，推动社会主义学院教育事业的发展。《统战理论教学》1988 年共出两期，为试刊。1989 年为季刊，每期 48 页。

1991 年 2 月，经国家新闻出版总署批准，《统战理论教学》更名为《中央社会主义学院学报》，并向海内外公开发行。每两月一期，每期48页。顺应全国各级社会主义学院教学科研工作的不断发展，1997年《中央社会主义学院学报》改为月刊，每期48页。此后，《中央社会主义学院学报》的发行量不断增加，社会影响不断扩大。《学报》1996年被确定为“中国政治类核心期刊”，2000年被确定为“中国人文社会科学类核心期刊”，是国家火炬计划《中国人文社会科学引文数据库》、《中国学术期刊综合评价数据库》来源期刊，是国家火炬计划《中国期刊网》、《中国学术期刊（光盘版）》全文收录期刊，是《中文社会科学引文索引》来源期刊。

《中央社会主义学院学报》自创刊至今，在推动全国社会主义学院的教学科研工作方面，在宣传党的统一战线理论、方针、政策方面发挥了重要的作用。《中央社会主义学院学报》已成为各级社会主义学院和各级党校教师、统一战线工作者、社会科学工作者以及党政干部了解统一战线以及相关学科最新理论成果的重要窗口。《中央社会主义学院学报》目前开放的主要栏目有：统战理论与实践，多党合作理论研究，人民政协工作，知识分子问题，民族问题与宗教问题，非公有制经济，统一论坛，邓小平理论研究，中华文化，理论探索，观察与思考，人物专访，教学园地，学员论坛等。

《中央社会主义学院学报》的指导思想是：高举邓小平理论伟大旗帜，坚持党的基本路线和基本纲领，坚持正确的政治方向和舆论导向；为建设有中国特色社会主义服务，为党的中心工作服务，为党的统一战线事业服务，为社会主义学院的教学科研和建设服务；贯彻百花齐放、百家争鸣方针，坚持以科学理论武装人，以正确的舆论引导人，为爱国统一战线提供有力的精神动力和理论支持。

《学报》的目标是：根据我院特点，紧紧围绕大团结、大联合的统一战线主题，突出《学报》的政治性、理论性、时代性、可读性的特色，将《学报》办成一份高质量、高档次、有特色、规范化，在全国人文科学类学术期刊中有较高知名度和较大影响的刊物，使《学报》成为我院的一个重要学术窗口，成为统一战线理论研究的权威刊物。

《中央社会主义学院学报》办刊的基本经验是：

1．全面提高《学报》质量

党的十五大在讲到新闻出版工作时，把“提高质量”作为一项重要任务提出来。为了贯彻落实这一重要精神，提高《学报》质量，我们努力做到以下几点：一是在办刊过程中，始终以马列主义、毛泽东思想、邓小平理论为指导，坚持质量第一的思想，强化“严格管理、重在质量”的办刊意识，认真贯彻党和国家的各项方针政策，始终坚持正确的政治方向和舆论导向。二是贯彻“双百”方针，弘扬社会主义时代主旋律，以科学的理论武装人，以正确的舆论引导人，为繁荣社会主义文化和发展党的统一战线事业做贡献。三是严格遵守宪法和法律，严格遵守党和国家有关新闻出版的方针、政策和法规，严格执行《期刊管理暂行规定》等期刊管理办法和制度，严格按照办刊宗旨办刊。四是坚持精品原则，刊登的文章论点明确、论据充分，并具有创新性、探索性和较高学术价值。在编辑出版工作中，严格按国家新闻出版总署颁布的《社会科学期刊质量管理标准》执行，五是强化编辑人员的质量意识，组织编辑进行政治理论学习和业务知识学习，把平日经常性的学习与集中培训相结合，使他们的政治思想水平和编辑业务水平不断提高，在编辑工作中能够选好稿，编好稿，把好关。

2. 树立精品意识，办精品《学报》

对于《学报》来说，“精品”就是思想内涵丰富、学术水平高、文化含量高、语言文字水平高、编校精到、装帧设计美观大方的学报，在内容上表现为满足读者要求，贴近时代主旋律，引导社会思想走向和学术研究走向，有丰富的文化内涵以及扎实的理论底蕴；在形式上表现为新颖别致、富有现代感的装帧设计，科学合理的编排体系和正确规范的表达文字；价值效益上表现为社会效益和经济效益的最佳结合。

内容是《学报》的灵魂和关键，《学报》将努力搞好选题策划，每期努力做到精心组稿、选稿、编稿，在编辑工作中，以创造精品为出发点，以提高稿件质量和增进效益为目的，努力使所编的稿件内容精深、精到。

在内容精到、编校精当的基础上，努力提高封扉设计、版式设计、排版、用纸、印刷、装订的水平，力求内容和形式完美结合，努力提高学报的整体形象。从稿件质量、装帧设计到印制装订层层把关，使学报成为精品。

3. 建立一支高素质的编辑队伍是《学报》发展的根本保证

“未来出版业的竞争、技术的竞争、资金的竞争、价格的竞争，最根本的还是人才的竞争。”造就一支高素质的学报编辑队伍，是《学报》发展的根本保证。知识经济的发展和激烈的市场竞争对学报编辑人员提出了更高要求，要求他们既是某一学科的“专才”，又是博通相关学科和编辑业务的“通才”；既要有策划、文字能力，又要有宣传、组织才能；既要懂全部编辑流程，还要通晓出版法规和知识产权、著作权，以至电脑电子出版等方面的知识。没有高素质的编辑人员，就不会有一流的期刊，所以，培养一支“政治强、业务精、作风正”的编辑队伍，是《学报》出精品，上档次的决定性条件。

加强《学报》编辑队伍建设一是要选好人，通过考试，聘任那些作风正、责任心强、有事业心、专业水平高、理论功底扎实、有较高文化素养的人来做编辑工作。二是用好人，要知人善任，用人之长，做到人尽其才，才尽其用。三是培养好人，加强编辑人员的上岗培训工作，提高编辑的综合素质，包括理论水平、政策水平、语言文字水平，版式设计能力等方面，在三年内，争取所有人都到国家新闻出版总署培训中心轮训一遍，每人都持证上岗。四是鼓励编辑人员参加学术会议，了解当前的学术动态和理论热点问题，在编辑工作中紧扣时代和理论热点，体现出学术导向。

4. 加强改革，完善《学报》内部管理规定

所有的改革，关键是人事制度的改革和分配制度的改革。配合学院的各项改革，编辑部争取实行岗位聘任制，考聘结合，对不能胜任工作的编辑人员不再聘任；建立奖惩机制，体现出奖勤罚懒，奖优罚劣的原则，建立和完善各项规章制度，建立和完善《学报编辑工作规程》、《学报人员岗位职责》、《编辑人员考核制度》等学报内部管理文件，使《学报》编辑部职责清、赏罚明。

5. 逐步实现编辑工作的现代化和网络化

为了适应国家学术期刊信息化，网络化，自动化的要求，编辑工作必须实现计算机化，尽快实现稿件登记、审核、编辑、出版、发行、管理统计及期刊主页管理等办公自动

化。目前在CNKI中心网站已设立了网上投稿采编系统平台，在该平台上，可实现作者网上选刊投稿，编辑部自主阅稿录用，及审稿编辑网络化，这对于加快编校速度、提高编校质量，广泛查寻、浏览、获取信息，拓展办刊思路具有重要作用。

河北省社会主义学院学报

《河北省社会主义学院学报》经国家新闻出版署批准，于2000年9月起面向全国公开发行。该刊物是由河北省社会主义学院主办的、具有统一战线性质的综合性政治类期刊。其办刊宗旨为：坚持以马列主义、毛泽东思想、邓小平理论为指导，贯彻落实党的路线、方针，宣传统战理论政策，交流研究成果和工作经验，为党的统一战线事业服务，为坚持和完善中国共产党领导的多党合作和政治协商制度服务。《河北省社会主义学院学报》贯彻“百花齐放、百家争鸣”的方针，突出理论性、学术性、统战性的特色。主要栏目有：专论特稿、理论园地、知行纵横、调查研究、热点研究、观察思考、求同论坛、人物专访、社院建设、特色教学、中华文化、燕赵之旅、素质教育、净友群言、论点选摘、编译参考、百科讲座、读书笔记、信息交流等。《学报》（含公开发行前办的《院刊》）已出版发行了15期，约95万字。

山西社会主义学院学报

《山西社会主义学院学报》创刊于1990年4月（其前身为《山西社会主义学院院刊》，山西省内部期刊）。1998年11月经国家新闻出版署批准，山西省新闻出版局以新出报刊下发（1998）162号文件，正式批准我院创办学报。刊名：《山西社会主义学院学报》；刊号：CN14－1239/D（后办理国际标准刊号为ISSN1008－9012）；刊期：季刊。

《山西社会主义学院学报》的创立经历了三个阶段：第一阶段，1985—1989年试办《山西社会主义学院工作通讯》，主要反映本院教学工作情况，供学院内部参考；第二阶段，1990—1998年经山西省新闻出版局批准，创办省内正式期刊《山西社会主义学院院刊》；第三阶段，1999年至今，由《院刊》转为《学报》，由内部期刊成为向国内外发行的我省统一战线系统惟一一份公开刊物。从1990年成为省内正式期刊算起，学报经历了12个年头，截止2001年9月底，共出刊46期，累计发表各类文章1000余篇，360余万字。

为了适应正规化办刊的要求，特别是为了提高办刊质量，扩大社会影响，增加信息量，争创一流，山西社会主义学院党委和领导对学报工作给予了高度重视。组织了由学院书记、院长担任主任，副书记、副院长担任副主任，具有高级专业技术职称和有教学科研经验的人员为成员的编辑委员会；聘请省委分管领导，有关部门领导和各民主党派、工商联分管宣传工作的负责人为高级顾问和顾问；设立了由院长直接领导的学报编辑部专门机构，并安排两名具有高级专业技术职称的人员专职负责学报编辑工作。

《山西社会主义学院学报》是适应新时期统一战线工作需要和社会主义学院正规化、规范化办学的要求创办的。12 年来，在省委有关部门和领导的关心支持下，在历任院领导的高度重视下，由于社会各界、各民主党派、党外人士及兄弟社院的热心帮助，今天已成为国际国内公开发表的刊物，并成为我省统一战线理论研究和宣传的一个重要窗口。《山西社会主义学院学报》以马列主义、毛泽东思想、邓小平理论和江泽民同志“三个代表”的思想为指导，以宣传党的基本路线、方针、政策，特别是党的统一战线路线、方针、政策，弘扬中华文化为宗旨，积极开展统一战线理论和实践的研究以及统一战线历史、人物的研究，开展统一战线教学经验的交流与探讨，同时结合我国的政治经济形势，积极宣传党的各项方针、政策。尤其是从 1999 年《山西社会主义学院学报》由内刊转为国家正式期刊后，我们坚持办刊宗旨，严格按照新闻出版部门规范化办刊的要求，把社会效益放在第一位，从政治标准、业务标准、编辑标准和出版标准四方面严格要求，确保质量。因而得到社会各界和党外人士的欢迎以及兄弟社院和同行的好评。

按照江泽民同志社会主义学院一定要“在统一战线理论研究方面更具权威性”的要求，《山西社会主义学院学报》作为山西社会主义学院的一个窗口，力争从形式到内容上办出自己的“特色”，并在统战理论研究方面“具有权威性”。几年来，为了宣传党的方针、政策，我们结合形势，适时设立专栏，登载专稿；围绕统一战线这一特色，开辟了“统一战线理论研究”、“政协工作论坛”、“党派工作”、“民族与宗教”、“台湾问题研究”等栏目；结合山西实际，开辟了“科技兴省”、“调查建言”、“山西统战”等栏目；为促进社院工作，开辟了“学习与研究”、“社院建设”、“教学与研究”、“图书馆建设”等栏目。办刊过程中，我们每期侧重几个不同的栏目，请名家和有学术造诣的专家学者撰文，发表了许多有较高学术价值的科研论文，为进一步推动我院的教学培训和科研工作，巩固和发展我省的爱国统一战线做出了积极贡献。

内蒙古社会主义学院学报

《内蒙古统战理论研究》杂志（双月刊）创刊于 1984 年，至 1997 年底，由内蒙古党委统战部主办。从 1998 年开始，由内蒙古党委统战部、内蒙古社会主义学院主办。《内蒙古统战理论研究》杂志是指导全区统一战线工作的党刊，兼有社会主义学院学报职能。其宗旨为：以邓小平理论为指导，大力宣传新时期爱国统一战线和党的统战方针政策，研究探讨统战理论、统战工作和社院教学工作，报道统战系统先进人物及事迹，传播统战信息，兼容经济、法律、科技、文学艺术等方面的知识。

栏目有：卷首语、专特稿、多党合作、参政议政、邓小平理论研究、民族宗教、非公有制经济、广求善策、西部视点、工作研究、企业统战、论苑、海峡两岸、专题报道、绿茵、同心谱等。

截至2000年底，《内蒙古统战理论研究》杂志已出刊101期，2000年发行3800份。

本刊主要做法：

1.《内蒙古统战理论研究》是由社院与统战部合办，既有理论探讨，又有工作研究，内容充实，理论联系实际，二者相得益彰。

2. 利用统战系统网络扩大发行量，拓展宣传面，提高经济收入；依据党刊性质，争取一定的经费支持。

3. 围绕宗旨，适当选取一些趣味性、知识性、可读性强的文章，以增强刊物的市场竞争力。

4. 建立通讯员队伍，扩大稿源，举办培训班，提高稿件质量；建立表彰制度，提高统战系统发行人员的积极性，扩大发行量；注重编辑人员的素质培养，努力提高刊物质量。

5. 在刊物品味、质量、栏目、四封设计、版面设计等方面努力进行创新。

辽宁省社会主义学院学报

经国家新闻出版署批准，《辽宁省社会主义学院学报》于2000年12月公开出版。这是学院发展史上值得书写一笔的大事。

《辽宁省社会主义学院学报》是辽宁省社会主义学院主办的政治性、统战性、理论性、学术性相统一的刊物。办刊宗旨是：以马列主义、毛泽东思想、邓小平理论为指导，按照江泽民总书记给中央社会主义学院的贺信中提出的社会主义学院要“在统一战线学术研究方面达到更高的水平和应有的权威性”的指示精神，围绕党和国家的中心工作，围绕统一战线大团结、大联合的主题，围绕坚持和完善中国共产党领导的多党合作和政治协商制度，围绕提高统一战线“两支队伍”的思想政治素质和提高社会主义学院办学水平，组织研究并发表理论研究成果。《学报》站在统战理论与实践的前沿，大力宣传党的统一战线理论与政策；充分反映统一战线理论与实践中的新情况、新问题、新经验、新成果；充分反映辽宁省各民主党派、工商联和无党派人士同共产党亲密合作、参政议政和加强自身建设的理论与实践；充分反映辽宁省社会主义学院教育正规化建设、教学和理论研究的新动态、新成果；充分反映国内其他省市统战系统尤其是社会主义学院系统教学培训和理论研究的新动态、新成果、新经验。努力把《辽宁省社会主义学院学报》办成学习、研究、宣传党的统一战线理论的园地，展示学院教学科研成果的窗口，统战系统交流理论学术研究成果的载体。由此，促进我院教学科研水平的不断提高，促进我省统战理论研究工作的进一步发展。

《辽宁省社会主义学院学报》是辽宁省统一战线高等政治学院、辽宁省民主党派和无党派人士联合党校的校刊。其宗旨要坚持为统一战线服务，为民主党派和无党派代表人士服务，为提高统一战线“两支队伍”素质服务，为学院教学科研服务。《辽宁省社会主义学院学报》栏目不确定，一般分为社院建设、统一战线理论与实践、多党合作、民主政治建设、知识分子问题、非公有制经济研究、领导科学、学员论坛等。新世纪，我们要坚持正确的办刊方向，把握统战理论与实践研究的重点，增强刊物的时代感和活力，突出自己刊物的特色，提高办刊的质量，为巩固和发展新世纪的统一战线，不断谱写新的篇章。

吉林省社会主义学院学报

《吉林省社会主义学院学报》是经国家新闻出版署批准，由吉林省社会主义学院主办的国内公开出版发行的以统战理论研究为主的社会科学类期刊（季刊）。它是宣传统一战线理论方针政策的喉舌，是民主党派和无党派人士联合党校的学术园地，是展现统一战线理论研究成果的窗口，是增强统一战线凝聚力和影响力的桥梁和纽带。我们努力在马列主义、毛泽主思想、邓小平理论的指导下，办出社会主义学院学报的特色，使其具有鲜明的政治性、理论性和学术性，为发展最广泛的爱国统一战线服务，为培训统一战线两支干部队伍服务。

《吉林省社会主义学院学报》为 48 页，共设有 10 个栏目：（1）特稿；（2）理论研究；（3）民主党派建设；（4）人民政协；（5）知识分子问题；（6）海外统战论坛；（7）精英风采；（8）理论研究信息或热点话题；（9）非公经济或民族问题；（10）社院建设等。

首刊于 2001 年一季度末出版发行。

《吉林省社会主义学院学报》坚定不移地坚持以邓小平理论为指导，认真落实江泽民总书记提出的以科学理论武装人的任务，牢牢把握正确的舆论导向，为统一战线在新世纪的巩固和发展提供思想保证和精神动力；其次，要确立理论创新的意识和观念，既注意选题内容的前沿性、理论性，特别是对统一战线在新世纪的发展趋势、热点、难点问题的研究，又要下功夫强化统一战线理论政策方针宣传的科学性、生动性，不断提高学报的质量；第三，要确立理论为实践服务的观念，坚持为完成新世纪的三大任务服务，为巩固和发展爱国统一战线服务，为社会主义学院的科研与教学服务；第四，要强化品牌意识，突出学报的形象建设与品牌战略，优化和强化社会主义学院学报的特色，组织发表一批有深度、有分量的文章，为中华民族的伟大复兴，争取人心，凝聚力量；第五，要建立一支高层次的作者队伍，特别是要组织和拓展一批在统战理论研究方面有造诣、有创新意识，文风严谨的中青年作者，扩大学报的社会影响，提高学报的学术水平。

我们深知办好学报的不易，因此，我们要积极探索，努力开拓，注意学习中央和兄弟社院的办刊经验，并热切地期望得到领导、同仁、读者和作者的热心关怀、指导、帮助和支持，共同努力把我院学报办成一份“高层次、正规化、有特色”的学报。

黑龙江省社会主义学院学报

《黑龙江省社会主义学院学报》创刊于学院复建之初的1985年。学报原名《统战论丛》，为内部发行的不定期刊物，先由学院办公室主办，后由科研所承办，无专职编审人员。1998年12月改为《黑龙江省社会主义学院学报》，经国家新闻出版署批准，在国内外公开发行。《学报》为季刊，16开本，每期48页，印数1000份，经费由学院自筹，到2000年底已出刊23期。编辑部有专职工作人员4人（兼做学院科研处的工作）。《学报》的主要栏目有：邓小平理论研究，统战论坛，参政党理论与实践，多党合作与政治协商，人民政协，民族宗教，非公有制经济，台、港、澳之窗，中华文化，统战人物，社院建设，学员论坛等。

《学报》的宗旨是：在马列主义、毛泽东思想和邓小平理论的指导下，宣传和研究新时期统一战线的理论与实践，坚持为社会主义学院的教学与科研服务，为巩固和发展爱国统一战线服务，为发展经济，建设有中国特色的社会主义祖国服务。

总结几年的办刊经验，有如下几点体会：

1．领导重视和领导的认识水平是办好《学报》的关键

创办一个刊物或办好一个刊物，涉及因素较多，但其中最关键的问题是领导是否重视，而领导的认识水平高低又是关键的关键。

《学报》的前身《统战论丛》创刊于1985年，当时在全国社院系统是较早的一个，在学院恢复办学之后，又有了科研阵地，应该是个好的开端。但是由于认识不高，致使院刊时断时续，有钱就办，无钱就停，创刊十年多刊物没有起色。1998年院领导班子调整后，加强了领导，摆上了日程，加大了投入，使刊物起死回生，越办越好，主管副院长胡春艳亲自抓，副院长乔红光保证经费开支。党组书记杨育光强调“科研是立院之本，学报是科研阵地，一定要办好”，要求尽快办成优秀期刊。现在《学报》国内外公开发行是领导重视和支持的结果。

2．健全机构是办刊的组织保证，提高编辑人员素质是办好刊物的重要条件

1998年以来，由于领导重视，使编辑部的组织建设得到了加强。设立正式机构，和科研处一套人马，两块牌子，任命了主编，成立了编委会，聘请了顾问，选派了干部充实编辑部。《学报》编辑部现有教授一人，副教授一人，讲师和编辑各一人，实现了编制到位，学科对口。为提高编辑素质，我们先后两批参加了省新闻出版局主持的培训班，做到了持证上岗。

3．正确定位是办刊的重要前提，风格与特色是学报的灵魂

期刊定位是形成刊物风格与特色的导向，风格与特色是刊物的灵魂。社院学报的生命力在于是一个独具特色的具有明显个性风格的期刊，社院学报的特色是统一战线性质，个

性风格则表现在业务方针和文风上的民主氛围。由于我们坚持做到这一点，使《学报》在全国期刊之林有一席之地。我们先后被黑龙江文科学报学会、东北地区文科学报研究会，中国人文社科学报学会吸收为会员，在全国社院期刊研究会中被选为理事。

4.《学报》的生命在于质量，树立精品意识是提高质量的前提

《学报》质量的高低，直接关系到该校在社会上的地位和影响，也直接关系学报的发展。质量是刊物的生命，精品意识是提高质量的思想基础。在这一点上我们坚持了“三审”“三校”制度，又实行了“第一读者”制度，严把质量关，使《学报》质量一期比一期好，在全省社科刊物质量评估中，我院学报榜上有名。

上海市社会主义学院学报

《上海统战理论研究》是由上海市统战理论研究会和上海市社会主义学院联合主办，是会刊与学报合二为一的刊物，以研究、宣传、探索统战理论为主题，创刊16年，出版72期。刊物发行以来，较好地起到了宣传党的统战方针政策理论的阵地、发表统战理论研究真知灼见的论坛、培养统战理论研究人才的园地、联系统战干部和统战理论工作者的纽带的作用。

我们非常重视刊物的学术水平和理论水准，在办刊的各个环节上，注意强化质量意识，努力提高刊物的学术理论品味，注意树立刊物的质量形象。

1.选题策划是坚持办刊正确方向的基础

积极地发挥导向作用，认真进行选题策划，从多角度提出学术观点、思想见解，深化理论研究的程度。

(1) 选题策划要坚持正确的政治方向

坚持以邓小平理论为指导，深刻理解党的统一战线的基本理论和政策，坚持正确的政治方向，处理好广纳群言、百花齐放和突出主旋律的关系。这些年来，我们在选题中，设计了“党的三代领导人统一战线思想”的研究题目，形成了对我党三代领导人统一战线思想理论的系列研究。中共十五大之后，我国的政治、经济和社会各个方面发生了很大变化，统一战线面临着新的形势。为了贯彻中共十五大精神，我们及时设计了“十五大精神与跨世纪的统一战线”和“所有制结构的调整与非公有制经济的发展”的两个专题的征文活动。

(2) 选题策划紧密结合形势和统战工作的实际

统一战线是党的总路线总政策的组成部分，它的特点是与统战工作紧密结合，实践性很强。选题策划注意大局，注意当前形势的发展和变化，注意服从并服务于党的中心任务，注意联系统一战线工作的重点而进行。1997年和1999年，我国政府分别对香港、澳门恢复行使主权。围绕这两次重大的政治活动，我们以“‘一国两制’与香港回归”、“‘一国两制’与澳门回归”为题组织撰文，以理论研究的成果庆祝这两大盛事，同时以此为契

机，深化对邓小平“一国两制”理论的学习与研究。

我刊结合上海统战工作的实际，围绕统战工作的新情况新问题选择题目，如民主党派面临着新一轮的换届工作，我们以“多党合作和民主党派建设”为题，举办征文活动。再如，海外留学生成为引人注目的群体，我们以“海外学人与统一战线”为题征文组稿。

(3) 选题策划注意体现方向目标

我们在确定选题时，都要明确这个题目研究的目的是什么、目标是什么、主攻方向是什么。在选题时，我们注意从宏观层次上着眼，选择那些具有学术价值、具有社会意义的课题。同时，注意从微观上着手，拟设若干小题目，与作者共同商量，选择角度撰文。这样，可以帮助作者开拓思路，使刊物方向明确、主题鲜明、重点突出、研究深化。

2. 队伍建设是提高刊物学术水平的关键

提高刊物的学术水平，必须要建设一支高素质的作者队伍。

(1) 组织作者队伍树立团结的观念

统一战线的本质就是团结大多数，我们从事统战刊物工作，也要注意把握这个本质。统战理论研究涉及各个方面，综合性很强。在这开放的社会环境中，多方面多学科多领域的专家学者共同参与，有利于打破统战理论研究的自我循环、自我封闭的状态。我们在着力建设统战理论研究作者骨干队伍方面，十分注意运用统一战线团结人的方式，团结方方面面学术造诣精深的专家学者和热心研究的统战干部。我们不但注意团结统战系统干部教师，还注意团结高校、社科院的专家学者；不但注意团结从事统战理论研究的专家学者，还注意吸纳相关学科的专家学者参加。如“新中国 50 年与统一战线”的课题是带有总结 49 年统战历史经验的研究，我们邀请了党史学界、历史学界的著名学者撰文，丰富了对统一战线历史经验的认识。再如，“一国两制”涉及到国内外的许多因素，多学科专家学者参与这个课题，从政治学、经济学、社会学、历史学、法学、国际关系学等多角度撰文，深化了本课题的研究。

(2) 组织作者队伍树立人才观念

在建设作者骨干队伍方面，我们注意开拓思路，与社会各方联手，利用多种渠道，运用多种方式，发掘人才，吸纳人才，凝聚人才。

发掘人才。统战系统的干部身临统战实践的第一线，有着丰富的实践经验。通过多种渠道及时掌握了解这方面的人才，吸收他们参加，以形成作者队伍的广泛性。

吸纳人才。上海是一个巨大的人才宝库。高校、社科院精英荟萃，专家学者们理论素养深厚，学术造诣精深，其中很多人士对统一战线怀有深厚的感情。我们吸纳这方面的人才，以形成作者队伍的高层次性。

凝聚人才。我们树立识才、惜才、聚才的观念，用真心、诚心、热心团结一批有志从事统战理论研究的人士。特别是各民主党派都拥有一批研究骨干，他们往往在各自党派自身建设发展的理论研究基础上，对党的统一战线理论提出了许多真知灼见，可开拓我们的研究思路。我们与作者间保持着经常的联系，力求了解每个成员的专业、专长、兴趣，根据选题需要，组织力量，保证每次征文活动有基本骨干力量参加，同时吸纳新的对象。

在组建作者骨干队伍方面，我们开阔视野，开拓渠道，发挥统战优势，加强与五个方面的联系，即加强与市统战系统和各民主党派市委研究室的联系；加强与市社科院、高校的联系；加强与市委市政府有关部门的联系；加强与区统战理论研究会的联系；加强与《上海统战理论研究》刊物通讯员的联系。

几年来，我们努力团结一批有学术造诣的专家学者，凝聚各方统战理论研究人才，形成了一支比较稳固的作者队伍。他们文化层次高，理论素养好，思维能力强，写作水平高，热心于统战理论研究。有了这样一支作者队伍，我们刊物的学术水平就有了提高。

3. 制度规范是提高刊物质量的保证

办刊工作在促进精神产品的生产方面，起着十分重要的作用。首先，我们强调在办刊过程中，增强政治意识、大局意识、责任意识和阵地意识。在事关政治方向和根本原则问题上，必须旗帜鲜明，立场坚定，使刊物真正成为宣传科学理论、传播优秀成果的阵地。其次，我们强调职责分明、从严管理、分级把关、守土有责的原则。制定了《上海统战理论研究》刊物编辑制度，从制度上明确了办刊的指导思想、基本要求、编辑的程序和规定。

实行“三审两校制”，力求抓好“选题、组稿、审稿、校对、发行”五个环节，把好“政治关、文字关、校对关”三个关口，精心选择文章，精心编辑修改，精心校对。

总之，在办刊过程中掌握主要环节，是工作有重点、有秩序向前发展的保证。提高刊物的质量和水平，要在统一战线的学术研究方面达到更高的水平和应有的权威性，这是我们努力的目标，还需要付出更艰苦的劳动。

江苏省社会主义学院学报

1996 年 9 月，江苏省社会主义学院学报《同心园》正式创办，定为季刊，全年 4 期，16 开，内芯 64 页。从 2000 年元月起，经国家新闻出版署批准，《同心园》作为江苏省社会主义学院学报在全国正式发行，刊号为 CN32－1559/C。几年来，我院学报始终坚持以邓小平理论为指导，在以江泽民为核心的党中央正确领导下，解放思想，实事求是，努力把《学报》办成展示教研成果的载体，探讨统战理论的园地，集纳诤言睿语的窗口，荟萃统战群星的广角。努力实现江总书记对社会主义学院提出的“在社会上享有更高的声誉，在党内外各界人士中更具有吸引力，在统一战线的学术研究方面达到更高的水平和应有的权威性”的要求，以实现为教学科研服务、为统战工作服务、为现代化建设大局服务的目标。

至 2000 年底，我院学报总共发行了 18 期，除 2000 年全年 4 期为公开发行外，此前的 14 期均为内部刊物，1996 年出了两期，1999 年第四期，为纪念《中共中央关于坚持和完善中国共产党领导的多党合作和政治协商制度的意见》发布十周年，增发一期专刊。

我院学报每期的主要栏目设置如下：《本刊特稿》发表名家大作，以及其他特具创意的重要稿件；《研究与探索》用专论、专访或讨论等形式进行统战理论探讨；《教学园地》发表本院和各市社院重要的教学成果，包括学员理论与实践结合得好的体会文章，教员精彩的授课内容、教学方法、教学管理的新经验；《江海英才》采写民主党派、工商联、无党派人士和统战干部中影响较大的佼佼者，突出他们的辉煌业绩、思想境界，也反映他们感情世界中活生生的东西，力求写出个性；《光彩群星》反映非公有制经济企业家的业绩和思想境界，企业发展的轨迹和经营之道；《统战史话》介绍江苏统战史上的名人轶事和掌故；《理论信息》摘编处于统战理论前沿的新鲜观点；《诤言》就社会热点或不应忽视的冷点，编发具有真知灼见的短文；《工作交流》主要刊登高校、党派、基层统战工作者具体的工作经验、心得体会等；《社院建设》则反映本院及其他兄弟院校在学院建设、教学科研方面的探索和发展。

纵观每期的学报内容，我们始终坚持正确的办刊宗旨，坚持以邓小平理论为指导，坚持党的四项基本原则和各项方针政策，宣传新时期党的统一战线方针政策，进行统战理论的研究和探索，注意发表有水平、有新意的稿件，推动统战理论研究向健康的方向发展。更多的是及时反映全国社院系统及我省统战理论工作者的最新研究成果，反映民主党派参政议政和加强自身建设的经验，反映基层统战工作者的思考、探索和呼声，交流各地社院的教学科研经验。迄今为止，我们出版的每一期刊物都有优秀作品发表，不少文章的刊发引起了统战工作者的关注和共鸣，使学报影响日渐扩大。

回顾《学报》创办至今所走过的历程，有几点体会总结如下：

1. 突出思想性、理论性强的特点，充分体现社会主义学院的性质

社会主义学院是民主党派和无党派人士的联合党校，是具有统一战线性质的政治学院。学报作为社会主义学院的窗口和为社院教学科研服务的学术刊物，在探讨统战理论，宣传党的统战工作的方针政策，反映民主党派参政议政和加强自身建设经验，交流社院建设和教学成果等方面负有义不容辞的责任。因此，我院学报的定位紧紧围绕社会主义学院的性质，突出思想性、理论性的特点。这一特点仅从栏目设置上就可以体现出来，每期64页9万字的内容，统战理论方面的文章要占到一半以上。

2. 开展形式多样的活动，丰富稿源，提高刊物质量

稿源是办好刊物的关键因素之一，它关系到学报的正常出版和质量。学报创办之初，我院分管学报的领导对此就非常重视，想方设法，通过多种渠道解决这个问题，并有了一个良好的开端。后来我们结合当年的政治形势，每年确定一个选题重点，并以此为主题，召开理论研讨会或开展其他活动，收到了很好的效果。

通过召开理论研讨会和举办一些活动，我们不仅征集到许多高水平的文章，对特定领域的研究达到了一个新的水平，更重要的是我们结识了许多作者，能在加强联系的基础上，不断组织稿源使学报质量达到一个新的高度。

3. 广泛听取意见，扬长避短

学报创办以后，我们及时召开了几次专家、作者的座谈会，大家畅所欲言，坦陈刊物优缺点，提出了一些很好的建议，使我们得以在后来的工作中，扬长避短，有的放矢，逐步提高刊物质量。

学报在全国公开发行，对我们提出了更高的要求，为了把我院学报提高到一个新的水平，我们特聘请省各民主党派驻会副主委、工商联驻会副会长为学报顾问，参与对学报的管理。

4. 紧扣时事政治，把握时代脉搏

虽然我们的刊物时效性不强，但我们还是从总体上紧跟当年的政治形势，有意识地编发一些这类稿件。1999 年，为纪念《意见》发布 10 周年，我们特辟专栏展开研究与讨论。2000 年 2 月，江总书记在广东考察期间提出“三个代表”的重要思想，指出“三个代表”是我们党的立党之本、执政之基、力量之源。我们在第三期、第四期学报上分别刊发了相关文章。充分发挥学报为统战工作报务，为党的中心工作服务的特点。

5. 注意提高编辑人员的基本素质

学报质量的高低与编辑人员素质的高低有直接关系，要提高学报质量，形成自己的独特风格，必须重视编辑的基本职能，培养一支高素质的编辑队伍。我们的编辑人员人数不多，文化层次较高，在实践中不断学习和锻炼，逐步成熟起来。

我们每个编辑分管不同的栏目，从选编到校对都负责到底，为了确保刊物正确的政治方向和办刊宗旨，我们努力学习，不断提高自身的政治修养和理论修养。认真仔细地审阅每一篇来稿，首先是防止有政治错误的文章闯入版面，其次是注意理论文章的研究深度，注意站在学术研究的前沿组织稿件，发表有水平、有新意的稿件。

每位编辑都具有强烈的工作责任心和严谨的工作作风。大到主题思想，小到标点符号，我们都认真推敲，规范修改，对每一位读者负责。同时，我们还根据每个编辑的爱好特长，分别安排采写任务，弥补了编辑只编不写的缺憾，既保证了稿件的独家性，又能将本刊的栏目更好地融会贯通。编辑之间分工不分家，大家团结一致，同心协力，为办好学报而共同奋斗。

福建省社会主义学院学报

《福建省社会主义学院学报》创刊于 1991 年 1 月，为季刊，内部发行。1999 年 6 月，经国家新闻出版总署批准公开发行，作为季刊。

《福建省社会主义学院学报》的办刊宗旨为：坚持以马列主义、毛泽东思想和邓小平理论为指导，坚持党的领导，为党的中心工作服务，坚持“双百”方针和“二为”方向，为教学和科研服务，为民主党派参政议政和自身建设服务，为巩固和发展爱国统一战线服务，坚持政治性、理论性、学术性的统一，为宣传党的理论、路线、方针和政策服务。刊物名称为福建省社会主义学院学报，主要栏目有邓小平理论研究、统战理论、统战史、多党合作研究、政治协商研究、民族和宗教、“一国两制”、知识分子问题、社院建设等，期刊为一季一刊，每年四期。截至 2000 年底，本学报已发行 37 期。

总结过去几年办刊的经验，我们得出了以下几条：在稿件质量上，一方面，我们积极争取省委、省政府和省委统战部的有关领导政治性的指导文章，体现出各有关领导对统一战线工作的重视。同时，向省各民主党派和无党派人士约稿，发表他们关于参政议政、多党合作、党派建设、“一国两制”、海峡两岸交流等方面文章，在爱国统一战线工作中起桥梁作用。另一方面，积极采用与统一战线相关领域的经济、法律、历史等各个学科的专家、学者文章，拓展统战理论研究的领域。同时，本院教师和全国各地社院教师的文章在本院学报上优先发表，积极推动学术交流研究，互相学习，取长补短。逐步提高学报的整体水平，从而更好地宣传爱国主义、社会主义两面旗帜，更好地宣传统一战线工作在建设有中国特色社会主义的经济、政治、文化中的重要作用。

在编辑方面，我们把好关，认真学习，在提高编辑人员的素质的同时，聘请高水平的编审人员和美术编辑，从事审稿和版面设计，进一步提高学报的整体水平，努力往规范化方面发展。

江西省社会主义学院院刊

江西省社会主义学院院刊原名《诤友》，于1993年5月13日创办，属省内统一刊号，季刊。因与北京市委统战部主办的刊物同名，故于1997年3月改刊名为《心雨》。

创刊八年来，本刊的办刊宗旨是：在邓小平理论和党的统一战线方针、政策的指引下，坚持爱国、团结、民主、求实的原则，弘扬社会主义和爱国主义精神，反映统一战线理论研究的新成果，探讨统一战线工作的新课题，交流社院工作的新情况、新经验，多角度、多侧面报道社会各界人士与统一战线工作人员的工作业绩和精神风采，为教学科研服务，为坚持和完善中国共产党领导的多党合作和政治协商制度，巩固和发展最广泛的爱国统一战线服务。本刊开设的主要栏目有：统战理论研究、统战工作研讨、教研园地、诤友风采、诤友之声、党派史话、学习与思考、调查与思考、海峡情桥、海外专递、史海泛舟、社会视点、红土地寄情、随笔、文苑采撷、企业风景线、乡风民俗、知识窗、资料、信息窗等。

创刊以来，本刊为促进我省统战工作的开展起了一定的积极作用，也得到了社会各界人士的赞誉，尤其是全省广大党外人士把我们的刊物比做是滋润他们心田的雨露。然而，近两年来，不少兄弟社院的院刊都争取到了全国乃至国际发行的刊号，在这方面，我院的工作与兄弟院校相比相对滞后，由于省内刊号，相对制约了刊物的发展，在稿源、质量、读者面、发行等方面都受到影响。因此，申请全国统一刊号是我院院刊的一项重要任务，我院已多次向省出版局提交了要求申请全国统一刊号和更改刊名（改为《江西省社会主义学院学报》）的报告，目前尚未得到肯定的答复，还在争取的过程中。

通过几年的办刊，我们深深体会到：

第一，坚持正确的办刊方向。以马列主义、毛泽东思想、邓小平理论作为办刊的指导方针，坚持四项基本原则，努力宣传党的统一战线理论及方针，为实现党的新时期的各项任务积极发挥舆论宣传作用，以是否有利于改革、稳定、发展的大局，是否有利于党与非党的合作、无神论者和有神论者的团结、各民族人民的团结、国内同胞和海外侨胞的团结，作为文章刊发与否的标准。

第二，注重从特色上下功夫。统战性是社院院刊的一大特色，我们在注重刊物统战性的同时，还注意刊登具有江西历史、文化色彩的东西，形成自己刊物的栏目设置特色、地域特色等，力求多侧面显示刊物特色。

第三，树立精品意识。也就是发表具有较高学术品味和较强理论性，尤其要紧密结合形势，就统一战线方面的有关热点、难点问题开展研究的高质量的文章。在文字上要求语句流畅、用词准确，在外观上做到版式、封面设计高雅、美观。

第四，抓好两支队伍的建设。一是抓好作者队伍的建设，就是建立一支稳定的高素质的作者队伍，从而使刊物获得充足的、高质量的稿源。二是抓好编辑队伍的建设。编辑的劳动是一种融学术性、理论性、专业性、技术性和创造性于一体的复杂的精神劳动。因此，必须努力提高办刊人员的政治素质和业务素质，使他们树立一种崇高的敬业精神和忘我的工作态度，办好刊物。

总之，我院院刊要上层次、上水平，还必须不断克服困难，不断探索努力。

湖北省社会主义学院学报

湖北省社会主义学院学报于1997年创刊，为季刊。当时属于内部刊物，仅在统战系统发行，并与全国各兄弟社院交流。内刊共出7期。由湖北社院副院长胡德林任主编，教研室主任吴和平任副主编。

1999年元月，湖北省社会主义学院学报经省新闻出版局批准转为国内公开发行刊物，仍为季刊。湖北省社会主义学院副院长王行道任主编，教研室主任吴和平任副主编。截至2000年底已出版8期。学报的办刊宗旨是为统一战线两支干部队伍的教育培训服务，为社会主义学院的教学科研服务，为巩固和发展湖北省的爱国统一战线服务。学报开设了邓小平理论研究、统战理论研究、专稿、特稿、实践中来、统战部长论坛、学习园地、荆楚英才、史海拾贝、文苑漫步、中华文化、信息之窗、报告与教案等诸多栏目，体现出浓郁的政治性、统战性、学术性、资料性特色，深受湖北省统战系统各机关单位、省级各民主党派、工商联以及学员们的称道。

《湖北省社会主义学院学报》自1997年创刊以来，特别是1999年第一期转为正式公开发行刊物后，我们编辑人员经常思考的一个问题是如何提高自身素质，如何提高学报品位。

编辑工作，特别是像社会主义学院学报这样的编辑工作，是一项融政治性、理论性、科学性、艺术性等为一体的系统性的工作，要求学报编辑具有正确的政治方向、宽广的眼界、广博的学识和前瞻意识。只有这样，才能完成高品位的“选择”与“加工”任务。

几年来，我们在学报编辑工作中真切感受到，编辑人员素质的高低，直接影响到刊物质量的好坏；而刊物品味的高低，直接衡量着编辑人员素质的优劣。因此，只有“提高素质”，才能“办出品味”，两者是相辅相成的关系。

1. 坚持正确的政治方向

坚持正确的政治方向，是由社会主义学院的性质决定的。社会主义学院是中国共产党领导的具有统一战线性质的政治学院，这就要求学报在政治上必须与党中央保持高度一致。就学报编辑人员的个体意识或素质而言，坚持正确的政治方向是其首要素质，也是其必须具备的主体意识。编辑人员的主体意识主要是指一定时期和一定范围内编辑人员从事编辑工作的主导意识。从理论层面上讲，它是编辑工作各个环节的一系列见解和观点的综合，是编辑工作的本质反映。从操作层面上讲，整个编辑工作的运作过程始终离不开编辑主导意识的指导和制约。这说明编辑人员的主导意识是编辑工作的出发点和立足点。因此，编辑人员的主体或主导意识的定位如何，直接关系到刊物的政治方向和价值取向。为此，我们始终强调，必须注重编辑人员的综合素质特别是思想政治素质的培养，这样才能保证刊物坚持正确的政治方向。

具体到编辑工作实践，我们要求责任编辑在选稿时必须严把政治关，在“加工”过程中，一字一句都要符合党中央的精神。即使在学报的栏目设计和编排上，也是把政治影响放在重要位置，我们总是有意识地将《特稿》、《专稿》这种反映当前形势和重大动态的栏目放在期刊内容的开端，就连其文章标题和正文字号也尽量使之醒目。在这方面，我们特别注重贴近现实生活，紧扣时代脉搏，精选重头文章，保持鲜明的政治特色。

2. 启动创新精神

我院学报一直围绕着启动编辑人员的创新精神方面下功夫。要想使学报办出品味，这一环节显得至关重要。这一点可以从我院学报栏目的设置中清楚地显示出来。当我们1997年创刊的时候，也曾注意到独特性，经过全体编辑人员的集体讨论，锁定本刊的特色必须保持“政治性”、“学术性”、“实践性”。因此，根据当时的认识水平，我们设定的主要栏目有：《特稿》、《报告与教案》、《理论研究》、《学习园地》、《实践中来》等。这种特色大致保持了两年，直到现在，《理论研究》和《实践中来》仍然是本刊的基本栏目。1999年，我刊获准公开发行，我们认为这是一个难得的机遇，这给我们提供了一个启动创新精神的良好时机。于是，主编多次召集全体编务人员会议，集思广益，讨论刊物如何以全新的面目展现在读者面前。最后主编作出决策：“循序渐进，推陈出新”。于是，我们虽然仍然高扬“政治性”、“学术性”、“实践性”的大旗，但逐步推出了新的主导栏目：《中华文化》、《建言立论》、《迈向新世纪》。下一步我们将推出《社会大视野》、《风流人物看今朝》等栏目，并欲将其培育成本刊的新的“拳头产品”。同时，我们更重视和启动编辑个体创新精神的充分发挥。由于刊物影响扩大，各类稿件源源不断涌入，且不乏质量高、视点新的稿件。另外，四封及内芯的版式设计也是遵循“推陈出新”原则。刚创刊时，除封面用两色外，其他三封皆为单色，内芯也基本上只是平板的排列。1999年正式公开发行后，封面封底改用彩色，但其他版面仍是单色的文字。2000年第一期，新的千年开始，我们又在封二封三刊登照片，但也只是用黑白照片；第二期，我们又将封二封三的照片改用彩色；第三期，不仅对四封进行整体设计，全用彩色，而且在内芯也插了照片。

3. 着力为实践服务

为实践服务，就我们社院学报而言，重点是为统一战线工作和社院教学科研工作服务。这本来就是我们创刊的初衷之一。我们认为，“为实践服务”，是我们的工作重点。“坚持正确的政治方向”也好，“启动创新精神”也好，只是我们办刊的前提，“为实践服务”才是我们的目的。有鉴于此，我们重点培养编辑人员对稿件的分析判断辨别能力与客观公正的态度，只有这样，才能更好地“为实践服务”。

在培养学报编辑人员的辨别选择能力方面，我们做的工作最多。我们对编辑人员在“选择”方面的总体要求是：在政治合格的大前提下，必须严把学术质量“选择”关。具体做法为：一是经常召开编务工作会议，交流“选择”体会，互相取长补短；二是有意识地要求编辑人员比较综合类社会科学系列期刊特别是各地社会主义学院学报的特点，从比较中吸取“他山之石”的“选择”经验；三是要求责任编辑对所有准备刊发的稿件必须进行“加工”整理，再次完成进一步的“选择”任务，在编辑实践活动中不断提高编辑人员的“选择”能力；四是经常安排编辑人员外出参加有关编辑工作会议，学习人家的长处。1999年，我院学报刚刚获准公开发行，院里就安排有关编辑人员参加“湖北省高等院校学报工作研讨会”和“湖北省高等院校学报编辑业务培训班”，这对促进我院学报再上新台阶具有很大的推动作用。

在培养编辑人员“选择”能力的同时，我们始终不忘本刊的重要定位：着力为实践服务，即“实践性”。这从我们对重点栏目的设置与更替中充分体现出来。刚开办时，我们就将《实践中来》作为重点栏目来办。1999年转为公开发行后，突出“为实践服务”的宗旨，我们逐步由被动转主动，由等稿上门到主动组稿，竭诚为统一战线工作和社院教学科研工作服务。

湖南省社会主义学院学报

1. 主办单位：由湖南省社会主义学院主办

2. 办刊宗旨：坚持四项基本原则，突出统一战线特色，追踪理论信息前沿，紧贴社会工作实际。

3. 创办情况：1995年元月创刊，作为内部刊物，每年出版2期，到1999年底，共出版10期。

4. 主要栏目及文章内容：

本刊设有特稿、马列主义、毛泽东思想与邓小平理论研究、统战理论与实践、经济与科技研究、非公有制经济、多党合作和人民政协、民族与宗教、探索与研究、社会主义精神文明建设、依法治国与以德治国、中华文化、社院教学研究等十六个主要栏目。

本刊正式出版发行以来，共印发了6期，发表各类文章共148篇。文章作者既有领导同志，又有专家学者；既有来自上层的理论工作者，又有来自基层的实际工作者。文章内容比较丰富，理论联系实际，具有较大的信息量。同时较好地突出了统战理论研究和宣传的特色，普遍受到好评。

5. 发行情况：

每期印数为1000册。主要发行范围是：各级党政领导干部、全省统战部门和统战干部、全国社院系统干部教师；全国各主要高等院校、科研院所和图书馆；省内各民主党派组织和部分基层单位；本院培训的学员等。

广东省社会主义学院学报

《广东省社会主义学院学报》是经国家新闻出版署批准向全国公开发行的，以统战理论研究为主的社会科学综合理论刊物。2000年10月创刊。

《学报》的办刊宗旨是：坚持四项基本原则，坚持理论联系实际，高举邓小平理论伟大旗帜，为建设有中国特色社会主义服务，为巩固和发展新时期爱国统一战线服务，为培养统一战线两支干部队伍服务，为社院的教学科研工作服务。

《学报》在贯彻“百花齐放、百家争鸣”方针的前提下，突出学术性、统战性和广东特色。学术性是理论刊物应有的特色，统战性是统战类刊物应有的特色，广东特色是指广东的统战理论刊物的应有特色。目前广东的统战工作是“一个重点”、“两个特色”：“一个重点”就是民主党派工作；“两个特色”就是非公有制经济代表人士统战工作和海外统战工作。《学报》要办出广东特色，就要围绕广东的特点和优势做文章。围绕广东的特点和优势，开辟和经营一些重点栏目，如“海外天地”、“台港澳问题”、“非公有制经济领域统战工作”、“中华民族凝聚力”、“文化领域统战理论研究”、“教学园地”等。

为了办好《学报》，我们采取的主要措施是：一、发挥自身优势，注重学报的特色品味设计；二、延揽四方之才，建立特约作者队伍；三、明确岗位职责，实施正规化管理。

读者对《学报》反映较好，社会评价：“起点高，很大气，有特色。”

广西社会主义学院学报

《广西社会主义学院学报》季刊。1996年8月经新闻出版局批准为内部刊物，原用刊名《广西社会主义学院院刊》，1997年5月经批准更名为《广西社会主义学院学报》，1998年7月经国家新闻出版署批准为公开期刊，国内刊号CN45－1250/D，国际刊号ISSN1009－0339。1999年5月入编《中国学术期刊（光盘版）》。

《学报》坚持“以邓小平理论为指导，坚持社会主义办刊方向，重点研究宣传党的统战理论与政策，反映和研究统一战线两支干部队伍的教育培训问题，介绍和宣传学员的学习成果，为教学服务；为坚持和完善共产党领导的多党合作和政治协商服务；为巩固和发展爱国统一战线服务；为社会主义现代化建设服务。”的办刊宗旨。

开设主要栏目有：邓小平理论研究；统战理论与政策研究；人民政协工作；民主党派研究；民族宗教问题研究；台、港、澳问题研究；干部教育问题；领导科学研究；民主与法制建设；文史研究；社院工作研究；人物评介等。

《学报》读者对象是：党外干部、党外知识分子、各级民主党派人士、非公有制经济代表人士、民族工作干部、宗教工作干部等。

《学报》自1996年8月至2001年3月为止，已正常出版发行22期。同时也产生了较好的社会效益，许多统战干部、民主党派人士、兄弟社院的教师等都在《学报》上发表了有见地的理论文章和学术论文。其中有数篇文章被国家级出版单位收编出书，有数篇文章获各社科机构科研成果奖。《学报》对宣传和研究党的路线方针政策，特别是研究统一战线理论与政策方面做了许多有意义的工作，达到了办刊的预期目的，在社会上产生了良好的影响。

重庆社会主义学院学报

1998年10月，默默耕耘已10余年的重庆社会主义学院的内部刊物《统一战线教学与研究》，经国家新闻出版署和重庆市新闻出版局批准，终于转为正式期刊了。同时更改刊名为《重庆社会主义学院学报》，国内刊号CN51－1558/D，国际刊号ISSN1008－6269。

1999年2月28日，凝聚着编辑部领导和同仁无数心血的《重庆社会主义学院学报》创刊号终于以全新的面貌诞生了。

公开发行后的《重庆社会主义学院学报》以争创一流刊物为目标，进一步调整并明确了办刊思路，强调学报要有统战学术性、理论性、知识可读性，追求准确、鲜明、清新、生动的风格。为此，学报在办刊方式、版式设计和栏目设置上都精心运作，力求有所突破和创新，办好社会主义学院的“窗口工程”和“形象工程”。

首先，在办刊方式上，独辟蹊径，走开放式的社会化办刊道路。一方面利用社院积极联系协办单位，对创刊初期正处于起步阶段的学报，从经费上给予了大力资助；另一方面专门成立了采编部，由汤粮任采编部主任，专门负责学报的经宣广告及发行工作，在学院拨给的办刊经费极为有限的情况下，走以刊养刊的道路。虽然在报刊林立、竞争激烈的情况下，作为高校的政治理论刊物，走市场化道路十分艰难，但是，实践证明，突破学报惯常的封闭办刊模式和思维定势，一定程度上缓解了《重庆社会主义学院学报》办刊经费紧张的状况，为学报创刊后保持高水平和高格调奠定了良好的基础。

此外，学报还建立起了包括市级各民主党派宣传处和区（市）县统战部的35个通联站，于1999年7月2日召开了第一次学报通联站站长会议，出台了《(重庆社会主义学院学报）通联站发行、组稿奖励试行办法》，疏通了学报的好稿来源和发行渠道，使创刊后的学报发行量从原来的几十册迅速增加到几百册以上。

其次，在刊物内容上，编辑部在坚持正确的政治方向的前提下，始终关注统战理论研究前沿，力求增加学报的学术性和可读性，办出统战特色。为此，编辑部改变了过去坐等来稿的被动状况，加大了约稿力度。每期出刊前，编辑部都根据事先拟定的宣传重点，积极组稿和约稿，采用分专题、分栏目有计划地约稿，约到了一批知名的专家学者撰写的高质量稿件，基本形成了一支面向全国近百多人的作者队伍。

特色是一个刊物的生命线。为此，《重庆社会主义学院学报》作为统战系统的理论刊物，力求突出统战特色，在开设了“统战理论前沿”、“人民政协”、“非公有制经济鸟瞰”等主要栏目的同时，还增设了一些相关栏目，如介绍民主党派领导和知名人士的“人物专访”、介绍统一战线光荣历史传统的“统战史话”等栏目。创刊以来，所刊发的有关统一战线方面的文章占三分之二以上。

在版式设计上，采用国际流行的大16开，四页铜版彩印。并聘请了兼职的美术编辑和版式设计，使每期学报都保持清新、高雅和简洁的风格。

功夫不负有心人。1999年9月，在全市期刊质量考评中，创刊不足一年的《重庆社会主义学院学报》，经市新闻出版局和市期刊协会最后审定，确定其质量考评等级为良好。在同时举行的表彰重庆市1998年期刊优稿活动中，《重庆社会主义学院学报》共有5篇好稿榜上有名。

在创刊后赢得社会各界好评的同时，学报编辑部的领导和同志们没有松劲，而是站在新的起点上，着力加强制度建设，走正规化办刊道路。因为，无规矩不成方圆，制度问题更带有根本性、全局性和长期性。由于学报公开发行的时间不长，办刊工作规范化、制度化是一个薄弱环节。为实现重庆社院学报工作规范化、制度化，我们先后制定和完善了《学报编辑工作规程》，使编刊到出刊的各项工作，环环相扣，落实到人；为了提高刊物质量，建立了《学报编审校对责任制度》，做到责职分明，并鼓励大家对学报的编、校工作提出批评意见，做到奖惩分明。此外，还建立了《〈重庆社会主义学院学报〉财务管理暂行办法》、《稿费、编审费标准的若干规定》、《学报采编部提成及考核办法的补充规定》等10多个规章制度。并定期召开编委会、主编会、编审会，研究解决学报工作中的重要问题，以保证按时间、高质量地编辑出版学报，克服办刊的主观随意性，为今后进一步办好学报提供了组织制度上的保障。

作为重庆统战系统惟一国内外公开发行的理论刊物，《重庆社会主义学院学报》创刊后得到重庆市委统战部和重庆社会主义学院领导的高度重视，体现在组织机构上，就是由以前的教研人员兼职办刊，到专门明确学院机构编制“三定”后新成立的科研处负责办刊。目前，学报的社长辜文兴为重庆市政协副主席、重庆市委统战部部长、重庆社会主义学院院长；副社长、主编由重庆社会主义学院党组书记、常务副院长戴孝庆担任，常务副主编为学院分管教学和科研的副院长华渝生，副主编为科研处处长罗振建和办公室主任陈可竹、编辑部主任由罗振建兼任，副主任为肖红、郑斌。同时，专门设立了由市政协，市委统战部和部分民主党派领导等共17人组成的编委会。他们是（以姓氏笔画为序）：华渝生、肖红、李兵、李显福、陈鸿、陈可竹、陈洪金、吴云汉、郑力军、罗振建、唐宗碧、黄绍辉、黄济人、黄祯重、彭水辉、戴孝庆、魏朝贵。

学报工作是统战工作和社会主义学院工作的重要组成部分，在新世纪，《重庆社会主义学院学报》将不断鞭策、勉励自己，再接再厉，建设好重庆统战系统高等政治学院的理论园地与学术窗口，为社会主义学院的教学科研服好务，为开创统战工作新局面服务。

四川省社会主义学院学报

《四川省社会主义学院学报》系四川省社会主义学院主办，原名《求同论坛》，1990年创办。1999年起，经国家新闻出版署批准，转为国内公开发行的期刊，更改为现名称，仍为季刊，16开本，每期48页，全年出版四期，发行自办。

办刊宗旨：以邓小平理论和江泽民同志“七一”讲话为指导，教学科研为重点，突出统战性、理论性、宣传性和地方性，认真贯彻“爱国、团结，民主、求实”的八字方针，办出特色和水平。

主要栏目：“邓小平理论学习”、“重要文献学习体会”、“共产党领导的多党合作”、“统一战线思想研究”、“民族与宗教”、“政治协商民主监督”、“社院教育与研究”、“非公有制经济发展研讨”等等。

主要经验：(1) 努力增强读者对学报的需求，把为社院教育服务作为办学报的立足点和出发点，正确处理好坚持正确的舆论导向和严格遵守宣传纪律与贴近现实勇于创新的关系；(2) 努力增加学报的专题特色，突出地方性，即以本校本地区人文资源和学报已经形成的特色，分学科分专题办学报，突出个性特征以减少雷同，突出优势以带动全面；(3) 努力增加编辑的继续教育意识，一是增加办好学报的历史使命感，二是坚定政治方向性和原则性，三是更新知识，扩大知识面，四是编研结合以写（稿）促编，五是敬业乐群，学而不疲，自我加压。

贵州省社会主义学院学报

创刊于1992年11月，1999年1月公开发行为季刊，本刊在编辑工作中坚持高举马列主义、毛泽东思想和邓小平理论的旗帜，宣传和反映邓小平理论研究成果，研究和探索新时期党的统一战线理论、方针、政策和工作实践。坚持理论联系实际的原则，贯彻“百花齐放、百家争鸣”的方针，坚持办刊为社会主义现代化建设服务，为党的统一战线工作服务，为社会主义学院的科研工作和教学工作服务。主要栏目有：邓小平理论研究、统战理论探讨、多党合作与实践，民主党派思想建设、人民政协工作、社会主义民主政治建设，一国两制与祖国统一，民族问题研究、宗教工作、知识分子问题、非公有制经济研讨、知识经济问题等等。

学报刊载文章，尽量做到既有理论性、实践性，又有知识性、可读性，以版面活泼、内容生动、丰富多彩的新面貌呈现给读者。学报公开发行后，主要读者有统一战线工作者、社会科学工作者、党政干部、各民主党派及工商联成员、非公有制经济代表人士、各级党校、行政学院和社会主义学院教员和学员以及社会各界人士等等。相对说来，本刊读者层次较高、遍布社会各个行业、与社会各级层有广泛的联系，因此本刊在公开出版后有一定的社会影响。

创刊以来共发行 40 期。

云南省社会主义学院学报

《云南省社会主义学院学报》1999 年 2 月，经国家新闻出版署批准公开出版。办刊伊始，我们就十分重视坚持办刊宗旨，突出自身特色，遵循办刊规律，认真抓好各个环节，确保刊物质量。一年多来，学报质量逐步提高，受到院内外读者和作者的好评。

1. 坚持宗旨

从创刊号开始，我们就坚持“为教学科研服务，为民主党派服务，为巩固和发展爱国统一战线服务，为党的中心工作服务”的宗旨。

为了贯彻这个宗旨，我们以马克思列宁主义、毛泽东思想、邓小平理论为指导，把贯彻和落实十五大精神作为组、选、编稿的中心任务，作为栏目设置的主要内容。1999 年以来，我们开辟了《邓小平理论研究》、《江泽民论述研究》、《统一战线理论》、《统一战线史话》、《多党合作与政治协商》、《参政党的理论与实践》、《社会主义市场经济》、《民主政治建设》、《民族宗教问题研究》、《祖国统一问题》、《传统文化与民族凝聚力》、《社会主义学院建设》等栏目。这些栏目和文章，较好地体现了我们“四服务”的办刊宗旨，收到了良好的社会效益。

2. 突出特色

《云南省社会主义学院学报》始终把探索突出自身特色作为编辑工作的一个重要课题。

建设有中国特色的社会主义现代化事业，是我们党领导的，在邓小平理论指导下，坚持社会主义初级阶段基本理论、路线、纲领，以实现其宏伟目标的开创性的伟大事业。我们的刊物首先突出这个大局的总的特色，较好地宣传了有中国特色社会主义现代建设的指导思想，总目标、总任务，体现了党领导的现代化事业的理论与实践特色。

建设有中国特色的社会主义事业的依靠力量是中国共产党领导的全国各族人民和致力于中华民族伟大复兴而实现大团结大联合的炎黄子孙。把握振兴中华，实现中华民族伟大复兴，必须实现全阶级全民族以及海内外炎黄子孙的大团结大联合这个统一战线的特色。我们编辑工作努力宣传统一战线的本质、主题，覆盖统一战线各个方面的内容，较好地突出了我们刊物的统一战线特色。

突出特色的第三个方面是突出地方特色，即云南特色。我们在组编刊物中，坚持立足云南，面向全国，面向世界的指导思想，认真落实，尤其注重突出地方特色。一年多来，我们编发了省委统战部长、省政协副主席、省社会主义学院党组书记江巴吉才同志的文章。还编发了在云南这块土地上战斗过的先烈先贤闻一多、费孝通、杨春洲、杨明等的道德风范文章。这一特色的突出使云南人感到亲切贴近，使域外读者感到新鲜、真切。

立足云南，统揽全局，把握统一战线主题，是我们在编辑工作中初步领悟的突出刊物特色的基本思路，如何进一步体现我们的特色还有待今后实践中认识的进一步深化和落实。

3. 提高质量

质量是学报生命力的核心。我们在办刊过程中，确定了争创优质省级社院学报的目标，并在实践中抓好提高刊物质量的各个环节，使刊物质量逐步得到提高。

抓源头是提高质量的前提。我们自创刊号载学报征稿启事至今，不惜版面连载，其目的是让读者和作者了解认识我们的宗旨特点，明确组稿方向。同时，我们又通过各种渠道，向中央统战部、中央社院、省委统战部、省级各民主党派的领导和专家学者约稿。这样，既保证了有来自各方面的稿件，又有更切合我们办刊宗旨和体现刊物特色的来稿。

加工是关键。有了质量较高的稿源，要使其优质性能保存在成品中，同时又能在加工中增值，这就必须把好编辑关。编辑部实行来稿登记分编和三审三校制，确保优质稿件保值增值并适时得以使用。

编辑在人少事多的情况下合理分工，密切合作，坚持三校、轮流交叉作业，尽量防止出现错漏。

总之，由于我们始终把坚持宗旨、突出特色、努力提高质量放在重要地位，作为锲而不舍的追求，学报越来越受到读者和作者的好评，都感到一期比一期有进步，作为云南统一战线的一份理论刊物，发挥了较好的作用。

陕西社会主义学院学报

《陕西社会主义学院学报》原名《陕西社会主义学院院刊》，经省新闻出版局1992年1月3日批准，于1992年5月正式创刊。《院刊》为陕西省内部期刊，16开，32页，季刊。铁木尔哈达任第一任主编。陈东航为编辑部主任，处理各种具体工作。1995年，谭冰石任第二任主编。1996年，被评为省一级内刊。1997年1月，更名为《陕西社院学刊》。1998年1月，转为报刊型内部资料。1999年1月，经国家新闻出版署批准，成为正式期刊，改为48页，更名为《陕西社会主义学院学报》。2001年1月，辛建民任第三任主编至今。

《学报》的办刊宗旨是：在上级机关和学院党委领导下，坚持以马列主义、毛泽东思想、邓小平理论为指导，坚持党的基本路线和为人民服务、为社会主义服务的方向，严格遵守宪法和法律，遵守党和国家有关新闻出版的方针、政策和各项法规与制度，贯彻“双百”方针，解放思想，实事求是，以研究和宣传党的统一战线的理论、方针、政策为重点，全面、准确地宣传科学社会主义理论，交流社院教学、科研和自身建设诸方面的情况与经验，以促进社会科学学术事业的繁荣和发展，为巩固和发展爱国统一战线服务，为建设有中国特色社会主义大业服务。《学报》的主要栏目是：《特稿》、《邓小平理论研究》、《统战论坛》、《非公有制经济论坛》、《参政议政》、《民主党派自身建设》、《理论探讨》、《专题研究》、《精神文明建设》、《在西部大开发的号召下》、《社会调研》、《社院建设》、《教学与研究》、《人物春秋》、《天然历史博物馆》等。

青海社会主义学院学报

校（院）学报有《攀登》汉文版（双月刊）和藏文版（季刊）两种，于1982年2月创刊，均为国内外公开发行，现已分别出版发行113期和75期。

《攀登》杂志办刊宗旨是：以马克思主义、毛泽东思想和邓小平理论为指导，遵循党的“一个中心，两个基本点”的基本路线，坚持理论联系实际和“百花齐放，百家争鸣”的方针，立足青海，面向全国，以学术性、理论性、地域性、民族性为特色，从理论与实践的结合上努力探索我国改革开放和社会主义现代化建设事业中的各种现实问题，为建设有中国特色的社会主义服务，为青海经济发展与社会进步服务，为一校两院的教学与科研工作服务。

《攀登》杂志主要栏目有：马克思主义哲学、经济学、科学社会主义、中共党史党建、行政管理与领导科学、统战理论、民族宗教、省情研究、院校教育等。

我们的办刊基本经验是：一要树立宗旨意识，把握正确舆论导向，严格坚持政治标准；二要以社会效益为第一、质量第一为原则，注重体现刊物的理论性、学术性、地域性和民族性特色；三要遵循出版法规，遵守业务规范，严格坚持编辑出版业务标准；四要自觉接受新闻出版管理部门和上级主管部门的领导，严格依法规范办刊；五要树立院校意识，努力为一校两院的教学科研工作服务。

新疆社院通讯

新疆社院通讯始办于1987年社院成立之时，到2000年底共办42期。通讯设有社院建设、教学科研、组织生活、学习调研、简讯等栏目。并向全国34所省区市社院、全疆12所地州政治学校、自治区领导、区党委统战部、各民主党派、工商联等单位发送、交换。为我院传递信息、交流经验，借鉴兄弟社院好的方法，取长补短，努力提高教学、科研水平，起到重要作用。

领导高度重视是办好社院通讯的关键。首先，在组稿中突出一个“精”字，即由办公室专人负责，各级严格把关，院领导逐条审阅，对稿件的质量要求精益求精。其次，在通讯内容上突出一个“新”字，即及时、准确地反映学院教学、科研、后勤建设等方面的新动态，学院的新人、新事、新风尚。三是栏目设置突出一个“活”字，即结合学院实际，灵活地设置栏目，使通讯的形式既生动又活泼。四是通讯印制突出一个“严”字，即对通讯的印刷、装订严把质量关。

广州社会主义学院学报

《广州统一战线》是一本以指导广州统战工作为宗旨的统战刊物。前身是《广州统一战线理论研究》，1986年由广州市统战理论研究会创办。我院领导、教师参与主编及编辑工作。1993年改名为《广州统一战线》（季刊），从1997年6月份开始，经省新闻出版局批准，改为广州市统战理论研究会与广州市社会主义学院联合主办，主管单位仍为广州市委统战部，杂志由季刊改为双月刊。封面及版式设计更具现代感，刊物质量进一步提高。主要栏目有：统战论坛、理论园地、人物风采、工作经验与交流、参政议政、史学钩沉、海外统战等。

社会主义学院图书馆

馆情介绍

概况

自1956年中央社会主义学院成立起，全国各省、市、自治区社会主义学院也相继建立。但是在“文革”期间，社会主义学院被迫停办，直至1982年以后才陆续恢复办学，因而图书馆事业也经历了起步、发展、停顿、恢复和发展等不同的历史阶段。截至2000年，全国除西藏自治区和台湾省还未成立社会主义学院外，其余30个省、区、市成立社会主义学院，省以下的一些区、市也陆续成立了社会主义学院。现在全国共有社会主义学院180所左右，其图书馆事业也随着统一战线形势的发展和统战教学科研工作的需要而逐步发展。

社会主义学院是民主党派和无党派人士的联合党校，是统一战线性质的高等政治学院。其主要任务是：组织民主党派领导干部、无党派代表人士和统一战线系统干部的学习和培训，并进行统战理论研究。因此，图书馆的主要任务是：围绕统一战线理论教学和研究的需要，形成自己的藏书特色，重点收藏统战专业图书资料。主要内容包括：党的统一战线理论、方针、政策和中国统一战线的历史发展；中国人民政治协商会议；中国的民主党派和中国共产党领导的多党合作和政治协商制度；民族问题和民族政策；宗教问题和宗教政策；知识分子问题和党外知识分子工作；华侨问题和党的侨务政策；经济领域的统战工作；“一国两制”与祖国统一及党的统一战线工作等方面的书刊资料。

社会主义学院系统的图书馆事业还是一个发展中的事业。就历史而言，它仅有45年的历史，而“文革”十年造成的影响又严重滞后了图书馆事业的发展。从办馆条件看，据2000年底的不完全统计，全国社会主义学院系统馆舍总面积为16217平方米，馆均523平方米；阅览座位1244个，馆均41个座位；从藏书规模上看，社会主义学院系统藏书总量为766918册，馆均23872册；报刊62345件，馆均2149件；从购书经费上看，年购置总经费为1171384元，馆均年购书费为43384元，比1998年的年均14330元增加了3倍多；从人员队伍看，从事图书馆工作人员143人，大专以上文化程度者104人，占从业人员总数的72.72%，其中高级职称以上者64人，占总人数44.75%；在学科结构方面，马列专业25人，占总人数的17.48%，图书情报专业45人，占总人数的31.46%。在现代化建设方面，全国各社会主义学院已逐步重视和加大投入，在省市区级社院中，已有19所社院图书馆、资料室配置了计算机，总计64台，较1998年13所社院的35台增加了24台，现代化建设有了较大的进展。中央社会主义学院已实现了局域网，完成了馆藏书目数据库的建设；北京社会主义学院也初步实现了业务自动化管理；深圳市社会主义学院在管理自动化的基础上，又实现了全部馆藏的数字化，并着手网上信息资源的开发与利用；其他各社会主义学院也都将图书资料工作的自动化、信息化提到议事日程。总之，无论是办馆条件还是办馆水平，均同其他系统图书馆有着较大差距。可以说，社会主义学院系统的图书馆事业虽起步较晚、发展较慢，但却具有相当大的发展潜力。其一，随着祖国统一大业的迫近，国家民主政治建设和统一战线工作的新形势将会促进图书馆事业的发展；其二，有一支素质较好、结构较合理的干部队伍。

1994 年 10 月成立了“全国社会主义学院系统图书资料工作协作组”，这标志着社会主义学院系统的图书资料工作开始朝着正规化、整体化、协作化方向发展。

协作组的任务是：协调本系统的图书资料工作，对全国社会主义学院系统的图书资料工作进行业务指导；研究本系统图书馆工作的改革与发展及整体化建设的目标；掌握基本情况，制定整体发展规划，形成完整而有机的藏书体系，进而实现系统的网络化；提高开发利用文献情报资源的能力，提高文献资源的使用效率；组织工作经验交流和干部培训等。

协作组成立后，组织开展了一系列的活动：1998 年在陕西省社会主义学院召开了第一次“全国社会主义学院图书资料工作研讨会”，27 所社院的 45 位代表出席了会议，中央社院党组副书记、常务副院长赵广同志作了工作报告，中央统战部四局助理巡视员胡洪宝同志、陕西省委统战部部长李锦江同志到会祝贺并讲话。这次会议对推动全国社院图书资料工作的建设与改革产生了积极的影响。1999 年，在中央社院举办了第一期“全国社院图书资料专业干部培训班”，这期培训班对提高和加强专业干部业务素质起到了积极的促进作用。从 1995—2000 年，历时五年，组织全国社院编辑完成了《全国统战专业图书报刊联合目录》，该目录填补了统战专业文献目录的空白，既是对全国社会主义学院系统图书馆现有专业藏书的全面揭示，又形成了系统的整体资源优势与合力。

社会主义学院系统图书馆事业发展的目标是：按照统一战线工作形势的发展和任务的要求，根据国家民主政治建设和统战理论教学研究的需要，完整系统地收藏有关统战专业的文献资料，形成本系统图书资料的整体优势和特色，实现本系统内的文献资源共建共享，并成为在全国文献资源布局中具有统战特色的文献信息中心。

中央社会主义学院图书馆

中央社会主义学院图书馆是一个具有多层次、多学科、多功能、有特色的社会科学专业图书馆。

一、历史沿革

中央社会主义学院图书馆成立于 1956 年中央社会主义学院创办之初，她经历了创办、停办、复办和发展几个阶段。1956 年至 1967 年 1 月为创办和发展时期，十年间共购图书 65000 多册，为适应当时我国社会主义建设和社会主义改造新的政治形势的需要，适应各界民主人士对政治学习和理论学习的需要发挥了积极的作用。1967年1月至1982年1月，由于政治原因，中央社会主义学院及其图书馆停办，这期间丢失图书达7700多册。1982年2月，中央社会主义学院恢复办学，图书馆也恢复工作，先后在半壁店、昌平、国防大学等处流动办学办馆。这期间购置新书3.3万余册，并对“文革”前的图书进行了清理和剔除。复办十年间，在无固定校舍、馆舍的情况下，共为39期各类型班次1500多学员提供了服务。1991年5月图书馆新馆动工，面积2420平方米，1992年7月竣工交付使用。自此，图书馆进入了全面发展的新阶段。图书馆新馆是采用模数设计、同层高、大空间的现代设计观念，以开架为主的借、阅、藏一体化的开放型图书馆。本馆设计藏书30万册，阅览座位200席，借阅环境舒适，服务功能完善。

二、方针任务

图书馆工作的总方针是：面向现代化，面向世界，面向未来，坚持为社院的教学科研服务，为学员服务，为统一战线服务。其主要工作任务：

1. 搜集、整理、存储、研究和传播文献信息，利用馆藏和多种检索手段，为读者提供服务，并开展多种类型的专题资料服务。

2. 通过各种形式向读者宣传党的基本理论、基本路线和政策；宣传党的统战理论、统战方针和政策；交流科研成果，传播科学文化知识。

3. 加强同教学科研部门的联系，跟踪社院及统战学科前沿信息研究，充分发挥图书馆的服务职能和情报信息功能。

4. 研究和引进图书馆现代技术，建立统战专业文献资源数据库，逐步实现校内外的信息化和网络化。

5. 加强全国社院图书馆之间的业务联系与协调，广泛开展书刊交换和馆际互赠、互借业务；积极参与全国和北京高校图书馆学会组织的有关图书情报信息的活动，组织开展全国社院系统图书资料工作的学术交流和工作研讨活动。

6. 开展专业干部的培训工作，努力提高从业人员的业务素质和工作水平。

7. 开展读者辅导和宣传工作，不断增强读者利用图书馆的知识与技能。

三、文献建设

截至2000年底，图书馆馆藏文献总量达83942册（件）。其中图书35000多种，77263册；中文现期期刊567种，中文报纸69种；港台杂志4种，报纸2种；过期期刊合订本4980多册；报纸合订本916件；光盘资料147件。年购置经费为13～16万，年均购书3000余册。

图书馆的文献配置以马列、哲学、社会科学文献为主，其中哲学、经济学、政治学、党的建设，统战理论、民族、宗教、港澳台等学科方面的文献是馆藏的主体和重点，尤其是统战学科和政党政治制度等方面的内容是我馆文献建设的特色。目前图书馆藏书中，与教学科研相关的马列主义、统战、科学社会主义、中华传统文化等五个大类（即ABCDK五个类）的图书占馆藏总量的60.68%。在已收藏的567种期刊中，统战专业期刊就有243种，占现刊总量的42.58%。馆藏文献中比较有特色和价值的还有：1941年5月创刊至1947年停刊的全套《解放日报》；1946年5月创刊至今的全套《人民日报》；1923年的

《广州国民日报》，以及抗战时期的《新华日报》（重庆版）等珍贵资料。还有全套的《古今图书集成》和《丛书集成》。除传统的纸质文献资源外，图书馆还收藏有电子版文献，有“中国期刊网全文数据库”、“人大报刊复印资料数据库”、“全国报刊索引数据库”、“邓小平理论研究文献数据库”、“新世纪干部学习文库”、“二十五史”等6种数据库。“中国期刊网全文数据库”的社会科学版共分三个专题，图书馆购置了其中的两个专题，即《经济政治与法律辑》、《教育与社会科学综合辑》，两个专辑的学术期刊光盘共收录整刊722种，相关期刊1991种，合计2713种，既补充了馆藏期刊文献，又能快速提供和报道有关文献信息。

1994年，图书馆建立了“校友文库”，旨在收藏所有在社院学习、工作过的学员、教员的科研成果，这样既扩大和丰富了馆藏，更是多层面、多角度地反映了社院作为民主党派干部培训基地所发挥的作用。图书馆是中央社院对外宣传的一个窗口，“校友文库”本身就是团结合作和校园精神文明建设的一个缩影。“校友文库”成立以来，共收到142人次的赠书2121册，其中孙晓村、丁关根、刘延东等领导同志的赠书就有1300册，香港汉荣书局董事长石景宜先生赠书69册。

可以说，进入新时期以来，经过不断的努力和调整，图书馆在文献建设方面已经形成了一个学科结构合理，具有统战特色的馆藏文献保障体系，为把中央社院图书馆建成全国统战文献情报信息中心奠定了坚实的基础

四、读者服务

图书馆设有中文报刊阅览室、港台报刊阅览室、开架借书处等3个为读者服务的部门，每周开馆42小时，星期日开馆半天。图书全部实行开架借阅，图书借阅实现了自动化管理。特别是建立了触摸式书目自动查询系统，读者可以借助计算机独立操作，随时从不同途径如分类、主题、书名、作者、出版社、出版日期等检索点查询检索自己所需要的资料。图书馆还开展了图书预约借阅服务和文献复印服务。年借阅图书约3000册次，接待读者3500余人次。为配合教学科研，图书馆不定期编制新书通报、各种专题书目索引、统战文献题录等；不定期配合一些重大活动举办馆藏专题图书和图片展览，全方位、多层面地为读者服务。

五、现代化进展

图书馆自动化管理于1993年起步，现有8台计算机。经过不断地探索与实践，图书馆已在局域网络平台上实现了图书的采访、编目和管理、期刊的采购编目、读者检索查询、图书流通借阅等一系列业务工作和服务工作的自动化管理。期刊光盘检索系统也已启动。目前，图书馆的全部藏书已基本进行了数字化处理，为实现校园网条件下的数字图书馆打下了基础。今后，图书馆将要在现有自动化的基础上，逐步完善业务管理手段的现代化，加快特色数据库建设，重点是统战专业报刊文献的数字化，逐步建立与国内有关信息单位联网，实现信息资源共享。

中央社院图书馆的奋斗目标是：坚持改革开放、坚定不移地以教学科研为中心，发展现有优势和特色，不断提高馆藏质量和科研水平，为建成高质量、多功能、有特色、现代化的图书馆和全国社院系统文献情报信息中心而努力。

北京社会主义学院信息中心

北京市社会主义学院信息中心成立于2000年初，为处级建制，中心主要负责图书资料、视听资料及教材的管理。到2000年底，图书总量为11958册，其中统战资料537册；教材109种2653册；过期报刊59种207册，订购现期期刊163种，各类报纸30余种。中心正式运行以来，主要开展了以下工作：（1）加强了图书资料管理的自动化和规范化，扩大了办公用房，更新了设备，配置了3套计算机设备。（2）为满足教学科研需要，重点加强对邓小平新时期统战理论、民主政治、多党合作等内容的图书资料的收集，丰富了统战类图书的馆藏。（3）通过“新书介绍”“统战理论文章目录索引与摘要”，扩大了为本院职工及统战系统服务的内容和范围。（4）开展统战资料的交流，与湖南、广东、广州等兄弟社院建立了图书交换关系。

图书管理工作自动化开始起步。信息中心已利用计算机进行图书的采购、编目，逐步建立本数目数据库，自动化管理的功能逐渐发挥了应有的作用。

天津市社会主义学院
图书资料室

天津市社会主义学院图书资料室隶属教务处，有工作人员3人。年购书经费5000元，报刊费按实际情况支出，藏书6200册，订阅报纸16种，刊物62种，计算机一台。

图书资料室主要负责图书、报刊的采集、加工、保管和借阅。每季度编印《统战报刊论文索引》，不定期编印专题性的《统战文摘》，供院领导和各处室学习研究之用，并发送统战系统各有关单位；每年配合学院的中心工作组织一次全院性的读书活动。复院以来，图书资料工作从实际出发，积极开拓进取，充分发挥图书资料的作用，努力为教学、科研和统战工作服务。根据社院五年发展规划，要创造条件建立电子阅览室，努力实现图书、报刊管理自动化，逐步建成现代化的、具有统战特色的文献资料中心。

河北省社会主义学院图书阅览室

图书阅览室配有2名工作人员，微机2台，年购置书刊经费约2万元。

山西社会主义学院图书室

图书室于1999年1月正式搬进新馆，馆舍面积约250平方米，分为采编室、书库、过刊库、阅览室，阅览座位30个。年均购书经费2万元，藏书总量为12000余册，订购报纸16种，现期期刊82种。马列主义、毛泽东思想、邓小平理论和党的统一战线理论及各民主党派的著作为藏书重点，约占总藏书量的60%。图书室管理人员2名。副研究馆员1人，馆员1人。在服务质量上，积极参与教务处与学院全年的办班培训工作，提前为学员准备相关的教学参考资料。为确保图书室充分发挥作用，为教学科研服务，为教职员工服务，图书管理人员不断增强服务意识，强化优质服务，每周一至周五全天为教职员工开放。每期新到《港澳台报刊动态》、《社科新书目》都要传送到老师手中。为配合教学、科研和政治学习，及时编制“图书信息”，为全院教职员工借阅、查找资料提供方便。在馆际协作方面，目前已与22个兄弟社院及民主党派进行了刊物交换，加强了联系，确保统战刊物的连续性和完整性。图书室现有微机1台，至今还没有实现自动化管理。今后将继续努力，加快图书室自动化建设的步伐，按照现代化图书馆的要求，逐步实现图书室自动化、网络化。

内蒙古社会主义学院图书馆

馆藏图书20000余册，报纸杂志30多种。

辽宁省社会主义学院图书馆

现有工作人员2人。馆舍面积为130平方米。馆藏文献3000册，与统战有关的文献占馆藏的80%。报刊190余种。馆内有计算机一台，并将逐步改善图书馆条件。

吉林省社会主义学院图书馆

1965年，省政治学校新校舍建成。1966年设立图书馆、阅览室，并购置了图书，订阅了报刊。“文革”期间省政治学校停办，图书资料散失无存。1968年，学院收回部分校舍，重新设立了图书馆、资料室，建筑面积为200平方米。2000年底，藏书达9968册。其中，统战理论书籍1295册，约占藏书总数的13%；马、恩、列、斯经典著作和毛泽东、邓小平等老一辈革命家的论著899册，约占9%；其他为社会科学、自然科学、政治、经济、法律、军事等各类辞书和文学艺术书等。各种期刊合订本400多册。报刊123种。

黑龙江省社会主义学院图书馆

1984年成立时定名为图书资料室，1994年改为图书馆，是隶属于教务处的科级单位。馆舍面积165平方米，分为图书室、报刊阅览室、过刊室、办公室四个部分，阅览座位20个，计算机1台。现有工作人员2人，副研究馆员1人、馆员1人。

十几年来，文献积累总量为10848件，其中上架图书5778册，复本、残本、馆内教材2431册，报刊合订本2634，光盘5件。文献资料种类分布多集中于马列主义、毛泽东思想、邓小平理论、哲学、经济、政治及综合性图书，这是我馆文献的精华。每年订阅期刊90种左右，报纸约25种，年购新书200册。服务对象为学院教职工、学员、统战系统各部门干部及其他，年读者量为2100人次，年文献流通总量为4500册次，每星期开馆四天半，有主体班时晚6:30——8:30为学员开放。本馆将继续努力做好工作，踏着知识经济的脚步，加强图书馆的现代化建设。

上海市社会主义学院图书馆

上海市社会主义学院图书馆是随着市社院的发展而逐步形成一定的规模。图书馆现设有第一阅览室和第二阅览室，第一阅览室主要有各种报纸、综合性杂志、社科和统战类期刊资料；第二阅览室主要有港台报纸、期刊、国内一些内部资料和马列经典著作及一些工具书。主要服务对象是社院领导、科研人员、党派市委的领导及统战系统的研究人员。图书馆现有藏书14000余册，保存期刊报纸数千册，2000年订购各类报纸47种（其中港台报4种）、杂志202种（其中港台刊4种）。近几年来，图书馆本着为教学科研服务，为统战服务的宗旨，不断加强业务基础工作，全面实行文献加工标准化和规范化，逐步形成了以马克思主义、毛泽东思想经典著作为核心，以统战专业图书资料为重点，以哲学、社会科学及相关学科图书资料为补充的藏书体系，使我院图书馆藏书格局真正突出“统战特色”。

江苏省社会主义学院图书资料室

学院图书资料室成立于1991年10月，隶属社院教务处，现有管理人员两名，馆舍面积120平方米，入藏图书18个种类，近7000册；期刊年订量80余种，报纸18种，期刊合订本900余册。

安徽省社会主义学院图书馆

图书馆现属于学院教研室分管，总面积350平方米，有阅览室（100个座位）、书库（面积120平方米），现有2名管理人员（均为馆员），藏书845册、报纸21种、杂志95种、人民大学复印资料50种。

福建省社会主义学院图书馆

图书馆总面积190平方米，现有2名工作人员，设有报刊阅览室和书库，阅览座位20个。藏书已由1981年复院时不足3000册，发展到11480册。馆内配置电脑一台，每年订购报刊近200种。年平均服务读者量为2082人次，借书量为5132册次。图书馆现有专业书本目录、盒式目录（分类、书名）三套供读者检索文献。为配合教学科研，图书馆还编辑有关情报信息和学习资料。经过几年的努力，图书馆已由传统的“看门守摊”的被动服务，转变成能根据不同的读者需要提供快捷信息的主动服务，充分发挥了图书馆的功能与作用。

江西省社会主义学院图书馆

图书馆是学院的文献信息中心，是为统一战线教学、科研服务的学术性机构。它于1985年伴随着江西省社会主义学院的复办应运而生。十余年来，在学院领导的关心、支持下，学院图书馆走过了一段艰难的创业历程，在以教学为中心、为教学服务、为读者服务的工作中不断成长、发展。目前有专业技术人员3人，微机一台，主要提供阅览、外借和咨询服务。

图书馆自成立以来，一直把藏书建设作为中心工作来抓，以突出统战特色为原则，始终坚持统战类文献要全、马克思主义基本理论要有、传统文化和文艺作品要精的馆藏文献建设方针，严把采购关，并通过采购、交换、获取赠书等多种形式，落实藏书建设计划的实施。经过十多年的积累，目前图书馆藏书已由零发展到16000余册，初步建成适应江西省统一战线教学科研需要的藏书体系，以统战学科文献为重点的馆藏特色已见雏形。

山东省社会主义学院图书室

图书室复建于1990年，隶属教务处。馆舍面积120平方米，设有外借书库和阅览室，总藏书量1900余册。图书馆实行开架借阅，编辑有《新书目录》，及时传递文献信息。经过几年的努力，建起了有社院特色的图书室藏书体系，并积极主动为教学科研服务，及时编印《新书目录》，及时传递文献信息。整理所藏统战专业图书目录和报刊目录，参加了中央社院组织编辑的《全国统战专业图书报刊联合目录》。加强了图书室规范化的管理工作，坚持抓现代化建设，即便条件所限，也从没有放弃这样的既定目标。

河南省社会主义学院图书资料室

新校舍建成后，加强了学院图书资料室的建设。目前，资料室面积100平方米，阅览室拥有面积75平方米，阅览座位30个。现有藏书4500余册、期刊5000余册。服务对象为学员和全院教职工。有效地发挥了社会主义学院第二课堂的作用，为学院的教学科研提供了有效的文献保证。

湖北省社会主义学院图书室

图书室的前身“湖北省政治学校图书室”，建于1957年11月。由于“文革”动乱，学校停办，图书室无存，该室的图书资料也全部散失殆尽。1989年8月湖北省社会主义学院恢复办学后，图书资料室重新开始筹建，正式成立于1992年5月，隶属于教务处。现有馆舍面积60平方米（书库、报刊阅览室各一间），阅览座位20个，藏书4000余册，期刊100余种，报纸10余种。工作人员2人，均为中级职称。

湖南省社会主义学院图书馆

湖南省社会主义学院图书室隶属于院科研处，现有藏书室1间，书刊阅览室2间，20个阅览座位。专职工作人员1人。截至2000年，图书室的图书、期刊总藏量约2万余册，以政治、经济等文献为主。期刊年订购现刊100余种；近几年的报纸装订本100余册，年订购报纸30余种。年图书经费3万元左右。图书室每周开放5天，每天达7个小时。

我院的新科教综合大楼正在建设，我院领导十分重视图书室的建设，数字化图书馆也在筹划之中，还将逐步实现图书馆工作的规范化、标准化和自动化。

广东省社会主义学院图书馆

图书馆1990年5月落成并投入使用，馆舍建筑面积1300平方米。全国政协副主席、原广东省省长叶选平为图书馆题写了馆名。

馆内设现刊阅览室、保存本阅览室、教师阅览室、报刊资料库与图书库。年购置总经费近年保持在7万元左右；购书经费约3万元；订阅报刊经费约4万元。现有藏书近6万册，过期期刊合订本1万多册，现订阅期刊约600种，报纸50多种。现有工作人员4人，其中馆员1人。建立和完善了《工作人员岗位职责》等八项管理制度。

图书馆始终坚持为教学科研服务的办馆方针。十多年来，为学院教研人员提供了多种参考资料，有“增强中华民族凝聚力学习资料”、“学习科学社会主义理论参考资料”、“教研参考”、“新书介绍”等，组织和参与编写的正式出版物有《全国统一战线论文资料目录索引（1978—1988）》、《全国统战专业图书报刊联合目录》。此外，图书馆还举办了“学院复办十周年教学科研成果展览”、“建党七十周年图书图片展览”。

现代化建设方面，现有电脑设备六台。开通了通过互联网查阅资料服务项目。

广西社会主义学院图书馆

“文革”前，广西社会主义学院曾建有图书室，购置有数千册的图书，但因“文革”中断办学后已大多流失。1984年复办后，学院把图书馆建设作为主要硬件项目来抓。1987年10月，图书馆建成交付使用。现有馆舍面积1030平方米，其中书库3个，面积380平方米，阅览室2个，面积230平方米。藏书24008册，其中图书16886册，期刊合订本 3911 本，报纸合订本 3211 份。常年订有各种期刊 130 种，报纸 31 份。配有专职管理人员 4 名，为加快图书馆建设，院里还给配置了升降机、中英文打字机、装订机等，1999 年起配置了一台电脑，完成了馆藏数据库和专题数据库的建设。

重庆社会主义学院图书馆

原名图书资料室,始建于 1956 年本院成立之时。1998 年在重庆市[渝委办]下发的《重庆社会主义学院机构编制方案》通知中,正式将图书馆设为学院的一个独立的处级行政职能部门。

图书馆多年来一直根据学院的工作性质和基本任务，认真履行对各类文献信息资料的采集、分编、应用与管理，并进行开发和研究，提供咨询和信息服务的职责。现有职工 4 名，全部具有大专以上学历。

图书馆总面积约 500 平方米，内设采编室、流通室、阅览室、资料室（微机室）等 4 个业务机构。现有馆藏图书资料约 2 万册。藏书内容主要有马列主义、毛泽东思想、邓小平理论，哲学，政治，经济，文化，历史等社科类图书资料，及少量光盘资料。本馆藏书以统一战线、民族、宗教等为特色。图书实行全开架借阅。

图书馆现有微机 7 台，主要用于日常公务的处理和进行光盘阅读。互联网开通以后，图书馆的信息功能得到了加强，能更方便、快捷、全面地为读者提供信息服务。

四川省社会主义学院图书馆

1984 年学院恢复办学时，建立学院图书室，隶属于教务处。1988 年建立学院图书馆，为处级建制。馆舍建筑面积 1300 平方米。

目前藏书约 5 万册。其中，中文图书约 4.9 万册，港台图书约 1 千册。当年订阅报纸 22 种（台湾报纸 1 种），期刊 188 种（香港杂志 2 种）。年度经费为 3.8 万元（含购书、订阅报刊、行政经费等）；有计算机 1 台。现有职工 8 人，其中馆员 5 人。

云南省社会主义学院图书馆

图书馆新馆建筑面积 700 平方米，藏书 1.2 万余册，订阅报刊 200 余种，工作人员 2 名（一人为临时工），近年购书经费年均 5 万元，现有电脑三台（其中二台为教职工免费上网专用），复印机一台，打印机三台，扫描仪一台。

目前正在筹建图书书目数据库，明年将恢复二次文献的编辑整理工作。

陕西社会主义学院图书馆

图书馆成立于1985年。当时因租借校舍办学，图书馆的办馆条件十分简陋，2000年，社院迁入新校址，图书馆总面积为200多平方米，阅览室可同时容纳40人。配有双制式空调1台，壁挂式分体空调1台。保证了教职工和学员有一个良好的阅览环境。

图书馆的藏书24000余册，年订购报纸13种，各类型期刊133种，人民大学校刊复印资料43种（精装合订本）。近几年，图书资料经费由原来的每年2000元提高到现在的15000元，尤其是2000年，达20000元，统战专业新书随着经费的增加每年以较大速度增长，现在图书馆统战专业图书资料已初具规模。图书馆机构设置隶属教务处，现有馆员2名，计算机1台。

陕西社会主义学院的教学和各项管理工作已逐步走上规范化的轨道，院图书馆已成为社院图书资料情报中心，也必将成为陕西省各民主党和无党派人士及统一战线理论教学和科学研究工作的重要阵地。

甘肃社会主义学院图书馆

馆舍面积150平方米,设有图书室、书库、声像资料教材库、报刊阅览室四个部门。馆藏图书约5000余册,各类报刊50余种,教材3000余册,声像资料100余盒。已初步形成具有统战特色的小型图书馆规模。图书馆隶属于教务处,现有管理人员两名,其中馆员1人。

青海社会主义学院图书馆

图书馆藏书26万余册，年订阅各类报纸杂志1000余种，阅览室面积270平方米。

新疆社会主义学院图书馆

图书馆是1981年恢复办学后，在校资料室的基础上成立的。于1999年正式编为学院六个处室之一。现有以民族、宗教等内容为主，具有统战特色、地方特色的藏书及各类期刊约一万余册。

近年来，学院领导高度重视图书馆建设，把它作为教学、科研和精神文明建设重要组成部分，列入学院工作的重要议事日程，采取了一系列措施：①选配有事业心和一定工作经验的同志到图书馆加强管理工作。目前图书馆编制：现有副主任一人、工作人员两人。②鼓励和支持社院图书馆加强与外界图书馆开展业务联系、交流和学习。③学院从有限经费中抽出部分资金购买急需补充的图书资料、各类报刊、杂志96种。充实馆藏和教学科研所需。进入新世纪，社院图书馆建设要紧紧抓住基础设施建设的契机，按照“科学规划，量力而行，逐步实施”的原则，争取现代化建设的高起点，实现跨越式起步。逐步通过计算机管理，建立一所有时代特点、具有新疆统战特色的专业图书馆。

广州市社会主义学院图书馆

图书馆正式成立于1990年，当时藏书量只有500多册，馆舍也极其简陋。1992年新校舍落成后，图书馆面积达202平方米，阅览座位48个，并配有空调等现代化设备，环境优雅、宽敞舒适。至2000年底，馆藏总量达14000册，其中港台图书500册。近五年图书经费均7万元。目前，图书馆工作人员2名（其中副研究馆员，助理馆员各1名），隶属教研室。每周开馆35个小时，2000年接待读者800人次，文献流量2300册。

图书馆从开馆之初便建立严格的规章制度，实行科学管理。一切从读者需要出发，根据科研和教学需要，充分挖掘图书馆的信息资源，编制专题资料和专题索引，方便读者查阅资料，在教学和科研中发挥了应有的作用。

深圳市社会主义学院图书馆

深圳市社会主义学院是同市委党校、行政学院三位一体的办学体制，图书馆组建于1979年。从80年代后期起，藏书量逐步扩大，全面开展分类编目、书目情报、信息服务等业务工作。至2000年止，馆藏由初期的数千册增至10万册，期刊500多种，拓展了深层次的信息服务，创办、出版信息刊物名《社科文萃》（分三个版印即理论版、信息版、内参版，月各出1期，已出百期以上），实现了全部馆藏的数字化，并着手网上信息资源的开发与利用。建成图书馆自动化管理系统，完成5万条数据的建库并实现联网，入藏了多种电子文献，为数字化图书的发展目标奠定了基础。

武汉市社会主义学院图书室

图书室面积为240平方米，设有藏书室和阅览室。藏书5000册。内设“海峡两岸关系和国共关系史”资料室，藏书741册。

长春社会主义学院图书资料室

学院设有小型图书资料室，现藏书540本，订阅报纸14种，刊物26种。图书阅览室1间，图书管理员1名。

在租房办公，经费紧张的情况下，我院图书资料建设坚持以教学科研为中心，以社会科学为主，以统战理论专业为重点的指导思想，不求“小而全”，而是在书刊质量上下功夫，基本形成了“小而精”的藏书特点。

办 馆 经 验

深化改革，立足发展，向现代化图书馆奋进

中央社会主义学院图书馆

进入新时期以来，中央社院在正规化办学方面取得了长足的发展。图书馆作为教学科研的重要组成部分，也逐步配合学院的中心工作走上规范化、制度化的建设道路。

从1983年复校到现在，对中央社院图书馆来说，是经过整顿恢复之后，有计划地从传统图书馆向现代化图书馆逐步过渡的时期，是努力探索如何办出有社院特色的图书馆的时期，是不断改革，开拓前进的时期。

复校以来，图书馆不断根据我院教学、培训、科研的发展所提出的需求，努力克服财力、人力、物力不足的困难，按照国家教委《普通高等学校图书馆规程》的要求，坚持以教学科研为中心来开展图书馆的各项业务工作，建设和发展社院图书馆事业。全馆同志团结奋斗，脚踏实地，开拓前进，在基础业务工作、读者服务工作、内部管理工作、队伍建设工作、自动化工作、馆际交流合作等方面都取得了较大的成绩与进展。

基 本 经 验

一、馆藏文献稳步增长，形成有系统、有特色、重点突出的藏书体系

馆藏文献是图书馆的物质基础之一，也是图书馆履行其社会职能的一项基本条件。在现代信息社会中，对文献资源及时采集、系统精选、协调共享，是现代化图书馆文献工作的重要任务。

1. 更新观念，明确方向，提高文献采集质量

中央社院的办学特点和所承担的任务决定了图书馆不同于其他各类型院校，因而我们在文献资源建设的方针上，摒弃了传统的“大而全”、“小而全”的藏书思想，确立了“藏以致用”、“突出特色”的采购方针，从仅仅重视书刊数量转变到更重视质量上来。依照这一思路，在近年来书刊大幅度涨价、购书经费严重短缺的形势下，我馆克服了消极被动的采购思想，对传统的文献采集模式进行了改革，采取了多渠道引进文献，如以新华书店主渠道购书为主，订购、邮购、代购、赠书等为辅的多种形式采集图书，取得了积极的成果。到目前为止，本馆馆藏文献图书近八万册，报刊资料合订本5000余册；1994年以来，年均购书3000余册，订购报刊600余种。电子版文献也逐年增加，现在购有《中国

期刊全文网数据库》的两个专辑，即“经济政治与法律辑”、“教育与社会科学综合辑”，还有《人大报刊资料数据库》、《全国报刊索引数据库》、《邓小平理论研究文献数据库》、《新世纪干部学习文库》、《二十五史》等6种文献数据库。在经费有限的情况下，既增加了文献品种，又实现了稳定增长的目标。

2. 提高采访质量，保证和发展馆藏特色

复校以来，我馆为适应统战教学科研发展的需要，尤其是为适应正规化办学的需要，在文献资源建设的方向上，我们以优化馆藏学科结构为基础，以突出特色为原则，逐步确立了统战类文献要体现全面性、马列主义和中国特色社会主义理论类文献要体现权威性和代表性、传统文化和文艺作品要体现精品性的文献资源建设方针。形成一个以教学科研为中心的，以社会科学为主的，以统战理论专业为重点的，藏书结构合理的文献资源保障体系。

优质的馆藏文献是我们赖以服务的基础。为提高采访质量，由馆长直接负责抓采访工作，加大了采访力度，加强了采访的针对性。尤其是加强了书目信息的收集工作，提高了文献采集的质量，实现了藏书的精选和特色体系的形成。经过几年的努力，我馆馆藏文献的学科专业结构渐趋合理，专业图书品种逐渐增加。目前，在我馆馆藏文献的学科结构中，与教学科研相关的统战、科学社会主义、中华传统文化等五个大类（ABCDK类）的图书占馆藏总量的60.68%，专业报刊成效更为显著。通过加强与全国各社院、各省市自治区民主党派和统战系统研究部门等单位的联系，统战专业报纸由以前的2种发展到现在的34种，统战专业刊物由1994年的22种扩充到现在的234种；再从《全国社院图书馆馆藏统战专业联合目录》收录的情况看，我馆就有3206种，占联合目录收录总量（6205种）的51.66%。可以说，馆藏总体水平大幅度提高，专业特色逐渐形成，为教学科研提供了比较有力的文献资源保障体系。

二、全面实现图书馆自动化管理，不断提高业务工作管理水平

为适应现代化的需要和教学科研的发展，适应图书馆工作自动化的要求，准确、全面地揭示馆藏，方便检索与利用，必须逐步建立起标准化机读数据库。这就要求做好基础工作，严格按照国家标准对文献进行加工整序，不断提高工作质量。

1. 加强基础工作，实现文献加工的标准化和规范化

业务基础工作的规范化、标准化是科学管理的重要内容。复校以来，我馆在分类编目工作方面逐步与国家标准接轨。图书分类采用了《中国图书馆图书分类法》，期刊分类采用了《中国图书馆期刊分类法》。编目工作完全依照国家标准《中文普通图书著录条例》；计算机编目则严格执行《中文图书机读通讯格式》。

2. 积极推进业务工作自动化，建立馆藏书目数据库

信息化时代要求图书馆以实现自动化来改造旧的管理体系和服务体系，我馆自动化工作于1993年底开始起步，采用的是多用户微机网络管理系统，1999年升级为文献管理集成系统。网络终端有采访、编目、流通借阅、公共查询、期刊采购编目、图书馆管理等10个子系统。

文献加工自动化的实现，标准化机读数据的建立，为我馆自动化、网络化的发展打下

了坚实的基础。文献管理集成系统正式运行后，图书馆的工作条件、管理手段都得到明显改善，并形成新的特点：(1) 常规工作自动化。图书馆在图书采购、编目、典藏、流通及管理等业务工作环节基本上实现了自动化，缩短了新书同读者见面的时间，简化了读者借还图书的手续，严格了借阅权限和借阅规定，大大提高了图书的利用率。(2) 管理科学化。系统确凿的数据为依据，通过研究读者借阅规律，更好地掌握读者借阅需求，进一步明确馆藏方向和重点，适时适量的采购，恰如其分地剔除，从而使图书馆的藏书建设日趋合理和有特色，管理工作也从经验型转向科学管理。(3) 服务功能化。我们在开架书库设立了“读者园地”子系统，采用触摸式的人机对话方式进行检索。读者在此不仅能够了解图书馆的概况、馆藏构成，而且还为读者提供多种检索途径。如从分类、主题、书名、著者、出版社、出版日期等多个检索点查询自己所需要的文献及其所需文献的排架位置，非常方便和快捷。在报刊资料利用方面，我们还开展了期刊光盘检索服务。

三、改善基础服务，深化服务内容，提高读者工作的质量和水平

努力提高读者服务工作的水平，最大限度满足用户需要，是图书馆一切工作的出发点和归宿。读者服务工作的现代化不仅需要继续加强传统的文献借阅和一般性参考咨询工作，还需要深化服务，综合地发挥图书馆的教育职能和情报职能，主动地提供文献情报。

1. 优化读者服务体系，发挥教育职能

新馆落成后，针对社院专业性、研究性强，读者对象相对单一，层次高等特点，我们采取了全开架、全方位、全天候的服务方式。设立了港台报刊阅览室，增建了社院校友文库等新的读者服务点。目前，校友文库已收校友赠书2121册。

图书馆是学校教学的第二课堂。我们利用这个宣传阵地开展了形式多样的宣传和导读工作。每一个班开学，我们都组织学员参观校史展览，参观图书馆，介绍如何利用图书馆等。我们还配合一些重大活动举办馆藏专题图书展览，如《邓小平研究图书展》、《周恩来百年诞辰图书展》、《石景宜赠书展》、《迎回归香港百年图片》、《可爱的中华图片展》等，这些活动既揭示了专业特藏，又强化了图书馆的教育职能。

2. 深化服务内容，发挥情报职能

我馆在为教学科研和读者服务工作情报化方面做了很多努力与探索，注意发挥图书馆的情报职能。为充分揭示馆藏，及时通报到馆的新书，编印了《新书通报》；为及时反映报刊中与教学科研有关的理论研究动态和信息，编印了《统战专题目录索引》；为充分发挥港台报刊的作用，多层面、多角度地研究统战问题，我们还为院领导和教研人员编印了《港台报刊剪报》等，大大提高了专业文献资料的利用率。我们还参与了社院的一些教学科研活动，提供了有关专题的目录索引，如《知识分子问题论文目录》、《中华传统文化论著目录索引》、《民主党派自身建设论文目录》等，这些工作既发挥了图书馆的情报职能，又起到了科研导向的作用。

四、实行科学的组织管理，建设一支高素质的专业队伍

科学的组织管理是图书馆得以正常、高效运转和建立优良馆风的保障，现代化的图书馆必须从经验管理转变为科学管理。加强专业队伍建设是实行科学管理的重要方面。

我馆现有工作人员8人。从学科结构看，图书馆专业4人，党史科社专业2人，其他专业4人，均是大专以上文化水平；从职称结构看，高级职称3人，中级职称5人。但由于来自不同的专业岗位，从事社院图书馆工作的时间长短不一，要想尽快完成专业转轨，更快更好地在图书馆工作中发挥作用，我们十分注重专业队伍的培训工作。

1. 坚持开展岗位在职培训

几年来，我们一直坚持每周一次的业务学习，包括图书馆专业知识讲座，计算机知识讲座和应用培训，以及业务研讨等。

2. 实施脱产轮训制度

主要是进行统战专业知识和计算机应用知识的培训。我馆已有三人轮流参加了院“民主党派领导干部进修班”为期两个月的学习，还有3位同志参加了我院与社科院和中央党校联合开办的统战专业研究生班的学习。我馆的大部分同志都轮流参加了北京高校图书馆学会举办的图书馆计算机应用培训班等。

3. 开展学术研讨，提高队伍的科研水平

为了更好地为教学科研服务，我们鼓励和支持馆内业务人员结合工作实际开展业务研究和学术研究，提高业务水平。组织召开了图书馆首次学术研讨会。近年来，图书馆工作人员发表论文十余篇，还参与了14种教材、教研参考资料的编写，既锻炼了队伍，又提高了自身的科研能力与业务水平。

五、积极开展馆际合作，在全国社院系统图书资料工作中发挥作用

现代化图书馆不可能再是一家一户式的封闭系统，而是以图书情报事业系统化、网络化和社会化为标志的完整体系。鉴于全国社院系统图书资料工作基础较差，起步较晚的状况，突破单个图书馆孤立发展的局限，通过充分的协调与合作实现社院系统文献资源整体化的建设，形成社院系统文献资源的整体优势，乃是新形势下统一战线教学、科研与工作发展的需要与必然。在院领导的支持下，我馆积极倡议，组织开展了一系列的活动，于1994年组织成立了“全国社院图书资料工作协作组”，积极组织全国各社院参加全国书市活动，同时借书市之机举办社院图书资料工作研讨会；组织编制了《全国统战专业图书报刊联合目录》，联合目录的编制，不仅多角度、多层面、多途径地揭示了统战专业的图书和报刊资料，而且更全面地反映了全国社院系统专业文献资料的收藏情况，同时也形成了社院系统文献资源的整体优势。开发统战专业文献资源，既起到了互通有无的作用，也为专业文献的共知、共建、共享提供了更为广阔的空间。1999年，在院领导的支持下，又举办了第一期“全国社院图书资料专业干部培训班”，取得非常好的效果，对推动全国社院专业干部的业务建设和提高专业素质，起到了积极的促进作用。

复校以来，中央社院图书馆的工作取得了较大的发展与进步，这是与中央社院历届领导的支持和重视分不开的。实践证明：办好图书馆是办好学校的基本条件之一。复校的十余年，也是图书馆工作恢复发展的大好时期。面对新世纪，既给我们提供了极好的发展机遇和空间，同时也给我们带来了巨大的压力与挑战。图书馆如何在社院实施正规化办学，在为教学科研服务，为统一战线服务中发挥更大的作用，乃是我们面临的重要任务和需深刻思考的问题。

几 点 体 会

一、明确办馆方向与目标

江泽民总书记提出的“四个更”的建院目标和我院确定的“高层次、有特色、正规化”的办学方针是我们确立办馆方向的重要依据。图书馆作为社院教学科研的重要组成部分，结合社院发展建设的需求和我们自身工作的实际，我们认为，中央社院图书馆在今后相当长一段时期内，应朝着这个方向去努力，即：全方位地为教学科研服务，为统一战线服务，逐步将中央社院图书馆建成一个在文献保障、信息环境、服务水平、人员素质等方面达到较高水平的多功能、有特色、现代化的图书馆；建成具有统战特色的统战学科文献情报中心。

要实现这一目标，我们应有强烈的时代感和使命感。要突破传统图书馆工作造成的囿于眼前、自我封闭的思想束缚，自觉地把实现图书馆现代化作为我们坚定不移的奋斗目标。现代信息社会的发展日新月异，世界科学技术也在不断变化提高，因而现代化的具体目标也是动态的、不断发展变化的，只有始终保持前瞻的时代精神和创新的发展意识，才能适应时代的潮流和形势的发展，工作才能推向前进。

二、开拓思路，更新观念，为实现图书馆的多功能、有特色、现代化打好基础

实现图书馆现代化的过程，就是图书馆各项工作改革、发展的过程。而实际工作要改革，要发展，首先就是要更新观念，改变传统办馆观念。在实践中，我们有以下几点认识：

1. 关于服务观念

——图书馆的社会价值和基本职能即在于服务，在于为社会的经济、教育、文化等各项事业服务，为精神文明建设和物质文明建设服务。落实到社院，就是为教学科研服务，为统一战线服务，为学员服务。现代化图书馆的主要标志就是服务水平的极大提高，应尽一切可能向读者提供方便、迅速、准确的文献情报。

——应深化服务内容，在继续做好传统的外借、阅览、参考咨询等被动式文献服务工作的基础上，着力发展定题服务、咨询决策服务、信息调研服务等主动式的信息服务，提高服务水平、质量和效益。

——应拓宽服务范围，从囿于社院内的封闭式服务发展为院内外服务结合的开放式服务，从面向社院的教学科研到同时面向各民主党派、统战研究部门的需求，充分发挥图书馆的教育职能和情报职能。

2. 关于技术观念

——“科学技术是第一生产力”的论断同样适用于图书馆事业。以计算机为核心的新技术在图书馆的应用是图书馆现代化的关键环节，现代技术的应用将大大提高图书馆工作的效率和水平，图书馆工作从手工作业到自动化作业是发展的必然趋势。

——要克服对计算机等新技术的畏惧感、神秘感和囿于条件、无所作为的观念，积极主动，创造条件，尽快地引进、利用现代技术和成果，加快向多功能、现代化迈进的步伐。

——从院情、馆情出发，遵循标准化、网络化的原则，慎重地、切合实际地选择适合于本馆发展的应用技术与自动化发展道路。

3. 关于管理观念

——在加强制度管理，行政管理的同时，要研究如何建立增强图书馆自身发展活力的多种机制。

——适应信息时代信息服务的需求，信息产业的发展，克服“小而全”、“自给自足”的小生产管理观念和封闭式的运行模式，树立整体化，社会化的管理观念和开放式的资源共享的运行模式。

4. 关于人才观念

——图书馆现代化的核心是人的现代化，是专业队伍建设。

——现代化图书馆的人员队伍应是一支具有较高学术性的专业技术队伍，不应是人员的随机集合，而应是人员的有机组合，要有目标、有计划地去建设。

——这支队伍应是高素质、多学科、分层次的。在思想素质上应有奉献精神、进取精神和实干精神，在业务素质上应兼具理论素养和动手能力，要有合理的学历结构和职称结构。

——建立科学的人员管理制度，引进竞争机制，建立激励机制，使人尽其才、才尽其用。

三、脚踏实地循序渐进，开辟实现多功能现代化的现实途径

实现图书馆现代化的目标，必须从现实条件出发，从现有基础起步，这必将是一个长期的过程。

从外部环境讲，我们所面临的主要矛盾是从现有经济实力出发所能给予的投资与图书馆发展需要之间的巨大差距。对此，我们一方面要承认现实，要根据经济实力的增强而逐步增加投入，对图书馆现代化的进程要求不能过高、过急；另一方面又不能消极等待，应当发挥主观能动性，积极设法，推动图书馆事业尽快发展。

从图书馆内部条件讲，主要矛盾是现代化的高水平要求与我们原有的落后、薄弱的基础之间的巨大差距，并伴随着许多具体矛盾和困难，因此实现现代化还只能是一个循序渐进的过程。所以，我们要注意处理以下几个关系：

1. 长远目标与当前现实的关系

为了实现图书馆现代化的总体目标，必须与当前实际结合，这种结合应体现在制订与落实中央社院的五年规划和本馆的年度计划中，指标要合理，措施要得当，以便积极稳妥地实现长远目标。

2. 基础服务与深化服务的关系

深化服务是图书馆现代化的要求。但是，当前大量的读者需求还是传统服务和基础服务。因此在提倡深化服务的同时，基础工作不仅不能削弱，还应继续加强、健全、优化。

深化服务也是以传统服务为基础的，不是互相割裂的。

3. 传统手工作业方式与实现自动化的关系

用自动化取代传统手工操作是图书馆现代化的必然发展和主要标志之一。实现自动化必须以传统的手工作业为基础，要首先使基础业务工作标准化、规范化，使之能适应自动化的要求。基础业务工作水平的提高是实现自动化的前期准备。同时，自动化的实现过程也是对整个传统手工作业流程进行优化、提高的过程，计算机的应用必然带来图书馆各项工作的高效率运转和高层次的深入。因此，我们必须辩证地认识这个问题，必须紧密配合，协调推进。

基于上述认识，我们认为，图书馆实现“多功能、有特色、现代化”的目标是可能和可行的，这条可行之路应该是：传统职能与现代化职能并存，逐步转化；传统服务与现代化服务结合，逐步提高；传统技术与现代技术共用，逐步更新。

总结以往的工作，我们也深深感到，我馆的工作还存在许多问题和薄弱环节，离统战形势和社院教学科研发展的要求及社会信息化发展的水平还有相当的差距。面对新世纪，我们有信心，以落实江总书记提出的“四个更”的建院目标为新的起点，在院领导的支持下努力奋斗，发展现有优势和特色，坚定不移地以教学科研为中心，我们的工作一定会迈上新的台阶，进入一个新的发展时期。

加强信息中心建设的几点体会

北京市社会主义学院信息中心

北京社院2000年初建立了信息中心这个处级建制的专门机构，负责图书资料、视听资料及教材的管理。(1) 图书期刊、统战资料、办公用房及设备扩大、更新。配备了3套计算机设备，加强了图书资料管理的自动化和规范化。(2) 为满足教学科研需要，重点加强对邓小平新时期统战理论、民主政治、多党合作等内容的图书资料的收集采编，丰富了统战类图书的馆藏。(3) 通过“新书介绍”“统战理论文章目录索引与摘要”，扩大了对本院职工及统战系统服务的内容和范围。(4) 开展统战资料的交流。向有关单位发放或征订《全国统战专业图书报刊联合目录》和《中国多党合作与政治协商制度专题资料汇编》，与湖南、广东、广州等兄弟社院进行图书交流。

在现代化建设方面，我们已初步实现了图书采购、编目的自动化。自动化管理的功能逐渐发挥了应有的作用。(1) 利用图书采购系统，实现了有计划的进行图书的预订，提高了“查重”的工作效率，减少了进书的盲目性；(2) 通过预订检索，尽快制定预订催询单，加强了进书的程序管理；(3) 通过使用采购系统的批采购账目统计，制出批采购明细账，一并送财务部门办理报销及固定资产上账；(4) 利用图书编目系统，进行WARC数据套录，科学地完成图书分类；(5) 通过编目自动生成图书索书号，便于图书按标准分类法进行排列；(6) 利用编目系统，方便图书检索和图书借阅。

主要经验和体会：一是离不开院领导重视。为加强图书自动化和规范化管理水平，院领导决心大、支持力度高，配备了较高配置的计算机及图书管理软件，创造了自动化管理必要的条件和资金支持。二是离不开同志们有为社院发展、为统战信息工作出力的共同心愿和团结一致的集体努力。套录并建立图书管理数据库，要共同攻关，克服一个个技术难题，使利用计算机管理软件开展图书套录和新书预订验收试用工作一步步向前推进。三是离不开积极创造的内外部环境。利用计算机管理图书，实现办公自动化是一件技术性很强的工作。我们积极创造条件，大连软件公司和中央社院为我们提供了较好的技术支持，得到了他们在图书业务管理以及计算机软件维护的帮助。积极与高校图书工作委员会图联公司建立了新书联合订购协议。解决了利用计算机软件管理图书工作各个工作环节的具体问题，形成了自动化管理的一条龙程序，为今后的工作开创了必要的条件。

加强图书馆建设，促进教学科研发展

江苏省社会主义学院图书馆

图书资料工作是社院工作的基础，如何发挥图书资料工作应有的作用，促进教学、科研的发展，近十年来，我们作了一些努力，积累了一点经验。

（一）领导重视，由小到大。我院建立之初，只有少量书籍，且有一部分政治类过期图书。已不能满足新形势下培训工作的需要，对此，院领导根据我院基建任务重，资金紧张的实际情况，合理计划，统筹安排，挤出有限的资金增加馆藏，并随着基建的完工，购书经费也逐年增加，已从初期每年几百元到现在的两万元。十年来，共投入资金10万余元购买图书，已发展成为由小到大、门类较全的小型图书馆。

（二）保证基础、突出重点，面向教学，面向科研。对于政治性很强的社会主义学院来说，马列主义、毛泽东思想、邓小平理论等著作，以及一些具有历史性意义的哲学社科类图书等是藏书的基础部分，这部分藏书思想性强，也有参考价值，是图书馆必不可少的。但作为民主党派和无党派人士的联合党校，统战知识教育和统战理论研究更是学院藏书的重中之重。因此，近几年来，我们在保证基础藏书的同时，也注重了统战方面图书选购，利用有限的资金，采取多种方式采购，尽量多单本、少复本，最大限度地扩大图书品种，建立了以统一战线内容为重点的馆藏布局，满足了教研人员的教学和科研需要。

（三）牢记服务宗旨，认真开展工作。十年来，工作人员树立为统一战线服务，为教学科研服务，为学员服务的思想。工作中，我们因陋就简，克服困难，热情为学员服务，为教职工服务，尽力做到他们满意，最大限度地满足他们的需求。新书到馆后，为了方便借阅，我们在阅览室开辟了新书架，向大家介绍新书内容，受到了大家的欢迎。在征订报刊和采购图书时不断征求大家的意见，尽量满足教学科研人员的要求。有培训任务时，晚上为学员开放图书馆，不仅满足了学员借阅学习的需要，而且也满足了学员交流总结和课余文化生活的需要。

（四）以《中图法》为依据，建立了科学、标准的文献分编系统。新书到馆后，进行登记、著录、分类、上架流通，账目清楚，标准规范，为图书管理现代化奠定了良好的基础。

（五）采用多种购书渠道，增加图书信息量。现在的购书渠道图书盗版行为严重，为避免采购盗版图书，我们一是通过社科新书目进行预定，二是到大型新华书店不定期地选购，三是委托兄弟社院代购，四是和兄弟社院建立了图书、期刊交换制底。同时，在领导重视和支持下，我们利用参加全国书市和全国社院图书资料工作会议的机会，采购书籍，增加馆藏。

目前，全国社院图书资料工作发展很快，一部分社院已实行图书现代化管理。图书资料管理的正规化、现代化是今后的发展方向。因此，对图书管理人员也提出了更多的要求，我们要努力工作，加强学习，提高素质，为我院图书资料管理现代化做好准备，紧跟时代的步伐，更好地为统一战线工作服务。

建设有特色的藏书体系，主动为教学科研服务

山东省社会主义学院图书室

一、争取资金、合理采购

近年来，书刊价格不断上涨，社院经费比较紧张，但是院领导一直强调：资金紧张，不能紧掉买书钱。特别是 99 年迁入新校址之后，在一切白手起家的情况下，依旧拿出 50000 元作为一定时期的图书专项购置经费，并且添置了较为精良的附属设备。因此，书刊的征订量不但没有下降，反而逐年上升，这不能不说与领导的支持有直接关系。

在争取资金的同时，也因地制宜，合理采购。每次采购之前，充分考虑大家的需求，做到有的放矢。采购之后，及时打印新书书目，分发各处室，认真搜集反馈意见，为下一次采购积累经验。注意将有限资金分期分批使用，保证文献资料不出现断层，保持藏书内容的时效性。除一些基础性、普及性书刊外，尽量多单本、少复本，最大限度地扩大图书种类。

二、建设有社院特色的图书室藏书体系

社院图书室不同于公共图书馆，它的服务对象主要是社院教职工和学员，为其教学、科研、培训、学习提供信息、资料、各种最新的学术动态、科研成果，要求藏书的理论水平较高，学科专业性强，又不能搞“大而全”。鉴于此，我们采取了保证基础藏书，突出重点藏书，兼顾一般藏书的馆藏体系。

1. 保证基础藏书。以社院具体任务、藏书原有基础以及今后的发展方向作为内在依据，确定一组“核心文献群”作为基础藏书，以满足主流读者的需要。对于政治性很强的社会主义学院而言，马列主义、毛泽东思想、邓小平理论经典著作，以及一些具有划时代意义的哲社类中外名著，是这类藏书的主要组成部分。

2. 突出重点藏书。作为民主党派和无党派人士的联合党校，统战知识教育和统战理论研究是学院的重中之重。为了满足教研人员的教学与科研需要，本室将统战专业图书资

料作为收藏重点，主要包括各类统战教材、统战会议文献、统战研究著作等等。这类藏书是我室藏书的精华，最能反映馆藏特色。

3. 兼顾一般藏书。考虑到图书室是面向广大教职工和学员的。因此在侧重图书专业性和知识性的同时，也适当兼顾普及与提高的需要，购置一些基础书籍、科普读物，以及文学艺术类欣赏性读物。

三、积极主动为教学科研搞好服务

图书馆自复办之初即明确"读者至上，服务第一"的指导思想。教学科研是社院建设与发展的核心和基础，紧紧围绕这个中心基础，为其提供信息服务，是图书室最基本的职能和工作的出发点。

1. 开架借阅、手续简便。为了方便职工和学员，图书室和阅览室都实行完全开架借阅制度。根据教学科研需要，有关专业现刊允许教师借用。尽管这样的方式无形中增加了工作人员的工作量，然而其快捷、直观却大大加强了图书的借阅量，受到读者的好评。

2. 加强情报职能，拓宽服务领域。从实际出发，结合统战学科发展情况，发挥图书室的情报信息职能，努力开发所藏资源。及时编印《新书目录》，及时传递文献信息。整理所藏统战专业图书目录和报刊目录，参加了中央社院组织编辑的《全国统战专业图书报刊联合目录》。

3. 咨询服务，信息反馈。在外借和阅览工作中，始终强调"为人找书，为书找人"，一方面为在教学科研工作中需要某类资料的读者找书；另一方面积极有针对性地面向读者推荐新书。注意了解学院承担的科研课题内容，积极搜集相关信息。

四、加强图书室规范化、现代化建设，进行科学管理

尽管规模较小，我们一直坚持加强规范化、现代化的科学管理。即便条件所限，也从没有放弃这样的既定目标。

1. 业务工作规范化、标准化。复办伊始，就按照《中图分类法》进行图书分类、整理，为以后的发展打下良好的基础。制定细致的管理工作条例与制度，严格执行，保证了图书室高效有序地正常运转。

2. 加强专业队伍建设。通过经常性的职业道德教育、思想政治工作和规章制度建设，培养工作人员牢牢树立"为教职工服务、为学员服务"的观念。通过参加全国性的图书资料工作研讨会以及全国社院图书管理人员培训班等活动，提高工作人员的专业水平和管理水平。

3. 加大投入，加强图书馆自动化建设。自动化是社院图书资料工作的发展方向，是现代化图书资料工作的重要内容和必由之路。我院租房办学时，由于各方面条件所限，图书室的自动化建设无异于纸上谈兵。迁入新校以来，已将这一规划纳入议事日程，拟配备现代化办公设备，派工作人员去中央社院参加有关自动化建设的专业知识培训。

五、加强联系，开展协作

鉴于目前我室规模小、人员少、经费较紧、起步晚等状况，必须突破孤立发展的局限，通过协作实现文献资源整体建设，形成资源共享。

1. 近几年来，与中央社院及兄弟社院建立了联络员制度，开展了一些协作。如参加编写《全国统战专业图书报刊联合目录》，互相交换图书信息资料，特别是多次到中央社院图书馆进行相关信息的检索，从一定程度上解决了自身资源不足的问题。

2. 利用实体做依托，加强与有关出版社的联系与合作。1997 年我们建立了图书公司。三年多的运营，不仅从经费上弥补了图书资料建设的不足，更重要的是与中央党校、华文等有关出版社建立了良好的合作关系，为我室及时、高效地获取图书信息提供了极大的便利，同时也促进了全省统战宣传工作的开展和统战类图书资料的建设。

回顾过去的这些年，我院图书资料工作始终是困难与希望并存，机遇和挑战共进。我们坚信，只要扎扎实实，循序渐进，在不远的将来，我院图书室必将成为上档次、上规模的全省统战信息资料中心，它的明天会更加辉煌！

充分发挥图书室作用，努力搞好三个服务

湖北省社会主义学院图书室

1989 年 8 月湖北省社会主义学院恢复办学后，图书资料室的工作也逐步走上了正轨。

一、主要做法

1. 处理好四个关系，形成馆藏特色。湖北省社会主义学院图书室的馆藏文献是根据本院教学任务、专业设置、培训目标和教学科研需要采集的。在购藏中，坚持处理好四个关系，逐步形成本室的馆藏特色。即重点文献资料与一般收藏文献资料的关系，普及性读物与提高性读物的关系，多品种与少复本的关系，当前需要与长远需要的关系，形成了以马列经典著作为核心，有关社科为主体，统战和中华文化（特别是荆楚文化）专业为重点，兼顾相关学科和课外阅读需要的多种图书、报刊、文献资料的藏书体系。

2. 发挥社院图书室的职能作用，努力做好“三个服务”。按照江总书记对社院“四个更”的要求，社院图书馆（室）应该成为具有统一战线性质的图书文献信息中心，是为统战理论教学和教研工作服务的学术性机构。围绕着实现这个目标，我们在发挥图书室的职能作用，力求搞好“三个服务”方面做了不少的工作。

一是为统一战线工作服务。图书室通过各种方式、多渠道采集购置各种社科类和统战类书刊资料，为教职工学习党的路线方针政策，研究马列主义、毛泽东思想、邓小平理论，进行统战理论研究教学和社院工作研讨提供了宝贵资料，保证了各项学习活动的开展，又为保存统战专业和相关信息文献资料起到了极为有益的作用。同时，为社院复办以来培训的各类班次 79 期、学员 3381 人提供了所需的有关学习参考资料和信息，使学员接受党的方针政策，特别是统一战线理论、方针、政策的教育，对提高学员的统战理论水平和统战意识，为统战理论、方针政策的传播和宣传教育都发挥了较好的作用。

二是为教学和科研服务。图书室围绕学院教学和科研需要，对图书均采用标准著录，即参照“中图法”（第四版）进行文献分类。为体现统战性质的学院特色和便于统战学科的教研工作，对统战方面图书资料的分类，我们除以“中图法”为标本外，还借鉴其他省市社院图书馆的统战文献分类方法，制订了符合本院实际的“统战专业图书分类细则”。

这样不仅方便了教职工、学员查阅统战文献资料，而且也便于统计图书室统战专业的文献信息量，做到有针对性的采集和编集有关文献信息资料，为教学科研提供服务。由于图书室的馆藏文献有限，常常满足不了教学科研的需要，为弥补这一不足，图书室为各处室办理了省图书馆借书证，还为有关科研人员专门办理了科研借书证，可供查阅更大范围、更深层次的文献信息资料。此外，图书室还根据科研人员的具体需求，到其他高校图书馆查询，获取所需的有关资料。我院复办以来形成了不少的科研成果，如《统一战线四十年论集》、《爱国统一战线基础》、《邓小平统一战线理论辅导读本》等教材以及各类论文上百篇。这些科研成果的形成，都与图书室提供的各项服务密不可分。

三是为学员和教职工服务。图书室为了更好地为学员和教职工服务，实行了工作日全天开放，办班期间晚间有时间性开放的服务方式，开展了随到随借、开架式借阅的服务等，受到学员和教职工的欢迎。

3. 突破自我封闭状态，扩大社会主义学院在社会上的影响，争取得到各党派及有识之士的支持和广泛赠书。我们曾得到有关统战知名人士、省市政协、统战部及省基督教“三自爱委会”的赠书。为此，我院向有关人士颁发了“荣誉证书”，以表示谢意和纪念。另外我们还办了“鄂社院学友文库”的栏目。这里既珍藏着学员的慷慨赠书，又陈列着学员的专著和论文。它既是学员之间进行学习交流、学术探讨、互通信息、增进友谊的窗口，也是我院了解学员科研动态，资源共建的有效途径之一。

二、几点体会

1. 配合教研，突出重点，突出地方特色，加强专业文献建设，形成小特色、大优势的互补格局。

由于社院经费短缺，图书资料室不可能“大而全”、“小而全”，要抓重点，即重点类别（统战及中华文化）、重点科目（研究专题）。除了重要的、必备的全国各省市出版的统战理论和统战工作研究的书籍外，尤其要注意把本省、市、区、自治州县的统战、文史资料和荆楚文化方面的文献资料尽可能地收全收齐。既要有专业特色，又要有地方特色，还要有主攻方向，即科目研究特色，要把鄂社院图书室建成湖北省统战系统文献资料信息中心。

2. 进一步加强纵向横向联系，建立合作采购、资料交换、互通情报制度。由于统战专业图书出版分散、发行渠道不畅，加之信息不灵通，那种单一和封闭式的采集方式限制社院文献建设的发展，所以只有加强协作与合作，广开渠道，广开门路，以多途径、多形式的采集方式，才能日益丰富和完善我们统战专业文献的宝贵资源。

3. 进一步巩固和扩大专业文献资源共享成果。首先要了解本省市区县统战系统的专业文献目录，可先进行本区域统战系统之间的馆际互借和量多图书的余缺调剂，再逐渐扩大互借范围，这样可扩大专业图书的覆盖面。

由于受经费短缺和教学场所的限制，我院图书室无论在馆藏还是馆舍、设备上与全国省市社院图书馆（室）的整体水平相比，都存在着较大的差距，自动化建设尚未开展，文献资料仍处于粗加工阶段。这些都有待于我们在今后的工作中加以提高和改进。

科学管理，热情服务

广西社会主义学院图书馆

经过多年的建设，图书馆现已建立了一套比较完整的管理制度，走上了规范化、标准化管理的轨道。主要办馆体会：

一是思想重视，加强领导。学院领导对图书馆建设非常重视，把它当作学院重要的办学条件来抓，1988 年即调派了专职负责人，此后又任命一位教务处副处长兼任馆长。配备了专职管理人员。院里每年都拨出专款，给图书馆订购书刊，添置设施，从人力、财力上不断加强图书馆的建设。

二是建章立制，规范操作。为使图书馆管理尽快走上规范化、标准化的轨道，先后制定了《图书馆管理职责及岗位责任制》、《书库管理规则》、《阅览室守则》、《借书规则》等规章制度和图书分编流程，使图书馆的各项工作都有章可循，逐步走上了正规。

三是科学管理，热情服务。为方便管理，更好地为教学科研和教职工、学员服务，图书馆编制了五套馆藏目录，两套书名目录，两套分类目录，一套财产目录，为利用藏书、揭示藏书、开展服务提供了便利。此外，还注重开展新书宣传介绍工作，建立了新书宣传栏及读者借阅指导栏；允许书库对教工、学员开架服务，为学院的教学、科研活动提供优质服务。

全国统一战线干部培训
统　编　教　材

文件、讲话

概 况

为了贯彻落实党的十五大精神和以江泽民同志为核心的党中央关于建设高素质干部队伍的指示精神，全面提高统一战线两支干部队伍素质，建立与完善统一战线干部培训教材体系，实现统战干部正规化，中央统战部决定组织编写全国统一战线干部培训教材。

1997年12月2日，中央统战部办公厅下发了《关于成立全国统一战线干部培训教材编审委员会的通知》。全国统一战线干部培训教材编审委员会（办公室设在干部局教育处）由中央统战部副部长刘延东任主任，田鹤年、于泽荣任副主任，中央统战部机关厅室局负责人、中央社会主义学院和部分地方社会主义学院负责人及专家学者担任委员。编审委的职责是：在教材编审工作中认真贯彻党的各项方针政策特别是统一战线方针政策；制定统一战线干部培训教材建设的长远规划和年度计划并组织实施；组织指导全国统一战线干部培训统编教材和推荐教材的研究、评价和审定工作；指导各种参考教材和参考资料的引进、研究与评价工作；负责组织优秀教材评选工作。12月25日至26日在北京召开全国统一战线干部培训教材编审委员会成立大会暨第一次全体会议。刘延东同志出席会议并讲话。刘延东同志在讲话中阐述了成立教材编审委员会和开展教材编审工作的重大意义，提出了做好教材编审工作的具体要求。编审委全体成员就教材的框架体系、1998年编审计划及教材编审工作的有关问题进行了认真讨论研究，初步就有关问题统一了思想认识。

1998年2月9日，中央统战部办公厅下发了《关于统战干部培训教材编写工作有关问题的通知》。通知指出，全国统一战线干部培训教材编审委员会第一次会议研究提出的1998年教材编审计划已经部领导批准。这一年要编写出版6本教材，即《邓小平理论概论》、《统一战线学概论》、《社会主义市场经济理论与实践》、《中国共产党统一战线简史》、《中国社会主义政党制度概论》、《“一国两制”理论与海外统战工作》。分别由中央统战部研究室、一局、三局，中央社院、陕西社院、湖南社院、云南社院、山西社院、上海社院、广东社院、四川社院、黑龙江省社院和武汉市社院牵头或参与主编。要求3月底提出编写大纲，9月底形成初稿，11月审定，后组织出版。6月2日至3日，全国统一战线干部培训教材编审委员会第二次会议在北京社院召开。会议审议并通过了教材编审委员会第一次会议确定的1998年六本教材的编写大纲，研究了1999年教材编写计划。刘延东副部长、田鹤年秘书长、于泽荣局长出席了会议。于泽荣同志作了会议小结。刘延东同志在闭幕会上向各位编审委员颁发了聘书，并作了重要讲话。她特别强调，要高举邓小平理论伟大旗帜，在党的十五大精神指引下，研究新情况、新问题，科学地确定教材课题和内容，把好政治关、政策关、理论关。要强化精品意识，编写出符合统一战线两支干部队伍培训特点的第一流教材。

1998年6月17日，中央统战部办公厅下发了《关于申请1999年统一战线干部培训教材编写任务的通知》。通知指出，1999年统编教材的编审形式为：先请各地统战部和社院提出承编申请，再由部教材编审委办公室根据申请情况，以科研力量和科研成果为基本依据进行综合平衡，提出编写分配计划，报部批准后执行。编审委确定的第二批教材目录中有基本教材6本，参考教材8本，共计14本。12月24日，中央统战部办公厅下发了《关于下达1999年统一战线干部培训教材编写任务的通知》。通知指出，各地报来的1999年统一战线干部培训教材课题承编申请，已经统一战线干部培训教材编审委员会办公室汇总，并提出编写任务分配方案报部审核批准。参与基本教材编写工作的单位有：中央社院、黑龙江省社院、四川省社院、武汉市委统战部和市社院、江苏省社院、山东省委统战部和省社院、天津市委统战部和市社院，广西区委统战部和区社院、云南省社院、陕西省社院、湖南省社院、山西省社院、北京市委统战部和市社院、海南社院；参与参考教材编写的单位有：中央统战部干部局、湖南省委统战部和省社院、云南省社院、武汉市委统战部和市社院、广州市社院、中央社院、湖北省委统战部和省社院、广东省社院、宁夏社院、上海市社院、北京社院。要求1999年2月提出编写大纲，9月底提交课题初稿，10月报编审委审定，12月初，送出版社出版。

1999年8月10日，全国统一战线干部培训教材编审委员会第三次会议在北京召开。中央统战部常务副部长刘延东同志出席会议并作了重要讲话。刘延东同志肯定了教材编审委的工作，他说，教材编审委成立以来，特别是去年6月第二次会议召开以来，在兆国和部领导的关心重视和全体编审委员的共同努力下，在中央社院的大力支持下，教材编写工作正按计划有条不紊地进行。担任1998年教材编写任务的课题负责人和委员，本着高度负责的精神，克服经费少、资料缺乏、工作任务重等困难，认真组织编写工作，一并提交本次编审委会议审议的这四本书，为教材编写工作打响了第一炮。8月30日，中央统战部办公厅下发了《关于出版发行统一战线干部培训统编教材的通知》。通知指出，这套教材由全国政协副主席、中共中央统战部部长王兆国同志作总序，中央统战部常务副部长刘延东同志担任总主编，中央统战部副部长李德洙、胡德平、张廷翰、田鹤年、朱维群同志担任副总主编。参加编写的均为中央统战部和中央社会主义学院以及省级统战部、社会主义学院的领导、教授和社科界有关专家、学者。全套教材共计19本，其中包括12本基本理论教材和7本参考教材，内容包括马列主义基本理论、邓小平理论、统一战线基本理论和政策、统一战线的历史、党派史及相关的科学知识。这是第一部由中央统战部教材编审委员会组织编写的系统、规范的统一战线系列教材。这套教材从培养高素质的跨世纪统一战线党内外领导人才的需要出发，以严谨的科学态度、崭新的历史视角和对事物敏锐的观察分析，系统地总结概括了统一战线工作的基本理论和基本经验，并广泛吸收了近年来统一战线理论政策研究的最新成果，具有较强的理论性、政策性和针对性。全国统一战线干部培训统编系列教材既是各级统战部和社会主义学院（政治学校）开展干部教育培训的必读教材，又是统战系统干部和各级党政干部学习了解统战理论政策的参考书，也可作为各级党校对党政领导干部宣传统一战线、普及统战知识的参考书。各级统战部、社会主义学院（政治学校）在开展干部教育时，都必须按照正规化的要求，以统编教材作为基本教材。

2000年2月，华文出版社正式出版了《邓小平理论概论》、《中国统一战线简明教程》、《社会主义市场经济理论与实践》和《中国共产党统一战线简史》等四本统编教材，并向全国各省、区、市党委统战部和社会主义学院发行。

中央统战部办公厅
关于成立全国统一战线干部培训教材
编审委员会的通知

（1997年12月2日）

为贯彻落实党的十五大精神，适应统一战线跨世纪的新老交替和政治交接的需要，建设高素质的干部队伍，进一步巩固和发展新时期爱国统一战线，必须大力推进新形势下统一战线两支干部队伍培训工作，尽快建立培训教材体系。为此，中央统战部决定成立全国统一战线干部培训教材编审委员会（办公室设在干部局教育处）。教材编审委员会是负责规划、指导、研究、审定全国统一战线干部培训教材的工作机构，受部干部培训工作领导小组领导。教材编审委员会由中央统战部、中央社会主义学院及地方社会主义学院的有关领导和专家学者组成（名单附后）。

教材编审委员会每届任期两年，其职责是：在教材编审工作中认真贯彻党的各项方针政策特别是统一战线方针政策；制定统一战线干部培训教材建设的长远规划和年度计划并组织实施；组织指导全国统一战线干部培训统编教材和推荐教材的研究、评价和审定工作；指导各种参考教材和参考资料的引进、研究与评价工作；负责组织优秀教材评选工作。

教材编审委员会要以邓小平理论为指导，坚持党的基本路线，认真贯彻党的十五大精神，切实落实全国统一战线干部培训工作会议确定的培训工作基本任务，为建立与完善统一战线干部培训教材体系而积极努力工作，及时总结经验，为高层次、正规化、有特色的统一战线干部人才培训提供教材保证。

随着教材编审委员会的成立，全国统一战线干部培训教材编写将进入有领导、有规划、有步骤进行的阶段。为使这项工作有序、有效地开展起来，各级统战部和社会主义学院要在搞好培训工作的同时，加强统一战线基本理论和干部教育理论研究，不断丰富教材内容。对教材编写工作有何意见或建议，请及时报送教材编审委员会办公室。

为给教材编审提供第一手材料，请将近年来的科研情况作一简要报告，并将主要著作和教材一本（套），于明年元旦前，一并寄给编委会办公室。

【附件】

全国统一战线干部培训教材编审委员会成员名单

主　任：刘延东

副主任：田鹤年

　　　　于泽荣

委　员：（共16人）

刘延东（中央统战部副部长）

田鹤年（中央统战部副秘书长、办公厅主任）

于泽荣（中央统战部干部局局长）

孙晓华（中央统战部一局局长）

朱晓明（中央统战部二局局长）

楼志豪（中央统战部三局副局长）

曹虹冰（中央统战部五局副局长）

林智敏（中央统战部六局局长）

罗湘民（中央统战部研究室副主任）

姜汝真（中央社会主义学院副院长、教授）

尹世明（山西省社会主义学院副院长、编审）

谭冰石（陕西省社会主义学院副院长、教授）

刘凤瑞（上海市社会主义学院副院长、副教授）

陈若海（湖南省社会主义学院副院长、副教授）

吴昶新（广东省社会主义学院副院长、副教授）

舒毓锦（云南省社会主义学院副院长、副教授）

顾　问：

任　涛（原中央社会主义学院副院长、研究员）

华　毅（原中央统战部研究室研究员）

朱　真（原中央社会主义学院秘书长、教授）

王功安（武汉市社会主义学院院长、教授）

孙连全（原黑龙江省社会主义学院党组书记、教授）

韦丛材（原四川省社会主义学院副院长、副教授）

办公室主任：

胡洪宝（中央统战部干部局助理巡视员、干部教育处处长）

在统一战线干部培训教材编审委员会成立暨第一次会议上的讲话（摘要）

（1997年12月25日）

刘延东

一、充分认识教材编审工作的重要性，增强使命感

做好统一战线干部培训教材编审工作，是统一战线干部培训工作发展的需要。统一战线干部培训工作，是随着社会主义学院的创建而起步，随着社会主义建设事业和爱国统一战线的发展而发展起来的。党的十一届三中全会以后，统战工作进入新的发展阶段。统战干部的培训工作也从分散、不规范向相对集中、规范化迈进，走过了一段不平凡的历程。特别是党的十四大以来，以江泽民同志为核心的党中央，十分强调对干部进行政治理论素质的培养。统战部门认真贯彻落实党中央的有关指示精神，统一战线两支干部队伍培训工作得到了很大的发展。改革开放二十年来，各级社会主义学院逐步恢复，目前全国已达160余所，培训人数逐年增加，培训质量不断提高。干部培训工作无论在协助民主党派培养后备干部人才方面以及培养宗教界、非公有制、无党派代表人士和少数民族干部方面，还是在培养提高统战干部素质方面，都取得了很大的成绩。

随着社会主义市场经济体制的逐步完善和爱国统一战线的不断巩固和发展，特别是换届以后，党外代表人士队伍呈现出新人多、学历高、专业广、眼界开阔、思想活跃等新特点。与爱国统一战线的要求和老一代代表人物相比，新一代党外代表人士急需加强学习，提高政治理论和政策水平，增强分析和处理复杂问题的能力。因此，培训工作任务将更加繁重。此外，从各民主党派和工商联的换届情况来看，这一次换届具有换代性质。各民主党派省级主委调整面达58%，副主委的调整面达53%，党派中央领导人的调整面达到了46%。目前党派成员已经从1976年的6.5万人发展到近47万人，其中85%以上是改革开放二十年来新加入党派的。工商联会员也从过去的25万人发展到目前的116万人，工商联主委95%都换了新人。党的十五大明确了社会主义初级阶段的经济纲领，可以预见，在今后几年里，非公有制经济人士将会进一步增加。特别是1997年换届和1998年两会以后，一批新的党外代表人物陆续走上领导岗位。总之，随着长期与我党合作共事的老同志退下来和新一代代表人物走上统一战线的政治舞台，标志着统一战线代表人物的组织交替已经基本完成。江泽民总书记最近在会见各党派中央、全国工商联新老领导同志时指出，各民主党派、工商联已经基本完成了组织上跨世纪新老交替的历史任务，当前和今后一个时期，民主党派、工商联自身建设的首要任务，就是要进一步搞好政治交接。政治交接的核心，是要协助民主党派和工商联把老一辈领导人在长期革命和建设实践中形成的优良传统和高尚风范一代一代传下去，保证共产党领导的多党合作和政治协商制度得以坚持和发

展。政治交接是长期的任务，需要一代又一代人的不断努力。要做许多艰苦细致的工作，特别是要做好教育培训工作，坚持不懈地帮助党外代表人物学习马列主义、毛泽东思想和邓小平理论，尤其是学习和掌握邓小平统一战线理论和新时期党的统一战线方针政策，使民主党派和工商联的新一代领导人成为适应社会主义现代化建设和市场经济体制要求的、用邓小平理论武装的、立场坚定的社会活动家和政治家，能够带领广大成员，团结所联系的群众，更好地在中国共产党领导下，共同建设有中国特色社会主义。从这个意义上说，搞好教育培训工作，就是为实现政治交接打下坚实基础。

加强对党内干部的统一战线理论政策培训也很紧迫。首先，统一战线工作干部中新干部和年轻干部越来越多。最近几年来，地方统战部长更替比较多，大体上以五十二三岁为主体。这些同志年富力强，有相当一部分从事过政府和党务工作，经验丰富，有很大的优势。但其中不少同志以前没有接触过统战工作。其他部门不少党员领导干部，包括一些中高级领导干部，也对统战工作了解甚少，对统战理论研究不多。而统一战线工作是全党的工作，因此，无论对统战干部还是其他党的工作干部包括领导干部，都有必要进行党的统一战线理论、政策，统一战线历史和工作方法，以及统一战线基本知识的教育与培训。总之，无论对党外人士还是对统战干部的培训，任务十分繁重而紧迫。

教材建设是实现统战干部培训工作正规化的关键。加强培训工作，教材是保证。没有教材的规范化，就没有培训的正规化。多年来，统一战线两支干部队伍培训工作在实践中不断探索，取得了可喜的成绩。但在正规化方面还存在着不少问题，需要认真解决。比如，规范班次问题，不同层次、不同界别的党外代表人士培训的内容、时间、要求等需要规范，又比如，统一教材问题。虽然中央统战部、中央社院和各地社会主义学院在教学实践的基础上，已经编写了各类教材和学术著作二百余部，但大多是自用教材。从总体讲，教材建设还不能适应培训工作的发展。没有全国统一的培训教材，在很大程度上影响了教学水平的提高。

统一战线干部培训的基本要求是高层次、有特色、正规化。正规化是保证高层次和有特色的关键。没有正规化，就没有高层次，也就不可能有自己的特色，就难以保证培训质量。要实现正规化，除了招生、学制等方面的正规化以外，最重要的就是教材的正规化。没有教材的正规化，就不可能有培训的正规化。根据统一战线干部培训的对象和学制、班次，确定科学规范的教材，对提高培训质量具有十分重要的意义。

江泽民同志在给中央社院的贺信中指出，要把社会主义学院“建设成为更富有自己特色的名副其实的党外代表人士和党的统一战线干部的学习培训基地，使它在社会上享有更良好的声誉，在党外各界代表人士中更具有吸引力，在统一战线学术研究方面达到更高的水平和应有的权威性”。这四个更的要求，特别是关于统一战线学术研究达到更高的水平和应有的权威性的要求，不仅是对社会主义学院工作的要求，也是对整个统一战线干部培训工作的要求。我们必须加快教材建设步伐，为不断提高教学水平、培养高素质的统一战线党内外两支干部队伍而努力。

二、明确教材编审委的基本任务，增强责任感

教材编审委员会是中央统战部干部培训工作领导小组领导下的教材建设工作机构，其职能是负责规划、指导、研究、审定全国统一战线干部培训教材。职责是：在教材编审工作中认真贯彻党的各项方针政策特别是统一战线方针政策；制定统一战线干部培训教材建设的长远规划和年度计划并组织实施；组织指导全国统一战线干部培训统编教材和推荐教材的研究、评价和审定工作；指导各种参考教材和参考资料的引进、研究与评价工作；负责优秀教材评选工作。

由于干部培训工作的飞速发展，各地统战部和社会主义学院以及广大党内外干部热切希望早日出版发行统编教材，使教材编审工作显得越来越紧迫。我们一定要牢记肩负的重任，抓紧时间，努力工作，做好统编教材的编审工作，争取在二至三年内完成基本教材和教学大纲的编写和出版发行，到本世纪末，完成统战系统干部培训教材体系的建设。要抓紧教学大纲和试用教材的编写工作，尽早拿出送审稿。总体设想是：1998 年完成基本理论教材和部分统战理论课程教学大纲的编写任务，1999 年完成统战理论教材的编写和必要的公共课程教材的编写和引进任务。2000 年以前基本完成统一战线干部培训教材的编写工作，初步建立起具有统战特色的干部培训教材体系。2000 年以后，根据培训工作的发展和教学需要，对所编教材适时进行修订，使各类培训教材在实践中不断完善。

三、认真钻研问题，切实履行职责

目前，统一战线干部培训任务十分繁重，教材建设工作已十分紧迫。我们要以高度负责的精神，认真做好各种教材的编审和出版工作。在工作中，要坚持以邓小平理论为指导，坚持党的基本路线，认真贯彻党的十五大精神，切实落实全国统一战线干部培训工作会议确定的培训工作基本任务，为建立与完善统一战线干部培训教材体系而积极努力工作，及时总结经验，为统一战线干部人才培训提供教材保证。为此，希望同志们注意做到：

1. 认真研究培训工作面临的新情况新问题，科学确定两支干部队伍最基本的学习内容。建立统一战线干部培训教材体系，是一件复杂而又艰巨的系统工程。首先要根据两支干部队伍的现状，明确统一战线干部培训的目的和宗旨，从而研究确定统战干部必须知道和掌握什么，党外代表人士应该知道和掌握什么，基本理论方面应该学习哪几本书，社会、历史方面应该学习哪几本书，科技、文化业务知识方面应该学习哪几本书，等等，只有明确了需要学习的内容，才能编写出适合培训对象的高质量教材。

2. 群策群力，不负重托。参加教材编审委员会的同志，既有长期从事统战理论研究的专家学者，又有多年从事统战实际工作的领导干部，还有直接从事教育培训领导工作的社院院长，可说是“群贤毕至，少长咸集”。我们要充分发挥自己的聪明才智和经验，携起手来，共同努力，争取早日建立统一战线干部培训教材体系。这既是每个参与者个人的光荣，又是部领导的希望，更是统一战线发展形势的要求。希望大家紧密配合，不负重托，为统战干部培训工作作出自己的贡献。

3. 研究教学规律，完善教材体系。教材编写工作是一门学问，干部培训教材的编写有它自身的规律，统一战线干部培训教材更有其自身的特点。在教材编审中，应注意搞好两个结合，即科学性与思想性相结合，理论性与实践性相结合；处理好两个关系，即材料和观点的关系，广度和深度的关系。总之，我们要在培训工作中注意总结经验，探求教学规律，解放思想，实事求是，大胆提出问题，研究问题，深化教材工作，不断完善统一战线干部培训教材体系。

这次会议虽然规模小，时间短，但却是统一战线干部培训工作史上第一次研究教材工作的会议，具有重要意义。相信以此为起点，通过大家共同努力，我们一定能出色完成培训教材的编审工作，为统战工作在21世纪继续发挥“法宝”作用，而做出应有的贡献。

中央统战部办公厅
关于统一战线干部培训教材编写
工作有关问题的通知

（1998年2月9日）

全国统一战线干部培训教材编审委员会第一次会议研究提出的1998年教材编审计划已经部领导批准，现将编写工作的有关问题通知如下。

一、1998年编审课题

1998年要编写出版6本教材，即《邓小平理论概论》、《统一战线学概论》、《社会主义市场经济理论与实践》、《中国共产党统一战线简史》、《中国社会主义政党制度概论》、《“一国两制”理论与海外统战工作》。每一本教材的篇幅，一般控制在25万字以内。

二、编写任务分配

1.《邓小平理论概论》，由中央社会主义学院牵头组织编写。陕西省社院、湖南省社院、云南省社院和北京市社院参加编写。姜汝真、谭冰石、陈若海、舒毓锦和籍之伟同志主编。姜汝真同志为本课题负责人。

2.《统一战线学概论》，由中央统战部研究室和中央社会主义学院共同组织编写。姜汝真、罗湘民、任涛、华毅同志主编。姜汝真同志为本课题负责人。

3.《中国共产党统一战线简史》，由中央统战部研究室、中央社院、上海市社院、山西省社院共同组织编写。罗湘民、朱真、刘凤瑞、尹世明同志主编。罗湘民同志为本课题负责人。

4.《社会主义市场经济理论与实践》，由中央社会主义学院牵头组织编写，广东省社院、上海市社院、四川省社院参加编写。姜汝真、吴昶新、刘凤瑞、韦丛材同志主编。姜汝真同志为本课题负责人。

5.《中国社会主义政党制度概论》，由中央统战部一局、武汉市社院和黑龙江省社院共同组织编写。孙晓华、王功安、孙连全同志主编。孙晓华同志为本课题负责人。

6.《“一国两制”理论与海外统战工作》，由中央统战部三局，广东省社院、湖南省社院和陕西省社院共同编写。楼志豪、吴昶新、陈若海、谭冰石同志主编。楼志豪同志为本课题负责人。

三、编写进度

1. 3月底，由课题负责人（或单位）组织参加编写单位或个人共同提出编写大纲、编写要求和编写进度安排。4月初召开编审委全体委员会议研究1999年编审计划时一并审议，报部审定后抓紧实施。

2. 9月底，由课题负责人（或单位）提交课题初稿报部，由编审委办公室组织有关领导和专家学者审读。

3. 10月底，报编审委审定。

4. 11月初，报部干部培训工作领导小组审定。

5. 11月底，送出版社出版。

四、具体要求

1. 教材编写工作要认真贯彻党的十五大精神。

2. 课题负责人（单位）要认真组织，精心挑选编写人员，并对他们的撰写工作给予必要的支持。

3. 教材要精心编写，强化精品意识，严把质量关。

4. 科学安排编写进度，按时完成编写工作。

5. 在编写过程中，可以根据需要由课题负责人主持召开一些小型会议，就重要的理论和实践问题组织研讨。

6. 通过教材的编写，要达到锻炼教师队伍和科研队伍，提高理论研究水平，推动教学、科研发展的目的。

特此通知。有何意见或建议，请及时与编审委办公室联系（联系人：彭清洲 电话[传真]：010—63097258）。

为编写出版第一流的干部培训教材而努力①

（1998年6月3日）

刘延东

全国统一战线干部培训教材编审委员会第二次会议，经过与会全体代表的共同努力，今天就要圆满结束了。这次会议开得非常好，气氛很热烈。大家精精振奋，思想认识很统一，会议达到了预期的目的。我代表中央统战部部长、部培训工作领导小组组长王兆国同志，对会议取得圆满成功表示热烈的祝贺！向为教材编写做出辛勤努力的各位委员和顾问表示衷心的感谢！

从去年12月2日经中央统战部部长办公会议批准成立全国统一战线干部培训教材编

① 这是刘延东在全国统一战线干部培训教材编审委员会第二次会议上的讲话。

审委员会以来，在王兆国同志的关心重视和全体编审委员的共同努力下，在民主党派中央、全国工商联有关领导的关注和支持下，教材编审工作正按照第一次编审委员会确定的目标和计划，有序、扎实地进行。在这期间，以中央统战部办公厅名义，给各地先后印发了两个通知，同时，初步确定了教材体系基本框架，制定了《教材编审委工作规程》和1998年教材编审课题。之后，担任1998年6本统编教材编写任务的课题负责人和委员，本着对跨世纪统一战线党内外干部培训工作高度负责的精神，经过反复研究、讨论和修改，基本完成了《邓小平理论概论》等6本教材的编写大纲（送审稿）。在这次会议上，各位编审委员和顾问又对6本教材的编写大纲进行了认真的审议，提出了许多很好的修改意见。以上这些说明，教材编审委成立以来，工作抓得紧，初步取得了一些进展。我们有理由相信，只要继续努力抓下去，教材编写任务一定能够按预期目标胜利完成。

当前，我们正处在世纪之交，历史巨变，万象更新的关键时刻。国际上大国关系的调整，多极化趋势的发展，以信息革命为代表的第三次产业革命，都向我们提出了挑战。知识经济也是扑面而来，特别是随着经济全球一体化的发展，使得经济结构的调整和经济的发展，其流动和运行的速度之快是前所未有的，甚至可以说是以光速的瞬间来进行的。面对这样的世界政治经济格局，我国既有着良好的发展机遇，也面临着严峻的考验。特别是这次亚洲的金融危机，使一些亚洲国家二十年发展积累起来的经济财富，在短短几个月时间里受到了重大创伤。这是经济全球一体化给人们带来的新课题。在这复杂多变的世纪之交，我们在党中央领导下，高举邓小平理论伟大旗帜，把建设有中国特色的社会主义事业全面推向21世纪，在这一伟大征程中，统一战线有着独特的不可替代的作用。中央领导同志指出，目前我国的改革进入了攻坚阶段，发展进入了关键时期，稳定面临着许多新情况、新问题。我们正处在中华民族五千年历史巨变的伟大时刻，面临中华民族伟大复兴的历史性任务。我们必须从世纪之交、历史巨变、新老交替的大的形势和大的背景的视角，来看待对统一战线两支干部队伍整体素质提出的更高要求。搞好教材的编写和审定工作，直接关系到两支干部队伍的素质。从某种意义上讲，甚至关系到统一战线工作在未来发展过程中能不能开创新局面、做出新贡献的大问题。因此，做好统一战线干部培训教材的编审工作，其意义是十分重要而深远的。

下面，我根据同志们提到的问题，讲几点意见。

一、教材编审必须把好政治关

教材编写和审定工作，直接关系到统一战线党内外干部队伍总体素质的培养和提高。我在去年部长办公会讨论干部培训时讲到，社会主义学院系统有三项大的工作，一是《社会主义学院工作条例》的制定，二是机构改革，三是教材编审。另外还有成立全国统一战线干部教育理论研究会，部长办公会也已研究通过。教材工作与上述几项工作紧密相关，具有很强的政治性、理论性和政策性。统战工作本身就是党的政治工作，就是党的群众工作。所以在教材编审过程中，更要把政治标准放在首位。因此，教材编审工作一定要高举邓小平理论旗帜，以党的十五大精神为指导，牢牢把好政治关，把好政策、理论关。在编审过程中，一定要贯彻落实兆国同志和部长办公会关于统一战线党内外干部队伍建设的一系列指示和要求，贯彻落实1996年苏州会议精神，认真研究培训工作面临的新情况、新问题，科学地确定教材课题及内容，使教材工作很好地为培养跨世纪党内外干部人才服务。

二、强化精品意识

关于这一点，我在第一次编审委员会上已经讲了。这里，我想再强调一下，培养第一流的统战干部人才，不但要有第一流的院校和教师，还要有第一流的教材。社会主义学院培训对象的素质非常高，他们中有教授、研究员，有两院院士，有社会各界的知名人士。他们都是具有很强代表性的优秀人才。有的党外领导人讲，目前中国高等院校中生源素质最高的学府有 3 所——中共党校、行政学院和社会主义学院。我觉得这种说法有一定道理。面对这样高素质的学员，我们必须提供第一流的教学。社院的教学实践对教材建设提出了很高的要求。因此，我们参与教材编写的每一个同志，都必须认识到自己肩负责任的重大，必须强化精品意识。我们一定要以坚忍不拔、奋力拼搏而又缜密细致的科学精神，编写出第一流的教材来，为爱国统一战线争光，为社会主义学院添彩。

三、关于教材的适用对象、范围和内容

根据社会主义学院的性质、任务和部长办公会议对统一战线党内外干部素质培训的基本要求，培训教材的主要使用对象应当是各级社会主义学院的主体班次，即培训班和进修班的学员。由于目前各级社院主体班次的学制较短，如省级社院的班次，时间最长为两个月，中央社院时间最长的班次为 3 个月，因而不宜使用大部头的教材。教材的内容，应当与各级社会主义学院当前和今后的专题教学相适应，做到既保证教材本身的系统性，又具有较强的针对性。总之，教材编写一定要立足于统一战线和社会主义学院的实际，一定要有自己的特色。

四、关于教材编写的进度问题

培养提高跨世纪党内外干部特别是党外领导干部的政治理论素质，是爱国统一战线一项十分紧迫的战略性任务。

去年各民主党派、工商联换届，党派成员已达 48 万人，平均年龄 54 岁，党派中央委员 1300 多人，中央常委 300 多人，省委委员几千人，总共约六七千人。同上一届比，主席年龄降低 10.5 岁，副主席降低 6 岁左右，中央委员降低 5 岁左右。工商联成员亦有 116 万人。因此，这次换届带有换代性质。加强民主党派领导干部的培训，可以说是当务之急，刻不容缓，而且培训量很大。各民主党派中央、全国工商联领导人对教材编审工作寄予厚望。面对如此意义重大而又十分繁重的跨世纪培训任务，教材的编审工作越加显得重要。因此，部里要求在 2000 年以前，基本完成统一战线干部培训教材体系中重点教材的编写和出版发行工作。按照这一要求，1998 年的 6 本统编教材，希望于 9 月底完成初稿，由编审委办公室组织有关领导和专家审读，10 月底报编审委审定，年底报部干训工作领导小组审批同意后送出版社出版。可以考虑先搞试用本，先试用 1—2 年，然后再总结经验，使教材逐渐完备起来，争取到 1999 年，这 6 本教材可以在全国各个社院开始试用。到 2000 年时，再考虑进一步修订。希望各位课题负责人按照这个时间表，认真地、过细地协调安排好编写工作。特别是担任编审委员的中央统战部有关局、室的主要负责人，希望你们统筹安排好工作，把所承担的教材编写任务完成好。局长们一定要把好政策关。从总体讲，希望教材编写工作按我上面讲的进度进行，但也不要单纯赶进度，而要坚持质量第一。

我相信，有兆国同志和中央统战部领导的关心和重视，有各方面专家学者的参与和支持，有各位委员、顾问和全体编写者的共同努力，我们一定能够早日建立起值得全体统战干部和广大社院教学、科研人员自豪的干部培训教材体系来。

这次教材编审委会议在北京社院召开，受到了北京市委统战部的关心和大力支持，特别是北京社院为此做了精心的安排。在这里，我代表中央统战部，教材编审委员会向北京市委统战部、北京社会主义学院的同志们表示衷心的感谢！

最后，我再一次感谢在座各位同志多年来为统一战线理论、政策的研究和教材的编写，为培训党外代表人士付出了心血和汗水，特别是在座的老同志，把一生的精力都贡献给了统战事业。在此，谨表示我的敬意。地方社院的同志，多年来孜孜不倦地工作，而且做出很好的成绩，请各地社院的同志转告我们对社院全体教职工的问候，也请你们向各省的统战部转告，希望他们大力支持教材编审工作，要把它作为当前统一战线党内外两支干部队伍建设的一项重大工程，切实抓紧抓好。

希望同志们大作早成，也祝同志们身体健康，外地的同志们旅途平安。

中央统战部办公厅
关于申请1999年统一战线干部
培训教材编写任务的通知

（1998年6月17日）

全国统一战线干部培训教材编审委员会成立以来，已经着手组织编写6本统编教材，年底将陆续正式出版。经教材编审委第二次会议研究确定，并经部批准，1999年，教材编审委将组织编审14本统编教材（名单附后）。为了充分利用统战系统现有人才资源，发挥统战部和社会主义学院科研力量的作用，并通过教材编写工作，培养和锻炼科研队伍，1999年统编教材的编审形式为：先请各地统战部和社院提出承编申请，再由部教材编审委办公室根据各地申请情况，以科研力量和科研成果为基本依据进行综合平衡，提出编写分配计划，报部批准后执行。

教材编写申请的原则是：①各地统战部和社会主义学院根据自身科研力量自愿申请编写课题。有条件的地（市）社院也可以申请参加编写。②申请单位组成：统战部单独申请；省社院单独申请（或省地社院联合申请）；省际社院联合申请；统战部与社院联合申请。

申请的条件是：①课题负责人应具有高级技术职称，在所申请的课题方面有较高的学术水平和科研成果，或多年从事有关统战工作和统战理论研究，具有丰富的实践经验和理论水平的部门领导人（注明姓名，年龄，职务，职称，主要科研成果）。②在所申请课题方面具有一定的研究力量和研究成果。③要提出所申请课题的基本设想。

请各地根据本通知精神，研究选择课题，于7月30日前将承编申请报告及附表寄送统一战线干部培训教材编审委办公室。有何意见或建议，请及时联系。（联系人：张继辉、陈丽。电话［传真］：010—63097258）

本通知发至各省、自治区、直辖市和副省级市社会主义学院。

【附件】

全国统一战线干部培训教材编审委确定编审的第二批教材目录

一、基本教材

1.《中国民主党派建设概论》

2.《人民政协概论》

3.《民族问题简明教程》

4.《宗教问题简明教程》

5.《中国各民主党派简史》

6.《经济领域统战工作》

二、参考教材

1.《邓小平新时期统战理论学习纲要》（已由中央统战部组织编写，不在申请之列。）

2.《统一战线文献选编》

3.《统一战线疑难问题研究》

4.《中国共产党与各民主党派合作共事事例选粹》

5.《统一战线人物工作的理论与实践》

6.《中华文化概述》

7.《中国近现代简史》

8.《党外知识分子工作》

中央统战部办公厅关于下达1999年统一战线干部培训教材编写任务的通知

（1998年12月24日）

各地报来的1999年统一战线干部培训教材课题承编申请，已经统一战线干部培训教材编审委员会办公室汇总，并提出编写任务分配方案报部审核批准。现将分配方案印发你们，请在收到本通知后，即按通知要求将教材编写列入明年的工作计划，并请各课题负责人尽快组织力量，按时完成高质量的教材编写任务。

有何意见或建议，请及时联系。（联系人：陈丽。电话［传真］010—63097258）

【附件】

1999年统一战线干部培训教材编写任务分配方案

一、基本教材

基本教材编写任务分配如下：

1.《中国各民主党派简史》：由中央社院、黑龙江省社院、四川省社院、武汉市委统战部和市社院共同组织编写。朱真、孙连全、韦丛材、王功安同志任主编。李金河、韦玉凤、魏联方同志任副主编。朱真同志为本课题负责人。

2.《宗教问题简明教程》：由江苏省社院、山东省委统战部省社院、天津市委统战部、青海省社院共同组织编写。陈源泉、毛国庆、张炳学同志任主编。王训礼、陈玮同志任副主编。毛国庆同志为本课题负责人。

3.《民族问题简明教程》：由中央社院、广西自治区社院、黑龙江省社院、云南省社院参加编写。舒毓锦、兰启雷、杨绍猷、曹志同志任主编。张泰富、邓涤平、沈桂萍、于战和同志任副主编。舒毓锦同志为本课题负责人。

4.《人民政协概论》：由陕西省社院、湖南省社院、山西省社院、四川省社院共同组织编写。谭冰石、陈若海、尹世民、韦丛材同志任主编。解永强、杨真容、庞伟民、王廷美同志任副主编。谭冰石同志为本课题负责人。

5.《中国民主党派建设概论》：由中央社院、北京市委统战部市社院、天津市委统战部市社院、广西区委统战部区社院共同组织编写。赵广、周伯琦、乐国安、梁超然同志任主编。赵丰、籍之伟、马长贵、农林同志任副主编。赵广同志为本课题负责人。

6.《经济领域统战工作》：由湖南省社院、山西省委统战部省社院、中央社院、辽宁省社院、海南省社院共同组织编写。陈若海、吴慧琴、姜汝真、徐继舜、古克武同志任主编。曾昭伟、车向前、张树同、张凤羽、宋锦绣任副主编。陈若海同志为本课题负责人。

二、参考教材

参考教材的具体编写任务分配如下：

1.《统一战线人物工作的理论和实践》：由中央统战部干部局和湖南省委统战部共同组织编写。田芦娥、胡治安为主编。田芦娥同志为本课题负责人。

2.《党外知识分子工作》：云南省社院、武汉市委统战部、市社院、广州市社院共同组织编写。王功安、张先贤、郭振孟同志任主编。王功安同志为本课题负责人。

3.《中华文化概述》：由中央社院、湖南省社院、湖北省委统战部共同组织编写。赵广、陈若海、王行道同志任主编。赵广同志为本课题负责人。

4.《中国近现代简史》：由中央社院、广东省社院、宁夏回族自治区社院、广州市社院共同组织编写。吴乃华、陈剑安、张学福、王业兴同志任主编。吴乃华同志为本课题负责人。

5.《统一战线疑难问题研究》：上海市社院、中央社院和湖北省社院共同组织编写。刘凤瑞、姜汝真、胡德林同志任主编。刘凤瑞同志为本课题负责人。

6.《统一战线文献选编》：中央社院、中央统战部干部局共同组织编写。张先义、胡洪宝同志任主编。张先义同志为本课题负责人。

7.《中国共产党与各民主党派合作共事事例选粹》：中央社院和北京市共同组织编写。籍之伟、沈桂萍同志任主编。籍之伟同志为本课题负责人。

三、编写进度

1. 2月初，由课题负责人（或单位）组织参加编写单位或个人共同提出编写大纲和编写进度安排。3月初召开编审委全体委员会议审议同意后实施。

2. 9月底，由课题负责人（或单位）提交课题初稿报部，由编审委办公室组织有关领导和专家学者审读。

3. 10月底，报编审委审定。

4. 11月中旬，报部干部培训工作领导小组审定。

5. 12月初，送出版社出版。

四、具体要求

1. 教材编写工作要认真贯彻党的十五大精神。

2. 课题承编单位要给科研人员提供必要的条件，积极支持他们完成课题编写任务。

3. 教材的具体编写人员要以社会主义学院和统战部的教学科研力量为主。通过教材的编写，达到锻炼教师队伍和科研队伍，提高统一战线理论研究水平，推动教学和科研工作发展的目的。

4. 课题负责人要科学安排编写进度，按时完成编写工作。强化精品意识，严把质量关。

5. 在编写过程中，可以根据需要由课题负责人主持召开一些小型会议，就重要的理论和实践问题组织研讨。

五、几点说明

1. 这次教材编写任务的分配是根据各地的申请报告，并综合各地科研力量后确定的。

2. 这次教材的编写将实行编写经费包干制度。每一课题由中央统战部提供编写经费，拨付给课题负责人单位，由课题负责人掌握使用。编写经费用于课题编写的各项必要开支，以保证课题能够按时完成。

3. 为了确保基本教材的编写质量和编写进度，1999年基本教材的编写仍实行集体主编制。同时，根据情况设若干副主编。课题承编单位认为有必要对承编人员进行调整的，调整后要及时报告教材编审委员会办公室备案。

4. 教材稿完成后，由中央统战部有关局室领导（部教材编审委委员）审读，进行政策把关，并请有关专家审读。

5. 由于统一战线干部培训教材是由中央统战部教材编审委员会组织，并由中央统战部出资编写和出版，因此，其著作权归中央统战部所有，并由中央统战部教材编审委全权决定修改再版事宜。

在统一战线干部培训教材编审委员会第三次会议上的讲话

（1999年8月10日）

刘延东

今天，我们召开全国统一战线干部培训教材编审委员会第三次会议，我代表兆国同志和中央统战部，对各位编审委员一年多来为教材编审工作付出的辛勤劳动表示衷心的感谢！

教材编审委成立以来，特别是去年6月编审委第二次会议召开以来，在兆国和部领导的关心重视和全体编审委员的共同努力下，在中央社院的大力支持下，教材编写工作正按计划有条不紊地进行。担任1998年6本教材编写任务的课题负责人和委员，本着高度负责的精神，克服经费少、资料缺乏、工作任务重等困难，认真组织编写工作，各位参编人员夜以继日地工作，使这6本教材已经完成或接近完成统稿、审稿。《邓小平理论概论》、《社会主义市场经济理论与实践》和《中国统一战线简明教程》等三本教材，较好地完成了编写和专家审读工作；《中国共产党统一战线简史》也完成了专家审读。这四本书将一并提交本次编审委会议审议，为教材编写工作打响了第一炮。姜汝真、罗湘民、任涛、华毅、朱真等老同志为这四本书早日完稿费了很多心血。在编写过程中，他们组织课题组成员反复研究编写大纲，对书稿内容严格把关，杨春贵、沈宝祥、赵曜、叶心瑜等有关专家对四本书稿给予了很高的评价。与此同时，1999年列入计划的13本教材的编写工作也抓紧进行。教材编审委在广泛征求各地统战部和社院意见的基础上，对1999年的教材编写任务进行了比较合理的安排，目前编写工作进展顺利。中央社院和各地社院及其他参编人员所在单位对教材编写工作给予了很大支持。各课题组参编人员编写热情高，工作严谨而富有成果。编审委办公室则很好地起到了同各方面联系、传递、反馈的作用。总之，教材编审委一年多来的工作取得了初步成效。在座的各位委员和顾问都为这项工作做出了贡献，特别是一些老同志，付出了很多心血。我们相信，只要认真总结经验，群策群力，继续努力，1998年的另外2本基本教材会尽快出版发行，1999年的教材编写任务也一定能够按照预期目标胜利完成。

同志们，1999年是我们党和国家历史上具有特殊意义的一年，也是把团结、稳定、振奋、活跃的爱国统一战线推向21世纪的重要一年。今年，我们将迎来建国50周年，我国将恢复对澳门行使主权，改革开放和社会主义现代化建设事业将继续全面推进。统一战线面临前所未有的发展机遇，也面临新的考验和挑战。特别是国际、国内发生的重要事件，对统战工作产生了一定影响。复杂多变的国际形势，给统战工作提出了许多新的课题。面对新的形势，广大统战干部和统一战线成员一定要保持清醒的政治头脑，更加紧密地团结在以江泽民同志为核心的党中央周围，认清美国霸权主义的本质，警惕西方敌对势力对我国进行“西化”、“分化”、“弱化”、“丑化”的图谋；坚决粉碎李登辉不久前抛出的“两国论”，捍卫祖国统一和领土完整；积极响应党中央的号召，深入揭露李洪志的阴险野心，自觉维护来之不易的安定团结的政治局面，维护社会稳定。在反对“法轮功”的斗争中，中央统战部始终保持较高的警惕性，表现出了应有的政治素质和政治立场。当前，我们要联系实际，从战略上、从全局的高度认识统战工作的重要性。统战工作紧紧连着党的工作中心，影响着党的工作全局。统一战线工作有其策略性，更有其战略性意义，它关乎中国共产党的领导地位和政权巩固，关乎国家主权和社会稳定，关乎祖国统一大业，关乎社会主义制度的完善和发展，关乎科教兴国战略的实施，统战工作搞好了，对全局工作都有促进。现在，我们要下功夫研究在复杂多变的形势下如何以邓小平理论为指导，总结新时期统战工作的规律，进一步加强和改善党的领导，坚持和完善中国共产党领导的多党合作和政治协商制度，巩固壮大统一战线，从而促进各个领域统战工作的开展，更好地服务于经济建设这个中心，为社会主义现代化建设和祖国统一大业做出更大的贡献。

深入开展“三讲”教育，是当前我们党的中心工作，也是广大党员政治生活中的一件大事。根据中央的部署，目前县以上党政领导班子和领导干部中正在深入开展以“讲学习、讲政治、讲正气”为主要内容的党性党风教育。中央开展“三讲”教育，是为了推动广大领导干部深入学习邓小平理论和党的十五大精神，提高政治素质，加强党性修养，端正思想作风，增强在改造客观世界的同时改造主观世界的自觉性。我们要按照党中央的部署，紧密结合“三讲”教育，开展干部教育培训工作。要坚持正确的指导思想和培训方向，加强对统战系统干部和成员进行理想信念和政治方向、立场、观点等的教育，进行爱国主义和革命传统教育，进行辩证唯物主义和历史唯物主义的世界观和方法论的教育。同时，紧密配合上述教育活动，进一步做好教材的编写和出版发行工作。从某种意义上讲，教材编写工作关系到培养统一战线跨世纪的党内外优秀人才，关系到新世纪统一战线工作的创新与拓展，关系到党领导的多党合作制度的巩固与完善，各位委员责任重大。

本次会议审议的四本教材是很重要的教科书，也是当前各地统战部和社院开展干部培训工作中急需的基本教材。它们又是建国以来统战系统编写和出版发行的第一批通用教材。因此，在审议中，一定要认真负责，严谨细致，确保给广大党外人士和党的统战工作者（包括统战部干部）提供一流的教材，为提高统一战线党内外两支干部队伍的整体素质起到应有的作用。

最后，我再就教材编写工作提几点希望：

（一）确立质量第一的观念。教材编写要讲进度，但时间必须服从质量。我们组织编写的教材，将是统战系统第一套科学规范的统编教材，应该具有较高学术水平和相当的权威性。教材要以马克思主义为指导，有较高的理论性，密切联系当前形势，突出实践性，符合新时期学员的要求，富有针对性。每一位参与编写的同志，都要以科学的态度和严谨缜密的作风，力争编写出精品教材，不负使命。

（二）时间进度要科学安排。按照教材编写总体设想和编写计划，今年应大体完成统战理论教材的编写和必要的公共课程教材的编写任务。现在时间已过去多半，要在年底前完成计划，必须合理安排力量，严格按照编写进度，处理好工作与编书的矛盾，认真、细致地安排好编写工作，特别是担任编审委员的中央统战部有关局、室的主要负责人，要统筹安排好工作，力争按时高质量地完成任务。

（三）要有一个好的编写提纲。教材编审实践证明，只有编写提纲主题鲜明，结构框架科学合理，才能为后续工作打下良好基础。这次会议之后，希望大家对编写提纲进一步精雕细琢，使它更加完善。

（四）教材编写过程是一个理论研究和学术研究的过程。要认真研究统战工作中出现的新情况、新问题及教材编写中遇到的疑难问题。可以通过内部座谈、研讨等适当的形式，有组织地进行讨论、切磋，使教材编写真正做到既是对以往经验的总结，又是对新情况、新问题的探索和创新。但重大敏感问题要报中央统战部审定。要通过教材编写，达到锻炼教师队伍和科研队伍，提高统一战线理论水平，推动教学和科研工作发展的目的。

（五）加强对教材编写工作的领导。首先是教材编审委办公室要及时掌握编写动态，认真研究教材编写工作中出现的问题，为部培训工作领导小组领导和指导教材编写工作当好参谋助手。同时，各地统战部要继续加强对教材编写工作的领导。希望有编写任务的社会主义学院特别是中央社会主义学院，对编写工作继续给予一定的经费支持，给本单位的参编人员提供写作、查阅和收集资料的各种方便条件，确保他们能够集中精力，高质量地按时完成编写任务。

同志们，新世纪即将来临，统一战线也将进入新的发展时期。让我们齐心协力，早日建立起值得全体统战干部和广大社院教学、科研人员骄傲和自豪的干部培训教材体系来，为党的统一战线事业做出自己的贡献，以优异成绩向关心统战工作和社会主义学院发展的江泽民总书记汇报，向党中央汇报！

序①

王兆国

经过全体编写人员几年来的共同努力，统一战线干部培训教材终于付梓出版，这是统一战线干部培训工作中的一件大事，可喜可贺。这套教材吸收了近年来统战理论、政策研究的最新成果，是全体统一战线工作者集体智慧的结晶，对于发展和完善统一战线科学体

① 这是王兆国为全国统一战线干部培训教材写的总序。

系，加强干部培训工作的规范化和制度化建设，具有积极的推动作用。

江泽民总书记在学习邓小平理论工作会上指出：“以十五大为标志，我们进入了高举邓小平理论伟大旗帜，推动建设有中国特色社会主义事业跨世纪发展的关键时期。”同样，党的统一战线也进入了一个非常关键的发展阶段，面临着跨世纪发展的大好机遇。当前，统一战线的主要任务是在十五大精神指引下，高举邓小平理论伟大旗帜，紧密团结在以江泽民同志为核心的中共中央周围，抓住机遇，勇于开拓，为统一战线的跨世纪发展做好充分准备。其中，干部准备至关重要。加强干部培训工作是当前统一战线的一项非常重要和紧迫的任务，要采取有力措施，切实抓紧、抓实、抓出成效。

统战干部队伍建设是统一战线两支干部队伍建设的重要方面。近年来，各级统战部门领导班子进行了较大的调整，一大批新同志走上领导岗位，带来了一些好的经验和新鲜的工作思路，这对统一战线的发展大有裨益。但同时我们也要看到，统战工作政治性、政策性、专业性很强，有一整套方针政策和工作方法，要求新上岗的同志要认真学习统战理论、方针政策和业务知识，提高政策理论素养，尽快熟悉业务，掌握工作方法，真正做到政治上坚定、理论上成熟、作风上过硬、业务上精通、工作上勤奋、纪律上严明，成为合格的统战工作者。老同志多年从事统战工作，理论功底比较厚，工作经验比较丰富。但随着形势的发展，统一战线工作中必然会出现一些新情况、新问题，需要老同志进一步解放思想，及时转变观念，不断更新知识，以适应统一战线发展的需要。

努力培养一支高素质的新一代党外代表人物队伍，是巩固和发展面向21世纪的爱国统一战线的重要保证。目前，民主党派、工商联、民族、宗教、非公有制经济人士、党外知识分子等各个方面都面临着培养新一代代表人物的紧迫任务。特别是民主党派、工商联完成了组织上跨世纪的新老交替后，进一步搞好政治交接的任务十分繁重。领导新、成员新，是当前民主党派、工商联的一个显著特点。民主党派、工商联的新一代领导人年富力强，充满朝气，知识渊博，视野宽广，富有进取精神，有较强的参政议政意识。当然，也应当看到，他们同老一代领导人相比，缺乏对统一战线和多党合作历史传统的了解，缺乏实践锻炼和政治考验。各级统战部门要通过多种渠道，帮助各民主党派、工商联和有关团体加强对其成员尤其是领导骨干的培训工作，着重加强邓小平新时期统一战线理论和党的统战方针政策的学习，加强对多党合作历史和党的统一战线历史的学习，进一步统一思想，提高认识，把广大党外人士紧密团结在以江泽民同志为核心的中共中央周围，不断巩固和发展爱国统一战线，为全面推进改革开放和社会主义现代化建设与解决台湾问题，完成祖国统一大业做出新的贡献。

加强干部培训工作，教材是基础。由全国统一战线干部培训教材编审委员会组织编写的这套教材共分19册，内容涉及统战工作各个领域，这在党的统战史上还是第一次，为我们系统开展干部培训工作创造了良好的条件。这套教材的编写，得到了各级统战部门、社会主义学院以及广大热心统战工作的专家、学者的大力支持和积极参与。同时，这套教材是在统一战线多年来在理论和实践方面丰厚积累的基础上形成的，蕴含着许多同志的心血和汗水。在此，谨向所有为本书的编写、出版作出贡献的同志表示衷心的感谢！希望各级统战部门和社会主义学院用好这套教材，搞好培训工作。同时，要进一步加强理论和政策研究，不断完善教材体系。希望全体统战干部和广大党外人士结合实际工作，认真学习，不断提高统战理论和政策水平，进一步开创统一战线工作的新局面。

中央统战部办公厅
关于出版发行统一战线干部培训
统编教材的通知

（1999年8月30日）

为贯彻落实党的十五大精神和以江泽民同志为核心的党中央关于建设高素质干部队伍的指示精神，全面提高统一战线两支干部队伍素质，建立与完善统一战线干部培训教材体系，实现统战干部培训正规化，中央统战部成立了教材编审委员会，着手组织编写全国统一战线干部培训统编系列教材。

这套教材由全国政协副主席、中共中央统战部部长王兆国同志作总序，中央统战部常务副部长刘延东同志担任总主编，中央统战部副部长李德洙、胡德平、张廷翰、田鹤年、朱维群同志担任副总主编。参加编写的均为中央统战部和中央社会主义学院以及省级统战部、社会主义学院的领导、教授和社科界有关专家、学者。全套教材共19本，其中包括12本基本理论教材和7本参考教材，内容包括马列主义基本理论、邓小平理论、统一战线基本理论和政策、统一战线的历史、党派史及相关的科学知识。这是第一部由中央统战部教材编审委员会组织编写的系统、规范的统一战线系列教材。这套教材从培养高素质的跨世纪统一战线党内外领导人才的需要出发，以严谨的科学态度、崭新的历史视角和对事物敏锐的观察分析，系统地总结概括了统一战线工作的基本理论和基本经验，并广泛吸收了近年来统一战线理论政策研究的最新成果，具有较强的理论性、政策性和针对性。目前，《邓小平理论概论》、《中国统一战线简明教程》、《社会主义市场经济理论与实践》、《中国共产党统一战线简史》等四本基本理论教材已编审完毕，近期由华文出版社正式出版发行。

全国统一战线干部培训统编系列教材既是各级统战部和社会主义学院（政治学校）开展干部教育培训的必读教材，又是统战系统干部和各级党政干部学习了解统战理论政策的参考书，也可作为各级党校对党政领导干部宣传统一战线、普及统战知识的参考书。各级统战部、社会主义学院（政治学校）在开展干部教育培训时，都必须按照正规化的要求，以统编教材作为基本教材。中央统战部将在适当时候，对各地教材使用的情况进行检查。

请各地统战部按照本通知精神，积极协助做好发行工作，尽快按征订单组织订购。在教材发行和使用中有何意见和要求，望及时告诉我们，以便进一步改进和完善。

出版教材简介

《邓小平理论概论》内容简介

本书根据党的十五大精神，阐述了邓小平理论的历史地位、科学体系。根据教学需要，着重对邓小平理论的精髓、社会主义初级阶段论、社会主义本质论及根本任务，社会经济发展战略、经济体制、政治体制改革与社会主义精神文明建设等内容作了概述。本书由中央社会主义学院以及北京、陕西、湖南、云南四所社会主义学院共同组织编写。《邓小平理论概论》是统一战线干部培训必读的教科书，是统战系统广大干部学习邓小平理论的重要辅助材料，也可作为党政干部学习邓小平理论的参考书。

全书约25万字。

《中国统一战线简明教程》内容简介

《中国统一战线简明教程》是在《新编中国统一战线基本教程》的基础上，根据十五大精神，结合国内外形势的新情况、新变化，吸收近几年统一战线理论研究的新成果，由中共中央统战部政策理论研究室和中央社会主义学院共同组织编写。这部简明教程，简要阐述了马克思主义关于统一战线的基本原理，系统阐述了邓小平新时期统一战线理论，全面阐述了以江泽民同志为核心的第三代中央领导对新时期统一战线理论的丰富和发展，以及统一战线各个工作领域的基本方针、政策和工作原则。这部简明教程是统一战线干部培训必读的教科书，是统一战线系统广大干部的基本读物，也可作为党政干部学习统战理论的参考书。

全书约25万字。

《社会主义市场经济理论与实践》内容简介

《社会主义市场经济理论与实践》，是根据党的十五大精神，密切结合中国改革开放的实践，吸收近几年市场经济理论研究的新成果，由中央社会主义学院及上海、广东、四川三所社会主义学院共同组织编写。

本书以邓小平理论为指导，以市场经济为主线，在分析和总结我国经济体制改革实践的基础上，简要地阐述了建立社会主义市场经济体制的理论根据及其形成过程，系统地阐述了社会主义市场经济理论的主要内容及其特点，重点探索和研究在建立社会主义市场经济体制过程中，出现的一些重要理论问题和实践问题。本书是统一战线干部培训的一部重要教科书，是统战系统广大干部的基本读物，也适合于党政干部阅读。

全书约 25 万字。

《中国共产党统一战线简史》内容简介

《中国共产党统一战线简史》是根据党的十五大精神，密切结合中国改革开放的实践，吸收近几年统战理论研究的新成果，由中央统战部、中央社会主义学院及上海、山西两所社会主义学院共同组织编写。

该书以马克思列宁主义、毛泽东思想和邓小平理论为指导，以中共中央关于统一战线的历史文献为依据，收集了大量的历史资料和最新的研究成果，以统一战线的重大历史事件为主线，按照时间顺序，系统全面地介绍了中国共产党统一战线的历史。该书史实准确，简明扼要，文字流畅。不仅可供各级社院教学之用，亦是广大统战工作者和党政干部学习统战史的难得的读本。

全书约 26 万字。

2000年中央社会主义学院重大活动

中央社会主义学院举行2000年春季开学典礼

3月2日，中央社会主义学院2000年春季开学典礼在中央统战部礼堂举行。开学的两个班是：第5期民主党派干部进修班和第5期民主党派干部培训班。全国政协副主席、中央统战部部长王兆国，全国人大常委会副委员长、民革中央主席、中央社会主义学院院长何鲁丽出席了开学典礼并作重要讲话。开学典礼由中央统战部常务副部长、中央社会主义学院党组书记刘延东主持。

王兆国同志在讲话中代表中央统战部向第5期民主党派干部进修班、第5期民主党派干部培训班开学表示热烈祝贺。他指出，建立一支高素质的民主党派干部队伍，是坚持和完善多党合作制度的重要保证。我国各民主党派自产生以来，就在各自所联系的知识分子和上层人士中开展活动。

民盟中央副主席俞泽猷代表各民主党派中央、全国工商联致辞，祝贺两个班开学。

全国政协副秘书长张道诚，民革中央副主席童傅，民建中央副主席朱元成，民进中央副主席楚庄，农工党中央副主席章师明，致公党中央副主席王宋大，九三学社中央副主席、中央社会主义学院副院长金开诚，台盟中央副主席李敏宽，全国工商联副主席瞿怀明，中央社会主义学院常务副院长赵广，中央统战部秘书长于泽荣等出席了开学典礼。

第5期民主党派干部进修班学员37人，来自民主党派中央和21个省市自治区地方组织，有民主党派中央委员16人，中央机关副部长3人，省、市级组织主委、副主委22人，平均年龄52岁。第5期民主党派干部培训班学员37人，来自民主党派中央和16个省市自治区地方组织，大都是民主党派地、市级组织的领导干部和后备干部。

在中央社会主义学院2000年春季开学典礼上的讲话

（2000年3月2日）

王兆国

同志们：

今天，中央社会主义学院第五期民主党派领导干部培训班和进修班在这里举行开学典礼，我代表中共中央统战部表示热烈的祝贺！并向全体学员致以亲切的问候！

今年是世纪之交的一年，也是十分重要的一年。党的十五大以后中央召开了几次全会，就我们国家深化改革，扩大开放，加快发展作了一系列部署。我们要努力实现党中央提出的各项任务，把建设有中国特色社会主义事业全面推向21世纪，关键在于各民族、各党派、各阶层和各方面人士，紧密团结在以江泽民同志为核心的中共中央周围，按照党和国家确定的目标和方针政策，同心协力，共同奋斗。邓小平同志曾经讲过，不管国际形势如何变化，只要把我们自己的事情做好，不管发生什么问题都好办了。我们国家现在之所以有这样一个好的形势，特别是在国际形势这样复杂的情况下，始终保持了政治稳定、经济发展、民族团结、社会进步，最根本的一条，就是有中国共产党的坚强正确领导。在这方面，中国共产党领导的多党合作和政治协商制度，既保证了中国共产党的领导核心地位，又充分发挥了各民主党派、无党派人士的作用，共同为实现宏伟目标而努力奋斗。

新中国成立半个世纪以来，尽管国际形势风云变幻，国内政治、经济发展也历经曲折，但共产党领导的多党合作制度始终没有动摇。一方面，是由于党的三代领导人始终不渝地坚持，并在实践中不断发展完善。在“文化大革命”中，林彪、“四人帮”干扰破坏，毛主席、周总理仍然坚持政协不能没有，民主党派不能没有。尤其是改革开放20年来，共产党领导的多党合作进一步规范化、制度化。前几年，江总书记还总结了多党合作的基本经验，提出了新时期搞好多党合作的基本原则。另一方面，是有一批与中国共产党紧密合作、政治上很强、又能密切联系群众、团结广大民主党派成员的党外代表人物。他们能够很好地掌握党的方针政策，同共产党亲密合作，带领民主党派同共产党一道前进。

回顾这段历史，核心问题还是要说明培养高素质的党外干部队伍的重要性。毛泽东同志说：“政治路线确定之后，干部就是决定的因素。”我们要巩固和发展共产党领导的多党合作制度，把建设有中国特色社会主义事业不断推向前进，共产党要培养高素质的领导干部，民主党派也要培养高素质的领导干部。现任的民主党派中央领导同志，许多都在中央社会主义学院学习过，在思想上、政治上及其他方面有了明显提高。所以，集中一段时间在社院学习培训，是提高理论水平、政治素质和政策水平以及组织领导才能的一个重要环节，对建设高素质的党外领导干部队伍具有重要意义。下面，我主要就建设高素质民主党派干部队伍讲几点意见，供同志们参考。

一、建设高素质的民主党派干部队伍是推动多党合作事业的一条基本经验

共产党领导的多党合作事业的存在与发展，是以各民主党派的存在和发展为前提的。建立一支高素质的民主党派干部队伍，是提高多党合作水平、坚持和完善多党合作制度的基本保证。我国各民主党派自产生以来，就在各自所联系的知识分子和上层人士中开展活动，是由代表性人士组成的“干部性集团”，是通过一部分代表性人士发挥作用的政党。这跟共产党不一样。民主党派的成员绝大部分是知识分子，有学位和职称的占70%以上。这是民主党派的政党特点和优势之一。因此，各民主党派在国家政治生活中发挥作用的大小，多党合作的成效如何，在很大程度上不在于民主党派成员的多少，而取决于这个“干部性集团”的素质特别是政治素质的高低和代表性的大小。这是共产党和各民主党派在几十年多党合作实践中得出的一个基本结论。

中国共产党与各民主党派的合作经历了新民主主义革命时期、社会主义革命和建设时期、改革开放和社会主义现代化建设新的历史时期。在各个时期的团结合作中，各民主党派都为中国革命、建设和改革事业做出了重要贡献。在新民主主义革命时期，民主党派与中国共产党共同反对日本帝国主义侵略，反对国民党顽固派的投降、分裂、倒退行为，反对国民党反动派的内战、独裁政策，为争取民族独立和解放、建立新中国而团结奋斗，许多人甚至流血牺牲。新中国成立后，各民主党派继续同中国共产党风雨同舟、共创伟业，积极推动各自所联系的成员和人们，参加社会主义改造和建设，参加反对国内外敌人的斗争，做出了重要贡献。即使在林彪、“四人帮”横行的十年里，各民主党派仍然坚信共产党的领导，没有动摇走社会主义道路的决心。在改革开放和现代化建设的新时期，各民主党派积极履行政治协商、民主监督、参政议政的职能，在推进改革开放，推进社会主义现代化建设，推进祖国和平统一事业中发挥了重大作用。所以邓小平同志称赞：“我国各民主党派在民主革命时期同我们党共同奋斗，在社会主义时期同我们党一道前进，一道经受考验。在今后的建设中，我们党还要同所有爱国党派和爱国民主人士长期合作。”

各民主党派之所以能够在各个历史时期与中国共产党肝胆相照，亲密合作，共同推进中国革命和建设事业，很重要的一条，就是始终有一支政治素质较高、社会影响较大的代表人士队伍。比如，在新民主主义革命和社会主义改造与建设时期，涌现了民革的李济深、何香凝、谭平山，民盟的张澜、沈钧儒，民建的黄炎培、胡厥文，民进的马叙伦、王绍鏊，农工民主党的邓演达、章伯钧，致公党的司徒美堂、陈其尤，九三学社的许德珩，台盟的谢雪红等众多的有影响、有代表性人物；在改革开放和社会主义现代化建设新的历史时期，又出现了朱蕴山、王昆仑、朱学范、史良、费孝通、孙起孟、周建人、雷洁琼、季方、周谷城、卢嘉锡、黄鼎臣、董寅初、周培源、蔡啸、苏子蘅、蔡孑民等一批代表性人物。九十年代，各民主党派实现了跨世纪的新老交替，一大批新的代表性人物正在成长起来。正是以他们为代表的各民主党派同中国共产党团结合作，才结成了肝胆相照、荣辱与共的亲密关系，才使各民主党派从新民主主义的政党转变为致力于社会主义事业的政党，才推动了共产党领导的多党合作事业不断向前发展，才为中国革命和建设作出了重要的贡献。因此，在新形势下，要推进共产党领导的多党合作事业的发展，就必须在加强共产党的建设的同时，建设一支高素质的民主党派干部队伍。

二、建设高素质的民主党派干部队伍是新形势新任务的要求

21世纪是实现民族全面振兴、祖国完全统一的世纪，也是统一战线大有希望、大有作为的世纪。面对新世纪国际形势的风云变幻，面对国内建设的改革攻坚，面对各民主党派自身建设的任务要求，建设一支高素质的民主党派干部队伍显得尤为重要。

综观当今的国际形势，我国既具有新的发展机遇，也面临严峻挑战。和平与发展仍然是时代的主题，但世界仍然充满着矛盾，局部冲突和战争时有发生。世界政治多极化、经济全球化趋势日益明显，给各国的政治、经济发展带来深刻影响。科学技术特别是高新科技突飞猛进，将使人类社会生产方式和生活方式发生重大变化。特别是国际敌对势力不愿看到中国的强大，更不愿意看到中国的和平统一和更强大，竭力对我国实施“西化”、“分化”战略，继续在民主、人权、民族、宗教、台湾、西藏等问题上给我们制造麻烦。国际敌对势力实施“西化”战略的一个重要目的，就是妄图在中国取消共产党的领导，破坏中国共产党领导的多党合作制度，而代之以西方的多党制和议会制。他们梦寐以求的是，中国共产党与各民主党派不是团结稳定、亲密合作，而是像西方执政党同反对党那样互相倾轧、势不两立。这就要求共产党和各民主党派必须进一步提高干部队伍的政治素质，自觉抵御“西化”、“分化”的影响，共同建设和维护共产党领导的多党合作制度。

历史充分证明，中国共产党领导的多党合作和政治协商制度，是最符合中国国情的政党制度，也是我们的政治优势。辛亥革命以后，一些人以西方政党制度为楷模，设立议会，实行多党制，一下子出现了300多个政党，结果因为不符合国情，很快就以失败而告终。中国共产党走上政治舞台，指明了中国革命的正确道路和发展方向，使中国人民看到了希望。各民主党派在与共产党共同进行革命斗争中，深刻认识到实现国家独立、民族解放、社会民主，只有通过共产党领导的新民主主义革命才能实现，义无反顾地选择了共产党的领导，共同创立了共产党领导的多党合作制度。

经过半个世纪的实践，中国共产党领导的多党合作取得了显著成就，并为世界所瞩目。越是这样，西方敌对势力越不甘心。他们不愿看到共产党和各民主党派的亲密合作，不愿看到中国的政治稳定，不愿看到共产党领导和执政地位的巩固，不愿看到社会主义在中国越建设越好。他们希望中国像苏联那样，亡党亡国。对西方敌对势力的图谋，大家要始终保持高度警觉和清醒头脑，决不能上他们的当。

最近一个时期，一些人围绕着政治体制改革和民主政治建设，尤其是涉及到我国政党制度所发表的谈话和文章中，存在着严重的政治错误。比如，有人提出要取消共产党的领导，实行多党联合执政；有人主张成立超党派的监督委员会，监督共产党；有人提出实行两院制，将民主监督法治化；有人主张建立“政治特区”或“民主试验区”，让一部分人先民主起来；有人甚至提出应允许组织新党或把民主党派改造成“民主党”，等等。这是当前值得我们注意的错误思想倾向，必须保持高度的政治警觉。这些错误倾向的实质在于：一是把西方民主作为我国民主政治建设的模式和标准，否定我国现行政治制度，进而“全盘西化”。二是以加强对执政党的监督、反对权力过分集中为名，否定和削弱中国共产党的领导和执政地位。三是故意混淆政协和民主党派的民主监督与人大的法律监督的性质，把民主监督也变为具有法律效力的监督，从而在实际上实行“两院制”。四是通过建立反对党或将民主党派改变成不受共产党领导的政党，实行西方的多党制，进而实行多党联合执政，为今后多党轮流执政打下基础。我们认为，发表这些错误观点的只是极少数人，但他们的这些言论却具有极大的欺骗性和煽动性，如果我们不及时加以纠正，坚决进行反对，很可能在一定的政治气候下逐渐形成一股社会思潮。对政治上的大是大非问题，我们一定要增强政治敏锐性，自觉坚持和完善中国共产党领导的多党合作和政治协商制度，旗帜鲜明地维护中国共产党的领导地位，维护党中央确定的各项方针政策，维护安定团结的政治局面。

新世纪的头十年，是我国向第三步战略目标迈进的关键时期，国民生产总值将比2000年翻一番，各项改革将全面推进和不断深化，建设有中国特色社会主义事业将蓬勃发展。同时，随着改革开放的深入，我国出现了经济成分和经济利益多样化、社会生活方式多样化、社会组织形式多样化。特别是攻克国有企业改革难关，必然涉及更为复杂、更为深刻的利益调整，长期积累的深层次矛盾和问题将更多地暴露出来。各民主党派作为共产党的亲密友党，作为致力于建设有中国特色社会主义事业的参政党，在攻克国企改革难关、促进经济结构调整、解放和发展社会生产力中，在妥善处理改革、发展，稳定关系，协调各种利益矛盾，保持社会稳定中，要充分履行参政党的职能，更好地发挥政治协商、民主监督、参政议政的作用，就必须建设一支讲政治、顾大局、懂经济、会共事的高素质的民主党派干部队伍。这是新形势下民主党派提高参政党水平的必然要求。

建设一支高素质的民主党派干部队伍，也是加强民主党派自身建设、实现政治交接的需要。经过 1997 年的换届，一大批长期同共产党亲密合作、风雨同舟，为爱国统一战线和多党合作事业做出重要贡献的老一代代表人物已经离开领导岗位，民主党派领导班子的主体已由新一代代表人物所组成。我们应该看到，组织上的新老交替只是政治交接的起点和基础，要完成政治交接还要付出很大的努力。新一代代表人物同老一代相比，一方面是年富力强，思想活跃，知识层次高，参政议政的能力比较强；另一方面是有的同志进入党派时间比较短，对统一战线和多党合作的优良传统缺乏切身了解和实践，在复杂环境中处理问题的经验还需要不断积累。这就要求走上领导岗位的新一代代表人物，要继续加强学习，丰富政治智慧，增强实践才干，不断提高参政议政水平，尽快完成社会角色转换，努力把自己塑造成为具有较高的政治素质、较深的专业造诣、较大的社会影响，能继承和发扬多党合作的优良传统，与我们党肝胆相照、真诚合作的新一代民主党派领导干部，担负起带领本党派广大成员同共产党一道前进的重任。

三、建设高素质的民主党派干部队伍的努力方向

1996 年 7 月，江泽民同志在纪念中国共产党成立七十五周年座谈会上，发表了《努力建设高素质的干部队伍》的重要讲话，对中共干部提出了五条基本要求。1997 年 12 月 23 日，江泽民同志在与各民主党派中央、全国工商联新老领导人座谈中，提出了在多党合作中必须始终不渝地坚持的四条原则和方针。根据江泽民同志的讲话精神、民主党派的自身特点和面临的形势任务，建设高素质的民主党派干部队伍，主要应从以下几个方面努力。

一是提高政治把握能力。在我国，中国共产党是社会主义事业的领导核心，是执政党。各民主党派作为接受中国共产党领导的、同共产党通力合作的、共同致力于社会主义事业的参政党，既不同于共产党，也不同于一般的群众组织和其他社会团体。因此，提高政治把握能力，就是要自觉坚持以邓小平理论为指导，坚决维护中国共产党的领导地位，坚持党的基本路线和各项方针政策，坚定不移地走建设有中国特色的社会主义道路；就是要不断增强政治鉴别力和敏锐性，善于从政治上认识和处理问题，能够在错综复杂的矛盾和风浪面前明辨是非，始终保持政治上的清醒和坚定。在当前情况下，就是要紧密团结在以江泽民同志为核心的党中央周围，为建设有中国特色社会主义事业共同奋斗。这是建设高素质民主党派干部队伍的根本要求。

二是提高参政议政能力。各民主党派作为参政党，要参加国家政权，参与国家大政方针和国家领导人选的协商，参与国家事务的管理，参与国家方针、政策、法律、法规的制定执行。民主党派干部只有准确把握民主党派的工作性质和要求，了解熟悉政治协商、民主监督、参政议政的内容和程序，不断提高个人的政治素养和专业水平，深入进行社会实践，密切联系所联系的群众，才能切实履行参政议政的职能，提高参政议政的水平，充分发挥参政党的作用。

三是提高组织领导能力。民主党派领导干部，是新一代政治家和社会活动家，是民主党派各项工作的组织者和领导者。民主党派的各级领导干部在担任领导职务前，大多长期从事自然科学和社会科学，是各方面学有专长的专家、学者，组织领导能力、政治和社会活动经验，尚需积累和提高。所以，提高民主党派干部的素质，很重要的一个方面就是要尽快实现角色转变，提高组织领导水平，增强政治和社会活动能力，能够团结和带领广大党派成员积极投身建设有中国特色的社会主义经济、政治、文化等各项事业，并做出应有的贡献。

四是提高合作共事能力。在共产党领导下进行多党合作共事，是民主党派工作的根本特点，是民主党派履行职能、发挥作用、作出贡献的基本形式，也是民主党派的优良传统。因此，善于在共产党的领导下履行党派职能，善于在为共同目标奋斗中发挥自身作用，善于在维护执政党地位中有效进行民主监督，善于在亲密合作中做挚友、诤友、畏友，全面提高合作共事能力，也应当成为建设高素质民主党派干部队伍的一个基本方面。

以上这些只是提高民主党派干部素质的最基本方面，要全面提高民主党派干部素质，还可以从不同角度提出许多内容和要求。但只要切实在这些方面下功夫，真正把这几方面素质提高了，建设高素质的民主党派干部队伍就有了坚实基础。

四、建设高素质的民主党派干部队伍的基本途径

加强面向21世纪的高素质的民主党派干部队伍建设，一是要加强学习和培训，二是要多在实践中锻炼。

学习是人类社会进步的必由阶梯，需要每个人做出毕生的努力。在走向新世纪的征途中，讲学习对于建设高素质的民主党派干部队伍显得特别重要，必须切实加强。首先要努力学习、掌握和运用邓小平理论，研究和解决各种现实问题。作为民主党派成员，更要注重学习毛泽东、邓小平的多党合作理论和党的第三代领导集体关于多党合作的论述，熟悉共产党领导的多党合作的历史和现状，充分认识共产党领导的多党合作制度是符合中国国情的政党制度，增强坚持和完善这一制度的自觉性。其次要重视学习社会科学知识。民主党派新一代领导干部中，搞自然科学、搞学术研究的多一些，较少接触社会科学方面的东西，社会综合知识也相对少一些。要做好领导工作，很有必要拓展社会科学的知识领域，全面丰富自己，提高自己。

实践是人才锻炼成长的熔炉和课堂。在实践中锻炼成长，是培养干部的一条根本途径。历史经验证明，民主党派干部只有深入革命和建设的实践之中，才能经受锻炼，积累经验，增长才干，全面提高自己的能力与水平。特别是民主党派的中青年干部，加强实践锻炼更为必要。这种实践主要是社会实践，它包括参与社会主义物质和精神文明建设的实践，参与民主党派工作的实践，在各级政府和司法机关担任领导干部的实践等。对此，各民主党派要作出积极努力，各级统战部门也要积极为他们在实践中锻炼提高创造条件。采取脱产与不脱产、长期与短期、走出去与请进来相结合的方式，对民主党派干部进行岗前和岗中培训，是理论学习与工作实践相结合的一种好方式，对提高民主党派干部队伍素质大有好处，要认真组织，切实抓出成效。

社会主义学院是中国共产党领导的具有统一战线性质的高等政治学院，是民主党派和无党派人士的“联合党校”。中央社会主义学院自 1956 年在毛泽东、周恩来等老一辈无产阶级革命家的亲切关怀下创办以来，在加强统一战线两支干部队伍建设中发挥了重要作用，为爱国统一战线的巩固和发展做出了重要贡献。希望中央社会主义学院在跨世纪的征途中，在以江泽民同志为核心的党中央的坚强领导下，继续发扬“爱国、团结、民主、求实”的校风，努力实现江总书记提出的目标，把中央社院切实建设成为有自己特色的、高水平的党外代表人士和统战干部的学习培训基地，为新形势下加强统战干部和民主党派干部队两支伍建设，进一步巩固和扩大新时期爱国统一战线，做出新的贡献。

最后，祝各位学员在中央社会主义学院学习进步，生活愉快，取得丰硕成果！

在中央社会主义学院 2000 年春季开学典礼上的讲话

（2000 年 3 月 2 日）

何鲁丽

各位领导和来宾、各位学员、同志们：

今天，中央社会主义学院隆重举行 2000 年春季开学典礼。新学年首批开学的两个班是：第 5 期民主党派干部进修班、第 5 期民主党派干部培训班。我代表中央社会主义学院，向两个班全体学员表示热烈的欢迎和亲切的问候！向出席开学典礼的各位领导和来宾表示衷心的感谢！

第 5 期民主党派干部进修班和培训班，是为贯彻中共中央关于努力建设高素质的干部队伍的决定精神，根据民主党派中央关于加强领导干部理论学习的要求举办的；两个班开学又时值九届全国人大三次会议和全国政协九届三次会议召开之际，意义十分重大。全国政协、中央统战部、各民主党派中央和全国工商联，对举办这两个班非常重视。王兆国同志出席今天的开学典礼并将作重要讲话。在这里，我就办好这两个班，谈几点意见。

第一，充分认识民主党派新一代领导骨干加强学习的重要意义

近年来，以江泽民同志为核心的中共中央第三代领导集体，高度重视、反复倡导领导干部加强学习的问题。江泽民同志就此多次发表重要讲话指出，领导干部加强学习是“根本大计”，关系党和国家工作全局，关系改革和建设事业的长远发展。领导干部务必站在面向世界、实现中国跨世纪发展大局的高度，以强烈的历史责任感和使命感，增强学习邓小平理论的自觉性。江泽民同志多次强调，领导干部要讲学习、讲政治、讲正气。要学习、学习、再学习。要在全党养成勤奋学习的风气。

江泽民同志在强调中共领导干部加强学习的同时，也对民主党派新一代领导骨干加强学习，寄以厚望，提出明确的要求。他在1997年12月同各民主党派、全国工商联领导人座谈时讲话指出，“邓小平同志曾经对我们党的第三代领导人提出了一个重要要求，就是‘眼界要非常开阔，胸襟要非常开阔’。我想这对各民主党派和工商联的领导同志也可以适用。这就要求我们大家：一要加强学习，增长知识和见识；二要加强修养，提高政治素质，以适应时代和我们事业发展的需要。”1998年1月，江泽民同志在党外人士迎春座谈会上讲话再一次强调，“我们要继续加强学习。首先要学好马列主义、毛泽东思想特别是邓小平理论，同时要学好现代化建设所需要的各种知识。有了正确的理论武装，有了丰富的知识，思想境界提高了，工作本领增大了，我们就能从容地应付各种挑战，驾驭事业发展的进程。”江泽民同志这些重要论述，语重心长，对民主党派新一代领导骨干加强学习，对中央社院进一步搞好教育培训，都具有非常重要的指导意义。

我们要认真学习和贯彻江泽民同志这些重要讲话精神，紧密联系实际，着重从两方面加深理解，增进共识。

一方面，要从高举邓小平理论伟大旗帜、建设面向新世纪参政党的战略高度，充分认识理论学习的重要性。加强学习，事关民主党派未来的发展，事关民主党派自身建设的根本。作为民主党派新一代领导骨干，必须非常清醒地看到“只有讲学习，才能更好的讲政治”，加强学习，提高理论素质和思想政治素质，是我们继承和发扬民主党派优良传统，进一步搞好政治交接的前提和基础；是我们在理论上、政治上保持清醒和坚定的迫切需要；也是我们肩负起历史赋予的重任，开创民主党派工作新局面，建设好面向新世纪参政党的根本保证。只有用这样的战略眼光看待学习问题，我们才能真正把加强学习作为自己首要的任务，以高度的政治责任感和历史使命感，自觉地加强学习，努力发挥出民主党派新一代领导骨干在勤奋学习上的表率作用。

另一方面，要充分认清面对新形势新任务，加强学习的紧迫性，重要性。当今世界，正走向政治多极化、经济全球化，科学技术飞速发展，知识创新在经济发展和社会进步中发挥出前所未有的巨大推动作用。我们所面对的是一个最需要学习的时代。只有奋发努力地学习与创新，才能跟上时代前进的步伐。当前国内的形势，今年我们要完成“九五”计划，实现社会主义现代化建设第二步战略目标，要制定“十五”计划，做好向第三步战略目标进军的充分准备。我们面临的实现跨世纪战略目标和改革、发展、稳定的任务十分艰巨。尤其是在推进国有企业的改革与发展，实施经济结构的战略调整和西部大开发战略，实施科教兴国战略，以及推进祖国完全统一大业等方面，对我们民主党派履行政治协商、民主监督、参政议政的职能，提出了新的任务和更高的要求。我们要肩负起历史赋予的重任，迎接新的挑战，必须围绕中心任务，以“时不我待”的紧迫感，不断加强学习，加强修养，努力提高参政议政的质量和水平，为实现我国跨世纪发展的宏伟目标和推进祖国完全统一大业做出新的贡献。

举办民主党派干部进修班和培训班，是我们适应全面加强民主党派自身建设的需要，进一步把民主党派领导干部的理论学习引向深入的一个举措；其目的是努力培养一批政治坚定的民主党派新一代领导骨干和后备干部，建设好面向新世纪高素质的参政党。学院和全体学员要共同努力，高质量地办好这两个班，实现全年教育培训的好开端。

第二，切实提高理论学习水平，增强用邓小平理论特别是邓小平新时期统一战线理论指导工作和行动的自觉性

邓小平理论是当代中国的马克思主义，邓小平新时期统一战线理论是邓小平理论的重要组成部分。因此，两个班共同的中心学习内容是，深入学习邓小平理论特别是邓小平新时期统一战线理论。我们要充分利用这次集中一段时间学习的机会，切实把理论学习提高到一个新水平。

怎样提高理论学习水平？

一是，要本着“学马列要精、要管用的”原则。根据当前形势和任务的要求，两个班的理论学习，要在全面、准确地把握邓小平理论的科学体系，在领会邓小平理论的基本观点和精神实质基础上，突出重点，结合自己的工作实际，深入理解邓小平新时期统一战线理论。要通过这次比较系统的学习，深刻领会邓小平新时期统一战线理论，深刻领会这个理论是做好新时期统一战线工作的科学指南，也是搞好多党合作和建设面向新世纪参政党的强大思想武器。学习中，尤其要深入研究和理解邓小平多党合作思想，进一步把握邓小平关于“在中国共产党的领导下，实行多党派的合作，这是我国具体历史条件和现实条件所决定的，也是我国政治制度中的一个特点和优点”；关于民主党派性质、地位和作用；关于认真贯彻“长期共存、互相监督、肝胆相照、荣辱与共”的方针等一系列基本观点。要牢固树立“自觉接受中国共产党的领导、坚持和完善中国共产党领导的多党合作和政治协商制度”的政治信念。在“绝不照搬西方多党轮流执政和三权鼎立”这个重大原则问题上，思想上要非常明确和坚定，政治立场上要旗帜鲜明，丝毫不能含糊。

二是，必须发扬理论联系实际的马克思主义学风，做到“四个结合、一个善于”。这是去年7月《各民主党派中央关于加强自身建设若干问题座谈会纪要》对加强民主党派领导干部理论学习提出的要求。“四个结合”是：把学习邓小平理论与学习贯彻中共十五大精神以及各民主党派全国代表大会精神结合起来；与提高对形势、任务、政策的认识结合起来；与加强对基本政治制度的认识结合起来；与在改造客观世界的同时改造主观世界结合起来。“四个结合”是坚持理论与实际结合的具体化。最近，李瑞环同志强调要坚持理论与实际结合指出，“结合是学习的目的，结合是学习的方法，结合是学习的态度，结合是检验学习成效大小的标准，结合在一定意义上也是发展。”这是对结合极其重要的论述。“一个善于”是：善于从政治上观察问题、判断形势，在事关大局、事关政治方向、事关根本原则的问题上，立场坚定，是非分明。这“四个结合、一个善于”，既是对民主党派搞好政治交接的经验总结，也是对民主党派各级领导班子成员讲学习、讲政治、讲正气的根本要求。在这次学习过程中，全体学员要按照这“四个结合、一个善于”，切实把理论学习提高到一个新水平。

在这次学习中，大家还要听取关于国际国内形势和九届人大三次会议、全国政协九届三次会议精神的报告；深入学习党的统一战线方针政策、民主党派的光荣传统和《各民主党派中央关于加强自身建设若干问题座谈会纪要》精神；还要学习有关方面的新知识，进行参观考察活动。这次学习时间比较短，内容多，让我们共同努力高质量地完成好各项教和学的任务。

第三，为了达到预期的教学目的，提出几点希望和要求

一是，集中精力，认真学习。

同志们长期肩负着繁重的工作任务，能够到中央社院，集中一段时间进行比较系统的学习，是个难得的机会。希望同志们珍惜这个学习机会，充分利用这段宝贵的时间，静下心来，专心致志，认真读书，认真思考，力求在理论学习上有较大的收获。

二是，联系实际，深入研讨。

我们要把学习理论、总结经验和研究工作有机地结合起来。我们学习邓小平理论，要学以致用，首先是联系社会主义现代化建设的实际，结合各自的和所在地区的实际，结合思想实际，分析问题，讨论问题。通过研讨，进一步深化对参政党地位、性质和历史使命的认识，继承和发扬同中国共产党亲密合作的优良传统，牢牢把握民主党派自身建设的指导思想和原则，明确加强自身建设的主要任务和措施。我们才能在工作中结合实际，认真贯彻落实《各民主党派中央关于加强自身建设若干问题座谈会纪要》精神。

三是，弘扬校风，发扬传统。

中央社院的校风是良好精神风貌的展现。我们要按照江泽民同志为中央社院题写的“爱国、团结、民主、求实”八字校风，规范自己的行动，遵守各项规章制度，建立起良好的学习和生活秩序。

中央社院自创建以来，就实行自我教育为主，坚持“自己提出问题，自己分析问题，自己解决问题”和“不抓辫子，不打棍子，不扣帽子”的方针，这已成为社院的优良传统，也是适合学员特点的行之有效的学习方法。希望同志们发扬这一传统，畅所欲言，民主讨论，积极探索，求真务实，在和谐民主的气氛中，通过学习、研讨、交流，互相启发，取长补短，共同提高。

学习班的学员来自全国各地，这为大家提供了一个广泛建立联系，多交朋友的机会。希望同志们多交流，多谈心，不断增进友谊。

由于学院上半年维修校舍，暂时在石油管理干部学院办学，可能会出现一些困难。我们学院将尽力克服困难，做好各方面的服务工作，力求为各位学员创造好的学习条件。同志们有什么意见、建议和要求，都可以随时向我们提出。

最后，祝第5期民主党派干部进修班和培训班圆满成功！

谢谢各位。

在中央社会主义学院
2000年春季开学典礼上的讲话

（2000年3月2日）

刘延东

同志们：

出席今天开学典礼的有全国政协副主席、中央统战部部长王兆国同志，全国人大常委会副委员长、民革中央主席、中央社会主义学院院长何鲁丽同志，我们表示热烈的欢迎和衷心的感谢！出席今天开学典礼的还有全国政协、中央统战部、各民主党派中央、全国工商联和中央社院的领导同志，他们是：全国政协副秘书长张道诚；民革中央副主席童傅；民盟中央副主席俞泽猷；民建中央副主席朱元成；民进中央副主席楚庄；农工党中央副主席章师明；致公党中央副主席王宋大；九三学社中央副主席、中央社会主义学院副院长金开诚；台盟中央副主席李敏宽；全国工商联副主席瞿怀明；中央社会主义学院常务副院长赵广；中央统战部秘书长于泽荣；以及中共中央统战部、各民主党派中央、全国工商联有关部门的负责同志，这里就不一一介绍了，我们对他们一并表示热烈的欢迎。

同志们，中央社会主义学院春季开学典礼，得到了中共中央统战部、全国政协、各民主党派中央、全国工商联的高度重视，这体现了对全体学员的亲切关怀，也是对中央社院的大力支持。

刚才王兆国同志、何鲁丽同志、俞泽猷同志发表了重要讲话。王兆国同志的讲话高屋建瓴，深刻阐述了在中国实行共产党领导的多党合作制的必然性和必要性，阐明了学习邓小平理论特别是新时期统一战线理论的意义和方法，并联系当前的形势和统战工作多党合作的实际，对建设一支高素质的民主党派队伍提出了要求；何鲁丽同志的讲话，分析了当前各民主党派特别是新一代领导骨干加强学习，提高理论素质和思想政治素质的重要性和迫切性，提出了在中央社院的学习内容和学习要求；俞泽猷同志的讲话，表达了各民主党派中央和全国工商联对中央社院和各位学员的殷切期望。请大家认真学习，深刻领会，贯彻到学习的全过程中。

今年是我国历史上不寻常的一年，是历史性、标志性的一年，是改革的攻坚年、发展的关键年、依法治国的推进年。对统一战线而言也是开拓创新的一年，面临新的机遇和挑战。随着我国改革开放的不断深入，市场经济和知识经济的发展，统一战线的对象、内容和任务将发生许多新的变化，出现许多新情况、新课题，因而必将被赋予更为艰巨的历史使命。这就要求我们进一步巩固和发展新时期爱国统一战线，进一步坚持和完善中国共产党领导的多党合作和政治协商制度，进一步争取整个中华民族的大团结。要解决好这些问题，关键是高举邓小平理论伟大旗帜不动摇。作为民主党派新一代的领导干部和跨世纪的工作骨干，一定要切实加强理论学习，特别是对邓小平统一战线理论的学习。同志们来自五湖四海，来自各民主党派，每个人的情况千差万别，但来中央社院的目标是一致的，这就是深入学习邓小平理论特别是新时期统一战线理论，努力提高政治素质和理论素质。邓小平理论是当代中国的马克思主义，是搞好多党合作和建设好面向新世纪的参政党的科学指南，也是我们研究解决面临的新情况、新问题的强大思想武器，学好这一理论对于民主党派领导干部具有极其重要的意义。我们要通过理论学习来准确把握新时期统一战线的规律和特点，围绕建设有中国特色的社会主义的大目标，坚定不移地贯彻基本路线、基本纲领和基本方针，更好地为改革、发展和稳定的大局服务，为实现我国新世纪发展宏伟目标做出新的贡献。

同志们这次来学习的时机非常好，春风轻拂，“两会”在即，希望大家安下心来，认真读书，解放思想，畅所欲言，力争学得更多一点，更好一点，不虚此行，满载而归。

在中央社会主义学院 2000年春季开学典礼上的讲话

（2000年3月2日）

俞泽猷①

同志们：

今天，中央社会主义学院举行2000年度春季开学典礼，我代表各民主党派中央和全国工商联，谨向全体学员表示热烈的欢迎和亲切的问候。

中央社会主义学院是民主党派和工商联的党校，自创办以来，在培养民主党派和工商联干部、提高学员的政治理论水平和思想政治素质等方面，发挥了重要的作用。特别是近几年来，中央社院的领导和教职员工为了办好各期学习班，想了很多办法，尽了很大努力，提供了良好的学习条件，对民主党派和工商联的干部队伍建设，给予了极大的支持和帮助，对此，我们表示衷心的感谢。

各位学员同志能够在社院集中一段时间，系统地学习理论，就改革和发展、民主党派和工商联的自身建设等一些重大问题进行研讨，这是新形势下更好地履行参政党职责的需要，是适应时代和干部自身建设的需要。在学习中，要重点注重以下几个问题：

（一）要认真学习邓小平理论，掌握邓小平理论的精髓，学习领会邓小平关于新时期统一战线和多党合作理论，增强走有中国特色社会主义道路的共识。

（二）学习各自党派的历史和章程，继承和发扬老一代领导人与中国共产党风雨同舟、团结合作的优良传统，自觉地接受中国共产党的领导，划清我国社会主义政党制度与西方政党制度的界限。对这个重大政治原则问题，思想上必须十分明确，十分坚定，丝毫不能含糊。在这个基础上，认真探讨新时期民主党派、工商联如何更好地发挥作用，更好地完成政治交接的任务。

（三）要理论联系实际,研究改革开放和现代化建设的实际问题、民主党派和工商联自身建设问题,着眼新的实践和新的发展,探索民主党派和工商联的工作规律。特别是要重视学习反映当代世界发展的各种新知识,把握世界经济和科学技术发展的新趋势,增强法制观念和科技意识,不断提高驾驭市场经济、处理复杂事物的本领。这次学习期间,适逢两会召开,希望全体学员认真学习两会有关文件,努力提高理论素养、业务知识和参政议政的水平。

同志们，在过去的一年，我们在以江泽民同志为核心的党中央领导下，全国各族人民万众一心，把改革开放和现代化建设继续推向前进,各条战线都取得了显著的成绩。在新的一年里我们一定要站在我国现代化建设的高度,把思想和行动统一到中共中央的重大决策上

① 俞泽猷，民盟中央副主席。

来。我们将继续贯彻落实《各民主党派中央关于加强自身建设若干问题座谈会纪要》,加强学习,不断提高思想政治素质,认真履行政治协商、民主监督、参政议政的职能,就制定“十五”计划,全面落实跨世纪发展的宏伟任务,献计出力。为协助实施西部大开发、科教兴国和可持续发展战略,为推进祖国的和平统一进程,为中华民族的伟大复兴而不懈努力。

最后,祝同志们学习顺利,身体健康,生活愉快!

中央社会主义学院举行 2000 年秋季开学典礼

9 月 4 日,中央社会主义学院隆重举行 2000 年秋季开学典礼。开学的三个班是:第 6 期民主党派干部进修班、第 6 期民主党派干部培训班、山东省济宁市统战系统干部培训班。全国政协副主席、中央统战部部长王兆国,全国人大常委会副委员长、民革中央主席、中央社会主义学院院长何鲁丽出席开学典礼并作重要讲话。中央统战部常务副部长、中央社会主义学院党组书记刘延东主持开学典礼。

民建中央副主席路明代表各民主党派中央、全国工商联致辞。

九三学社中央副主席、中央社会主义学院副院长金开诚讲话。

全国政协副秘书长齐续春,民革中央副主席童傅,民盟中央副主席俞泽猷,民进中央副主席楚庄,农工党中央副主席章师明,致公党中央副主席吴明熹,九三学社中央副主席赵伟之,台盟中央副主席李敏宽,全国工商联副主席瞿怀明,中央社会主义学院常务副院长赵广,中央统战部秘书长于泽荣等出席了开学典礼。

第 6 期民主党派干部进修班学员 45 人,来自 22 个省、自治区和直辖市,有民主党派中央委员 20 人,民主党派省级组织副主委 23 人,全国人大代表 7 人,全国政协委员 3 人。第 6 期民主党派干部培训班学员 55 人,来自 21 个省、自治区和直辖市,民主党派中央机关干部 3 人,省级组织领导干部 5 人,地市级组织领导干部 15 人,担任政府局、处级实职的 14 人,平均年龄 44 岁。山东省委统战部委托我院举办的山东济宁市统战系统干部培训班学员共 47 人。

在中央社会主义学院 2000 年秋季开学典礼上的讲话

(2000 年 9 月 4 日)

王兆国

同志们:

由中央社院举办的第六期民主党派领导干部培训班和进修班今天开学了。首先,我代表中共中央统战部表示热烈的祝贺！并向全体学员致以亲切的问候！

2000 年是世纪之交的一年，也是对党和国家具有重要意义的一年。今年初，江泽民同志提出了“三个代表”的重要思想，前不久又在全国党校工作会议深刻阐述了加紧培养中青年领导干部的重要性和紧迫性。适应新世纪的要求，尽快培养一批中青年领导干部，不仅是中国共产党面临的重大历史任务，也是各民主党派建设和发展必须解决的重大课题。在这样的形势下，我们各民主党派中青年领导干部来参加本世纪末中央社院举办的最后一期培训班，很有意义。何鲁丽院长刚才讲得很好，很全面，要求也很具体。借此机会，我讲几点意见供大家参考。

一、关于充分认识我国现行政党制度和社会主义民主政治制度的优势问题

在我国实行的中国共产党领导的多党合作和政治协商制度，是我国的基本政治制度。如何认识和评价我国的政党制度，既是重大的理论问题，又是重大的实践问题。应该说，在各民主党派成员中，大多数同志对这个问题的认识是清楚的，但也有一些同志的认识不那么清楚和正确。有些人以西方国家的政党制度为衡量标准，认为中国共产党领导的多党合作制度不如西方的多党制民主和优越，提出中国也应向西方国家那样搞多党制，开展多党竞争，实行轮流执政。这些人用资本主义制度下的政党制度和政治制度的标尺来衡量社会主义中国的政党制度和政治制度，这显然是错误的。因此，我们很有必要对评价我国政党制度的标准问题进行深入研究。

关于这个问题，我们党的三代领导人都作过精辟论述。毛泽东同志早在新民主主义革命时期就指出，“中国一切政党的政策及实践在中国人民中所表现的作用的好坏、大小，归根到底，看它对于中国人民的生产力的发展是否有帮助及其帮助之大小。”邓小平同志在改革开放和社会主义现代化建设新时期讲得更为明确，“评价一个国家的政治体制、政治结构和政策是否正确，关键看三条：第一是看国家的政局是否稳定；第二是看能否增进人民的团结，改善人民的生活；第三是看生产力能否得到持续发展。”江泽民同志指出，“世界上没有放之四海而皆准的政党制度模式。西方的那一套多党轮流执政和三权鼎立，我们绝不能照搬”。根据毛泽东、邓小平和江泽民同志的有关论述，我感到评价一个国家的政党制度是否优越，主要应把握四条标准，即生产力标准、人民民主标准、团结稳定标准和国情标准。现在这里提出来，与大家共同研究探讨。

生产力是人类社会发展的最终决定力量，是社会进步的最高标准和最终尺度。任何一种进步的、优越的政党制度，最终都体现在对生产力的促进上。因此，衡量政党制度是否具有优越性，最根本要看是否促进生产力更快发展。共产党领导的多党合作制度中，各民主党派作为参政党与执政党团结合作，而不是作为反对党与共产党竞争，从而保证了执政党和参政党同心协力致力于社会主义经济建设事业，为解放和发展生产力，保持经济持续发展创造了稳定的环境，形成了强大的合力。共产党领导的多党合作制度确立 50 年来，我国经济建设取得举世瞩目的成就，“用一代人的时间，取得了其他国家用了几个世纪才能取得的成就。”而从辛亥革命到中华人民共和国成立的近 40 年中，我国从仿效西方多党制到国民党实行一党专制，始终是连年内战，民不聊生，经济长期徘徊不前，到 1949 年中华人民共和国成立前，生产力水平仍然基本停留在封建王朝解体时的状况。这充分说明共产党领导的多党合作制度是能够促进生产力发展的。

民主是社会进步、文明和发展的重要标志。在历史发展进程中，民主总是随着社会进步而不断扩大，人们也在社会进步中不断提出更高程度的民主追求。政党制度反映了国家的政治结构，是民主政治的重要体现和实现形式。因此，民主也是衡量一个国家政党制度是否具有优越性的重要标志。在阶级社会里，民主是具体的，没有抽象的民主，全人类的民主。我国是社会主义国家，实行的是人民民主。所以，衡量我国的政党制度是否具有优越性，只能看它是否能够体现和实现人民民主。共产党领导的多党合作制度是我国社会主义民主政治的重要组成部分，体现和实现了在人民内部的充分协商。在这一政党制度中，各民主党派作为参政党参政议政，体现了我国社会主义民主的广泛性，有利于提高人民群众的政治参与能力；各民主党派与共产党就重大问题进行政治协商，有利于集中力量办大事、同心协力攻克难关；各民主党派在改革和建设中积极建言献策，有利于实现科学决策、民主决策；各民主党派对共产党实行民主监督，有利于完善社会监督机制，加强和改善共产党的领导。特别是共产党领导的多党合作制度建立在人民当家作主的基础之上，是代表最广大劳动人民利益的民主。

团结稳定是一个国家发展的基本条件。社会动荡，内乱不止，各种冲突不断，就无法搞建设，社会就难以发展和进步。政党制度是国家政治结构和相互关系的重要体现，与国家的政治稳定和政治秩序密切相关。所以，一个国家的政党制度，特别是发展中国家的政党制度，如果不利于社会政治稳定，导致政治和社会秩序混乱，决不能说它是优越的。因此衡量政治制度是否具有优越性，很重要的一个方面就是看是否有利于社会政治稳定。共产党领导的多党合作和政治协商制度作为我国的基本政治制度，区别于西方国家多党制的本质特征，就在于合作而不是倾轧。各民主党派是作为共产党的亲密友党和参政党而存在，而不是作为反对党和竞争对手而存在，从而保证了体制上的稳定与和谐。共产党与民主党派通过政治协商、民主监督和参政议政，比较及时、准确、充分地反映社会各界群众的意见和要求，在制定有关方面的方针政策中兼顾了各方面群众的利益，理顺了人民群众的情绪，使人民内部的各种矛盾得到及时化解。新中国成立半个世纪以来，我国基本上保持了民族团结和政治稳定，这与实行共产党领导的多党合作制度是分不开的。而获得民族独立的发展中国家仿效西方实行多党制，在20世纪60年代到70年代，先后发生了104次政变。1990年20个非洲国家宣布改行多党制以来，1991年就有8个国家政权更迭。这充分说明我国的政党制度能够促进国家的团结和稳定。

国情是一个国家政党制度形成、存在和发展的基础。它既是社会政治实践的历史条件，又是实践的现实基础；既决定社会政治实践的发展方向，又是实践的制约因素。政党制度是一个国家的基本政治制度，是社会政治实践的重要组成部分，它的形成、内容、表现方式和发展程度等，都是由本国的特殊国情决定的。一个国家为什么只能实行这种政党制度而不能实行那种政党制度，可以说都是国情使然。无论哪个国家，无论什么时期，不适合国情的政党制度必然是短命的。辛亥革命后，中国仿效西方实行多党制，由于不符合国情，结果不到两年就失败了，党领导的多党合作和政治协商制度之所以是我国政治制度的一个特点和优点，就在于深深扎根于中国国情的土壤，是在中国国情基础上建立政党制度的创造性成果。如果不顾我国国情，盲目仿效西方国家的政党制度，就会造成破坏性的后果。

实践证明，中国共产党领导的多党合作和政治协商制度，是符合中国国情的具有巨大优势的政党制度和社会主义民主政治制度。

二、关于民主党派加紧培养中青年领导干部问题

培养民主党派中青年领导干部，是关系到多党合作全局的一项战略性任务。展望新世纪，面对错综复杂的国际形势，艰巨繁重的国内任务，以及民主党派的实际状况，加紧培养造就一支高素质的民主党派中青年领导干部队伍，显得尤为重要和迫切。最近，江泽民同志就我们党加强中青年干部队伍建设发表了重要讲话，这对民主党派加强中青年干部队伍建设也具有重要指导意义。

第一，加强对民主党派中青年领导干部培训，是坚持和完善中国共产党领导的多党合作和政治协商制度的基本保证。中国共产党领导的多党合作和政治协商制度，是马克思主义政党理论和统一战线学说与我国实践相结合的一大创造。毛泽东同志说过，“政治路线确定以后，干部就是决定因素”。制度要靠人来落实，合作须通过人去实现。因此，要巩固和发展党领导的多党合作，除了共产党抓紧培养新一代领导干部外，民主党派也应注意培养一代又一代中青年领导干部。当前，从国际上看，西方敌对势力一刻也没有放弃对我国的“西化”、“分化”图谋，他们不断加紧对我国进行政治经济和思想文化渗透，其中一个重要方面就是企图从政党制度上找到突破口，破坏多党合作，代之以西方的多党制和议会制。而他们“西化”、“分化”的重点目标是中青年知识分子和新一代领导干部。90年代后，民主党派领导班子的主体已陆续由一代新人组成，新成员已占90%左右。根据这些新情况、新问题，民主党派只有加强对中青年领导干部培训和培养，才能提高抵御西方敌对势力“西化”、“分化”影响的能力，成长起一批坚定地与中国共产党亲密合作，能经受各种考验的民主党派新一代领导骨干。为此，共产党和民主党派都要从坚持我国的基本政治制度、维护多党合作政治格局的大局出发，充分认识培训民主党派中青年领导干部是当前一项重大而又紧迫的任务，要切实抓紧、抓实、抓好。

第二，加强对民主党派中青年领导干部的培训，是发挥参政党作用的迫切需要。应当看到，无论是参加国家政权，还是参与国家大政方针、政策和国家领导人选的协商，参与国家事务的管理，参与国家方针、政策、法律、法规的制定执行，参政党作用发挥得如何，主要取决于各级民主党派领导干部、特别是中青年领导干部自身的政治、业务素质、能力和水平。许多民主党派中青年领导干部在担任领导职务前，长期从事科研、教学和技术工作，对我国国情和经济建设的全局情况了解不多。对参政党如何在中国共产党领导的多党合作和政治协商中发挥作用等，缺乏应有的理论准备，对如何履行政治协商、民主监督、参政议政职能，在制度规定、操作程序方面缺乏应有的实践锻炼。如果我们不正视这些问题，并通过学习培训尽快加以解决，最终会影响参政党整体作用的发挥，我们党领导的多党合作事业很难开拓前进。特别是下个世纪完成第三步战略目标，实现中华民族的伟大复兴，民主党派担负着义不容辞的历史责任。这必然要求各民主党派努力帮助民主党派中青年领导干部，了解情况，深入实际，开阔眼界，增长才干，掌握过硬本领，以切实发挥参政党的作用。

第三，加强对民主党派中青年领导干部的培训，是进一步实现政治交接的有力措施。经过1992年、1997年两次换届，各民主党派顺利完成了新老交替的任务。但是，组织上的新老交替，并不等于全面实现了政治上的交接。民主党派新一代代表性人物走上领导岗位后，要成为成熟的政治家、国务活动家和社会活动家，团结带领广大成员沿着正确的政治方向不断前进，还需要一个锻炼思想、塑造品德、增长本领的过程，需要在学习和实践中不断继承和发扬老一代的光荣传统。可以说，政治交接又是一项长期的任务和过程。在中国要讲政治交接，一是坚持共产党的领导，二是坚持走社会主义道路，这两条是最根本的，无论是到任何时候都不能动摇、不能改变。与老一辈相比，民主党派新一代领导干部既有自身的特点和优势，但也存在着某些弱点和不足。一方面，他们都是在党的培养教育下，与新中国一起成长起来的知识分子，思想基础和基本素质是好的，且年富力强，知识丰富，视野开阔，思想敏锐，富于开拓精神。另一方面，由于成长环境和个人经历不同，不少人缺少老一辈党外人士在民主革命时期与我们党风雨同舟、患难与共的经历和重大政治斗争的考验，有的缺乏领导经验，驾驭全局以及组织协调、行政管理能力有待提高。只有通过学习培训和实践锻炼，才能增长经验，提高能力，扩大影响。因此，各民主党派有必要根据中青年领导干部的特点，有针对性地搞好教育培训，使他们在新的岗位上，把自己锻炼成为既能把握大局，又能了解实际，既能高瞻远瞩，又能脚踏实地，同共产党肝胆相照，真诚合作的新一代政治家、国务活动家和社会活动家，担负起带领本党派广大成员前进的重任。

三、关于加强社会主义学院建设问题

通过各级社会主义学院集中培训，是提高民主党派中青年领导干部自身素质的重要途径。中央社会主义学院是民主党派、无党派人士的“联合党校”，是具有统一战线性质的高等政治学院。办好中央社院，对培养和建立高素质的党外代表人士队伍，巩固和发展多党合作和政治协商制度，具有不可替代的作用。在过去的时间里，中央社院为培养民主党派干部做出了重大贡献，希望继续保持和发扬。下面，我就各级社院进一步加强和改进对民主党派领导干部、特别是中青年领导干部的培训工作，提几点希望。

第一，必须把握正确的政治方向。社院的教育培训工作是面向民主党派和无党派人士的政治培训，具有很强的政治性和政策性。深刻认识、准确把握这一点，是社院搞好教育培训的重要前提。因此，社院一定要把坚持正确的政治方向放在全部教学培训工作的第一位，坚持中国共产党的领导，坚持社会主义的办学方向毫不动摇。坚持这一要求，就是要组织引导民主党派中青年领导干部深入学习邓小平理论，特别是邓小平同志关于新时期统一战线、多党合作的理论，加深对有中国特色社会主义和党的基本理论、基本纲领的理解；学习多党合作的历史和统一战线的优良传统，提高对统一战线和多党合作重要意义的认识；学习统一战线的基本原则和方针政策，明确开展统战工作的科学依据。通过这些教育，使民主党派中青年领导干部能够做到在重大政治原则问题上和中共中央保持一致性，自觉抵制西方多党制和两院制思潮的影响，在复杂的局面中始终保持清醒头脑，保持政治上的坚定性和敏锐性。

第二，必须坚持“爱国、团结、民主、求实”的办院指导思想。1992年，江泽民同志为中央社会主义学院题词“爱国、团结、民主、求实”，它是各级社院办院的指导思想，也是各级社院的院风。爱国，是民主党派的光荣传统；团结，是战胜一切艰难险阻的力量源泉；民主，是统一战线的一大特点和优点；求实，是做好任何工作必须采取的科学态度。在新形势下，对民主党派中青年领导干部的培训工作，必须认真贯彻江总书记题词的精神与要求。要突出爱国主义传统教育，弘扬爱国主义精神，激励他们像老一辈民主党派领导人一样，与共产党团结奋斗，共同建设独立、富强、民主、文明、统一的社会主义新中国；要坚持自我教育的方法，不抓辫子，不扣帽子，不打棍子，自己提出问题，自己分析问题，自己解决问题，努力创造有利于敞开思想，调动学习积极性、主动性的环境氛围；要始终贯彻统一战线大团结、大联合的主题，从培训内容到形式，更多的赋予团结的意义，增进中国共产党与党外人士的团结；要根据民主党派是具有政治联盟性质的政党、是进步性与广泛性统一的性质特点，采取求同存异、体谅包容的态度，正确对待学习研讨中反映出来的思想差异。

第三，必须努力提高教学、科研和管理水平。社院教育是全国各级民主党派中青年领导干部培训的主渠道。只有不断提高教学、科研和管理水平，才能把社会主义学院真正办成培训民主党派、无党派人士的重要基地。教学是培训的中心环节。要以全面培养政治家、国务活动家和社会活动家的素质、能力为目标，建立和完善社院教学的布局，深化教学改革，提高教学质量。随着国内外形势的不断发展和民主党派成员的不断变化，社院在教学中要注意研究新情况，解答新问题，增强针对性和时代感。科研是教学的基础。社院的科研工作一定要坚持以马列主义、毛泽东思想特别是邓小平理论为指导，坚持解放思想、实事求是的思想路线和理论联系实际的作风，紧紧围绕统一战线和多党合作的重大理论和现实问题进行研究，努力为提高社院教学质量服务，为党委和统战部门决策服务。管理是教学与科研的保障。要逐步推进组织人事制度改革，建立竞争激励机制和科学选人用人制度，改革社院的行政管理和后勤服务工作，努力改善办学条件，实现教学手段现代化，以提高服务质量、管理水平和后勤保障能力。

第四，必须建设一支高素质的教师队伍。搞好社院的教育培训工作，必须建设一支政治强、业务精、作风正，能适应新形势下培训工作需要的师资队伍。要通过不同途径提高教师的素质，特别是重视对中青年研究骨干和学术带头人的培养，使教师队伍做到：忠于马列主义、毛泽东思想、邓小平理论，自觉地同以江泽民同志为核心的党中央在思想上政治上保持高度一致；具有扎实的马克思主义理论功底和对时代发展的政治敏感性，能够深入实际，调查研究，以科学态度探索统一战线和多党合作新问题；热爱教育事业，学风严谨，勤奋工作，有高度的敬业精神。

最后，希望各位学员珍惜这次难得的机会，集中精力参加培训，取得优异的学习成绩。

在中央社会主义学院 2000年秋季开学典礼上的讲话

(2000年9月4日)

何鲁丽

各位领导、各位来宾、各位学员、同志们:

今天,中央社会主义学院隆重举行2000年秋季开学典礼。新学期首批开办的三个班是:第6期民主党派干部进修班、第6期民主党派干部培训班、山东省济宁市统战系统干部培训班。我代表中央社会主义学院,向三个班全体学员表示热烈的欢迎和亲切的问候!向出席开学典礼的各位领导和来宾表示衷心的感谢!

新学期呈现出新的气象,中央社会主义学院经过上半年来校舍的装修,现在面貌焕然一新,学员的学习和生活条件得到较大改善,中央社会主义学院的建设和发展迈上了一个新台阶。

第6期民主党派干部进修班和第6期民主党派干部培训班,是为贯彻中共中央关于加紧培养适应新世纪要求的中青年干部的决定精神,根据各民主党派中央关于建设面向新世纪参政党的要求而举办的。山东省济宁市统战系统干部培训班,是接受山东省委统战部的委托而举办的。举办这三个班,是中央社院加紧培养高素质的民主党派中青年干部和统一战线干部的一个重要措施。全国政协、中央统战部、各民主党派中央和全国工商联,对中央社院办学都非常重视。王兆国同志出席今天开学典礼还将作重要讲话。在这里,我先就办好这三个班,谈几点意见。

第一,充分认识培养高素质的民主党派中青年干部的极端重要性和迫切性

当前,中国共产党正在按照江泽民同志提出的"三个代表"的要求加强自身建设。中共中央于今年6月做出了《关于面向21世纪加强和改进党校工作的决定》,召开了全国党校工作会议。江泽民同志在会议上发表了重要讲话,阐明了培养造就一大批适应新世纪要求的高素质中青年领导干部的极端重要性和紧迫性;提出了按照"三个代表"的要求,从党性修养、拓宽视野、战略思维、理论素养等四个方面,加强对中青年干部的培养;强调了搞好党校教育对于党和国家的发展具有现实和长远的意义。中共中央的这个决定和江泽民同志的重要讲话,对中国共产党加强自身建设和搞好党校教育是具有重要指导意义的,也对民主党派加强自身建设和搞好社会主义学院教育具有重要指导意义。我们要认真学习领会并结合中央社院的特点和实际加以贯彻。

加紧培养造就一大批适应新世纪要求的高素质的民主党派中青年干部,是民主党派加强自身建设的一项重大而紧迫的战略任务。民主党派中青年干部,代表着民主党派的未来和希望,尽快把他们培养造就成坚定地接受中国共产党的领导、继承和发扬民主党派优良传统、具有较高参政议政水平、能经受起各种考验的民主党派新一代领导骨干,关系到民主党派肩负起面向新世纪的历史使命和政治责任；关系到民主党派全面完成政治交接，始终坚持正确的政治方向；也关系到巩固和发展民主党派与中国共产党面向新世纪的长期的合作。因此，加紧造就一大批适应新世纪要求的高素质的民主党派中青年干部，是建设面向新世纪参政党的关键所在，它在很大程度上决定着民主党派前途和命运。

同时，我们也应看到，世纪之交国际国内形势发展带来的新的机遇和挑战。我国改革开放和现代化建设正处在关键时期，我们肩负着与中国共产党同心同德，全面推进建设有中国特色社会主义伟大事业，挫败西方敌对势力对我国实行“西化”、“分化”的图谋，共同维护国家安定、民族团结和祖国统一的历史重任。这对培养能更好地履行参政党职能的民主党派中青年领导干部的素质，提出更高、更紧迫的新要求。特别是面临2002年民主党派领导班子换届，干部队伍新老交替与合作呈现出动态的历史过程，加紧培养造就一大批适应新世纪要求高素质的中青年领导干部，就成为民主党派自身建设的一项刻不容缓的重大任务。我们要从这样的政治高度上看问题，充分认识加紧培养民主党派中青年领导干部的极端重要性和迫切性。

社会主义学院的教育，是统一战线两支干部队伍培训轮训的主渠道。中央社会主义学院作为民主党派和无党派人士的联合党校、统一战线性质的高等政治学院，肩负着培养高素质的民主党派干部队伍的光荣而艰巨的任务，全院师生员工要进一步增强政治责任感和历史使命感，按照江泽民同志致我院校庆《贺信》的精神，不断加强和改进自己的工作，充分发挥培训基地和主渠道的作用，加大对民主党派中青年干部的培训力度，努力提高教学质量，为加紧培养造就一大批适应新世纪要求的民主党派中青年干部做出自己应有的贡献。

第二，深入学习邓小平理论特别是邓小平新时期统一战线理论，在此基础上，认真学习贯彻中共中央思想政治工作会议精神，结合民主党派的特点和实际，加强和改进思想政治工作，建设面向新世纪的参政党

根据教学计划的安排，这三个班共同的中心学习内容，是深入学习邓小平理论特别是邓小平新时期统一战线理论。邓小平理论是当代中国的马克思主义，邓小平新时期统一战线理论是邓小平理论的重要组成部分，是指引我们在任何风浪的考验面前保持政治上坚定和理论上清醒的主心骨。作为民主党派中青年领导干部，要充分利用这次集中一段时间学习的机会，塌下心来，深入钻研，进一步用科学理论武装头脑，切实提高自己的理论素养，努力从思想上理论上牢固树立多党合作的观点，为巩固和发展同中国共产党的团结合作，打下更加坚实的思想和理论基础。从而，更加自觉地坚持和完善中国共产党领导的多党合作和政治协商制度。此外，我们还要听取关于国际国内形势的报告，深入学习党的统一战线方针政策和参政党自身建设理论，学习履行好参政党职能的有关新知识，并进行参观考察活动。

三个班教学内容都比较丰富，而且学习时间不很长，因此必须突出教学重点。三个班学习和研讨的重点是：如何深入领会和贯彻中共中央思想政治工作会议精神，结合民主党派的特点和实际，加强和改进思想政治工作，建设面向新世纪的参政党。

去年11月，中共中央发布了《关于加强和改进思想政治工作的若干意见》。今年6月，中共中央召开思想政治工作会议，江泽民同志在会议上发表重要讲话，深刻阐述了思想政治工作的重要地位和作用，提出了按照“三个代表”的要求做好新形势下思想政治工作的一系列新思想、新观点。中共中央这个《意见》和江泽民同志的重要讲话，是中国共产党适应新形势、大力加强和改进思想政治工作的纲领性文献，具有重大的现实意义和深远的历史意义。最近，民主党派中央相继召开中央专门会议或发出通知指出，江泽民同志在中共中央思想政治工作会议上的重要讲话，既为执政党，也为参政党做好新形势下的思想政治工作指明了方向，要求民主党派各级组织和领导干部，深入学习江泽民同志的讲话精神，联系实际，加强和改进思想政治工作，进一步搞好民主党派自身建设。

我希望大家要按照民主党派中央提出的要求，通过这次学习和研讨，全面学习和掌握江泽民同志讲话的精神实质和主要内容，在此基础上，着重从四个方面进一步深刻领会讲话的基本观点。一是深刻领会思想政治工作是“生命线”和“中心环节”的观点，充分认识思想政治工作的重要地位和作用，这是我们高度重视并自觉做好思想政治工作的核心观念；二是认真把握“加强和改进思想政治工作，最根本的是坚持和巩固马克思主义在我国意识形态领域的指导地位”的观点。用这个观点来明确思想政治工作的方向，始终坚持用马列主义、毛泽东思想、特别是邓小平理论来武装头脑，教育民主党派广大成员，指导我们的工作和行动。做到在事关政治方向和根本原则的问题上，一定要旗帜鲜明，立场坚定，毫不含糊；三是深刻理解“思想政治工作是一门科学”的观点，作为民主党派领导干部，要用科学态度来认识和从事思想政治工作，要明确“不重视、不会做思想政治工作，不可能成为成熟的领导干部”的道理，自觉地重视和学会做思想政治工作，努力钻研和掌握民主党派思想政治工作的基本知识、自身特点和基本规律，在实践中积极探索加强和改进思想政治工作的新路子，不断提高做好思想政治工作的本领和水平；四是深入研究江泽民同志在讲话中阐述的“四个如何认识”问题，即：如何认识社会主义发展的历史进程、如何认识资本主义发展的历史进程、如何认识我国社会主义改革实践过程对人们思想的影响、如何认识当今的国际环境和国际政治斗争带来的影响等直接影响干部群众思想活动的重大问题。研究“四个如何认识”，要注重与分析民主党派成员在“想些什么”、“思想认识的发展趋势”等问题结合起来，以使我们的思想政治工作更加贴近所联系的成员，增强时代感、针对性和实效性。

在这次学习中，我们要以江泽民同志重要讲话精神为指导，围绕学习重点，结合民主党派的特点和实际，进行深入而富有成效的研讨，力求在加强和改进民主党派思想政治工作上取得新的进展。尤其是民主党派中青年领导干部，要在思想上进一步树立“高度重视并扎扎实实做好思想政治工作”的意识；树立“民主党派思想政治工作，作为中国共产党领导的思想政治工作的一部分，需要民主党派组织主动争取中共各级组织的领导、支持和帮助”的意识；也要树立“全面提高思想政治素质、理论水平和工作能力，以适应做好新形势下思想政治工作需要”的意识，我们要努力学习、在工作实践中不断提高。这个意识很重要，我们首先要提高自己，才能做好思想政治工作。许多同志是专业干部出身，感到做思想政治工作距离自己远，很难进入角色。思想政治工作是做人的工作，在很专业的岗位上，也有人与人、人与环境的关系，也要做思想政治工作，上网都可以做思想政治工作。民主党派干部都有责任做好所联系人的思想政治工作。

第三，为了达到预期的教学目的，提出几点希望和具体要求

一是集中精力，认真学习。

同志们长期肩负着繁重的工作任务，能够到中央社院，集中一段时间比较系统的学习，是个难得的机会。希望同志们珍惜这个学习机会，充分利用这段宝贵的时间，静下心来，专心致志，认真读书，勤于思考，力求在理论学习上有个较大的收获。

二是联系实际，深入研讨。

学习理论要联系实际，我们要本着“学马列要精、要管用的”的原则，把学习理论、总结经验和研究工作有机地结合起来。通过这段时间的学习研讨，进一步深化对参政党地位、性质和历史使命的认识，继承和发扬同中国共产党亲密合作的优良传统，牢牢把握民主党派自身建设的指导思想和原则，明确加强和改进思想政治工作的主要任务和措施，切实把理论学习提高到一个新水平，增强用邓小平新时期统战理论和江泽民总书记重要讲话精神，指导自己的工作和行动的自觉性。

三是弘扬校风，发扬传统。

中央社院的校风是良好精神风貌的展现。我们要按照江泽民同志为中央社院题写的“爱国、团结、民主、求实”八字校风，规范自己的行动，毕业后规范参政党的行动，遵守各项规章制度，建立起良好的学习和生活秩序。

中央社会主义学院自创建以来，就实行自我教育为主，坚持“自己提出问题，自己分析问题，自己解决问题”和“不抓辫子，不打棍子，不扣帽子”的方针，这已成为社会主义学院的优良传统，也是适合学员特点的行之有效的学习方法。希望同学们发扬这一传统，畅所欲言，民主讨论，积极探索，求真务实，在和谐民主的气氛中，通过学习、研讨、交流，互相启发，取长补短，达到共同提高的目的。

学习班的同学来自全国各地,这为大家提供了一个广泛建立联系,多交朋友的机会。希望同学们在班里多交流,多谈心,不断增进友谊和团结。同时,也要注意劳逸结合和身体健康,开展好丰富多彩的文体活动,以更充沛的精力,顺利完成学习任务,力争不虚此行,满载而归。

我们学院将尽量做好各方面的服务工作,力求为各位学员创造好的学习条件。同学们对教学和生活上有什么意见、建议和要求,都可以随时向我们提出,我们将尽量改进工作。

最后，祝同志们在中央社会主义学院学习愉快，祝三个班圆满完成自己的学习任务！

谢谢各位。

在中央社会主义学院
2000 年秋季开学典礼上的讲话

（2000 年 9 月 4 日）

刘延东

同志们，中央社会主义学院秋季开学典礼，得到了中共中央统战部、全国政协、各民主党派中央、全国工商联的高度重视，这充分体现了对全体学员的亲切关怀，也是对中央社院的大力支持。

刚才兆国同志、鲁丽同志、开诚同志和路明同志发表了重要讲话。王兆国同志的讲话联系当前形势和统战工作多党合作的实际，深刻阐述了在中国实行共产党领导的多党合作制度的必然性和必要性，阐明了学习邓小平理论特别是新时期统一战线理论的意义和方法，并就建设一支高素质的民主党派队伍提出了要求，对如何贯彻江总书记的讲话精神建设好社院提出了要求。何鲁丽同志的讲话，指出了当前各民主党派特别是新一代领导骨干加强学习，提高理论素质和思想政治素质的迫切性，强调了深入学习邓小平理论特别是新时期统一战线理论，深刻领会江泽民同志关于“三个代表”的精神实质的重要性，并提出了在中央社院的学习内容和学习要求；路明同志和金开诚同志的讲话，表达了各民主党派中央和全国工商联对中央社院和各位学员的殷切期望，请大家认真学习，深刻领会，贯彻到学习的全过程。

同志们能够参加这次培训班和进修班，意义是不同寻常的。今年是世纪之交，千年更替之年，又是“九五”计划的完成年，“十五”计划的策划年，是第二步目标的实现年，第三步目标的起步年。今年第四季度中共中央将召开统战工作会议，所以对统一战线来讲，今年还是一个对过去的总结年，是面向21世纪的开拓年。我们应抓住机遇，以邓小平理论为指导，研究新情况，解决新问题，为21世纪统战工作开创新局面奠定基础。最近江总书记在黑龙江和吉林视察时特别指出，21世纪中国共产党和全国人民面临新的三大任务，这就是经济建设、祖国完全统一和党的建设。在这个时候参加学习，要特别认真学习江总书记关于“三个代表”的重要论述。江泽民同志关于“三个代表”的概括和提出，从根本上回答了在充满希望和挑战的21世纪，把中国共产党建成什么样的党和怎样建设党的问题，具有很强的理论性、实践性和鲜明的时代特征。我们要深入学习贯彻江泽民同志“三个代表”的重要思想，深刻领会其丰富的内涵和精神实质，要进一步认识新时期统一战线的地位和作用，进一步认识为什么中国的现代化、中国的统战工作和多党合作必须要由中国共产党领导，民主党派作为参政党，党的统战部门作为党委的职能部门，只有紧密联系实际，贯彻“三个代表”的重要思想，我们的统战工作和多党合作才能沿着正确方向发展，才能不断创新并有更大作为。从明年下半年开始，民主党派开始从省级至中央的换届，为了在新老交替的过程中更好地实现政治交接，培养造就一大批适应新时期统一战线跨世纪发展需要的高素质的党外领导干部，是一项非常重要的工作。所以江总书记特别提出要紧迫而不松懈地、认真而不敷衍地把这项工作做好。做好这项工作是坚持和发展共产党领导的多党合作制度的需要，是民主党派加强自身建设的一项刻不容缓的艰巨任务。只有加强高素质的共产党干部队伍和民主党派干部队伍的建设，才能更好地坚持和完善中国共产党领导的多党合作和政治协商制度，才能做到肝胆相照、亲密合作，充分履行参政党的职能，才能真正做到与共产党风雨同舟、荣辱与共。希望同志们能按照刚才王兆国同志、何鲁丽同志和两位党派领导同志的要求，珍惜这次学习机会，切实学好邓小平理论特别是新时期统一战线理论。同志们来自全国统战工作的最前沿，虽然是不同的党派，从事不同的职业，却是为了一个共同的目标走到了一起，所以希望同志们通过深入的学习研讨，努力掌握邓小平理论的精神实质，掌握党的十一届三中全会以来的方针政策，通过学习来准确地把握新时期统一战线和多党合作的规律和特点，切实把“三个代表”的重要思想贯彻到统战工作和多党合作的事业中去，更好地发挥参政党的作用，更好地为改革、发展和稳定的大局服务。

此次学习是在中共中央召开全国党校工作会议之后，又是在全国统战工作会议之前，机会非常之好。中央社院为了贯彻江总书记对中央社院提出的“四个更”的要求，经过半年的努力使校舍焕然一新，希望社院的教职员工按照江总书记“四个更”的要求，高标准地做好各项工作，真正做到以教学为中心，以学员为主体。同时也希望各位学员不辜负中国共产党和各民主党派中央对大家的期望和要求，不负人民的重托，努力学习、努力思考，在金秋收获的季节不虚此行，满载而归。

在中央社会主义学院
2000 年秋季开学典礼上的讲话

（2000 年 9 月 4 日）

路　明①

同志们：

今天，中央社会主义学院在此举行 2000 年度秋季开学典礼，我代表各民主党派中央，谨向全体学员表示热烈的欢迎和亲切的问候。

中央社会主义学院是各民主党派的党校，自创办以来，在培养民主党派干部，提高学员的政治理论水平和思想政治素质等方面，发挥了重要作用。特别是近几年来，中央社院的领导和广大教职员工为办好每期学习班，想了很多办法，尽了很大努力，提供了很好的学习条件，对民主党派干部队伍建设，给予了极大的支持和帮助，对此，我们表示衷心的感谢。

各位学员能够在中央社院集中一段时间系统地学习党的统一战线理论和政策，并就当前国家的改革和发展、民主党派的自身建设等一些重大问题进行研讨，这是提高自身思想政治素质和马克思主义理论水平的极好机会，也是民主党派在新形势下，努力加强后备干部队伍建设，更好地履行参政党职能的需要。学习机会难得，值得珍惜。借此机会，我愿就目前学习中值得注意的问题提几点意见，和大家交流。

一、要从战略高度充分认识民主党派思想建设的重要性

近年来，各民主党派的各级组织采取措施加强思想建设，为提高广大成员的觉悟程度，调动为改革开放和现代化建设建功立业的积极性，充分发挥参政党作用，提供了重要的思想保证。随着新世纪的到来，思想建设面临新的情况，任务更重、难度更大、要求更

① 路明，民建中央副主席。

高。改革开放的深入发展，带来我国经济结构、社会关系以及人们思想观念、价值取向的新变化。西方敌对势力通过各种途径进行思想文化渗透，进一步增加了思想建设的难度。如何切实加强民主党派的自身建设，有效地肩负起新世纪的历史使命，是摆在各民主党派面前的一个重大课题。思想建设是民主党派自身建设中带根本性的建设，关系到民主党派事业的兴衰成败，关系到多党合作的坚持和发展，只能加强，不能削弱。当前，在民主党派的思想建设工作中还存在一些薄弱环节，有些地方对思想建设的重要性认识不足，思想建设工作没有被放到重要的议事日程上。同时，对新情况、新问题和成员结构的变化及其特点了解和研究不够，工作不适应，影响了思想建设的实际效果。对此，我们要增加紧迫感和责任感，切实扭转这种状况。

二、要认识学习和贯彻江泽民主席在全国思想政治工作会议上的讲话精神

前不久，党中央在北京召开了全国思想政治工作会议，江泽民主席在会上作了重要讲话，他强调“只有充分发挥党的思想政治工作这一政治优势，才能保证经济工作和其他工作的正确发展方向，才能保证党的路线方针政策落实到各项工作和群众中去，才能及时排除和战胜各种错误东西的干扰，才能巩固和发展全国各族人民共同奋斗的思想政治基础，从而为经济工作和其他工作提供强大的动力与保证”。这些话讲得十分精辟，发人深省。我体会学习和贯彻江泽民主席关于加强思想政治工作的讲话，要着重解决以下几个认识问题：

1. 如何正确认识社会主义的发展历史进程。马克思主义诞生已有一百五十多年了，十月革命至今八十多年了，我国社会主义制度的全面确立也有四十多年了。人类在社会主义理论和实践中，经过不断地摸索和不懈地努力，取得了巨大的进步，积累了丰富的经验。实践证明，社会主义是指引无产阶级和劳动人民改变自己命运、获得社会解放、建设幸福生活的正确道路。社会主义在中国显示出强大的生命力和创造力。然而也要清醒地看到，社会主义还处在历史发展的初期，我国的社会主义也是初级阶段，社会主义还需要经历一个较长的历史发展过程，其前途不会是一帆风顺的。邓小平说，巩固和发展社会主义制度，需要几代人，十几代人，甚至几十代人的努力。由于社会主义是一种崭新的社会制度，没有现成的经验可以遵循，“什么是社会主义，怎样建设社会主义”，需要不断地实践、认识、再实践、再认识，在这个过程中可能发生这样或那样的失误。人们对社会主义的认识也可能产生模糊或动摇。

比如，党的十五大在继续坚持“公有制为主体”的同时，提出了“多种所有制经济共同发展”，提出“非公有制经济是我国社会主义市场经济的重要组成部分”，“对个体、私营等非公有制经济要继续鼓励、引导，使之健康发展”。对于十五大确定的这个社会主义初级阶段的基本经济制度，有些同志误以为这就是要搞“私有化”，主张对国有企业“一卖了之”。又如十五大提出“坚持按劳分配为主体，多种分配方式并存的制度”，明确规定“允许和鼓励资本、技术等生产要素参与收益分配”，有些同志误以为这是鼓励“两极分化”，不再坚持“共同富裕”的方针。显然，这些糊涂认识既不符合十五大精神，也偏离了社会主义市场经济发展的正确方向。

2. 如何正确认识资本主义的历史进程。资本主义的发展已有 360 多年的历史。现在资本主义不仅没有在世界上消失，而且发达资本主义国家在生产力、科学技术等方面还有新的很大的发展。1859年，马克思在《“政治经济学批判”序言》中指出：“无论哪个社会形态，在它所能容纳的全部生产力发挥出来以前，是不会灭亡的；而新的更高的生产关系在它的物质存在条件在旧社会的胎胞里成熟以前，是决不会出现的。”在当今世界，资本主义制度所固有的基本矛盾依然存在，它们为了维护资本主义制度的生存和发展，对资本主义生产关系的某些环节和资本主义经济社会的运行、管理机制作了不少的自我调节、改良和改善，包括借鉴社会主义的一些作法，从而使得资本主义的生产关系不仅能够容纳现实的生产力，而且生产力还在发展，阶级矛盾和社会矛盾有一定的缓和。恩格斯在《一八九一年社会民主党纲领草案批判》中表达了一个观点：“由股份公司经营的资本主义生产已经不再是私人生产，而是由许多人联合负责的生产。如果我们从股份公司进而来看垄断着整个工业部门的托拉斯，那么，那里不仅没有了私人生产，而且也没有了无计划性”。任何事物都有规律性，客观规律指向的历史结局在其演化过程终结之前是不可能提前出现的。

3. 如何正确认识改革过程对人们思想的影响。深刻的社会变革，必然引起人们思想的深刻变化。改革开放带来了经济的快速发展和社会进步，增加了竞争意识、效率意识、民主法制意识和开拓创新精神。同时，由于社会经济成分、组织形式、物质利益、就业方式日益多样化，人们思想活动的独立性、选择性、多变性、差异性明显增加；市场经济的影响，容易诱发自由主义、分散主义、拜金主义、利己主义；实行对外开放有利于人们开扩眼界、增加见识、活跃思想，但国外资产阶级思想也会乘机而入。我国长期存在的封建残余思想，在新的历史条件下也会沉渣泛起。思想工作的任务就是要引导干部和群众分清主流和支流、分清正确和错误。以马克思主义指导的正确的、进步的思想观念是整个社会思想的主流。违反马克思主义的错误的、落后的思想观念，尽管是支流，但必须认真对待。

4. 如何正确认识国际形势变化和国际政治斗争带来的影响。世界多极化，经济全球化，世界科技进步日新月异。各种思潮相互交错、相互激荡。这种影响有积极的一面，也有消极的一面。西方国家一直不遗余力地对社会主义国家发动各种攻势，进行意识形态渗透。西方敌对势力以各种手段对我国施行西化、分化战略，企图颠覆中国共产党的领导和中国的社会主义制度。他们利用人权、民主、自由、民族、宗教问题和达赖、台湾问题等向我们发难。渗透和反渗透、颠覆和反颠覆，斗争将是长期的、复杂的。这是阶级斗争在我国一定范围内仍然长期存在的主要表现。在改革开放、对外经济文化交流的同时，要十分注意警惕和防范敌对势力的渗透、颠覆活动。

三、要大力加强和改进思想政治工作

我认为要大力加强和改进思想政治工作，需从以下四个方面进行：

1. 紧密结合实际加强对马克思主义的研究和宣传，增强马克思主义理论的说服力和战斗力。

2. 加强理想信念教育，增强全体人民的凝聚力。

3. 加强社会主义道德教育，提高全体人民的思想道德素质。

4. 努力探索行之有效的方法、方式、手段和机制，提高思想政治工作的感召力和渗透力。

同志们，以上所讲的，只是我自己的一些学习心得和体会，愿意和大家共同交流和探讨。在此，衷心祝愿同志们在学习期间，按照江泽民主席的教导，加强自己的党性修养，拓宽视野，培养战略思维能力和提高理论素质，使自己逐步锻炼成长为忠诚于马克思主义、坚持走中国特色社会主义道路，坚持共产党领导的多党合作，善于充分发挥参政党职能的社会活动家和政治家。

最后，祝同志们身体健康，学习进步！

在中央社会主义学院 2000年秋季开学典礼上的讲话

(2000年9月4日)

金开诚①

各位领导、各位同志：

我想说一点个人的感想作为我的一点心意，表示我的祝贺。我想领导同志们到社院学习，一定会有很多收获，我希望同志们一定要在一个地方下力气，就是不断加强和加深中国共产党领导的观念，增强这方面的信心和决心，在这方面要力争取得最大的收获。同志们可能会说这是不成问题的，因为各民主党派章程中早已规定了，接受中国共产党的领导，我们都是同意了这个章程才加入民主党派的，是愿者上钩，所以不成问题。但根据我个人参加民主党派十几年的体会，我认为接受共产党的领导可以由浅入深，表现为不同的思想境界和行为水准，我们必须通过理论学习和参与实践，使得接受中国共产党领导的这个问题进入三种情况：第一是由章程的规定，发展到自觉的坚持，就是要有自觉性；第二是由理论的认同发展到感情的投入，就是要有真情实感；第三是由理论的武装，发展到有深刻的实践，这是实践性。进入到这样的境界，我们就能成为名副其实、积极有为的民主党派成员。这是一个法则，一种规律，是历史的现实和必然性，而所谓的自由就是对必然的把握，并加以实践。所以，如果我们从思想到感情，从理论到实践，都认同民主党派接受中国共产党领导的这个必然性，并把它付诸实践，言行如一，那么，我们就真正获得了自由，就能够在无比宽广的空间之中畅通无阻，充分发挥良好的作用。所以不断加深接受中国共产党领导的观念，可以说是民主党派的一个最基本的政治素质，提高了这个素质，其他都比较好办了。

我在工作当中，可以说是时时刻刻感受到这一点。从实践角度看，这是一个最有用的基本功，提高了这一基本功，其他各种事情就好办了。所以我们通过学习，要特

① 金开诚，九三学社中央副主席，中央社会主义学院副院长。

别争取在这方面取得大收获，进入新境界。因为有了这个基本素质和基本功，你就可以成为出色的水手。同志们说，我们为什么要成为水手呢？你们应该知道，社院办这些班的真正含义，就是请你们上船充当水手，和共产党风雨同舟。当然，你们参加了民主党派就已经在船上了，但是，可能以乘客自居，可以指手画脚随便议论。现在就要成为水手，根据舵手的方向，大力发挥聪明才智和过硬的本领，劈波斩浪，乘风前进。

我是长期从事中国历史和中国传统文化教学和研究的，这种职业使我有比较强的历史感。我曾经思索中国人的历史的命运，深深感到，在几千年中，一个人要碰到一个太平盛世是多么不容易，因为历史上的太平盛世太少了，又太短了。而一个人如果碰上了盛世，又能取得成功，能够建功立业就更加不容易了，因为历史上的人经历的坎坷太多了，怀才不遇的太多了。今天在座的同志可以说是非常幸运，不但碰上了千载难逢的盛世，而且都已成为成功人士，对这样的境遇应该万分珍惜，走好自己的路。

我说现在是千载难逢的盛世，这是没有夸张的。因为在我的知识范围中，我想不出还有哪个 20 年的经济和发展能与我们这个 20 年相比。尤其是 90 年代这个 10 年中，我认为是我国社会最为安定、经济最为发展的 10 年。我们欣逢这样的盛世，一方面要感到由衷的高兴，要身在福中而知福，另一方面要认认真真地总结这方面的历史成功经验，使我们的太平盛世能够长期保持，而且能够继续发展。当然，太平盛世并非没有矛盾，想想我们的边疆，想想我们社会情况，想想台独的活动，想想反华势力西化与分化的图谋，我们不能不先天下之忧而忧，但是这些矛盾并不可怕，只要有中国共产党的领导和她所发出的巨大的凝聚力作用，一切颠覆、渗透和分裂的图谋都是可以击败的，一切人民内部矛盾也决不会转化为敌对矛盾，都是可以解决的。所以对国家对人民的强烈的责任感驱使我们紧紧地团结在以江泽民同志为核心的党中央周围，高度自觉地维护党的理论、纲领、路线、政绩和威望，我们作为民主党派的成员，特别要善于分清主流和支流，要保持进取的精神和昂扬的斗志，才能发展我们的盛世，我们要敢于讲公道话、良心话，并且要有随时挺身而出的勇气与决心，不能随波逐流，人云亦云。因为维护中国共产党的领导，关系到中国的命运，也关系到我们民主党派和我们个人的命运。各民主党派是中国共产党的道义之交，在这方面你是义不容辞的。

我今年 68 岁了，但由于当前形势的鼓舞，我心中产生了这一生中从未有过的如此强烈的生活愿望和热爱生活的感情，当然我的要求并不高，就是一定要再生活 10 年，亲眼看到 2010 年国民经济比 2000 年再翻一番是什么样的局面，只要看到了中国出现了这样一个令人振奋的局面，那么我就感到不虚此生，非常幸运。同志们和我不一样，现在正是年富力强、风华正茂，前途无量，我相信我们的太平盛世将在中国共产党的领导下，长期发展下去，同志们也将由成功走向更大的辉煌。今天是桃李芬芳，明天是社会的栋梁，让我们紧紧地团结在以江泽民同志为核心的党中央周围，鼓足干劲，好好地干它一番！

谢谢同志们。

学习全国统战工作会议精神，加强中央社会主义学院建设座谈会在中央社院召开

2000年12月20日，中央社会主义学院举行“学习全国统战工作会议精神，加强中央社会主义学院建设座谈会”。全国政协副主席、中央统战部部长王兆国出席了会议。全国人大常委会副委员长、民革中央主席、中央社院院长何鲁丽，全国人大常委会副委员长、民进中央主席许嘉璐出席会议并讲话。中央统战部常务副部长、中央社院党组书记刘延东主持会议并讲话。

中央社会主义学院常务副院长于泽荣同志作汇报发言。

北京市政协副主席、市工商联会长孙安民同志代表老学员发言。

江苏社院副院长陈源泉代表地方社院发言。

全国政协副秘书长齐续春，民革中央副主席童傅，民盟中央副主席张梅颖，民建中央副主席朱元成，农工党中央副主席章师明，致公党中央副主席王宋大，九三学社中央副主席、中央社院副院长金开诚，台盟中央副主席李敏宽，全国工商联副主席谢伯阳，中央组织部干教局副局长李平安，中央统战部秘书长孙晓华，中央社会主义学院原党组书记、常务副院长宋堃，中央社会主义学院原常务副院长、党组副书记赵广等出席了座谈会。出席座谈会的还有部分地方社院院长、中央社院在京部分老学员、中央社院老领导，共60多人。座谈会取得圆满成功。

在学习全国统战工作会议精神，加强中央社会主义学院建设座谈会上的讲话

（2000年12月20日）

王兆国

嘉璐同志刚才说了两件事，一件是社院的教师可以到民主党派去，可以到统战部去，我觉得可以选择年轻的优秀教师，到中央统战部研究室或一局等，到对口的部门去挂职，包括民族、宗教工作部门，我们非常欢迎，我认为这个建议非常好。过去我们没有注意这个事。第二件是课题研究，我认为理论研究问题，特别是统一战线的理论研究问题确实非常紧迫。随着时代的发展，我们统一战线的理论研究是不够的，虽然有些东西也很难短时

期内就回答得很清楚，但是必须得研究。比如说，非公有制企业的属性究竟是什么？共产党领导的多党合作制是符合中国国情的，有优势的，怎么从理论上说清楚？我们好长时间在这个问题上说不清。江总书记这次在全国统战工作会议上，从理论上把这个问题说得很清楚。我觉得理论的研究，社院可以到社科院去挂钩、研究，社科院有科研题目（许嘉璐插话：社科院的科研题目是部委一级的，丁关根同志领导的中国社会科学发展基金是国家级的，每年一千多万）。让鲁丽同志去找关根同志分一些课题，也可去找铁映同志再分一点儿课题，统战部这方面没问题，因为统一战线理论的研究，社院是个重要阵地。部研究室每年的重要课题，不一定一个单位研究，有那么几个单位共同研究。社院要研究重点课题，进行调查研究，社院今后的作用就发挥得更好。

中央社会主义学院是民主党派和无党派人士的联合党校，一定要建设好，现代化水平要跟上去。中华文化学院担负着海外统战工作的任务，意义深远，不但社院要深刻理解，还要让有关部门理解深刻。中华文化学院一定要国家投资建设，在“十五”计划把教育摆在非常重要位置的前提下，有各民主党派中央的全力支持，中华文化学院大楼的建设是有可能摆上国家计划的。建成后如果要完善它的内部设施，可请财政部支持一下。由于中华文化学院是带有统一战线性质的学院，今后还可以募些捐。给钱是朋友，不给也还是朋友，别拿钱来做衡量朋友的标准。办教育要有点武训精神，争取各方面的支持和帮助。中央统战部全力支持中央社院的建设，和各民主党派、中央社院的同志一起努力。

努力办好面向新世纪的中央社会主义学院

（2000年12月20日）

何鲁丽

即将跨入新世纪之际，回顾中央社会主义学院走过的历程，总结建院以来特别是贯彻江泽民同志《贺信》与题词以来的办学经验，探索中央社会主义学院的发展规律，已成为摆在我们面前至关重要的课题。今天我发言的题目是《努力办好面向新世纪的中央社会主义学院》，下面，我着重谈三点，与同志们共同研究。

第一，重温江泽民同志贺信与题词精神，充分认识其深远的指导意义

中央社会主义学院是中国共产党领导的具有统一战线性质的高等政治学院，是民主党派和无党派人士的联合党校。

中共中央历来重视和关怀中央社会主义学院。1956年10月，在毛泽东、周恩来等老一辈无产阶级革命家亲切关怀下创办了这所学院。毛泽东主席确定学院的名称，周恩来总理审批了学院的教学原则和建院方案，奠定了学院建设和发展的基础。1982年2月，中共中央做出决定，恢复在“文化大革命”中被迫停办的中央社会主义学院。邓小平同志在学院新校舍落成前，亲笔题写“中央社会主义学院”校名，体现了对这所学院的亲切关怀和期望。

以江泽民同志为核心的第三代中央领导集体，非常重视和关怀中央社会主义学院。1992年6月，江泽民同志为学院题写“爱国、团结、民主、求实”八字校风。同年10月，建院36周年暨复校10周年之际，江泽民同志特意向全院教职员工发来贺信。1996年建院40周年之际，江泽民同志再次题词：“坚持正确的政治方向，办好中央社会主义学院”。李瑞环、胡锦涛、荣毅仁等党和国家领导人出席了庆祝建院40周年大会。

江泽民同志的贺信与题词，指明学院性质是“民主党派和无党派人士的联合党校、统一战线性质的政治学院”，具有“学习培训基地”的重要作用；强调学院办学方向和根本原则是“必须始终坚持社会主义方向”；提出学院的任务和教学内容“要认真组织学员同志学习马克思列宁主义、毛泽东思想，中心内容是学习邓小平同志建设有中国特色社会主义的理论，还要学习统一战线的理论方针政策，学习统一战线和各民主党派的历史”；倡导加强学院的学风、校风建设，“坚持理论联系实际，树立爱国、团结、民主、求实的校风”；要求形成“坚持解放思想、立足本职、奋发进取、真抓实干”的良好精神状态和工作作风；提出“四个更”的奋斗目标，勉励全院教职员工“力争在2000年以前，把中央社会主义学院建设成为更富有自己特色的名副其实的党外代表人士和党的统一战线干部的学习培训基地，使它在社会上享有更良好的声誉，在党外各界代表人士中更具有吸引力，在统一战线学术研究方面达到更高的水平和应有的权威性”。

江泽民同志的贺信与题词，站在巩固和发展新时期统一战线必须培养高素质的各方面领导人才的战略高度，指明了办好中央社会主义学院的指导方针和原则，揭示了中央社会主义学院的发展规律，具有深远的指导意义和巨大的激励、推动作用，是中央社会主义学院必须始终遵循的建院之本。

第二，八年来的办学特色和基本经验

八年来，中央社会主义学院认真贯彻落实江泽民同志贺信与题词精神，坚持正确的政治方向，提出走高层次、有特色、正规化的办学道路，全面推进教学改革创新，着力把学院办成“更富有自己特色”的学习培训基地。

一是，突出“联合党校”政治培训的特色。坚持用邓小平理论武装学员头脑和围绕统一战线大团结大联合的主题进行政治培训，是“联合党校”办学的根本特色。中央社会主义学院把政治培训作为主要任务，不断加大政治培训力度，强化办学的根本特色。政治培训着眼于坚持用邓小平理论指导工作和行动、自觉接受中国共产党的领导；着眼于增进建设有中国特色社会主义的共识、加深对中国共产党的基本路线、基本方针、基本纲领及统一战线理论方针政策的理解；着眼于坚持和完善中国共产党领导的多党合作和政治协商制度，继承和发扬多党合作的优良传统。教育学员从思想上理论上牢固确立这些基本观点和政治原则，在任何时候都毫不动摇地坚持正确的政治方向。

二是，突出培训对象和培训目标的特色。中央社会主义学院的培训对象，是民主党派领导干部、无党派代表人士及其他非中共代表人士、中共统一战线工作干部和理论研究人员，具有学历和职务层次高、社会影响大的特点。中央社会主义学院以培养造就高素质的统一战线各方面领导人才为培训目标，特别是培养造就“能继承和发扬多党合作优良传统、同共产党肝胆相照、真诚合作的新一代政治家、国务活动家和社会活动家”。

三是，突出教学内容的特色。紧密结合改革开放和社会主义现代化建设的新形势、新任务，根据民主党派搞好新老交替、政治交接的迫切需要，中央社会主义学院不断深化教学内容改革。以学习邓小平理论为中心，把邓小平新时期统一战线理论和有中国特色的政党理论作为教学重点，形成了基本理论武装、重大问题研讨、必备知识学习的教学布局。

四是，突出学风、校风建设的特色。贯彻江泽民同志贺信提出的“坚持理论联系实际，树立爱国、团结、民主、求实的校风”，中央社会主义学院从民主党派领导干部和无党派代表人士学员特点出发，坚持不懈地抓学风、校风建设，把理论学习同学员的思想和工作实际结合，同总结经验、加强修养、促进民主党派自身建设结合。用校风培养学员行为规范。在加强学风、校风建设过程中，切实提高了学员的理论水平和政治素质，坚定了自觉接受中国共产党的领导、坚持走有中国特色社会主义道路、继承发扬多党合作优良传统的思想基础。

五是，突出教学方法的特色。中央社会主义学院发扬统一战线教育培训的优良传统，引导学员在自觉自愿基础上进行自我教育，实行“自己提出问题、自己分析问题、自己解决问题”和“不扣帽子、不抓辫子、不打棍子”的“三自”、“三不”方针，营造出适合学员特点、有利于敞开思想、调动学习主动性的环境氛围。

中央社会主义学院发挥“更富有自己特色”学习培训基地的作用，取得了显著的教育培训成果。八年来，培训民主党派领导干部、各界代表人士及中共统一战线干部6000多名，占建院44年培训学员总数的60%。学员毕业、结业后，他们为坚持和完善中国共产党领导的多党合作和政治协商制度、巩固和发展爱国统一战线做出了重要贡献。中央社会主义学院教育培训进一步赢得了良好的社会声誉。

八年办学实践积累的基本经验是：必须始终坚持正确的政治方向，把它摆在全部工作的首位，毫不动摇地贯穿于办学的全过程。必须围绕实现江泽民同志贺信提出的“四个更”奋斗目标，坚持走高层次、有特色、正规化的办学道路，在改革创新中不断提高教学质量和办学水平。必须继承发扬统一战线教育培训优良传统，牢固树立理论联系实际的学风和“爱国、团结、民主、求实”的校风。必须努力建设一支政治强、业务精、作风正的高素质的教师和干部队伍。

第三，继续贯彻落实江泽民同志贺信与题词精神，进一步做好中央社会主义学院工作

新世纪开始，我国将进入全面建设小康社会、加快推进现代化的新的发展阶段。中央社会主义学院也面临加快发展问题。我们要在新的起点上继续贯彻落实江泽民同志贺信与题词精神，抓住机遇，加快发展，努力办好面向新世纪的中央社会主义学院，肩负起时代赋予统一战线的教育培训和学术研究的历史使命。

中共十五届五中全会通过的《中共中央关于制定国民经济和社会发展第十个五年计划的建议》，强调必须把发展作为主题，并就加快发展教育事业提出“发展教育，要面向现代化、面向世界、面向未来，走改革和创新之路”，指明了教育事业的发展方向。最近，中共中央召开了全国统战工作会议，江泽民同志在会上发表重要讲话，深刻阐明了面向新世纪巩固和发展爱国统一战线的指导方针和原则，是指导新世纪统一战线工作的纲领性文件。中共十五届五中全会和全国统战工作会议精神，对办好面向新世纪的中央社会主义学院，具有重要而深远的指导意义。我们要认真学习贯彻中共十五届五中全会和全国统战工作会议精神，并与继续贯彻落实江泽民同志贺信与题词精神有机结合起来。要根据中共十五届五中全会和全国统战工作会议提出的任务和要求，结合中央社会主义学院实际，制定和实施到2005年的《中央社会主义学院发展规划》，设计出面向新世纪的建院蓝图，提出全面推进教育培训事业和统一战线科学理论研究发展的目标；以改革创新为动力，把中央社会主义学院办成体现江泽民同志贺信与题词精神、走在时代前列、充满生机和活力的统一战线教育培训和理论研究基地。

在学习全国统战工作会议精神，加强中央社会主义学院建设座谈会上的发言

（2000年12月20日）

许嘉璐

中央社会主义学院，是我国各个民主党派和无党派人士的党校。几十年来，特别是改革开放以来，各民主党派的各级领导和骨干几乎都是中央社会主义学院的校友。中国各民主党派之所以能有现在的规模和水平，能在中国政治生活中发挥越来越大的作用，是和中央社会主义学院所起的作用分不开的。

中央社会主义学院所以在中国党派工作中做出这样的贡献，是因为她是在我国三代领导集体的亲切关怀、指导下创办、建设、发展起来的。1992年10月16日，江总书记在中央社院新校舍落成暨纪念建院36周年、复校10周年时写给中央社院同志们的贺信，更集中地体现了第三代中央领导集体对中央社院的关心、支持与期望，对中国各个民主党派的关心、支持与期望。今天，当再过10天人类就要进入新的世纪、新的千年的时候，重温江总书记的这封信，更感亲切，更感意义深远。这封信不仅是对社会主义学院同志们的巨大支持和鼓舞，也是对所有民主党派成员和无党派人士的巨大支持和鼓舞。

中国共产党领导的多党合作和政治协商制度是在我国长期革命实践中形成，而又在50年的社会主义革命和建设实践中发展起来的。近百年的历史，近50年的历史、特别是改革开放以来20多年来的历史，已经充分证明它的确是适合中国国情的好制度。全体中国人民，中国共产党和各个民主党派都要坚定不移地维护、发展、完善这一来之不易的制

度。毋庸讳言，随着社会生活的发展变化，社会上对这一政治制度的认识并不完全一致，包括民主党派的一些成员和一些无党派人士，在这个问题上还存在着一些模糊的乃至不正确的想法；即使是认识比较正确的同志，也需要从更广泛的社会实践中，从理论的高度深化对这一政治制度的认识。在这方面，中央社院和全国100多所社会主义学院正好起到极其重要的作用。

江总书记在贺信里说，中央社院“建院以来做了许多有益的工作”，这是党中央对社院多年来工作的肯定与赞扬。他要求社院做到“三个坚持”，即坚持社会主义方向，坚持理论联系实际，坚持解放思想，立足本职，真抓实干。他希望社院建设成为更富有自己特色，享有更良好声誉、更具有吸引力、具有更高的统一战线学术研究水平。这就指明了社院今后努力的方向，同时也是给各民主党派的自身建设指明了方向。

我觉得，江总书记的这些要求与期望，有着很强的针对性。当前，除了我在上面所提到的一些人对我国政治制度认识问题之外，还有国内外敌对势力对我们的渗透、颠覆。他们无孔不入、无所不用其极，想影响中国人的意识形态，要把中国人民的政治思想搅乱。诋毁、歪曲、丑化我们的基本政治制度，是他们毁我、乱我的重点之一。只有开展有效的宣传教育，才能抵御、消除他们的影响，使我们的基本政治制度在不断改革完善中得到巩固和加强。而要有效，我们的工作就必须比西方“鬼画符”式的宣传更有吸引力；如果做到这一点，江总书记要求的“自己的特色”也就形成了；要达到这样的目的，就必须大力开展一项基础性的工作，这就是加强有关的理论研究，只有研究得深入了，才可能把感性的认识提高到理性，从而牢不可破，才可能把原本简单的道理——一切真理其实追到根上都是很简单的——剖析得入情入理，才能取得实实在在的效果。做到了以上几点，社院的声誉自然更高，而且会越来越高。

刚才是代表各民主党派的发言，现在允许我谈一点自己的看法。刚才泽荣同志提到了加强理论研究，我提出一点希望，就是希望中央社院加强与各民主党派的联系，思想还可以再解放一点，可以派社院的同志到党派去挂职，我们举双手欢迎。（刘延东插话：嘉璐同志讲得非常好，今后社院的教师到民主党派挂职，到统战部挂职，加强和统一战线、民主党派的联系，这样才能真正了解统一战线，也才能够做好教学工作）。再一个就是加强请进来的力度。我有两个具体建议，第一，向中宣部具体管社会科学研究的丁关根同志建议，在“十五”期间，在科学社会主义这个大的领域，给中国的党派学、中国的多党合作政治协商制度立项。实际上现在关于这方面的研究，据我所知，党校有一个小组，原是四个人，现在四个人都不到，完全靠文献研究，研究民主党派的过去，好像也没发表很多东西。再一个是统战部，再一个就是我们党派自己，散兵游勇。如果有一个国家级的项目，就能把大家聚拢起来，再请一些兼职研究员，由社院经费中拨出一些来立项，有计划地让党派的同志和社院的同志一起进行研究，使之正规化。立项了，要有报告、研究计划，研究完了要验收，要结题，然后保证出版。将来的名片上都印中央社会主义学院兼职研究员，随着名片扩大中央社院的名声，而且本人的责任心也强了。再一个是要克服游击式，不能随意请来讲讲就没事了，他最近这方面研究得比较好，请他来讲当然比较好，但不是对重大的问题有计划地、逐步推进地研究。我之所以讲这段话，是因为我认为这个问题十分紧迫，如果我们八个党派加工商联和社院的同志、中央统战部同志、省委统战部同志，在面对复杂形势下不能一套一套地、振振有辞地、引经据典地从理论上说明，我们就可能打败仗。我们这一代不太重视理论，而现在30多岁的人是非常注重理论的，是有理论观点的，当然有的理论是歪论，但是歪的理论也需要正确的理论来击破。所以我觉得加强理论研究十分紧迫。(王兆国同志插话：表示同意上述观点，另行整理。)

刚才兆国同志加了一个词："民族、宗教"，引起我一点实际的感受。大家都知道梵蒂冈的封圣，这件事情说实话给我的刺激很大。我们各民主党派的负责人是在封圣前一个多月，在总书记那里知道的。我觉得这个问题是对中国人民的挑衅。我当时非常担心国内地下的教会和有些人借这个做文章。我认为作为一个民主党派的负责人要武装头脑，所以我就连续开夜车，读了几本基督教会史、圣经的一部分及一些书，看了之后，我做了一些理性思考，现在敢这样说，谁再谈梵蒂冈与中国教会的关系、封圣的问题，我不用实例，我用理论可以驳他。为什么？因为我得到了一个理念，纵观基督教的历史，基督教和天主教的关系，东正教的分出，马丁路德的改革，迦尔文的改革，以及18世纪到19世纪，英美德法宗教的变化，能看出西方的宗教和欧洲中心论同时向世界扩散，18世纪到19世纪的传道，不仅仅在中国，在全世界都伴随着殖民主义的枪弹，同时它自身也在改革，而且是法国、英国、北欧、瑞士的宗教，首先脱离了罗马教廷，自主办教。自主办教不是中国共产党的发明，这是宗教的规律。还有东正教，东正教意思是东方正派教，是区别于罗马教廷的。所有这些史实，再上升到理论，就是宗教产生的人文基础、哲学基础、历史背景。宗教在演变的过程当中，当科技发展之后，它必然剥离；剥离之后要生存，就要为社会服务，为自己的政权服务。由此启发我想到，党派工作也是这样，要读书、要思考，要有实际的情况，要综合加工。

江总书记为中央社院所指出的，何尝不是我们民主党派必须贯彻执行的方针和目标？现在，各民主党派正处在新老交接的过程中，政治交接和思想理论工作面临着严峻的考验。我们只有按照江总书记指示的这几条去做，才能迎接未来的挑战，才能立于不败之地。

不久前，中共中央召开了具有里程碑意义的全国统战工作会议。会议的精神和江总书记的讲话是指导今后统一战线工作的纲领。江总书记的讲话丰富和发展了邓小平同志的统一战线理论，他特别强调要加强有关统一战线和多党合作的思想理论工作。我真诚地希望：第一，中央社会主义学院在中国共产党的领导下，乘这次统战工作会议的东风，认真落实江总书记《贺信》的指示精神，尽快地登上一个新的台阶。第二，中央社院加强与各民主党派和工商联的联系，给我们以指导，特别是在理论建设方面，能起到统一战线研究工作龙头的作用。第三，增加各类培训的"批量"，扩大培训规模，使更多的民主党派和工商联成员、无党派人士得到及时的高质量的学习机会。我们各民主党派今后也会主动地和社院联系，争取帮助；同时，我们也将一如既往地全力支持社会主义学院的各项工作。

让我们更加振奋精神，努力工作，共同开创社会主义学院的新局面，使这项有中国特色的事业在社会主义现代化和民主法制建设中做出更大的贡献。

在学习全国统战工作会议精神，加强中央社会主义学院建设座谈会上的讲话

（2000年12月20日）

刘延东

在全国统战工作会议刚刚结束，充满希望和挑战的21世纪即将到来之际，中央社会主义学院隆重召开座谈会，学习全国统战工作会议精神，座谈讨论如何进一步落实江总书记《贺信》，实现“四个更”奋斗目标，把社会主义学院的建设提到一个新的水平。这对于深入贯彻落实全国统战工作会议精神，加大培养跨世纪统一战线代表人物工作的力度，在新世纪全面开创社会主义学院建设的新局面，具有重要意义。刚才，何鲁丽同志的讲话回顾了以江总书记为核心的党中央对中央社院的亲切关怀，全面总结了中央社院落实《贺信》的工作和经验；许嘉璐同志的讲话，代表各民主党派中央、全国工商联和无党派人士对中央社院的工作给予高度评价，并就如何办好社院，提出了殷切希望；于泽荣、孙安民、陈源泉、金开诚同志也都从不同角度作了很好的发言。这对于中央社院科学地学习、贯彻落实《贺信》精神，正确认识和把握新世纪统一战线的形势和社院实际，进一步推动社院事业的蓬勃发展具有重要意义。在此，我代表中央统战部和中央社院对领导和同志们讲话表示衷心感谢。下面，我讲几点意见。

一

江总书记1992年10月16日在中央社会主义学院新校舍落成暨纪念建院36周年、复校十周年之际给中央社院的《贺信》，是办好中央社会主义学院和全国各级社会主义学院的重要指导方针。《贺信》深刻阐明了办好中央社会主义学院的重大意义和指导原则，突出强调要坚持社会主义方向，坚持理论联系实际的学风，树立“爱国、团结、民主、求实”的校风，明确要求“把中央社会主义学院建设成为更富有自己特色的名副其实的党外代表人士和党的统一战线干部的学习和培训基地，使它在社会上享有更良好的声誉，在党外各界代表人士中更具有吸引力，在统一战线的学术研究方面达到更高的水平和应有的权威性”。江总书记的《贺信》，简明扼要，意蕴深长，充分体现了以江泽民同志为核心的党中央对社会主义学院建设的高度重视和亲切关怀，为新的历史条件下把社会主义学院建设全面推向前进指明了方向。

八年来，在党中央的关怀下，在各民主党派中央、全国工商联的重视和支持下，中央社院以江总书记《贺信》提出的“四个更”为奋斗目标，做了大量工作，取得了显著成绩，坚持把邓小平理论特别是新时期统一战线理论作为教学和科研的中心，巩固和发展了统一战线和多党合作的思想基础；坚持适应时代发展进行规范化、系统化教学，逐步走出

了一条高层次、有特色、正规化的路子；坚持在对党外代表人物培训的同时，开展面向海外华人的各类培训，并创办了中华文化学院，为扩大统一战线第二范围的联盟做出了贡献；坚持在搞好教学的同时积极进行统一战线基础理论和重大理论问题的学术研究，出版了一批质量较高的教材、专著和论文；坚持以政治培训为主的原则，为新时期统一战线各个领域培养了一大批思想政治素质高、参政议政能力强、能与中共亲密合作的党外代表人士。目前，各民主党派中央和省级领导人，民族、宗教界的代表人士，非公有制经济代表人士等，绝大部分都经过中央社院和地方社院的培训，社院给他们留下了难以忘怀的十分美好的印象。可以说，中央社会主义学院已经初步建设成为一座具有鲜明特色的、深受各界党外人士欢迎的高等政治学院。

中央社院这些年的发展进步，取得的丰硕成果，都是在江总书记《贺信》的指引下取得的。它充分说明，江总书记提出的“四个更”，是新的历史时期社会主义学院建设的基本目标，是推动社会主义学院不断发展和进步的强大动力，是指引社会主义学院各项工作的行动指南。进入新的世纪，社会主义学院要抓住机遇，迎接挑战，开创新局面，再上新台阶，进一步适应巩固发展统一战线和坚持完善共产党领导的多党合作和政治协商的需要，在培养党外代表人物和统战干部两支队伍上有新的更大的作为，也必须始终坚持和贯彻落实江总书记提出的“四个更”的指导方针。

二

按照江总书记“四个更”的要求全面加强社会主义学院建设，是社院贯彻落实全国统战工作会议精神的核心内容。前不久召开的全国统战工作会议，是党中央在进入新世纪之前召开的一次会议，也是统一战线历史上一次承前启后、继往开来的会议。江总书记在会上发表了重要讲话，从时代发展的战略高度和党的工作全局，全面总结了近80年来统一战线工作的历史经验，精辟分析了统一战线面临的新形势和新情况，进一步明确了新的历史条件下统一战线的重要地位和作用，系统论述了当前和今后一个时期党的统一战线方针政策和主要任务，深刻阐明了统一战线一系列带有根本性的重大理论和实践问题，丰富、完善和发展了邓小平新时期统一战线理论，是指导新世纪统一战线工作的纲领性文件。李瑞环同志的总结讲话，对统一战线大团结大联合的主题和必须深入研究的一些重大理论政策问题作了精辟论述，并对贯彻落实会议精神提出了明确要求。即将下发的《中共中央关于加强统一战线工作的决定》，以党在社会主义初级阶段的基本纲领和基本路线为指导，在深入总结和升华新时期统一战线工作新成果、新经验的基础上，对新世纪统一战线各个领域和工作进行了全面的政策规范。认真学习和深入贯彻全国统战工作会议精神，对于在中国共产党的领导下，进一步巩固、发展和壮大最广泛爱国统一战线，团结海内外中华儿女共同为实现党和国家的21世纪三大任务而奋斗，具有十分重要的意义。

在这次全国统战工作会议上，中共中央对加强社会主义学院的建设提出了明确要求。《中共中央关于加强统一战线工作的决定》第21条强调指出，“社会主义学院是中国共产党领导的具有统一战线性质的高等政治学院，是民主党派、无党派人士的联合党校。办好社会主义学院，对培养和建立高素质的党外代表人士队伍，巩固和发展党领导的多党合作和政治协商制度，具有不可替代的作用。各级党委要关心社会主义学院的建设，从人员编制、经费和教学设施等方面给予切实支持。各级社会主义学院要坚持正确的政治方向，发扬‘爱国、团结、民主、求实’的校风，不断提高教学、科研和管理水平。”中共中央对社院建设的要求与江总书记《贺信》的精神是完全一致的。因此，我们必须把按照江总书记“四个更”的要求，全面加强社会主义学院建设，作为贯彻落实全国统战工作会议精神的中心任务，精心筹划，切实抓好。

社会主义学院在学习贯彻会议精神中，最根本的就是要按照江总书记“四个更”的要求，全面推进学院的各项建设。这既是贯彻落实会议精神的核心内容，也是新世纪加强新一代党外代表人物培养，坚持和完善共产党领导的多党合作制度的迫切需要。我们要清醒地看到，随着世界多极化、经济全球化进程的加快，我国加入世界贸易组织以及《公民权利和政治权利国际公约》的签署，世界范围内综合国力的竞争日趋激烈，各种不同的思想意识、文化观念相互碰撞，使包括各界代表人士在内的广大统一战线成员处于更加开放、更加复杂的社会环境之中；尤其是西方敌对势力不愿意看到社会主义中国的强大，利用所谓的人权、民主、民族、宗教、西藏、台湾等问题，加紧对我国实施“西化”、“分化”的政治图谋，企图用西方的多党制、议会制代替我国的多党合作制度和人民代表大会制度，这些都不可避免地对人们产生这样那样的影响。随着我国经济结构和社会结构调整的进一步深化，出现了各种不同的经济成分、组织形式和利益群体，社会各阶层的流动和组合不断加剧，新的代表人物不断增加，需要及时加强教育和培训。特别是从明年到2003年，各民主党派、工商联和有关人民团体，各级人大、政府、政协将陆续进行换届，迫切需要一大批高素质的各界代表人物进入中央和地方各级领导机构，而当前统一战线各领域的代表人物还相对缺乏，难以适应统一战线在新世纪实现新老交替和政治交接的客观需要。以上这些，都要求我们必须大力加强社会主义学院的建设，努力培养数量更多、素质更高的统一战线各界代表人物。

三

深入贯彻落实江总书记提出的“四个更”的要求，在新世纪全面推进社会主义学院建设，关键是要适应时代发展的需要，适应巩固和壮大最广泛的爱国统一战线的需要，适应坚持和完善共产党领导的多党合作制度的需要，积极进取，开拓创新，努力探索培养新一代民主党派、无党派代表人物和统战干部的规律，进一步提高办学的质量和水平。主要从以下几个方面努力：

要牢固确立“四个更”的建设目标。江总书记提出的“四个更”，深刻揭示了社会主义学院的性质，明确了社会主义学院的发展方向，涵盖了社会主义学院建设最基本和最主要的方面。它不仅是对社会主义学院在2000年前的根本要求，也是社会主义学院在21世纪全面发展的基本目标。各级社会主义学院要以“四个更”为基本发展目标，深入研究，谋划未来，进一步提高社院建设的整体水平。同时也要积极探索如何办好中华文化学院，以中华文化为纽带，为新时期巩固最广泛的统一战线服务。

要大力弘扬“爱国、团结、民主、求实”的校风。江总书记提出的八字校风，闪耀着实事求是的思想光辉，具有鲜明的统一战线特色，实际上是对社院思想、学习和工作作风的综合性要求。树立良好的校风,不仅关系社院的形象和声誉,而且关系培训的质量和水平。八年来,社会主义学院之所以办出了特色,提高了水平,受到了中共和各民主党派以及各界党外代表人物的赞誉,很重要的一个方面就是坚持了这八字校风。在新的世纪,要全面推进社会主义学院建设,必须进一步弘扬这八字校风,充分展现社院良好的精神风貌。

要始终坚持以政治培训为主的原则。社会主义学院是民主党派、无党派人士的联合党校，培训的对象主要是统一战线各界代表人物。坚持以政治培训为主的原则，是坚持中国共产党的领导，坚持社会主义办学方向的必然要求。要针对进入新世纪后统一战线所处的更加开放、复杂的社会环境，各民主党派、工商联和有关人民团体进一步实现政治交接的任务，始终把坚持正确的政治方向放在第一位，把邓小平理论特别是新时期统一战线理论作为教学和科研的主题，全面提高新一代统一战线各界代表人物的政治素质、理论素质、文化素质和领导素质，为统一战线提供合格的党外领导人才。

要努力提高教学和科研水平。要把社会主义学院真正办成统一战线两支干部队伍培训的基地，在学术方面达到更高的水平和应有的权威性，最终都取决于社院教学和科研水平的提高。要适应国内外形势任务对统一战线的要求和党外代表人物队伍的发展变化，完善教学布局，深化教学改革，实现教学手段的现代化，增强教学的针对性和实效性。要关心教师的成长，改善教师的工作条件，支持他们学习、进修和深造，创造条件使他们深入统战工作的实践，建立一支敬业爱岗、品学兼优、高水平的师资队伍。要把统一战线理论研究工作放在重要位置。统战实践要求理论创新，需要教学内容和方式的创新，要从培养新世纪代表人物的目标着眼。

这不仅是社院落实"四个更"的要求,更是统一战线的多党合作事业的需要。总之,在新世纪,办好社会主义学院,我们有着巨大的优势和良好的条件。有党中央的关怀,有各民主党派中央、全国工商联的重视支持,有统一战线各界人士的通力帮助,社会主义学院未来的发展前景十分光明。大家要扎实工作,共同努力,使新世纪的社会主义学院沿着江总书记《贺信》指引的方向前进,特别是把教学与科研结合起来,积极参与统一战线中一些基础性、前瞻性、全局性理论问题的研究,使社院统一战线的学术研究和教学迈上一个新台阶。

同志们，新的一年、新的世纪就要到来。我们要以江总书记"四个更"的要求和全国统战工作会议精神为指导，乘势而上，奋发进取，为全面推进社会主义学院建设，巩固和发展最广泛的爱国统一战线，做出新的努力和更大的贡献。

落实江总书记《贺信》精神
工作情况汇报

(2000年12月20日)

于泽荣

1992年10月16日，在中央社院新校舍落成暨纪念建院36周年、复校10周年之际，江总书记给中央社院发来了《贺信》。江总书记的《贺信》，给全院教职工以极大鼓舞和鞭策。八年来，在江总书记《贺信》的指引下，中央社院坚持正确的政治方向，奋发进取，真抓实干，各项工作取得了新的进展。现就我们学习贯彻江总书记《贺信》精神，推动学院建设发展的情况向领导和同志们作一简要汇报。

一、中央社院贯彻《贺信》精神努力工作的情况

八年前，江总书记为中央社院发来《贺信》后，我们立即组织了全院教职员工反复学习和讨论。大家一致认为，江总书记的《贺信》充分表明了第三代中央领导对中央社院的亲切关怀和殷切期望，指明了办好中央社会主义学院的方向。根据《贺信》的精神，我们制定了中央社院发展规划，并组织全院教职工开展了"大学习、大讨论"活动，进一步明确了办学指导思想，提出了"高层次、有特色、正规化"的办学方针。我们按照江总书记《贺信》中提出的办学目标努力实践，并取得了可喜的成效，各项工作上了一个新的台阶。

1. 坚持正确的政治方向，着力办出统一战线"联合党校"的鲜明特色。

中央社会主义学院既不同于普通高等学校，也不同于一般的成人院校，它有自己独特的培训对象、教学内容、教学方法和适合自身特点的学风、校风。我们按照《贺信》的要求，坚持社会主义办学方向，认真组织学员学习马克思列宁主义、毛泽东思想，特别是邓小平理论，并逐步形成了具有社会主义学院特色的教学内容体系，即强化一个中心，突出一个重点，搞好四个结合。具体地讲就是，组织学员以学习邓小平理论为中心，突出统一战线理论和有中国特色的政党理论这个重点，把学习邓小平理论同学习马列主义、毛泽东思想的基本理论著作结合起来，同学习党的基本路线方针政策结合起来，同学习现代化建设和参政议政、统战工作等必备的知识结合起来，同联系工作和思想实际，总结经验，加强修养，提高自身素质，促进民主党派自身建设结合起来。为了适应统一战线工作的发展和建设高素质的统一战线两支干部队伍的需要，学院不断加大培训力度，扩大办学规模。八年来，共举办各类班次 150 期，培训 6000 多名各民主党派高中级领导干部、无党派人士和党的统一战线干部。其中，主体班次民主党派领导干部培训班、进修班共培训各民主党派高中级干部近 1200 名。受中央组织部、中央统战部委托，学院举办了 9 期党外领导干部专题研究班，培训在政府和司法机关担任省部级、地厅级领导职务的党外领导干部近 300 名，办学成效和社会影响不断提高。

2. 实施教育创新，扩展培训领域和办学渠道。

随着我国改革开放的不断深入和发展，统一战线的工作对象和工作领域也在不断发展。我们克服种种困难，以改革的精神，不断地扩展培训领域和办学渠道。例如，受中央统战部、国家宗教事务局委托，学院举办了 17 期爱国宗教中青年教职人员读书班，先后有 600 多名中青年教职人员参加了读书班学习。读书班贯彻"政治上团结合作，信仰上互相尊重"的原则，取得了很好的学习效果，受到宗教界人士广泛赞扬。这批中青年教职人员经读书班学习后，在教育引导信教群众维护祖国统一、民族团结、社会稳定和引导宗教与社会主义社会相适应方面起到明显作用。为了适应我国非公有制经济迅速发展、非公有制经济人士大量涌现的新情况，全国工商联委托学院举办了 8 期非公有制经济人士读书班，300 多名非公有制经济人士参加了读书班的学习培训，他们"致富思源，富而思进"，对促进非公有制经济健康发展和非公有制经济人士健康成长发挥了积极作用。为了培养高层次统一战线专门人才，中央社会主义学院还与中国社会科学院研究生院、中央党校研究生部联合举办在职硕士研究生课程班，目前共办了4届，已毕业58人。1997年1月，成立中华文化学院，举办了香港、台湾同胞和旅美华人等研习班，充分发挥中华文化这个始终维系中华民族的精神纽带作用，加强与港澳台同胞和海外侨胞的联谊，探索了办学的新路子。

3. 深化教学改革，提高授课质量和科研水平。

学院的中心工作是教学，教学的关键是质量。根据中央社院学员层次高、学历高、要求高的特点，我们坚持组织全院教职工不断深化教学改革，逐步摸索出一套适应社院的教与学的新路子。在深化教学改革中，我们提出了坚持自我教育为主和“两为主、一加强”“三结合”的教学原则和方法，即以自学为主，以读原著为主；加强专题研讨；自学与辅导相结合，理论学习与工作研讨相结合，校内教学与社会考察相结合。在教育培训中，发扬统一战线的优良传统，引导学员进行自我教育，实行“自己提出问题、自己分析问题、自己解决问题”和“不扣帽子、不抓辫子、不打棍子”的“三自”和“三不”方针，取得了显著的学习培训效果。在师资队伍建设上，我们要求社院的全体教职工都要牢固树立加强教学第一线和保证教学质量的意识，牢固树立集中精力教书育人的意识，师资队伍明显加强，教学质量日益提高。同时，我们还采取“内培骨干、外请名师、专兼结合”的方式，在招聘引进学科带头人和加强培养专职教师的同时，聘请了48位社会著名专家学者和中央、国家机关及民主党派中央的领导干部为兼职教授，逐步满足学员获取多方面知识的需求。我们始终把科研作为提高教学质量的重要环节来抓，使教学科研一体化，两者协调发展，相互促进，学院的科研工作有了较大进展，目前已完成5个国家级科研项目，发表论文530多篇，出版了一批较有影响的统战理论著作，举办了9次大型理论研讨活动，扩大了学院的影响。

4. 加强校园现代化建设，进一步改善办学条件。

在江总书记《贺信》精神鼓舞下，我们在经费比较紧张的情况下，每年都设法挤出一些钱来办一二件事情，逐步改善办学条件。尤其是近年来，学院完成了对学员宿舍、教学楼和食堂的修缮改造，校园面貌焕然一新，学员的学习和生活条件得到较大的改善，为建设面向新世纪的中央社会主义学院提供了有利的条件。目前，根据部领导的指示，我院正在着手拟定基本建设总体规划，争取用好现有的土地，把校园建设得更好，使办学条件得到进一步改善。

经过八年的努力，中央社会主义学院已经具备了一定的办学规模，并逐步形成了自己的特色。来这里学习过的学员普遍反映收获很大，特别是形成了用邓小平理论指导工作和行动这个共识，增强了坚持中国共产党领导、继承和发扬多党合作优良传统的自觉性，弘扬了“爱国、团结、民主、求实”的校风，进一步提高了政治素质和做好新时期统一战线工作的能力。学员们深感学习培训“终身受益”，并且非常珍惜和留恋在学院的学习时光。毕业、结业之后，他们中的许多同志担任了全国人大、全国政协、国务院有关部门的领导职务，更多的同志成长为各民主党派中央领导人和省级组织的领导干部、无党派代表人士。他们为坚持和完善中国共产党领导的多党合作和政治协商制度，巩固和发展爱国统一战线做出了重要贡献。

二、继续深入贯彻《贺信》精神，努力开创社院工作新局面

八年来，中央社院的各项工作虽然取得了很大的成绩，但距江总书记《贺信》中提出的要求还有较大的差距。21世纪即将到来，中国和世界正在经历巨大的变化。在新的历史条件下，统一战线事业面临着新的政治环境，建设好统一战线党内外两支干部队伍，是一项重要的政治任务，中央社院在这方面肩负着重要的职责。因此，我们要继续学习贯彻《贺信》精神，进一步加强中央社院的建设、改革和发展，决不辜负江总书记及统一战线各个方面对我们的期望。今后，我们还要朝以下几个方面努力：

第一，认真学习贯彻全国统战工作会议精神，研究制定中央社院新的发展规划。

刚刚结束的全国统战工作会议，是一次继承80年辉煌、再创新世纪伟业的重要会议。这次会议从不断巩固和发展新世纪爱国统一战线的战略高度出发，进一步统一和提高了全党对新形势下统一战线工作重要地位和作用的认识，系统总结了80年来，尤其是改革开放以来统一战线工作的基本经验，认真研究了统一战线工作面临的新情况、新问题，制定和完善了21世纪之初统一战线工作的方针政策。我们要组织全院教职工认真学习全国统战工作会议精神，加深对统战工作在党的全局工作中的地位和作用的认识，增强做好社院工作的政治责任感和使命感。要深入学习，准确把握会议关于新时期统战工作的理论、方针和政策，并贯彻到教学和科研工作当中去。同时，还要根据会议精神，研究制定中央社院今后几年的发展规划，力争在新世纪里开好头、起好步，进一步落实江总书记《贺信》中提出的各项要求。

第二，要在提高培训质量和科研水平上下功夫，真正做到“在统一战线的学术研究方面达到更高的水平和应有的权威性”。

社院的发展，关键是在提高培训质量和科研水平上。近几年，我院教学、科研有了很大变化，有了一支基本的教师队伍，授课质量逐年提高，科研工作也开展得比较活跃。但是，离社会的发展和学员的要求，差距还是比较大的，特别是具有自身特色的统战理论教学和科研工作仍然是我们的薄弱环节。统战理论教学和研究水平提高不快的主要原因有两个方面。一是我们的教学管理和科研管理工作目标还不够明确，重点不够突出，措施还不够有力。二是我们的教师多数不熟悉统战工作，理论联系实际的问题没解决好。我们要积极采取措施，把教师更好地组织起来，为他们提高教学和科研水平创造必要的条件。要采取选派教师到统战部和民主党派机关挂职、组织教师参加部里组织的调研活动等措施，帮助和引导教师接触统战工作实际，根据统战工作的需要来开展科研工作。只有科研水平上去了，提高教学水平才有坚实的基础。我们有决心和信心，经过几年的努力，把统战理论教学和研究工作提高到一个新水平。

第三，加强思想政治工作，深化管理体制改革，搞好教职工队伍建设。

要继续深入贯彻江总书记《贺信》精神，必须通过切实有效的思想政治工作和科学严格的管理，建设一支高素质的教职工队伍。要通过思想政治工作，解决好江总书记提出的“四个如何认识”的问题，使党员干部做到任何时候都能从思想上政治上自觉与以江泽民同志为核心的党中央保持高度一致。要按照江总书记“三个代表”的要求，不断提高党员干部的思想政治素质和业务能力。要通过思想政治工作，调动广大教职工的积极性和工作

热情，为教职工做好本职工作提供精神动力，创造良好的思想政治环境。还要通过深化改革，提高教学、科研和行政、后勤管理水平，现在，中央社院正根据中编委批准的方案进行“三定”工作，要以此为契机，积极推进管理体制改革。要使教学科研、行政和后勤三支队伍，根据各自的工作特点，建立起相应的激励机制和约束机制，使全院人、财、物等各种资源都得到科学合理的开发和利用。

第四，加强基础设施建设，进一步改善办学条件。

要按照江总书记“建设成为更具有自己特色的、名副其实的党外代表人士和党的统一战线干部的学习培训基地”的要求，切实搞好基本建设，抓紧建设学员文体活动中心和中华文化学院大楼等项目，抓紧图书资料信息现代化和校园网建设，开展多媒体教学和远程教育，形成全国社会主义学院教育培训网络，进一步增强办学的整体功能，提高为统一战线工作，为多党合作，为学员服务的水平。

第五，充分发挥“联合党校”的优势，依靠统一战线各方面力量办好社院。

社会主义学院的特色，不仅在于它的培训对象、教学内容、教学方法有别于一般院校，其办学方式也有自身鲜明的特点。作为民主党派和无党派人士的联合党校，过去我们是在各民主党派和党外各界人士的关心、帮助下，建设发展起来的，今后，我们仍然要坚持这条办学路子，主动争取各民主党派和无党派人士的支持和帮助。民主党派和党外各界人士中有一批政治素质高、业务能力强、有办学经验的人才，我们不仅要请他们授课，和他们共同研究科研课题，还要多倾听他们的意见，和他们一起商量学院的建设和发展大计，研究学院的教学科研情况，请他们出主意，想办法，使“联合党校”的职能进一步强化。

各位领导、同志们，在新世纪即将来临之际，党中央统揽全局、审时度势，提出了继续推进现代化建设、完成祖国统一、维护世界和平促进共同发展的三大任务。统一战线历来是为党的总路线总任务服务的，是完成新世纪三大任务的重要保证。世纪之交，我们国家赢得了发展的大好时机，中央社会主义学院也要抓住进一步发展的良好机遇，时不我待，我们有决心、有信心继续以江总书记《贺信》精神为动力，在各民主党派中央的重视和支持下，以只争朝夕的拼搏精神，坚持正确的办学方向，齐心协力办好中央社会主义学院，为巩固和发展中国共产党领导的统一战线事业、为社会的稳定和发展做出更大的贡献。让党中央放心，让统一战线各方面满意。

在学习全国统战工作会议精神，加强中央社会主义学院建设座谈会上的发言

（2000年12月20日）

金开诚

中华文化学院的建立，使我们中央社会主义学院获得了一个重大的载体。我们今后要

把她建设成为一个统一战线的教育和科研基地，也应该把她建设成为一个中华文化的教学和研究基地。

我特别学习了江总书记在全国统战工作会议上的讲话，他讲到，统一战线汇集了大量的知识分子和专家学者，他们在继承和发展中华民族优良文化传统、学习吸收外国的先进科技文化成就、提高全民族的思想素质和科技文化素质等方面发挥了重要作用。这就把中华民族的优良文化传统摆到了一个很突出的地位。继承和发扬这个传统，对我们国家文明素质、道德素质的提高有用，但是更重要的作用，我们社院搞文化学院的目的和意义非常清楚，就是我们要搞海外统战。惟一可能采用的载体，我认为就是中国的传统文化。江总书记讲到要调动统一战线各方面作用的情况时说，我们要按照和平统一、一国两制的方针，充分调动和发挥统一战线各阶层、各党派、各团体和各界人士的爱国热情，广泛团结和联络大陆同胞、港澳同胞、台湾同胞和海外侨胞，共同反对台独，反对分裂，促进祖国的早日统一。在促进祖国早日统一的工作中，我觉得用中国的传统文化来取得共识，来凝聚人心，是特别有效，也是惟一可行的。再进一步说，汉语将要成为我们全国共同的语言，并且将要成为世界的四大语言之一，因此中华文化和中国语言也要在世界上占有越来越重要的地位，这是与我们的民族自立于世界民族之林的目标相一致的。要从充分利用我们的文化，在维护世界和平与发展的局面方面，发挥巨大作用。我认为我们中华传统文化对于在21世纪出现的一种崭新的现代化过程，有很多可以弥补的、补充的、甚至于纠偏的东西。

美国在国际事务中采取的是称王称霸，我们中国在世界事务中采取的是韬光养晦，我请问是称王称霸好呢，还是韬光养晦好？我们中国人由于自己深刻的民族智慧和对历史经验的深刻总结，早就认识到大把不过五，小把不过三，称王称霸是绝没有好下场的，而韬光养晦是永远发展的一种表现。你就可以看出两种文化的对比是谁优越谁不优越。我觉得想要得到批准成立中华文化学院的在全国大有人在，我们得天独厚，得到了国家承认的中华文化学院。当然现在办得还很不理想，活动还没有开展起来，但是我们不怕慢，我相信这个东西是生机无限的，她起的作用是非常巨大的。我在这里说这么几句话也就是呼吁我们各党派、各地方社会主义学院的同志共同关心中华文化学院这个载体，使她能够在海内外的统战工作中，在国内的精神道德文化建设中发挥更好的作用。

党外人士的精神家园①

（2000年12月20日）

孙安民②

八年前，江泽民总书记在中央社会主义学院建院36周年、复校10周年纪念活动中发

① 这是孙安民在学习全国统战工作会议精神，加强中央社会主义学院建设座谈会上的发言。

② 北京市政协副主席、市工商联会长。

来《贺信》，对创办社会主义学院的意义和作用给予了充分肯定，并提出“四个更”的奋斗目标，即在2000年以前，把中央社会主义学院建设成为更有自己特色的名副其实的党外代表人士和党的统一战线干部的学习培训基地，使它在社会上享有更良好的声誉,在党外各界代表人士中更具有吸引力，在统一战线的学术研究方面达到更高的水平和应有的权威性。八年来，在江总书记的亲切关怀下，中央社院弘扬“爱国、团结、民主、求实”的校风，培养了一批又一批民主党派、工商联的代表人士和统战工作干部，学员们在政治素质、参政能力等诸多方面有了明显提高。中央社院实现了江总书记“四个更”的要求，成为党外人士的精神家园，其成绩可喜可贺、令人敬佩。

中央社院在今天的社会政治和经济生活中的重要作用，是与新时期统一战线工作的重要地位直接相关的。改革开放以来，我国的经济生活和社会关系发生了深刻变化，社会经济成分、经济利益以及社会组织形式等，都逐步从单一走向多元，并呈现出进一步发展的趋势。正是这种社会转型时期所具有的极大的丰富性，给广泛的统一战线提供了坚实的社会基础。中央社院团结、培养党外干部和人才，能够最广泛地实现统战工作的包容性，凝聚起方方面面的力量，有着不容忽视、不可替代的作用。

我作为一名党外干部，曾经两次到中央社院学习。我从自身的成长和学习经历中深刻体会到：“一次学习，终生受益。”一个执政党，花如此大的力气、下如此大的功夫培养党外干部,为党外干部创造参政议政的机会和条件，充分体现了党对于非中共干部的关心、爱护和器重，也形象地展示了中国共产党人博大无私的政治胸怀。

此外，由于我在工商联工作，经常接触到参加过社院学习的非公有制经济代表人士，他们每当思考当初就学情景，无不对中央和各级社院怀着深深的感激之情。自1991年党中央把团结、引导、教育非公有制经济代表人士的任务交给工商联以来，北京市工商联经过近十年的摸索与实践，已初步形成了一支坚决拥护党的领导的积极分子队伍，在各级人大、政协以及工商联、青联、妇联等部门兼任着社会工作，在广泛的社会、政治、经济领域参政议政。可见各级社会主义学院在培养、选拔、安排、使用非公有制经济代表人士方面的作用功不可没。而陆续得到培养、选拔、安排、使用的代表人士，也在实践中越来越明确地认识到，个人在政治待遇、社会活动方面的进步已不仅是一种荣誉，而是坚持和完善中国共产党领导的多党合作和政治协商的重要内容与具体体现，从而更自觉地肩负起代表非公有制经济界参政议政的责任。

参加社会主义学院的学习，是广大党外人士事业和人生的重要起点。我衷心希望中央社院在这项具有中国特色的社会主义事业中，在初步实现了江总书记提出的“四个更”的奋斗目标后，适应社会主义市场经济体制发育和完善的新情况、新需求、新问题，继续探索前进，办出社会主义学院自身的特色，成为党外干部成长的摇篮、进步的阶梯和精神的家园。

落实江总书记《贺信》精神，把社会主义学院建设好①

（2000年12月20日）

陈源泉②

江泽民总书记在中央社院新校舍落成典礼时给中央社院发来《贺信》，这不仅对中央社院，对我们地方社院也是极大的鼓舞。八年前我有幸参加这一盛大的庆典，亲身感受到中央领导对社院工作的关怀和期待。从此，江总书记的《贺信》成为我们地方社会主义学院的指导方针，江总书记提出的“四个更”的目标成为我们努力的方向。八年来，我们江苏社院在江总书记《贺信》精神指引下，奋发进取，团结奋斗，初步建成了适应统战工作需要的培训基地，成为对党外人士有吸引力的联合党校。我就以江苏社院为例，汇报一下我们学习、落实江总书记《贺信》的体会。

为了落实江总书记《贺信》精神，江苏省委和统战部非常重视社院的工作。省委常委会专门研究社院的建设，统战部对社院的工作及时进行具体的指导。在九十年代初，我们就建成了具有中央空调设施的教学楼和学员宿舍楼，今年又开工建造5600平方米的图书馆综合楼。为了进一步把社院建设好，省委领导对我们提出新的要求，省委分管书记曹克明几次到社院了解情况，解决问题，几次为我们批报经费，同南京市联系批拨土地，构想学院整体规划，并且不时检查进展情况。随着南京市城市的开发，学院的周围环境也得到了彻底的改善，使本来偏于一隅的社院，成为地处最美环境的标志性建筑。省委、省政府在经费上支持，社院内部改造也适应不断发展的形势。优美的校园环境和较先进的设施为统一战线两支干部队伍的培训创造了良好的条件。

为了贯彻江总书记在《贺信》中把社院建成对党外各界代表人士更有吸引力的要求，我们把培训的质量放在首位。我们认识到，真正具有吸引力，关键在于我们的办学质量。我们适应统战工作的形势的需要，抓好重点人物的培训。所办的各类班次都是统战部和各民主党派、工商联为培养干部所迫切需要的，同时也是各参训学员自觉要求的。在培训过程中，我们坚持正确的政治方向，把邓小平理论贯穿教学的始终，把统战理论和统战方针政策作为重点，并且加强教学计划的科学性、教学内容的针对性、教学方法的灵活性，有的放矢，密切联系实际，抓住热点难点，注意教学效果。认真抓好教学过程的各个环节，选聘优秀教员上课，精心组织各项活动和参观考察。据我们调查，学员对我们开办的培训班满意率较高，真正感到社院培训受益匪浅，确有所获。

为了贯彻江总书记在《贺信》中把社院建成有特色的党外各界人士培训基地的精神，我们在有特色上下功夫。有特色，主要是体现统战特色，体现民主党派和无党派人士联合

---

① 这是陈源泉在学习全国统战工作会议精神，加强中央社会主义学院建设座谈会上的发言。

② 江苏省社会主义学院副院长。

党校的性质。我们力争在办班的内容、形式、方法上体现这种特色。除了在课程安排中强调统战理论，教学方法上落实“三自”、“三不”方针外，我们每期有民主党派成员参加的培训班，都安排学员和省民主党派领导座谈，向他们反映对教学培训的意见，让党派也参与教学过程，有些课程，则请党派领导来上。我们每年都要召开座谈会，请民主党派的领导对社院的工作提意见和建议。民主党派成员和党外人士在校培训，生活上给予特殊的照顾，学员的住宿费和伙食费都是免收的，外出参观考察也得到适当的补助，短期考察也是免费的。学员在校期间的生活标准高于同级党校的待遇。学员们在培训期间真正感到共产党对他们的关心，把他们当作真诚的朋友。

为了贯彻总书记《贺信》中提出的社院应在统一战线学术研究方面达到更高的水平和应有的权威性的要求，我们也做了力所能及的工作。由于我们地方社院科研能力较弱，要达到江总书记的要求确有一段距离，但我们尽力而为。近几年来，我们召开了几次较大的学术研讨会，如知识分子工作理论研讨会、非公有制经济理论研讨会、纪念《14 号文件》发表十周年理论研讨会，集全省乃至全国的专家，就统一战线理论的一些重大问题进行研讨，达到了一定学术水平。我院的理论工作者在这方面也有所建树。我院四年来编辑出版了院学术刊物，作为我院理论科研的阵地，经过几年的努力，已成为省内统战系统有影响的学术刊物。

八年来，我们江苏社院同中央社院和各地社院一起，获得了巨大的发展，取得了可喜的成绩。这都是我们认真学习、全面落实江总书记《贺信》的结果。正是江总书记的《贺信》，指引着我们地方社院的建设不断取得新的成果。但是，对照“四个更”的要求，我们还有一定的差距。特别是随着统战形势的发展和培训对象要求的提高，在教学内容、教学手段、教学设施等方面不能适应现代化的要求。我们将根据这次全国统战工作会议的精神，积极努力，开拓进取，把地方社院建设得更好，同中央社院一起，为建成全国社会主义学院的教育培训体系而努力。

2000年大事记

1 月

6 日

中共上海市委［2000］9 号文件，黄跃金同志任中共上海市委统战部部长、上海市社会主义学院院长；王生洪同志不再担任市委统战部部长、市社会主义学院院长。

10 日

天津市人民政府颁发《任免通知》（津政人［2000］2 号）：“市人民政府决定：陈卫（女）任天津市社会主义学院院长。”2 月 25 日，社院召开全院工作人员大会，宣布市委、市政府的决定。大会由市委统战部副部长赵金水主持，市委组织部宣教科技干部处处长刘胜利受市委组织部领导委托宣读决定。市政协副主席、市委统战部部长张永根作了重要讲话。

26 日

中央社会主义学院召开“1999 年教学工作情况和 2000 年教学工作安排”汇报会。民革中央副主席童傅，民盟中央副主席吴修平，民建中央副主席朱元成，民进中央副主席楚庄，农工党中央副主席章师明，致公党中央副主席王宋大，九三学社副主席、中央社院副院长金开诚，台盟中央副主席李敏宽，全国工商联副主席王治国，中央统战部一局副局长袁廷华，中央社院副院长游洛屏出席会议。中央社院副院长王钧广主持会议。中央社院教务长张先义汇报了 1999 年教学工作情况和 2000 年教学工作安排。听取汇报后，与会的各民主党派中央、全国工商联领导同志纷纷发言，对中央社院的教学工作给予充分肯定，同时也提出了许多建设性意见和建议。

3 月

2 日

中央社会主义学院 2000 年春季开学典礼在中央统战部礼堂举行。全国政协副主席、中央统战部部长王兆国，全国人大常委会副委员长、民革中央主席、中央社会主义学院院长何鲁丽出席了开学典礼并作重要讲话。开学典礼由中央统战部常务副部长、中央社会主义学院党组书记刘延东主持。

民盟中央副主席俞泽猷代表各民主党派中央、全国工商联致辞。

全国政协副秘书长张道诚，民革中央副主席童傅、民建中央副主席朱元成，民进中央副主席楚庄，农工党中央副主席章师明，致公党中央副主席王宋大，九三学社副主席、中央社会主义学院副院长金开诚，台盟中央副主席李敏宽，全国工商联副主席瞿怀明，中央社会主义学院常务副院长赵广，中央统战部秘书长于泽荣等出席了开学典礼。

20 日

中央统战部常务副部长、中央社会主义学院党组书记刘延东同志到广东省社会主义学院视察。刘延东同志在院领导陪同下看了综合楼、学员宿舍以及校园，听取了学校工作汇报，对学院的工作谈了重要意见并与全院教职工合影留念。

21 日

武汉市政协主席刘善壁、副主席刘采木、粟道云、李昌禄、周开金、梁守恕、龚非力一行视察了武汉社院。在参观了教室、学员楼和各种设施，并听取了魏联方副院长的汇报后，刘善壁肯定了武汉社院建院 10 年来取得的成绩，并要求努力工作办好社院。

22 日

上海市委统战部在社院召开统一战线干部教育培训工作会议，市委统战部部长黄跃金、副部长金闽珠出席会议并讲话。社院张颖副院长作了“构筑二十一世纪教育体系”的发言。会议结束后，黄跃金部长、金闽珠副部长视察了社院各处室。

28 日

江西省赣州市社会主义学院成立。

31 日

中共福建省委组织部领导在福建社院处以上干部会议上宣布社院领导班子成员调整情况。根据闽委干［2000］172 号文通知，经省委研究决定：陈飞同志任副院长；陈爱群同志不再担任副院长职务。省政协副主席、省委统战部部长兼社院院长金能筹同志，省委组织部副部长刘贤儒同志分别在会上讲话。

4 月

11 日

何鲁丽院长来中央社院视察学员楼改造工程。赵广常务副院长，游洛屏、王钧广副院长，蔡福金副院长（文化学院），张先义教务长，王京治秘书长，马振华、杨小娟副秘书长和工程承建单位有关同志陪同视察，并汇报了工程进展情况。

在听取汇报后，何院长说，中央社会主义学院作为民主党派和无党派人士的联合党校，担负着培养民主党派和无党派代表人士和统战干部的重任。中共中央三代领导集体都很重视中央社院的发展和建设，现在进行的学员楼改造工程是中央社院应新形势、新任务和新要求的需要，希望大家充分认识这项工程的重要意义，抓好工程质量，保证进度，周全考虑改造后的使用功能。同时，要积极向国家有关部门申请经费，并合理使用好经费，保证这项工程圆满完成。

何院长对各施工单位的领导和同志们表示了慰问。

18 日

全国政协副主席、台盟中央主席张克辉到福建社院视察指导工作。他强调指出，培养一批能坚持共产党领导的多党合作和政治协商制度的新的党外代表人士，是当前一项紧迫的工作任务。社会主义学院应该在这方面发挥出更大的作用。

5 月

3 日

青海省编委批复（青机编发［2000］18 号），同意青海社会主义学院设置办公室，核定处级领导职数 2 名。

14 日—16 日

受中共中央统战部委托，由中共本溪市委统战部、本溪市社会主义学院举办的全国部分地市社会主义学院工作研讨会，于 5 月 14 日至 16 日在本溪市召开。来自全国 15 个地市（直辖市区）统战部、社会主义学院的 41 位代表出席了会议，会议又特邀了辽宁、北京、上海、天津、云南、湖南、河南、江苏、山东等 9 个省及省辖市以及广州、武汉等副省级市社院的领导和同志到会参加研讨。中央统战部统一战线干部培训领导小组办公室主任胡洪宝，中央社院副院长王钧广、副教务长李景源等同志也到会，并分别就社院的改革和建设、发展等问题作了研讨发言。

22 日

辽宁省社院召开院务指导委员会成立大会。经省委批准，院务指导委员会主任由省政协副主席、省委统战部长、省社院党组书记张成伦担任，常务副主任由省社院院长，党组副书记徐继舜担任，副主任由省委统战部副部长于永祥、省委组织部副部长杨树槐、省委宣传部副部长苏宏章、省政协学习宣传文史委主任李进兴、省委统战部副部长丁佳仁、史桂茹和省社院党组副书记、副院长周世翰七人担任。委员由省各民主党派、工商联等团体及省直有关部门领导同志组成。

28 日

武汉市社会主义学院举行建院 10 周年纪念大会。省、市领导，市委、市政府有关部门负责人，市各民主党派、工商联负责人以及学员代表 200 多人参加了大会。全国人大常委会副委员长王光英、何鲁丽，全国政协副主席万国权，中央统战部常务副部长刘延东以及省、市有关领导为建院 10 周年题词。中央和有关省、市社会主义学院致电祝贺。

29 日

山东省社会主义学院隆重举行山东省社会主义学院恢复建立十周年暨新校舍落成庆祝大会。中共中央政治局委员、山东省委书记吴官正同志发了贺信，全国人大常委会副委员长、民革中央主席、中央社会主义学院院长何鲁丽和中央统战部常务副部长、中央社会主义学院党组书记刘延东等领导同志为社院题了词，山东省委副书记陈建国发表讲话。中央统战部干部局、中央社会主义学院领导到会祝贺。省人大、省政协、省纪委和省有关单位、省各民主党派、工商联、有关人民团体负责同志，全省市地统战部领导同志共110多人出席了庆祝大会。

6月

2日

福建省中华文化学院举行揭牌仪式。参加揭牌仪式的有省政协副主席，省委统战部部长兼省社会主义学院、省中华文化学院院长金能筹，省人大常委会副主任、省民建主委林强，副省长、省台盟主委汪毅夫，省政协副主席、省民盟主委王耀华，省政协副主席、省工商联主委李祖可，全国政协常委、省农工党主委王传琛以及省委统战部、省各民主党派、工商联、有关团体负责人，省委统战部机关处级干部和社院的全体教职工。省社会主义学院、省中华文化学院副院长陈飞在揭牌仪式上讲话；民革省委会史炳奇副主委代表省各民主党派表示祝贺。

6日

由天津市社会主义学院与宝成集团联手创立的天津市社会主义学院宝成培训中心举行揭牌仪式。市委副书记、市政协主席房风有出席。全国工商联副主席、市人大常委会副主任、市工商联（商会）会长朱文渠，市政协副主席、市委统战部部长张永根为中心揭牌。中央统战部培训工作领导小组成员、办公室主任胡洪宝，中华文化学院副院长蔡福金到会祝贺，市区县统战部、工商联的负责人及部分私营企业家出席揭牌仪式。

7日

河南省政协副主席、省委统战部部长郭国三、副部长黄玉钧、干部处处长安建军等领导同志参加了社院全体教职工会议，会上黄玉均副部长向大家宣读了省委、省委组织部任免决定：任命陶振江同志为中共河南省委统战部副部长，免去其河南省社会主义学院院长职务；任命吴宝志同志为河南省社会主义学院院长。郭国三部长就社院建设作了重要讲话。

16日

第三期全国社院教师赴港班在广州社院举办，来自全国各地的20名学员参加了学习。省委统战部欧阳冬副部长、市委统战部李红志副部长出席了该班开学典礼。

20日

中共上海市委［2000］262号文件，决定黄跃金同志任中共上海市社会主义学院党组书记；曹海红同志任上海市社会主义学院副院长。

22日—23日

江西省全省社会主义学院教学工作研讨会在省社会主义学院召开。省委统战部副部长、省社院院长黎细保，省社院副院长陈进军，全省各地市委统战部、社院的负责同志，省委统战部干部处的负责同志，省社院有关处室负责同志和部分教学人员参加了会议。研讨会围绕提高社会主义学院教学工作质量进行了总结交流。

26 日

中共陕西省委对社院领导班子作了调整：李锦江同志兼任陕西社会主义学院党委书记；桂中岳同志兼任陕西社会主义学院院长；尚公友同志任陕西社会主义学院党委副书记；张桂荣（女）、辛建民任陕西社会主义学院副院长，党委委员。

27 日

中央社院召开教学工作座谈会，邀请各民主党派中央、全国工商联负责干部培训的部门领导来院就有关教学工作进行座谈。常务副院长赵广、副院长游洛屏、副教务长李景源、副秘书长杨小娟及教学口有关部门负责人出席会议。会议由教务长张先义主持。

7 月

2 日—7 日

中华文化学院副院长蔡福金、中央统战部三局港澳处陈立谦、文化学院工作处方敏、院办姚路丹一行四人应邀赴港参加香港中华文化发展基金会主办的“庆祝香港回归祖国三周年文艺晚会”，并为中华文化学院在香港开辟招生渠道进行顺访活动。这次赴港时间短，活动安排紧凑，取得圆满成功，效果比预想的要好。

3 日

上海社院召开职工大会，市委常委、市委统战部部长、市社院院长黄跃金宣布市社院日常工作由张颖副院长主持，刘凤瑞同志因年龄关系不再担任社院副院长和党组成员。黄跃金部长对社院新老班子交接工作提出了具体要求。

10 日

中共重庆市委副书记、组织部部长李学举同志在重庆市政协副主席、市委统战部部长、重庆社会主义学院院长辜文兴和重庆社会主义学院党组书记、常务副院长戴孝庆等同志的陪同下，听取了戴孝庆同志就直辖三年以来重庆社院工作情况的全面汇报，看望和慰问了正在工作的干部职工，实地考察了修建过程中的教职工宿舍。

26 日

山东省委《关于邵长明同志任职的通知》（鲁委［2000］169 号）决定：邵长明同志任山东省社会主义学院副院长。

28 日—31 日

中央统战部委托中央社会主义学院和内蒙古自治区社会主义学院在内蒙古社院召开了

“社会主义学院建设与发展研讨会”。中央统战部、中央社院和北京、陕西等四个省区统战部及22所社院的代表共58人参加了会议。自治区党委副书记王占同志出席了大会开幕式并讲话，自治区政协副主席、区委统战部长谭博文和自治区人大常委会副主任陈瑞清等同志出席开幕式。中央统战部秘书长于泽荣参加会议并讲话。中央社院党组副书记、副院长游洛屏作会议小结。中央统战部干部培训领导小组办公室主任胡洪宝作了题为《对21世纪社会主义学院发展若干问题的思考》的发言。

8月

1日

吉林省委决定：马复兴同志任吉林省社院副院长、党组成员；刘铁成同志任社院调研员（正院长级），免去其社院副院长、党组成员职务。

7日

经天津市委统战部批准和市教委核审，同意社院增建天津中华文化学院。12月23日，在天津社院举行了天津中华文化学院挂牌仪式，并在市政协俱乐部举办了庆祝天津中华文化学院成立联欢会。

11日

河北省社会主义学院举行了迁入新院址揭牌仪式。省委副书记赵世居，省政协副主席、省委统战部部长、省社会主义学院院长、党组书记吴振华，省政协副主席、省民盟主委郝本洁和省各民主党派、工商联负责同志及省委办公厅、省委统战部、省高级教工委的负责同志来到省社院新址，为河北省社会主义学院迁入新址揭牌。以此为标志，河北省社会主义学院经过三年多的不懈努力，由“相对独立办学”到“完全独立办学”，由单一的干部培训到把干部培训和国民教育融为一体的新办学体制，由旧校址乔迁新校址等一系列变化，使统战干部教育培训基地的发展推进到一个阶段。

9月

4日

中央社会主义学院隆重举行2000年秋季开学典礼。全国政协副主席、中央统战部部长王兆国，全国人大常委会副委员长、民革中央主席、中央社会主义学院院长何鲁丽出席开学典礼并作重要讲话。中央统战部常务副部长、中央社会主义学院党组书记刘延东主持开学典礼。

民建中央副主席路明代表各民主党派中央、全国工商联致辞。

九三学社中央副主席、中央社会主义学院副院长金开诚讲了话。

全国政协副秘书长齐续春，民革中央副主席童傅，民盟中央副主席俞泽猷，民进中央副主席楚庄，农工党中央副主席章师明，致公党中央副主席吴明熹，九三学社中央副主席赵伟之，台盟中央副主席李敏宽，全国工商联副主席瞿怀明，中央社会主义学院常务副院长赵广，中央统战部秘书长于泽荣等出席了开学典礼。

5 日

教师节前夕，广东省政协副主席、省委统战部部长彭禹贤同志来到广东社会主义学院，代表省委副书记黄丽满同志和省委统战部向广东省社会主义学院全体教职员工表示节日的问候，送来慰问信和慰问金，并与全体教师合影，还看望了离退休教师。

6 日

中央统战部领导在部综合楼与中华文化学院赴德国考察团全体成员座谈。全国政协副主席、中央统战部长王兆国同志在座谈会开始前同考察团成员合影并讲话。

中华文化学院赴德国考察团是中央统战部组织的。中央社院副院长游洛屏任考察团团长，中央统战部干部局助理巡视员郭华任副团长。全团共 14 名成员，其中有各地社院的正副院长 9 名，工作人员 3 名。在 8 月 20 日至 9 月 3 日的 15 天时间里，考察团成员接受了由欧洲国际展览服务公司组织的正式培训，听取有关培训机构的教授所作的多次讲授，参观访问了洪森堡大学、联邦劳工局和柏林市政府就业教育机构。

10 日—12 日

由辽宁社院主办，日本国立命馆大学经济学部、辽宁省政府发展研究中心、辽宁省非公有制经济研究会协办，日本国际交流基金选助的“中国暨辽宁·日本中小企业和私营经济 21 世纪合作与发展研讨会”，在沈阳隆重举行。来自中日两国的 60 余名专家学者围绕中日中小企业和私营经济在本国经济发展中的地位作用、面临的问题和原因，以及新世纪两国中小企业的交流与合作等问题进行了深入交流与研讨。辽宁省政府副省长刘克田、日本国驻沈阳总领事馆总领事渡边英雄先生参加研讨会开幕式并致辞，辽宁社院院长徐继舜教授在会上做了主题报告。会议获得圆满成功，这标志着辽宁社院在科研工作和国际学术交流方面迈出了新的步伐，上了一个新的台阶。

15 日

全国政协副主席、中共中央统战部部长王兆国，全国人大常委会副委员长、民革中央主席、中央社院院长何鲁丽，中央统战部常务副部长、中央社院党组书记刘延东考察了中央社院修缮工程，并发表了重要讲话。

王兆国、何鲁丽、刘延东同志听取中央社院同志的简短汇报后，兴致勃勃地查看了中央社院修缮后的学员楼、教学楼和学员餐厅。他们边看边问，充分肯定了这项工程的重要意义、设计思路和施工质量。参加考察的同志还有：中央统战部秘书长于泽荣，有关部门负责人李路、楼志豪、乔健、庄聪生、胡洪宝等。陪同考察的院领导有常务副院长赵广和游洛屏、王钧广、蔡福金、王京治、马振华、段展发、杨小娟等。

16 日

中编委下发了《中央社会主义学院内设机构、编制、职数方案》（中编发［2000］1号）。

17 日

云南省编委正式发文批准社院加挂“云南中华文化学院”的牌子和成立云南省社会主义学院教学服务中心。

18 日—22 日

由中央统战部宣传办主办、《光明日报》等四报两刊联办、云南社院承办的“新中国统一战线五十年”理论研讨会在云南社院召开。来自中央和地方统战部、高等院校和企业统战部、中央和地方社会主义学院等单位的63名代表参加会议，47篇论文在大会上作了交流，评选出优秀论文23篇。

21 日

中央统战部常务副部长、中央社会主义学院党组书记刘延东在福建省委副书记赵学敏、省政协副主席、省委统战部部长金能筹的陪同下到福建社院看望全体教职工以及正在参加省民主党派中层干部和省基层统战干部两个进修班学习的学员。随同刘延东同志来社院的还有中央统战部秘书长孙晓华、一局副局长常荣军等。

26 日

刘延东同志代表中央统战部、社院党组宣布部长办公会议关于中央社院领导班子调整的有关决定：于泽荣同志任中央社会主义学院常务副院长、党组副书记（中央同意明确其为中央机关副部长级干部），免去赵广同志中央社会主义学院常务副院长、党组副书记职务；因工作需要，游洛屏同志调任中央统战部一局局长，免去中央社会主义学院副院长、党组副书记职务。

28 日

青海社会主义学院海北分院举行挂牌仪式，校（院）领导高昭平、张三元出席。

28 日

天津市人民政府颁发《关于协调解决社会主义学院校舍问题的会议纪要》（津政纪［2000］49号）：“市委、市政府决定将理工学院南开院区划归社会主义学院。”

29 日

广东省委组织部和省人事厅分别于9月29日和10月9日发文通知，经省委、省政府批准，免去吴昶新同志的广东省社会主义学院党组副书记、副院长职务。经组织决定，由黄炎辉副院长临时主持学院日常工作并继续分管后勤工作，卜鼎焕副院长仍分管教学科研工作，邓洪军副院长仍分管办公室、人事、党群工作。

10 月

10 日—12 日

由中央统战部五局、中央社院、辽宁省委统战部、辽宁社院联合主办的“21 世纪非公有制经济发展与统一战线理论研讨会”在辽宁社院举行。辽宁省委副书记张行湘、中央统战部五局局长曹虹冰、中央社会主义学院副院长王钧广到会祝贺并讲话。来自全国统战系统的 50 余位代表，围绕 21 世纪我国非公有制经济发展与统一战线这一主题，广泛深入地探讨了 21 世纪非公有制经济给统战工作带来的新情况、新问题，并对 21 世纪我国非公有制经济领域统战工作的热点、难点和重点问题进行了热烈讨论。受会议主办单位委托，辽宁社院徐继舜院长做了研讨会总结。

12 日

中央社会主义学院举行第 9 期非中共党员领导干部专题研究班、无党派代表人士研究班、新疆非中共党员干部培训班、西藏和青川甘滇藏区地州统战部长培训班、第 19 期中青年爱国宗教教职人员读书班开学典礼。全国人大常委会副委员长、民革中央主席、中央社会主义学院院长何鲁丽，中央统战部常务副部长、中央社会主义学院党组书记刘延东出席开学典礼并讲话。中央社会主义学院常务副院长、党组副书记于泽荣主持开学典礼。

国家宗教事务局副局长王作安讲了话。

出席开学典礼的还有：九三学社中央副主席、中央社会主义学院副院长金开诚，中央统战部秘书长孙晓华，中央组织部干教局副局级巡视员张家声，中央统战部六局局长林智敏，二局副局长蒋坚永，一局助理巡视员田俊江，四局助理巡视员胡洪宝，中国伊斯兰教协会副会长刘书祥，中华文化学院副院长蔡福金，中央社会主义学院教务长张先义，秘书长王京治，副秘书长马振华、段展发、杨小娟等。

30 日

中共黑龙江省委任命杨育光同志为省委统战部副部长、省社会主义学院党组书记、副院长，主持社院全面工作。

11 月

2 日—9 日

华东地区社会主义学院教研培训工作研讨会在合肥召开。会议的主题是：以邓小平统一战线理论为指导，研究和探讨新形势下进一步搞好社会主义学院教学、科研和培训工作的思路和方法；分析 21 世纪社会主义学院工作面临的形势和任务，展望跨世纪的社会主义学院建设与发展战略。来自华东六省一市和云南省社会主义学院的院领导和有关同志共 23 人参加了会议。中央统战部干部局、中央社会主义学院的有关同志出席会议。安徽省政协副主席、省委统战部部长、省社会主义学院院长秦德文出席会议并讲话，他强调社院华东片会的召开对社院建设发展有积极作用，社院的教研培训工作对于社院进一步发展具有重要意义；阐述了社院在新世纪要承担的重要任务。他还全面介绍了安徽的省情、省社院的情况。

18 日

四川省泸州市社会主义学院成立。

28 日

2000 年全国晏阳初教育思想研讨会在湖南社院召开，来自全国各地的近 50 名专家学者出席了会议。研讨会旨在结合我国当前教育改革和经济文化建设，特别是农村建设的实际，借鉴和发扬晏阳初教育思想中至今仍然富有生命力的内涵，为我国当前教育改革和农村经济发展服务。

29 日

贵州省委副书记王三运、省委统战部副部长唐世礼、夏一庆到贵州省社会主义学院就如何办成高层次、有特点、正规化的社会主义学院进行调研工作。

12 月

6 日

广州社院协助中央统战部举办全国第四期社会主义学院教师赴港班，为期 15 天。在 6 日举行的开学典礼上，省委统战部副部长黄福春、市委统战部副部长李红志出席并讲了话，社院领导梁锦伟、张先贤、潘士养、李勤德同志参加了开学典礼。

19 日

由中央社会主义学院、中共广东省委统战部、广东省社会主义学院、广东省中华民族凝聚力研究会联合发起和主办的“统一战线与中华民族凝聚力”学术研讨会在广东社院隆重召开。参加这次研讨会的，主要是统一战线系统的学者和领导干部，共约 90 人。在开幕式上，广东省中华民族凝聚力研究会会长郑群致开幕词、广东省政协副主席、省委统战部长彭禹贤讲话，张先义教务长代表中央社院向大会致词，原广东省政协副主席杨应彬同志、原中央社院副院长任涛同志作了大会主体发言。在小组讨论的基础上，又作了大会交流。最后由广东省中华民族凝聚力研究会副会长孔庆榕教授作了大会总结。与会代表一致认为，这次会议取得了丰硕的成果，对于进一步推动中华民族凝聚力研究和教学具有重大意义。

这次会议的主要议题是中华民族凝聚力研究的意义和统一战线与中华民族凝聚力的关系，同时还涉及到中华文化与中华民族凝聚力的关系、“一国两制”与中华民族凝聚力的关系、我国西部大开发决策与增强中华民族凝聚力的关系、“三个代表”的理论指导与中华民族凝聚力的增强的关系等方面。

20 日

中央社会主义学院举行《学习全国统战工作会议精神，加强中央社会主义学院建设》座谈会。全国政协副主席、中央统战部部长王兆国出席了会议。全国人大常委会副委员长、民革中央主席、中央社院院长何鲁丽，全国人大常委会副委员长、民进中央主席许嘉璐出席会议并讲话。中央统战部常务副部长、中央社院党组书记刘延东主持会议并讲话。中央社院常务副院长、党组副书记于泽荣作了汇报发言。九三学社中央副主席、中央社院副院长金开诚发了言。北京市政协副主席、市工商联会长孙安民代表老学员发了言。江苏社院副院长陈源泉代表地方社院发了言。

出席座谈会的有全国政协副秘书长齐续春，各民主党派中央、全国工商联负责人，中央组织部、中央统战部有关部门负责人，部分地方社院院长，中央社院在京部分学员，中央社院老领导等 60 余人。座谈会开得圆满成功，有力地推动了在 21 世纪社会主义学院工作再上新台阶。

20 日—22 日

中央社会主义学院召开第四次全国社院学报工作研讨会。有 27 个省市社院的 18 位院长和 40 多位代表出席了会议。这次研讨会的主题是：以邓小平理论为指导，深入学习、贯彻全国统战工作会议精神，总结各社院的办刊经验，促进全国社院系统的学报在 21 世纪再上一个新台阶。中央社院常务副院长于泽荣在开幕式上作了关于《深入学习贯彻全国统战工作会议精神，办好社会主义学院学报》的报告，中央统战部宣传办副主任党五涛到会并讲话，中央社院副院长王钧广作了会议总结。

12 日—17 日

全国社院图书馆资料工作交流会在江苏社院召开。

17 日

湖南省政协副主席、省委统战部部长石玉珍到社院传达中共中央十五届五中全会精神。

24 日

山东省委《关于郑锡德等 3 名同志职务任免的通知》（鲁委［2000］306 号）公布任命：于志平同志任山东省社会主义学院副院长、党组成员（均列路笃盛同志之后）。

27 日—28 日

“面向新世纪我国政党制度建设理论研讨会”在北京社院举行。这次研讨会是根据世纪之交爱国统一战线和多党合作事业发展的需要，由中央统战部一局和北京社院联合举办的。研讨会以邓小平新时期统一战线理论为指导，对新世纪到来之际，我国政党制度建设面临的新情况、新问题，特别是如何坚持、完善和发展中国共产党领导的多党合作和政治协商制度，加强民主党派思想政治工作面临的挑战和对策等问题进行了较深入的研究和探讨。

中央统战部常务副部长刘延东、民进中央副主席楚庄、北京市政协副主席卢松华出席会议并在开幕式上讲话。出席会议的还有中央社会主义学院常务副院长于泽荣、北京社会主义学院院长傅镇岳，及中央统战部、全国政协、北京市委统战部、各民主党派、中央社会主义学院、部分省、市、自治区统战部、社会主义学院、部分高校和科研机构的有关专家学者 60 余人。本次研讨会共收到论文 70 余篇。

社会主义学院一览表

社会主义学院一览表

省、区、市	名　称	地　址	邮　编	电　话
北京市	中央社会主义学院	北京市海淀区万寿寺甲4号	100081	（010）68706318 68707692（传真）
	北京社会主义学院	北京市朝阳区高原街6号	100029	（010） 84635533（总机） 84634585（办公室）
	东城区社会主义学院	东城区干面胡同10号	100010	（010）64034477 —2423
	西城区社会主义学院	西城区百万庄中里32号	100037	（010）68331418 （挂传真）
	海淀区社会主义学院	海淀区东北旺路32号	100094	（010）62983322 （总机）
	丰台区社会主义学院	丰台区程庄子路67号	100071	（010）63823020
天津市	天津市社会主义学院	天津市河西区解放南路315号	300202	（022）23265504 （办公室）
	河东区社会主义学校	河东区十一经路党政楼（统战部）	300171	（022）24304592
	河西区社会主义学校	河西区黑牛城道纯真里119号	300211	（022）28324045
	红桥区社会主义学院	红桥区勤俭道201号	300130	（022）26373076
	大港区社会主义学院	大港区迎宾街37号（统战部）	300270	（022）25990597 （转统战部）
	北辰区社会主义学校	北辰区京津公路370号	300400	（022）36391118
	河北区社会主义学校	河北区张辛庄大道51号	300402	（022）86710443
	南开区社会主义学校	南开区黄河道390号	300110	（022）27360782
	汉沽区社会主义学校	汉沽区太平西街4号	300480	（022）25694532
	和平区社会主义学校	和平区山东路42号	300020	（022）27316781

续表

省、区、市	名称	地址	邮编	电话
河北省	河北省社会主义学院	石家庄市西三庄街95号	050061	（0311）7721484
	石家庄市社会主义学院	石家庄市平安南大街7号	050011	（0311）6089304
	邯郸市社会主义学院	邯郸市人民路178号	056002	（0310）3088759
	唐山市社会主义学院	唐山市西山路9号	063007	（0315）2825910
山西省	山西社会主义学院	太原市五一东路83号	030001	（0351）4035511（总机）
内蒙古自治区	内蒙古社会主义学院	呼和浩特市乌兰察布东路80号	110010	（0471）4961642（总机）
	包头社会主义学院	市委党校内		
	呼和浩特市社会主义学院	市委党校内		
	巴彦淖尔盟社会主义学院	盟委党校内		
辽宁省	辽宁省社会主义学院	沈阳市于洪区陵园街7—1号	110032	（024）86894640
	沈阳市社会主义学院	沈阳市沈河区朝阳街188号	110011	（024）24848531
	大连市社会主义学院	大连市西岗区滨海西路75号	116013	（0411）2400493
	鞍山市社会主义学院	鞍山市铁东区对炉街12号	114001	（0412）6337813
	抚顺市社会主义学院	抚顺市东七路7号	113008	（0413）2631605
	本溪市社会主义学院	本溪市平山区胜利路32号	117000	（0414）2841589
	丹东市社会主义学院	丹东市振兴区宾馆路362号	118000	（0415）2256723

续表

省、区、市	名　称	地　址	邮　编	电　话
辽宁省	锦州市社会主义学院	锦州市凌河区文昌里4号	121000	(0416) 4167259
	阜新市社会主义学院	阜新市中华路45号	123000	(0418) 2817244
	营口市社会主义学院	营口市站前区菜市街护助里28号	115000	(0417) 2639549
	辽阳市社会主义学院	辽阳市白塔区青年街35号	111000	(0419) 2309007
	铁岭市社会主义学院	铁岭市银州区南环路14号	112000	(0410) 4851294
	朝阳市社会主义学院	朝阳市双塔区朝阳大街3段15号	122000	(0421) 2623936
	盘锦市社会主义学院	盘锦市市府大街1号	124010	(0427) 2822449
	葫芦岛市社会主义学院	葫芦岛市龙湾大街1号	125000	(0429) 3114716
吉林省	吉林省社会主义学院	长春市上海路34号	130042	(0431) 2958775
	长春市社会主义学院	长春市天宝街3号	130021	(0431) 5672018—2429
	延边社会主义学院	延吉市友谊路36—38	133000	(0433) 2566368
	四平市社会主义学院	四平市铁西区海丰大路39号	136000	(0434) 3235005
	辽源市社会主义学院		136200	
黑龙江省	黑龙江省社会主义学院	哈尔滨市南岗区嵩山路117号	150008	(0451) 2303554
	哈尔滨市社会主义学院	哈尔滨市道里区田地街99号	150010	(0451) 4655409
	佳木斯市社会主义学院	佳木斯市光复路852号	154002	(0454) 8657642
	鸡西市社会主义学院	鸡西市鸡冠区文化路24号	158100	(0467) 2324222
	双鸭山市社会主义学院	双鸭山市尖山区五马路	155100	(0469) 4223793

续表

省、区、市	名称	地址	邮编	电话
黑龙江省	鹤岗市社会主义学院	鹤岗市南山区红旗北路59号	154000	（0468）3344003
	伊春市社会主义学院	伊春市伊春区临山路4号	153000	（0458）3611683
	齐齐哈尔市社会主义学院	齐齐哈尔市建华区中华西路130号	161006	（0452）2713757
	牡丹江社会主义学院	牡丹江市海浪路79号	157003	（0453）6424486
	黑河市社会主义学院	黑河市合作区龙滨路	164300	（0456）8222971
	大庆市社会主义学院	大庆市火炬二村（市委党校）	163253	（0459）6397902
上海市	上海市社会主义学院	上海市陕西北路128号	200041	（021）62672367
	普陀区社会主义学院	上海市普雄路29号	200063	（021）62442030—4224
	虹口区社会主义学院	虹口区溧阳路125号	200080	（021）65954330
	黄浦区社会主义学院	黄浦区宁波路450号	200001	（021）63220510
	闸北区社会主义学院	上海市大统乡480号	200070	
	徐汇区社会主义学院	上海市乌鲁木齐南路128号	200031	（021）64454513
	卢湾区社会主义学院	上海市淡水路325号	200025	
	杨浦区社会主义学院	上海市江浦路1515号	200092	
	嘉定区社会主义学院	上海市嘉定博乐南路111号	201800	（021）59529368
	闵行区社会主义学院	闵行区沪闵路6258号	201100	（021）64121700—4314
	静安区社会主义学院			
	金山区社会主义学院			
	长宁区社会主义学院			
	宝山区社会主义学院			
	浦东区社会主义学院			

续表

省、区、市	名称	地址	邮编	电话
江苏省	江苏省社会主义学院	南京市苜蓿园大街51	210014	（025）4876019
	南京市社会主义学院	南京市洪武北路10号	210005	
	无锡市社会主义学院	无锡市前西溪1—3号	214001	（0510）2709553
	镇江市社会主义学院	镇江市解放路21号	212001	（0511）4423361
	苏州市社会主义学院	苏州市委统战部	215002	（0512）8615434
	南通市社会主义学院	南通市教育路30号	226007	（0513）5239201
	扬州市社会主义学院	扬州市文昌西路50号	225002	（0514）7347441
	盐城市社会主义学院	盐城市人民中路39号	224001	（0515）8380018
	徐州市社会主义学院	徐州市青年东路117号	221003	（0516）3732536
	淮安市社会主义学院	淮安市委统战部	223001	（0517）3605680
	连云港市社会主义学院	连云港市新浦朝阳路	222001	（0518）5470772
	常州市社会主义学院	常州市委统战部	213003	（0519）6684140
	常熟市社会主义学院			
	江都市社会主义学院			
浙江省	浙江省社会主义学院	杭州市文一路78号	310012	（0571）8076824（总机）
	杭州市社会主义学院	杭州市中山南路15奎巷99号	310026	（0571）5251744
	宁波社会主义学院	宁波市南门祖关山路市委党校内	315010	（0574）7135687—2403
	绍兴市社会主义学院	绍兴市中兴南路	312000	（0575）5133717（总机）
	嘉兴市社会主义学院			
	温州市社会主义学院			

续表

省、区、市	名称	地址	邮编	电话
安徽省	安徽省社会主义学院	合肥市太湖东路15号	230051	（0551）3410011
	蚌埠市社会主义学院	蚌埠市环湖西路345号	233040	（0552）2045413（统战部）
	合肥市社会主义学院			
	巢湖市社会主义学院			
福建省	福建省社会主义学院	福州市湖东路118号	350003	（0591）7857078
江西省	江西省社会主义学院	南昌市三经路47号	330006	（0791）6811481
	南昌市社会主义学院	南昌市阳明路154号	330006	（0791）6840391
	九江市社会主义学院	九江市三马路（市委党校）	332000	（0792）8211647（市委统战部）
	上饶市社会主义学院	上饶市委党校内	334000	（0793）8222074
	抚州市社会主义学院	抚州市委党校内	344000	（0794）8283541
	宜春市社会主义学院	宜春市委党校内	336000	（0795）3222641（统战部）
	吉安市社会主义学院	吉安市跃进路12号	343000	（0796）8224412
	赣州市社会主义学院	赣州市	341000	（0797）8481040（统战研究室）
	景德镇市社会主义学院	市委党校内	333000	（0798）8224071（统战部）
	新余市社会主义学院	新余市北湖路（市委党校内）	336525	（0790）6441281
	鹰潭市社会主义学院	鹰潭市梅园大道府前路2号	335001	（0701）6442602
山东省	山东省社会主义学院	济南市舜耕路60号	250002	（0531）2737927
	济南市社会主义学院	济南市舜耕路22号	250013	（0531）2919013
	青岛市社会主义学院	青岛市市南区金口一路2号	266003	（0532）2963671

续表

省、区、市	名称	地址	邮编	电话
山东省	菏泽市社会主义学院	菏泽市文化路5号	274030	(0530) 5622001
	淄博市社会主义学院	市委党校内		
	潍坊市社会主义学院			
	济宁市社会主义学院	市委党校内	272145	(0537) 2316834
	枣庄市社会主义学院	枣庄市薛城区永兴东路	277100	(0632) 4411220
	威海市社会主义学院	威海市文化中路59号		(0631) 5225761
河南省	河南省社会主义学院	郑州市经三路73号	450008	(0371) 5727862
	郑州市社会主义学院	郑州市工人路37号	450007	(0371) 7187563
	开封市社会主义学院	开封市北环路西段	475001	(0378) 5952762
湖北省	湖北省社会主义学院	武汉市武昌区武珞路1号	430060	(027) 88843023
	武汉市社会主义学院	武汉市江岸区黄孝河路109号	430015	(027) 82627734
	孝感市社会主义学院	孝感市解放街左二巷2号	432100	(0712) 2823252
	黄石市社会主义学院	黄石市黄石港盘龙山路8号	435002	(0714) 6514674
	荆州市社会主义学院	荆州市荆东路29号	434100	(0716) 8466325
	宜昌市社会主义学院	宜昌市委统战部	443000	(0717) 6252635
湖南省	湖南省社会主义学院	长沙市马王堆新桥	410001	(0731) 4712409
	长沙市社会主义学院	长沙市白沙路8号	410002	(0731) 5111658
	株洲市社会主义学院	株洲市天元区天台路市委大楼内	412007	(0733) 8817781
	郴州市社会主义学院	郴州市苏仙北路40号	423000	(0735) 2871369
	常德市社会主义学院	市委党校院内	415000	(0736) 7078544

续表

省、区、市	名　称	地　址	邮　编	电　话
湖南省	岳阳市社会主义学院	市委党校院内	414000	（0730）8889723
	娄底市社会主义学院	娄底市乐平东街 13 号	417000	（0738）8286006
	邵阳市社会主义学院	邵阳市戴家坪	422000	（0739）5326005
	怀化市社会主义学院	怀化市迎丰路 111 号	418000	（0745）2713808
	衡阳市社会主义学院	衡阳市下模街 103 号	421001	（0734）825381
	益阳市社会主义学院	益阳市康富南路 18 号	413000	（0737）4222149
	湘西土家族苗族自治州社会主义学院	吉首市武陵西路 91 号	416000	（0743）8717024
广东省	广东省社会主义学院	广州市广花一路 119 号	510400	（020）86593430
	广州市社会主义学院	广州市海印大桥南侧海联路 19 号	510230	（020）84496304
	深圳市社会主义学院	深圳市爱国路 3002 号	518021	（0755）5169888
	梅州市社会主义学院	梅州市梅江区三角地	514071	（0753）2191108
	珠海市社会主义学院	珠海市梅华东路 276 号	519000	（0756）2264246
	佛山市社会主义学院	佛山市新风路 49 号	528000	（0757）3377914
	湛江市社会主义学院	湛江市赤坎区南桥北路 12 号	524032	（0759）3186897
	江门市社会主义学院	江门市农林横路 11 号	529000	（0750）3335433
	中山市社会主义学院	中山市石区莲塘路良朋里 20 号	528402	（0760）8841302
广西壮族自治区	广西社会主义学院	南宁市西乡塘西路 55—1 号	530007	（0771）3244392
海南省	海南省社会主义学院	海口市海府大道五公祠对面	571100	（0898）5882438
重庆市	重庆市社会主义学院	重庆市南岸区涂山路 140 号	400064	（023）62873597

续表

省、区、市	名　称	地　址	邮　编	电　话
四川省	四川省社会主义学院	成都市青羊东一路2号	610071	(028) 7732285
	成都市社会主义学院	成都市东胜街6号	610015	(028) 6246437
	泸州市社会主义学院	泸州市大方路39号	646000	(0830) 2391595
贵州省	贵州省社会主义学院	贵阳市见龙洞路187号	550012	(0851) 5400493
云南省	云南省社会主义学院	昆明市五一路158号	650031	(0871) 3625345
	昭通地区社会主义学校	昭通市环城北路67号	657000	(0870) 2121546
陕西省	陕西社会主义学院	西安市长安南路84号	710061	(029) 5254913
	安康市社会主义学院	安康市石堤街内环路	725000	(0915) 3213630
	汉中市社会主义学院	汉中市莲花池巷7号	723000	(0916) 2212492
甘肃省	甘肃社会主义学院	兰州市城关区黄河大桥北路29号	730046	(0931) 8301124
	兰州市社会主义学院	兰州市邸家庄50号	730000	(0931) 8121714
	天水市社会主义学院	天水市秦城区岷山路60号	741018	(0938) 8384728
青海省	青海社会主义学院	西宁市黄河路2号	810001	(0971) 6145613—6259
	青海社会主义学院西宁分院	西宁市同仁路9号	810001	(0971) 6145054
	青海社会主义学院海东分院	平安县海东路231号	810601	(0972) 613532
	青海社会主义学院海西分院	德令哈市民主路10号	817000	(0977) 222035
	青海社会主义学院海南分院	共和县团结北路15号	813000	(0974) 512571
	青海社会主义学院海北分院	海北州西海锁	810300	(0970) 642806
	青海社会主义学院黄南分院	同仁县中山路5号	811300	(0973) 722281
宁夏回族自治区	宁夏社会主义学院	银川市南环西路保伏桥西	750002	(0951) 5045834

续表

省、区、市	名称	地址	邮编	电话
宁夏回族自治区	银川市社会主义学院	银川市西门外市委党校	750002	（0951）5044886
新疆维吾尔自治区	新疆社会主义学院	乌鲁木齐市新华北路45号	830002	（0991）2826018
	乌鲁木齐政治学校	乌鲁木齐市光明路28号	830002	（0991）2815159
	昌吉政治学校	昌吉市健康东路15号	831100	（0994）2352499
	博州政治学校	博乐市青得力大街105号	833400	（0909）2225427
	塔城政治学校	塔城市花园街37号	834700	（0901）6222738
	伊犁政治学校	伊犁市新华西路62号	835000	（0999）8033093
	吐鲁番政治学校	吐鲁番市绿洲东路	838000	（0995）8522005
	哈密政治学校	哈密市建设路9号院	839000	（0902）2232721
	巴州政治学校	库尔勒市人民东路宾馆巷2号	841000	（0996）2022314
	阿克苏政治学校	阿克苏市栏杆路28号院	843000	（0997）2122753
	喀什政治学校	喀什市吾尔德西克路262院	844000	（0998）2822452
	克孜勒苏政治学校	阿图什天山东路19号	845350	（0908）4222917
	和田政治学校	和田北京东路96号	848000	（0903）2023173